行政法判例集 II 救済法

[第2版]

大橋洋一
斎藤　誠
山本隆司
編

飯島淳子
太田匡彦
大脇成昭
興津征雄
島村　健
徳本広孝
中原茂樹
原田大樹

有斐閣

第２版はしがき

『行政法判例集Ⅱ　救済法』は公刊以来，幸いにして多くの読者に迎えられることとなった。刊行後６年が経過し，この間における裁判例のめざましい進展を受けて，ここに第２版を公刊する次第である。表題判例として取り上げたのは初版と同様194件であるが，新規判例との差替えを積極的に行った。その結果，*Reference* も含め，索引から検索可能な判例件数は，旧版から100件近く増加して635件にも及ぶ。現在公刊されている行政法の判例集の中で，最も広範な内容をもつ作品を刊行できることをうれしく思う次第である。

　現代的判例集という特色から，本書では，社会的注目を集めた裁判例を多数収録することに努めた。第１に，国と地方の関係においては，沖縄の普天間基地をめぐり各種紛争が生じたところであり，本書でも辺野古訴訟最判を収録した（*7*判決）。また，地方議会が住民訴訟で認容された損害賠償請求権を放棄する事例をめぐって，最高裁の判断が示されたことから，新規判例としてとりあげた（*6*判決）。第２に，国家賠償の分野では，東日本大震災を受けて，津波や道路陥没等の震災被害にかかる事例が集積したところであり，これにも着目した（*14*判決，*15*判決）。また，規制権限不行使を争うアスベスト訴訟も，今後増加が予想されることから新たな対象とした（*11*判決）。第３に，行政訴訟の分野では，自衛隊機の運航差止めを求める厚木基地第４次訴訟など，最高裁により重要な判断が示されたものをとりあげた（*9*判決）。

　理論と実務の架橋を目指すという目的から，本書では，理論面で重要性をもつ裁判例の収録にも力を入れた。第１に，行政訴訟の分野では，競業者の原告適格問題（*48*判決），派生的利益と訴えの利益（*56*判決），管轄をめぐる判断（*71*判決），行審法の執行不停止決定と取消訴訟の関係（*127*判決）などで，新たな判例に注目した。第２に，国家賠償の分野では，国有地管理の私経済的手法（*137*判決），刑務官による情報漏洩（*142*判決），建築確認における建築主の利益（*151*判決），再婚禁止期間を定める立法（*154*判決），公害調停の打切り（*158*判決），接見交通（*161*判決），加害公務員への求償権行使（*165*判決）など，

i

多様な問題に関する裁判例を新たにとりあげた。

　なお，2014 年には 52 年ぶりに行政不服審査法が改正されたところである。新法に基づく裁判例は収録するに至っていないが，従前の裁判例を解説するうえで，必要に応じて，改正法の条文を補うことに努めた。

　救済法の理解を深めるうえで最も重要なことは，社会から提起された新たな法律問題に裁判官が心血を注いで取り組んだ判決文の原典に自ら接して，思索をめぐらすことである。本書はそうした王道とも称すべき学習に道を開くものであり，正確で丁寧な記述の労を惜しまない執筆者の協力を得て，完成にこぎ着けることができた。緻密な計画で公刊へと導いて下さった有斐閣書籍編集部の佐藤文子さんに，この場を借りてお礼申し上げる次第である。

　　　2018 年 8 月

大　橋　洋　一
斎　藤　　　誠
山　本　隆　司

初版はしがき

『行政法判例集　総論・組織法［第2版］』（2006年，追補2010年）に続き，救済法（行政争訟法・国家補償法）分野の判例集として本書を世に送る。学部および法科大学院・公共政策大学院の講義・演習における利用を念頭に置いて，学生が事例と行政法の理論を架橋できる能力を養うことを目標に項目を整序し，判例を選択し，執筆を行った。

そして，前著において工夫した下記の諸点は，本書においても踏襲している。

(1) 制度改正に対応した「現代的」判例集

救済法の分野では，2004年行政事件訴訟法改正のインパクトが大きいことはもちろんである。行政実体法においても，景観法など環境関係諸法の制定と改正，地方自治法や条例の改正による民間委託の導入など，行政と国民・住民の紛争に，新たな局面をもたらす制度改定が相次いでいる。本書は，そうした動向を反映した判例を収録することによって，現代行政紛争の特徴とその解決のあり方について，事例を通じて深い理解が得られるよう配慮している。

(2) 豊富な最新判例を収録

行政事件訴訟法改正と前後して，行政訴訟の訴訟要件や本案審理の内容について，意欲的な判例が数多く登場している。国家賠償の分野においても，立法権限・規制権限の不行使，過小行使を問う事例を典型として，注目すべき判例の展開が見られる。本書はこのような最新判例を豊富に採録するとともに，後の学説や裁判実務に影響を与えたという意味で古典的な下級審判決群も積極的に取り上げている（本書全体で延べ194件の判決を収録し，索引から検索できる判決は543件に及ぶ）。

(3) 原典の尊重

判決を選択した趣旨に留意しつつ，判旨を的確に抽出し，必要な場合には，最高裁判決の補足意見・意見・反対意見も採録した。また，下級審判決も含め，担当裁判官名を判旨の後に記載している。

(4) 図表を用いた事実関係の解明

複雑な事実関係について，読者の理解を手助けすべく，図表を適宜付した。事実

関係や各判決の位置づけに関する記述についても，平明な表現を用いるよう努めた。

(5) 発展学習を可能とする *Reference* の充実

学習を深化・発展させるため，*Reference* を設け，当該事案の帰趨に関する情報に加え，関連する重要判例を示し，他の箇所に収録された判例への参照も行った。判例や制度の動向について，必要不可欠な説明も加えている。

以下，救済法編としての本書の特徴について，若干の解説を加えておきたい。

「Ⅰ　行政訴訟」では，まず *I–1* で行政訴訟の特色を示すために，①憲法訴訟として行政訴訟が用いられる場面も含め，行政訴訟と憲法との関係にかかわる判例を取り上げ，次いで，現代的紛争の典型として，②（民事訴訟との対比も念頭においたうえでの）施設等の差止めを争う訴訟，③規制権限の不行使に関する行政救済，④行政裁量審査・事実審査の問題にかかる判例等，を配置している。

I–4 以下では，抗告訴訟の類型ごとにその訴訟要件を並列するという従来の方法に代えて，訴えのタイミングに関する訴訟要件を *I–4* に，広義の行政手続も含む救済手続の相互関係に関する訴訟要件の問題を *I–5* で扱っている。次いで *I–6* では審理の対象と証明責任など審理手続に関わる判例を取り上げた。

「Ⅲ　国家賠償と損失補償」では，まず *Ⅲ–1* で国家賠償法の特色を示すべく，国家責任の史的経緯に関する判例とともに，民事不法行為法との異同を考察するのに適した国家賠償法1条判例を取り上げている（2条責任についても，*Ⅲ–3* において，民法上の責任との対比にかかる判決を配している）。次いで現代的な訴訟の典型として，予防接種禍，私人による行政，国際化，それぞれに関する判決を配置した。

Ⅲ–7・*Ⅲ–8* では，憲法上の問題から補償額の算定・補償手続へと，損失補償に関する判例群をいわば上流から下流へと配置し，次いで他の制度との関係にかかわる判例を取り上げた。

本書が前著『総論・組織法』と大きく異なる点は，気鋭の研究者諸兄姉の協力を得てはじめて成った点である。執筆の分担は目次末尾に記載してあるが，執筆に加え，判例の追加的な選択や *Reference* の充実にも熱心に取り組んでいただいた。諸事多忙ななか，本書の企画に賛同し，参加してくださった皆さんにあらためて御礼を申し上げる。

そしてまた，前著と同様に私たちを的確にサポートしてくださった，有斐閣書籍

編集第一部の佐藤文子さんと鈴木淳也さんに，心から感謝の意を表する。

2012 年 8 月

大 橋 洋 一
斎 藤 　 誠
山 本 隆 司

目　　次

I　行政訴訟　　　　　　　　　　　　　　　　　　　　　　　　　1

I−1　行政訴訟の特色

1　実効的権利救済（浜松市土地区画整理事業事件）（最大判平成 20・9・10）……2

2　司法権の責務（宝塚市パチンコ店規制条例事件）（最三小判平成 14・7・9）……5

3　憲法訴訟としての実質的当事者訴訟(1)（国籍法違憲訴訟）
（最大判平成 20・6・4）……6

4　憲法訴訟としての実質的当事者訴訟(2)（在外国民選挙権訴訟）
（最大判平成 17・9・14）……9

5　憲法訴訟としての住民訴訟（砂川政教分離（空知太神社）訴訟）
（最大判平成 22・1・20）……13

6　住民訴訟と請求権放棄議決
（①最二小判平成 24・4・20，②最二小判平成 24・4・23）……16

7　地方公共団体の不作為に対する国の訴訟（辺野古訴訟）
（最二小判平成 28・12・20）……19

8　民事裁判権の限界(1)（大阪国際空港訴訟）（最大判昭和 56・12・16）……21

9　民事裁判権の限界(2)（自衛隊機運航差止め）（最一小判平成 28・12・8）……24

10　規制権限不行使と行政救済(1)──是正命令の義務確認訴訟
（国立マンション訴訟）（東京地判平成 13・12・4）……26

11　規制権限不行使と行政救済(2)──国家賠償請求
（泉南アスベスト訴訟（第 2 陣））（最一小判平成 26・10・9）……28

12　申請処理の不作為による国家賠償請求（水俣病待たせ賃訴訟）
（最二小判平成 3・4・26）……30

13　三面関係の行政訴訟──原告適格と行訴法 10 条（もんじゅ訴訟）
（最三小判平成 4・9・22）……34

14　大震災と国家賠償(1)──津波の予見可能性（仙台高判平成 27・3・20）……38

15　大震災と国家賠償(2)──震災による道路陥没
（福島地郡山支判平成 26・6・20）……40

16 行政の判断過程の審査（日光太郎杉事件）（東京高判昭和 48・7・13）………41

17 裁量判断を支える事実の審査（林試の森公園事件）（最二小判平成 18・9・4）
………44

18 市民と行政の情報格差——立証責任（伊方原発訴訟）

（最一小判平成 4・10・29）………47

　　I–2 処 分 性

　　I–2–1 公 　 式

19 処分性の一般的定式（東京都ごみ焼却場事件）（最一小判昭和 39・10・29）………49

　　　I–2–2 民事手続・刑事手続との関係

20 供託金取戻請求に対する却下決定（最大判昭和 45・7・15）………51

21 反則金の通告（最一小判昭和 57・7・15）………54

　　　I–2–3 法的効果

22 労災就学援護費の支給決定（最一小判平成 15・9・4）………56

23 不動産登記簿の表題部への所有者記載（最三小判平成 9・3・11）………59

　　　I–2–4 通 　 知

24 検疫所長の違反通知（最一小判平成 16・4・26）………63

25 輸入禁制品該当通知（最三小判昭和 54・12・25）………66

26 登記機関の拒否通知（最一小判平成 17・4・14）………70

　　I–2–5 勧 　 告

27 病院開設中止勧告（最二小判平成 17・7・15）………75

　　　I–2–6 一般的基準——告示

28 環境基準（東京高判昭和 62・12・24）………79

　　I–2–7 条 　 例

29 旧高根町簡易水道事業給水条例事件（最二小判平成 18・7・14）………84

30 保育所民営化条例事件（最一小判平成 21・11・26）………87

　　I–2–8 行政計画

31 第二種市街地再開発事業計画（最一小判平成 4・11・26）………89

32 用途地域の指定（最一小判昭和 57・4・22）………91

33 土地区画整理組合の設立認可（最三小判昭和 60・12・17）………93

目　次　vii

I-2-9　同意および通達

34　開発許可における公共施設管理者の同意（最一小判平成 7・3・23）⋯⋯⋯⋯98

35　墓地埋葬に関する通達（最三小判昭和 43・12・24）⋯⋯⋯⋯⋯⋯⋯⋯⋯102

36　函数尺事件（東京地判昭和 46・11・8）⋯⋯⋯⋯⋯⋯⋯⋯⋯⋯⋯⋯⋯105

　I-3　原告適格

　I-3-1　公　式

37　法律上の利益（ジュース表示事件）（最三小判昭和 53・3・14）⋯⋯⋯109

38　原告適格判断の考慮要素（小田急訴訟）（最大判平成 17・12・7）⋯⋯⋯111

　I-3-2　解釈方法

39　法律の合理的解釈による判断（伊達火力訴訟）（最三小判昭和 60・12・17）

⋯⋯⋯⋯⋯⋯⋯⋯⋯⋯⋯⋯⋯⋯⋯⋯⋯⋯⋯⋯⋯⋯⋯⋯⋯⋯⋯⋯115

40　目的を共通にする関連法規への着目（新潟空港訴訟）

（最二小判平成元・2・17）⋯⋯⋯⋯⋯⋯⋯⋯⋯⋯⋯⋯⋯⋯⋯118

41　優良運転者制度の保障する法律上の地位（最二小判平成 21・2・27）⋯⋯122

　I-3-3　法益としての生命・身体・財産

42　林地開発がもたらす災害からの保護（最三小判平成 13・3・13）⋯⋯⋯⋯124

43　大規模建築物倒壊からの保護（総合設計許可事件）

（最三小判平成 14・1・22）⋯⋯⋯⋯⋯⋯⋯⋯⋯⋯⋯⋯⋯⋯⋯126

　I-3-4　法益としての生活環境

44　風俗営業許可と近隣住民の利益（最一小判平成 10・12・17）⋯⋯⋯⋯⋯128

45　場外車券発売施設設置許可と周辺住民等の利益（最一小判平成 21・10・15）

⋯⋯⋯⋯⋯⋯⋯⋯⋯⋯⋯⋯⋯⋯⋯⋯⋯⋯⋯⋯⋯⋯⋯⋯⋯⋯⋯⋯131

　I-3-5　法益としての消費者利益・文化的利益

46　鉄道利用者の利益（近鉄特急訴訟）（最一小判平成元・4・13）⋯⋯⋯⋯135

47　文化財の保存等の利益（伊場遺跡訴訟）（最三小判平成元・6・20）⋯⋯⋯136

　I-3-6　法益としての競業者の利益

48　競業者の原告適格──一般廃棄物収集運搬業・処分業の更新処分

（最三小判平成 26・1・28）⋯⋯⋯⋯⋯⋯⋯⋯⋯⋯⋯⋯⋯⋯⋯138

　I-4　時間の経過と抗告訴訟の許容性

I-4-1 取消訴訟の出訴期間

49 出訴期間の計算（最一小判昭和 27・11・20）…………………………142

I-4-2 取消訴訟・無効確認訴訟の訴えの利益の事後消滅

I-4-2-1 法状態・事実状態の変化

50 権利侵害状態の解消（長沼ナイキ基地訴訟）（最一小判昭和 57・9・9）……144

51 原状回復の事実上の不能（最二小判平成 4・1・24）……………………148

52 法令の改廃・経過規定（最一小判昭和 57・4・8）………………………149

53 更新（東京 12 チャンネル事件）（最三小判昭和 43・12・24）……………152

54 処分の反復（最三小判昭和 42・9・19）……………………………………153

55 確認的処分（最二小判昭和 59・10・26）…………………………………156

I-4-2-2 過去の違法行為を争う利益

56 派生的法効果（最一小判平成 29・4・6）…………………………………158

57 事実上の不利益（最三小判昭和 55・11・25）……………………………160

58 係争処分に従わずに行った行為を正当化する利益

（最二小判平成 10・4・10）…………………………………………161

I-4-3 差止訴訟の許容性

59 現実の不利益（最一小判平成 24・2・9）…………………………………163

60 将来の不利益（広島地判平成 21・10・1）…………………………………167

I-5 抗告訴訟をめぐる救済手続の相互間関係

I-5-1 行政上の不服申立てと取消訴訟との関係

61 不服申立前置（最二小判昭和 36・7・21）…………………………………169

62 不服申立前置の緩和要件（最一小判昭和 59・6・28）…………………171

63 原処分主義（最三小判昭和 62・4・21）……………………………………173

64 裁決主義（東京地判平成 19・5・25）………………………………………173

I-5-2 無効確認訴訟の許容性

65 差止訴訟との関係（最三小判昭和 51・4・27）……………………………175

66 原状回復請求・処分のやり直しとの関係（最二小判昭和 62・4・17）……176

67 民事差止請求との関係（もんじゅ訴訟）（最三小判平成 4・9・22）………177

I-5-3 申請型義務付け訴訟と非申請型義務付け訴訟の許容性

目　次　ix

68 申　請　権（最二小判平成 21・4・17）……………………………………178

69 非申請型義務付け訴訟の許容性（東京地判平成 19・5・31）…………………180

70 申請型義務付け訴訟に係る併合強制

　　（①大阪地判平成 19・3・14，②大阪地判平成 21・9・25）………………………181

　　I‒6　抗告訴訟の管轄

71 管　　轄（最一小決平成 26・9・25）……………………………………………184

　　I‒7　抗告訴訟の審理の対象と手続

　　　I‒7‒1　処分の特定

72 義務付け訴訟における「一定の処分」（東京地判平成 20・2・29）……………186

73 差止訴訟における「一定の処分」（東京地判平成 20・1・29）…………………190

　　　I‒7‒2　自己の法律上の利益に関係のある違法

74 名　宛　人（東京地判昭和 46・5・19）…………………………………………192

75 第　三　者（東京高判平成 17・11・22）…………………………………………193

　　　I‒7‒3　違法性の承継

76 違法性の承継（最一小判平成 21・12・17）………………………………………198

　　　I‒7‒4　理由の差替え・違法行為の転換

77 不利益処分（最二小判昭和 42・4・21）…………………………………………201

78 申請拒否処分（ベンジジン労災訴訟）（最三小判平成 5・2・16）……………203

79 理由提示義務との関係(1)──文書非公開決定（最二小判平成 11・11・19）…204

80 理由提示義務との関係(2)──青色申告に対する更正処分

　　（最三小判昭和 56・7・14）………………………………………………………207

81 行政審判手続との関係（最大判昭和 51・3・10）………………………………209

　　　I‒7‒5　違法判断の基準時・瑕疵の治癒

82 違法判断の基準時(1)──行政法規の解釈（最一小判平成 11・11・25）………213

83 違法判断の基準時(2)──行政訴訟手続と行政手続との関係

　　（最三小判昭和 57・2・23）………………………………………………………216

84 実体法上の瑕疵の治癒（最三小判昭和 47・7・25）……………………………217

85 手続法上の瑕疵の治癒（最三小判昭和 47・12・5）……………………………219

　　　I‒7‒6　審理手続

86 証明責任(1)──推計課税（東京高判平成 6・3・30）…………………………221

87 証明責任(2)——放射線起因性 （最三小判平成 12・7・18）……………………222

88 証明責任(3)——行政裁量に関わる無効確認訴訟 （最二小判昭和 42・4・7）
……………………224

89 実質的証拠法則 （最一小判昭和 37・4・12）…………………………225

I-8 抗告訴訟の判決

90 形 成 力 （東京地決昭和 40・4・22）………………………………228

91 既 判 力 （横浜地判昭和 58・10・17）………………………………231

92 反復禁止効 （①大津地判平成 9・6・2, ②大阪高判平成 10・6・30）……232

93 拘束力と整合化義務 （最三小判平成 5・12・17）……………………235

94 拘束力と再考慮義務 （東京地判平成 13・9・25）……………………236

95 事情判決 （近鉄特急訴訟一審） （大阪地判昭和 57・2・19）…………238

I-9 当事者訴訟

96 形式的当事者訴訟 （最三小判平成 9・1・28）………………………239

97 実質的当事者訴訟 （東京地判平成 19・11・7）………………………241

I-10 複雑な訴訟形態

98 処分の複数の第三者による取消訴訟と訴額 （最二小決平成 12・10・13）……243

99 第三者の訴訟参加 （最一小決平成 14・9・26）………………………245

100 補助参加 （最三小決平成 15・1・24）………………………………246

101 関連請求 （最三小決平成 17・3・29）………………………………247

102 逆併合・民訴法による訴えの併合 （最三小判平成 5・7・20）………249

103 訴えの変更と出訴期間 （最二小判昭和 61・2・24）…………………251

I-11 仮の救済

I-11-1 執行停止

104 重大な損害(1)——退去強制 （大阪地決平成 19・3・30）……………254

105 重大な損害(2)——その他の不利益処分 （最三小決平成 19・12・18）……257

106 重大な損害(3)——処分の第三者 （奈良地決平成 21・11・26）…………260

107 執行停止の効果 （最一小決平成 11・1・11）…………………………262

I-11-2 その他の仮の救済

108 仮の義務付け （岡山地決平成 19・10・15）…………………………264

109 仮の差止め （大阪高決平成 19・3・1）………………………………266

目 次 xi

110 民事仮処分の制限（甲府地判昭和 38・11・28）‥‥‥‥‥‥‥‥‥‥269

    I-12 民衆訴訟・機関訴訟

      I-12-1 民衆訴訟

111 民衆訴訟の許否（最大判昭和 51・4・14）‥‥‥‥‥‥‥‥‥‥270

112 住民訴訟（最一小判昭和 53・3・30）‥‥‥‥‥‥‥‥‥‥‥‥274

      I-12-2 機関訴訟

113 機関訴訟の許否（最一小判昭和 28・5・28）‥‥‥‥‥‥‥‥‥276

114 （旧）職務執行命令訴訟（最大判平成 8・8・28）‥‥‥‥‥‥‥277

II 行政不服申立て————————————————————————283

    II-1 形式的要件

115 不服申立期間の起算点（最一小判平成 14・10・24）‥‥‥‥‥284

116 地方議会議員の不服申立権（最一小判昭和 56・5・14）‥‥‥285

117 第二次納税義務者の不服申立権（最一小判平成 18・1・19）‥‥‥288

    II-2 審理のあり方

118 職権探知（最一小判昭和 29・10・14）‥‥‥‥‥‥‥‥‥‥‥290

119 口頭審理（最一小判平成 2・1・18）‥‥‥‥‥‥‥‥‥‥‥‥291

120 壁面線指定と不服申立ての教示（最一小判昭和 61・6・19）‥‥294

121 審査委員会の中立性（東京高判平成 10・9・30）‥‥‥‥‥‥‥296

122 審査庁の審理不尽（仙台高判平成 9・10・29）‥‥‥‥‥‥‥‥297

123 審査庁の調査メモに対する閲覧請求権（大阪地判昭和 44・6・26）‥‥‥299

124 口頭による意見陳述権（東京地判昭和 45・2・24）‥‥‥‥‥‥300

    II-3 裁　　決

125 人事院の修正裁決（最三小判昭和 62・4・21）‥‥‥‥‥‥‥‥301

126 審査決定の理由付記（最二小判昭和 37・12・26）‥‥‥‥‥‥303

    II-4 執行停止

127 行審法による執行不停止決定に対する取消訴訟

      （東京地判平成 28・11・29）‥‥‥‥‥‥‥‥‥‥‥‥‥‥‥305

Ⅲ　国家賠償と損失補償―――――――――――――――――――307

Ⅲ-1　国家賠償責任の特徴と現代的展開

Ⅲ-1-1　国家無答責からの転換

128 明治憲法下の国家賠償（東京高判平成 17・6・23）……………………308

Ⅲ-1-2　民事不法行為責任との対比と類比

129 パトカー追跡事件（最一小判昭和 61・2・27）………………………311
130 学校事故――安全確保と注意義務（最二小判平成 20・4・18）………313
131 勾留中の患者の診療行為（最一小判平成 17・12・8）………………315

Ⅲ-1-3　予防接種禍の救済

132 過失立証負担の軽減（最二小判平成 3・4・19）………………………318
133 損失補償請求の可否と組織過失（東京高判平成 4・12・18）…………320
134 因果関係の立証（B 型肝炎訴訟）（最二小判平成 18・6・16）………323

Ⅲ-1-4　私人による行政と国家賠償

135 民営児童養護施設における事故と県の責任（最一小判平成 19・1・25）…325

Ⅲ-1-5　国際化と国家賠償

136 相互保証主義の憲法適合性とその適用（東京地判平成 14・6・28）…………328

Ⅲ-2　国家賠償法 1 条責任

Ⅲ-2-1　公権力の行使

137 国有林の管理と私経済作用――国の分収育林事業
　　（大阪地判平成 26・10・9）………………………………………332
138 行政指導（静岡地判昭和 58・2・4）……………………………………333

Ⅲ-2-2　公　務　員

139 国立大学法人職員の行為（東京地判平成 21・3・24）………………336
140 加害公務員・加害行為の特定（最一小判昭和 57・4・1）……………337

Ⅲ-2-3　職務行為関連性

141 県立高校ラグビー部顧問の行為（最二小判昭和 58・7・8）…………339
142 刑務官による私的目的での情報漏洩（鳥取地判平成 24・7・17）…………341

Ⅲ-2-4　違法性およびその過失との関係

Ⅲ-2-4-1　一　般

目　次　xiii

143 委任立法の違法と公務員の過失（監獄法事件）（最三小判平成 3・7・9）…343

144 法令解釈を誤った通知（通達）と処分（最一小判平成 16・1・15）…………345

145 非権力活動としての計画変更の違法性（最一小判平成 10・10・8）………348

146 更正処分における違法性（最一小判平成 5・3・11）……………………350

147 通達の発出・継続における違法性と過失（最一小判平成 19・11・1）…353

  Ⅲ-2-4-2 規制権限の不行使／過小行使

  Ⅲ-2-4-2-1 経済規制

148 宅建業者に対する免許付与と監督（最二小判平成元・11・24）………357

149 抵当証券業者に対する監督（大和都市管財事件）
 （大阪高判平成 20・9・26）……………………………………359

  Ⅲ-2-4-2-2 生命／健康の保護

150 水質二法の権限不行使（水俣病関西訴訟）（最二小判平成 16・10・15）…362

  Ⅲ-2-4-3 保護規範と利益の諸相

151 建築確認を受けた建築主の利益（偽装設計事件）
 （最三小判平成 25・3・26）……………………………………365

152 図書の廃棄と人格的利益（最一小判平成 17・7・14）……………………370

153 犯罪捜査と反射的利益（最一小判平成 17・4・21）………………………372

  Ⅲ-2-5 行政以外の国家行為における違法性

  Ⅲ-2-5-1 立法行為・立法不作為

154 再婚禁止期間の違憲立法国賠（最大判平成 27・12・16）………………374

  Ⅲ-2-5-2 裁判，民事執行および調停

155 民事訴訟における過程と違法性（最二小判昭和 57・3・12）……………377

156 刑事訴訟における過程と違法性（最二小判平成 2・7・20）………………379

157 執行官の現況調査（最三小判平成 9・7・15）………………………………380

158 公害調停の打切りと違法性（最一小判平成 27・3・5）…………………382

  Ⅲ-2-5-3 刑事手続における行為

159 検察官の起訴・公訴追行の違法性（最二小判昭和 53・10・20）………384

160 逮捕状請求段階での国家賠償請求（最二小判平成 5・1・25）…………385

161 接見交通の利益——秘密面会申出の拒否（最三小判平成 25・12・10）……386

  Ⅲ-2-6 故意・過失

Ⅲ-2-7　他の救済手段，とくに抗告訴訟との関係

162　固定資産税賦課決定と国家賠償（最一小判平成 22・6・3）…………………390

163　強制執行における救済手続と国家賠償（最三小判昭和 57・2・23）…………392

164　取消訴訟判決の既判力と国家賠償（東京高判昭和 62・8・31）………………394

Ⅲ-2-8　公務員への求償と個人責任

165　公務員に対する求償とその範囲（最二小判平成 29・9・15）…………………397

166　個人責任の否定（最三小判昭和 30・4・19）……………………………………401

167　個人責任の肯定例（警察による盗聴事件）（東京地判平成 6・9・6）………402

Ⅲ-3　国家賠償法 2 条責任

Ⅲ-3-1　2 条責任の意義——民法 717 条との関係

168　国立公園での事故（奥入瀬渓谷事件）（東京高判平成 19・1・17）…………404

Ⅲ-3-2　公の営造物

Ⅲ-3-3　設置管理の瑕疵

Ⅲ-3-3-1　道　　路

169　落石事故と予算措置（高知落石事件）（最一小判昭和 45・8・20）…………406

170　故障車放置と瑕疵（最三小判昭和 50・7・25）………………………………408

Ⅲ-3-3-2　河　　川

171　未改修河川における管理瑕疵（大東水害訴訟）（最一小判昭和 59・1・26）
……………………………………………………………………………………409

172　既改修河川における瑕疵（多摩川水害訴訟）（最一小判平成 2・12・13）…412

Ⅲ-3-3-3　機能的瑕疵——空港／道路騒音

173　空港騒音（大阪国際空港訴訟）（最大判昭和 56・12・16）…………………414

174　道路公害（国道 43 号線訴訟）（最二小判平成 7・7・7）……………………416

Ⅲ-3-3-4　安全対策の態様と瑕疵

175　営造物の本来の用法と瑕疵基準（校庭開放事件）（最三小判平成 5・3・30）
……………………………………………………………………………………417

176　事故のリスクと安全対策（国道キツネ飛び出し事件）
（最三小判平成 22・3・2）………………………………………………………419

Ⅲ-4　賠償責任者と負担割合

目　次　xv

177 教員給与負担者の賠償負担（最二小判平成 21・10・23）……………420

 Ⅲ-5 民法の適用

178 失火責任法の消防活動への適用（最二小判昭和 53・7・17）……………423

 Ⅲ-6 特別法による責任制限

179 郵便法の責任制限の違憲性（最大判平成 14・9・11）………………………424

 Ⅲ-7 損失補償

  Ⅲ-7-1 損失補償の憲法上の基礎

180 憲法による直接請求の可否（最大判昭和 43・11・27）…………………………427

181 緊急裁決制度の憲法 29 条 3 項適合性（最一小判平成 15・12・4）……………429

182 正当な補償とは何か（最三小判平成 14・6・11）……………………………431

  Ⅲ-7-2 損失補償の要否

   Ⅲ-7-2-1 制限目的との関係

183 破壊消防による損失補償（最三小判昭和 47・5・30）……………………434

184 消防法上の規制によるガソリンタンク移設と補償

  （最二小判昭和 58・2・18）……………………………………………435

185 ため池保全条例による土地利用規制（最大判昭和 38・6・26）……………438

   Ⅲ-7-2-2 権利の内容と制限の態様

186 市営と畜場の廃止と利用業者の利益（最三小判平成 22・2・23）……………440

187 長期にわたる都市計画制限（最三小判平成 17・11・1）……………………443

  Ⅲ-7-3 損失補償の内容

   Ⅲ-7-3-1 正当な補償

   Ⅲ-7-3-2 土地収用における補償の範囲

188 文化財的価値（最一小判昭和 63・1・21）…………………………448

189 生活再建措置（岐阜地判昭和 55・2・25）…………………………449

   Ⅲ-7-3-3 自然公園法上の不許可補償

190 不許可補償の要否（東京地判平成 2・9・18）………………………451

  Ⅲ-7-4 補償の算定・支払時期・補償手続

   Ⅲ-7-4-1 算 定

   Ⅲ-7-4-2 支払時期

Ⅲ-7-4-3 手　　続

Ⅲ-8　国家賠償と損失補償の谷間

　Ⅲ-8-1　予防接種禍

　Ⅲ-8-2　戦争被害

191 連合国との平和条約と損失補償（最大判昭和43・11・27）‥‥‥‥‥‥454

192 外国人による損失補償請求（最一小判平成13・11・22）‥‥‥‥‥‥456

　Ⅲ-8-3　社会保障との関係

193 原爆医療法の国家補償的性格（最一小判昭和53・3・30）‥‥‥‥‥457

　Ⅲ-8-4　刑事補償

194 刑事補償の対象（最三小決平成3・3・29）‥‥‥‥‥‥‥‥‥459

判例索引　461

※担当内訳

大橋…*37〜48, 115〜119*

斎藤…*114*（事実および判旨），*Ⅲ-1-1*（見出し下説明），
128〜136，Ⅲ-2-8（見出し下説明），*165, 180
〜187*

山本…*Ⅰ-2-4*（見出し下説明），*24*（事実・判旨および
R2）），*26, 72〜75, 82〜85, 98〜103, 111〜
113、114（R1）〜R3*）），*151*

飯島…*1〜6，8・9，61〜70*

太田…*7, 19〜23, 24（R1*）），*25, 27〜36*

大脇…*14・15, 154, 168，Ⅲ-3-2*（見出し下説明），
169〜179，Ⅲ-7-4-1〜Ⅲ-7-4-3・Ⅲ-8（各見出
し下説明），*191〜194*

興津…*71, 76〜81, 86〜97, 158*

島村…*10〜13, 16〜18, 120〜127*

徳本…*152・153, 155〜157, 159〜161，Ⅲ-2-6*（見
出し下説明），*162〜164, 166・167，Ⅲ-7-3-
1・Ⅲ-7-3-2*（各見出し下説明），*188〜190*

中原…*49〜60, 104〜110*

原田…*Ⅲ-2-1*（見出し下説明），*137〜150*

凡 例

1. 行政救済法の分野から学習上重要な判例・裁判例を194件選び，内容を表す見出しをつけて配列した。

2. 各判例には，あわせて下級審判決・決定を掲げた。地裁・高裁で確定したことが判明している判例については，その旨を判旨冒頭で明示した。また，上級審判決や関連する判例を *Reference* に掲げた。

3. 『行政判例百選I・II［第7版］』またはジュリスト増刊『各年度重要判例解説』に掲載されている判例には，その判例番号を付記した。

4. 各判例には，法学協会雑誌，自治研究，判例評論，法曹時報に掲載された判例評釈・解説を掲げた。そのうち，法曹時報掲載の最高裁調査官による判例解説は，『最高裁判所判例解説』（民事篇）（刑事篇）の各年度版にも収録されている。

5. X は原告，Y は被告ないし被告人，A，B，C 等はそれ以外の関係者を表す。行政側の当事者については原則として行政主体名ないし行政機関名も明示することとした。

6. 法令名は適宜略語を用いた。

7. 「*3*」は *3* 判決，「*10R 1*)」は *10* 判決の *Reference* の *1*)，第I巻 *15*（*16*）は『行政法判例集　総論・組織法I』（有斐閣，2013年）の *15* 判決（同書第2版では *16* 判決として収録予定）を意味する。

8. 本書は，一般には閲覧がむずかしい『最高裁判所裁判集民事・刑事』（集民・集刑）に掲載された判決をとりあげているが，これは，裁判所ホームページの判例検索システムで閲覧することができる。また，公刊物には掲載されていないが，同検索システムで閲覧できる判決には，裁判所 WEB と付記した。その他，判例集未登載とある判決でも，各種の判例データベースで閲覧できる場合がある。

　なお，本書に収録された判例の全体に関わる法改正について註記しておく。

1. 中央省庁等改革関連法により，2001年に国の省庁が全面的に再編成されたが，本書に収録された判例の相当部分は，それ以前の省庁の長等を当事者とするものである。

2. 本書に収録された判例の中には，「機関委任事務」制度により，地方公共団体の執行機関が国の機関として行政作用を行っている事例があるが，「機関委任事務」制度は1999年の地方分権一括法により廃止されている。

3. 4号請求住民訴訟（地方自治法242条の2第1項4号）は，かつては原告住民が地方公共団体に代位して被告個人に対し請求権を行使するものであったが，2002年の地方自治法改正により，原告住民が地方公共団体の機関を被告として，個人に対し請求権

を行使するよう求めるものに構造が改められている。本書に収録された4号請求住民訴訟の相当部分は，法改正前のものである。

4. 本書には，2004年の行政事件訴訟法改正前の判決と改正後の判決が収録されている。その点に関して，以下のことに注意を要する。

　①法改正により，抗告訴訟の被告が原則として行政庁から国または公共団体に改められた（行訴法11条）。

　②法改正前の判決には，改正法およびその趣旨に適合するか，検討を要するものが含まれている（例えば，*I–3*の原告適格に関する判例）。

　③法改正により新たに法定された事項については，判例の動向が必ずしも固まっておらず，代表例となる判決を挙げることが未だ困難な状況にある。本書に挙げた判例は，あくまで本書編集時点で学習の便宜を考慮して選んだものである（例えば，*I–5–3*の義務付け訴訟に関する判例）。

5. 本書には，2014年の行政不服審査法全部改正前の判決と改正後の判決が収録されている。その点に関して，以下のことに注意を要する。

　①本書に収録された判例の中には，処分庁または不作為庁に対する「異議申立て」が行われている事例があるが，法改正により，不服申立先が原処分庁であるか否かを基準に，不服申立てを「異議申立て」と審査請求とに分類する制度は改められ，原処分庁に対する不服申立ては，簡易な「再調査の請求」という特別な手続を除き，審査請求に一本化されている。

　②審査請求期間について，「処分があったことを知った日の翌日から起算して60日以内」としていた旧法14条1項の定めが，新法18条1項では「3月」に延長される等の改正が行われた。

　③行政不服審査法の改正と併せて，個別法の改正により審査請求前置の範囲が縮小され，例えば，都市計画法上の開発許可や建築基準法上の建築確認等について，審査請求前置の定めが廃止された。

執筆者紹介（五十音順）

*編者

＊大橋洋一（おおはし　よういち）	学習院大学教授
＊斎藤　誠（さいとう　まこと）	東京大学教授
＊山本隆司（やまもと　りゅうじ）	東京大学教授
飯島淳子（いいじま　じゅんこ）	東北大学教授
太田匡彦（おおた　まさひこ）	東京大学教授
大脇成昭（おおわき　しげあき）	九州大学教授
興津征雄（おきつ　ゆきお）	神戸大学教授
島村　健（しまむら　たけし）	神戸大学教授
徳本広孝（とくもと　ひろたか）	中央大学教授
中原茂樹（なかはら　しげき）	関西学院大学教授
原田大樹（はらだ　ひろき）	京都大学教授

I 行政訴訟

⇨1

I-1 行政訴訟の特色

1 実効的権利救済（浜松市土地区画整理事業事件）

最大判平成 20（2008）・9・10［百選 II 152］
民集 62 巻 8 号 2029 頁；判時 2020 号 18 頁
（評釈）大貫裕之・判評 615（判時 2069）号 2 頁，増田稔・曹時 63 巻 1
号 203 頁
（一審）静岡地判平成 17（2005）・4・14 民集 62 巻 8 号 2061 頁〔参〕
（二審）東京高判平成 17（2005）・9・28 判自 310 号 77 頁

■**事実**　浜松市 Y_1 は，遠州鉄道鉄道線（西鹿島線）の連続立体交差事業の一環とし
て，上島駅の高架化と併せて同駅周辺の公共施設の整備改善等を図るため，西遠広域
都市計画事業上島駅周辺土地区画整理事業を計画し，土地区画整理法（平成 17 年法
34 号による改正前のもの）52 条 1 項の規定に基づき，静岡県知事 Y_2 から，事業計画
において定める設計の概要について認可を受けたうえで，事業計画の決定・公告を行
った。施行地区内の土地所有者である X らは，本件事業は公共施設の整備改善およ
び宅地の利用増進という法所定の事業目的を欠くものであるなどと主張して，Y_2 の
認可および Y_1 の事業計画決定の取消しを求めて出訴した。

　一審は，Y_2 の認可について，設計の概要は，土地区画整理事業の設計上の基礎的
事項を一般的抽象的に定めるものであるし，設計の概要の認可は，行政機関相互間の
行為であって，外部に対する効力を有するものではないなどとして，その処分性を否
定し，また，Y_1 の事業計画決定について，最大判昭和 41（1966）・2・23 民集 20 巻
2 号 271 頁［重判昭 41 行 3］（青写真判決）を引用し，その処分性を否定した。二審
は，一審を支持して，X らの控訴を棄却した。これに対し，X らが上告。最高裁第
三小法廷は，Y_1 の事業計画決定の取消請求について大法廷に回付し，大法廷は，判
例変更を行って，事業計画決定の処分性を肯定した。なお，Y_2 の認可の取消請求に
ついては，上告申立てが不受理とされ（最三小決平成 19（2007）・12・5），一審の訴え
却下の判決が確定した。

■**判旨**　破棄自判，地裁へ差戻し。

「［土地区画整理事業の事業計画の］公告がされると，換地処分の公告がある日
まで，施行地区内において，土地区画整理事業の施行の障害となるおそれがあ
る土地の形質の変更若しくは建築物その他の工作物の新築，改築若しくは増築
を行い，又は政令で定める移動の容易でない物件の設置若しくはたい積を行お
うとする者は，都道府県知事の許可を受けなければならず（［土地区画整理］法
76 条 1 項），これに違反した者がある場合には，都道府県知事は，当該違反者

2　　I　行 政 訴 訟

⇨1

又はその承継者に対し，当該土地の原状回復等を命ずることができ（同条4項），この命令に違反した者に対しては刑罰が科される（法140条）。」

「事業計画が決定されると，当該土地区画整理事業の施行によって施行地区内の宅地所有者等の権利にいかなる影響が及ぶかについて，一定の限度で具体的に予測することが可能になるのである。そして，土地区画整理事業の事業計画については，いったんその決定がされると，特段の事情のない限り，その事業計画に定められたところに従って具体的な事業がそのまま進められ，その後の手続として，施行地区内の宅地について換地処分が当然に行われることになる。前記の建築行為等の制限は，このような事業計画の決定に基づく具体的な事業の施行の障害となるおそれのある事態が生ずることを防ぐために法的強制力を伴って設けられているのであり，しかも，施行地区内の宅地所有者等は，換地処分の公告がある日まで，その制限を継続的に課され続けるのである。

そうすると，施行地区内の宅地所有者等は，事業計画の決定がされることによって，前記のような規制を伴う土地区画整理事業の手続に従って換地処分を受けるべき地位に立たされるものということができ，その意味で，その法的地位に直接的な影響が生ずるものというべきであり，事業計画の決定に伴う法的効果が一般的，抽象的なものにすぎないということはできない。」

「もとより，換地処分を受けた宅地所有者等やその前に仮換地の指定を受けた宅地所有者等は，当該換地処分等を対象として取消訴訟を提起することができるが，換地処分等がされた段階では，実際上，既に工事等も進ちょくし，換地計画も具体的に定められるなどしており，その時点で事業計画の違法を理由として当該換地処分等を取り消した場合には，事業全体に著しい混乱をもたらすことになりかねない。それゆえ，換地処分等の取消訴訟において，宅地所有者等が事業計画の違法を主張し，その主張が認められたとしても，当該換地処分等を取り消すことは公共の福祉に適合しないとして事情判決（行政事件訴訟法31条1項）がされる可能性が相当程度あるのであり，換地処分等がされた段階でこれを対象として取消訴訟を提起することができるとしても，宅地所有者等の被る権利侵害に対する救済が十分に果たされるとはいい難い。そうすると，事業計画の適否が争われる場合，実効的な権利救済を図るためには，事業計画の決定がされた段階で，これを対象とした取消訴訟の提起を認めることに合理性があるというべきである。」

「以上によれば，市町村の施行に係る土地区画整理事業の事業計画の決定は，

I–*1*　行政訴訟の特色　　3

⇨1

施行地区内の宅地所有者等の法的地位に変動をもたらすものであって，抗告訴訟の対象とするに足りる法的効果を有するものということができ，実効的な権利救済を図るという観点から見ても，これを対象とした抗告訴訟の提起を認めるのが合理的である。したがって，上記事業計画の決定は，行政事件訴訟法3条2項にいう「行政庁の処分その他公権力の行使に当たる行為」に当たると解するのが相当である。」

藤田宙靖裁判官の**補足意見**「私自身は，土地利用計画と異なる土地区画整理事業計画決定の固有の問題は，本来，換地制度をその中核的骨格とするこの制度の特有性からして，私人の救済の実効性を保障するためには事業計画決定の段階で出訴することを認めざるを得ないというところにあるものと考える。」

泉徳治裁判官の**補足意見**「土地区画整理事業の事業計画の決定及び公告の本質的効果は，都市計画事業としての土地区画整理事業の施行権の付与にある。……土地区画整理事業の施行権の付与の効果及び［付随的な効果にとどまる］建築行為等の制限の効果は，いずれも公告された事業計画の決定が抗告訴訟の対象となることを理由付けるものと考える……。」

涌井紀夫裁判官の**意見**「土地区画整理事業の事業計画の決定については，それが［施行地区内の土地所有者の所有地売却に際し，現実的で深刻な影響をもたらすような］建築制限等の法的効果を持つことのみで，その処分性を肯定することが十分に可能であり，また，そのように解することが相当なものと考えられるのである。」

（裁判長裁判官 島田仁郎，裁判官 横尾和子，藤田宙靖，甲斐中辰夫，泉徳治，才口千晴，津野修，今井功，中川了滋，堀籠幸男，古田佑紀，那須弘平，涌井紀夫，田原睦夫，近藤崇晴）

▶*Reference 1*）土地区画整理事業は，都計法上の都市計画決定の後，土地区画整理法に基づく事業計画の認可・決定・公告を経て，換地処分等の最終処分に至る段階的作用である。このような事業型・非完結型の中間段階に当たる事業計画決定について，青写真論，付随的効果論および争訟未成熟性論をもって，その処分性を否定した前掲最大判昭和41（1966）・2・23が長らくの間通用してきたが，本判決は，2004年行訴法改正の際の基本理念ともされた実効的権利救済という観点を踏まえ，判例変更を行った。

2）本判決における近藤崇晴裁判官の補足意見について，公定力と違法性の承継につき*76R2*），および，取消判決の第三者効（対世効）と第三者の手続保障につき*90R3*）を参照のこと。

3）差戻後一審（静岡地判平成23（2011）・2・25判自348号73頁）は，Xらの請求を棄却した。

⇨2

2 司法権の責務（宝塚市パチンコ店規制条例事件）

最三小判平成 14（2002）・7・9［百選 I 109］
民集 56 巻 6 号 1134 頁；判時 1798 号 78 頁
（評釈）田村泰俊・自治研究 80 巻 2 号 126 頁，南川諦弘・判評 534（判時 1821）号 11 頁，福井章代・曹時 57 巻 4 号 203 頁
（一審）神戸地判平成 9（1997）・4・28 行裁例集 48 巻 4 号 293 頁；判時 1613 号 36 頁
（二審）大阪高判平成 10（1998）・6・2 判時 1668 号 37 頁

■事実 「宝塚市パチンコ店等，ゲームセンター及びラブホテルの建築等の規制に関する条例」（以下「本件条例」という）は，パチンコ店等の建築等をしようとする者は，あらかじめ市長の同意を得なければならないこと（3条），市長は，施設の位置が市街化調整区域であるときまたは商業地域以外の用途地域であるときは，同意しないものとすること（4条），市長は，3条に違反して建築等をしようとする者等に対し，建築等の中止，原状回復その他必要な措置を講じるよう命じることができること（8条）等を定めていた（ただし，命令違反に対する罰則の規定はなかった）。Y は，準工業地域内にある本件土地にパチンコ店を建築することを計画し，宝塚市長 A に対して建築同意申請をしたが，不同意とされた。Y は，建築主事により建築確認申請書の受理を拒否されたが，建築審査会に対して審査請求を行い，不受理処分を取り消す旨の裁決を得て，建築主事より建築確認を受けた。Y が建築工事に着手したところ，A は本件条例 8 条に基づき建築工事中止命令を発したが，Y がこれに従わず工事を続行したため，宝塚市 X は，工事の続行禁止を求める訴えを提起した。

　一審は，本件条例は，風営法および建基法に反し無効であるとして，X の請求を棄却し，二審も同様の理由で X の控訴を棄却した。これに対し，X が上告。最高裁は，一審・二審とは異なり，地方公共団体が専ら行政権の主体として国民に対して行政上の義務の履行を求める訴訟は法律上の争訟に当たらないとして，訴えを却下した。

■判旨 原判決破棄，一審取消し，訴え却下。

「行政事件を含む民事事件において裁判所がその固有の権限に基づいて審判することのできる対象は，裁判所法 3 条 1 項にいう「法律上の争訟」，すなわち当事者間の具体的な権利義務ないし法律関係の存否に関する紛争であって，かつ，それが法令の適用により終局的に解決することができるものに限られる（最高裁昭和……56［1981］年 4 月 7 日第三小法廷判決・民集 35 巻 3 号 443 頁参照）。国又は地方公共団体が提起した訴訟であって，財産権の主体として自己の財産上の権利利益の保護救済を求めるような場合には，法律上の争訟に当たるというべきであるが，国又は地方公共団体が専ら行政権の主体として国民に対して行政上の義務の履行を求める訴訟は，法規の適用の適正ないし一般公

I -1 行政訴訟の特色　5

⇨*3*

益の保護を目的とするものであって，自己の権利利益の保護救済を目的とする
ものということはできないから，法律上の争訟として当然に裁判所の審判の対
象となるものではなく，法律に特別の規定がある場合に限り，提起することが
許されるものと解される。そして，行政代執行法は，行政上の義務の履行確保
に関しては，別に法律で定めるものを除いては，同法の定めるところによるも
のと規定して（1条），同法が行政上の義務の履行に関する一般法であること
を明らかにした上で，その具体的な方法としては，同法2条の規定による代執
行のみを認めている。また，行政事件訴訟法その他の法律にも，一般に国又は
地方公共団体が国民に対して行政上の義務の履行を求める訴訟を提起すること
を認める特別の規定は存在しない。したがって，国又は地方公共団体が専ら行
政権の主体として国民に対して行政上の義務の履行を求める訴訟は，裁判所法
3条1項にいう法律上の争訟に当たらず，これを認める特別の規定もないから，
不適法というべきである。

　本件訴えは，地方公共団体であるXが本件条例8条に基づく行政上の義務
の履行を求めて提起したものであり，原審が確定したところによると，当該義
務がXの財産的権利に由来するものであるという事情も認められないから，
法律上の争訟に当たらず，不適法というほかはない。」

（裁判長裁判官　金谷利廣，裁判官　奥田昌道，濱田邦夫，上田豊三）

　▶*Reference 1*）　最高裁は，本判決以前に，那覇市長による文書公開決定に対して国が
　取消訴訟を提起した事案において，「［国が］建物の所有者として有する固有の利益が侵
　害されること」に着目して，法律上の争訟性を肯定していた（最二小判平成13
　（2001）・7・13判自223号22頁［百選II 142]）。

　　2）　2000年地自法改正により，国の関与に対する地方公共団体の出訴権が認められ，
　この訴えは実定法上機関訴訟として整理されている。抗告訴訟としての出訴が，そのよ
　うな規定なくして認められるか否かという論点は，地方公共団体がその固有の資格にお
　いて国の関与を争う場合について本判決の射程が及ぶか否かという問題と，密接に関係
　している。

　　3）　本判決につきI巻*207*〔*209*〕，また，本件一審につきI巻*21*〔*20*〕も参照のこ
　と。

3　憲法訴訟としての実質的当事者訴訟(1)（国籍法違憲訴訟）

最大判平成20（2008）・6・4［重判平20行7］
民集62巻6号1367頁；判時2002号3頁
（評釈）木村草太＝大村敦志・法協127巻2号335頁，市川正人・判評
599（判時2021）号2頁，森英明・曹時62巻7号240頁

⇒3

（一審）東京地判平成 17 （2005）・4・13 判時 1890 号 27 頁
（二審）東京高判平成 18 （2006）・2・28 家裁月報 58 巻 6 号 47 頁

■**事実**　法律上の婚姻関係にない日本国民である父とフィリピン共和国籍を有する母
との間に日本において出生した X は，出生後父から認知されたことを理由として，
2003 年に法務大臣あてに国籍取得届を提出したところ，国籍取得の条件を備えてお
らず，日本国籍を取得していないものとされたことから，国 Y に対し，日本国籍を
有することの確認を求めて訴えを提起した。当時の国籍法の下では，両親の一方のみ
が日本国民である非嫡出子のうち，日本人母の子および日本人父の胎児認知子は，出
生により日本国籍を取得するが（2 条 1 号），日本人父の生後認知子は，父母の婚姻お
よびその認知により嫡出子たる身分を取得し準正子となれば，届出により日本国籍を
取得できる一方（3 条 1 項），非準正子は帰化により日本国籍を取得するしかなかった。
　一審は X の請求を認容したが，二審は一審判決を取り消して X の請求を棄却した。
これに対し，X が上告。最高裁は，原判決を破棄し，国籍法 3 条 1 項が，日本人父
の生後認知子のうち，準正子と非準正子との間に日本国籍取得に関する区別を生じさ
せていることは，憲法 14 条 1 項に違反するとしたうえで，準正要件を除いた要件が
満たされるときは，国籍法 3 条 1 項に基づいて日本国籍を取得するとして，X が日
本国籍を取得したものと認めた。以下では，訴訟方法に関する判示のみを取り上げる。

■**判旨**　破棄自判。
　「国籍法 3 条 1 項が日本国籍の取得について過剰な要件を課したことにより
本件区別が生じたからといって，本件区別による違憲の状態を解消するために
同項の規定自体を全部無効として，準正のあった子（以下「準正子」という。）
の届出による日本国籍の取得をもすべて否定することは，血統主義を補完する
ために出生後の国籍取得の制度を設けた同法の趣旨を没却するものであり，立
法者の合理的意思として想定し難いものであって，採り得ない解釈であるとい
わざるを得ない。そうすると，準正子について届出による日本国籍の取得を認
める同項の存在を前提として，本件区別により不合理な差別的取扱いを受けて
いる者の救済を図り，本件区別による違憲の状態を是正する必要があることに
なる。」
　「このような見地に立って是正の方法を検討すると，憲法 14 条 1 項に基づく
平等取扱いの要請と国籍法の採用した基本的な原則である父母両系血統主義と
を踏まえれば，日本国民である父と日本国民でない母との間に出生し，父から
出生後に認知されたにとどまる子についても，血統主義を基調として出生後に
おける日本国籍の取得を認めた同法 3 条 1 項の規定の趣旨・内容を等しく及ぼ

I-*1*　行政訴訟の特色　　7

⇨*3*

すほかはない。すなわち，このような子についても，父母の婚姻により嫡出子たる身分を取得したことという部分を除いた同項所定の要件が満たされる場合に，届出により日本国籍を取得することが認められるものとすることによって，同項及び同法の合憲的で合理的な解釈が可能となるものということができ，この解釈は，本件区別による不合理な差別的取扱いを受けている者に対して直接的な救済のみちを開くという観点からも，相当性を有するものというべきである。

そして，上記の解釈は，本件区別に係る違憲の瑕疵を是正するため，国籍法3条1項につき，同項を全体として無効とすることなく，過剰な要件を設けることにより本件区別を生じさせている部分のみを除いて合理的に解釈したものであって，その結果も，準正子と同様の要件による日本国籍の取得を認めるにとどまるものである。この解釈は，日本国民との法律上の親子関係の存在という血統主義の要請を満たすとともに，父が現に日本国民であることなど我が国との密接な結び付きの指標となる一定の要件を満たす場合に出生後における日本国籍の取得を認めるものとして，同項の規定の趣旨及び目的に沿うものであり，この解釈をもって，裁判所が法律にない新たな国籍取得の要件を創設するものであって国会の本来的な機能である立法作用を行うものとして許されないと評価することは，国籍取得の要件に関する他の立法上の合理的な選択肢の存在の可能性を考慮したとしても，当を得ないものというべきである。

したがって，日本国民である父と日本国民でない母との間に出生し，父から出生後に認知された子は，父母の婚姻により嫡出子たる身分を取得したという部分を除いた国籍法3条1項所定の要件が満たされるときは，同項に基づいて日本国籍を取得することが認められるというべきである。」

藤田宙靖裁判官の**補足意見**　「〔国籍法3条1項〕に準正要件が置かれていることによって違憲の結果が生じているのは，多数意見がいうように同条が「過剰な」要件を設けているからではなく，むしろいわば「不十分な」要件しか置いていないからというべきなのであって，同項の合理的解釈によって違憲状態を解消しようとするならば，それは「過剰な」部分を除くことによってではなく，「不十分な」部分を補充することによってでなければならないのである。」

「著しく不合理な差別を受けている者を個別的な訴訟の範囲内で救済するために，立法府が既に示している基本的判断に抵触しない範囲で，司法権が現行法の合理的拡張解釈により違憲状態の解消を目指すことは，全く許されないこ

とではないと考える。」

甲斐中辰夫，堀籠幸男両裁判官の**反対意見**「本件において憲法 14 条 1 項に違反することとなるのは，国籍法 3 条 1 項の規定自体ではなく，非準正子に届出により国籍を付与するという法が存在しないという立法不作為の状態であ［る］。」

「［立法不存在の違憲状態］を是正するためには，法の解釈・適用により行うことが可能でなければ，国会の立法措置により行うことが憲法の原則である（……）。」

「多数意見は，……法律にない新たな国籍取得の要件を創設するものであって，実質的に司法による立法に等しいといわざるを得［ない］。」

（裁判長裁判官　島田仁郎，裁判官　横尾和子，藤田宙靖，甲斐中辰夫，泉德治，才口千晴，津野修，今井功，中川了滋，堀籠幸男，古田佑紀，那須弘平，涌井紀夫，田原睦夫，近藤崇晴）

▶*Reference 1*)　本判決を受けて，平成 20 年法 88 号により，国籍法 3 条 1 項は，「父又は母が認知した子で二十歳未満のもの（日本国民であった者を除く。）は，認知をした父又は母が子の出生の時に日本国民であった場合において，その父又は母が現に日本国民であるとき，又はその死亡の時に日本国民であったときは，法務大臣に届け出ることによって，日本の国籍を取得することができる」と改正された（平成 30 年法 59 号により「十八歳未満」に改正）。
　　2)　実質的当事者訴訟に関する *97R2*）も参照のこと。

4　憲法訴訟としての実質的当事者訴訟 (2)（在外国民選挙権訴訟）

最大判平成 17（2005）・9・14［百選Ⅱ 208］
　　民集 59 巻 7 号 2087 頁；判時 1908 号 36 頁
　　（評釈）木村草太・法協 124 巻 6 号 1490 頁，赤坂正浩・判評 572（判時
　　　　　1937）号 9 頁，杉原則彦・曹時 58 巻 2 号 279 頁
　　（一審）東京地判平成 11（1999）・10・28 判時 1705 号 50 頁
　　（二審）東京高判平成 12（2000）・11・8 判タ 1088 号 133 頁

■**事実**　在外国民の選挙権の行使は，従前はおよそ認められていなかったところ，平成 10 年法 47 号による公選法の一部改正により，在外選挙制度が創設されたが，当分の間は，衆議院比例代表選出議員の選挙および参議院比例代表選出議員の選挙に限ることとされた（改正後の公選法附則 8 項）。そこで，在外国民である X ら 21 名は，国 Y に対し，在外国民であることを理由として選挙権の行使の機会を保障しないことは，憲法 14 条 1 項等に違反すると主張して，主位的に，①改正前の公選法は，X らに衆議院議員の選挙および参議院議員の選挙における選挙権の行使を認めていない点

⇨**4**

において，違法であることの確認，②改正後の公選法は，Xらに衆議院小選挙区選出議員の選挙および参議院選挙区選出議員の選挙における選挙権の行使を認めていない点において，違法であることの確認を求めるとともに，予備的に，③Xらが衆議院小選挙区選出議員の選挙および参議院選挙区選出議員の選挙において選挙権を行使する権利を有することの確認を求めた（③は，二審において追加された請求である）。また，Xら24名（帰国者3名を含む）は，Yに対し，国会が在外国民が国政選挙において選挙権を行使することができるように公選法を改正することを怠ったために，1996年10月20日に実施された衆議院議員の総選挙において投票をすることができず損害を被ったと主張して，1人当たり5万円の損害賠償を請求した。

　一審および二審は，①〜③の確認請求に係る訴えはいずれも法律上の争訟に当たらず不適法であるとして却下し，また，国家賠償請求を棄却した。これに対し，Xら24名のうち13名（帰国者2名を含む）が上告。最高裁は，「国民の選挙権又はその行使を制限することは原則として許されず，国民の選挙権又はその行使を制限するためには，そのような制限をすることがやむを得ないと認められる事由がなければならないというべきである。そして，そのような制限をすることなしには選挙の公正を確保しつつ選挙権の行使を認めることが事実上不能ないし著しく困難であると認められる場合でない限り，上記のやむを得ない事由があるとはいえず，このような事由なしに国民の選挙権の行使を制限することは，憲法15条1項及び3項，43条1項並びに44条ただし書に違反するといわざるを得ない。また，このことは，国が国民の選挙権の行使を可能にするための所要の措置を執らないという不作為によって国民が選挙権を行使することができない場合についても，同様である」と判示して，在外国民の選挙権の行使を制限している公選法は，1998年改正の前後を問わず違憲であるとした。そのうえで，最高裁は，①②の主位的請求に係る訴えを却下し，③の予備的確認請求に係る訴えの適法性を認めてこれを認容し，また，立法不作為に係る国家賠償請求を認容した（1人当たり5000円）。以下では，救済手段に関する判示のみを取り上げる。

■**判旨**　一部破棄自判，一部上告棄却。

確認の訴えについて　「[①の]訴えは，過去の法律関係の確認を求めるものであり，この確認を求めることが現に存する法律上の紛争の直接かつ抜本的な解決のために適切かつ必要な場合であるとはいえないから，確認の利益が認められず，不適法である。」

　「[②の]訴えについては，他により適切な訴えによってその目的を達成することができる場合には，確認の利益を欠き不適法であるというべきところ，本件においては，……[③の]訴えの方がより適切な訴えであるということができるから，[②の]訴えは不適法であるといわざるを得ない。」

　「[③の]訴えは，公法上の当事者訴訟のうち公法上の法律関係に関する確認

10　　I　行政訴訟

の訴えと解することができるところ，その内容をみると，公職選挙法附則8項につき所要の改正がされないと，在外国民である……Xらが，今後直近に実施されることになる衆議院議員の総選挙における小選挙区選出議員の選挙及び参議院議員の通常選挙における選挙区選出議員の選挙において投票をすることができず，選挙権を行使する権利を侵害されることになるので，そのような事態になることを防止するために，Xらが，同項が違憲無効であるとして，当該各選挙につき選挙権を行使する権利を有することの確認をあらかじめ求める訴えであると解することができる。

選挙権は，これを行使することができなければ意味がないものといわざるを得ず，侵害を受けた後に争うことによっては権利行使の実質を回復することができない性質のものであるから，その権利の重要性にかんがみると，具体的な選挙につき選挙権を行使する権利の有無につき争いがある場合にこれを有することの確認を求める訴えについては，それが有効適切な手段であると認められる限り，確認の利益を肯定すべきものである。そして，[③の]訴えは，公法上の法律関係に関する確認の訴えとして，上記の内容に照らし，確認の利益を肯定することができるものに当たるというべきである。なお，この訴えが法律上の争訟に当たることは論をまたない。

そうすると，[③の]訴えについては，引き続き在外国民であるXらが，次回の衆議院議員の総選挙における小選挙区選出議員の選挙及び参議院議員の通常選挙における選挙区選出議員の選挙において，在外選挙人名簿に登録されていることに基づいて投票をすることができる地位にあることの確認を請求する趣旨のものとして適法な訴えということができる。」

「そこで，[③の請求の]当否について検討するに，……公職選挙法附則8項の規定のうち，在外選挙制度の対象となる選挙を当分の間両議院の比例代表選出議員の選挙に限定する部分は，憲法15条1項及び3項，43条1項並びに44条ただし書に違反するもので無効であって，……Xらは，次回の衆議院議員の総選挙における小選挙区選出議員の選挙及び参議院議員の通常選挙における選挙区選出議員の選挙において，在外選挙人名簿に登録されていることに基づいて投票をすることができる地位にあるというべきであるから，[③の請求]は理由があり，……これを認容すべきものである。」

国家賠償請求について　「国会議員の立法行為又は立法不作為が[国家賠償法1条1項]の適用上違法となるかどうかは，国会議員の立法過程における行

⇨**4**

動が個別の国民に対して負う職務上の法的義務に違背したかどうかの問題であって，当該立法の内容又は立法不作為の違憲性の問題とは区別されるべきであり，仮に当該立法の内容又は立法不作為が憲法の規定に違反するものであるとしても，そのゆえに国会議員の立法行為又は立法不作為が直ちに違法の評価を受けるものではない。しかしながら，立法の内容又は立法不作為が国民に憲法上保障されている権利を違法に侵害するものであることが明白な場合や，国民に憲法上保障されている権利行使の機会を確保するために所要の立法措置を執ることが必要不可欠であり，それが明白であるにもかかわらず，国会が正当な理由なく長期にわたってこれを怠る場合などには，例外的に，国会議員の立法行為又は立法不作為は，国家賠償法 1 条 1 項の規定の適用上，違法の評価を受けるものというべきである。最高裁昭和……60［1985］年 11 月 21 日第一小法廷判決・民集 39 巻 7 号 1512 頁は，以上と異なる趣旨をいうものではない。

　在外国民であった X らも国政選挙において投票をする機会を与えられることを憲法上保障されていたのであり，この権利行使の機会を確保するためには，在外選挙制度を設けるなどの立法措置を執ることが必要不可欠であったにもかかわらず，……昭和 59［1984］年に在外国民の投票を可能にするための法律案が閣議決定されて国会に提出されたものの，同法律案が廃案となった後本件選挙の実施に至るまで 10 年以上の長きにわたって何らの立法措置も執られなかったのであるから，このような著しい不作為は上記の例外的な場合に当たり，このような場合においては，過失の存在を否定することはできない。このような立法不作為の結果，X らは本件選挙において投票をすることができず，これによる精神的苦痛を被ったものというべきである。したがって，本件においては，上記の違法な立法不作為を理由とする国家賠償請求はこれを認容すべきである。

　そこで，X らの被った精神的損害の程度について検討すると，本件訴訟において在外国民の選挙権の行使を制限することが違憲であると判断され，それによって，本件選挙において投票をすることができなかったことによって X らが被った精神的損害は相当程度回復されるものと考えられることなどの事情を総合勘案すると，損害賠償として各人に対し慰謝料 5000 円の支払を命ずるのが相当である。」

（裁判長裁判官　町田顯，裁判官　福田博，濱田邦夫，横尾和子，上田豊三，滝井繁男，藤田宙靖，甲斐中辰夫，泉德治，島田仁郎，才口千晴，今井功，中川了滋，堀籠幸

⇒5

男)

▶*Reference* 1) 2004 年の改正行訴法は,「公法上の法律関係に関する確認の訴え」を
公法上の当事者訴訟の一類型として明記したが（4条），本判決は，改正後間もない時
期に，改正の趣旨に則って，法令違憲を主張する方法として確認の訴えの活用を図った
点において，注目される。確認の訴えを活用した例として他に，最三小判平成 23
(2011)・10・25 民集 65 巻 7 号 2923 頁［重判平 23 行 2］（混合診療に係る健康保険受給
権確認請求事件），最二小判平成 25 (2013)・1・11 民集 67 巻 1 号 1 頁［百選 I 50］
（医薬品ネット販売の権利確認等請求事件），最一小判平成 28 (2016)・12・15 判時
2328 号 24 頁（京都府風俗案内所営業権確認等請求事件）等がある。
　2) 民衆訴訟の許否に関する *111R1*），および，国家賠償請求に関する *III−2−5* も参照
のこと。

5 憲法訴訟としての住民訴訟（砂川政教分離（空知太神社）訴訟）

最大判平成 22 (2010)・1・20［重判平 22 行 11 ①・憲 4 ①］
民集 64 巻 1 号 1 頁；判時 2070 号 21 頁
（評釈）木村草太・自治研究 87 巻 4 号 133 頁，野坂泰司・判評 622（判
　　　時 2090）号 2 頁①，清野正彦・曹時 63 巻 8 号 131 頁
（一審）札幌地判平成 18 (2006)・3・3 民集 64 巻 1 号 89 頁〔参〕
（二審）札幌高判平成 19 (2007)・6・26 民集 64 巻 1 号 119 頁〔参〕

■**事実**　砂川市は，その市有地を，無償で，空知太連合町内会 A に対し，空知太神
社の神社施設（地域の集会場等である建物（内部に祠が設置され，外壁に神社の表示が設
けられている），鳥居および地神宮）の敷地としての利用に供している。本件利用提供
行為の背景には，本件神社が，1948 年頃，隣接する小学校敷地の拡張に伴い，地元
住民の協力によりその所有する土地上に移転され，神社施設を現状のまま存続させる
前提で，同土地が砂川町に寄付されたという経緯がある。本件神社は，A ではなく，
神社付近の住民らで構成される氏子集団によって，管理運営がされており，初詣で，
春祭りおよび秋祭りという年 3 回の祭事が行われている。そこで，砂川市の住民であ
る X らは，本件利用提供行為が，憲法の定める政教分離原則に違反する行為であっ
て，神社施設の撤去および土地明渡しを請求しないことは違法に財産の管理を怠るも
のであるとして，砂川市長 Y に対し，地自法 242 条の 2 第 1 項 3 号に基づき怠る事
実の違法確認を求めて住民訴訟を提起した。

　一審および二審は，本件利用提供行為は政教分離原則に違反するとして，Y が A
に対し神社物件の撤去および土地明渡しを請求することを怠る事実が違法であること
の確認を求める限度において，X らの請求を認容した。これに対し，Y が上告。第
三小法廷は本件を大法廷に回付し，大法廷は，本件利用提供行為を違憲と判断すると
ともに，怠る事実の適否について更に審理を尽くさせるため，職権で原判決を破棄し
原審に差し戻した。

■**判旨**　原判決破棄，高裁へ差戻し。

I−1　行政訴訟の特色　13

⇨5

本件利用提供行為の憲法適合性について 「国公有地が無償で宗教的施設の敷地としての用に供されている状態が，……信教の自由の保障の確保という制度の根本目的との関係で相当とされる限度を超えて憲法89条に違反するか否かを判断するに当たっては，当該宗教的施設の性格，当該土地が無償で当該施設の敷地としての用に供されるに至った経緯，当該無償提供の態様，これらに対する一般人の評価等，諸般の事情を考慮し，社会通念に照らして総合的に判断すべきものと解するのが相当である。」

「本件利用提供行為は，市が，何らの対価を得ることなく本件各土地上に宗教的施設を設置させ，本件氏子集団においてこれを利用して宗教的活動を行うことを容易にさせているものといわざるを得ず，一般人の目から見て，市が特定の宗教に対して特別の便益を提供し，これを援助していると評価されてもやむを得ないものである。……本件利用提供行為は，もともとは小学校敷地の拡張に協力した用地提供者に報いるという世俗的，公共的な目的から始まったもので，本件神社を特別に保護，援助するという目的によるものではなかったことが認められるものの，明らかな宗教的施設といわざるを得ない本件神社物件の性格，これに対し長期間にわたり継続的に便益を提供し続けていることなどの本件利用提供行為の具体的態様等にかんがみると，本件において，当初の動機，目的は上記評価を左右するものではない。」

「社会通念に照らして総合的に判断すると，本件利用提供行為は，市と本件神社ないし神道とのかかわり合いが，我が国の社会的，文化的諸条件に照らし，信教の自由の保障の確保という制度の根本目的との関係で相当とされる限度を超えるものとして，憲法89条の禁止する公の財産の利用提供に当たり，ひいては憲法20条1項後段の禁止する宗教団体に対する特権の付与にも該当すると解するのが相当である。」

怠る事実の適否について 「［本件利用提供行為］を違憲とする理由は，判示のような施設の下に一定の行事を行っている本件氏子集団に対し，長期にわたって無償で土地を提供していることによるものであって，このような違憲状態の解消には，神社施設を撤去し土地を明け渡す以外にも適切な手段があり得るというべきである。例えば，戦前に国公有に帰した多くの社寺境内地について戦後に行われた処分等と同様に，本件土地……の全部又は一部を譲与し，有償で譲渡し，又は適正な時価で貸し付ける等の方法によっても上記の違憲性を解消することができる。そして，Yには，本件各土地，本件建物及び本件神社

⇨5

物件の現況，違憲性を解消するための措置が利用者に与える影響，関係者の意向，実行の難易等，諸般の事情を考慮に入れて，相当と認められる方法を選択する裁量権があると解される。本件利用提供行為に至った事情は，それが違憲であることを否定するような事情として評価することまではできないとしても，解消手段の選択においては十分に考慮されるべきであろう。本件利用提供行為が開始された経緯や本件氏子集団による本件神社物件を利用した祭事がごく平穏な態様で行われてきていること等を考慮すると，Ｙにおいて直接的な手段に訴えて直ちに本件神社物件を撤去させるべきものとすることは，神社敷地として使用することを前提に土地を借り受けているＡの信頼を害するのみならず，地域住民らによって守り伝えられてきた宗教的活動を著しく困難なものにし，氏子集団の構成員の信教の自由に重大な不利益を及ぼすものとなることは自明であるといわざるを得ない。さらに，上記の他の手段のうちには，市議会の議決を要件とするものなども含まれているが，そのような議決が適法に得られる見込みの有無も考慮する必要がある。これらの事情に照らし，Ｙにおいて他に選択することのできる合理的で現実的な手段が存在する場合には，Ｙが本件神社物件の撤去及び土地明渡請求という手段を講じていないことは，財産管理上直ちに違法との評価を受けるものではない。すなわち，それが違法とされるのは，上記のような他の手段の存在を考慮しても，なおＹにおいて上記撤去及び土地明渡請求をしないことがＹの財産管理上の裁量権を逸脱又は濫用するものと評価される場合に限られるものと解するのが相当である。」

「本件において，当事者は，上記のような観点から，本件利用提供行為の違憲性を解消するための他の手段が存在するか否かに関する主張をしておらず，原審も当事者に対してそのような手段の有無に関し釈明権を行使した形跡はうかがわれない。しかし，本件利用提供行為の違憲性を解消するための他の手段があり得ることは，当事者の主張の有無にかかわらず明らかというべきである。また，原審は，本件と併行して，本件と当事者がほぼ共通する市内の別の神社（富平神社）をめぐる住民訴訟を審理しており，……本件においてもそのような他の手段が存在する可能性があり，Ｙがこうした手段を講ずる場合があることを職務上知っていたものである。

そうすると，原審がＹにおいて本件神社物件の撤去及び土地明渡請求をすることを怠る事実を違法と判断する以上は，原審において，本件利用提供行為の違憲性を解消するための他の合理的で現実的な手段が存在するか否かについ

Ⅰ-1　行政訴訟の特色　15

⇨6

て適切に審理判断するか，当事者に対して釈明権を行使する必要があったというべきである。原審が，この点につき何ら審理判断せず，上記釈明権を行使することもないまま，上記の怠る事実を違法と判断したことには，怠る事実の適否に関する審理を尽くさなかった結果，法令の解釈適用を誤ったか，釈明権の行使を怠った違法があるものというほかない。」

（裁判長裁判官　竹﨑博允，裁判官　藤田宙靖，甲斐中辰夫，今井功，中川了滋，堀籠幸男，古田佑紀，那須弘平，田原睦夫，近藤崇晴，宮川光治，櫻井龍子，竹内行夫，金築誠志）

▶**Reference**　*1*)　本判決と同日に，最高裁大法廷は，砂川市が神社敷地として無償で使用させていた市有地を富平町内会に対し無償で譲与したことは，憲法20条3項・89条に違反するものではないと判断した（最大判平成22（2010）・1・20民集64巻1号128頁［重判平22行11②］（砂川政教分離（富平神社）訴訟））。

　2)　差戻後上告審（最一小判平成24（2012）・2・16判時2146号49頁）は，Yが表明した有償貸付を中心とする手段は，「本件利用提供行為の……違憲性を解消するための手段として合理的かつ現実的なものというべきであり，Yが，本件神社物件の撤去及び本件〔市有地〕の明渡しの請求の方法を採らずに，本件手段を実施することは，憲法89条，20条1項後段に違反するものではないと解するのが相当である」と判示して，上告を棄却した。

　3)　政教分離原則違反が問われた憲法訴訟の多くは，住民訴訟として提起されている（最大判昭和52（1977）・7・13民集31巻4号533頁［重判昭52憲3］（津地鎮祭訴訟），最三小判平成5（1993）・2・16民集47巻3号1687頁［重判平5憲9］（箕面忠魂碑・慰霊祭訴訟），最大判平成9（1997）・4・2民集51巻4号1673頁［重判平9憲3］（愛媛玉串料訴訟）等）。

6　住民訴訟と請求権放棄議決

①最二小判平成24（2012）・4・20［重判平24行10①］
②最二小判平成24（2012）・4・23［重判平24行10②］
①民集66巻6号2583頁；判時2168号35頁，②民集66巻6号2789頁；判時2168号49頁
（評釈）橋本博之・判評654（判時2187）7頁（①②），上村考由・曹時67巻8号135頁（①）・171頁（②）
①（一審）神戸地判平成20（2008）・4・24民集66巻6号2631頁〔参〕
　（二審）大阪高判平成21（2009）・11・27民集66巻6号2738頁〔参〕
②（一審）宇都宮地判平成20（2008）・12・24判自335号20頁〔参〕
　（二審）東京高判平成21（2009）・12・24判自335号10頁

■①**事実**　神戸市が，いわゆる外郭団体に対して職員を派遣し，「公益法人等への一般職の地方公務員の派遣等に関する法律」（平成18年法50号による改正前のもの。以下「派遣法」という）所定の手続によることなく，派遣職員等の給与相当額を含む補

16　　I　行政訴訟

助金等を支出したところ，神戸市の住民である X_1 らが，当該支出は派遣法を潜脱するもので違法・無効であるとして，地自法242条の2第1項4号に基づき，市の執行機関である Y_1 を相手に，補助金等の支出当時の市長であった A に対して派遣職員等の給与相当額等につき損害賠償請求をすること，および，派遣先団体に対して同じく不当利得返還請求をすることを求める住民訴訟を提起した。

一審は，補助金等の支出は違法・無効であるとし，A の過失を肯定して，X_1 らの請求を一部認容した（約45億円の損害賠償命令）。Y_1 が控訴したところ，二審（平成21（2009）年1月21日結審）の言渡し予定期日（3月18日）直前である2月26日に，市議会が，本件訴訟に係るものを含め，派遣先団体への補助金等に係る市の不当利得返還請求権および損害賠償請求権を放棄する旨を定める条例改正案を議決した。二審は，市議会の議決は住民訴訟制度を根本から否定するものであり議決権の濫用に当たり違法・無効であるとして，X_1 らの請求を一部認容した（約55億円の損害賠償命令）。Y_1 が上告・上告受理申立てをしたところ，最高裁は，補助金等の支出は違法・無効であるとしたうえで，A については過失を否定し，派遣先団体に対する不当利得返還請求に係る権利放棄について下記のとおり判示した。

■②事実　栃木県旧氏家町は，水道施設の拡張計画に基づいて浄水場を設置するために，参加人 B から2億5000万円で土地を購入した。この土地は，B が，競売物件として約4500万円で取得した後，町が依頼した不動産鑑定士の鑑定結果（2億7390万円）を受けて，2億5000万円の要求額を提示したものであった（なお，当該不動産鑑定士は，後に，この鑑定が極めてずさんなものであったとの理由で6カ月間の会員権停止処分を受けた）。合併後のさくら市の住民である X_2 は，土地を取得する必要性はなくその代金額も適正価格よりも著しく高額であるのに当該土地の売買契約を締結したことが違法であるとして，地自法242条の2第1項4号に基づき，市の執行機関である Y_2 を相手に，売買契約の締結当時の町長であった C に対して損害賠償請求をすること等を求める住民訴訟を提起した。

一審は，適正な代金額（1億443万5000円）と本件代金額との差額を町の損害としたうえで，C に対する損害賠償請求に係る X_2 の請求を一部認容した。Y_2 が控訴したところ，二審（平成21（2009）年7月14日結審）の言渡し予定期日（9月29日）直前である9月1日，市議会において，C に対する損害賠償請求権を放棄する旨の議決がなされた。二審は，C の損害賠償責任を肯定したうえで，本件議決について，「裁判所の判断に対して，議会の判断を優先させようとするものであって，権利義務の存否について争いのある場合には，その判断を裁判所に委ねるものとしている三権分立の趣旨に反する」とし，裁量権の逸脱濫用により違法・無効であるとして，Y_2 の控訴を棄却した。Y_2 が上告・上告受理申立てをしたところ，最高裁は，C に対する損害賠償請求に係る権利放棄について下記のとおり判示した。

■判旨　①破棄自判，②破棄差戻し。

I-1　行政訴訟の特色　17

⇨6

　「普通地方公共団体の議会の議決を経た上でその長が債権の放棄をする場合におけるその放棄の実体的要件については，同法その他の法令においてこれを制限する規定は存しない。

　したがって，地方自治法においては，普通地方公共団体がその債権の放棄をするに当たって，その議会の議決及び長の執行行為（条例による場合は，その公布）という手続的要件を満たしている限り，その適否の実体的判断については，住民による直接の選挙を通じて選出された議員により構成される普通地方公共団体の議決機関である議会の裁量権に基本的に委ねられているものというべきである。もっとも，同法において，普通地方公共団体の執行機関又は職員による公金の支出等の財務会計行為又は怠る事実に係る違法事由の有無及びその是正の要否等につき住民の関与する裁判手続による審査等を目的として住民訴訟制度が設けられているところ，住民訴訟の対象とされている損害賠償請求権又は不当利得返還請求権を放棄する旨の議決がされた場合についてみると，このような請求権が認められる場合は様々であり，個々の事案ごとに，当該請求権の発生原因である財務会計行為等の性質，内容，原因，経緯及び影響，当該議決の趣旨及び経緯，当該請求権の放棄又は行使の影響，住民訴訟の係属の有無及び経緯，事後の状況その他の諸般の事情を総合考慮して，これを放棄することが普通地方公共団体の民主的かつ実効的な行政運営の確保を旨とする同法の趣旨等に照らして不合理であって上記の裁量権の範囲の逸脱又はその濫用に当たると認められるときは，その議決は違法となり，当該放棄は無効となるものと解するのが相当である。そして，当該公金の支出等の財務会計行為等の性質，内容等については，その違法事由の性格や当該職員又は当該支出等を受けた者の帰責性等が考慮の対象とされるべきものと解される。」

　千葉勝美裁判官の**補足意見**　「地方公共団体の長が，故意等により個人的な利得を得るような犯罪行為ないしそれに類する行為を行った場合の責任追及であれば別であるが，錯綜する事務処理の過程で，一度ミスや法令解釈の誤りがあると，相当因果関係が認められる限り，長の給与や退職金をはるかに凌駕する損害賠償義務を負わせることとしているこの制度の意義についての説明は，通常の個人の責任論の考えからは困難であり，それとは異なる次元のものといわざるを得ない。国家賠償法の考え方に倣えば，長に個人責任を負わせる方法としては，損害賠償を負う場合やその範囲を限定する方法もあり得るところである。（例えば，損害全額について個人責任を負わせる場合を，故意により個

⇨7

人的な利得を得るために違法な財務会計行為を行った場合や，当該地方公共団体に重大な損害を与えることをおよそ顧慮しないという無視（英米法でいう一種の reckless disregard のようなもの）に基づく行為を行った場合等に限ることとし，それ以外の過失の場合には，裁判所が違法宣言をし，当該地方公共団体において一定の懲戒処分等を行うことを義務付けることで対処する等の方法・仕組みも考えられるところである。）」

（裁判長裁判官　千葉勝美，裁判官　古田佑紀，竹内行夫，須藤正彦）

▶*Reference　1*)　②事件の差戻後控訴審（東京高判平成 25（2013）・5・30 裁判所WEB）は，最高裁の示した枠組みに則って判断した結果，議会の裁量権の逸脱濫用を否定し，X₂ の請求を棄却した。

2)　最高裁判決，特に千葉勝美裁判官の補足意見を踏まえて，地自法が改正され（平成 29 年法 54 号），条例によって，善意無重過失の場合について損害賠償責任の限度額を定めうること（243 条の 2 第 1 項），議会が権利放棄議決をしようとするときは，あらかじめ監査委員の意見を聴かなければならないこと（242 条 10 項）等の規定が導入された。

7　地方公共団体の不作為に対する国の訴訟（辺野古訴訟）

最二小判平成 28（2016）・12・20［重判平 29 行 9］
民集 70 巻 9 号 2281 頁；判時 2327 号 9 頁
（評釈）岡田正則・自治研究 94 巻 2 号 136 頁，衣斐瑞穂・曹時 69 巻 8 号
351 頁
（一審）福岡高那覇支判平成 28（2016）・9・16 判時 2317 号 42 頁

■**事実**　国は，アメリカ合衆国（以下「米国」という）との合意に基づいて，沖縄県宜野湾市中央部の学校，住宅，医療施設等が密集している区域に所在し米国海兵隊が使用している普天間飛行場の代替施設およびその関連施設としての飛行場（以下「本件新施設等」という）を同県名護市辺野古沿岸域に設置するため，2013 年 3 月 22 日，沖縄県知事 Y に対して，辺野古沿岸域の公有水面の埋立て（以下「本件埋立事業」という）の公有水面埋立法（以下「法」）42 条 1 項に基づく承認を求めて，公有水面埋立承認願書を提出した（以下，この出願を「本件埋立出願」という）。法 42 条 1 項に基づく埋立承認を行うか否かは，同条 3 項に従い準用される法 4 条 1 項各号の要件に基づき判断されるところ，Y は，関係機関への意見照会等の手続を経た上で，沖縄県が行手法 5 条 1 項に基づいて定めた公有水面埋立免許の審査基準により本件埋立出願に係る審査を行い，本件埋立事業が法 4 条 1 項各号の要件に適合すると判断して，2013 年 12 月 27 日，本件埋立事業の承認（以下「本件埋立承認」という）を行った。

2015 年 10 月 13 日，Y は，本件埋立承認には本件埋立事業が法 4 条 1 項 1 号，同項 2 号に適合しないにもかかわらずこれらに適合すると判断した瑕疵があったとして，

I -1　行政訴訟の特色　19

⇨7

本件埋立承認の取消処分（以下「本件埋立承認取消し」という）を行った。なお，2014年11月の沖縄県知事選挙により，本件埋立承認を行った当時の知事は落選し同年12月に新しい知事が就任している。

　法に基づく都道府県知事による埋立ての承認は法定受託事務であるところ（地自法2条9項1号，法51条1号），国土交通大臣Ｘは，本件埋立承認取消しが違法であるとして，2015年11月17日，地自法245条の8第3項に基づき，本件埋立承認取消しの取消しを行うべきことを命ずる旨の裁判を求める訴え（以下「前件訴訟」という）をＹを被告として提起した。前件訴訟は，2016年3月4日の和解期日において訴えが取り下げられたことにより終了した。

　この取下げに際して行われた和解（以下「本件和解」という）に基づき，Ｘは，本件埋立承認取消しが違法であるとして，2016年3月16日，地自法245条の7第1項に基づき，沖縄県に対し，本件埋立承認取消しの取消しを求める是正の指示（以下「本件指示」という）をした。本件指示に係る書面には，同書面が到達した日の翌日から起算して1週間以内に本件埋立承認取消しを取り消すべき旨の記載がされていた。これに対し，Ｙは，本件指示に不服があるとして，2016年3月23日，地自法250条の13第1項に基づき，国地方係争処理委員会に対し，審査の申出をした（これも本件和解に従った措置である）。同委員会は，2016年6月21日，ＹおよびＸに対し，国と沖縄県が普天間飛行場の返還という共通の目標の実現に向けて真摯に協議し，双方がそれぞれ納得できる結果を導き出す努力をすることが，問題の解決に向けての最善の道であるとの見解をもって審査の結論とする旨の決定（以下「本件委員会決定」という）を通知した（なお，本件和解では，本件指示が違法か否かを同委員会が明確に述べることを想定した条項だけが置かれており，本件委員会決定のように本件指示の適法違法が明示されなかった場合に関する明確な定めはなかった）。

　Ｙは，本件委員会決定の通知があった日から30日以内に本件指示の取消しを求める地自法251条の5所定の訴えを提起せず，かつ，本件埋立承認取消しを取り消さなかった。そこで，Ｘは，2016年7月22日，同法251条の7第1項に基づき，Ｙを被告として，Ｙが本件指示に従って本件埋立承認取消しを取り消さないことが違法であることの確認を求める訴訟を提起した。一審は，Ｘの請求を認容。Ｙより上告。最高裁は，「本件埋立承認取消しは，本件埋立承認に違法等がないにもかかわらず，これが違法であるとして取り消したものであるから，公有水面埋立法42条1項及び同条3項において準用する4条1項の適用を誤るものであって，違法であるといわざるを得ず，これは地方自治法245条の7第1項にいう都道府県の法定受託事務の処理が法令の規定に違反している場合に当たる」としたうえで（Ⅰ巻（第2版）*158*参照），次のように判示した。

■判旨　上告棄却。
「地方自治法245条の7第1項……の趣旨は当該法定受託事務の適正な処理

20　　Ⅰ　行　政　訴　訟

⇨8

を確保することにあると解される。このことに加えて，当該法定受託事務の処理が法令の規定に違反しているにもかかわらず各大臣において是正の指示をすることが制限される場合がある旨の法令の定めはないことを考慮すると，各大臣は，その所管する法律又はこれに基づく政令に係る都道府県の法定受託事務の処理が法令の規定に違反していると認める場合には，当然に地方自治法245条の7第1項に基づいて是正の指示をすることができる。」

「Xは公有水面埋立法を所管する大臣であり……，公有水面埋立法に基づく都道府県知事による埋立ての承認は法定受託事務であるところ，……本件埋立承認取消しが法令の規定に違反しているのであるから，Xは，沖縄県に対し，これを是正するために講ずべき措置に関し必要な指示をすることができる。

したがって，本件指示は適法であり，Yは本件指示に係る措置として本件埋立承認取消しを取り消す義務を負う。」

「地方自治法251条の7第1項は，同項に定める違法の確認の対象となる不作為につき，是正の指示を受けた普通地方公共団体の行政庁が，相当の期間内に是正の指示に係る措置を講じなければならないにもかかわらず，これを講じないことをいう旨を定めている。そして，本件指示の対象とされた法定受託事務の処理は，Yが本件埋立承認を職権で取り消したことであり，また，本件指示に係る措置の内容は本件埋立承認取消しを取り消すというYの意思表示を求めるものである。これに加え，Xが平成27年11月に提起した前件訴訟においても本件埋立承認取消しの適否が問題とされていたことなど本件の事実経過を勘案すると，本件指示がされた日の1週間後である同28年3月23日の経過により，同項にいう相当の期間が経過したものと認められる。

また，本件において，上記の期間が経過したにもかかわらずYが本件指示に係る措置を講じないことが許容される根拠は見いだし難いから，Yが本件埋立承認取消しを取り消さないことは違法であるといわざるを得ない。

したがって，Yが本件指示に係る措置として本件埋立承認取消しを取り消さないことは，地方自治法251条の7第1項にいう不作為の違法に当たる。」

（裁判長裁判官　鬼丸かおる，裁判官　小貫芳信，山本庸幸，菅野博之）

▶Reference　Yは，2018年12月26日，本件埋立承認取消処分を取り消した。

8 民事裁判権の限界 (1)（大阪国際空港訴訟）

最大判昭和56（1981）・12・16［百選Ⅱ149］

I-1　行政訴訟の特色　21

⇨*8*

民集 35 巻 10 号 1369 頁；判時 1025 号 39 頁
（評釈）加茂紀久男・曹時 37 巻 1 号 159 頁
（一審）大阪地判昭和 49（1974）・2・27 判時 729 号 3 頁
（二審）大阪高判昭和 50（1975）・11・27 判時 797 号 36 頁

■**事実**　大阪空港は，1959 年に国営の国際空港として開設され，1964 年にはジェット機が就航し，1970 年には滑走路が増設され，ジェット機を含む多数の航空機が頻繁に離着陸している。周辺住民 X らは，空港に離着陸する航空機の騒音・振動・排ガスにより身体的損害，精神的損害，生活妨害等を被ったと主張して，空港の設置管理者である国 Y に対し，①人格権・環境権に基づく，夜間（午後 9 時から翌日午前 7 時まで）における空港の使用の差止め，②民法 709 条または国賠法 2 条 1 項に基づく，過去の損害賠償および差止め実現までの将来の損害賠償を求めて，民事訴訟を提起した。

　一審は，差止請求の一部（午後 10 時から午前 7 時までの空港供用の差止めを求める部分）および過去の損害賠償請求の一部を認容し，将来の損害賠償請求を棄却した。二審は，差止請求の全部を含め，X らの請求をほぼ全面的に認容した。これに対し，Y が上告。最高裁は，供用関連瑕疵に基づく国賠法 2 条 1 項の請求を認容したものの（ただし，「危険接近の理論」を適用した），「空港管理権」と「航空行政権」の「不可分一体」論をもって差止請求を却下し，また，将来の損害賠償請求を却下した。以下では，差止請求に関する判示のみを取り上げる。損害賠償請求に関する判示は *173* を参照。

■**判旨**　上告認容，訴え却下。

「営造物管理権の本体をなすものは，公権力の行使をその本質的内容としない非権力的な権能であって，同種の私的施設の所有権に基づく管理権能とその本質において特に異なるところはない。国の営造物である本件空港の管理に関する事項のうちに，その目的の公共性に由来する多少の修正をみることがあるのは別として，私営の飛行場の場合におけると同じく，私法的規制に親しむものがあることは，否定しえないところである。

　しかしながら，本件空港の管理といっても，その作用の内容には種々のものがあり，その法律的性質が一律一様であると速断することはできない。のみならず，空港については，その運営に深いかかわりあいを持つ事象として，航空行政権，すなわち航空法その他航空行政に関する法令の規定に基づき運輸大臣に付与された航空行政上の権限で公権力の行使を本質的内容とするものの行使ないし作用の問題があり，これと空港ないし飛行場の管理権の行使ないし作用とが法律上どのような位置，関係に立つのかが更に検討されなければならな

⇒8

い。」

　「そもそも法が一定の公共用飛行場についてこれを国営空港として運輸大臣がみずから設置，管理すべきものとしたゆえんのものは，これによってその航空行政権の行使としての政策的決定を確実に実現し，国の航空行政政策を効果的に遂行することを可能とするにある，というべきである。〔中略〕これら基幹となる公共用飛行場にあっては，その設置，管理のあり方がわが国の政治，外交，経済，文化等と深いかかわりを持ち，国民生活に及ぼす影響も大きく，したがって，どの地域にどのような規模でこれを設置し，どのように管理するかについては航空行政の全般にわたる政策的判断を不可欠とするからにほかならないものと考えられる。

　右にみられるような空港国営化の趣旨，すなわち国営空港の特質を参酌して考えると，本件空港の管理に関する事項のうち，少なくとも航空機の離着陸の規制そのもの等，本件空港の本来の機能の達成実現に直接にかかわる事項自体については，空港管理権に基づく管理と航空行政権に基づく規制とが，空港管理権者としての運輸大臣と航空行政権の主管者としての運輸大臣のそれぞれ別個の判断に基づいて分離独立的に行われ，両者の間に矛盾乖離を生じ，本件空港を国営空港とした本旨を没却し又はこれに支障を与える結果を生ずることがないよう，いわば両者が不即不離，不可分一体的に行使実現されているものと解するのが相当である。換言すれば，本件空港における航空機の離着陸の規制等は，これを法律的にみると，単に本件空港についての営造物管理権の行使という立場のみにおいてされるべきもの，そして現にされているものとみるべきではなく，航空行政権の行使という立場をも加えた，複合的観点に立った総合的判断に基づいてされるべきもの，そして現にされているものとみるべきである。

　ところで，……〔Ｘらの請求の〕趣旨は，本件空港の設置・管理主体たるＹに対し，いわゆる通常の民事上の請求として……不作為の給付請求権があると主張してこれを訴求するものと解される。……

　しかしながら，……本件空港の離着陸のためにする供用は運輸大臣の有する空港管理権と航空行政権という二種の権限の，総合的判断に基づいた不可分一体的な行使の結果であるとみるべきであるから，Ｘらの……請求は，事理の当然として，不可避的に航空行政権の行使の取消変更ないしその発動を求める請求を包含することとなるものといわなければならない。したがって，Ｘら

I-1　行政訴訟の特色　23

⇨9

が行政訴訟の方法により何らかの請求をすることができるかどうかはともかくとして，Yに対し，いわゆる通常の民事上の請求として……私法上の給付請求権を有するとの主張の成立すべきいわれはないというほかはない。

　以上のとおりであるから，Xらの本件訴えのうち，いわゆる狭義の民事訴訟の手続により一定の時間帯につき本件空港を航空機の離着陸に使用させることの差止めを求める請求にかかる部分は，不適法というべきである。」

（裁判長裁判官　服部髙顯，裁判官　団藤重光，環昌一，栗本一夫，藤﨑萬里，本山亨，中村治朗，横井大三，木下忠良，伊藤正己，宮﨑梧一，寺田治郎，谷口正孝）

▶*Reference*　*1*）　最高裁は，ごみ焼却場設置行為の無効確認が求められた事案において，これを一体的に捉えるのではなく，個々の行為に分解して，処分性の有無を判断し（分析的手法），その結果，行政処分に当たらないとして，行政訴訟を却下した（東京都ごみ焼却場事件：*19*）。これを先例として，このような公共施設の設置・操業の差止めは，従来，民事訴訟の方法によって争われてきた。
　　2）　本判決のいう「行政訴訟の方法」による請求の1つとして，運輸大臣による定期航空運送事業免許（当時）に対し，付近住民が取消訴訟を提起することが認められている（新潟空港訴訟：*40*）。

9　民事裁判権の限界⑵（自衛隊機運航差止め）

最一小判平成28（2016）・12・8〔百選Ⅱ150〕

民集70巻8号1833頁；判時2337号3頁

（一審）横浜地判平成26（2014）・5・21判時2277号38頁〔参〕

（二審）東京高判平成27（2015）・7・30判時2277号13頁

■**事実**　海上自衛隊と米海軍が使用する厚木基地の周辺に居住するXらは，自衛隊機および米軍機の発する騒音により精神的・身体的被害を受けているとして，Y（国）に対し，運航ないし騒音の差止めを求める訴えを（主位的に抗告訴訟として，予備的に当事者訴訟として）提起した。以下では自衛隊機に関する訴えのみを取り上げる（なお，米軍機の運航差止めについては，各審級とも訴えを不適法として却下した）。

　一審は，自衛隊機運航差止めの訴えについて，自衛隊機の運航を自衛隊機運航処分という行政処分として捉え，無名抗告訴訟として適法であるとして，やむを得ない場合を除き，毎日午後10時から翌日午前6時まで，自衛隊機の運航差止めを認めた。二審は，自衛隊機運航差止めの訴えは，行訴法3条7項・37条の4所定の差止めの訴えとして適法であるとし，2016年12月31日までの間，やむを得ない場合を除き，毎日午後10時から翌日午前6時まで，自衛隊機の運航差止めを認めた。Xら・Yともに上告受理申立てをした。

■**判旨**　一部棄却，一部取消し。

⇨9

　「重大な損害を生ずるおそれ」について　　「行政事件訴訟法37条の4第1項の差止めの訴えの訴訟要件である，処分がされることにより「重大な損害を生ずるおそれ」があると認められるためには，処分がされることにより生ずるおそれのある損害が，処分がされた後に取消訴訟等を提起して執行停止の決定を受けることなどにより容易に救済を受けることができるものではなく，処分がされる前に差止めを命ずる方法によるのでなければ救済を受けることが困難なものであることを要すると解するのが相当である［最一小判平成24（2012）・2・9民集66巻2号183頁（*59*）参照］。」

　Xらは，航空機の発する騒音により，睡眠妨害等や精神的苦痛を反復継続的かつ軽視し難い程度に受けており，また，この被害は航空機の離着陸の都度発生し，反復継続的に受けることにより蓄積していくおそれのあるものであるから，事後的にその違法性を争う取消訴訟等による救済になじまない。

　「Xらの主張する……自衛隊機の運航により生ずるおそれのある損害は，処分がされた後に取消訴訟等を提起することなどにより容易に救済を受けることができるものとはいえず，本件飛行場における自衛隊機の運航の内容，性質を勘案しても，Xらの自衛隊機に関する主位的請求（運航差止請求）に係る訴えについては，上記の「重大な損害を生ずるおそれ」があると認められる。」

　裁量権の逸脱濫用について　　「自衛隊法等の定めによれば，防衛大臣は，……自衛隊機の運航に係る権限……の行使に当たっては，……高度の政策的，専門技術的な判断を要することが明らかであるから，上記の権限の行使は，防衛大臣の広範な裁量に委ねられているものというべきである。／そうすると，自衛隊が設置する飛行場における自衛隊機の運航に係る防衛大臣の権限の行使が，行政事件訴訟法37条の4第5項の差止めの要件である，行政庁がその処分をすることがその裁量権の範囲を超え又はその濫用となると認められるときに当たるか否かについては，同権限の行使が，上記のような防衛大臣の裁量権の行使としてされることを前提として，それが社会通念に照らし著しく妥当性を欠くものと認められるか否かという観点から審査を行うのが相当であり，その検討に当たっては，当該飛行場において継続してきた自衛隊機の運航やそれによる騒音被害等に係る事実関係を踏まえた上で，当該飛行場における自衛隊機の運航の目的等に照らした公共性や公益性の有無及び程度，上記の自衛隊機の運航による騒音により周辺住民に生ずる被害の性質及び程度，当該被害を軽減するための措置の有無や内容等を総合考慮すべきものと考えられる。」

I-1　行政訴訟の特色　　25

⇨10

「自衛隊機の運航には高度の公共性，公益性があるものと認められ，他方で，本件飛行場における航空機騒音によりXらに生ずる被害は軽視することができないものの，周辺住民に生ずる被害を軽減するため，自衛隊機の運航に係る自主規制や周辺対策事業の実施など相応の対策措置が講じられているのであって，これらの事情を総合考慮すれば，本件飛行場において，将来にわたり上記の自衛隊機の運航が行われることが，社会通念に照らし著しく妥当性を欠くものと認めることは困難であるといわざるを得ない。／したがって，本件飛行場における……自衛隊機の運航に係る防衛大臣の権限の行使」には，裁量権の逸脱濫用は認められない。

（裁判長裁判官　小池裕，裁判官　櫻井龍子，池上政幸，大谷直人，木澤克之）

▶*Reference*　最一小判平成5（1993）・2・25民集47巻2号643頁［重判平5行6］（第1次厚木基地訴訟）は，「自衛隊機の運航に伴う騒音等の影響は飛行場周辺に広く及ぶことが不可避であるから，自衛隊機の運航に関する防衛庁長官の権限の行使は，その運航に必然的に伴う騒音等について周辺住民の受忍を義務づけるものといわなければならない。そうすると，右権限の行使は，右騒音等により影響を受ける周辺住民との関係において，公権力の行使に当たる行為というべきである」と述べ，「行政訴訟としてどのような要件の下にどのような請求をすることができるかはともかくとして，」自衛隊機の差止請求を不適法却下した一審・二審の判断を支持した。

10　規制権限不行使と行政救済(1)——是正命令の義務確認訴訟（国立マンション訴訟）

東京地判平成13（2001）・12・4
判時1791号3頁

■事実　不動産建設会社Aは，並木通りの景観が美しいことで有名な国立市の大学通りに，高さ44メートルのマンションを計画し（以下「本件建物」という），2000年1月5日に建築確認を得た。

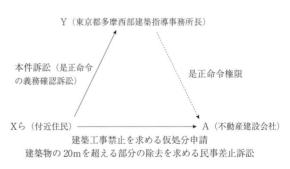

この計画に反対する国立市は，建基法68条の2に基づき，本件建物の敷地において高さ20メートルを超える建物の建築を禁止する内容を含む条例（以下「本件建築条例」という）を制定した。同条例は，2000年2月1日に施行された。

⇨10

　東京都多摩西部建築指導事務所長Ｙ（被告）は，本件建物は，本件建築条例施行の時点において既に根切り工事に着手していたことから，建基法３条２項にいう「現に建築の工事中の建築物」に該当し，本件建物には本件建築条例は適用されないとの立場に立ち，建築基準法９条１項に基づく是正命令等の権限を行使してはいなかった。

　そこで，付近住民Ｘら（原告）は，Ｙを被告として，①本件マンションの高さ20メートルを超える部分の建築の禁止あるいはその除却を命じないことの違法確認（以下「本件不作為違法確認請求」という），ないし，②①の内容の命令をすることの義務付け（以下「本件義務付け請求」という）等を求めて訴えを提起した。

■**判旨**　①につき，請求認容。②につき，訴え却下。

　本件のようないわゆる義務付け訴訟としての性質を有する無名抗告訴訟が許容されるためには，「三権分立の原則からして，行政権の行使・不行使について行政庁の有する第一次的判断権が尊重されるべきものであること，同法［2004年改正前の行訴法］は，法定抗告訴訟として４つの訴訟類型を定め，原則として，これらの法定訴訟によって国民の権利救済が図られることを予定していることなどからすれば，①行政庁が当該行政権を行使すべきこと又はすべきでないことが一義的に明白であって，行政庁の第一次的判断権を尊重することが重要でない場合（一義的明白性の要件），②事前審査を認めないと，行政庁の作為又は不作為によって受ける損害が大きく，事前救済の必要性があること（緊急性の要件），③他に適切な救済方法がないこと（補充性の要件）をいずれも満たしていることが必要である」。

　一義的明白性の要件については，「①本件建物は，地盤面からの高さ20メートルを超える部分について，本件建築条例，建築基準法68条の２に明確に違反する違法建築物であり，その違反の程度は著しいこと，②本件建物の違反部分により本件建築条例，建築基準法68条の２の規制によって達成しようとした景観と都市環境の維持という行政目的は大きく阻害されていること，③近隣住民の受ける被害にあっては，日照については，それほど重大な被害が生じているとは認められないものの，本件高さ制限地区内の地権者の景観に対する利益については重大な被害を生じさせていること，④建築主であるＡに発生することが予想される不利益は，本件建物が違法建築物であることによって生じる不利益であって，これを考慮すべき特段の事情は存しないこと，⑤Ａによる自発的な違反解消の見込みは全くないこと，⑥是正命令以外の手段による違反解消の見込みもないことなどの事情が認められ，このような具体的事情の下では，Ｙが建築基準法９条１項に基づく是正命令権限を全く行使しないこと

I-1　行政訴訟の特色　　27

⇨*11*

は，裁量権の逸脱に当たり違法というべきであり，Ｙにおいて前記の違反状態を解消するために上記是正命令権限を行使すべきことは一義的に明白な義務というべきである。

しかし，……どの範囲の者に対し，どのような種類の命令を発するべきかという点についてまでは一義的に明白とまではいえないことなどに鑑みると，是正命令権限の行使の方法及び内容として，いつ，どの範囲の者に対し，どのような手続を経て，いかなる是正命令を発すべきかの点については，なお，Ｙの裁量の範囲内にある……。

以上によれば，Ｙに対し，本件各是正命令を発令することを求める本件義務付け請求に係る訴えは，無名抗告訴訟の一義的明白性の要件を欠くといわざるを得ないが，Ｙに対し，本件各是正命令を発令しないことが違法であることの確認を求める本件不作為請求に係る訴えには，Ｙが建築基準法９条１項に基づく是正命令権限を行使しないことが違法であることの確認を求める請求も含まれていると解されることから，本件不作為請求に係る訴えのうち，上記請求部分に限っては，無名抗告訴訟としての一義的明白性の要件を満たしているというべきである」と判示した。

補充性の要件に関しては，民事訴訟によって，損なわれたＸらの法律上の利益が完全に救済される保証はないなどとしてその充足を認めた。緊急性の要件も満たしているとされた。

（裁判長裁判官　市村陽典，裁判官　森英明，馬渡香津子）

▶*Reference 1*)　規制権限が行使されなかった場合に，規制権限の行使そのものを求める訴えの例が本件であり，規制権限の行使が適切になされなかったために生じた損害の塡補を求める訴えの例が次の *11* である。

2)　本件に関連して多くの訴訟が提起されている。Ⅰ巻 *184R2*)・*R3*)〔*187R*〕を参照のこと。

3)　本件の控訴審・東京高判平成 14（2002）・6・7 判時 1815 号 75 頁は，本件建物は，条例施行の時点で，建基法 3 条 2 項にいう「現に建築……の工事中の建築物」に該当していたといえるので，本件建築条例の適用を受けず，建基法に違反する建物ではないとして訴えを却下した。最一小決平成 17（2005）・6・23 により上告不受理決定。

11　規制権限不行使と行政救済⑵──国家賠償請求（泉南アスベスト訴訟（第2陣））

最一小判平成 26（2014）・10・9［百選Ⅱ 224］

民集 68 巻 8 号 799 頁；判時 2241 号 3 頁①

（評釈）角谷昌毅・曹時 68 巻 12 号 172 頁

⇨*11*

（一審）大阪地判平成 24（2012）・3・28 判タ 1386 号 117 頁
（二審）大阪高判平成 25（2013）・12・25 訟月 61 巻 6 号 1128 頁〔参〕

■**事実**　大阪府泉南地域にあった石綿（アスベスト）製品の製造，加工等を行う工場
または作業場において，石綿製品の製造または運搬作業に従事したことにより，石綿
肺，肺がん，中皮腫等の石綿関連疾患にり患したと主張する者またはその承継人であ
る X ら（原告＝被上告人）が，国（被告＝上告人）に対し，国が石綿関連疾患の発生
またはその増悪を防止するために労働基準法および労働安全衛生法に基づく規制権限
を行使しなかったことにより損害を被ったとして，国家賠償請求を行った。一審は，
X らの請求を一部認容。双方が控訴。二審も，国は石綿関連疾患にり患した X らに
つき，各損害の 2 分の 1 を限度として，損害賠償責任を負うとした。国が上告。

■**判旨**　破棄自判。

「国又は公共団体の公務員による規制権限の不行使は，その権限を定めた法
令の趣旨，目的や，その権限の性質等に照らし，具体的事情の下において，そ
の不行使が許容される限度を逸脱して著しく合理性を欠くと認められるときは，
その不行使により被害を受けた者との関係において，国家賠償法 1 条 1 項の適
用上違法となるものと解するのが相当である」。

「旧労基法［労働基準法］及び安衛法［労働安全衛生法］が，上記の具体的措置
［使用者が粉じん等による危害防止等のためにとるべき措置，事業者が労働者の健康障
害の防止等のためにとるべき措置］を命令又は労働省令に包括的に委任した趣旨
は，使用者又は事業者が講ずべき措置の内容が，多岐にわたる専門的，技術的
事項であること，また，その内容を，できる限り速やかに，技術の進歩や最新
の医学的知見等に適合したものに改正していくためには，これを主務大臣に委
ねるのが適当であるとされたことによるものである。

　以上の上記各法律の目的及び上記各規定の趣旨に鑑みると，上記各法律の主
務大臣であった労働大臣の上記各法律に基づく規制権限は，粉じん作業等に従
事する労働者の労働環境を整備し，その生命，身体に対する危害を防止し，そ
の健康を確保することをその主要な目的として，できる限り速やかに，技術の
進歩や最新の医学的知見等に適合したものに改正すべく，適時にかつ適切に行
使されるべきものである」。

　「本件における以上の事情を総合すると，労働大臣は，昭和 33［1958］年 5
月 26 日には，旧労基法に基づく省令制定権限を行使して，罰則をもって石綿
工場に局所排気装置を設置することを義務付けるべきであったのであり，旧特
化則が制定された昭和 46［1971］年 4 月 28 日まで，労働大臣が旧労基法に基

⇨*12*

づく上記省令制定権限を行使しなかったことは，旧労基法の趣旨，目的や，その権限の性質等に照らし，著しく合理性を欠くものであって，国家賠償法1条1項の適用上違法である」。

（裁判長裁判官　白木勇，裁判官　櫻井龍子，金築誠志，横田尤孝，山浦善樹）

▶*Reference 1*）　工場労働者以外の者が，石綿に関する規制権限の不行使を理由として国家賠償を求めた例としては，以下のものがある：工場に出入りする運送業者の労働者——大阪高判平成25（2013）・12・25（本件二審），工場労働者の家族・工場の経営者——大阪高判平成23（2011）・8・25判時2135号60頁（泉南アスベスト訴訟（第1陣）），石綿工場の近隣住民——前掲大阪高判平成23（2011）・8・25，大阪高判平成26（2014）・3・6判時2257号31頁（クボタ訴訟），石綿を扱う建設労働者やそのような建設作業に従事する一人親方や零細事業主——東京高判平成29（2017）・10・27判タ1444号137頁，東京高判平成30（2018）・3・14判例集未登載等（いわゆる建設アスベスト訴訟）。

　　2）　規制権限の不行使が違法とされた最高裁の判例としては，じん肺にり患した炭鉱労働者が鉱山保安法に基づく権限不行使が違法であると主張した最三小判平成16（2004）・4・27民集58巻4号1032頁［重判平16行5］（筑豊じん肺訴訟）や，*150*（水俣病関西訴訟）がある。

12　申請処理の不作為による国家賠償請求（水俣病待たせ賃訴訟）

最二小判平成3（1991）・4・26［百選Ⅱ218］
民集45巻4号653頁；判時1385号3頁
　（評釈）吉田邦彦・判評399（判時1412）号2頁，佐藤歳二・曹時45巻10号119頁
　（一審）熊本地判昭和58（1983）・7・20判時1086号33頁
　（二審）福岡高判昭和60（1985）・11・29判時1174号21頁

■**事実**　Xら（原告，被控訴人，被上告人）は，1972年12月から1977年5月にかけて，公害に係る健康被害の救済に関する特別措置法（以下「特措法」という）ないし公害健康被害補償法に基づき，水俣病にかかっているとの認定を求める申請をしたが，長期間にわたり，熊本県知事は何らの処分も行わなかった。そこで，Xらは，申請者として焦燥，不安の気持ちを抱くことになり精神的苦痛を被っているとして，熊本県（Y₁）および国（Y₂）に対して，国賠法1条1項に基づき慰謝料の支払いを求めて出訴した。

　なお，Xらの一部は，特措法に基づく認定申請に対し，知事が長期間にわたり何らの処分も行わなかったことを理由に，本件訴訟に先立ち，不作為の違法確認訴訟（行訴法3条5項）を提起し，勝訴している（熊本地判昭51（1976）・12・15判時835号3頁（確定））。

　本件訴訟の一審，二審は，請求を一部認容した。Y₁・Y₂により上告。

⇨12

■判旨 破棄差戻し。

「認定申請をした者は，……認定処分がされれば，認定の効力は認定申請の時にさかのぼって生じ，補償給付の支給も右の請求の時，すなわち認定申請の時にさかのぼってされることになるのであり，また認定申請をすれば，一定の要件に該当する限り（Ｘらの場合はこれに該当する。），〔熊本県の〕行政措置により医療給付が受けられる状況にあり，これらを総合して考えれば，現実の受給の時期的な遅れはあるものの，少なくとも認定の遅れによる救済補償関係の通常の財産的損失は，実質的には，ほとんど解消されているものといえる。……そうすると，右認定申請手続において，処分遅延により申請者が抱くであろう不安，焦燥の気持というのは，結局，処分庁から処分さえあれば，それが認定又は棄却いずれの判定のときでも解消する性質のものであるから，これは，およそ一般的に，ある行政認定の申請をした者が処分遅延により抱くであろう不安，焦燥の感情と大差がないものといえなくはない。

しかし，本件の認定申請者は，難病といわれ特殊の病像を持つ水俣病にかかっている疑いのままの不安定な地位から，一刻も早く解放されたいという切実な願望からその処分を待つものであろうから，それだけに処分庁の長期の処分遅延により抱くであろう不安，焦燥の気持は，いわば内心の静穏な感情を害するものであって，その程度は決して小さいものではなく，かつ，それは他の行政認定申請における申請者の地位にある者にはみられないような異種独特の深刻なものであると推認することができる。

ところで，一般的には，各人の価値観が多様化し，精神的な摩擦が様々な形で現れている現代社会においては，各人が自己の行動について他者の社会的活動との調和を充分に図る必要があるから，人が社会生活において他者から内心の静穏な感情を害され精神的苦痛を受けることがあっても，一定の限度では甘受すべきものというべきではあるが，社会通念上その限度を超えるものについては人格的な利益として法的に保護すべき場合があり，それに対する侵害があれば，その侵害の態様，程度いかんによっては，不法行為が成立する余地があるものと解すべきである。

これを本件についてみるに，既に検討したように，認定申請者としての，早期の処分により水俣病にかかっている疑いのままの不安定な地位から早期に解放されたいという期待，その期待の背後にある申請者の焦燥，不安の気持を抱かされないという利益は，内心の静穏な感情を害されない利益として，これが

I-1 行政訴訟の特色　31

⇨*12*

不法行為法上の保護の対象になり得るものと解するのが相当である」。

「次に，本件において，認定申請者の内心の静穏な感情を害されないという利益が法的保護の対象になり得るとしても，処分庁の侵害行為とされるものは不処分ないし処分遅延という状態の不作為であるから，これが申請者に対する不法行為として成立するためには，その前提として処分庁に作為義務が存在することが必要である……。

また，作為義務のある場合の不作為であっても，その作為義務の類型，内容との関連において，その不作為が内心の静穏な感情に対する介入として，社会的に許容し得る態様，程度を超え，全体としてそれが法的利益を侵害した違法なものと評価されない限り，不法行為の成立を認めることができないと解すべきである。……

これを，本件についてみると，……救済法及び補償法の下で，申請者から認定申請を受けた知事は，それに対する処分を迅速，適正にすべき行政手続上の作為義務があることはいうまでもなく，これに対応して，認定申請者には，申請に対して迅速，適正に処分を受ける手続上の権利を有することになる。しかしながら，知事の負っている右作為義務は，申請者の地位にある者の内心の静穏な感情を害されないという私的利益の保護に直接向けられたものではないから，右の行政手続上の作為義務が直ちに後者の利益に対応するものとはいえ［ない］……。

そして，救済法及び補償法からは，認定申請に対する処分の遅延そのものに対する申請者の内心の不安感，焦燥感等に対して，これに特別の配慮を加え，その利益のために一定期間内に処分すべき旨を定めた法意を見いだすことはできない。もっとも，Ｘらのうち［の数名］と，知事との間には，［■**事実**に掲げた］確定判決があることは，原審の認定するところであるが，この訴訟の性質からすれば，その違法であることの確認の趣旨は，右訴訟の弁論終結時点において，知事が処分をすべき行政手続上の作為義務に違反していることを確認することにあるから，これが直ちに認定申請者の右の法的利益に向けた作為義務を認定し，その利益侵害という意味での不作為の違法性を確認するものではないと解すべきである。

しかし，救済法及び補償法の中に，認定申請者の右のような私的利益に直接向けられた作為義務の根拠を見いだし難いとしても，一般に，処分庁が認定申請を相当期間内に処分すべきは当然であり，これにつき不当に長期間にわたっ

て処分がされない場合には，早期の処分を期待していた申請者が不安感，焦燥感を抱かされ内心の静穏な感情を害されるに至るであろうことは容易に予測できることであるから，処分庁には，こうした結果を回避すべき条理上の作為義務があるということができる。

そして，処分庁が右の意味における作為義務に違反したといえるためには，客観的に処分庁がその処分のために手続上必要と考えられる期間内に処分できなかったことだけでは足りず，その期間に比して更に長期間にわたり遅延が続き，かつ，その間，処分庁として通常期待される努力によって遅延を解消できたのに，これを回避するための努力を尽くさなかったことが必要であると解すべきである」。

「Ｘらの本件認定申請に対する処分のためにどの程度の期間が必要であったかは，その当時の全体の認定申請件数，これを検診及び審査する機関の能力，検診及び審査の方法，申請者側の協力関係等の諸事情を具体的個別的に検討して判断すべきものであるところ，原審においてこれら諸事情の存否が確定されていないのであるから，Ｘらの各申請に対してどの程度の期間があれば処分が可能であったのかは明らかではない」。前掲の確定判決が存在することから「処分可能時期が経過した後も知事が処分をしていなかったものと推認できないわけではない。しかし，仮に右の処分可能時期の認定が相当であって，それ以後も知事が処分をしないままに時が経過することがあったとしても，前記諸事情の認定がされていない限り，その間，知事が認定業務を処理すべき者として通常期待される努力によって遅延を回避することができたかどうかは明らかではないので，不当に長期間にわたり知事が処分しない状態にあり，これがＸらの内心の静穏な感情を害されない利益を侵害するものとして，全体として法の許容しない違法な行為と評価すべきかどうか，ひいては知事が故意にこうした結果を回避しなかったか又は回避すべき義務を怠った点に過失があったことになるのかどうかについても，判断することができない」。

香川保一裁判官の**反対意見**　Ｘらの主張する精神的苦痛は法的保護の対象とはなりえない。

（裁判長裁判官　香川保一，裁判官　藤島昭，中島敏次郎，木崎良平）

▶*Reference 1)*　差戻後控訴審・福岡高判平成 8（1996）・9・27 判時 1586 号 32 頁は，
　　上告審判決が指摘する諸事情について事実認定をし，熊本県知事は，当時の具体的状況
　　の下では，処分庁として，処分の遅延を回避するために通常期待される努力を尽くした

ものと認め，本件においてXらの申請に対する応答が遅延したことにつき，知事において Xらの内心の静穏な感情を害する結果を回避すべき条理上の作為義務違反があったとはいえないとし，一審判決のうちXらの勝訴部分を取り消し，請求を棄却した。

2） 最三小判昭和 60（1985）・7・16 民集 39 巻 5 号 989 頁［百選 I 124］は，マンションの建築主とその建設に反対する付近住民との間の紛争を解決するための行政指導が行われていることを理由として建築確認処分が長期間留保された事案において，建築主 X が「確認処分を留保されたままでの行政指導にはもはや協力できないとの意思を真摯かつ明確に表明し，当該確認申請に対し直ちに応答すべきことを求めているとみとめられるときには」特段の事情がない限り，行政指導を理由に確認処分の留保を続けることは国賠法上違法であると判示した。原審（東京高判昭和 54（1979）・12・24 判時 955 号 73 頁）は，建築主が工事代金を弁済するために借り入れた金額に関し，工事遅延期間の金利負担分を X の損害と認めている。

3） 特措法およびそれに代わって制定された公害健康被害補償法（1987 年の改正により，「公害健康被害の補償等に関する法律」に改称）は，公害被害者のための行政上の救済制度を定めるものである。一定の公害病にかかっている者が，都道府県知事の認定を受けることにより，障害補償費等の給付を受ける。その原資は，原因企業から徴収される賦課金によって賄われる。

最二小判平成 29（2017）・9・8 民集 71 巻 7 号 1021 頁［重判平 29 行 10］は，認定患者が，認定された疾病による健康被害について原因者に対する損害賠償請求訴訟を提起して判決を受け，損害賠償義務の全ての履行を既に受けている場合には，都道府県知事は，同法に基づく障害補償費の支給義務の全てを免れると判示した。

13 三面関係の行政訴訟──原告適格と行訴法 10 条（もんじゅ訴訟）

最三小判平成 4（1992）・9・22［百選 II 162］
民集 46 巻 6 号 571 頁；判時 1437 号 29 頁
（評釈）桑原勇進・法協 111 巻 12 号 1887 頁，高橋利文・曹時 45 巻 3 号 233 頁
（一審）福井地判昭和 62（1987）・12・25 行裁例集 38 巻 12 号 1829 頁；判時 1264 号 31 頁
（二審）名古屋高金沢支判平成元（1989）・7・19 行裁例集 40 巻 7 号 938 頁；判時 1322 号 33 頁［重判平元行 2］

■**事実**　内閣総理大臣 Y（被告，被控訴人，被上告人）は，動力炉・核燃料開発事業団 A（核燃料サイクル開発機構に改組されたのち，日本原子力研究所と統合され，現在は日本原子力研究開発機構）が建設しようとしていた高速増殖炉「もんじゅ」について，核原料物質，核燃料物質及び原子炉の規制に関する法律（以下「原子炉等規制法」という）23 条 1 項 4 号・24 条に基づく原子炉設置許可処分を行った。周辺住民であるXら（原告，控訴人，上告人）は，取消訴訟の出訴期間が過ぎていたため，設置許可処分の無効確認訴訟を提起した。

本件は，処分（原子炉設置許可処分）の名宛人以外の第三者が，当該処分の取消し

34　I 行政訴訟

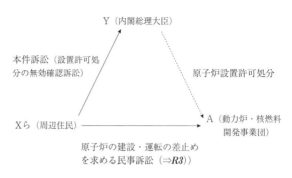

や無効確認等を求めて提起する、いわば三面関係型の行政訴訟である。本件の各審級で扱われた論点は多岐にわたるが、ここでは、三面関係型の取消訴訟や無効確認訴訟等を提起しうる第三者はどのような範囲の者か（原告適格）、それらの者は当該処分の違法事由としてどのような事由を主張しうるのか（行訴法10条1項の主張制限の範囲）という点についてのみとりあげる。無効確認訴訟の補充性の要件（行訴法36条）に関する判示については、*67*参照。

■**判旨** 破棄差戻し。

「行政事件訴訟法9条は、取消訴訟の原告適格について規定するが、同条にいう当該処分の取消しを求めるにつき「法律上の利益を有する者」とは、当該処分により自己の権利若しくは法律上保護された利益を侵害され又は必然的に侵害されるおそれのある者をいうのであり、当該処分を定めた行政法規が、不特定多数者の具体的利益を専ら一般的公益の中に吸収解消させるにとどめず、それが帰属する個々人の個別的利益としてもこれを保護すべきものとする趣旨を含むと解される場合には、かかる利益も右にいう法律上保護された利益に当たり、当該処分によりこれを侵害され又は必然的に侵害されるおそれのある者は、当該処分の取消訴訟における原告適格を有するものというべきである……。そして、当該行政法規が、不特定多数者の具体的利益をそれが帰属する個々人の個別的利益としても保護すべきものとする趣旨を含むか否かは、当該行政法規の趣旨・目的、当該行政法規が当該処分を通して保護しようとしている利益の内容・性質等を考慮して判断すべきである。

行政事件訴訟法36条は、無効等確認の訴えの原告適格について規定するが、同条にいう当該処分の無効等の確認を求めるにつき「法律上の利益を有する者」の意義についても、右の取消訴訟の原告適格の場合と同義に解するのが相当である」。

原子炉設置許可の基準として、原子炉等規制法24条1項「3号（技術的能

⇨*13*

力に係る部分に限る。）及び 4 号が設けられた趣旨は，原子炉が，原子核分裂の過程において高エネルギーを放出するウラン等の核燃料物質を燃料として使用する装置であり，その稼働により，内部に多量の人体に有害な放射性物質を発生させるものであって，原子炉を設置しようとする者が原子炉の設置，運転につき所定の技術的能力を欠くとき，又は原子炉施設の安全性が確保されないときは，当該原子炉施設の従業員やその周辺住民等の生命，身体に重大な危害を及ぼし，周辺の環境を放射能によって汚染するなど，深刻な災害を引き起こすおそれがあることにかんがみ，右災害が万が一にも起こらないようにするため，原子炉設置許可の段階で，原子炉を設置しようとする者の右技術的能力の有無及び申請に係る原子炉施設の位置，構造及び設備の安全性につき十分な審査をし，右の者において所定の技術的能力があり，かつ，原子炉施設の位置，構造及び設備が右災害の防止上支障がないものであると認められる場合でない限り，主務大臣は原子炉設置許可処分をしてはならないとした点にある。そして，同法 24 条 1 項 3 号所定の技術的能力の有無及び 4 号所定の安全性に関する各審査に過誤，欠落があった場合には重大な原子炉事故が起こる可能性があり，事故が起こったときは，原子炉施設に近い住民ほど被害を受ける蓋然性が高く，しかも，その被害の程度はより直接的かつ重大なものとなるのであって，特に，原子炉施設の近くに居住する者はその生命，身体等に直接的かつ重大な被害を受けるものと想定されるのであり，右各号は，このような原子炉の事故等がもたらす災害による被害の性質を考慮した上で，右技術的能力及び安全性に関する基準を定めているものと解される。右の 3 号（技術的能力に係る部分に限る。）及び 4 号の設けられた趣旨，右各号が考慮している被害の性質等にかんがみると，右各号は，単に公衆の生命，身体の安全，環境上の利益を一般的公益として保護しようとするにとどまらず，原子炉施設周辺に居住し，右事故等がもたらす災害により直接的かつ重大な被害を受けることが想定される範囲の住民の生命，身体の安全等を個々人の個別的利益としても保護すべきものとする趣旨を含むと解するのが相当である。

　そして，当該住民の居住する地域が，前記の原子炉事故等による災害により直接的かつ重大な被害を受けるものと想定される地域であるか否かについては，当該原子炉の種類，構造，規模等の当該原子炉に関する具体的な諸条件を考慮に入れた上で，当該住民の居住する地域と原子炉の位置との距離関係を中心として，社会通念に照らし，合理的に判断すべきものである。

⇨13

　以上説示した見地に立って本件をみるのに，Ｘらは本件原子炉から約29キ
ロメートルないし約58キロメートルの範囲内の地域に居住していること，本
件原子炉は研究開発段階にある原子炉である高速増殖炉であり……，炉心の燃
料としてはウランとプルトニウムの混合酸化物が用いられ，炉心内において毒
性の強いプルトニウムの増殖が行われるものであることが記録上明らかであっ
て，かかる事実に照らすと，Ｘらは，いずれも本件原子炉の設置許可の際に
行われる規制法24条1項3号所定の技術的能力の有無及び4号所定の安全性
に関する各審査に過誤，欠落がある場合に起こり得る事故等による災害により
直接的かつ重大な被害を受けるものと想定される地域内に居住する者というべ
きであるから，本件設置許可処分の無効確認を求める本訴請求において，行政
事件訴訟法36条所定の「法律上の利益を有する者」に該当するものと認める
のが相当である」。

（裁判長裁判官　貞家克己，裁判官　坂上壽夫，園部逸夫，佐藤庄市郎，可部恒雄）

▶*Reference 1*）　本案における主張制限について。差戻後一審・福井地判平成12
　（2000）・3・22判時1727号33頁［重判平12行5］は，「行訴法10条1項は無効確認訴
　訟にも類推適用される」としたうえで，行訴法10条1項の「法律上の利益」は，「行訴
　法9条の「法律上の利益を有する者」の「法律上の利益」と同義と解されるところ，
　……［原子炉等］規制法24条1項3号（技術的能力に係る部分に限る。）及び4号は，
　原子炉施設周辺に居住し，右事故等がもたらす災害により直接的かつ重大な被害を受け
　ることが想定される範囲の住民の生命，身体の安全等を個々人の個別的利益としても保
　護すべきものとする趣旨を含むと解されるから，原告らは，同項3号［その者……に原
　子炉を設置するために必要な技術的能力及び経理的基礎があり，かつ，原子炉の運転を
　適確に遂行するに足りる技術的能力があること］（技術的能力に係る部分に限る。）及び
　4号［原子炉施設の位置，構造および設備が核燃料物質，核燃料物質によって汚染され
　た物または原子炉による災害の防止上支障がないものであること］に係る違法を主張す
　ることができる」とした。
　　他方，原子炉等規制法24条1項1号（原子炉が平和の目的以外に利用されるおそれ
　がないこと），2号（その許可をすることによって原子力の開発および利用の計画的な
　遂行に支障を及ぼすおそれがないこと）および3号（経理的基礎に係る部分に限る）は，
　「原子炉施設の周辺住民等の個人的利益の保護を目的として内閣総理大臣の許可権限の
　行使に制約を課したものではなく，原告らの法律上の利益に関係しないと解されるから，
　原告らは，右各要件に係る違法事由を主張することはできない」と判示した。
　　以上のうち，3号要件（経理的基礎）にかかる違法を主張することが許されるかとい
　う点については，裁判例は分かれている。主張を許すものとして，東海第二原発訴訟一
　審（水戸地判昭和60（1985）・6・25行裁例集36巻6号844頁），同二審（東京高判平
　成13（2001）・7・4判時1754号35頁（*54 R5*，*75 R1*）），主張をすることは許され

⇨*14*

ないとするものとして，本件差戻後一審（前掲），同差戻後控訴審・名古屋高金沢支判平成 15（2003）・1・27 判時 1818 号 3 頁［重判平 15 行 2］，柏崎・刈羽原発訴訟一審（新潟地判平成 6（1994）・3・24 行裁例集 45 巻 3 号 304 頁），同二審（*75*）がある。

　2）　本判決以後の本件の帰趨について。差戻後一審（前掲）は，X ら全員の原告適格を認めたが，本件許可に手続的違法や実体法的な違法はないとして請求を棄却した。差戻後控訴審（前掲）は，原子炉の潜在的危険性の重大さ故に，原子炉設置許可処分の無効要件は，違法（瑕疵）の重大性をもって足り，明白性の要件は不要としたうえで，原子力安全委員会の本件安全審査には重大な瑕疵があるとして，X らの請求を認容した。差戻後上告審・最一小判平成 17（2005）・5・30 民集 59 巻 4 号 671 頁［重判平 17 行 3］は，本件処分に無効事由があるとはいえないとして原判決を破棄し，X らの請求を棄却した。

　3）　本件の高速増殖炉もんじゅについては，核燃料サイクル開発機構を被告として同原子炉施設の建設・運転の差止めを求める民事訴訟も提起された（福井地判平成 12（2000）・3・22 判時 1727 号 77 頁（請求棄却））。

14　大震災と国家賠償 ⑴──津波の予見可能性

仙台高判平成 27（2015）・3・20
判時 2256 号 30 頁
（一審）仙台地判平成 26（2014）・3・24 判時 2223 号 60 頁

■事実　2011 年の東日本大震災の地震発生後に発生した津波により，海岸線から約 1.5 キロメートル内陸に入った地点に位置する宮城県 Y 町立保育所（以下「本件保育所」という）に，地震発生から約 1 時間 15 分後の午後 4 時頃，浸水深 2.4 メートルの津波が押し寄せ，園児ら 3 名が死亡した。園児らの保護者である X らは Y を被告として，国賠法 1 条 1 項に基づく損害賠償などを求めて提訴した。X らは特に，Y の（災害対策本部総務部長である）総務課長が，午後 3 時 30 分頃に避難方法について指示を求めた本件保育所の保育士に対して「現状待機」との指示（以下「本件指示」という）を伝え，避難指示の義務を怠ったこと，本件保育所の保育士（以下「本件保育士」）らが園児らを適切に避難させる義務を怠ったことなどを主張した。一審は，地震発生当時，気象庁が発表した情報などを収集したとしても，津波の本件保育所への到達による危険性を総務課長や本件保育士らが予見することができなかったなどとして，これら Y の公務員の過失を否定した。他の請求原因も含めて X らの請求をすべて棄却したため，X らが控訴。

■判旨　控訴棄却。

⑴　地震発生後の状況によると「……総務課長において，［携帯電話のワンセグテレビやカーラジオなどによる］情報を収集し得たことを前提としても，本件地震がこれまでの想定を超える巨大な規模のものであることを認識し，本件地

38　Ⅰ　行 政 訴 訟

⇨14

震による津波が本件保育所に到達する危険性を予見し得たと認めることはできない。」

また，「本件地震の実際の規模が，気象庁が本件地震直後に発表した推定規模を相当上回るものであり，本件地震による津波についても，従前の想定を上回る高さのものが到達する危険性があることを認識させる情報」をNHKが午後3時54分頃に発表したが，これは「本件保育所に津波が到達するまさに直前か，これと相前後する時間帯の出来事であったと認められるから，本件保育士らが，……［本件保育所に津波が到達するより前に］これらの情報を認識し得たかは明らかでない。」よって，「本件保育士らにおいて，……本件保育所に津波が到達する危険性を予見し得たとは認められない。」

(2)　国賠法1条1項の過失について，Yの公務員である「総務課長又は本件保育士らに同項の過失があるというためには，同人らが本件保育所に津波が到達する危険性を予見し得たことが前提となるところ，そのように認められない」。また，「本件保育士ら及び［本件保育所の］所長において，避難の際に負っていた注意義務に違反したことがあったとも認められないのであるから，Yが国家賠償法1条1項に基づく責任を負うとは認められない」と判示した。

(3)　「総務課長が避難を要する旨の指示をすべき義務を怠ったこと，本件保育士らが本件被災までの間に園児を避難させるべき義務を怠ったこと，本件保育士らが避難する際に適切な方法で避難すべき義務を怠ったこと，［本件保育所の］所長が避難に際して適切な指示をすべき義務を怠ったことを理由とする債務不履行責任や国家賠償責任はいずれも認めることができない。このうち，総務課長が避難を要する旨の指示をすべき義務，本件保育士らが本件被災までの間に園児を避難させるべき義務については，これが認められるためには，繰り返し述べたように，本件保育所に津波が到達する危険性があることを予見し得ることが必要である。本件保育所における被災では，本件地震の発生から津波の到達まで1時間を超える時間があり，少しでも早く，少しでも高い所に避難していれば被災を免れることはできた可能性が高い。この意味で本件保育所における被災で園児の生命が失われたのは悔やまれる。しかしながら，これは結果から見た評価であって，前もって本件保育所に津波が到達する危険性があることを予見することができたかというと，これまで述べたとおり，園児の生命の保持に責任があるYの担当者（災害対策本部の総務部長，本件保育所の保育士ら）においても，予見することができなかったといわざるを得ない。予見

I-*1*　行政訴訟の特色　39

⇨*15*

可能性を肯定することができない以上，Ｙの責任を認めることはできない。」

（裁判長裁判官　中西茂，裁判官　綱島公彦，楠松晴子）

▶*Reference* 1)　本判決を不服として，Ｘが上告および上告受理申立て。それに対して，本件上告審（最二小決平成 28 (2016)・2・17）は，上告棄却および上告不受理とした。

2)　なお本判決とは異なり，津波被害にかかる，国賠法に基づく賠償請求を認容する判決もある。仙台高判平成 29 (2017)・4・27 判自 431 号 43 頁は，校長が地震発生後，小学校に避難していた 9 歳の児童をその同級生の父に引き渡し帰宅させたところ，その後児童が津波に巻き込まれて死亡した事案につき，校長は児童の生命・身体に危険が及ぶことを予見できたとした。また，仙台高判平成 30 (2018)・4・26 裁判所 WEB は，津波被害を受けた小学校で多数の児童・教職員が死亡した事案で，校長らが津波による被害を受けることを予見して，事前に当該小学校の危機管理マニュアルを改訂するなどをしておくべきだったとし，それらの点で校長らに安全確保義務の懈怠が認められるとした。

15 大震災と国家賠償(2)──震災による道路陥没

福島地郡山支判平成 26 (2014)・6・20
判時 2233 号 131 頁
（評釈）板垣勝彦・自治研究 91 巻 12 号 138 頁

■**事実**　東日本大震災の発生から約 3 週間後の 2011 年 3 月 30 日，福島県本宮市（Ｙ）が管理する市道（以下「本件道路」という）を，運送業を営む有限会社Ｘの従業員が運転するダンプトラックが走行中，幅員約 4 メートルで震災後も異常はなく，通常どおり道路として利用されていた箇所（以下「本件事故現場」）において突然，陥没が起きた。ダンプトラックはその陥没に落ち込み，後輪のシャフトが曲がるなどの損傷をする事故（以下「本件事故」という）が発生した。そこでＸは，本件道路が通常有すべき安全性を欠いており，その管理に瑕疵があったと主張して，国賠法 2 条 1 項に基づき，Ｙに損害賠償を請求した。

■**判旨**　請求棄却（確定）。

(1)　「本件事故発生当時，本件事故現場においては，東日本大震災の影響により道路が陥没する危険性が生じていたものと推察されるところ，Ｙは，東日本大震災の発生前後において，法令及び通達を踏まえて……道路を管理していたことが認められ，少なくとも本件事故発生までの間についていえば，東日本大震災発生後 3 週間という限られた期間内において実施することができる措置等を講じていなかったなどということはできず，Ｙによる道路の管理状況が不十分であったなどと認めることもできない。」「そのようなＹによる道路の管理状況を前提として，東日本大震災発生後のＹ市内では道路の陥没等の

40　　Ｉ　行政訴訟

損壊が多数の箇所で生じており，本件事故現場においても，道路の陥没が生じるような一般的抽象的な危険性があり，その限度ではYはこれを認識又は予見することができたものとは認められるけれども，それ以上に，外形上，道路の陥没の危険性があることを具体的に窺い知るような事情等が存在したものとは認められないのであって，Yが本件事故現場における道路の陥没の危険性を具体的に認識又は予見することはできなかったものというべきである。」

(2)「Yは，本件事故発生までの間において，本件道路を含むY管理の市道について可能な範囲内での管理を実施していたのであるが，本件道路に関して本件事故の発生原因となるべき事象が生じていたことを具体的に知り又は知り得る可能性はなかったというほかなく，本件事故はそのような中でX［の］車両が本件事故現場を通過したのと同時に発生したものであって，Yには本件事故の発生を阻止又は回避する余地はなかったと言わざるを得ない。」

(3)「以上によれば，本件事故は，Yにおいてこれを予見することができず，その回避可能性がなかったといえ，Yが本件道路の管理を怠った瑕疵により発生したものということはできないのであって，Yには本件道路について「管理の瑕疵」があったものとは認められない。」「したがって，Yは，本件事故の発生につき，Xに対して国家賠償法2条1項による責任を負うということはできない。」

（裁判長裁判官　上拂大作，裁判官　馬場潤，南雲大輔）

▶*Reference*　1995 年に発生した阪神・淡路大震災では，阪神高速道路公団Y（当時。現・阪神高速道路株式会社）が管理する，国賠法 2 条 1 項にいう「公の営造物」である高速道路の高架橋脚が倒壊して橋桁が落下した。その際この高速道路上で，A が運転していた自動車が橋桁落下部分に向かって滑り落ち，A は即死した。A の相続人 X が橋脚の倒壊は施工瑕疵が原因であると主張し，Y を被告として同条同項に基づく損害請求を求めた事案において，神戸地尼崎支判平成 15（2003）・1・28 判タ 1140 号 110 頁は，橋脚の倒壊は想定された震度を上回る地震力に原因すると推認され，橋脚の施工に瑕疵があったとは認められず，さらに管理の瑕疵も認めがたいとして，X の請求を棄却した。

16 行政の判断過程の審査（日光太郎杉事件）

東京高判昭和 48（1973）・7・13［重判昭 48 行 6］

行裁例集 24 巻 6 = 7 号 533 頁；判時 710 号 23 頁

（評釈）塩野宏・判評 178（判時 718）号 21 頁

（一審）宇都宮地判昭和 44（1969）・4・9 行裁例集 20 巻 5 号 373 頁；判

⇨*16*

時 556 号 23 頁

■**事実**　建設大臣 Y_2（被告，控訴人）は，起業者である栃木県知事からの申請により，宗教法人日光東照宮 X（原告，被控訴人）の境内地について，2 級国道の拡幅を目的として事業認定を行った（土地収用法 16 条）。これに続いて，栃木県知事 Y_1 は，土地収用法 33 条に基づき，収用しようとする土地細目の公告を行い，栃木県収用委員会 Y_3 は，本件土地について収用裁決を行った。

　X は，Y_2 による事業認定，Y_1 による土地細目の公告，Y_3 による収用裁決の取消しを求めて出訴した。一審は，Y_2 の事業認定は，土地収用法 20 条 3 号の要件を充たさず違法であるとしてこれを取り消し，後続する土地細目の公告，収用裁決についても先行する事業認定が違法であるが故に違法であるとして取り消した。Y_1・Y_2・Y_3 は控訴。

■**判旨**　控訴棄却（確定）。

「［土地収用］法 20 条 3 号所定の「事業計画が土地の適正且つ合理的な利用に寄与するものであること」という要件は，その土地がその事業の用に供されることによって得らるべき公共の利益と，その土地がその事業の用に供されることによって失なわれる利益（この利益は私的なもののみならず，時としては公共の利益をも含むものである。）とを比較衡量した結果前者が後者に優越すると認められる場合に存在するものであると解するのが相当である。そうして，Y_2 の，この要件の存否についての判断は，具体的には本件事業認定にかかる事業計画の内容，右事業計画が達成されることによってもたらされるべき公共の利益，右事業計画策定及び本件事業認定に至るまでの経緯，右事業計画において収用の対象とされている本件土地の状況，その有する私的ないし公共的価値等の諸要素，諸価値の比較衡量に基づく総合判断として行なわるべき」である。「Y_2 が，この点の判断をするについて，或る範囲において裁量判断の余地が認めらるべきことは，当裁判所もこれを認めるに吝かではない。しかし，……Y_2 がこの点の判断をするにあたり，本来最も重視すべき諸要素，諸価値を不当，安易に軽視し，その結果当然尽すべき考慮を尽さず，または本来考慮に容れるべきでない事項を考慮に容れもしくは本来過大に評価すべきでない事項を過重に評価し，これらのことにより Y_2 のこの点に関する判断が左右されたものと認められる場合には，Y_2 の右判断は，とりもなおさず裁量判断の方法ないしその過程に誤りがあるものとして，違法となる」。

本件土地付近は，「国の重要文化財たる朱塗の神橋および御旅所の社等の人工美と，これをとりまく鬱蒼たる巨杉群や闊葉樹林帯および大谷川の清流等の

自然美とが，渾然一体となって作り出す荘重・優美な景観の地として，国立公園のエッセンスともいうべき特別保護地区に指定された地域に属するうえ，この土地付近は，日光発祥の地としての史実・伝説を有し，宗教的にも由緒深い地域であるのみならず，太郎杉を初めとする本件土地上の巨杉群は，特別史跡・特別天然記念物として指定されている日光杉並木街道のそれと同じ程度の文化的価値を有するものと一般国民に意識され評価されている」のであるから，本件の事業計画が土地収用法 20 条 3 号の要件をみたすというためには「本件計画がどうしてもそれによらざるを得ないと判断し得るだけの必要性，換言すれば，本件土地付近の有する前記のような景観，風致，文化的諸価値を犠牲にしてもなお本件計画を実施しなければならない必要性，ないしは環境の荒廃，破壊をかえりみず右計画を強行しなければならない必要性があることが肯定されなければならない」。ところが，「道路というものは，……原則として，「費用と時間」をかけることによって，「何時でも何処にでも」これを建設することは可能であり，従って，それは代替性を有している」のであり，本件の場合にも「より以上の時間と費用をかけることによって，本件土地のもつ前記の諸価値を毀損することなく，その必要を満すに足りる道路を建設することが可能であ」った。それにもかかわらず，本件事業計画案の実施を必要，やむをえないものとする起業者の見解を是認する Y_2 の判断は，「本件土地付近の有するかけがいのない諸価値ないし環境の保全という本来最も重視すべきことがらを不当，安易に軽視し，その結果，本件道路がかかえている交通事情を解決するための手段，方法の探究において，尽すべき考慮を尽さなかったという点で，その裁量判断の方法ないし過程に過誤があった」。

「総合していえば，本件事業計画をもって，土地の適正かつ合理的な利用に寄与するものと認めらるべきであるとする Y_2 の判断は，この判断にあたって，本件土地付近のもつかけがいのない文化的諸価値ないしは環境の保全という本来最も重視すべきことがらを不当，安易に軽視し，その結果右保全の要請と自動車道路の整備拡充の必要性とをいかにして調和させるべきかの手段，方法の探究において，当然尽すべき考慮を尽さず……，また，この点の判断につき，オリンピックの開催に伴なう自動車交通量増加の予想という，本来考慮に容れるべきでない事項を考慮に容れ……，かつ，暴風による倒木（これによる交通障害）の可能性および樹勢の衰えの可能性という，本来過大に評価すべきでないことがらを過重に評価した……点で，その裁量判断の方法ないし過程に過誤

⇨17

があり，これらの過誤がなく，これらの諸点につき正しい判断がなされたとすれば，Y_2の判断は異なった結論に到達する可能性があったものと認められる。してみれば，本件事業計画をもって土地の適正かつ合理的な利用に寄与するものと認められるべきであるとするY_2の判断は，その裁量判断の方法ないし過程に過誤があるものとして，違法なものと認めざるをえない」。

（裁判長裁判官　白石健三，裁判官　杉山孝，川上泉）

▶*Reference* 1)　行政庁の判断過程の合理性を問題とする他の裁判例について，I 巻 *143R1*〕〔*144R*〕を参照。
　　2)　土地収用法 20 条 3 号の要件充足性の審査にあたって，代替案が検討されたか否かを重視する他の裁判例として，東京地判平成 16（2004）・4・22 判時 1856 号 32 頁を参照。また，公有水面埋立免許の差止めを認めた *60* は，土地収用法 20 条 3 号と同様の要件を定めている公有水面埋立法 4 条 1 項 1 号の要件充足性の判断に関して，代替案との比較検討が適切に行われていなかったという点をも問題としている。

17　裁量判断を支える事実の審査（林試の森公園事件）

最二小判平成 18（2006）・9・4 ［重判平 18 行 7］
判時 1948 号 26 頁
（評釈）前田雅子・判評 585（判時 1978）号 2 頁
（一審）東京地判平成 14（2002）・8・27 判時 1835 号 52 頁
（二審）東京高判平成 15（2003）・9・11 判時 1845 号 54 頁

■事実　1957 年 12 月，建設大臣 Y（当時。関東地方整備局長がその地位を承継）は，旧農林省の附属機関である林業試験場の跡地を利用して都市公園を設置する都市計画決定（以下「本件都市計画決定」という）をした。本件都市計画決定は，林業試験場の南門の位置に本件公園の南門を設けるものとし，南門と区道の接続部分として利用するため，X ら（原告，被控訴人，上告人）の所有等に係る土地

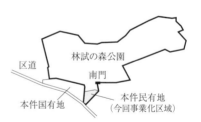

太線枠内が，本件都市計画決定（1987 年に一部変更されたもの）の公園計画区域である。
（判時 1835 号 71 頁をもとに作成）

（以下「本件民有地」という）を公園の区域に含むものと定めていた。本件都市計画決定当時，本件民有地の上には少なくとも 4 棟の建物が存在していた。また，本件民有地の西隣の国有地（以下「本件国有地」という。本件民有地と同じく林業試験場の跡地と区道とに挟まれている）には，国家公務員宿舎である木造平家建の建物 25 棟が存在していた。X らは，本件民有地を収用するのではなく，本件国有地を利用すべきであると主張している。Y が本件民有地を本件公園の区域と定めた理由は，①林業試験

⇨*17*

場にある貴重な樹木について大規模な伐採等は行わずに既存の園路を活用することを考えるならば，南門の位置は現状のとおりとなること，②接道状況が悪い南門と区道とを直接に接続させる際に，本件民有地を入口部分とすれば，区道から南門までほぼ最短距離で見通しがよく間口の広い入口を設けることができること，③災害時における避難場所としての機能という点からも適切であること，という考慮に基づくものであった。

　東京都は，本件民有地に南門と区道との接続部分を整備することを内容とする都市計画公園事業の認可の申請をし，これに対して，Ｙは，都市計画事業認可（以下「本件事業認可」という）をしたので，Ｘらは本件事業認可の取消訴訟を提起した。

　一審は，公有地に属する財産によっては行政目的を達することができないときにはじめて公用負担を課すことができるという公用負担法の基本理念に鑑み，可能な限り民有地を利用せずに計画目的を達成しうるよう配慮すべきであるにもかかわらず，本件公園区域の決定に際して計画区域に含まれるのが公有地であるか民有地であるかを考慮しておらず，本件都市計画決定には裁量権の行使に著しい過誤欠落があったと判示し，本件都市計画決定に基づく本件事業認可を取り消した。

　二審は，公有地の利用優先という観点は絶対的なものではなく，また，本件民有地の代わりに本件国有地を計画区域に取り込み，南門の位置を変更するのは，貴重な樹木の伐採等が必要となるなどの理由から望ましいものではないなどとし，本件都市計画決定について，裁量権の範囲を逸脱し，濫用したものではないと判示した（原判決を取り消し，Ｘらの請求を棄却）。Ｘらが上告した。

■**判旨**　破棄差戻し。

「旧都市計画法は，都市施設に関する都市計画を決定するに当たり都市施設の区域をどのように定めるべきであるかについて規定しておらず，都市施設の用地として民有地を利用することができるのは公有地を利用することによって行政目的を達成することができない場合に限られると解さなければならない理由はない。しかし，都市施設は，その性質上，土地利用，交通等の現状及び将来の見通しを勘案して，適切な規模で必要な位置に配置することにより，円滑な都市活動を確保し，良好な都市環境を保持するように定めなければならないものであるから，都市施設の区域は，当該都市施設が適切な規模で必要な位置に配置されたものとなるような合理性をもって定められるべきものである。この場合において，民有地に代えて公有地を利用することができるときには，そのことも上記の合理性を判断する一つの考慮要素となり得ると解すべきである。

　原審は，Ｙが林業試験場には貴重な樹木が多いことからその保全のため南門の位置は現状のとおりとすることになるという前提の下に本件民有地を本件

I-1　行政訴訟の特色　45

⇨*17*

公園の区域と定めたことは合理性に欠けるものではないとして，本件都市計画決定について裁量権の範囲を逸脱し又はこれを濫用してしたものであるということはできないとする。しかし，原審は，南門の位置を変更し，本件民有地ではなく本件国有地を本件公園の用地として利用することにより，林業試験場の樹木に悪影響が生ずるか，悪影響が生ずるとして，これを樹木の植え替えなどによって回避するのは困難であるかなど，樹木の保全のためには南門の位置は現状のとおりとするのが望ましいというＹの判断が合理性を欠くものであるかどうかを判断するに足りる具体的な事実を確定していないのであって，原審の確定した事実のみから，南門の位置を現状のとおりとする必要があることを肯定し，Ｙがそのような前提の下に本件国有地ではなく本件民有地を本件公園の区域と定めたことについて合理性に欠けるものではないとすることはできない……。

そして，樹木の保全のためには南門の位置は現状のとおりとするのが望ましいというＹの判断が合理性を欠くものであるということができる場合には，更に，本件民有地及び本件国有地の利用等の現状及び将来の見通しなどを勘案して，本件国有地ではなく本件民有地を本件公園の区域と定めたＹの判断が合理性を欠くものであるということができるかどうかを判断しなければならないのであり，本件国有地ではなく本件民有地を本件公園の区域と定めたＹの判断が合理性を欠くものであるということができるときには，そのＹの判断は，他に特段の事情のない限り，社会通念に照らし著しく妥当性を欠くものとなるのであって，本件都市計画決定は，裁量権の範囲を超え又はその濫用があったものとして違法となる……。……南門の位置を変更することにより林業試験場の樹木に悪影響が生ずるか等について十分に審理することなく，本件都市計画決定について裁量権の範囲を逸脱し又はこれを濫用してしたものであるということはできないとした原審の判断には，判決に影響を及ぼすことが明らかな法令の違反があ」り，原判決は破棄を免れない。更に審理を尽くさせるため，本件を原審に差し戻す。

古田佑紀裁判官らの**補足意見**「都市計画は，長い年月をかけて，状況の変化に応じて修正を加えながら，できる限り任意買収によって，最も適切と考えられる都市の姿を形作って行く場合が少なくないと思われるのであって，民有地だけではなく公有地が存在するために，都市計画の目的達成から見てより合理性の低い計画を立てることを余儀なくされるとすれば，それは，都市計画の

⇨*18*

本旨に反する」。

（裁判長裁判官　滝井繁男，裁判官　津野修，今井功，中川了滋，古田佑紀）

▶*Reference*　本判決後の 2006 年 10 月，東京都は，国有地に建つ国家公務員官舎の移転
が決まり民有地の収用の必要がなくなったとして，国有地の払下げを求める方針に転換
した。都の事業認可申請の取下げを受けて，国は 11 月に事業認可を取り消し，住民側
は本件の訴えを取り下げた。

18 市民と行政の情報格差──立証責任（伊方原発訴訟）

最一小判平成 4（1992)・10・29 ［百選 I 77］
民集 46 巻 7 号 1174 頁；判時 1441 号 37 頁
（評釈）高木光・判評 414（判時 1458）号 28 頁，高橋利文・曹時 45 巻 3
号 277 頁
（一審）松山地判昭和 53（1978)・4・25 行裁例集 29 巻 4 号 588 頁；判時
891 号 38 頁
（二審）高松高判昭和 59（1984)・12・14 行裁例集 35 巻 12 号 2078 頁；
判時 1136 号 3 頁

■**事実**　愛媛県西宇和郡伊方町に原子力発電所の建設を計画していた四国電力は，原
子炉等規制法 23 条 1 項（当時）に基づき，内閣総理大臣 Y（被告，被控訴人，被上告
人。その後，通産大臣が訴訟承継）に対し，原子炉設置許可申請を行った。Y がこれ
を許可したので，周辺住民 X らが本件設置許可処分の取消訴訟を提起した。一審は，
請求を棄却。二審も控訴棄却。X らにより上告。

■**判旨**　上告棄却。
「原子炉施設の安全性に関する審査は，当該原子炉施設そのものの工学的安
全性，平常運転時における従業員，周辺住民及び周辺環境への放射線の影響，
事故時における周辺地域への影響等を，原子炉設置予定地の地形，地質，気象
等の自然的条件，人口分布等の社会的条件及び当該原子炉設置者の右技術的能
力との関連において，多角的，総合的見地から検討するものであり，しかも，
右審査の対象には，将来の予測に係る事項も含まれているのであって，右審査
においては，原子力工学はもとより，多方面にわたる極めて高度な最新の科学
的，専門技術的知見に基づく総合的判断が必要とされるものであることが明ら
かである。そして，［原子炉等］規制法 24 条 2 項が，内閣総理大臣は，原子炉
設置の許可をする場合においては，同条 1 項 3 号（技術的能力に係る部分に限
る。）及び 4 号所定の基準の適用について，あらかじめ原子力委員会の意見を
聴き，これを尊重してしなければならないと定めているのは，右のような原子

I-*1*　行政訴訟の特色　　47

⇨18

炉施設の安全性に関する審査の特質を考慮し，右各号所定の基準の適合性については，各専門分野の学識経験者等を擁する原子力委員会の科学的，専門技術的知見に基づく意見を尊重して行う内閣総理大臣の合理的な判断にゆだねる趣旨と解するのが相当である。

　以上の点を考慮すると，右の原子炉施設の安全性に関する判断の適否が争われる原子炉設置許可処分の取消訴訟における裁判所の審理，判断は，原子力委員会若しくは原子炉安全専門審査会の専門技術的な調査審議及び判断を基にしてされた被告行政庁の判断に不合理な点があるか否かという観点から行われるべきであって，現在の科学技術水準に照らし，右調査審議において用いられた具体的審査基準に不合理な点があり，あるいは当該原子炉施設が右の具体的審査基準に適合するとした原子力委員会若しくは原子炉安全専門審査会の調査審議及び判断の過程に看過し難い過誤，欠落があり，被告行政庁の判断がこれに依拠してされたと認められる場合には，被告行政庁の右判断に不合理な点があるものとして，右判断に基づく原子炉設置許可処分は違法と解すべきである。

　原子炉設置許可処分についての右取消訴訟においては，右処分が前記のような性質を有することにかんがみると，被告行政庁がした右判断に不合理な点があることの主張，立証責任は，本来，原告が負うべきものと解されるが，当該原子炉施設の安全審査に関する資料をすべて被告行政庁の側が保持していることなどの点を考慮すると，被告行政庁の側において，まず，その依拠した前記の具体的審査基準並びに調査審議及び判断の過程等，被告行政庁の判断に不合理な点のないことを相当の根拠，資料に基づき主張，立証する必要があり，被告行政庁が右主張，立証を尽くさない場合には，被告行政庁がした右判断に不合理な点があることが事実上推認される」。

　（裁判長裁判官　小野幹雄，裁判官　大堀誠一，橋元四郎平，味村治，三好達）

　▶*Reference*　本判決は，Ⅰ巻 *139*〔*139*〕でも取り上げられている。原子力発電所の設置許可の違法を争う他の訴訟については，Ⅰ巻 *139R*〔*139R*〕を参照。

48　Ⅰ　行政訴訟

I-2 処 分 性

I-2-1 公　式

19 処分性の一般的定式（東京都ごみ焼却場事件）

最一小判昭和 39（1964）・10・29［百選Ⅱ 148］
民集 18 巻 8 号 1809 頁；判時 395 号 20 頁
（評釈）川上勝己・判評 79（判時 404）号 16 頁
（一審）東京地判昭和 36（1961）・2・23 行裁例集 12 巻 2 号 305 頁；判タ
　　　　116 号 83 頁
（二審）東京高判昭和 36（1961）・12・14 行裁例集 12 巻 12 号 2579 頁

■事実　東京都 Y は，大田区矢口町にごみ焼却場を設置する予定で 1939 年頃に購入
し（東京都制は 1943 年 7 月 1 日施行なので購入したのは東京府か東京市と思われるけれ
ども判決は東京都が購入したと記載）空き地のままとなっていた土地にごみ焼却場を設
置すべく，1957 年 5 月 28 日，都議会にごみ焼却場設置計画案を提出し，同議会は同
月 30 日，地元民の諒解納得につとめられたいとの希望を付してこの原案を可決した。
Y は同年 6 月 8 日東京都公報をもってその旨公布し，その後訴外 A との間に建築請
負契約を締結して建設工事に着手した。これに対し，本件土地付近に居住する X ら
は，本件ごみ焼却場設置により生活の安全を脅かされかつ経済上多大の損失を受ける
と主張して，Y を被告に，「昭和 32［1957］年 5 月 30 日……東京都議会の議決を経
同年 6 月 8 日公布した東京都大田区矢口町……番地にごみ焼却場を設置する行政処
分」の無効確認を求め出訴した。
　一審は，「X らは，ごみ焼却場の設置行為は……地方公共団体の行政事務の一つで
あり，設置計画，都議会に対する右計画案の提案，都議会の議決，公布，実施等一連
の行為からなる行政処分であると主張」するところ，「ごみ焼却場の設置に関する行
為には，公権力の行使たる性質を有するものは何もなく，これらの一連の行為を通じ
て完成されるごみ焼却場設置行為自体（かかる設置行為なるものを一の法行為として
観念しうるかどうかにも疑問はあるが）にもかかる性質を認むべき点はどこにもな
い」として訴えを却下。二審も，「ある行政事務を遂行すべきことが法律上行政庁に
義務づけられているからといって，ただそれだけでは，当該行政事務の遂行としてな
される一連の行為が，当然に行政訴訟の対象となる行政処分に当るとすることはでき
ないのであって，右にいわゆる行政処分に当るかどうかは，原則として行政主体の当
該行為が公権力の行使としてなされ，且つ右行為が直接国民の権利義務に影響を与え
るような法律的効果を生ずるものかどうかによって決定されなければならない。よっ
て，本件ごみ焼却場設置のために Y がなした一連の行為について考えてみると，Y
が本件ごみ焼却場の敷地に当てるためになした土地の買収行為及び A との間に締結

⇨*19*

した建築請負契約は，いずれも Y が私人との間に対等の立場に立って締結した私法
上の契約にほかならない……。Y が本件ごみ焼却場の設置を計画し，その計画案を
都議会に提出することは，すべて Y の内部的な行為であり，また都議会の議決は，
議員の除名のように，それによって直接国民の権利義務になんらかの法律上の効果を
生ずる場合を除き，法人格を有する地方公共団体の内部的意思決定たる性質を有する
にすぎない……。……本件のごみ焼却場の設置によって X 等近隣の住民がその主張
のような不利益，不安な状態におかれるとしても，それはその設備内容にも重大な関
係をもつものでもあり，また，それは本件議決の法律上の直接の効果であるとは認め
ることはできない。また，Y が右議決を経てこれを東京都公報に登載したことも，
ただ右議決のなされたことを一般に周知させたまでのことであって，そのこと自体な
んらの法律上の効果を伴うものではない」，「Y が本件土地に建物を建築し，機械を
備付けその他汚物処理のための諸施設をなす行為，すなわちごみ焼却場の設置行為自
体は，一定の法律上の効果を生ずるものでなく，たんなる事実行為にすぎない」とし
て X らの控訴を棄却。X らから上告。

■**判旨**　上告棄却。

「行政事件訴訟特例法 1 条にいう行政庁の処分とは，……行政庁の法令に基
づく行為のすべてを意味するものではなく，公権力の主体たる国または公共団
体が行う行為のうち，その行為によって，直接国民の権利義務を形成または
その範囲を確定することが法律上認められているものをいうものであることは，
当裁判所の判例とするところである（昭和……30［1955］年 2 月 24 日第一小
法廷判決，民集 9 巻 2 号 217 頁）。そして，かかる行政庁の行為は，公共の福
祉の維持，増進のために，法の内容を実現することを目的とし，正当の権限あ
る行政庁により，法に準拠してなされるもので，社会公共の福祉に極めて関係
の深い事柄であるから，法律は，行政庁の右のような行為の特殊性に鑑み，一
方このような行政目的を可及的速かに達成せしめる必要性と，他方これによっ
て権利，利益を侵害された者の法律上の救済を図ることの必要性とを勘案して，
行政庁の右のような行為は仮りに違法なものであっても，それが正当な権限を
有する機関により取り消されるまでは，一応適法性の推定を受け有効として取
り扱われるものであることを認め，これによって権利，利益を侵害された者の
救済については，通常の民事訴訟の方法によることなく，特別の規定によるべ
きこととしたのである。従ってまた，行政庁の行為によって権利，利益を侵害
された者が，右行為を当然無効と主張し，行政事件訴訟特例法によって救済を
求め得るには，当該行為が前叙のごとき性質を有し，その無効が正当な権限の

50　　I　行政訴訟

ある機関により確認されるまでは事実上有効なものとして取り扱われている場合でなければならない。

　ところで，原判決の確定した事実によれば，本件ごみ焼却場は，Yがさきに私人から買収したY所有の土地の上に，私人との間に対等の立場に立って締結した私法上の契約により設置されたものであるというのであり，原判決がYにおいて本件ごみ焼却場の設置を計画し，その計画案を都議会に提出した行為はY自身の内部的手続行為に止まると解するのが相当であるとした判断は，是認できる。

　それ故，仮りに右設置行為によってXらが所論のごとき不利益を被ることがあるとしても，右設置行為は，Yが公権力の行使により直接Xらの権利義務を形成し，またはその範囲を確定することを法律上認められている場合に該当するものということを得ず，原判決がこれをもって行政事件訴訟特例法にいう「行政庁の処分」にあたらないからその無効確認を求めるXらの本訴請求を不適法であるとしたことは，結局正当である。」

（裁判長裁判官　長部謹吾，裁判官　入江俊郎，斎藤朔郎）

▶*Reference*　*1*）　東京地決昭和45（1970）・10・14行裁例集21巻10号1187頁［重判昭45憲5］は，東京都Yが国立駅南口から谷保駅前にいたる通称「大学通り」に歩道橋を設置しようとしたことに対して付近住民Xらが行った「横断歩道橋を架設する旨の処分に基く歩道橋架設工事の施行」の執行停止申立てに関して，*19*と対照的に，横断歩道橋設置行為を行政庁の一体的行為と把握して，これを行訴法3条にいう「公権力の行使に当たる行為」と解する立場を示した（ただし，行訴法25条の定める他の要件の充足は認めず，結論として執行停止申立ては却下した）。もっとも，この判断方法は裁判実務においては特異である。

　　2）　*19*と異なる判断方法と目されるものとして*8*および*9R*も参照のこと。

I-2-2　民事手続・刑事手続との関係

20　供託金取戻請求に対する却下決定

　　　最大判昭和45（1970）・7・15［百選Ⅱ147］
　　　民集24巻7号771頁；判時597号55頁
　　　（評釈）石田穣・法協89巻3号342頁，水田耕一・判評144（判時615）
　　　　　　　号18頁，中川哲男・曹時23巻8号256頁
　　　（一審）東京地判昭和39（1964）・5・28行裁例集15巻5号892頁；判時
　　　　　　　374号4頁

⇨*20*

（二審）東京高判昭和 40（1965）・9・15 行裁例集 16 巻 9 号 1578 頁；判時 427 号 23 頁

■事実　X は訴外 A 所有の宅地につき賃借権を有するとして A に対し賃料を提供したが，受領を拒絶されたため，1952 年 5 月 7 日から A を被供託者として東京法務局に対し賃料を 1 カ月 2000 円の割合で弁済のため供託してきた。その後，A は X を被告として建物収去土地明渡訴訟を提起したが，1963 年 1 月 18 日上告審たる最高裁で和解が成立し，X は右土地に賃借権を有しないことを認め，同年 6 月 30 日までに建物を収去して右土地を A に明け渡し，A は右土地に対する 1952 年 3 月 14 日から右土地明渡しに至るまでの賃料相当の損害金債権を放棄することとなった。そこで X は民法 496 条 1 項に基づき 1963 年 5 月 9 日東京法務局供託官 Y に対して 1952 年 5 月 7 日から 1953 年 2 月 27 日までに供託した合計 2 万 4000 円の供託金の取戻しを請求したところ，Y は時効消滅を理由に右請求を却下した。

　　X が Y を被告としてこの却下決定に対する取消訴訟を提起したところ，一審は，訴えの適法性について判断を示すことなく X の請求を認容。Y の控訴に対して，二審も訴えの適法性については判断を示さないまま Y の控訴を棄却した。Y から上告。Y の上告理由でも訴えの適法性の問題は取り上げられていないものの，最高裁は職権でこの問題を取り上げ，以下のように本件訴えを適法と認めた（当時，供託金取戻しのための訴訟形式について下級審の取扱いが分かれ，民事訴訟を提起した事件も最高裁に係属していたことが判断を示した原因と考えられる。本判決に付された各反対意見を参照）。

■判旨　上告棄却。

「元来，債権者が金銭債務の弁済の受領を拒むときは，弁済者は債権者のために弁済の目的物を供託してその債務を免れることができ，債権者が供託を受諾せずまたは供託を有効と宣告した判決が確定しない間は，弁済者は供託物を取り戻すことができることは，民法 494 条および 496 条の定めるところである。

　そうして，右供託事務を取り扱うのは国家機関である供託官であり（供託法 1 条，同条ノ 2），供託官が弁済者から供託物取戻の請求を受けた場合において，その請求を理由がないと認めるときは，これを却下しなければならず（供託規則 38 条），右却下処分を不当とする者は監督法務局または地方法務局の長に審査請求をすることができ，右の長は，審査請求を理由ありとするときは供託官に相当の処分を命ずることを要する（供託法 1 条ノ 3 ないし 6）と定められており，実定法は，供託官の右行為につき，とくに，「却下」および「処分」という字句を用い，さらに，供託官の却下処分に対しては特別の不服審査手続をもうけているのである。

52　　I　行政訴訟

⇨*20*

　以上のことから考えると，もともと，弁済供託は，弁済者の申請により供託官が債権者のために供託物を受け入れ管理するもので，民法上の寄託契約の性質を有するものであるが，供託により弁済者は債務を免れることとなるばかりでなく，金銭債務の弁済供託事務が大量で，しかも，確実かつ迅速な処理を要する関係上，法律秩序の維持，安定を期するという公益上の目的から，法は，国家の後見的役割を果たすため，国家機関である供託官に供託事務を取り扱わせることとしたうえ，供託官が弁済者から供託物取戻の請求を受けたときには，単に，民法上の寄託契約の当事者的地位にとどまらず，行政機関としての立場から右請求につき理由があるかどうかを判断する権限を供託官に与えたものと解するのが相当である。

　したがって，右のような実定法が存するかぎりにおいては，供託官が供託物取戻請求を理由がないと認めて却下した行為は行政処分であり，弁済者は右却下行為が権限のある機関によって取り消されるまでは供託物を取り戻すことができないものといわなければならず，供託関係が民法上の寄託関係であるからといって，供託官の右却下行為が民法上の履行拒絶にすぎないものということは到底できないのである。

　なお，供託官の処分を不当とする者の監督法務局または地方法務局の長に対してする前示不服審査請求については，期間の制限がないのである（供託法1条ノ7，行政不服審査法14条参照）が，これは，供託官の処分が供託上の権利関係の有無を判断する確認行為であり，これに対する不服につきその利益のあるかぎりは不服を許すことが相当であるから，とくに期間の制限をうけなかったものであり，このことから，供託官の処分を行政処分として取り扱うべきでないとするのは，理由がない（不動産登記法157条ノ2参照）。

　これを要するに，Yが本件供託物取戻の請求を却下した処分に対し，Xが行政事件訴訟法3条2項に基づきYを被告として提起した本訴は適法というべきである。」

（裁判長裁判官　石田和外，裁判官　入江俊郎，長部謹吾，城戸芳彦，田中二郎，松田二郎，岩田誠，下村三郎，色川幸太郎，大隅健一郎，松本正雄，飯村義美，村上朝一，関根小郷）

　▶*Reference 1)*　本判決には，「供託官の行為を不服とする場合の訴訟は，民事訴訟によらしめることをもって，必要かつ充分である」とする入江俊郎，長部謹吾，大隅健一郎，松本正雄裁判官の反対意見，供託関係手続の形式面に争いがある場合には審査請求

I-2 処 分 性　　53

⇨*21*

ないし抗告訴訟に，供託関係手続の実質面に争いがある場合には民事訴訟によるべきであり，本件は実質面の問題を扱うものであるから却下すべきであるとする松田二郎裁判官の反対意見（岩田誠裁判官が同調）が付加されている。紙幅の都合から採録を断念したが，是非，判決文にあたって比較検討されたい。

　2）　普通財産の払下げ（売払い）行為の処分性について，最三小判昭和35（1960）・7・12民集14巻9号1744頁［百選Ⅱ146］（Ⅰ巻 *133*〔*133*〕），農地の売払いに関して，最大判昭和46（1971）・1・20民集25巻1号1頁［百選Ⅰ47］を参照。また，市が設置・運営する老人福祉施設を民間事業者に移管するために行われた，施設の資産譲渡の相手方として施設運営を引き継ぐ事業者の選考のための公募において，提案書を提出して唯一応募した設立準備中の社会福祉法人に対して市長が行った，同法人を相手方として民間移管の手続を進めることは好ましくないと判断したので同法人が行った提案について決定に至らなかった旨の通知につき処分性を否定したものとして，最三小判平成23（2011）・6・14集民237号21頁［重判平23行6］（Ⅰ巻 *134*〔*134*〕）を参照。

21　反則金の通告

最一小判昭和57（1982）・7・15［百選Ⅱ151］
　民集36巻6号1169頁；判時1053号82頁
　（評釈）田中舘照橘・判評293（判時1076）号18頁，矢崎秀一・曹時35
　　　巻7号160頁
　（一審）大阪地判昭和54（1979）・9・26判時949号53頁
　（二審）大阪高判昭和55（1980）・8・27行裁例集31巻8号1666頁；判
　　　時993号39頁

■**事実**　Xは，1978年1月18日，大阪市天王寺区において自家用貨物自動車の駐車違反（道交法（以下「法」）47条2項違反）により大阪府警察所属の警察官に現行犯逮捕され，その反則金5000円を仮納付した直後の翌19日午前11時35分頃に釈放された。その後，大阪府警察本部長Yは，Xに対して，法127条1項，129条2項に基づき，前記反則金5000円の納付を公示通告した（これによりXの仮納付は法127条1項の反則金の納付とみなされる。法129条3項）。これに対して，Xは，違法駐車を行った者は別人であるとして，Yを被告にこの通告の取消訴訟を提起した（一審段階では，現行犯逮捕の違法に基づく国家賠償請求訴訟も提起したが，ここでは取り上げない）。

　一審は，「反則者に対し通告にかかる反則金の納付を一方的に義務づける処分（ただし，その納付を強制する手段は認められておらず，反則者に対し自然債務類似の義務を負わせ，反面国家に反則金を受納しうる地位が認められる。）であるところ，刑事手続で争う余地のない本件においては行政事件訴訟法3条2項にいういわゆる行政処分に該当する」として訴えを適法としたけれども，Yの事実誤認は認めずXの請求を棄却。Xからの控訴に対して，二審は通告の処分性を認めずXの訴えを却下。Xから上告。

⇨*21*

■判旨 上告棄却。

「交通反則通告制度は，車両等の運転者がした道路交通法違反行為のうち，比較的軽微であって，警察官が現認する明白で定型的なものを反則行為とし，反則行為をした者に対しては，警察本部長が定額の反則金の納付を通告し，その通告を受けた者が任意に反則金を納付したときは，その反則行為について刑事訴追をされず，一定の期間内に反則金の納付がなかったときは，本来の刑事手続が進行するということを骨子とするものであり，これによって，大量に発生する車両等の運転者の道路交通法違反事件について，事案の軽重に応じた合理的な処理方法をとるとともに，その処理の迅速化を図ろうとしたものである。

このような見地から，道路交通法は，反則行為に関する処理手続の特例として，警察官において，反則者があると認めるときは，その者に対し，すみやかに反則行為となるべき事実の要旨及び当該反則行為が属する反則行為の種別等を告知し（126条1項），警察官から報告を受けた警察本部長は，告知を受けた者が当該告知に係る種別に属する反則行為をした反則者であると認めるときは，その者に対し，当該反則行為が属する種別に係る反則金の納付を書面で通告し（127条1項），通告を受けた者は，反則行為に関する処理手続の特例の適用を受けようとする場合には，当該通告を受けた日の翌日から起算して10日以内に通告に係る反則金を国に対して納付しなければならず（128条1項，125条3項），右反則金を納付した者は，当該通告の理由となった行為に係る事件について，公訴を提起されないことになり（128条2項），反則者は，当該反則行為についてその者が当該反則行為が属する種別に係る反則金の納付の通告を受け，かつ，前記10日の期間が経過した後でなければ，当該反則行為に係る事件について，公訴を提起されないこと（130条）等を定めている。

右のような交通反則通告制度の趣旨とこれを具体化した道路交通法の諸規定に徴すると，反則行為は本来犯罪を構成する行為であり，したがってその成否も刑事手続において審判されるべきものであるが，前記のような大量の違反事件処理の迅速化の目的から行政手続としての交通反則通告制度を設け，反則者がこれによる処理に服する途を選んだときは，刑事手続によらないで事案の終結を図ることとしたものと考えられる。道路交通法127条1項の規定による警察本部長の反則金の納付の通告（以下「通告」という。）があっても，これにより通告を受けた者において通告に係る反則金を納付すべき法律上の義務が生ずるわけではなく，ただその者が任意に右反則金を納付したときは公訴が提起

I-2 処分性 **55**

⇨*22*

されないというにとどまり，納付しないときは，検察官の公訴の提起によって刑事手続が開始され，その手続において通告の理由となった反則行為となるべき事実の有無等が審判されることとなるものとされているが，これは上記の趣旨を示すものにほかならない。してみると，道路交通法は，通告を受けた者が，その自由意思により，通告に係る反則金を納付し，これによる事案の終結の途を選んだときは，もはや当該通告の理由となった反則行為の不成立等を主張して通告自体の適否を争い，これに対する抗告訴訟によってその効果の覆滅を図ることはこれを許さず，右のような主張をしようとするのであれば，反則金を納付せず，後に公訴が提起されたときにこれによって開始された刑事手続の中でこれを争い，これについて裁判所の審判を求める途を選ぶべきであるとしているものと解するのが相当である。もしそうでなく，右のような抗告訴訟が許されるものとすると，本来刑事手続における審判対象として予定されている事項を行政訴訟手続で審判することとなり，また，刑事手続と行政訴訟手続との関係について複雑困難な問題を生ずるのであって，同法がこのような結果を予想し，これを容認しているものとは到底考えられない。」

（裁判長裁判官　団藤重光，裁判官　藤﨑萬里，本山亨，中村治朗，谷口正孝）

▶*Reference*　*1*）　関税法138条に基づく犯則通告処分の処分性については最一小判昭和47（1972）・4・20民集26巻3号507頁を参照。

　　　　2）　刑事手続との役割分担の観点が働いたと目される他の例として最一小決平成22（2010）・11・25民集64巻8号1951頁［重判平23行5］も参照。

　　　　3）　通知という文言が条文上に用いられているとしても，この通知が具体的義務を直接に発生させると解される場合，処分性は容易に認められる。土壌汚染対策法3条2項の通知に関する最二小判平成24（2012）・2・3民集66巻2号148頁を参照。

I‑*2*‑*3*　法 的 効 果

22　労災就学援護費の支給決定

最一小判平成15（2003）・9・4［百選II 157］
判時1841号89頁
（評釈）西田和弘・判評552（判時1876）号6頁
（一審）東京地判平成10（1998）・3・4判時1649号166頁
（二審）東京高判平成11（1999）・3・9労働判例858号55頁

■**事実**　労災保険給付である遺族補償年金の受給権者であったXは，1993年6月29

⇨22

日，中央労働基準監督署長Yに対し，当時高校3年に在学中だった次女Aのために，労災法23条1項2号（平成11年法160号による改正前のもの。現在の労災法29条1項2号に相当）および「労災就学援護費の支給について」と題する通達（以下「本件通達」）に基づき，労災就学援護費支給申請書を提出したところ，YはXに対し労災就学援護費の支給決定を行い，同援護費の支給を開始した。その後，高等専門学校に入学したAのために，Xは1994年4月，「労災就学等援護費支給対象者の定期報告書」をYに提出し，Yは労災就学援護費を支給する旨の決定をXに対して行い，同援護費を支払った。

1996年5月20日XはYに対し，Aが外国のB大学に入学予定であり，在学証明書の提出が遅延する旨の遅延願い書を添付して「労災就学等援護費支給対象者の定期報告書」を提出し，同年6月にAがB大学に入学した後の同月25日，XはYに対しB大学の在学証明書を送付した。これに対しYは，同年8月9日，B大学は本件通達の別添「労災就学等援護費支給要綱」（以下「本件要綱」）が同援護費支給の要件とする「学校教育法第1条に定める学校等でないため」との理由で同援護費を支給しない旨の決定を行い，Xに対し通知した。Xはこの決定を行訴法3条2項にいう処分と考えてYを被告として取消訴訟を提起した。

一審は，「労災法23条1項2号は，それ自体では，労働福祉事業として，被災労働者の遺族の就学の援護を図るために必要な事業を行うことができると定めているにとどまるが，事業の内容として就学援護金を支給することを想定しており，これを実施するために，同条2項により労働省令に当該事業の実施に関して必要な基準を定めることを委任しているものであって，同条2項は，その趣旨及び文言に照らして考えると，労働省令に労災就学援護金の支給のために必要な実体上の要件及び金額等の内容並びに事務処理上の実施の細則を定めることを委任しており，かつ，委任の限度は右にとどまる……。したがって，労働省令において，労災就学援護金の支給の実体上の要件及び金額等の内容を具体的に定めて要件に該当する者に支給を受ける請求権を付与することとすることは委任の範囲内であるし，あるいは贈与契約として支給を行うこととし，その支給の要件及び内容の骨子だけを定め，詳細は通達によって定めることとすることも委任の範囲内であるが，行政庁が公定力を有する処分により支給に関する決定を行うこととしてその手続を定めることは労災法23条2項の委任の範囲を超える」，「労災法施行規則は，1条3項において事務の所轄を定め，同規則43条において労働福祉事業等に要する費用に充てるべき額の限度を定めるが，労災就学援護費の支給の実体上の要件及び金額等の内容並びに事務処理上の実施の細則については何ら定めていないから，支給を受ける請求権を付与することとしているものではなく，贈与契約として労災就学援護費の支給を行うこととすることが相当であるとの政策を採ったもの……と解するのが相当である」，「本件通達及び本件要綱は労災就学援護費の支給内容及び手続等を具体的に定めているが，……本件通達及び本件要綱を根拠に，

I-2 処分性　57

⇨22

本件決定に行政処分性を肯定することはできない」として，Ｙの決定の処分性を認めず，訴えを却下。二審も同様に処分性を認めずＸの控訴を棄却。Ｘが上告。

■判旨　原判決破棄，一審判決を取り消し，一審に差戻し。

「本件は，労働者災害補償保険法［以下，法］……に基づく遺族補償年金の受給権者であるＸが，Ｙに対し，……労災就学援護費の支給申請をしたところ，Ｙから，……労災就学援護費を支給しない旨の決定……を受けたため，その取消しを求める事案である。」

「法23条１項２号は，政府は，労働福祉事業として，遺族の就学の援護等，被災労働者及びその遺族の援護を図るために必要な事業を行うことができると規定し，同条２項は，労働福祉事業の実施に関して必要な基準は労働省令で定めると規定している。これを受けて，労働省令である労働者災害補償保険法施行規則（……）１条３項は，労災就学援護費の支給に関する事務は，事業場の所在地を管轄する労働基準監督署長が行うと規定している。そして，「労災就学援護費の支給について」と題する労働省労働基準局長通達（……）は，労災就学援護費は法23条の労働福祉事業として設けられたものであることを明らかにした上，その別添「労災就学等援護費支給要綱」において，労災就学援護費の支給対象者，支給額，支給期間，欠格事由，支給手続等を定めており，所定の要件を具備する者に対し，所定額の労災就学援護費を支給すること，労災就学援護費の支給を受けようとする者は，労災就学等援護費支給申請書を業務災害に係る事業場の所在地を管轄する労働基準監督署長に提出しなければならず，同署長は，同申請書を受け取ったときは，支給，不支給等を決定し，その旨を申請者に通知しなければならないこととされている。

このような労災就学援護費に関する制度の仕組みにかんがみれば，法は，労働者が業務災害等を被った場合に，政府が，法第３章の規定に基づいて行う保険給付を補完するために，労働福祉事業として，保険給付と同様の手続により，被災労働者又はその遺族に対して労災就学援護費を支給することができる旨を規定しているものと解するのが相当である。そして，被災労働者又はその遺族は，上記のとおり，所定の支給要件を具備するときは所定額の労災就学援護費の支給を受けることができるという抽象的な地位を与えられているが，具体的に支給を受けるためには，労働基準監督署長に申請し，所定の支給要件を具備していることの確認を受けなければならず，労働基準監督署長の支給決定によって初めて具体的な労災就学援護費の支給請求権を取得するものといわなければ

58　　I　行政訴訟

ばならない。

そうすると，労働基準監督署長の行う労災就学援護費の支給又は不支給の決定は，法を根拠とする優越的地位に基づいて一方的に行う公権力の行使であり，被災労働者又はその遺族の上記権利に直接影響を及ぼす法的効果を有するものであるから，抗告訴訟の対象となる行政処分に当たるものと解するのが相当である。」

（裁判長裁判官　泉德治，裁判官　深澤武久，横尾和子，甲斐中辰夫，島田仁郎）

▶**Reference** *1*)　Xは一審判決を受けて，一次的にはAのB大学在学期間にかかる就学援護費として，二次的には国賠法1条1項に基づく損害賠償として，同期間の援護費相当額の支払を求める請求，これと選択的にXの支給契約の申込みに対する被告国の承諾を求める請求を内容とする訴訟も提起した。東京地判平成14（2002）・2・14労働判例824号25頁は，いずれの請求も棄却している。

2)　22について最高裁の理解する射程を推測する際の手がかりになる判決として，地方公務員等共済組合法53条に基づく給付，同法54条および地方公務員共済組合である東京都市町村職員共済組合の定款に基づく給付と，専ら同組合の定款または同組合の定める要綱に基づく給付とについて，それぞれの仕組みを区別する判示を行った最三小判平成24（2012）・3・6判時2152号41頁［重判平24行5］がある。

23　不動産登記簿の表題部への所有者記載

最三小判平成9（1997）・3・11
判時1599号48頁
（評釈）貝田守・判評467（判時1618）号32頁
（一審）東京地判平成5（1993）・1・18訟月44巻10号1785頁〔参〕
（二審）東京高判平成6（1994）・6・29訟月44巻10号1794頁〔参〕

■**事実**　東京都江東区南砂1丁目所在……番の土地（以下「本件土地」）は1959年以前において，未登記である一方，土地台帳の権利者についての記載には「A外7名」とあったため，不動産登記法の一部を改正する等の法律（昭和35年法14号）に基づく登記簿および土地台帳の一元化作業における登記簿の表題部の新設の際に，土地台帳の記載に従い「A外7名」と移記された（したがってこの7名は氏名不詳である）。

Aの子孫にあたる（と主張する）Xは，1991年9月10日受付で本件土地の所有権保存登記申請を行った（自らの所有権を基礎づけるためのXの主張は次段落を参照）。しかし東京法務局墨田出張所登記官Yは，申請書に共有者全員の表示がなく申請書が不適式であるとして，同年9月24日付でこの申請を却下した。次いでXは同年11月27日受付で本件土地につき土地表示更正登記申請または変更登記申請を行ったところ，Yは申請書に必要な更正証明書の添付がないとして，同年12月9日付で右申請を却下する旨の決定をした。

I–2 処 分 性　59

⇨23

　Xは、(1)本件土地はAの単独所有であり、Aの有した本件土地の所有権はその後B、Cと相続により承継された後、Cの相続人であるXほか4名の1991年8月30日付遺産分割協議に基づき、自らが単独で相続した、(2)仮にAが表題部に記載された氏名不詳の7名と共有していたとしても、これまでの管理・占有の態様に鑑みれば、他の共有者は古い時代に全員がその共有持分権を放棄した、(3)仮にこの放棄も認められないとしても、A、B、C、Xのいずれかによる取得時効が完成しておりこれを援用するとして（不動産登記法の解釈に関するXの主張は省略する）、Yを被告に、①本件土地の所有権保存登記申請却下決定の取消し（請求1）、②本件土地に関する土地表示更正登記申請または変更登記申請却下決定の取消し（請求2）、③本件土地にかかる登記の表題部のうち、所有者欄の「南砂町……A外7名」との表示（以下「本件表示」）のうち「外7名」との記載部分が無効であることの確認（請求3）、④本件土地につきXを所有者とする所有権保存登記を行うこと（請求4）、⑤本件表示を「南砂町……X」又は「南砂町1丁目……X」と更正すること（請求5）、⑥本件表示につき不動産登記法149条2項（当時は不動産登記法（明治32年法24号）が施行されていた。以下の判決文中で指示される条文も同様である）の通知を行ったうえ、これに対する異議のないことまたは異議の却下されることを条件として、本件表示のうち「外7名」との記載部分の登記の抹消登記をすること（請求6）を求めて出訴した。

　一審は、請求1について、「本件土地の登記の表題部に所有者として記載されたものは、A外7名であり、Xは、Aの相続による承継人であるとしても、「外7名」ではないし、その相続による承継人でもない……から、その保存登記を申請できる者でないことは法100条1項1号により明らかである。Xは、右「外7名」との記載が不特定であって、法49条2号に該当するから無効であると主張するが、……「外7名」との記載は、それだけでは公証の対象として不備ではあるが、少なくとも本件土地が8名による共有であるという事実は明らかにしており、その限度では無意味なものとか、無効なものとかいうことはできない……。本件土地の共有者は、外7名とされる者が具体的には誰々であり、自らがその者であること又はその相続による承継人であることを証明することが可能であり、その証明がされれば、保存登記をすることもできる……。そうすると、Xの保存登記の申請を却下したYの処分に何ら違法はない」、請求2については「表題部に記載した所有者の更正の登記は、その者の承諾書を添付して書面により自己の所有権を証する者がこれをすることができるところ（法81条の7）、Xの更正登記の申請については、「外7名」について、その者又はその相続による承継人の承諾書の添付がなかった……から、これを却下したYの処分には違法はない。……Xには、「外7名」が具体的には誰々であり、承諾書を作成した者がその者ないしその相続による承継人であることを証明して、承諾書を添付することが可能である」としてそれぞれ請求を棄却。請求3については「登記官が本件土地について登記簿の表題部を作成したことを行政処分としてとらえ、その一部の行為

⇨*23*

（所有者の記載について「外7名」としたこと）の無効確認を求めるものと解される。しかしながら，登記簿の表題部の作成は，公証行為というべきものであって，その作成自体によってはおよそ国民の権利義務に影響を与えるものではないから，その作成を抗告訴訟の対象となる行政庁の処分ということはできない」として請求3に係る訴えを却下した（請求4から6に係る訴えも却下したが，ここでは立ち入らない）。二審も，訴えの適法性については一審の判断をそのまま引用し，Xに課せられる証明が事実上不可能であるというXの主張に対しては，形式的審査権しか有しない登記官に実体的権利関係に関する調査を求めるに等しい解釈を採用することは相当でない，Aないしその相続人において権利関係が明確になるような登記手続をとることもできたのだから現時点における立証上の困難さを殊更重視するのも相当でないという議論を付加して，Xの控訴を棄却。Xから上告。

■**判旨**　上告棄却。最高裁は請求1〜3について次のような判断を示した。

（請求1，2について）　「Yが本件土地の登記簿の表題部の所有者欄の「南砂町……A外7名」という記載のうち「外7名」という部分の記載をしたことに違法はなく，したがって，Yが本件所有権保存登記申請及び更正登記申請を却下した処分にも違法はない」。

（請求3について）　「登記官が不動産登記簿の表題部に所有者を記載する行為は，所有者と記載された特定の個人に不動産登記法100条1項1号［現行の不動産登記法（平成16年法123号）では，74条1項1号が対応。］に基づき所有権保存登記申請をすることができる地位を与える……法的効果を有するから，抗告訴訟の対象となる行政処分に当たる……。そして，Xは，本件土地の登記簿の表題部の所有者欄に記載されたAの一般承継人であるというのであるから，右所有者欄の「外7名」という記載の無効確認を求めるXの訴えは適法であって，これを不適法として却下した原判決の判断には，法令の解釈適用を誤った違法がある……。しかしながら，Yが右の「外7名」という記載をしたことに違法はない……から，右無効確認請求は，理由がない……。そうすると，右請求は棄却を免れないところであるが，不利益変更禁止の原則により，上告を棄却するにとどめる」。

（裁判長裁判官　可部恒雄，裁判官　園部逸夫，大野正男，千種秀夫，尾崎行信）

▶*Reference 1*）　最高裁は，最一小判昭和42（1967）・5・25民集21巻4号951頁（所有権保存登記の取消訴訟），最三小判昭和61（1986）・12・16民集40巻7号1236頁［重判昭61民4］（滅失登記の取消訴訟）において，登記の処分性についてとくに判示することなく本案の審理を行っている。

⇨*23*

　2)　市町村長が住民票に世帯主との続柄を記載する行為について，最一小判平成11（1999）・1・21判時1675号48頁［重判平11行5］は，「市町村長が住民基本台帳法7条に基づき住民票に同条各号に掲げる事項を記載する行為は，元来，公の権威をもって住民の居住関係に関するこれらの事項を証明し，それに公の証拠力を与えるいわゆる公証行為であり，それ自体によって新たに国民の権利義務を形成し，又はその範囲を確定する法的効果を有するものではない。もっとも，同法15条1項は，選挙人名簿の登録は住民基本台帳に記載されている者で選挙権を有するものについて行うと規定し，公職選挙法21条1項も，右登録は住民票が作成された日から引き続き3箇月以上当該市町村の住民基本台帳に記録されている者について行うと規定しており，これらの規定によれば，住民票に特定の住民の氏名等を記載する行為は，その者が当該市町村の選挙人名簿に登録されるか否かを決定付けるものであって，その者は選挙人名簿に登録されない限り原則として投票をすることができない（同法42条1項）のであるから，これに法的効果が与えられているということができる。しかし，住民票に特定の住民と世帯主との続柄がどのように記載されるかは，その者が選挙人名簿に登録されるか否かには何らの影響も及ぼさないことが明らかであり，住民票に右続柄を記載する行為が何らかの法的効果を有すると解すべき根拠はない。したがって，住民票に世帯主との続柄を記載する行為は，抗告訴訟の対象となる行政処分には当たらない」としている。続柄記載が当該記載にかかる住民の利益を違法に害したとする国家賠償請求に関して，*147R2*）も参照。

　3)　*68・69*において，X1の出生届が不受理とされ，これを理由に住民票への記載がなされなかったので，X1の親X2が住民票の記載を行うよう求める申出を行ったところ，特別区長（ここでの問題に関しては市町村長と同視してよい。住民基本台帳法1条参照）が出生届の不受理を理由に住民票への記載を行わない旨の応答を行った行為について，一審（*69*）も二審・東京高判平成19（2007）・11・5判タ1277号67頁もこの応答行為の処分性を特段の議論なく認めていたところ，上告審（*68*）は職権による検討を行い，処分性を否定している。*68*の判旨を参照。

I-*2*-*4*　通　　知

　処分性が否定された「通知」の例として，老人福祉施設の民間移管にあたり当該事業者を相手方として契約を締結しない旨を，法令の定めに基づかずに告知する「通知」（I巻*134*〔*134*〕――最三小判平成23（2011）・6・14集民237号21頁［重判平23行6]）がある。また，地方公務員の採用内定「通知」を，当該者の法律上の地位ないし権利関係に直接影響を及ぼさない「事実上の行為」にすぎないとした判決（I巻*156*〔*157*〕――最一小判昭和57（1982）・5・27民集36巻5号777頁［重判57行5]）も参照。原告の権利義務に直接影響を及ぼさないことを理由に処分性が否定された行為の例としては，当時の海難審判法に基づく海難原因解明裁決（最大判昭和36（1961）・3・15民集15巻3号467頁［百選II 158]。行政事件訴訟特例法下の事案）がある。

24 検疫所長の違反通知

最一小判平成 16（2004）・4・26 ［重判平 16 行 4］
民集 58 巻 4 号 989 頁；判時 1860 号 42 頁
（評釈）橋本博之・判評 554（判時 1882）号 6 頁，林俊之・曹時 58 巻 11 号 160 頁
（一審）千葉地判平成 14（2002）・8・9 民集 58 巻 4 号 1017 頁〔参〕
（二審）東京高判平成 15（2003）・4・23 民集 58 巻 4 号 1023 頁〔参〕

■事実　Xは「フローズン・スモークド・ツナ・フィレ」を輸入して販売の用に供するために，食品衛生法（判決文で「法」という）16 条（現 27

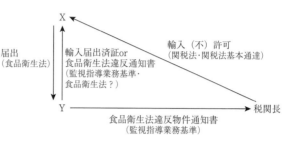

条）および同法施行規則 15 条（現 32 条）に基づき，Y（成田空港検疫所長）に輸入届出書を提出した。Y は X に対し，本件食品について一酸化炭素の含有状態の検査を受けるよう指導した。一酸化炭素を添加物として使用する食品等の輸入は，食品衛生法 6 条（現 10 条）により禁止されている。X は財団法人 A に検査を依頼し，A による輸入食品等試験成績証明書を Y に提出したところ，Y は，検査結果によれば本件食品は食品衛生法 6 条に違反するから積戻しまたは廃棄されたい，と記載された食品衛生法違反通知書を X に交付した。輸入食品等監視指導業務基準（平成 8 年 1 月 29 日付厚生省生活衛生局長通知）によると，検疫所長は，食品衛生法 16 条による輸入の届出のされた食品等が同法に違反すると判断した場合，輸入者に対し，食品衛生法違反通知書により，原則として積戻し・廃棄等するよう指導し，また税関長に対し，食品衛生法違反物件通知書を交付して，輸入許可を与えないよう求めることとされていた。

X は，本件食品が食品衛生法 6 条に違反する旨の「通知」の取消しを求めて出訴した。一審・二審とも，本件「通知」は行訴法 3 条 2 項にいう「処分その他公権力の行使に当たる行為」に該当しないとして，訴えを却下した。X が上告。

■判旨　原判決破棄，一審判決を取り消し，一審に差戻し。

「(1)　……法は厚生労働大臣に対して食品等の安全を確保する責任と権限を付与しているところ，法 16 条は，販売の用に供し，又は営業上使用する食品等を輸入しようとする者は，厚生労働省令の定めるところにより，その都度厚生労働大臣に輸入届出をしなければならないと規定しているのであるから，同条は，厚生労働大臣に対し輸入届出に係る食品等が法に違反するかどうかを認

⇨*24*

定判断する権限を付与していると解される。そうであるとすれば，法16条は，厚生労働大臣が，輸入届出をした者に対し，その認定判断の結果を告知し，これに応答すべきことを定めていると解［され］る。

(2) ところで，食品衛生法施行規則15条は，法16条の輸入届出は所轄の検疫所長に対して輸入届出書を提出して行うべきことを規定しているが……輸入食品等監視指導業務基準によると，検疫所長は，食品等を輸入しようとする者に対し，当該食品等が，法の規定に適合すると判断したときは食品等輸入届出済証を交付し，これに違反すると判断したときは食品衛生法違反通知書を交付することとされている。……これらは，前記(1)の法16条が定める輸入届出をした者に対する応答が具体化されたものであると解される。

(3) 一方，関税法70条2項は，「他の法令の規定により輸出又は輸入に関して検査又は条件の具備を必要とする貨物については，第67条（輸出又は輸入の許可）の検査その他輸出申告又は輸入申告に係る税関の審査の際，当該法令の規定による検査の完了又は条件の具備を税関に証明し，その確認を受けなければならない。」と規定しているところ，ここにいう「当該法令の規定による検査の完了又は条件の具備」は，食品等の輸入に関していえば，法16条の規定による輸入届出を行い，法の規定に違反しないとの厚生労働大臣の認定判断を受けて，輸入届出の手続を完了したことを指すと解され，税関に対して同条の輸入届出の手続が完了したことを証明し，その確認を受けなければ，関税法70条3項の規定により，当該食品等の輸入は許可されないものと解される。関税法基本通達70-3-1が，関税法70条2項の規定の適用に関し，法6条等の規定については，「第16条の規定により厚生労働省，食品衛生監視員が交付する「食品等輸入届出書」の届出済証」により，関税法70条2項に規定する「検査の完了又は条件の具備」を証明させるとし，関税法基本通達67-3-6，67-1-9が，輸入申告書に食品等輸入届出済証等の証明書類の添付がないときは，輸入申告書の受理を行わず，申告者に返却すると規定しているのも，上記解釈と同じ趣旨を明らかにしたものである。

(4) そうすると，食品衛生法違反通知書による本件通知は，法16条に根拠を置くものであり，厚生労働大臣の委任を受けたYが，Xに対し，本件食品について，法6条の規定に違反すると認定し，したがって輸入届出の手続が完了したことを証する食品等輸入届出済証を交付しないと決定したことを通知する趣旨のものということができる。そして，本件通知により，Xは，本件食

品について，関税法 70 条 2 項の「検査の完了又は条件の具備」を税関に証明
し，その確認を受けることができなくなり，その結果，同条 3 項により輸入の
許可も受けられなくなるのであり，上記関税法基本通達に基づく通関実務の下
で，輸入申告書を提出しても受理されずに返却されることとなるのである。

　(5)　したがって，本件通知は，上記のような法的効力を有するものであって，
取消訴訟の対象となる」。

　横尾和子裁判官の**反対意見**　「関税法 67 条は，貨物を輸入しようとする者は
税関長の許可を受けなければならないと規定し，輸入許可の権限を税関長に付
与しているが，他の法令に輸入に関する規制がある場合には，その規制の内容
に応じて同法 70 条 1 項又は同条 2 項の要件を満たさなければ，同条 3 項によ
り輸入許可を得ることができないものとされている。そして……同〔条 2〕項
は，同条 1 項とは異なり，他の行政機関の許可，承認等を介することなく，他
の法令による検査の完了又は条件の具備を確認する権限を税関長に付与した規
定であることは明らかである。

　法は，6 条において一定の添加物並びにこれを含む製剤及び食品（以下「添
加物含有食品等」という。）の輸入を禁止しているが，16 条に基づく輸入の届
出に対し行政庁が個別の許可，承認等によりその輸入禁止を解除するという仕
組みを何ら規定していない。これは，法 6 条にいう添加物含有食品等に該当す
るか否かは科学的に定まるものであって，権限を有する行政庁の認定判断を介
することなく，科学的な検査をもって明らかとなる事項であるからである。法
16 条は，食品等を輸入しようとする者に厚生労働大臣に対する届出を義務付
けているが，同条が厚生労働大臣に対し，申請に基づいて法 6 条の違反の有無
を認定判断してその結果を示して応答する義務を課しているものと解すること
は，その文言に照らし困難である。したがって，同条の規定する添加物含有食
品等に該当しないことは，関税法 70 条 2 項の「検査の完了又は条件の具備」
に当たるものと解するのが相当である。

　「輸入食品等監視指導業務基準」や「関税法基本通達」によれば，食品衛生
法違反通知書を交付され，食品等輸入届出済証が交付されない場合には，食品
等の輸入申告書は受理されない取扱いとなっているが，このような実務の取扱
いは，行政機関相互間の協力関係を定めたものにすぎず，これを根拠に関税法
70 条 2 項が証明の手段を検疫所長による食品等輸入届出済証に限定している
ものと解することはできない。この場合，食品等を輸入しようとする者は，科

⇨*25*

学的な検査結果等をもって当該食品等が法 6 条の規定する添加物含有食品等に該当しないことを証明し，税関長の確認を得ることができるのであり，食品等輸入届出済証の添付がないことをもって輸入申告を不受理とされた場合には，これを税関長の拒否処分として争えば足りる……。

　……本件通知は，法令の委任によるものではない「輸入食品等監視指導業務基準」に基づくものであるにすぎず，国民の権利義務に直接影響するものではないと解すべきである。

　よって，本件通知は，抗告訴訟の対象となる行政処分に当たるものではな」い。

（裁判長裁判官　甲斐中辰夫，裁判官　横尾和子，泉德治，島田仁郎）

▶*Reference* 1）　差戻後一審・千葉地判平成 18（2006）・3・17 判例集未登載は X の請求を棄却し，差戻後控訴審・東京高判平成 19（2007）・7・18 判例集未登載は X からの控訴を棄却している。

　　2）　食品衛生法違反通知が「処分その他公権力の行使に当たる行為」に該当しないとした下級審判決としては，本件一審・二審のほか，東京地判平成 12（2000）・12・21 訟月 49 巻 4 号 1250 頁があった。

25　輸入禁制品該当通知

最三小判昭和 54（1979）・12・25［重判昭 54 行 6］
　　民集 33 巻 7 号 753 頁；判時 951 号 3 頁
　　（評釈）小幡純子・法協 99 巻 2 号 356 頁，原田尚彦・判評 256（判時 960）号 15 頁，宍戸達徳・曹時 35 巻 3 号 83 頁
　　（一審）横浜地判昭和 47（1972）・10・23 行裁例集 23 巻 10 = 11 号 764 頁
　　（二審）東京高判昭和 48（1973）・4・26 行裁例集 24 巻 4 = 5 号 334 頁；判時 707 号 18 頁

■**事実**　横浜税関長 Y は，1969 年 5 月 31 日，X に対し，X の輸入申告に係る書籍が関税定率法 21 条 1 項 3 号に規定する輸入禁制品に該当するとの同条 3 項に基づく通知（以下「本件通知」）を行った。これに対し，X は，同条 4 項による異議の申出をしたところ，Y は，この異議の申出を棄却する旨の決定を行った（以下「本件決定」）。X は，本件通知および本件決定の取消しを求めて出訴した。一審は，本件通知・本件決定両者の処分性を認めたものの，X の輸入申告に係る書籍は関税定率法 21 条 1 項 3 号に該当する書籍であるとして X の請求を棄却。これに対して，二審は両者の処分性を認めず，X の訴えを却下。X より上告。

■**判旨**　原判決破棄。二審に差戻し。

「関税定率法 21 条及び関税法第 6 章の規定の趣旨にかんがみると，関税定率

⇨*25*

法21条3項の規定による税関長の通知は，当該輸入申告にかかる貨物が輸入
禁制品である「公安又は風俗を害すべき書籍，図画，彫刻物その他の物品」に
該当すると認めるのに相当の理由があるとする旨の税関長の判断の結果を表明
するものであり，かつ，同条2項の規定と同条3項ないし5項の規定とを対比
して考察すれば［本事件*R1*）に引用する判示を参照］，右のような判断の結果を
輸入申告者に知らせ当該貨物についての輸入申告者自身の自主的な善処を期待
してされるものであると解される。同条5項の規定による税関長の決定及びそ
の通知も，規定の文言上は同条4項に定める異議の申出の当否についての税関
長の応答的行政処分及びその告知であるかのようであるが，右異議の申出は，
右3項の通知が税関長の判断の結果の表明であることに伴い，輸入申告者にお
いて税関長の右判断につき再考を促す旨の意見の表明とみるべきであり，した
がって，これに対する税関長の決定も，輸入申告者の意見の表明にもかかわら
ず税関長としては従前の判断を改めることなくそのまま維持する趣旨の判断の
結果又は輸入申告者の意見の表明を契機として従前の判断を改めた新たな判断
の結果を表明するものにすぎず，その法律的性質において右3項の通知と特に
異なるところはないもの，というべきである。そうすると，右3項の規定によ
る通知並びに右5項の規定による決定及びその通知が行政庁のいわゆる観念の
通知とみるべきものである」。

「しかしながら，輸入禁制品について税関長がその輸入を許可するものでな
いことは，関税法67条，70条，71条，73条，関税定率法21条等の規定に徴
し明らかである。そして，税関長において，輸入申告者に対し，関税定率法
21条3項の規定による通知をし，又は，更に，輸入申告者からの異議の申出
にかかわらず先の通知に示された判断を変更することなく維持し，同条5項の
規定による決定及びその通知をした場合においては，当該貨物につき輸入の許
可の得られるべくもないことが明らかとなったものということができると同時
に，関税定率法21条の規定の趣旨からみて，税関長において同条1項3号に
該当すると認めるのに相当の理由がある貨物について，税関長が同条3項及び
5項に定める措置をとる以外に当該輸入申告に対し何らかの応答的行政処分を
することは，およそ期待され得ないところであり，他方，輸入申告者は輸入の
許可を受けないで貨物を輸入することを法律上禁止されている（関税法111条
参照）のであるから，輸入申告者は，当該貨物を適法に輸入する道を閉ざされ
るに至ったものといわなければならない。そして，輸入申告者の被るこのよう

⇨*25*

な制約は，輸入申告に対する税関長の応答的行政処分が未了である場合に輸入申告者がその間申告にかかる貨物を適法に輸入することができないという，行政事務処理手続に伴う一般的・経過的な状態下におけるものとは異なり，関税定率法21条3項の規定による通知又は同条5項の規定による決定及びその通知（以下「関税定率法による通知等」という。）によって生ずるに至った法律上の効果である，とみるのが相当である（なお，前記のとおり税関長の判断の結果の表明である関税定率法による通知等により，輸入申告者が，それまで関税法67条の規定により負っていた義務，すなわち，貨物の輸入については税関長の許可を受けなければならないという一般的な義務を免れ，許可なしで当該貨物を輸入することができることとなると解しべき合理的根拠は，これを見出し難い。また，税関長において関税法138条ないし140条の規定によって通告及び告発の措置を採ったとしても，これにつき刑事手続が必ず開始されるとは断定し得ず，ひいて当該貨物が輸入禁制品に該当するかどうかが右刑事手続において確定されるという保障はない……から，このことを……関税定率法による通知等の処分性を否定する一根拠とすることもできない。）。」

「そうすると，Yの関税定率法による通知等は，その法律上の性質においてYの判断の結果の表明，すなわち観念の通知であるとはいうものの，もともと法律の規定に準拠してされたものであり，かつ，これによりXに対し申告にかかる本件貨物を適法に輸入することができなくなるという法律上の効果を及ぼすものというべきであるから，行政事件訴訟法3条2項にいう「行政庁の処分その他公権力の行使に当たる行為」に該当する」。

環昌一裁判官の**意見**　関税定率法（以下，同意見においては「法」）21条1項「各号貨物［同項各号に定める貨物のこと］のわが国内への引取り行為については，通常の貨物の輸入について定められた輸入の許可，不許可等に関する関税法の規定は本来適用されず，輸入の許可を求める申告があったときは税関長は当該貨物について検査を行い（関税法67条参照）そのうえでそれが各号貨物のいずれかに該当するかどうかを第一次的に判断する権限を有し，これに該当する旨の税関長の判断（以下「該当する旨の判断」という。）のあった場合においては，当該貨物が各号貨物のいずれにも該当しないものである等自らの見解に基づいてその輸入の許可を申告している者（以下「申告者」という。）は，該当する旨の判断の結果として，当該貨物の上に有する所有権その他の財産権を喪失することとなるか（没収・廃棄の場合）少なくとも国内においてこれを行

68　I　行政訴訟

⇨*25*

使することができないこととなるもの，と解される。

　以上の見地に立って考えると，該当する旨の判断が申告者に通知されたとき（従前から実務上一般に行われてきた事実上のものであるにもせよ，1，2，4各号の貨物についてもこの通知がされるものであることは，Yも認めるところである。），当該貨物は輸入禁制品に当たるものであることが確定するのであって，それは，税関長が法律，直接には法21条により認められた権限に基づいてした行政行為として，申告者を拘束する法的効果をもつものというべきである。この意味において，私は，法21条2項の規定との対比上，同条3項の規定による通知並びに同条5項の規定による決定及びその通知をもって行政庁の観念の通知であると見るべきものとする多数意見と，見解を異にするのである。そして，これを実質的に見ると，本件Xのように該当する旨の判断を受けながらあえて輸入の申告を維持する申告者は，その理由はともあれ当該貨物について法21条の適用がなく関税法6章に定める規定の適用があることを主張してその輸入の許可を現に求めているものであるから，このような申告者と税関長との間には裁判による解決に適する法21条の解釈適用をめぐっての具体的な紛争が存在しているのである。したがって，申告者は抗告訴訟により該当する旨の判断そのものの取消しを求めることができる……。」

（裁判長裁判官　服部髙顯，裁判官　江里口清雄，髙辻正己，環昌一，横井大三）

▶*Reference* 1)　本事件はその後，差戻後控訴審・東京高判昭和56（1981）・12・24行裁例集32巻12号2315頁［重判昭56憲6］，差戻後上告審・最大判昭和59（1984）・12・12集民143号305頁とたどり，Xの請求は棄却された。最高裁は，この差戻後上告審判決と同日，郵便物の輸入に関して行われた関税定率法21条3項に基づく輸入禁制品該当通知の取消しが求められた最大判昭和59（1984）・12・12民集38巻12号1308頁［百選Ⅱ159］において，同通知の処分性について，今度は次のような議論を示した。

　「輸入申告にかかる貨物又は輸入される郵便物中の信書以外の貨物が輸入禁制品に該当する場合法律上当然にその輸入が禁止されている……としても，通関手続の実際において，当該貨物につき輸入禁止という法的効果が肯認される前提として，それが輸入禁制品に該当するとの税関長の認定判断が先行することは自明の理であって，そこに一般人の判断作用とは異なる行政権の発動が……あり，輸入禁制品と認められる貨物につき，税関長がその輸入を許可し得ないことは当然であるとしても，およそ不許可の処分をなし得ないとするのは，関係法規の規定の体裁は別として，理由のないものというほかはない。

　進んで，当該貨物が輸入禁制品に該当するか否かの認定判断につき，これを実際的見地からみるのに，例えばあへんその他の麻薬（［関税定率法21条1項］1号物件）につ

いては，その物の形状，性質それ自体から輸入禁制品に該当することが争う余地のない
ものとして確定され得るのが通常であるのに対し，同条1項3号所定の「公安又は風俗
を害すべき」物品に該当するか否かの判断はそれ自体一種の価値判断たるを免れないも
のであって，本件で問題とされる「風俗」に限っていっても，「風俗を害すべき」物品
がいかなるものであるかは，もとより解釈の余地がないほど明白であるとはいえず，3
号物件に該当すると認めるのに相当の理由があるとする税関長の判断も必ずしも常に是
認され得るものということはできない。

通関手続の実際においては，……輸入禁制品のうち，1，2，4号物件については，こ
れに該当する貨物を没収して廃棄し，又はその積みもどしを命じ（同条2項），3号物
件については，これに該当すると認めるのに相当の理由がある旨を通知する（同条3
項）のであるが，およそ輸入手続において，貨物の輸入申告に対し許可が与えられない
場合にも，不許可処分がされることはない（3号物件につき税関長の通知がされた場合
にも，その後改めて不許可処分がされることはない）というのが確立した実務の取扱い
であ」り，「同法21条3項の通知は，当該物件につき輸入が許されないとする税関長の
意見が初めて公にされるもので，しかも以後不許可処分がされることはなく，……輸入
申告に対する行政庁側の最終的な拒否の態度を表明するものとみて妨げない……。輸入
申告及び許可の手続のない郵便物の輸入についても，同項の通知が最終的な拒否の態度
の表明に当たることは，何ら異なるところはない。そして，現実に同項の通知がされた
ときは，郵便物以外の貨物については，輸入申告者において，当該貨物を適法に保税地
域から引き取ることができず（関税法73条1，2項，109条1項参照），また，郵便物
については，名あて人において，郵政官署から配達又は交付を受けることができない
……（同法76条4項，70条3項参照）。

以上……によれば，かかる通関手続の実際において，前記の税関長の通知は，実質的
な拒否処分（不許可処分）として機能しているものということができ，右の通知及び異
議の申出に対する決定……は，抗告訴訟の対象となる行政庁の処分及び決定に当たる」。

2）現在は，当時の関税定率法21条に相当する輸入禁制品の定めは関税法69条の
11にあり，同法91条・93条により，通知に対する取消訴訟を提起できることが明確に
なっている。

26 登記機関の拒否通知

最一小判平成17（2005）・4・14［百選Ⅱ161］
民集59巻3号491頁；判時1897号5頁
（評釈）奥谷健・判評565（判時1915）号7頁，高世三郎・曹時59巻5
号111頁
（一審）神戸地判平成12（2000）・3・28訟月48巻6号1519頁
（二審）大阪高判平成12（2000）・10・24判タ1068号171頁

■事実　Xは，所有していた建物が阪神・淡路大震災により損壊したため，建物を
取り壊して新築した。そして新築建物につき，登録免許税を納付して保存登記をした。

その後Xは，阪神・淡路大震災の被災者等に係る国税関係法律の臨時特例に関する法律による免税措置が適用されることを理由に，登録免許税法31条2項に基づき，Y（神戸地方法務局西宮支局登記官）に対し，所轄税務署長に同法31条1項の通知をすべき旨を請求した。しかしYは，登録免許税の過誤納はなく，所轄税務署長に同法31条1項の通知をすることはできない旨

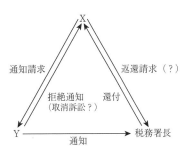

の通知（以下「本件拒絶通知」という）をした。そこでXは，本件拒絶通知の取消訴訟を提起した。一審は，本件拒絶通知が「単に還付の事務を円滑ならしめるための登記官の認識の表示にすぎず，過誤納税額の還付請求権者の法律的地位を変動させる法的効果を有するものではないと解されるから……行政処分ということはできない」として，また二審は，本件拒絶通知の「効力は国の機関の内部での通知を行わないというだけであって，Xの過誤納金返還請求権の存否に影響を与えるものではないから，こ［れ］に対して抗告訴訟を提起する利益は存しない」として，いずれも訴えを却下した。Yが上告。

なおXは，国に対する登録免許税額相当額の不当利得返還請求訴訟も併合提起していた。一審は，「登録免許税法31条の規定は……当該誤納金について国に対し直接不当利得としてその返還を求めることを禁ずる趣旨のものではない」と，また二審は，本件拒絶通知は「登録免許税にかかる過誤納金返還請求権の不存在を確定する法的効果を有しない」と，それぞれ述べている。そのうえで，一審は請求を認容し，二審は棄却した。この訴えについては上告されていない。

■**判旨** 判決は次のように，本件拒絶通知の処分性は肯定した。ただ，国に対するXの還付請求につき棄却判決が確定していることから，本件訴えにつき訴えの利益がないとして，上告を棄却した。

「(1) 登録免許税については，納税義務は登記の時に成立し，納付すべき税額は納税義務の成立と同時に特別の手続を要しないで確定する（国税通則法……15条2項14号［現12号］，3項6号［現5号］）。そこで，登録免許税の納税義務者は，過大に登録免許税を納付して登記等を受けた場合には，そのことによって当然に還付請求権を取得し，同法56条，74条により5年間は過誤納金の還付を受けることができるのであり（登録免許税法31条6項［現8項］4号参照），その還付がされないときは，還付金請求訴訟を提起することができる。

この点につき登録免許税法31条1項は……登録免許税については，登記等をするときに登記機関がその課税標準及び税額の認定をして登録免許税の額の

⇨*26*

納付の事実の確認を行うこととしていることに対応する規定であり，登記機関
が職権で所轄税務署長に対して過誤納金の存在及びその額を通知することとし，
これにより登録免許税の過誤納金の還付が円滑かつ簡便に行われるようにする
ことを目的とする。そして，同条2項は，登記等を受けた者が登記機関に申し
出て上記の通知をすべき旨の請求をすることができることとし，登記等を受け
た者が職権で行われる上記の通知の手続を利用して簡易迅速に過誤納金の還付
を受けることができるようにしている。

　……同項が上記の請求につき1年［現在は5年］の期間制限を定めているの
も，登記等を受けた者が上記の簡便な手続を利用するについてその期間を画す
る趣旨であるにすぎないのであって，当該期間経過後は還付請求権が存在して
いても一切その行使をすることができず，登録免許税の還付を請求するには専
ら同項所定の手続によらなければならないこととする手続の排他性を定めるも
ので［は］ない。

　このように解さないと，税務署長が登記等を受けた者から納付していない登
録免許税の納付不足額を徴収する場合には，国税通則法72条所定の国税の徴
収権の消滅時効期間である5年間はこれを行うことが可能であるにもかかわら
ず，登録免許税の還付については，同法74条所定の還付金の消滅時効期間で
ある5年間が経過する前に，1年の期間の経過によりその還付を受けることが
できなくなることとなり，納付不足額の徴収と権衡を失する……。

　なお……申告納税方式の下では，自己の責任において確定申告をするために，
その誤りを是正するについて法的安定の要請に基づき短期の期間制限を設けら
れても，納税義務者としてはやむを得ない……。これに対し，登録免許税は，
納税義務は登記の時に成立し，納付すべき税額は納税義務の成立と同時に特別
の手続を要しないで確定するのであるから，登録免許税法31条2項所定の請
求は，申告納税方式の国税について定める国税通則法23条所定の更正の請求
［同条1項・2項により，原則として法定申告期限から1年以内（当時）。現在は5年以
内］とはその前提が異なるといわざるを得ず，これらを同列に論ずることはで
きない。……

　以上のとおり……登記等を受けた者は，過大に登録免許税を納付した場合に
は，同項所定の請求に対する拒否通知の取消しを受けなくても，国税通則法
56条に基づき，登録免許税の過誤納金の還付を請求することができる」。

　「(2)　……上述したところにかんがみると，登録免許税法31条2項は，登記

72　Ⅰ　行政訴訟

等を受けた者に対し，簡易迅速に還付を受けることができる手続を利用することができる地位を保障しているものと解するのが相当である。そして，同項に基づく還付通知をすべき旨の請求に対してされた拒否通知は，登記機関が還付通知を行わず，還付手続を執らないことを明らかにするものであって，これにより，登記等を受けた者は，簡易迅速に還付を受けることができる手続を利用することができなくなる。そうすると，上記の拒否通知は，登記等を受けた者に対して上記の手続上の地位を否定する法的効果を有するものとして，抗告訴訟の対象となる行政処分に当たる」。

泉徳治裁判官の**反対意見**　多数意見(2)の結論には賛成し，(1)に反対する意見である。

「1　……登録免許税法［31条］は，登録免許税に係る過誤納金の還付を受ける場合の手続を定め，登記等の専門的行政機関である登記機関の認定を経ることを要求しており，また，国税通則法［75条1項（現）3号・115条1項］は，上記認定の取消しを求める訴えを提起するには，国税に関する専門的審査機関である国税不服審判所長の裁決を経ることを要求しているのであり，このことからすれば，両法の定める手続を経ず，直接に，不当利得として過誤納金の返還を請求することはできないと解すべきである。

2　登録免許税法31条2項は……過誤納金の還付を受けようとする場合は，当該登記等を受けた日から1年を経過する日までに，登記機関に申し出ることを求めているが，これは，日常大量に反復して納付される登録免許税について，過誤納金の返還を消滅時効が完成するまでの5年間にわたり請求し得るとすることなく，1年以内に限って請求し得るとすることによって，登記等後の登録免許税をめぐる法律関係を早期に確定させようとする趣旨であって，不当利得としての過誤納金の返還を請求し得るとすると，同項が1年という期間制限を設けた意味がなくなるのである。

3　国税通則法58条1項3号及び同法施行令24条2項4号は，登録免許税法31条2項の規定により請求をすることができる登録免許税に係る過誤納金の還付については，当該請求があった日の翌日から起算して1月を経過する日の翌日からその還付のための支払決定の日までの期間の日数に応じ，還付金に年7.3％の割合を乗じて計算した金額を加算しなければならないと規定しているが，同法には，不当利得としての返還請求を想定した加算金に関する規定がない。このように，国税通則法も，登録免許税法31条2項の規定による請求

⇨26

を予定しているのである。そして，不当利得として過誤納金の返還を請求し得るとすると，国税通則法が，登録免許税法31条2項の請求による還付について，加算金を付する期間に上記のような1月以上の空白を設けていることの説明が困難である。」

（裁判長裁判官　横尾和子，裁判官　甲斐中辰夫，泉德治，島田仁郎，才口千晴）

▶*Reference* 1）登録免許税還付通知拒絶通知の処分性，および納税者が直接に還付請求を行う可能性については，本件一審・二審，本判決多数意見，本判決反対意見のように，大別3つの見解があった。

2）自動確定する国税（国税通則法15条3項）に係る行政機関の行為については，本判決の他に，源泉徴収国税に係る納税告知（同法36条）の法的性格について判示した，最一小判昭和45(1970)・12・24民集24巻13号2243頁［百選I 61］の次の部分を参照。なお源泉徴収に関する法関係については，さらに，最三小判平成4(1992)・2・18民集46巻2号77頁［重判平4行10］を参照。

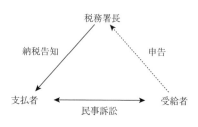

「3　税務署長が，支払者の納付額を過少とし，またはその不納付を非とする意見を有するときに，これが納税者たる支払者に通知されるのは……納税の告知による……が，源泉徴収による所得税の税額は……いわば自動的に確定するのであって，右の納税の告知により確定されるものではない。すなわち，この納税の告知は，更正または決定のごとき課税処分たる性質を有しない……。

もし，これに反して，右の納税の告知がそれ自体として税額を確定させる行為（課税処分）であるとすると，取消判決等によりその効力が否定されないかぎり，支払者において，納税の告知により確定された税額を徴収して国に納付すべき義務の存することを争いえず，また従って受給者において，旧所得税法43条（新法222条）に基づく支払者の請求等を拒みえないこととなる……が，現行法上，かかる見地は許容されえない。けだし，源泉徴収による所得税の税額が納税の告知によって確定されるとするのは，所得の支払の時に所得税を徴収すべきものとする制度の本旨に反するのみならず，もし，納税の告知によって，支払者の納税義務とともに，受給者の源泉納税義務の範囲（およびその前提となる当該義務の成立）が確定されるものであるとすれば，納税の告知は支払者および受給者の双方に対してなされることを要すべきところ，［国税通則］法［以下「法」という］2条5号は支払者のみを納税者とし，したがって，納税の告知は支払者に対してのみなされるのであって，これが税法の建前とするところであるからである。すなわち，納税の告知は，納税者たる支払者に対してのみなされるにかかわらず，これにより支払者の納税義務の範囲（および成立）が公定力をもって確定されるものとすれば，同時に，しかも受給者不知の間に，その源泉納税義務の範囲（および成立）が公定力をもって確定されることとなるのであるが，かかる結果は，とうてい法の予定すると

⇨*27*

ころとは解しえないのである。

　4　一般に，納税の告知は，法36条所定の場合に（なお，資産再評価法71条4項参照），国税徴収手続の第一段階をなすものとして要求され，滞納処分の不可欠の前提となるものであり，また，その性質は，税額の確定した国税債権につき，納期限を指定して納税義務者等に履行を請求する行為，すなわち徴収処分であって……，それ自体独立して国税徴収権の消滅時効の中断事由となるもの（法73条1項）であるが，源泉徴収による所得税についての納税の告知は，前記により確定した税額がいくばくであるかについての税務署長の意見が初めて公にされるものであるから，支払者がこれと意見を異にするときは，当該税額による所得税の徴収を防止するため，異議申立てまたは審査請求［現在は再調査の請求または審査請求。法75条以下］のほか，抗告訴訟をもなしうるものと解すべきであり，この場合，支払者は，納税の告知の前提となる納税義務の存否または範囲を争って，納税の告知の違法を主張することができるものと解される。けだし，右の納税の告知に先だって，税額の確定……が，納税者の申告または税務署長の処分によってなされるわけではなく，支払者が納税義務の存否または範囲を争ううえで，障害となるべきものは存しないからである。

　5　以上のとおり，源泉徴収による所得税についての納税の告知は，課税処分ではなく徴収処分であって，支払者の納税義務の存否・範囲は右処分の前提問題たるにすぎないから，支払者においてこれに対する不服申立てをせず，または不服申立てをしてそれが排除されたとしても，受給者の源泉納税義務の存否・範囲にはいかなる影響も及ぼしうるものではない。したがって，受給者は，源泉徴収による所得税を徴収されまたは期限後に納付した支払者から，その税額に相当する金額の支払を請求されたときは，自己において源泉納税義務を負わないことまたはその義務の範囲を争って，支払者の請求の全部または一部を拒むことができるものと解される……。

　支払者は，一方，納税の告知に対する抗告訴訟において，その前提問題たる納税義務の存否または範囲を争って敗訴し，他方，受給者に対する税額相当額の支払請求訴訟（または受給者より支払者に対する控除額の支払請求訴訟）において敗訴することがありうるが……支払者は，かかる不利益を避けるため，右の抗告訴訟にあわせて，またはこれと別個に，納税の告知を受けた納税義務の全部または一部の不存在の確認の訴えを提起し，受給者に訴訟告知［行訴法7条，民訴法53条］をして，自己の納税義務（受給者の源泉納税義務）の存否・範囲の確認について，受給者とその責任を分かつことができる。」

I-*2*-*5*　勧　　告

27　病院開設中止勧告
最二小判平成17（2005）・7・15［百選Ⅱ160］
　　民集59巻6号1661頁；判時1905号49頁
　　（評釈）仲野武志・自治研究82巻12号139頁，杉原則彦・曹時58巻3

I-*2*　処分性　75

⇨*27*

号 302 頁

（一審）富山地判平成 13（2001）・10・31 民集 59 巻 6 号 1715 頁〔参〕

（二審）名古屋高金沢支判平成 14（2002）・5・20 訟月 50 巻 7 号 2014 頁

■事実　X は，富山県高岡市内に病院の開設を計画し，富山県知事 Y に対して，1997 年 3 月 6 日付けで，病院開設に係る医療法 7 条 1 項の許可の申請をしたところ，Y は，同年 10 月 1 日付けで「高岡医療圏における病院の病床数が，富山県地域医療計画に定める当該医療圏の必要病床数に達しているため」という理由で，この申請に係る病院の開設を中止するよう勧告した（以下，この勧告を「本件勧告」という）。X は同月 3 日付けで本件勧告を拒否し，Y は同年 12 月 16 日付けで病院開設許可を行った。また同日付で，富山県厚生部長名で，「医療法を遵守し，富山県地域医療計画の達成の推進に協力すること」等の遵守事項の記載に加えて「中止勧告にもかかわらず病院を開設した場合には，厚生省通知（昭和 62 年 9 月 21 日付け保発第 69 号厚生省保険局長通知）〔判決文で，同保険局長通知を「昭和 62 年保険局長通知」という〕において，保険医療機関の指定の拒否をすることとされているので，念のため申し添える」との記載（以下「本件通告部分」）がされた文書が送付された。X は Y を被告に，本件勧告の取消しまたは本件通告部分の取消しを求めて訴えを提起した。一審・二審ともに本件勧告・本件通告部分の処分性を認めず訴えを却下。X より上告。

■判旨　本件勧告部分についてのみ原判決破棄，一審判決を取り消し，一審に差戻し。

「(1)　医療法は，病院を開設しようとするときは，開設地の都道府県知事の許可を受けなければならない旨を定めているところ（7 条 1 項），都道府県知事は，一定の要件に適合する限り，病院開設の許可を与えなければならないが（同条 3 項），医療計画の達成の推進のために特に必要がある場合には，都道府県医療審議会の意見を聴いて，病院開設申請者等に対し，病院の開設，病床数の増加等に関し勧告することができる（30 条の 7）。そして，医療法上は，上記の勧告に従わない場合にも，そのことを理由に病院開設の不許可等の不利益処分がされることはない。

他方，健康保険法（平成 10〔1998〕年法律第 109 号による改正前のもの）43条ノ 3 第 2 項は，都道府県知事は，保険医療機関等の指定の申請があった場合に，一定の事由があるときは，その指定を拒むことができると規定しているが，この拒否事由の定めの中には，「保険医療機関等トシテ著シク不適当ト認ムルモノナルトキ」との定めがあり，昭和 62 年保険局長通知において，「医療法第30 条の 7 の規定に基づき，都道府県知事が医療計画達成の推進のため特に必要があるものとして勧告を行ったにもかかわらず，病院開設が行われ，当該病

76　Ⅰ　行政訴訟

院から保険医療機関の指定申請があった場合にあっては，健康保険法43条ノ3第2項に規定する「著シク不適当ト認ムルモノナルトキ」に該当するものとして，地方社会保険医療協議会に対し，指定拒否の諮問を行うこと」とされていた（なお，平成10年法律第109号による改正後の健康保険法（平成11年法律第87号による改正前のもの）43条ノ3第4項2号は，医療法30条の7の規定による都道府県知事の勧告を受けてこれに従わない場合には，その申請に係る病床の全部又は一部を除いて保険医療機関の指定を行うことができる旨を規定するに至った。）。

(2)　上記の医療法及び健康保険法の規定の内容やその運用の実情に照らすと，医療法30条の7の規定に基づく病院開設中止の勧告は，医療法上は当該勧告を受けた者が任意にこれに従うことを期待してされる行政指導として定められているけれども，当該勧告を受けた者に対し，これに従わない場合には，相当程度の確実さをもって，病院を開設しても保険医療機関の指定を受けることができなくなるという結果をもたらすものということができる。そして，いわゆる国民皆保険制度が採用されている我が国においては，健康保険，国民健康保険等を利用しないで病院で受診する者はほとんどなく，保険医療機関の指定を受けずに診療行為を行う病院がほとんど存在しないことは公知の事実であるから，保険医療機関の指定を受けることができない場合には，実際上病院の開設自体を断念せざるを得ないことになる。このような医療法30条の7の規定に基づく病院開設中止の勧告の保険医療機関の指定に及ぼす効果及び病院経営における保険医療機関の指定の持つ意義を併せ考えると，この勧告は，行政事件訴訟法3条2項にいう「行政庁の処分その他公権力の行使に当たる行為」に当たると解するのが相当である。後に保険医療機関の指定拒否処分の効力を抗告訴訟によって争うことができるとしても」，上記の結論は左右されない。

（裁判長裁判官　今井功，裁判官　福田博，滝井繁男，津野修，中川了滋）

▶*Reference 1*）　差戻後一審・富山地判平成19（2007）・8・29判タ1279号146頁，差戻後控訴審・名古屋高金沢支判平成20（2008）・7・23判タ1281号181頁は，Xの請求を認容している。

　　2）　本事件と同一の法状態の下で，勧告拒否を理由とする保険医療機関指定拒否の適法性を認めた判決として，最一小判平成17（2005）・9・8判時1920号29頁（Ⅰ巻*127*〔*128*〕）も参照。

　　3）　判旨にもある平成10年法109号による改正後の法状態での病床削減勧告の処分性を論じたのが，最三小判平成17（2005）・10・25判時1920号32頁〔重判平17行6

⇨27

②〕であり，法廷意見は法律改正と勧告が病床削減に止まることに伴う修正を施したうえで，本判決と同様の理由づけにより当該勧告の処分性を認めている。また同判決には藤田宙靖裁判官の次のような補足意見が付されている。

「私は，法廷意見と同様，本件勧告は行政事件訴訟法3条にいう「行政庁の処分」に当たると解すべきものと考えるが，このような考え方と，この問題につきこれまで当審の先例が示して来た一般的な考え方，すなわち，「行政庁の処分とは……行政庁の法令に基づく行為のすべてを意味するものではなく，公権力の主体たる国または公共団体が行う行為のうち，その行為によって，直接国民の権利義務を形成しまたはその範囲を確定することが法律上認められているもの」であって「正当な権限を有する機関により取り消されるまでは，一応適法性の推定を受け有効として取り扱われるもの」でなければならず，「その無効が正当な権限のある機関により確認されるまでは事実上有効なものとして取り扱われている場合」でなければならないとする考え方（参照，〔19〕他。以下この考え方を，「従来の公式」と称する。）との関係について，若干の補足をしておくこととしたい。

1　医療法30条の7の規定による開設中止勧告は，病院の開設許可等や医療法に基づく手続の関係では，行政指導としての性質を有するに止まり，名宛人の法律上の地位ないし権利義務に具体的な影響を及ぼすものではない……，また，中止勧告がなされたとしても，名宛人の保険医療機関指定申請が当然に拒否されるという法律上の構造とはなっておらず，中止勧告が発せられれば，指定申請が拒否される可能性が高いとしても，それは事実上の問題に過ぎないのであって，勧告が直接国民の権利義務を形成しまたはその範囲を確定するものとは言えない……。従って，「従来の公式」を，機械的に当てはめるとすれば，本件勧告に「行政庁の処分」としての性質を認めることはできない……。

ところで，「従来の公式」においては，行政事件訴訟法3条にいう「行政庁の処分」とは，実質的に講学上の「行政行為」の概念とほぼ等しいものとされているものであるところ，このような行為のみが取消訴訟の対象となるとされるのは，取消訴訟とはすなわち，行政行為の公定力の排除を目的とする訴訟である，との考え方がなされているからに他ならない。そしてその前提としては，行政活動に際しての行政主体と国民との関わりは，基本的に，法律で一般的に定められたところを行政庁が行政行為によって具体化し，こうして定められた国民の具体的な権利義務の実現が強制執行その他の手段によって図られる，という形で進行するとの，比較的単純な行政活動のモデルが想定されているものということができる。しかしいうまでもなく，今日，行政主体と国民との相互関係は，このような単純なものに止まっているわけではなく，一方で，行政指導その他，行政行為としての性質を持たない数多くの行為が，普遍的かつ恒常的に重要な機能を果たしていると共に，重要であるのは，これらの行為が相互に組み合わせられることによって，1つのメカニズム（仕組み）が作り上げられ，このメカニズムの中において，各行為が，その1つ1つを見たのでは把握し切れない，新たな意味と機能を持つようになっている……。本件における医療法30条の7の規定に基づく勧告についても，まさにそういったことが指摘され得るのであって，法廷意見が……述べるのは，まさにこの趣

78　I　行政訴訟

旨である。ところが，先に見た当審判例における「従来の公式」は，必ずしもこういった事実を前提としているものとは言い難いのであって，従って，本件においてこれを採用するのは，適当でない……。

2　なお，医療法30条の7による勧告を，行政事件訴訟法3条にいう「処分」であるとして性格付けたとき，それでは，この勧告は，いわゆる公定力を有することになり，取消訴訟以外の方法によって，その適法性を争うことはできないのか，また，取消訴訟の出訴期間の適用を受け，これを徒過した場合には，もはや出訴の道を塞がれることになるのか（例えば，……勧告自体を直接に争うことなく，後に，保険医療機関の指定拒否処分の効力を抗告訴訟で争うこととした場合，この後の訴訟においては，もはや，勧告の違法性を主張することはできないのか）が問題となる。法廷意見も明示するとおり，この勧告それ自体の性質が行政指導であることは，否定するべくもないから，それは，相手方に対する法的拘束力を持たず，従って又，理論的に厳密な意味での（最も狭い意味での）公定力を有するものではない。しかし，行政事件訴訟法の定めるところに従い取消訴訟の対象とする以上は，この行為を取消訴訟外において争うことはやはりできないものというべきであって，こうした取消訴訟の排他的管轄に伴う遮断効は（これを公定力の名で呼ぶか否かはともかく）否定できない……。もっとも，従来の判例学説上，一般に行政指導は「処分」ではないとされて来たから，これを専ら取消訴訟で争うべきものとすることは，国民に不測の不利益をもたらしかねない……。しかし，この勧告につき処分性が認められることになれば，今後は，通常の場合，当事者において，まずはその取消訴訟を通じて問題の解決が図られることになるものと予想される外，必要に応じ，行政事件訴訟法46条に定める行政庁の教示義務，出訴期間等徒過についての「正当な理由」条項（同法14条1項及び2項における各ただし書を参照）等の活用がなされることにより，対処することが可能である」。

4）　現在では，機関委任事務の廃止に伴い保険医療機関指定権限は厚生労働大臣が持つこととされ（平成11年法87号による改正），平成10年法109号による改正後健康保険法43条ノ3第4項2号に対応する定めは，同法65条4項2号に規定されている。また，当時医療法30条の7に定められていた勧告権限は，医療法30条の11が定めている。

I-2-6　一般的基準——告示

28　環境基準

東京高判昭和62（1987）・12・24
　行裁例集38巻12号1807頁
　（評釈）三邊夏雄・自治研究66巻9号121頁
　（一審）東京地判昭和56（1981）・9・17行裁例集32巻9号1581頁；判
　　　　時1014号26頁

⇨*28*

■**事実**　環境庁長官Ｙは，1978年7月11日付けで，公害対策基本法9条に基づく二酸化窒素に係る環境基準を改定して告示した（環境庁告示38号。以下「本件告示」）。Ｘらは，本件告示に係る環境基準は公害対策基本法1条・9条・27条に違反するとして，本件告示の取消しを求めた。一審は，本件告示の処分性を認めず訴えを却下。Ｘから控訴。

■**判旨**　控訴棄却（確定）。東京高裁も処分性を認めず，その理由は，一審判決の理由を補正・引用し，さらにいくつかの理由を付加する形で示した。ここでは，一審判決から補正・引用された部分の中で基本的な理由を示す部分を掲げる。

　公害対策基本法［以下「基本法」］は，同法の目的を定める1条を受けて，「第1章「総則」第3条（事業者の責務），第4条（国の責務），第5条（地方公共団体の責務）及び第6条（住民の責務）において，それぞれの公害に対処すべき立場に応じた責務を規定するとともに，第2章「公害の防止に関する基本的施策」においては，主として国及び地方公共団体が右の各責務に応じて講ずべき公害の防止に関する施策のうちその基本となる事項を規定し，もって前記第1条に定める公害対策の総合的推進を可能ならしめようとしている」。この「関係を国についてみると，基本法第4条は，……公害防止上指導的役割を果たすべき国が施策の総合的かつ計画的推進を図るうえで基本となる公害防止施策を策定し，実施する責務を有することを宣言したものと解される。そして，基本法は右第4条を受けて国の基本的施策を第2章第1節「環境基準」及び第2節「国の施策」において規定している」。基本法第2章第2節の規定は，「いずれも政府が公害防止行政を総合的かつ計画的に推進していくうえでの基本となる施策の要諦を綱領的に明らかにしたものであって，行政上の努力義務ないし責務を具体化したものにすぎず，右第2節に定めるところの規定それ自体により何らかの具体的法律効果が生ずるものではない」。

　「次に第2章第1節「環境基準」にもどって検討するに，環境基準とは，「政府は，大気の汚染，水質の汚濁，土壌の汚染及び騒音に係る環境上の条件について，それぞれ，人の健康を保護し，及び生活環境を保全するうえで維持されることが望ましい基準を定めるものとする。」（第9条第1項）との規定に基づき，政府が……設定した環境上の条件であり，右環境基準は，「常に適切な科学的判断が加えられ，必要な改定がなされなければなら」ず（同条第3項），また，「政府は，公害の防止に関する施策を総合的かつ有効適切に講ずること

により，」右基準が「確保されるように努めなければならない。」（同条第4項）と定められている」。「環境基準の設定及び改定は，政府が行なうものであり，その設定及び改定の手続については格別の規制はなく，政府の合理的裁量に委ねられているものと解されること（……），環境基準の実体的内容を規定するについて，「人の健康を保護し，及び生活環境を保全するうえで維持されることが望ましい基準」との文言が用いられているところ，右の措辞は通常将来に対する願望ないしは目標を表わすものであり，これに対し，事業者等に対する排出規制の措置を規定する第10条においては，「事業者等の遵守すべき基準」なる文言が用いられ，両者は区別して使用されていること，さらに，環境基準実現の方途については，「政府は，公害の防止に関する施策を総合的かつ有効適切に講ずることにより，第1項の基準が確保されるように努めなければならない。」とされているところ，……政府の施策を定めた第2章第2節は，いずれも政府の公害防止行政上の努力義務の要諦を綱領的に規定したものにすぎないし，また，その達成については右方途により「確保されるように努めなければならない。」と規定されているところ，かかる措辞は確保それ自体よりも確保に向けての努力，遂行に重点を置いているものと解される」。「以上のような環境基準設定の主体及び手続並びに基準内容及び達成の方途を定める文言等に加えて，……基本法第1条が明定する基本法制定の目的並びに同法第2章第2節が定める国の公害防止施策についての諸規定が政府の公害防止行政上の施策の要諦を綱領的に規定したもので，それ自体では直ちに具体的法律効果を生ずる性格を有していないところ，環境基準に関する規定は，かかる第2章の冒頭第1節に位置づけられていること及び後……に述べるような関連する諸規定との関係などに照らすならば，環境基準とは，第1条の「公害対策の総合的推進を図」るべきことを受けて講じられるところの，公害防止諸施策の基本となるべき政府の施策の達成目標を明らかにすることにより，施策の有機的一体性を確保し，総合的かつ計画的な推進を可能ならしめるための行政上の努力目標ないし指針を意味する」。「環境基準は，……政府の公害防止施策の達成目標を表わすものと解すべきものであるから，これを汚染の許される上限を表わす許容限度と解したり，あるいは，国民が汚染を容認しなければならない受認限度と解することはできない。また，Xらは，大気の汚染に係る物質はいずれも人の健康に直接関係する……から，これについて定められる環境基準は，事柄の性質上当然に法的強制力をもつ規範と解すべきであると主張するが，当該規定

⇨28

がいかなる法的効力を有するかは，当該規定の文言，当該規定を含む法全体の仕組み，関連する諸規定との関係等を総合考慮して決せられるべきものであり，当該規定の規制対象の性質から当然に法的効力の有無ないし性格が決せられるものと解することはできない」。

「環境基準は，政府が公害防止行政を総合的かつ計画的に推進していくうえでの政策上の達成目標ないし指針を示すものであって，これを国民に対する法的拘束力ある規範と解することはできないから，本来的に処分性を有するものではない……。したがって，本件告示による二酸化窒素に係る環境基準の改定は右政府の公害防止行政上の政策目標ないし指針を変更したものにすぎないのであるから，これがXらの権利義務ないしその法的地位に変動をもたらすものと認めることはでき……ない。また仮に，環境基準の改定によって，公害防止，公害健康被害補償等に関する施策の内容に何らかの影響が及ぶことがあるとしても，……説示したところに照らすなら［裁判所は，大気汚染防止法に基づく排出基準・総量規制基準との関係，土地利用等の規制および公害防止施設の整備等との関係，公害健康被害補償法の地域指定等との関係を検討した］，それによって環境基準の改定それ自体が処分性を持つことになるということはないのであって，改定により具体的な施策の変更がされた段階でこれに関する行政処分等を争うのは格別，それ以前において環境基準の改定それ自体を処分として争うことは許されない」。

（裁判長裁判官　後藤静思，裁判官　大内俊身，橋本和夫）

▶*Reference* 1)　現在は，環境基本法16条に環境基準の根拠規定がある。

2)　90は，健康保険法（以下「法」）43条の9第2項に基づく告示（当時。現在は同法76条2項に基づき「診療報酬の算定方法」として定められている）およびそれに付属する告示を改正する告示の処分性について次のように述べている（事案および帰趨については90を参照）。行訴法3条2項「にいう「公権力の行使に当たる行為」は，主として，行政庁が一般的抽象的な法に基づき個別的，具体的な事実又は法律関係を規律する行為を指すものと解されるが，これのみに限られるものではなく，行政庁の行為が一面において一般的，抽象的な定めを内容とし将来の不特定多数の人をも適用対象とするため法規制定行為＝立法行為の性質を有するものとみられるものであっても，他面において右行為が，これに基づく行政庁の他の処分を待つことなく，直接に国民の具体的な権利義務ないし法律上の利益に法律的変動をひき起こす場合には，当該行政庁の行為も，その限りにおいては，特定人の具体的権利義務ないし法律上の利益に直接関係するにすぎない行政行為と何ら異なるところはないのであるから，取消訴訟の対象となりうる」。

82　　I　行 政 訴 訟

⇨*28*

「本件告示は，告示当時保険者，被保険者，被扶養者であるもののみならず，将来保険者，被保険者，被扶養者となるものにも一般的に適用されるべき療養に要する費用の算定方法を定めるものであり（法第43条の9，第44条の2，第59条の2等参照），したがって，本件告示は，……立法行為たる性質を有する……。しかしながら，……それが同時に特定人の具体的な権利義務ないし法律上の利益に直接法律的変動を与える場合には，その限りにおいて，いわゆる行政行為と実質的に何ら異なるところはなく，取消訴訟の対象となる」。

「法第43条の9第1項によれば，被保険者が保険医療機関等において療養を受けたときは，保険者は保険医療機関等に対し同条第2項により厚生大臣が定めるところにより算定した「療養に要する費用の額」から一部負担金（……）に相当する額を控除した額を支払わなければならず，また法第59条の2によれば，被保険者の被扶養者が保険医療機関等において療養を受けたときは，保険者は現に支払うべき療養に要した費用すなわち実費の半額を限度としながら法第43条の9第1項の例により算定した「療養に要する費用の額」の半額を家族療養費として被保険者に支給するか又はこれを保険医療機関等に対し支払うものとされている。（……）したがって，右「療養に要する費用の額」が増額されると，それだけ保険者が被保険者又は被扶養者の受けた療養につき保険医療機関等に支払うべき費用の額も増大し不利益を受けることになる。もっとも，保険者は，被保険者又は被扶養者が保険医療機関等で療養を受け，そして保険医療機関等がこれに要した費用の支払を保険者に請求してはじめて右費用の支払をすることになるわけであるが，被保険者及び被扶養者が「療養に要する費用の額」の増額後といえども保険医療機関等の療養の給付を受けるであろうことは確実であり，療養の給付があれば，保険者は保険医療機関等に対し増額されたところにしたがってその費用を支払うべき債務を負担するに至り，また，保険医療機関等は増額された費用の支払請求をするであろうことは疑う余地のない事実であるから，「療養に要する費用の額」を増額することは，それ自体保険者が将来支払うべきことの確実な療養の給付に関する費用を増額し，直接保険者に法律上の不利益を与えるものといって妨げない。のみならず，「療養に要する費用の額」を増額する告示をその告示の日から前に遡って適用すべきものとした場合には，右告示の日より前にすでに生じていたものとみるべき保険者の保険医療機関等に対する療養の給付に関する費用支払の債務は，これにより直接増額されることになり，この点においても保険者に直接法律上の不利益を与える……。そうであるとすれば，厚生大臣が法第43条の9第2項に基づき「療養に要する費用の額」を改定し増額する処分は取消訴訟の対象となりうるものと解すべきである。

そして，本件告示の内容は，……旧告示において定められた「療養に要する費用の額」を改定して平均9.5％増額し，しかも，保険者の支払うべき費用については本件告示のなされた昭和40［1965］年1月9日より前に遡って同月1日から適用することを主たる内容とするものであるから，……本件告示は，……一面立法行為たる性質を有するものではあるが，他面，……申立人ら各健康保険組合に対し直接法律上の不利益を与えるものであるから，取消訴訟の対象となりうる」。

3） 最一小判平成14（2002）・1・17民集56巻1号1頁［百選Ⅱ154］（Ⅰ巻*174*

⇨*29*

〔*176*〕）は，建基法（以下「法」）42条2項に基づくいわゆる2項道路の指定を告示により一括指定する方法で行った場合の当該告示の処分性を，次のように認めている。

「本件告示によって2項道路の指定の効果が生じるものと解する以上，このような指定の効果が及ぶ個々の道は2項道路とされ，その敷地所有者は当該道路につき道路内の建築等が制限され（法44条），私道の変更又は廃止が制限される（法45条）等の具体的な私権の制限を受けることになるのである。そうすると，特定行政庁による2項道路の指定は，それが一括指定の方法でされた場合であっても，個別の土地についてその本来的な効果として具体的な私権制限を発生させるものであり，個人の権利義務に対して直接影響を与えるものということができる。

したがって，本件告示のような一括指定の方法による2項道路の指定も，抗告訴訟の対象となる行政処分に当たると解すべきである。」

4）薬事法施行規則（当時。現在の医薬品，医療機器等の品質，有効性及び安全性の確保等に関する法律施行規則）による医薬品販売方法の制限が違法無効であり，原告が同規則にかかわらず，店舗以外の場所にいる者に対する郵便その他の方法による医薬品の販売または授与を行うことのできる権利ないし地位を有することを，公法上の当事者訴訟としての確認訴訟において確認したものに最二小判平成25（2013）・1・11民集67巻1号1頁［百選 I 50］（I 巻 *177*〔*180*〕）がある。

I-*2*-*7* 条　例

29 旧高根町簡易水道事業給水条例事件

最二小判平成18（2006）・7・14［百選 II 155］
民集60巻6号2369頁；判時1947号45頁
（評釈）巽智彦・法協129巻8号1875頁，増田稔・曹時60巻10号159頁
（一審）甲府地判平成13（2001）・11・27判時1768号38頁
（二審）東京高判平成14（2002）・10・22判時1806号3頁

■**事実**　高根町 Y_1 は，1998年に Y_1 簡易水道事業給水条例を改正し，同改正条例は1998年4月1日に施行された。これにより同町の住民基本台帳に登録されていない，別荘を所有し Y_1 との間で給水契約を締結する者である X らと，それ以外の者との間に基本料金（基本水量10立方メートルまでの料金）に関し大きな格差が生じた（格差の具体的な内容は I 巻 *197*〔*200*〕を参照）。また Y_1 は同日，給水契約を維持したまま水道の休止を行える者を定める「Y_1 簡易水道事業給水条例及び施行規則に関する内規」（以下「本件内規」）を定め，水道の一時的な休止を行える者から Y_1 の住民基本台帳に登録していない者を除外した。これにより X らは水道の一時的な休止が認められず，休止した後再開する場合には再度加入金を課せられることとなった。これらを不当な差別と考える X らは，①同給水条例の中で料金を定める同条例別表1（1998

84　I　行 政 訴 訟

⇨29

年改正後のもの。以下「本件別表」）および本件内規はいずれも無効であることの確認（請求①），②本件別表が無効であることを前提に，改正前の基本料金と改正後の基本料金の差額について，未払水道料金については債務不存在確認（請求a），支払済みの水道料金相当額については不当利得の返還または不法行為に基づく損害賠償（請求b），未払水道料金があるXらについて，Y₁が簡易水道の給水を停止することの禁止（請求c）を求めた（以下，請求a〜請求cを請求②と包括し，訴えの適法性が問題となった請求①を中心に説明する。請求②についてはI巻197〔200〕を参照）。

　Xらは，請求①について主位的には民事訴訟として，予備的に抗告訴訟たる無効確認訴訟として提起したところ，一審は，請求①の中で本件別表の無効確認を求める訴えに関しては民事訴訟として適法とし，本件内規の無効確認を求める訴えについては却下した（ただし，訴えの適法性を認められた部分の請求①も請求②も棄却）。請求①に係る訴えの適法性に関する判断は以下のとおりである。

　「(1)　給水契約は，水道事業者（簡易水道事業者を含む。以下同じ。）と多数の水道需用者との間の契約を迅速かつ効率よく処理するとともに，需用者相互間の水道利用関係を公平にするため，契約内容を定型的に定める必要があるが，この点水道法は水道事業者に料金，給水装置工事の費用の負担区分その他の供給条件について，供給規程を定めることを要求しており（水道法14条1項），このような供給規程はいわゆる約款として，個々の給水契約を介して契約内容となり水道事業者と需用者を拘束する」。「水道需用者としては，当該供給規程のうち料金の算定基準を定めた部分が憲法及びその他の法令等に抵触するとして争う場合，具体的に発生した個々の水道料金について債務不存在確認を求めるなどして，その訴えの中で約款たる供給規程の効力を争うこともできるが，給水契約という継続的供給契約においては，日々料金債務が発生しているのであるから，個々の水道料金について債務不存在確認を求めることは迂遠であり，より抜本的な紛争解決のためには，約款たる供給規程自体の無効確認を求めることも許される」。「これを水道事業者が地方公共団体である場合についてみれば，水道料金は公の施設の利用について徴収する使用料（地方自治法225条）に当たることから，地方自治法228条により条例で定める必要があるものの，このようにして定められた条例は，地方公共団体以外の水道事業者が定める供給規程と何ら異ならず，その実質は単なる約款にすぎないから，条例であることをもって，その無効確認の訴えが法律上の争訟（裁判所法3条1項）に当たらないということはできない」。「給水契約において，水道事業者である地方公共団体は，私法上の契約における一方当事者にすぎず，その行為は何ら権力的作用を有するものではないから，民事訴訟により約款たる条例の効力を争うことが許される」。「したがって，Xらの訴えのうち本件別表の無効確認請求に係る部分は，民事訴訟による無効確認の訴えとして適法である」。

　「(2)　本件内規は，Y₁の簡易水道事業における内部規則にすぎず直接需用者を拘束するものではないが，本件内規によって別荘は給水停止が認められないという効果が

I-2　処分性　85

⇨29

及ぶのであるから，本件内規も供給規程の一部として給水契約の内容になるものと解される。そうすると，本件内規の無効確認の訴えも，本件別表の無効確認の訴えと同様に法律上の争訟（裁判所法3条1項）に当たり，民事訴訟によりその効力を争い得る」。「しかしながら，本件別表がこれによってXらに具体的な水道料金債務が発生しているのとは異なり，XらはY₁に対し具体的に給水の一時休止を求めたわけではないので，Xらの権利又は法的地位に対する不安ないし危険はいまだ抽象的なものにすぎず，本件内規の無効確認については判決によって解決すべきほどに紛争が成熟しているとはいえない。／したがって，本件訴えのうち本件内規の無効確認請求に係る部分は，民事訴訟における確認の利益を欠くから，不適法として却下すべきである。」

Xらは控訴したが，その際に請求①の中で，本件別表の無効確認を求める訴えにつき民事訴訟として提起した訴えを取り下げ，抗告訴訟としての無効確認訴訟のみを維持した（裏から言えば，本件内規の無効確認を求める訴えは主位的には民事訴訟，予備的には抗告訴訟として維持された。二審判決の争点(1)に係るXらの主張を参照）。二審は，請求①に係る訴えのうち，本件別表の無効確認を求める訴え（抗告訴訟）については適法性を認め，本件内規の無効確認を求める訴えについては却下した（そのうえで，訴えの適法性を認められた部分の請求①と請求②について，基本的に請求を認容した）。二審判決は，水道法が定めることを要求する供給規定の効力を直接訴訟で争うことができる点については，一審と同旨の理由により根拠づけたうえで，次のように述べた。

「この場合，供給規程が条例の形式で定められ，その施行によって，その後にされる個別的行政処分を要せず，その内容が給水契約の内容となって水道需要者は義務を課されることになるから，当該条例自体を行政処分性を有するものとして，行政訴訟による無効確認請求の訴えの対象とすることができる」。「そうすると，Xらの訴えのうち本件別表の無効確認請求に係る部分は，行政訴訟による無効確認の訴えとして適法というべきである。」

「本件内規は，Y₁の簡易水道事業における内部の取扱方針を定めたものにすぎず，供給規程の一部として直接水道需要者の給水契約の内容となってこれに義務を課すものではない。XらはY₁に対し具体的に給水の一時休止を申請したときにこれを拒絶された場合に，その拒絶処分の当否を争えば足りる」。「Xらは，本件内規の定立自体によっては未だその権利又は法的地位に対する具体的不安ないし具体的危険が発生したとはいえないから，その無効確認を求めることは民事訴訟としてはもちろん，行政訴訟としても不適法である。」

Y₁より上告（したがって，本件内規の無効確認を求める訴えを却下する判断は確定した）。上告審継続中に，Y₁町等が合併してY₂市が設置され，Y₁町の権利義務を継承した。

■**判旨** 原判決のうち請求①に係る部分（ただし本件別表の無効確認を求める部

86　I　行政訴訟

⇨30

分のみ）を破棄し，訴えを却下。請求②に係る上告を棄却。ここでは請求①に係る部分のみ掲げる。

「本件別表の無効確認を求めるXらの訴えは，本件改正条例の制定行為が抗告訴訟の対象となる行政処分に当たることを前提に，行政事件訴訟法3条4項の無効等確認の訴えとして，本件改正条例により定められた本件別表が無効であることの確認を求めるものである。しかしながら，抗告訴訟の対象となる行政処分とは，行政庁の処分その他公権力の行使に当たる行為をいうものである。本件改正条例は，旧Y₁が営む簡易水道事業の水道料金を一般的に改定するものであって，そもそも限られた特定の者に対してのみ適用されるものではなく，本件改正条例の制定行為をもって行政庁が法の執行として行う処分と実質的に同視することはできないから，本件改正条例の制定行為は，抗告訴訟の対象となる行政処分には当たらない」。「Xらは，当審において，本件別表の無効確認を求めるXらの訴えは抗告訴訟として不適法であるとしても行政事件訴訟法4条の当事者訴訟として適法である旨新たに主張しているが，抗告訴訟としての無効確認の訴えと当事者訴訟としての無効確認の訴えは別個の訴えであるところ，Xらは，抗告訴訟として本件別表の無効確認を求める訴えを提起していたものであり，当事者訴訟としてこれを提起していたものではないから，Xらの主張はその前提を欠くものであって失当である。」

（裁判長裁判官　滝井繁男，裁判官　津野修，今井功，中川了滋，古田佑紀）

▶*Reference*　原告側が控訴審段階で民事訴訟としての本件別表無効確認訴訟を取り下げたことの原告側代理人の説明として参照，関哲夫『弁護士関哲夫　行政事件全仕事　理論と現実』（ぎょうせい，2007年）228～231頁。

30　保育所民営化条例事件

最一小判平成21（2009）・11・26［百選Ⅱ204］
　　民集63巻9号2124頁；判時2063号3頁
　　（評釈）高橋滋・自治研究87巻2号143頁，古田孝夫・曹時64巻3号
　　　201頁
　　（一審）横浜地判平成18（2006）・5・22判タ1262号137頁
　　（二審）東京高判平成21（2009）・1・29判時2057号6頁

■**事実**　横浜市Yは，それまで自ら設置・運営していた保育所を民営化することとし，2003年12月18日「横浜市保育所条例の一部を改正する条例」（平成15年横浜市条例62号。以下「本件改正条例」）により，横浜市保育所条例の別表からまず4つの保育所（以下「本件4園」）を削除した。本件4園は，2004年4月1日の本件改正条例

⇨*30*

の施行により Y の保育所としては廃止されるとともに，これらの保育所の土地・建物・備品はそれぞれ既に選定されていた社会福祉法人に譲渡もしくは貸与され，各社会福祉法人はそれぞれの保育所について保育所設置認可を受けたうえで，当該 4 園の施設を利用して児童の保育を開始した。それまで本件 4 園に入所していた児童およびその保護者である X らは，本件改正条例は自らの保育所選択権等を侵害し違法であるとして，本件改正条例を処分としてその取消しを求めるとともに，この改正により被った精神的損害について慰謝料を請求した。

　一審は，本件改正条例の処分性を認めたうえで（ただし保育期間の満了した児童および保護者については訴えの利益が失われたとして却下），保育期間が満了していない児童およびその保護者の取消請求を事情判決によって棄却するとともに改正条例の違法を宣言し，損害賠償請求については本件改正条例施行時に監護する児童を入所させていた保護者についてのみ一部認容した。Y からの控訴に対して，二審は本件改正条例の処分性を認めず取消請求に係る訴えを却下し，また損害賠償請求も棄却した。X らから上告。

■**判旨**　上告棄却。ただし，本件改正条例の処分性に関する原審の判断を違法とした（もっとも，X らに係る保育の実施期間がすべて満了しているため訴えの利益が消滅しているとし，X らの取消しを求める訴えは却下すべきことから，原審の判断を結論としては是認した）。以下では本件改正の処分性を認める判断を掲げる。

　「市町村は，……児童の保育に欠けるところがある場合において，その児童の保護者から入所を希望する保育所等を記載した申込書を提出しての申込みがあったときは，希望児童のすべてが入所すると適切な保育の実施が困難になるなどのやむを得ない事由がある場合に入所児童を選考することができること等を除けば，その児童を当該保育所において保育しなければならないとされている（児童福祉法 24 条 1 項～3 項）。平成 9〔1997〕年法律第 74 号による児童福祉法の改正がこうした仕組みを採用したのは，女性の社会進出や就労形態の多様化に伴って，乳児保育や保育時間の延長を始めとする多様なサービスの提供が必要となった状況を踏まえ，その保育所の受入れ能力がある限り，希望どおりの入所を図らなければならないこととして，保護者の選択を制度上保障したものと解される。そして，……Y においては，保育所への入所承諾の際に，保育の実施期間が指定される……。このように，Y における保育所の利用関係は，保護者の選択に基づき，保育所及び保育の実施期間を定めて設定されるものであり，保育の実施の解除がされない限り（同法 33 条の 4 参照），保育の実施期間が満了するまで継続するものである。そうすると，特定の保育所で現

88　Ⅰ　行 政 訴 訟

に保育を受けている児童及びその保護者は，保育の実施期間が満了するまでの間は当該保育所における保育を受けることを期待し得る法的地位を有する」。

「公の施設である保育所を廃止するのは，市町村長の担任事務であるが（地方自治法 149 条 7 号），これについては条例をもって定めることが必要とされている（同法 244 条の 2）。条例の制定は，普通地方公共団体の議会が行う立法作用に属するから，一般的には，抗告訴訟の対象となる行政処分に当たるものでない……が，本件改正条例は，本件各保育所の廃止のみを内容とするものであって，他に行政庁の処分を待つことなく，その施行により各保育所廃止の効果を発生させ，当該保育所に現に入所中の児童及びその保護者という限られた特定の者らに対して，直接，当該保育所において保育を受けることを期待し得る上記の法的地位を奪う結果を生じさせる……から，その制定行為は，行政庁の処分と実質的に同視し得る……。

また，市町村の設置する保育所で保育を受けている児童又はその保護者が，当該保育所を廃止する条例の効力を争って，当該市町村を相手に当事者訴訟ないし民事訴訟を提起し，勝訴判決や保全命令を得たとしても，これらは訴訟の当事者である当該児童又はその保護者と当該市町村との間でのみ効力を生ずるにすぎないから，これらを受けた市町村としては当該保育所を存続させるかどうかについての実際の対応に困難を来すことにもなり，処分の取消判決や執行停止の決定に第三者効（行政事件訴訟法 32 条）が認められている取消訴訟において当該条例の制定行為の適法性を争い得るとすることには合理性がある。

以上によれば，本件改正条例の制定行為は，抗告訴訟の対象となる行政処分に当たる」。

（裁判長裁判官　櫻井龍子，裁判官　甲斐中辰夫，涌井紀夫，宮川光治，金築誠志）

▶*Reference* 　30 と対比して検討すると興味深いものに最一小判平成 14（2002）・4・25 判自 229 号 52 頁がある。併せて，東京地判平成 27（2015）・5・13 判自 413 号 93 頁も参照。

I–2–8　行政計画

31　第二種市街地再開発事業計画

最一小判平成 4（1992）・11・26［重判平 4 行 1］

⇨*31*

民集 46 巻 8 号 2658 頁
（評釈）福岡右武・曹時 46 巻 12 号 249 頁
（一審）大阪地判昭和 61 （1986）・3・26 行裁例集 37 巻 3 号 499 頁；判時
　　　　1215 号 38 頁
（二審）大阪高判昭和 63 （1988）・6・24 行裁例集 39 巻 5 = 6 号 498 頁；
　　　　判時 1283 号 21 頁

■**事実**　大阪市 Y は，1984 年 6 月 11 日付けで，大阪市都市計画事業阿倍野 A 地区
第 2 種市街地再開発事業計画決定（以下「本件決定」）を行い公告した（都市再開発法
51 条 1 項・54 条 1 項）。A 地区に土地，建物を所有する X は，本件決定の内容上・手
続上の違法を主張し，Y を被告として，本件決定の取消訴訟を提起した（他にも原告
が存在したがここでは立ち入らない）。一審は本件決定の処分性を認めず訴えを却下。
これに対し，X の控訴を受けた二審は，処分性を認めて原判決を破棄し，一審に事
件を差し戻した。Y より上告。

■**判旨**　上告棄却。

「都市再開発法 51 条 1 項，54 条 1 項は，市町村が，第 2 種市街地再開発事
業を施行しようとするときは，設計の概要について都道府県知事の認可を受け
て事業計画（以下「再開発事業計画」という。）を決定し，これを公告しなけ
ればならないものとしている。そして，第 2 種市街地再開発事業については，
土地収用法 3 条各号の一に規定する事業に該当するものとみなして同法の規定
を適用するものとし（都市再開発法 6 条 1 項，都市計画法 69 条），都道府県知
事がする設計の概要の認可をもって土地収用法 20 条の規定による事業の認定
に代えるものとするとともに，再開発事業計画の決定の公告をもって同法 26
条 1 項の規定による事業の認定の告示とみなすものとしている（都市再開発法
6 条 4 項，同法施行令 1 条の 6，都市計画法 70 条 1 項）。したがって，再開発
事業計画の決定は，その公告の日から，土地収用法上の事業の認定と同一の法
律効果を生ずるものであるから（同法 26 条 4 項），市町村は，右決定の公告に
より，同法に基づく収用権限を取得するとともに，その結果として，施行地区
内の土地の所有者等は，特段の事情のない限り，自己の所有地等が収用される
べき地位に立たされることとなる。しかも，この場合，都市再開発法上，施行
地区内の宅地の所有者等は，契約又は収用により施行者（市町村）に取得され
る当該宅地等につき，公告があった日から起算して 30 日以内に，その対償の
払渡しを受けることとするか又はこれに代えて建築施設の部分の譲受け希望の
申出をするかの選択を余儀なくされるのである（同法 118 条の 2 第 1 項 1 号）。
　そうであるとすると，公告された再開発事業計画の決定は，施行地区内の土

⇨*32*

地の所有者等の法的地位に直接的な影響を及ぼすものであって，抗告訴訟の対象となる行政処分に当たると解するのが相当である。」

「最高裁昭和……41［1966］年2月23日大法廷判決（民集20巻2号271頁）［いわゆる青写真判決。*1R1*］参照］は，事案を異にし，本件に適切でない。」

（裁判長裁判官　小野幹雄，裁判官　大堀誠一，橋元四郎平，味村治，三好達）

32 用途地域の指定

最一小判昭和57（1982）・4・22［百選II 153］

民集36巻4号705頁；判時1043号41頁

（評釈）荒秀・判評292（判時1073）号16頁，新村正人・曹時37巻12号266頁

（一審）盛岡地判昭52（1977）・3・10行裁例集28巻3号194頁

（二審）仙台高判昭53（1978）・2・28行裁例集29巻2号191頁

■**事実**　岩手県知事Yは，1973年5月1日に盛岡広域都市計画用途地域決定を行い（以下「本件決定」。都計法8条1項を参照），これを公告した。この決定により，これまで準工業地域とされていた通称「東見前地区」は，工業地域と指定された。X₁はこの東見前地区に含まれる地区で病院を経営し，また同病院の敷地を医療法人X₂と共有しており（以下，両者を併せて「Xら」と呼ぶ），Xらは，本件決定には手続上の瑕疵・裁量行使に係る瑕疵があると主張し，Yを被告に，主位的に本件決定の無効確認を，予備的に本件決定の取消しを求めて出訴した（出訴期間経過の有無が争われたことがこのような主位的・予備的の関係となったことの原因かもしれない）。一審は，都市計画として行う用途地域指定の処分性を否定して，訴えを却下。二審も一審の理由を引用してXらの控訴を棄却。Xらから上告。

■**判旨**　上告棄却。

「都市計画区域内において工業地域を指定する決定は，都市計画法8条1項1号に基づき都市計画決定の1つとしてされるものであり，右決定が告示されて効力を生ずると，当該地域内においては，建築物の用途，容積率，建ぺい率等につき従前と異なる基準が適用され（建築基準法48条7項，52条1項3号，53条1項2号等），これらの基準に適合しない建築物については，建築確認を受けることができず，ひいてその建築等をすることができないこととなるから（同法6条4項，5項），右決定が，当該地域内の土地所有者等に建築基準法上新たな制約を課し，その限度で一定の法状態の変動を生ぜしめるものであることは否定できないが，かかる効果は，あたかも新たに右のような制約を課する法令が制定された場合におけると同様の当該地域内の不特定多数の者に対する

I-2 処 分 性　91

⇨*32*

一般的抽象的なそれにすぎず，このような効果を生ずるということだけから直ちに右地域内の個人に対する具体的な権利侵害を伴う処分があったものとして，これに対する抗告訴訟を肯定することはできない。もっとも，右のような法状態の変動に伴い将来における土地の利用計画が事実上制約されたり，地価や土地環境に影響が生ずる等の事態の発生も予想されるが，これらの事由は未だ右の結論を左右するに足りるものではない。なお，右地域内の土地上に現実に前記のような建築の制限を超える建物の建築をしようとしてそれが妨げられている者が存する場合には，その者は現実に自己の土地利用上の権利を侵害されているということができるが，この場合右の者は右建築の実現を阻止する行政庁の具体的処分をとらえ，前記の地域指定が違法であることを主張して右処分の取消を求めることにより権利救済の目的を達する途が残されている……から，前記のような解釈をとっても格別の不都合は生じない……。

右の次第で，本件工業地域指定の決定は，抗告訴訟の対象となる処分にはあたらない」。

（裁判長裁判官　中村治朗，裁判官　団藤重光，藤﨑萬里，本山亨，谷口正孝）

▶*Reference*　都計法（以下「法」）12条の4第1項1号，12条の5に基づく地区計画に関し大阪高判平成4（1992）・11・18行裁例集43巻11＝12号1399頁は，「地区計画が定められたのみでは対象地の土地所有者等に行為規制が課せられるものではなく，地区整備計画が定められた場合においても，その規制内容は，土地の区画形質の変更，建築物の建築等について市町村長への届出とそれに対する市町村長の勧告（法58条の2），開発行為の設計が地区整備計画に定められた内容に則しているかの審査（法33条1項5号），建築物の敷地，構造等に関する事項について，地区計画の内容として定められたものを必要に応じ市町村の条例でこれらに関する制限として定めることができる（建築基準法68条の2）等というものであるにすぎず，当該区域内の個人に対する具体的な権利義務の変動という法律上の効果を伴うものではなく，また，右条例が定められた場合であっても，その制約は当該地区内の不特定多数の者に対する一般的抽象的な制約にとどまる……から，地区計画が右区域内の個人に対する具体的権利侵害を伴う行政処分であるということはできないし，控訴人らが直接右地区計画によって具体的な権利侵害を受けたものと認めるべき根拠を見出すこともできない。さらに，法も，市町村が都市計画の案を作成しようとする場合において必要があると認めるときは，公聴会の開催等住民の意見を反映させるために必要な措置を講ずべきものとし（16条1項），計画案の公告後の縦覧期間満了の日までに，関係市町村の住民及び利害関係人は，都市計画の案について市町村に意見書を提出することができるものとしている（17条2項）けれども，告示された都市計画についての異議申立てやこれについての決定に対する取消しの訴えを認めるなど，告示により効力が生じた地区計画自体が抗告訴訟の対象となりうることを当然の前提となるような規定は全く設けていない」として処分性を認めず，上

告審・最二小判平成 6 (1994)・4・22 判時 1499 号 63 頁 [重判平 6 行 3] は「法
(……) 12 条の 4 第 1 項 1 号の規定に基づく地区計画の決定，告示は，区域内の個人の
権利義務に対して具体的な変動を与えるという法律上の効果を伴うものではなく，抗告
訴訟の対象となる処分には当たらない……。……原審の判断は，正当として是認」でき
るとしている。

33 土地区画整理組合の設立認可

最三小判昭和 60 (1985)・12・17
民集 39 巻 8 号 1821 頁；判時 1184 号 59 頁
（評釈）荒秀・判評 349（判時 1260）号 15 頁，石川善則・曹時 41 巻 7 号
204 頁
（一審）大阪地判昭和 54（1979）・2・21 行裁例集 30 巻 2 号 255 頁；判時
925 号 60 頁
（二審）大阪高判昭和 57（1982）・6・9 行裁例集 33 巻 6 号 1238 頁；判時
1061 号 17 頁

■**事実** 大阪市長 Y_1 は，1969 年 12 月 26 日付けで大阪市庭井土地区画整理組合 Y_2
の設立を認可し（土地区画整理法（以下「法」）14 条。Y_1 が認可権限を有するのは同市
が政令指定都市（地自法 252 条の 19）であることによる。法 136 条の 3，法施行令 77 条 1
項，地自法施行令 174 条の 39 第 1 項参照），Y_2 が施行する土地区画整理事業（以下「本
件事業」）に係る施行地区内の宅地について所有権を有する X は，Y_2 の組合員となっ
た。1975 年 11 月 14 日付けで Y_2 は X に対し，X 所有の土地について，本件事業に
基づく仮換地指定処分を行った（以下「本件仮換地指定処分」。参照，法 98 条）。X は，
本件事業に反対する者を除外して恣意的に本件事業施行地区を定めたため施行地区の
定め方に一貫性がなく法 3 条 2 項の「一定の区域の土地」とはいえない，法 18 条が
要求する同意に瑕疵がある，本件事業により Y_2 の組合員に生じる利益と負担に鑑み
本件事業には平等原則違反があるとして，Y_2 を被告に① Y_2 の設立無効の確認，Y_1
を被告に② Y_1 が行った Y_2 設立認可処分の無効確認を求め，また本件仮換地指定処
分には設立が無効である組合が行った処分であるという瑕疵，換地計画に基づかない
仮換地指定処分である瑕疵，仮換地指定処分に係る仮換地が特定できない瑕疵があると
して，Y_2 を被告に③本件仮換地指定処分の無効確認を求め（以下，①②③をそれぞ
れ「請求①」「請求②」「請求③」とする），これらの請求に係る訴えを併合提起した。
　一審は，請求①に係る訴えを「株式会社の設立の無効の訴（商法 428 条 [会社法
828 条]）のようにこれを許す明文がないから，これを独立の訴として肯認すること
は困難」，請求②に係る訴えも「組合設立認可処分の段階においては，土地区画整理
に関して未だ特定個人に向けられた具体的な処分がなされたものということはできな
いから，争訟の成熟性ないし具体的事件性も欠く」「したがって，右各訴とも不適法
たるを免れない（昭和……41 年 2 月 23 日最高裁判所大法廷判決 [いわゆる青写真判
決。*1R1*] 参照）」としてそれぞれを却下する一方，請求③については換地計画なし

⇨*33*

に行われた点を理由に X の請求を認容した。

　請求①に係る訴え・請求②に係る訴えに関する判断については X から，請求③に係る判断については Y₂ から控訴があり，また二審段階で X は，Y₁ の Y₂ 組合設立認可の日時が不明として，設立認可不存在の確認を第１次請求として追加的に併合し（この請求を請求④とする），従前の請求②に係る訴えを第２次請求とした。二審は，両者の控訴を併合したうえで，請求④に係る訴えについては，行訴法38条１項により準用される同法19条１項但書が準用する同法16条２項にいう「被告の同意」がないとして訴えを却下，請求①，請求②に係る訴えについても一審と同旨の理由により訴えを不適法として X からの控訴を棄却する一方で，Y₂ からの控訴については，X の主張する無効原因はすべて認められないとして一審判決の Y₂ 敗訴部分を取り消し，請求③を棄却した。X から上告。

■**判旨**　上告棄却。訴えの適法性が争われた請求に関し，最高裁は請求①と請求④に係る訴えを不適法とする一方，請求②に係る訴えは適法であると判示した（上告を棄却した理由については *R1*）を参照）。以下では，請求②に係る訴えに関する判示のみ掲げる。

　「土地区画整理法（以下「法」……）14条１項，21条１項（……）による土地区画整理組合の設立の認可は，単に設立認可申請に係る組合の事業計画を確定させる（法20条，21条３項）だけ……ではなく，その組合の事業施行地区内の宅地について所有権又は借地権を有する者をすべて強制的にその組合員とする公法上の法人たる土地区画整理組合を成立せしめ（法21条４項，22条，25条１項），これに土地区画整理事業を施行する権限を付与する効力を有する……（法３条２項，14条２項）から，抗告訴訟の対象となる行政処分である……。

　そして，組合設立の認可により土地区画整理組合が成立すると，組合の設立に関する費用は組合の負担となり（法24条），また，組合の業務は組合役員たる理事によって執行され（法28条），組合の定款や事業計画の変更を始め賦課金の額及び賦課徴収方法，換地計画，仮換地の指定等事業の施行に係る重要な事項についてはすべて総会の議決を経なければならないものとされている（法31条）ところ，組合員は，組合役員及び総代の選挙権，被選挙権及びその解任請求権（法27条３項，７項，37条１項，４項），総会及びその部会の招集請求権（法32条３項，35条３項），総会及びその部会における議決権（法34条１項，35条３項），組合の事業又は会計の状況の検査の請求権（法125条２項），総会，その部会及び総代会における議決等の取消の請求権（同条８項）等の権

⇨*33*

利を有するとともに，組合の事業経費を分担する義務を負う……（法40条）から，土地区画整理組合の成立に伴い法律上当然に……組合員たる地位を取得せしめられることとなる事業施行地区内の宅地の所有権者又は借地権者は，当該組合の設立認可処分の効力を争うにつき法律上の利益を有する……。

　そして，XがY₂の事業施行地区内の宅地について所有権を有し，同組合の組合員とされている者であるところ，Xは，Y₂の不成立を主張して，同組合の事業施行に伴う仮換地指定処分，換地処分等一切の処分がXに対してされることを否定しようとしている者であることは記録上明らかであるから，XはY₁がしたY₂の設立認可処分（以下「本件認可処分」という。）の無効確認を求める訴えにつき原告適格を有するというべきである。

　してみれば，本件認可処分の無効確認を求める訴えを不適法であると……した第一審判決及び……原判決は，いずれも法律の解釈を誤ったものといわざるを得ない。……当裁判所昭和……41 [1966] 年2月23日大法廷判決（民集20巻2号271頁）[いわゆる青写真判決。*1R1*）参照] は，都道府県知事の施行する土地区画整理事業の事業計画の決定に関するものであり，土地区画整理組合の設立の認可が単に当該組合の事業計画を確定させるにとどまるものでないことは前述のとおりであるから，本件とは事案を異にする」。

（裁判長裁判官　伊藤正己，裁判官　木戸口久治，安岡滿彦，長島敦）

▶*Reference　1*）　本事件において，最高裁は請求②に係る訴えに関する部分についても上告を棄却しており，一審に差し戻していない。関連請求（参照，*101*）の処理にも関わるので，この点に関する判示を以下に掲げる。

　　「しかしながら，原判決の右違法 [判旨に掲げた違法] は，その結論に影響を及ぼすものということはできない。……

　　Xは，Y₁を相手とする本件認可処分の無効確認請求（以下この請求のみを「本件訴え」という。）とY₂を相手とする本件仮換地指定処分の無効確認請求（第二次的にその取消請求）とを併合請求し，本件訴えの請求原因として主張したY₂の設立の無効ないし本件認可処分の無効事由をも本件仮換地指定処分の違法，無効事由として主張し，これに対しY₁・Y₂は共同して防御の訴訟活動を行っていたところ，第一審判決は，本件訴えを不適法として却下する一方，本件仮換地指定処分の無効確認請求について，換地計画に基づかない換地予定地的仮換地指定処分は無効であるとのXの主張についてのみ判断し，右主張が理由があるとして同請求を認容した。これに対し，本件訴えの却下部分についてはXが，本件仮換地指定処分の無効確認請求の認容部分についてはY₂が，それぞれ控訴し，原審においても両事件が併合審理された。そして，原審は，本件訴えの適法性については第一審判決の判断を支持してXの控訴を棄却し，本件仮換地指定処分の無効確認請求及びその取消請求については，Xがその無効又は取消原因と

⇨*33*

して主張したすべての点……について実体的な審理を尽くし，Xの請求はすべて理由がないとして，第一審判決中Y₂の敗訴部分を取り消し，Y₂に対するXの請求をいずれも棄却する旨の判決をした。

　ところで，本件訴えと本件仮換地指定処分の無効確認請求及びその取消請求とは行政事件訴訟法13条6号による関連請求であることが明らかであり，これらの訴えに対する裁判の間に矛盾抵触が生ずることを避け，当事者間における紛争を一挙に解決するため，原審においても両事件を併合して審理を遂げ，一個の判決でその判断を示したものであると考えられる。そして，本件仮換地指定処分の無効確認請求及びその取消請求については，本件訴えの請求原因と同一内容の，Y₂の設立の無効原因の有無又は本件認可処分の不存在若しくは無効原因の有無の点が第一審以来の重要な争点として，これにつき当事者双方の主張，立証が十分に尽くされ，Y₂とY₁とは右争点について共同の弁論をしているものであることは記録に徴して明らかであるところ，原審が右争点について実体判断をすることが許されることはいうまでもなく，右の点について原審のした認定，判断が是認し得るもので……あって，原審の認定に係る事実関係によれば，本件訴えによる請求が理由のないものであることは明らかである。このような場合においては，当審としては，本件訴えについて，原判決を破棄し，第一審判決を取り消したうえ，事件を第一審裁判所に差し戻すことは必要ではなく，その請求の当否について直ちに判断をすることが許される」。

　「本件訴えについては請求を理由がないものとして棄却すべきこととなるが，その結論は原判決よりもXに不利益となり，……原判決をXに不利益に変更することは許されないので，当裁判所は原判決の結論を維持して上告を棄却するにとどめるほかなく，結局，原判決の前示の違法はその結論に影響を及ぼさない」。

　2)　都道府県または市町村が自ら土地区画整理事業を実施する場合の事業計画決定（土地区画整理法52条1項）の処分性については，*1*を参照。

　3)　土地区画整理事業の農村版という性格を持つ土地改良事業に関しては，最一小判昭和61（1986）・2・13民集40巻1号1頁が，市町村営土地改良事業に関して都道府県知事が行う事業施行の認可の処分性を認める文脈で以下のような議論を行っている（現行法では，市町村が土地改良事業を行う際に，都道府県（知事）の認可や同意を必要としない）。

　「土地改良法は，87条6項及び7項において，国営又は都道府県営の土地改良事業につき農林水産大臣又は都道府県知事が決定した事業計画についての異議申立てに関する行政不服審査法45条の期間は当該事業計画書の縦覧期間満了の日の翌日から起算して15日以内とすること，及び右異議申立てについては右縦覧期間満了後60日以内に決定しなければならないことを規定した上，87条10項において，右事業計画に不服がある者は右異議申立てについての決定に対してのみ取消しの訴えを提起することができることを規定している。農林水産大臣又は都道府県知事の行う右事業計画の決定は，当該事業施行地域内の土地につき土地改良事業を施行することを決定するもので，公告すべきものとされていること（土地改良法87条5項），右公告があった後において土地の形質を変更し，工作物の新築，改築若しくは修繕をし，又は物件を附加増置した場合には，

96　Ⅰ　行　政　訴　訟

⇨*33*

これについての損失は，原則として補償しなくてもよいものとされていること（同法122条2項），また，右事業計画が異議申立手続を経て確定したときは，これに基づき工事が着手される運びとなること（同法87条8項）に照らせば，右事業計画の決定は，行政処分としての性格を有する……。前記の土地改良法87条6項及び7項は，右事業計画の決定が行政処分として行政不服審査法による異議申立ての対象となる……ことを当然の前提として，異議申立期間等の特則を定めるものであり，同条10項も，右事業計画の決定が本来行政処分として取消訴訟の対象となり得るものであることを当然の前提とした上，行政事件訴訟法10条2項所定のいわゆる原処分主義の例外として裁決主義を採用する立場から，右事業計画に不服がある者は右異議申立てについての決定に対してのみ取消しの訴えを提起することができるとしたものである。

そして，土地改良事業は，国営又は都道府県営であるか市町村営であるかによって特別その性格を異にするものではないところ，市町村営の土地改良事業において，右に述べた国営又は都道府県営の土地改良事業における事業計画の決定に対応するものは，当該市町村の申請に基づき都道府県知事が行う事業施行の認可である。右事業施行の認可も，当該事業施行地域内の土地につき土地改良事業を施行することを認可するもので，公告すべきものとされ（土地改良法96条の2第7項），右公告があった後における土地の形質の変更等についての損失は原則として補償しなくてもよいものとされており（同法122条2項），右事業施行の認可があったときは工事が着手される運びとなるのであって，右の事業計画の決定と事業施行の認可とは，土地改良事業の一連の手続の中で占める位置・役割を同じくするのである。そうすると，右事業施行の認可も，行政処分としての性格を有し，取消訴訟の対象となるものといわざるを得ず，……国営又は都道府県営の土地改良事業における事業計画の決定が本来取消訴訟の対象となり得るものであることを当然の前提とした規定を置く土地改良法は，市町村営の土地改良事業における事業施行の認可についても，それが取消訴訟の対象となることを認めているものと解せざるを得ない。

もっとも，土地改良法は，右事業施行の認可について，前記の87条6項，7項及び10項に相当するような規定は設けていない。しかし，これは，土地改良法が，立法政策上，右事業施行の認可の先行手続として行われる認可申請を適当とする旨の都道府県知事の決定につき，利害関係人の異議の申出を認め（96条の2第5項及び9条1項），右事業施行の認可については重ねて行政不服審査法による不服申立てをすることができないこととした（96条の2第5項及び10条5項）ため，右事業施行の認可に関する取消訴訟については裁決主義を採用する余地がなくなったことによるにすぎないのであって，右事業施行の認可が取消訴訟の対象となることを否定するものではない」。

4）　したがって，非完結型土地利用計画に関する行政決定の処分性に係る最高裁の判断を時系列で整理すると，最大判昭和41（1966）・2・23民集20巻2号271頁［重判昭41行3］（いわゆる青写真判決。*1R1*））→ *33* →前掲最一小判昭61（1986）・2・13（*33R3*））→ *31* → *1* となる。

I-2 処分性　97

⇨*34*

I-2-9 同意および通達

34 開発許可における公共施設管理者の同意

最一小判平成 7 (1995)・3・23 ［百選 II 156］
民集 49 巻 3 号 1006 頁；判時 1526 号 81 頁
（評釈）綿引万里子・曹時 49 巻 6 号 229 頁
（一審）盛岡地判平成 3 (1991)・10・28 行裁例集 42 巻 10 号 1686 頁
（二審）仙台高判平成 5 (1993)・9・13 行裁例集 44 巻 8 = 9 号 771 頁

■**事実**　都計法（以下「法」）29 条の開発許可を得ようとする者は，法 32 条により「あらかじめ，開発行為に関係がある公共施設の管理者の同意を得，かつ，当該開発行為又は当該開発行為に関する工事により設置される公共施設を管理することとなる者その他政令で定める者と協議しなければならない」とされ（本事件当時。ここでの公共施設とは，「道路，公園その他政令で定める公共の用に供する施設」をいう（法 4 条 14 項）。法施行令 1 条の 2 も参照），開発許可申請の際には，この同意を得たことを証する書面，協議の経過を示す書面を付さねばならない（法 30 条 2 項）。法 33 条 1 項は，同条の開発許可基準に当該申請に係る開発行為が適合し，「申請の手続がこの法律又はこの法律に基づく命令の規定に違反していないと認めるときは，開発許可をしなければならない」と定めている。他方，法 32 条の同意・協議がいかなる観点から行われるべきかを定める規定は，当時はなかった。

　X は盛岡市の山林について，法 29 条所定の開発行為の許可を申請する事前準備として，この開発行為に関係がある公共施設の管理者であり，かつこの開発行為または開発行為に関する工事により設置される公共施設を管理することになる盛岡市長 Y に対し，1990 年 2 月 16 日付で法 32 条に基づく同意および協議を求めたところ，Y は同年 3 月 26 日〜29 日付で同意できない・協議できないという回答を行った（以下，これらの回答を「不同意回答」と総称する。また X は盛岡地区広域行政事務組合消防長に対しても同様に同意および協議を申立てたけれども，この点に係る争いは省略する）。X は 1990 年 9 月 4 日，岩手県知事に対して開発行為の許可申請を行ったけれども，1991 年 1 月 21 日，法 32 条に規定する同意を得たことを証する書面，法 32 条に規定する協議の経過を示す書面がない，その他の理由で不受理となった。

　X は，Y を被告として，これらの不同意回答は処分として行われたものではなく，まだ処分は行われていないとして，主位的に①X の同意および協議申立てに対して何らの処分をしないことの不作為の違法確認を求める，予備的に②これらの不同意回答が処分であるとして，これらの不同意回答を取り消す，①②の請求はともに法 32 条の同意および協議が行訴法 3 条 2 項にいう「処分その他公権力の行使」に該当するという前提に立つところ，①②の請求に対する予備的請求として，法 32 条の同意および協議は処分性を持たないことを前提に民法 414 条 2 項但書（2017 年改正前）に基

98　　I　行 政 訴 訟

⇨*34*

づき，③Ｙは，Ｘの同意および協議申立てに対して同意および協議をせよ，という各請求を立てて出訴した（盛岡地区広域行政事務組合消防長に対する類似の請求，盛岡市を被告とする国家賠償請求の説明は省略する）。

一審は，「法においては，同法32条の同意について，国若しくは地方公共団体又はその機関が公共施設の管理者である場合を，私人が管理者である場合と特に区別するような位置づけをしておらず，公権力の行使である処分としての性格を付与していない」，「法32条の協議については，……〔同意について〕……述べたことがそのまま当てはまるほか，……誠意をもって協議の申し入れをしている限り，開発許可の申請をすることはでき，公共施設の管理予定者が協議に応じないこと自体は開発許可の申請をするにつき何らの影響を与えるものでもないから，……同法32条の協議についても公権力の行使である処分としての性格は付与されていない」として，請求①②に係る訴えを却下し，請求③については，「都計法33条1項各号及びその他関係法令は，いずれも開発行為の許可に関する基準であって，これらが同意ないしは協議をすべき義務の根拠となるような規定の仕方はしておらず，都計法その他関係法令において，都計法32条の同意及び協議それ自体の義務の発生及びその要件を定めていると解しうるものを見出すことはできない」として，請求③を棄却した。

Ｘが控訴したところ，二審は，法「32条の同意は，……〔既存の公共施設の〕管理権の発動をあらかじめ暫定的な審査に基づき，事情変更の留保の下に拘束力を持って将来予定する性格を有すると解され，この暫定的な審査も，道路法，河川法，下水道法等の公共施設管理法に基づくものであるから，適切な管理をするうえで広範な裁量権が与えられているとしても，……32条の同意をすべきか否かについては，右同意は，既存の公共施設の機能を損なわないようにし，また，変更などを伴うときは適正に変更することが必要であることに鑑みると，開発行為により既存の公共施設の機能が損なわれない場合は同意すべき義務があるというべきであって，当該公共施設の機能の維持とは全く関係のない理由で同意を拒否することはできない……。また，……右開発許可の申請をしようとする者からその開発行為等によって設置される公共施設について協議の申出を受けた公共施設管理予定者としても，遅滞なくその協議に応じなければならない義務があ……り，協議の内容も公共施設の管理の適正を期するという観点からなすべきであって，右観点とは無関係の事由を理由として協議を拒否することはできない」，「Ｙは，……本来拒否できない理由に基づき同意及び協議を拒否をしたもので違法である……。しかし，……公共施設の管理者が同意を拒否すると，開発行為者の開発許可申請は不適法となり（30条2項），開発行為者は開発対象地に対する開発をすることができなくなる立場に置かれることとなり，開発行為者が本来有する開発をするという権利を侵害されることになる。したがって，公共施設管理者の不同意の意思表示は，国民の権利義務又は法律上の利益に影響を及ぼす性質を有する行政庁の処分に該当すると解するのが相当である」，「しかし，協議については，

⇨*34*

……開発行為者が誠実に協議の申出をしたにもかかわらず，公共施設管理予定者がこれに応じなかったとしても，その経過を記せば30条2項の協議の経過を示す書面といえると解されるから，公共施設管理予定者が協議に応じないことは開発許可申請を妨げるものではなく，行政庁の処分とはいえない」とし，同意については処分性を認め，協議については処分性を認めないという議論を示した。この結果，二審は，請求①に係る訴えの中で同意に係る部分は既に不同意の処分がなされており不作為がないこと，協議に係る部分についてはこれが処分ではないことからそれぞれ不適法であって，請求①に係る訴えに関する控訴を棄却，請求①の予備的請求としての請求②に係る訴えの中で同意しないという回答に係る部分については適法な訴訟であり，不同意は違法であるから一審判決を取り消しXの請求を認容，協議しないという回答に係る部分については協議に処分性がないから不適法であり控訴を棄却，したがって①②に対する予備的請求としての請求③に係る訴えの中で協議の意思表示を求める部分だけがなお判断を必要とするところ，「Xの請求からすると被告は行政主体であるべきであり，抗告訴訟以外に当事者能力がないYではありえない（なお，32条に協議が要求されるのは，開発許可の手続及び開発行為を円滑に進行させ，開発行為によって設置される公共施設の管理の適正を期するためであり，このような目的のために民法414条2項但書の適用を認めるのは相当ではない……）。したがって，Xの右請求は不適法」として，この部分に係るXの控訴を棄却した。これに対して，Yが上告し，Xが附帯上告。

■判旨 原判決のうちY敗訴部分を破棄，同部分につきXの控訴を棄却。原判決のうち請求③に係る部分を破棄，一審判決を取り消し，同請求に係る訴えを却下。Xの附帯上告を棄却。

法32条・30条2項・33条1項の「定めは，開発行為が，開発区域内に存する道路，下水道等の公共施設に影響を与えることはもとより，開発区域の周辺の公共施設についても，変更，廃止などが必要となるような影響を与えることが少なくないことにかんがみ，事前に，開発行為による影響を受けるこれらの公共施設の管理者の同意を得ることを開発許可申請の要件とすることによって，開発行為の円滑な施行と公共施設の適正な管理の実現を図ったものと解される。そして，国若しくは地方公共団体又はその機関（以下「行政機関等」という。）が公共施設の管理権限を有する場合には，行政機関等が法32条の同意を求める相手方となり，行政機関等が右の同意を拒否する行為は，公共施設の適正な管理上当該開発行為を行うことは相当でない旨の公法上の判断を表示する行為ということができる。この同意が得られなければ，公共施設に影響を与える開発行為を適法に行うことはできないが，これは，法が前記のような要件を満た

⇨*34*

す場合に限ってこのような開発行為を行うことを認めた結果にほかならないのであって，右の同意を拒否する行為それ自体は，開発行為を禁止又は制限する効果をもつものとはいえない。したがって，開発行為を行おうとする者が，右の同意を得ることができず，開発行為を行うことができなくなったとしても，その権利ないし法的地位が侵害されたものとはいえないから，右の同意を拒否する行為が，国民の権利ないし法律上の地位に直接影響を及ぼすものであると解することはできない。もとより，このような公法上の判断について，立法政策上，一定の者に右判断を求める権利を付与し，これに係る行為を抗告訴訟の対象とすることも可能ではあるが，その場合には，それに相応する法令の定めが整備されるべきところ，法及びその関係法令には，法32条の同意に関し，手続，基準ないし要件，通知等に関する規定が置かれていないのみならず，法の定める各種処分に対する不服申立て及び争訟について規定する法50条，51条も，右の同意やこれを拒否する行為については何ら規定するところがないのである。

　そうしてみると，公共施設の管理者である行政機関等が法32条所定の同意を拒否する行為は，抗告訴訟の対象となる処分には当たらないものというべく，Ｘが……した同意の申立てにつき，Ｙが法32条所定の同意を拒否した行為の取消しを求めるＸの訴えは，不適法として却下されなければならない。これと異なる原審の判断には，法令の解釈を誤った違法があり，……原判決中，Ｙ敗訴部分は破棄を免れない。そして，右部分につき，Ｘの訴えを却下した第一審判決は正当であるから，Ｘの控訴を棄却すべきである。

　なお，この場合，右部分に係る請求が認容されることを解除条件として，民法414条2項ただし書に基づき，……同意の履行を請求するＸの三次的請求［請求③］を棄却した第一審判決に対するＸの控訴の当否について，審理，判断をしなければならないが，右の……訴えは，権利義務の主体となり得ない行政機関に対し，民事上の義務として同意の履行を請求するものであるから，不適法であって，その欠缺は補正することができない……。このような場合には，原判決の右の三次的請求に関する部分を破棄し，右請求を棄却した第一審判決を取り消し，右請求に係る訴えを却下するのが相当である。」

　「公共施設の管理者である行政機関等が法32条所定の同意を拒否する行為が抗告訴訟の対象となる処分に当たらないことは前記説示のとおりであるから，Ｘが……した同意の申立てにつき，Ｙが何らの処分をしないことが違法であ

⇨*35*

ることの確認を求める訴えは，不適法というべきであって，右訴えを不適法として却下した原審の判断は，結論において正当である。また，……同意の履行を請求する訴えを不適法として却下すべきことも前記説示のとおりであるから，右請求を認容することを求める附帯上告は失当である。」

（裁判長裁判官　三好達，裁判官　大堀誠一，小野幹雄，高橋久子）

▶*Reference* *1*）　本事件は2004年行訴法改正以前の事件であるため，請求③に係る訴えを（Yでなく）盛岡市を被告として提起し，Yを被告とする請求①②に対して予備的な請求とした場合には，請求①②に係る訴えと請求③に係る訴えは主観的予備的併合の関係にあると解される可能性が高いことに注意。現行法では，請求①②も盛岡市を被告とする。

　　2）　都計法および建基法の一部を改正する法律（平成12年法73号）により都計法32条等の改正が行われ，32条は，開発行為に関係がある公共施設の管理者との協議を経て同意を得る必要（1項），開発行為または開発行為に関する工事により設置される公共施設を管理することとなる者その他政令で定める者と協議を経る必要（2項）とに分けて定められるとともに，32条3項として「前2項に規定する公共施設の管理者又は公共施設を管理することとなる者は，公共施設の適切な管理を確保する観点から，前2項の協議を行うものとする」という定めが追加されている。開発許可の申請に際してこの同意を得たことを証する書面，協議の経過を示す書面を添付する必要は変わらずある。

　　3）　高松高判平成25（2013）・5・30判自384号64頁は上記の都計法32条3項の追加，*1*, *27*, *27R3*）の各判決を指示して都計法32条1項の同意の拒否に処分性を認め，不同意を取り消すとともに，同意することの義務付けを命じた。

　　4）　消防法7条に定める消防長または消防署長の同意の処分性につき，最一小判昭和34（1959）・1・29民集13巻1号32頁［百選I 20］（I巻 *65*〔*61*〕）を参照。

　　5）　全国新幹線鉄道整備法9条に基づき運輸大臣（現在は国土交通大臣）が日本鉄道建設公団（当時。現在は，独立行政法人鉄道建設・運輸施設整備支援機構）に行った認可の処分性につき，最二小判昭和53（1978）・12・8民集32巻9号1617頁［百選I 2］（I巻 *60*〔*57*〕）を参照。

35 墓地埋葬に関する通達

最三小判昭和43（1968）・12・24［百選I 55］
民集22巻13号3147頁；判時548号59頁
（評釈）中川哲男・曹時21巻3号159頁
（一審）東京地判昭和37（1962）・12・21行裁例集13巻12号2371頁
（二審）東京高判昭和39（1964）・7・31行裁例集15巻7号1452頁

■事実　1960年3月8日厚生省公衆衛生局環境衛生部長より各都道府県指定都市衛生主管部（局）長宛衛環発8号の通達（以下「本件通達」）が発出された。これは，墓

⇨*35*

埋法（以下「法」）13条に係る，「従来から異教徒の埋収蔵を取扱っていない場合には
その仏教宗派の宗教的感情を著しく害うおそれのある場合には，同法第13条の正当
の理由があるとして墓地の管理者は埋葬を拒んでも差支えない」という従来の解釈を
変更し，1960年2月15日に内閣法制局から厚生省公衆衛生局長宛になされた回答の
趣旨に沿って，法13条を解釈運用するというものであった。内閣法制局からの回答
は，大要，宗教団体が墓地の経営者である場合に，その経営する墓地に他宗教団体の
信者が埋葬または埋蔵を求めたときに，依頼者が他宗教団体の信者であることのみを
理由としてこの求めを拒むことは法13条の「正当の理由」によるものとは認められ
ない，他方で埋葬または埋蔵の施行に関する典礼の方式は，法13条の直接関知しな
い問題であって当該土地について権原を有する者としての資格における墓地の経営者
と依頼者との間の同意によって決定すべきであり，他宗教団体の信者たる依頼者が自
己の属する宗派の典礼によるべきことを固執しても，こういう場合の墓地の管理者は，
典礼方式に関する限り，依頼者の要求に応ずる義務はない，両者が典礼方式に関する
自己の主張を譲らない場合に依頼者が埋葬または埋蔵の求めを撤回することを余儀な
くされたとしても，この事態は法13条とは別段のかかわりがない，というものであ
った。本件通達が出された背景には，仏教系の新興宗教として設立登記された宗教法
人Aと既成宗教団体との間に勢力争いのような現象が表れ始め，既成宗教団体に属
する寺院が自らの宗派から離脱してAに入会した者に対して，従来の慣行に従いそ
の家族の埋葬を拒む事例が各地で生じていたことがあった。

　寺院として墓地を経営するXは，これまで寺院の祖徒たる身分を有する者に限り，
この者からの申出により自己の有する墓地に遺体または焼骨の埋葬または埋蔵を行っ
てきたところ，本件通達は，従来慣習法上認められていた異宗派を理由とする埋葬拒
否権の内容を変更し，新たに一般第三者の埋葬請求を受忍すべき義務を負わせるもの
で，これに応じない場合には，法21条1号・22条により刑罰を科せられるおそれが
ある，Xとの祖徒関係を離脱しAに入会したBが離脱後も墓地の使用関係存続を主
張し，本件通達のなされたことを知った他のA所属員と共同してXの承認を経ずに
無典礼のまま墓地に埋蔵した事例があるところ，これは本件通達，その基礎にある内
閣法制局の回答の示した解釈を利用したもので本件通達により被った具体的損害であ
るとして，厚生大臣Yを被告として本件通達の埋葬・埋蔵「依頼者が他の宗教団体
の信者であることのみを理由としてこの求めを拒むことは「正当の理由」とは認めら
れないであろうという趣旨」の取消しを求めて取消訴訟を提起した。一審・二審とも
に本件通達の処分性を認めず訴えを却下。Xから上告。

■**判旨**　上告棄却。

「本件通達……の内容は，墓地，埋葬等に関する法律13条に関し，……見解
を改め，今後は内閣法制局……の昭和35年2月15日付回答の趣旨にそって解
釈，運用することとしたことを明らかにすると同時に，諸機関において，この

⇨*35*

点に留意して埋葬等に関する事務処理をするよう求めたものであり，行政組織および右法律の施行事務に関する関係法令を参しゃくすれば，本件通達は，Yがその権限にもとづき所掌事務について，知事をも含めた関係行政機関に対し，法律の解釈，運用の方針を示して，その職務権限の行使を指揮したものと解せられる。

　元来，通達は，原則として，法規の性質をもつものではなく，上級行政機関が関係下級行政機関および職員に対してその職務権限の行使を指揮し，職務に関して命令するために発するものであり，このような通達は右機関および職員に対する行政組織内部における命令にすぎないから，これらのものがその通達に拘束されることはあっても，一般の国民は直接これに拘束されるものではなく，このことは，通達の内容が，法令の解釈や取扱いに関するもので，国民の権利義務に重大なかかわりをもつようなものである場合においても別段異なるところはない。このように，通達は，元来，法規の性質をもつものではないから，行政機関が通達の趣旨に反する処分をした場合においても，そのことを理由として，その処分の効力が左右されるものではない。また，裁判所がこれらの通達に拘束されることのないことはもちろんで，裁判所は，法令の解釈適用にあたっては，通達に示された法令の解釈とは異なる独自の解釈をすることができ，通達に定める取扱いが法の趣旨に反するときは独自にその違法を判定することもできる筋合である。

　このような通達一般の性質，前述した本件通達の形式，内容……その他原審の適法に確定した事実ならびに墓地，埋葬等に関する法律の規定を併せ考えれば，本件通達は従来とられていた法律の解釈や取扱いを変更するものではあるが，それはもっぱら知事以下の行政機関を拘束するにとどまるもので，これらの機関は右通達に反する行為をすることはできないにしても，国民は直接これに拘束されることはなく，従って，右通達が直接に X の所論墓地経営権，管理権を侵害したり，新たに埋葬の受忍義務を課したりするものとはいえない。また，墓地，埋葬等に関する法律 21 条違反の有無に関しても，裁判所は本件通達における法律解釈等に拘束されるものではないのみならず，同法 13 条にいわゆる正当の理由の判断にあたっては，本件通達に示されている事情以外の事情をも考慮すべきものと解せられるから，本件通達が発せられたからといって直ちに X において刑罰を科せられるおそれがあるともいえず，さらにまた，……X の主張するような損害，不利益は，……直接本件通達によって被った

ものということもできない。

そして，現行法上行政訴訟において取消の訴の対象となりうるものは，国民の権利義務，法律上の地位に直接具体的に法律上の影響を及ぼすような行政処分等でなければならないのであるから，本件通達中所論の趣旨部分の取消を求める本件訴は許されない」。

（裁判長裁判官　横田正俊，裁判官　田中二郎，下村三郎，松本正雄，飯村義美）

▶Reference　1)　当時，墓埋法に定める事務は，機関委任事務と位置づけられていた。
　　　2)　59は，東京都教育委員会が都立学校の各校長を名宛人として発出した通達および同通達を受けて各校長が各都立学校教職員に対して行った職務命令について，それぞれ抗告訴訟の対象となる行政処分に当たらないと判示している。

36　函数尺事件
東京地判昭和46（1971）・11・8［重判昭47行2］
行裁例集22巻11＝12号1785頁；判時652号17頁
（評釈）小早川光郎・自治研究48巻11号187頁，奥平康弘・判評160号（判時664）号9頁

■事実　計量法（昭和26年法207号。昭和41年法112号による改正前のもの。以下「法」）は，長さについていわゆるメートル法を法定計量単位とし（参照，法3条1項・6条1項），法10条は，法定計量単位以外の計量単位を取引上または証明上の計量に用いてはならないと定めていた。Xは「ホワイト六折スケール」と称する合成樹脂製六つ折函数尺（以下「本件函数尺」）を製造，販売しており，これは，表面にセンチメートルとかね尺の寸，裏面にインチの各目盛が図のとおり併記された長さ約1メートルのスチロール樹脂製六つ折の物さし状のものであった。これに対し，通商産業省重工業局長Y_1は，本件函数尺は計量法12条に規定する計量器であって同法の各種規制を受け，これには非法定計量単位による目盛が併記されているので，これの販売または販売のための所持は計量法10条に違反するという内容の通達（以下「本件通達」）を発し，福岡県計量検定所長Y_2は，本件通達の趣旨に基づき，Xに対し本件函数尺の製造中止の勧告（以下「本件勧告」）をした。Xが本件通達に対する不服申立書を通商産業大臣に提出したところ，同大臣はこれを異議申立てとみなして「異議申立ては認められない」旨の決定を行った。Xは本件通達・本件勧告は計量法の解釈を誤っており違法である，各都道府県計量検定所長が本件通達に基づき本件函数尺の取扱いを中止するよう勧告したため莫大な被害を被ったとして，Y_1を被告に本件通達の取消しを，Y_2を被告に本件勧告の取消しを求めて出訴した。

表面

裏面

（出所）行裁例集22巻11＝12号1805頁より

⇨*36*

■判旨　本件勧告の取消しを求める訴えを却下，本件通達の取消しを求める訴えは適法としたうえで，請求を棄却（確定）。ここでは，訴えの適法性に関する判旨を掲げる。

「［本件通達］は，Y_1から各都道府県知事宛に発せられた「計量法違反事件について（照会）」と題する書面によるものであって，……知事に対しその趣旨にそって［本件］函数尺に関する事務を処理するよう指示するとともに，あわせて右函数尺の販売の実体調査とその結果の報告を命じたものと認められる。そして，計量法の施行事務は通商産業省の所管事務に属し，同省重工業局が計量に関する事務を掌り（……），また，知事は国の委任を受け，国の機関として計量器の販売等の事業の登録等の事務を処理する関係にあるので（……），Y_1は右事務につき知事に対し指揮監督権を有するものであるから，右書面は，Y_1が右権限に基づいてその所掌事務につき国の機関たる知事に対し右函数尺につき計量法第10条，第12条の解釈を示し，……それにそった事務処理を指示するとともに右函数尺の販売の実体調査とその結果の報告を命じたものである。」

「通達は，上級行政機関がその所掌事務について関係下級行政機関およびその職員に対しその職務権限の行使を指揮し，職務に関して命令するために発するものであって（国家行政組織法第14条第2項），行政組織の内部的規律にすぎない……ことからすれば，国民との関係についていう限り，通達そのものは，たとえそれが国民の権利，義務ないし法律上の利益に関係のあることがらを内容とするものであっても，一般的には，いまだ個人の具体的な権利，義務ないしは法律上の利益に変動を生ぜしめるものではないから，これを具体的な法律上の紛争があるものとして司法審査の対象とすることはできない」。こう解しても「通常は通達に基づいてなされた具体的な行政処分の適否についての訴訟によって国民の利益を保護することが充分可能であるから，国民の権利救済に欠けるところはない……。

しかし，現実の行政事務の運営において通達がはたしている役割・機能の重要性およびその影響力も無視しえないのであって，こうした点をも併せ考えると，通達……の内容が国民の具体的な権利，義務ないしは法律上の利益に重大なかかわりをもち，かつ，その影響が単に行政組織の内部関係にとどまらず外部にも及び，国民の具体的な権利，義務ないしは法律上の利益に変動をきたし，通達そのものを争わせなければその権利救済を全からしめることができないよ

106　Ⅰ　行政訴訟

⇨*36*

うな特殊例外的な場合には，行政訴訟の制度が国民の権利救済のための制度であることに鑑みれば，通達を単に行政組織の内部的規律として……行政訴訟の対象となしえないものとすることは妥当でなく，むしろ通達によって具体的な不利益を受ける国民から通達そのものを訴訟の対象としてその取消を求めることも許される……。

　このような観点から本件訴えの対象とされた［本件］通達についてみると，右通達は前示認定のとおりの形式および内容のものであり，……本件函数尺についてはかねてより計量法違反物件としてその製造，販売に対しなんらかの行政措置を講ずべきではないかとの疑義があり，右通達はこうした疑義からなされた照会に対するものとして発せられたものであることが認められ，このような通達が発せられた経緯およびその内容よりすれば，右通達はＸの製造にかかる右函数尺の販売および販売のための所持を規制することをも目的としているものと解されるところ，……計量に関する事務はすぐれて専門技術的要素が多く，現実の行政事務は通達によって運営，執行され，計量法規の解釈，運用，取扱基準等に関して発せられる通達には下級行政機関のみならず計量器製造業者およびその販売業者らも多大の関心を示し，行政機関においても行政事務の円滑な運営をはかるうえからこれら業者に対しその通達の紹介，説明等をなし，業者らは発せられた通達に従うのが実情であり，計量に関する行政において通達のはたしている現実的役割・機能は極めて大きいことが認められるうえ，現に，……右通達が発せられたのち，各関係機関において右函数尺の販売取扱業者らに対し販売中止勧告等の行政措置がなされ，Ｘは右業者らから右函数尺の買入れを解約されるに至ったことが認められるから，これらの点をも併せ考えると，右通達が右函数尺の製造業者であるＸの権利・利益に重大な影響を及ぼすものであることは明らかであり，かつ，右のような解約という事態を防止しうる措置としてＸのなしうる最も適切な法的手段としては，右業者らに対する行政措置の根拠とされた右通達そのものの取消を求めるほかはない……。しかも，……Ｘは計量器の製造事業の許可を受けた計量器製造業者ではないから，Ｘが右通達に基づいて許可の取消，事業の停止等の具体的な行政処分を受けることはなく，せいぜい製造中止の勧告を受ける程度にとどまり，右通達に基づく具体的な行政処分を受けるのは個々の計量器販売業者であり，これらの業者に対する登録の取消または事業停止（……）といった具体的処分をまって，その処分に対してのみ不服の申立てをすることができるとすれば，結局，

I-2 処　分　性　107

⇨*36*

その処分を受けた個々の販売業者のみが右の処分を争うことを通じて右通達の適否を争うことができるにとどまり，これらの業者が敢えて右通達に反する行為をなし，右のような不利益処分を受けて争うことがないかぎり，右函数尺の製造業者である X としては実際に右通達による不利益を受けながらそれを争う方法がないということでは甚だ不合理な結果をきたす……。以上の諸関係を考慮すれば，右通達は抗告訴訟の対象たりうる行政庁の公権力の行政にあたると解するのが相当であり，また，X には右通達の取消を求める適格がある」。

「X が取消を求めている勧告は，Y_2 が X に対し X の協力のもとに右函数尺の製造および販売の中止を要請したもので，いわゆる行政指導としてなされたものにすぎない……。

そうとすれば，他に特段の事情の認められない本件においては，右勧告はなんら X の権利，義務ないしは法律上の利益に影響を及ぼすものではなく，右勧告の取消を求めなければ X の権利救済をはかることができないという関係にもないから，右勧告は抗告訴訟の対象たりうる行政庁の公権力の行使と認めることはできない。

X は，右勧告は計量法……の罰則をもって右函数尺の製造および販売を禁止しようとするものであるから行政処分である旨主張するが，［罰則の根拠規定］は勧告を受けた者が勧告に従わないことに対し刑罰を科するとするものではなく，勧告とは関係なく同法……違反に対し罰則を定めたものにすぎないから，X の右主張は採用できない。

したがって，右勧告の取消を求める本件訴えは不適法である」。

（裁判官　高津環，佐藤繁，海保寛）

▶*Reference*　計量法は，平成 4 年法 51 号により全面改正されている。現在は，8 条が非法定計量単位の使用の禁止を，9 条 1 項が非法定計量単位による目盛等を付した計量器の販売または販売目的での陳列の禁止を規定している。

I-3 原告適格

I-3-1 公式

37 法律上の利益（ジュース表示事件）

最三小判昭和 53（1978）・3・14 ［百選 II 132］
民集 32 巻 2 号 211 頁；判時 880 号 3 頁
（評釈）田中舘照橘・判評 235（判時 893）号 2 頁・判評 237（判時 900）
号 2 頁，越山安久・曹時 34 巻 1 号 197 頁
（一審）東京高判昭和 49（1974）・7・19 行裁例集 25 巻 7 号 881 頁；判時
746 号 6 頁

■事実　1971 年 3 月 5 日に，社団法人 A 協会ほか 3 名からの申請に基づき，公正取引委員会 Y は果実飲料等の表示に関する公正競争規約を認定した（不当景品類及び不当表示防止法［平成 17 年法 35

号による改正前のもの。以下「景表法」という］）10 条 1 項）。当該認定に対して，一般消費者である X ら（主婦連合会等）は，景表法 10 条 2 項 1 号から 3 号に違反するとして，Y に不服申立てをした。その理由として，当該規約によれば，果汁含有率 5 パーセント未満の飲料や全く果汁を含まない飲料でも「合成着色飲料」または「香料使用」と表示すれば足りることから，一般消費者の誤解を招くことなどを挙げていた。認定に関して，行審法による不服申立ては排除され（11 条 1 項），景表法に基づく公正取引委員会に対する不服申立てのみが許容されていた（10 条 6 項）。X らが Y に対して不服申立てをしたところ，1973 年 3 月 14 日，X らは不服申立ての資格を欠くという理由で，Y は却下の審決をした。X らは，（景表法 11 条 2 項が審決に対する訴訟のみを許容しているため）審決取消訴訟を東京高裁に提起した。東京高裁は，X らの不服申立資格を否定し，審決取消しの理由は存在しないとした（X らの請求を棄却）。これに対し，X らが上告。

■判旨　上告棄却。
「［景表法］10 条 1 項により公正取引委員会がした公正競争規約の認定に対する行政上の不服申立は，これにつき行政不服審査法（以下「行審法」という。）の適用を排除され（景表法 11 条），専ら景表法 10 条 6 項の定める不服申立手続によるべきこととされている（行審法 1 条 2 項）が，行政上の不服申立の一

⇨*37*

種にほかならないのであるから，景表法の右条項にいう「第1項……の規定による公正取引委員会の処分について不服があるもの」とは，一般の行政処分についての不服申立の場合と同様に，当該処分について不服申立をする法律上の利益がある者，すなわち，当該処分により自己の権利若しくは法律上保護された利益を侵害され又は必然的に侵害されるおそれのある者をいう，と解すべきである。」

「法律上保護された利益とは，行政法規が私人等権利主体の個人的利益を保護することを目的として行政権の行使に制約を課していることにより保障されている利益であって，それは，行政法規が他の目的，特に公益の実現を目的として行政権の行使に制約を課している結果たまたま一定の者が受けることとなる反射的利益とは区別されるべきものである。」「景表法の目的とするところは公益の実現にあり，同法1条にいう一般消費者の利益の保護もそれが直接的な目的であるか間接的な目的であるかは別として，公益保護の一環としてのそれであるというべきである。してみると，同法の規定にいう一般消費者も国民を消費者としての側面からとらえたものというべきであり，景表法の規定により一般消費者が受ける利益は，公正取引委員会による同法の適正な運用によって実現されるべき公益の保護を通じ国民一般が共通してもつにいたる抽象的，平均的，一般的な利益，換言すれば，同法の規定の目的である公益の保護の結果として生ずる反射的な利益ないし事実上の利益であって，本来私人等権利主体の個人的な利益を保護することを目的とする法規により保障される法律上保護された利益とはいえないものである。もとより，一般消費者といっても，個々の消費者を離れて存在するものではないが，景表法上かかる個々の消費者の利益は，同法の規定が目的とする公益の保護を通じその結果として保護されるべきもの，換言すれば，公益に完全に包摂されるような性質のものにすぎないと解すべきである。したがって，仮に，公正取引委員会による公正競争規約の認定が正当にされなかったとしても，一般消費者としては，景表法の規定の適正な運用によって得られるべき反射的な利益ないし事実上の利益が得られなかったにとどまり，その本来有する法律上の地位には，なんら消長はないといわなければならない。そこで，単に一般消費者であるというだけでは，公正取引委員会による公正競争規約の認定につき景表法10条6項による不服申立をする法律上の利益をもつ者であるということはできない」。

（裁判長裁判官　江里口清雄，裁判官　天野武一，髙辻正己，服部髙顯，環昌一）

⇨*38*

▶*Reference* 1) 本判決は行政上の不服申立適格に関して最高裁の判断を示したものである。最高裁は，不服申立適格を基礎づける「法律上の利益」と取消訴訟において原告適格を基礎づける「法律上の利益」を同様に解釈しているため，本判決は取消訴訟の原告適格に関する先例としても引用されている。

2) 公正競争規約に関して公正取引委員会への不服申立てを行う仕組みは，2009 年の景表法改正（平成 21 年法 49 号）により廃止された。

38 原告適格判断の考慮要素（小田急訴訟）

最大判平成 17（2005）・12・7［百選 II 165］
民集 59 巻 10 号 2645 頁；判時 1920 号 13 頁
（評釈）宇賀克也・判評 574（判時 1944）号 2 頁，森英明・曹時 60 巻 2
号 318 頁
（一審）東京地判平成 13（2001）・10・3 判時 1764 号 3 頁
（二審）東京高判平成 15（2003）・12・18 訟月 50 巻 8 号 2332 頁

■**事実**　建設大臣（当時）は，都計法 59 条 2 項（平成 11 年法 160 号による改正前のもの。以下同じ）に基づき，東京都に対し，都市計画事業（鉄道事業）の認可を 1994 年 5 月 19 日に行い，同年 6 月 3 日付で告示した。この事業（以下「本件鉄道事業」という）は，小田急小田原線の喜多見駅周辺から梅ヶ丘駅周辺までの区間を連続立体交差化する内容のものである。加えて，建設大臣は，連続立体交差化に伴い上記区間で付属街路（側道）を鉄道に設置する内容の都市計画事業を 59 条 2 項に基づき認可し，1994 年 6 月 3 日付けで告示した。この付属街路事業は，付属街路第 9 号線，付属街路第 10 号線などの設置を内容とする付属街路事業（以下「本件各付属街路事業」という）からなる。

　原告 X ら（X_1 ら〜X_4 ら）は，本件鉄道事業の事業地周辺地域に居住する住民である。いずれも，本件鉄道事業の事業地内の不動産につき権利を有していない。このうち X_1 ら〜X_3 らは東京都環境影響評価条例（昭和 55 年東京都条例 96 号。平成 10 年東京都条例 107 号による改正前のもの。以下「本件条例」という）2 条 5 号所定の関係地域内に居住しており，X_4 らは当該地域内に居住していない。また，本件各付属街路事業との関係では，X_1 らは付属街路第 9 号線にかかる事業地内の不動産につき権利を有し，X_2 らは付属街路第 10 号線にかかる事業地内の不動産につき権利を有するが，

$X_1 \sim X_4$ ───────→ Y（建設大臣→関東地方整備局長）
（周辺住民）②取消訴訟

①・鉄道事業認可
　・付属街路事業認可

東京都

	鉄道事業地内	街路事業地内	条例所定関係地域内
X_1, X_2	×	○	□
X_3	×	×	□
X_4	×	×	· ×

○：不動産に関する権利を有する者
□：条例所定関係地域内に居住する者

I-3　原 告 適 格

⇨*38*

X₃らおよび X₄らはいずれの付属街路事業地においても不動産につき権利を有していない。X₁ら〜X₄らは，建設大臣の事務を承継した関東地方整備局長 Y を被告として，本件鉄道事業認可および本件各付属街路事業認可に対し，取消訴訟を提起した。

一審は，最一小判平成 11（1999）・11・25 判時 1698 号 66 頁［百選 I 56］（I 巻 187〔*190*〕）を引用して，いずれの事業地内にも不動産について権利を有しない X₃らおよび X₄らについて，原告適格を否定し，訴えを却下した。他方，本件各付属街路事業地内の不動産について権利を有する X₁らおよび X₂らに関しては，鉄道事業と付属街路事業を事業の実態から一体のものと捉えたうえで，鉄道事業認可と付属街路事業認可の双方について取消訴訟の原告適格を肯定，各認可を違法と判断し，請求を認容した。

二審は，鉄道事業認可取消訴訟については，鉄道事業地内に不動産について権利を有しない X₁ら〜X₄らの原告適格を否定し，訴えを却下した。付属街路事業認可取消訴訟については，付属街路事業地内の不動産につき権利を有しない X₃らおよび X₄らについては，原告適格を否定し，訴えを却下した。付属街路事業地内の不動産について権利を有する X₁らおよび X₂らに関しては，付属街路事業認可に関してのみ取消訴訟の原告適格を認めたが，当該認可を適法と判断し，訴えを棄却した。

最高裁第一小法廷は，原告適格に関する部分の審理を大法廷に回付したため，この論点が先に審理されることとなった（最高裁判所裁判事務処理規則 9 条 3 項後段）。最高裁は，以下でみるように，鉄道事業認可取消訴訟については，本件条例所定の関係地域内に居住する X₁ら〜X₃らに原告適格を認めた。他方，付属街路事業認可の取消訴訟については，原告適格は個々の事業の認可ごとにその有無を判断すべきという前提に立ったうえで，付属街路事業と鉄道事業とは法的に別個であることから，付属街路事業地内の不動産について権利を有する X₁らおよび X₂らに限り原告適格を認めた。なお，各認可の取消訴訟の原告適格を一体的に解釈すべきであるという反対意見が，横尾裁判官，滝井裁判官，泉裁判官，島田裁判官によって付されている。

■**判旨** 一部認容，一部棄却。

(i) **本件鉄道事業認可の取消しを求める原告適格** 「ア 都市計画法は，同法の定めるところにより同法 59 条の規定による認可等を受けて行われる都市計画施設の整備に関する事業等を都市計画事業と規定し（4 条 15 項），その事業の内容が都市計画に適合することを認可の基準の 1 つとしている（61 条 1 号）。

都市計画に関する都市計画法の規定をみると，同法は，都市の健全な発展と秩序ある整備を図り，もって国土の均衡ある発展と公共の福祉の増進に寄与することを目的とし（1 条），都市計画の基本理念の 1 つとして，健康で文化的な都市生活を確保すべきことを定めており（2 条），都市計画の基準に関して，

I 行政訴訟

⇨*38*

当該都市について公害防止計画が定められているときは都市計画がこれに適合したものでなければならないとし（13条1項柱書き），都市施設は良好な都市環境を保持するように定めることとしている（同項5号）。また，同法は，都市計画の案を作成しようとする場合において必要があると認められるときは，公聴会の開催等，住民の意見を反映させるために必要な措置を講ずるものとし（16条1項），都市計画を決定しようとする旨の公告があったときは，関係市町村の住民及び利害関係人は，縦覧に供された都市計画の案について意見書を提出することができるものとしている（17条1項，2項）。」

「イ　（……）公害防止計画に関するこれらの規定［旧公害対策基本法の規定］は，相当範囲にわたる騒音，振動等により健康又は生活環境に係る著しい被害が発生するおそれのある地域について，その発生を防止するために総合的な施策を講ずることを趣旨及び目的とするものと解される。そして，都市計画法13条1項柱書きが，都市計画は公害防止計画に適合しなければならない旨を規定していることからすれば，都市計画の決定又は変更に当たっては，上記のような公害防止計画に関する公害対策基本法の規定の趣旨及び目的を踏まえて行われることが求められるものというべきである。」

　本件条例は対象事業の許認可権者が許認可にあたり環境影響評価書の内容に十分配慮するよう要請するほか，環境影響評価手続を都市計画決定手続に合わせて実施する努力義務などを定める。「これらの規定は，都市計画の決定又は変更に際し，環境影響評価等の手続を通じて公害の防止等に適正な配慮が図られるようにすることも，その趣旨及び目的とするものということができる。」

「ウ　そして，都市計画事業の認可は，都市計画に事業の内容が適合することを基準としてされるものであるところ，前記アのような都市計画に関する都市計画法の規定に加えて，前記イの公害対策基本法等の規定の趣旨及び目的をも参酌し，併せて，都市計画法66条が，認可の告示があったときは，施行者が，事業の概要について事業地及びその付近地の住民に説明し，意見を聴取する等の措置を講ずることにより，事業の施行についてこれらの者の協力が得られるように努めなければならないと規定していることも考慮すれば，都市計画事業の認可に関する同法の規定は，事業に伴う騒音，振動等によって，事業地の周辺地域に居住する住民に健康又は生活環境の被害が発生することを防止し，もって健康で文化的な都市生活を確保し，良好な生活環境を保全することも，その趣旨及び目的とするものと解される。

I-3 原告適格　113

⇨*38*

エ　都市計画法又はその関係法令に違反した違法な都市計画の決定又は変更を基礎として都市計画事業の認可がされた場合に，そのような事業に起因する騒音，振動等による被害を直接的に受けるのは，事業地の周辺の一定範囲の地域に居住する住民に限られ，その被害の程度は，居住地が事業地に接近するにつれて増大するものと考えられる。また，このような事業に係る事業地の周辺地域に居住する住民が，当該地域に居住し続けることにより上記の被害を反復，継続して受けた場合，その被害は，これらの住民の健康や生活環境に係る著しい被害にも至りかねないものである。そして，都市計画事業の認可に関する同法の規定は，その趣旨及び目的にかんがみれば，事業地の周辺地域に居住する住民に対し，違法な事業に起因する騒音，振動等によってこのような健康又は生活環境に係る著しい被害を受けないという具体的利益を保護しようとするものと解されるところ，前記のような被害の内容，性質，程度等に照らせば，この具体的利益は，一般的公益の中に吸収解消させることが困難なものといわざるを得ない。

オ　以上のような都市計画事業の認可に関する都市計画法の規定の趣旨及び目的，これらの規定が都市計画事業の認可の制度を通して保護しようとしている利益の内容及び性質等を考慮すれば，同法は，これらの規定を通じて，都市の健全な発展と秩序ある整備を図るなどの公益的見地から都市計画施設の整備に関する事業を規制するとともに，騒音，振動等によって健康又は生活環境に係る著しい被害を直接的に受けるおそれのある個々の住民に対して，そのような被害を受けないという利益を個々人の個別的利益としても保護すべきものとする趣旨を含むと解するのが相当である。したがって，都市計画事業の事業地の周辺に居住する住民のうち当該事業が実施されることにより騒音，振動等による健康又は生活環境に係る著しい被害を直接的に受けるおそれのある者は，当該事業の認可の取消しを求めるにつき法律上の利益を有する者として，その取消訴訟における原告適格を有するものといわなければならない。」

　X₁ら〜X₃らは，本件条例所定の関係地域内に居住している。「これらの住所地と本件鉄道事業の事業地との距離関係などに加えて，本件条例2条5号の規定する関係地域が，対象事業を実施しようとする地域及びその周辺地域で当該対象事業の実施が環境に著しい影響を及ぼすおそれがある地域として被上告参加人［東京都知事］が定めるものであることを考慮すれば，X₁ら〜X₃らについては，本件鉄道事業が実施されることにより騒音，振動等による健康又は

⇨*39*

生活環境に係る著しい被害を直接的に受けるおそれのある者に当たると認められるから，本件鉄道事業認可の取消しを求める原告適格を有するものと解するのが相当である。」

(ii) 本件各付属街路事業認可の取消しを求める原告適格 「本件各付属街路事業に係る付属街路は，本件鉄道事業による沿線の日照への影響を軽減することのほか，沿線地域内の交通の処理や災害時の緊急車両の通行に供すること，地域の街づくりのために役立てること等をも目的として設置されるものであるというのであり，本件各付属街路事業は，本件鉄道事業と密接な関連を有するものの，これとは別個のそれぞれ独立した都市計画事業であることは明らかであるから，Xらの本件各付属街路事業認可の取消しを求める上記の原告適格についても，個々の事業の認可ごとにその有無を検討すべきである。」

「本件各付属街路事業に係る付属街路が，小田急小田原線の連続立体交差化に当たり，環境に配慮して日照への影響を軽減することを主たる目的として設置されるものであることに加え，これらの付属街路の規模等に照らせば，本件各付属街路事業の事業地内の不動産につき権利を有しないX_3ら・X_4らについて，本件各付属街路事業が実施されることにより健康又は生活環境に係る著しい被害を直接的に受けるおそれがあると認めることはできない。」

（裁判長裁判官　町田顯，裁判官　濱田邦夫，横尾和子，上田豊三，滝井繁男，藤田宙靖，甲斐中辰夫，泉德治，島田仁郎，津野修，今井功，中川了滋，堀籠幸男，古田佑紀）

▶*Reference 1*）本判決により，最一小判平成 11（1999）・11・25 判時 1698 号 66 頁［百選 I 56］（I 巻 *187*〔*190*〕）は，判例変更された。

2）本件事件の本案について，最一小判平成 18（2006）11・2 民集 60 巻 9 号 3249 頁［百選 I 75］（I 巻 *185*〔*188*〕）が，都市計画事業の認可について裁量権の逸脱・濫用はなく，違法であるとはいえないと判示した。

I-3-2　解 釈 方 法

39　法律の合理的解釈による判断（伊達火力訴訟）

最三小判昭和 60（1985）・12・17［重判昭 60 行 1］
判時 1179 号 56 頁
（一審）札幌地判昭和 51（1976）・7・29 行裁例集 27 巻 7 号 1096 頁；判時 839 号 28 頁

⇨*39*

（二審）札幌高判昭和 57（1982）・6・22 行裁例集 33 巻 6 号 1320 頁；判
時 1071 号 48 頁

■**事実**　電力株式会社 A は，伊達火力
発電所建設工事の一環として，本件公有
水面を埋め立てて，施設用地の造成を計
画した。そこで，A は本件公有水面を
含む水面に漁業権を有する漁業協同組合

$X_1 \cdot X_2$（漁民）——③取消訴訟——→ Y（北海道知事）
①埋立免許↓　　↓②竣功認可
A（電力会社）

B に対し，本件公有水面を漁業権にかかる漁場区域から除外することを要請した。要
請を受けて，B は 1972 年 5 月 31 日の総会で上記除外をする旨の漁業権の変更を議決
し，1973 年 6 月 25 日に，漁業法 22 条 1 項に基づき，北海道知事 Y から漁業権の変
更につき免許を受けた。1972 年 8 月 14 日に A は Y に対し，本件公有水面の埋立免
許を出願し，1973 年 6 月 25 日に公有水面埋立法 2 条に基づき埋立免許（以下「本件
埋立免許」という）を受けた。さらに，1975 年 12 月 18 日には，同法 22 条に基づき，
Y は，本件公有水面の埋立工事の竣功認可（以下「本件竣功認可」という）を A に対
して行った。B の組合員である X_1 および B の漁業権の存する水面に連接し，本件公
有水面に近接する水面に漁業権を持つ漁業協同組合 C の組合員 X_2 は，本件埋立免許
と本件竣功認可に対し，取消訴訟を提起した。一審は，本件埋立免許取消訴訟につい
て $X_1 \cdot X_2$ の原告適格を肯定したが，当該処分には違法性は存在しないとして請求を
棄却した。他方，本件竣功認可取消訴訟については，本件埋立免許を取り消すことの
みにより，本訴提起の目的を十分に達することができ，本件竣功認可の取消しを求め
ることは不要であるとした（訴え却下）。二審は，X_1 や X_2 は，本件公有水面の周辺
海域において漁業を営む者にすぎないとして，本件埋立免許取消訴訟および本件竣功
認可取消訴訟について，その原告適格を否定した。これに対し，$X_1 \cdot X_2$ が上告を申
し立てた。

■**判旨**　上告棄却。

「二　X_1，X_2 は，本件埋立免許及び本件竣功認可の取消しを請求して本件訴
えを提起しているところ，行政処分の取消訴訟は，その取消判決の効力によっ
て処分の法的効果を遡及的に失わしめ，処分の法的効果として個人に生じてい
る権利利益の侵害状態を解消させ，右権利利益の回復を図ることをその目的と
するものであり，行政事件訴訟法 9 条が処分の取消しを求めるについての法律
上の利益といっているのも，このような権利利益の回復を指すものである。し
たがって，処分の法的効果として自己の権利利益を侵害され又は必然的に侵害
されるおそれのある者に限って，行政処分の取消訴訟の原告適格を有するもの
というべきであるが，処分の法律上の影響を受ける権利利益は，処分がその本
来的効果として制限を加える権利利益に限られるものではなく，行政法規が個

116　I　行 政 訴 訟

人の権利利益を保護することを目的として行政権の行使に制約を課していることにより保障されている権利利益もこれに当たり、右の制約に違反して処分が行われ行政法規による権利利益の保護を無視されたとする者も、当該処分の取消しを訴求することができると解すべきである。そして、右にいう行政法規による行政権の行使の制約とは、明文の規定による制約に限られるものではなく、直接明文の規定はなくとも、法律の合理的解釈により当然に導かれる制約を含むものである。

　三　これを本件についてみるに、旧埋立法に基づく公有水面の埋立免許は、一定の公有水面の埋立てを排他的に行って土地を造成すべき権利を付与する処分であり、埋立工事の竣功認可は、埋立免許を受けた者に認可の日をもって埋立地の所有権を取得させる処分であるから、当該公有水面に関し権利利益を有する者は、右の埋立免許及び竣功認可により当該権利利益を直接奪われる関係にあり、その取消しを訴求することができる。しかしながら、原審の認定した前記事実関係に照らせば、X₁、X₂は、本件公有水面に関し権利利益を有する者とはいえないのである。この点に関し、論旨は、漁業権変更の議決については、漁業法8条3項及び5項の規定により、特定区画漁業又は第一種共同漁業を営む者で地元地区又は関係地区の区域内に住所を有するものの3分の2以上の書面による事前の同意を必要とするところ、Bの前記漁業権変更の議決は右同意を欠き無効であるから、Bは本件公有水面において依然漁業権を有し、したがってX₁も本件公有水面において漁業を営む権利を有するというが、漁業権の変更につき漁業法8条3項及び5項の規定の適用はなく、また、これを類推適用すべきものともいうことができないから、Bの前記漁業権変更の議決を無効とすることはできない。さらに、論旨は、X₂の所属する漁協Cは、本件公有水面に近接する水面において漁業権を有しているから、本件公有水面から引水をなしこれに排水をなす者又はこれに準ずる者であるというが、近接する水面において漁業権を有しているからといって本件公有水面に関し引水又は排水の権利利益を有するとは到底いうことができない。

　そうすると、X₁、X₂は、本件公有水面の周辺の水面において漁業を営む権利を有するにすぎない者というべきであるが、本件埋立免許及び本件竣功認可が右の権利に対し直接の法律上の影響を与えるものでないことは明らかである。そして、旧埋立法には、当該公有水面の周辺の水面において漁業を営む者の権利を保護することを目的として埋立免許権又は竣功認可権の行使に制約を課し

⇨40

ている明文の規定はなく，また，同法の解釈からかかる制約を導くことも困難である。

　四　以上のとおりであるから，X_1，X_2は，本件埋立免許又は本件竣功認可の法的効果として自己の権利利益を侵害され又は必然的に侵害されるおそれのある者ということができず，その取消しを訴求する原告適格を有していないといわざるをえない。」

40　目的を共通にする関連法規への着目（新潟空港訴訟）

最二小判平成元（1989）・2・17［百選Ⅱ192］
民集43巻2号56頁；判時1306号5頁
（評釈）山本隆司・法協107巻6号1055頁，岩渕正紀・曹時42巻4号146頁
（一審）新潟地判昭和56（1981）・8・10行裁例集32巻8号1435頁
（二審）東京高判昭和56（1981）・12・21行裁例集32巻12号2229頁；判時1030号26頁

■**事実**　1979年12月に，運輸大臣（当時）Yは，A社に対して，新潟－小松－ソウル間を路線とする定期航空運送事業免許を与え，他方，B社に対して，新潟－仙台間を路線とする定期航空運

送事業免許を付与した。これに対し，新潟空港の周辺に居住するXは，各事業免許は航空法（当時。以下同じ）101条1項所定の免許基準に反するものであり，同空港における航空機発着に伴う騒音等により健康ないし生活上の利益を侵害されていると主張し，その取消訴訟を提起した。一審・二審は，免許基準を定めた航空法101条は飛行場周辺住民の個人的利益を具体的に保護した規定であるとは解されないとして，Xの原告適格を否定し，上記各取消訴訟を不適法として却下した。これに対し，Xが上告。最高裁は，以下のように，Xの原告適格を肯定した（判旨(i)参照）。そのうえで，Xの主張は自己の法律上の利益に関係のない違法をいうものであり，行訴法10条1項により請求自体失当であるとして，請求を棄却した（判旨(ii)参照）。

■**判旨**　上告棄却。

（i）Xの原告適格について　　「当該行政法規が，不特定多数者の具体的利益をそれが帰属する個々人の個別的利益としても保護すべきものとする趣旨を含むか否かは，当該行政法規及びそれと目的を共通する関連法規の関係規定によって形成される法体系の中において，当該処分の根拠規定が，当該処分を通して右のような個々人の個別的利益をも保護すべきものとして位置付けられて

⇨*40*

いるとみることができるかどうかによって決すべきである。

　右のような見地に立って，以下，航空法（以下「法」という。）100条，101条に基づく定期航空運送事業免許につき，飛行場周辺に居住する者が，当該免許に係る路線を航行する航空機の騒音により障害を受けることを理由として，その取消しを訴求する原告適格を有するか否かを検討する。

　法は，国際民間航空条約の規定並びに同条約の附属書として採択された標準，方式及び手続に準拠しているものであるが，航空機の航行に起因する障害の防止を図ることをその直接の目的の1つとしている（法1条）。この目的は，右条約の第16附属書として採択された航空機騒音に対する標準及び勧告方式に準拠して，法の一部改正（昭和50年法律第58号）により，航空機騒音の排出規制の観点から航空機の型式等に応じて定められた騒音の基準に適合した航空機につき運輸大臣がその証明を行う騒音基準適合証明制度に関する法20条以下の規定が新設された際に，新たに追加されたものであるから，右にいう航空機の航行に起因する障害に航空機の騒音による障害が含まれることは明らかである。

　ところで，定期航空運送事業を経営しようとする者が運輸大臣の免許を受けるときに，免許基準の1つである，事業計画が経営上及び航空保安上適切なものであることについて審査を受けなければならないのであるが（法100条1項，2項，101条1項3号），事業計画には，当該路線の起点，寄航地及び終点並びに当該路線の使用飛行場，使用航空機の型式，運航回数及び発着日時ほかの事項を定めるべきものとされている（法100条2項，航空法施行規則210条1項8号，2項6号）。そして，右免許を受けた定期航空運送事業者は，免許に係る事業計画に従って業務を行うべき義務を負い（法108条），また，事業計画を変更しようとするときは，運輸大臣の認可を要するのである（法109条）。このように，事業計画は，定期航空運送事業者が業務を行ううえで準拠すべき基本的規準であるから，申請に係る事業計画についての審査は，その内容が法1条に定める目的に沿うかどうかという観点から行われるべきことは当然である。

　更に，運輸大臣は，定期航空運送事業について公共の福祉を阻害している事実があると認めるときは，事業改善命令の1つとして，事業計画の変更を命ずることができるのであるが（法112条），右にいう公共の福祉を阻害している事実に，飛行場周辺に居住する者に与える航空機騒音障害が1つの要素として含まれることは，航空機の航行に起因する障害の防止を図るという，前述した

⇨*40*

法1条に定める目的に照らし明らかである。また，航空運送事業の免許権限を有する運輸大臣は，他方において，公共用飛行場の周辺における航空機の騒音による障害の防止等を目的とする公共用飛行場周辺における航空機騒音による障害の防止等に関する法律3条に基づき，公共用飛行場周辺における航空機の騒音による障害の防止・軽減のために必要があるときは，航空機の航行方法の指定をする権限を有しているのであるが，同一の行政機関である運輸大臣が行う定期航空運送事業免許の審査は，関連法規である同法の航空機の騒音による障害の防止の趣旨をも踏まえて行われることが求められるといわなければならない。

　以上のような航空機騒音障害の防止の観点からの定期航空運送事業に対する規制に関する法体系をみると，法は，前記の目的を達成する1つの方法として，あらかじめ定期航空運送事業免許の審査の段階において，当該路線の使用飛行場，使用航空機の型式，運航回数及び発着日時など申請に係る事業計画の内容が，航空機の騒音による障害の防止の観点からも適切なものであるか否かを審査すべきものとしているといわなければならない。換言すれば，申請に係る事業計画が法101条1項3号にいう「経営上及び航空保安上適切なもの」であるかどうかは，当該事業計画による使用飛行場周辺における当該事業計画に基づく航空機の航行による騒音障害の有無及び程度を考慮に入れたうえで判断されるべきものである。したがって，申請に係る事業計画に従って航空機が航行すれば，当該路線の航空機の航行自体により，あるいは従前から当該飛行場を使用している航空機の航行とあいまって，使用飛行場の周辺に居住する者に騒音障害をもたらすことになるにもかかわらず，当該事業計画が適切なものであるとして定期航空運送事業免許が付与されたときに，その騒音障害の程度及び障害を受ける住民の範囲など騒音障害の影響と，当該路線の社会的効用，飛行場使用の回数又は時間帯の変更の余地，騒音防止に関する技術水準，騒音障害に対する行政上の防止・軽減，補償等の措置等との比較衡量において妥当を欠き，そのため免許権者に委ねられた裁量の逸脱があると判断される場合がありうるのであって，そのような場合には，当該免許は，申請が法101条1項3号の免許基準に適合しないのに付与されたものとして，違法となるといわなければならない。

　そして，航空機の騒音による障害の被害者は，飛行場周辺の一定の地域的範囲の住民に限定され，その障害の程度は居住地域が離着陸経路に接近するにつ

⇒*40*

れて増大するものであり，他面，飛行場に航空機が発着する場合に常にある程度の騒音が伴うことはやむをえないところであり，また，航空交通による利便が政治，経済，文化等の面において今日の社会に多大の効用をもたらしていることにかんがみれば，飛行場周辺に居住する者は，ある程度の航空機騒音については，不可避のものとしてこれを甘受すべきであるといわざるをえず，その騒音による障害が著しい程度に至ったときに初めて，その防止・軽減を求めるための法的手段に訴えることを許容しうるような利益侵害が生じたものとせざるをえないのである。このような航空機の騒音による障害の性質等を踏まえて，前述した航空機騒音障害の防止の観点からの定期航空運送事業に対する規制に関する法体系をみると，法が，定期航空運送事業免許の審査において，航空機の騒音による障害の防止の観点から，申請に係る事業計画が法101条1項3号にいう「経営上及び航空保安上適切なもの」であるかどうかを，当該事業計画による使用飛行場周辺における当該事業計画に基づく航空機の航行による騒音障害の有無及び程度を考慮に入れたうえで判断すべきものとしているのは，単に飛行場周辺の環境上の利益を一般的公益として保護しようとするにとどまらず，飛行場周辺に居住する者が航空機の騒音によって著しい障害を受けないという利益をこれら個々人の個別的利益としても保護すべきとする趣旨を含むものと解することができるのである。したがって，新たに付与された定期航空運送事業免許に係る路線の使用飛行場の周辺に居住していて，当該免許に係る事業が行われる結果，当該飛行場を使用する各種航空機の騒音の程度，当該飛行場の1日の離着陸回数，離着陸の時間帯等からして，当該免許に係る路線を航行する航空機の騒音によって社会通念上著しい障害を受けることとなる者は，当該免許の取消しを求めるにつき法律上の利益を有する者として，その取消訴訟における原告適格を有すると解するのが相当である。」

(ii) 10条1項違反について　　「本件記録によれば，Xが本件各免許の違法事由として具体的に主張するところは，要するに，(1) Yが告示された供用開始期日の前から本件空港の変更後の着陸帯B及び滑走路Bを供用したのは違法であり，このような状態において付与された本件各免許は法101条1項3号の免許基準に適合しない，(2) 本件空港の着陸帯A及びBは非計器用であるのに，Yはこれを違法に計器用に供用しており，このような状態において付与された本件各免許は右免許基準に適合しない，(3) 日本航空株式会社に対する本件免許は，当該路線の利用客の大部分が遊興目的の韓国ツアーの団体客

⇨*41*

である点において，同条同項1号の免許基準に適合せず，また，当該路線については，日韓航空協定に基づく相互乗入れが原則であることにより輸送力が著しく供給過剰となるので，同項2号の免許基準に適合しない，というものであるから，Xの右違法事由の主張がいずれも自己の法律上の利益に関係のない違法をいうものであることは明らかである。」

（裁判長裁判官　藤島昭，裁判官　牧圭次，島谷六郎，香川保一，奥野久之）

▶*Reference*　本判決後，航空法は改正され（平成11年法72号），定期航空運送事業免許は，航空運送事業許可の仕組み（許可権者は国土交通大臣）へと改められている（100条1項）。航空運送事業には，海外都市と国内都市間（ないしは海外都市間）で事業を行う国際航空運送事業のほか，国内都市間で路線及び一定の運航日時を定めて航行する国内定期航空運送事業などが存在する（2条19項・20項参照）。

41 優良運転者制度の保障する法律上の地位

最二小判平成21（2009）・2・27［重判平21行8］
民集63巻2号299頁
（評釈）室井敬司・自治研究87巻1号135頁，長屋文裕・曹時64巻10号69頁
（一審）横浜地判平成17（2005）・12・21民集63巻2号326頁〔参〕
（二審）東京高判平成18（2006）・6・28民集63巻2号351頁〔参〕

■**事実**　Xは，2004年10月5日，神奈川県公安委員会に対し，道路交通法101条1項に基づき運転免許証の有効期間の更新を申請した。申請処理手続において，Xには道路交通法所定の違反行為があったとして，Xは一般運転者として扱われ，優良運転者の記載がない（同年10月5日付けの）運転免許証を交付された（以下「本件更新処分」という）。Xは，本件更新処分を不服として，2004年11月24日付けで神奈川県公安委員会に対し，異議申立てをした。同委員会は，2005年3月2日付けで，上記異議申立てを棄却する旨の決定（以下「本件決定」という）をした。Xは違反行為を否認し，優良運転者に該当することを主張し，神奈川県Yを被告として，本件更新処分中のXを一般運転者とする部分の取消しを求め（以下，この訴えを「本件更新処分取消訴訟」という），併せて，本件決定の取消しと優良運転者の記載のある運転免許証を交付して行う更新処分の義務付けを請求した。

　一審は，免許証更新処分における運転者区分の認定ないし確認行為は取消訴訟の対象とならず，Xを一般運転者とする部分はXの申請を一部拒絶した処分ということもできないとして，本件更新処分取消訴訟および更新処分義務付け訴訟を却下した。二審は，Xの各訴えを適法であるとした（一審判決を取り消し，差し戻した）。二審判決によれば，「優良運転者と一般運転者とでは，更新される免許証の有効期間の点で

122　I　行　政　訴　訟

⇨*41*

はいずれも 5 年であることに変わりがないが，優良運転者については，交付される免許証にその旨が記載されること，更新申請書の提出先について住所地以外の公安委員会を経由して行うことができること，講習手数料が一般運転者よりも低くなること，講習時間も短縮されることが法令で定められていることにかんがみれば，優良運転者には一般運転者に比べて優遇的措置が存在しその法的地位を異にしているということができ，直接国民の権利義務を形成し又はその範囲を確定することが法律上認められているものというべきである」。Y が上告。

■**判旨**　上告棄却。

「道路交通法は，優良運転者の実績を賞揚し，優良な運転へと免許証保有者を誘導して交通事故の防止を図る目的で，優良運転者であることを免許証に記載して公に明らかにすることとするとともに，優良運転者に対し更新手続上の優遇措置を講じているのである。このことに，優良運転者の制度の上記沿革等を併せて考慮すれば，同法は，客観的に優良運転者の要件を満たす者に対しては優良運転者である旨の記載のある免許証を交付して更新処分を行うということを，単なる事実上の措置にとどめず，その者の法律上の地位として保障するとの立法政策を，交通事故の防止を図るという制度の目的を全うするため，特に採用したものと解するのが相当である。

　確かに，免許証の更新処分において交付される免許証が優良運転者である旨の記載のある免許証であるかそれのないものであるかによって，当該免許証の有効期間等が左右されるものではない。また，上記記載のある免許証を交付して更新処分を行うことは，免許証の更新の申請の内容を成す事項ではない。しかしながら，上記のとおり，客観的に優良運転者の要件を満たす者であれば優良運転者である旨の記載のある免許証を交付して行う更新処分を受ける法律上の地位を有することが肯定される以上，一般運転者として扱われ上記記載のない免許証を交付されて免許証の更新処分を受けた者は，上記の法律上の地位を否定されたことを理由として，これを回復するため，同更新処分の取消しを求める訴えの利益を有するというべきものである。」

（裁判長裁判官　中川了滋，裁判官　今井功，古田佑紀，竹内行夫）

I-*3*-*3*　法益としての生命・身体・財産

もんじゅ訴訟に関しては *13* を参照。

42 林地開発がもたらす災害からの保護

最三小判平成 13 (2001)・3・13 [百選Ⅱ 163]
民集 55 巻 2 号 283 頁；判時 1747 号 81 頁
（評釈）福井章代・曹時 55 巻 10 号 201 頁
（一審）岐阜地判平成 7 (1995)・3・22 民集 55 巻 2 号 304 頁〔参〕
（二審）名古屋高判平成 8 (1996)・5・15 判タ 916 号 97 頁

■事実　岐阜県知事 Y は，1993 年 4 月 20 日に，森林法（平成 11 年法 87 号による改正前のもの）10 条の 2 に基づき，A 開発株式会社に対して開発許可を与えた。これに対して，開発区

域の周辺に居住し，または立木等を所有する X らが，Y を被告として，当該許可の取消訴訟を提起した。本件開発行為は，117.1044 ヘクタールの面積を持つゴルフ場造成を目的としており，開発区域は B 川の上流地域に位置し，B 川の水源となっている。B 川流域では 1988 年および 89 年に水害が発生しており，B 川流域約 30 キロメートルの間には，A が開発を意図しているゴルフ場を含め，6 つのゴルフ場建設が予定されている。X_1・X_2 は，本件開発区域の下方約 100 メートルないし数百メートルに居住している。X_3〜X_6 は，本件開発区域内またはその周辺に立木を所有している。X_7 は B 川から取水し，農業を営む者である。一審は，X ら全員の原告適格を否定し，訴えを却下した。二審は，X ら全員の原告適格を肯定し，一審判決を取り消し，本件を一審に差し戻した。Y が上告。最高裁は，X_1・X_2 については原告適格を肯定し，この部分の上告を棄却した（判旨(i)）。他方，X_3〜X_7 の原告適格は否定し，原判決中，これら 5 名に関する部分を破棄し，控訴を棄却した（判旨(ii)）。

■判旨　一部破棄自判，一部上告棄却。
(i)「森林法 10 条の 2 第 2 項 1 号は，当該開発行為をする森林の現に有する土地に関する災害の防止の機能からみて，当該開発行為により当該森林の周辺の地域において土砂の流出又は崩壊その他の災害を発生させるおそれがないことを，また，同項 1 号の 2 は，当該開発行為をする森林の現に有する水害の防止の機能からみて，当該開発行為により当該機能に依存する地域における水害を発生させるおそれがないことを開発許可の要件としている。これらの規定は，森林において必要な防災措置を講じないままに開発行為を行うときは，その結果，土砂の流出又は崩壊，水害等の災害が発生して，人の生命，身体の安全等が脅かされるおそれがあることにかんがみ，開発許可の段階で，開発行為の設

⇨*42*

計内容を十分審査し，当該開発行為により土砂の流出又は崩壊，水害等の災害を発生させるおそれがない場合にのみ許可をすることとしているものである。そして，この土砂の流出又は崩壊，水害等の災害が発生した場合における被害は，当該開発区域に近接する一定範囲の地域に居住する住民に直接的に及ぶことが予想される。以上のような上記各号の趣旨・目的，これらが開発許可を通して保護しようとしている利益の内容・性質等にかんがみれば，これらの規定は，土砂の流出又は崩壊，水害等の災害防止機能という森林の有する公益的機能の確保を図るとともに，土砂の流出又は崩壊，水害等の災害による被害が直接的に及ぶことが想定される開発区域に近接する一定範囲の地域に居住する住民の生命，身体の安全等を個々人の個別的利益としても保護すべきものとする趣旨を含むものと解すべきである。そうすると，土砂の流出又は崩壊，水害等の災害による直接的な被害を受けることが予想される範囲の地域に居住する者は，開発許可の取消しを求めるにつき法律上の利益を有する者として，その取消訴訟における原告適格を有すると解するのが相当である。」

「本件開発区域は，過去に2度水害が発生しているB川の上流に位置し，その水源となっており，本件開発行為は，開発区域の面積が117.1044 haに及ぶゴルフ場の造成を目的とするものであって，同川の流域では上記ゴルフ場を含め合計6箇所のゴルフ場建設が予定されているところ，X_1及びX_2は，B川に臨む山の斜面上に位置している本件開発区域の下方で，同川に近接した高低差の小さい地点に所在する住居に居住していることが記録上明らかであるから，X_1・X_2は，土砂の流出又は崩壊，水害等の災害による直接的な被害を受けることが予想される範囲の地域に居住する者と認めるのが相当である。原判決中，X_1・X_2の原告適格を肯定した部分は，これと同旨をいうものとして，是認することができる。」

(ii)「しかし，森林法10条の2第2項1号及び同項1号の2の規定から，周辺住民の生命，身体の安全等の保護に加えて周辺土地の所有権等の財産権までを個々人の個別的利益として保護すべきものとする趣旨を含むことを読み取ることは困難である。また，同項2号は，当該開発行為をする森林の現に有する水源のかん養の機能からみて，当該開発行為により当該機能に依存する地域における水の確保に著しい支障を及ぼすおそれがないことを，同項3号は，当該開発行為をする森林の現に有する環境の保全の機能からみて，当該開発行為により当該森林の周辺の地域における環境を著しく悪化させるおそれがないこと

I-3 原告適格　125

⇨43

を開発許可の要件としているけれども，これらの規定は，水の確保や良好な環境の保全という公益的な見地から開発許可の審査を行うことを予定しているものと解されるのであって，周辺住民等の個々人の個別的利益を保護する趣旨を含むものと解することはできない。」

（裁判長裁判官　千種秀夫，裁判官　元原利文，金谷利廣，奥田昌道）

43　大規模建築物倒壊からの保護（総合設計許可事件）

最三小判平成14（2002）・1・22［百選Ⅱ 164］
民集56巻1号46頁；判時1781号82頁
（評釈）見上崇洋・判評526（判時1797）号7頁①，髙世三郎・曹時56巻8号103頁
（一審）東京地判平成7（1995）・12・20判自150号71頁
（二審）東京高判平成8（1996）・9・25民集56巻1号118頁〔参〕

■事実　A保険相互会社は東京都渋谷区広尾1丁目に所在する所有地（1万3057.83平方メートル）に，地上22階建ての総合建築物（以下「本件建築物」という）を建築する計画を立て，建基法（平成

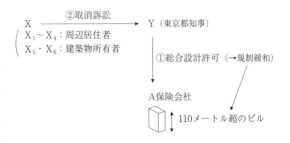

4年法82号による改正前のもの）59条の2第1項に基づくいわゆる総合設計許可を1992年7月7日付で東京都知事Yから受けた。総合設計許可は，一定規模以上の敷地に一定の敷地内空地を確保したうえで総合的設計に基づき建築される建築物を対象として，市街地環境の整備に資するものについて，容積率制限（同法52条1項）や高さ制限（同法55条・56条）等の緩和を可能にする。例えば，本件土地にかかる容積率は323.95パーセントであるが，総合設計許可を受けることにより，容積率437.55パーセントの本件建築物の建築が可能にされた（その結果，本件建築物の高さは，110.25メートルに及ぶ）。Xら（6名）は，本件建築物から直線距離で13.5メートルないし127.5メートルの範囲に建築物を有している（X_1〜X_4の4名は居住しているが，X_5・X_6の2名は居住していない）。Xらは当該総合設計許可に対し，取消訴訟を提起した（このほかにも，本件では，建築確認取消訴訟や高度地区に基づく許可の取消訴訟が提起されているが，この部分の説明は省略する）。一審は，Xら全員の原告適格を否定し，訴えを却下した。二審も同様の判断で，控訴を棄却。Xらが上告。最高裁は，Xら全員の原告適格は肯定したが，総合設計許可に違法はないと判示した。

⇨*43*

■判旨 上告棄却。

「建築基準法は，52条において建築物の容積率制限，55条及び56条において高さ制限を定めているところ，これらの規定は，本来，建築密度，建築物の規模等を規制することにより，建築物の敷地上に適度な空間を確保し，もって，当該建築物及びこれに隣接する建築物等における日照，通風，採光等を良好に保つことを目的とするものであるが，そのほか，当該建築物に火災その他の災害が発生した場合に，隣接する建築物等に延焼するなどの危険を抑制することをもその目的に含むものと解するのが相当である。そして，同法59条の2第1項は，上記の制限を超える建築物の建築につき，一定規模以上の広さの敷地を有し，かつ，敷地内に一定規模以上の空地を有する場合においては，安全，防火等の観点から支障がないと認められることなどの要件を満たすときに限り，これらの制限を緩和することを認めている。このように，同項は，必要な空間を確保することなどを要件として，これらの制限を緩和して大規模な建築物を建築することを可能にするものである。容積率制限や高さ制限の規定の上記の趣旨・目的等をも考慮すれば，同項が必要な空間を確保することとしているのは，当該建築物及びその周辺の建築物における日照，通風，採光等を良好に保つなど快適な居住環境を確保することができるようにするとともに，地震，火災等により当該建築物が倒壊，炎上するなど万一の事態が生じた場合に，その周辺の建築物やその居住者に重大な被害が及ぶことがないようにするためであると解される。そして，同項は，特定行政庁が，以上の各点について適切な設計がされているかどうかなどを審査し，安全，防火等の観点から支障がないと認めた場合にのみ許可をすることとしているのである。以上のような同項の趣旨・目的，同項が総合設計許可を通して保護しようとしている利益の内容・性質等に加え，同法が建築物の敷地，構造等に関する最低の基準を定めて国民の生命，健康及び財産の保護を図ることなどを目的とするものである（1条）ことにかんがみれば，同法59条の2第1項は，上記許可に係る建築物の建築が市街地の環境の整備改善に資するようにするとともに，当該建築物の倒壊，炎上等による被害が直接的に及ぶことが想定される周辺の一定範囲の地域に存する他の建築物についてその居住者の生命，身体の安全等及び財産としてのその建築物を，個々人の個別的利益としても保護すべきものとする趣旨を含むものと解すべきである。そうすると，総合設計許可に係る建築物の倒壊，炎上等により直接的な被害を受けることが予想される範囲の地域に存する建築物に居住

I-3 原告適格　127

⇨44

し又はこれを所有する者は，総合設計許可の取消しを求めるにつき法律上の利益を有する者として，その取消訴訟における原告適格を有すると解するのが相当である。

前記事実関係によれば，X_1 から X_4 が居住し，かつ，所有する建築物並びに X_5 及び X_6 の所有する建築物は，いずれも本件建築物が倒壊すれば直接損傷を受ける蓋然性がある範囲内にあるものということができる。したがって，X らは，本件総合設計許可の取消しを求める原告適格を有するものというべきである。」

（裁判長裁判官　濱田邦夫，裁判官　千種秀夫，金谷利廣，奥田昌道）

▶*Reference*　最一小判平成14（2002）・3・28民集56巻3号613頁［重判平14行2］は，建築物により日照を阻害される周辺の他の建築物に居住する者についても，総合設計許可取消訴訟の原告適格を肯定した。

I-3-4　法益としての生活環境

44　風俗営業許可と近隣住民の利益

最一小判平成10（1998）・12・17［百選II 166］
　民集52巻9号1821頁；判時1663号82頁
　（評釈）保木本一郎・判評489（判時1685）号11頁，大橋寛明・曹時51巻12号207頁
　（一審）東京地判平成7（1995）・11・29行裁例集46巻10＝11号1089頁；判時1558号22頁
　（二審）東京高判平成8（1996）・9・25行裁例集47巻9号816頁；判時1601号102頁

■事実　東京都公安委員会Yは，1993年12月27日に，風俗営業等の規制及び業務の適正化等に関する法律（以下「法」という）3条1項に基づき，ぱちんこ屋の営業許可（以下「本件許可」という）をAに与えた。

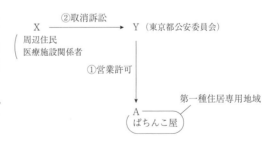

これに対し，当該ぱちんこ屋の建物から100メートル以内に居住するXらが，本件許可に対して取消訴訟を提起した。Xらは，本件ぱちんこ屋が第一種住居専用地域内にあり，本件許可は風俗営業制限地域内で下され違法であると主張した。法4条2項2号は，風俗営業の不許可の基準として「営業所が，良好な風

⇨*44*

俗環境を保全するため特にその設置を制限する必要があるものとして政令で定める基準に従い都道府県の条例で定める地域内にあるとき」と規定し，この規定でいう政令に当たる法施行令6条1号イは，「住居が多数集合しており，住居以外の用途に供される土地が少ない地域」と制限地域を定めている。これら条文を受けて，東京都では，法施行条例（昭和59年東京都条例128号）3条1項1号は，第一種低層住居専用地域等の住宅集合地域を原則として風俗営業制限地域と定めていた。Xらの主張は，本件許可が同号に違反するというものである。

　一審は，Xらの原告適格を否定し，訴え却下。二審も控訴を棄却したため，Xらが上告。

■**判旨**　上告棄却。

「法は，善良の風俗と清浄な風俗環境を保持し，及び少年の健全な育成に障害を及ぼす行為を防止するため，風俗営業及び風俗関連営業等について，営業時間，営業区域等を制限し，及び年少者をこれらの営業所に立ち入らせること等を規制するとともに，風俗営業の健全化に資するため，その業務の適正化を促進する等の措置を講ずることを目的とする（法1条）。右の目的規定から，法の風俗営業の許可に関する規定が一般的公益の保護に加えて個々人の個別的利益をも保護すべきものとする趣旨を含むことを読み取ることは，困難である。

　また，風俗営業の許可の基準を定める法4条2項2号は，良好な風俗環境を保全するため特にその設置を制限する必要があるものとして政令で定める基準に従い都道府県の条例で定める地域内に営業所があるときは，風俗営業の許可をしてはならないと規定している。右の規定は，具体的地域指定を条例に，その基準の決定を政令にゆだねており，それらが公益に加えて個々人の個別的利益をも保護するものとすることを禁じているとまでは解されないものの，良好な風俗環境の保全という公益的な見地から風俗営業の制限地域の指定を行うことを予定しているものと解されるのであって，同号自体が当該営業制限地域の居住者個々人の個別的利益をも保護することを目的としているものとは解し難い。

　ところで，右の法の委任を受けて規定された風俗営業等の規制及び業務の適正化等に関する法律施行令（以下「施行令」という。）6条1号ロ及び2号は，特にその周辺における良好な風俗環境を保全する必要がある特定の施設に着目して，当該施設の周囲おおむね100メートルの区域内の地域を風俗営業の制限地域とすべきことを基準として定めている。この規定は，当該特定の施設の設置者の有する個別的利益を特に保護しようとするものと解されるから，法4条

I-3　原告適格　129

⇨*44*

2項2号を受けて右基準に従って定められた風俗営業等の規制及び業務の適正化等に関する法律施行条例（昭和59年東京都条例第128号）（以下「施行条例」という。）3条1項2号は，同号所定の施設につき善良で静穏な環境の下で円滑に業務をするという利益をも保護していると解すべきである（最高裁平成……6［1994］年9月27日第三小法廷判決・裁判集民事173号111頁参照）。これに対し，施行令6条1号イの規定は，「住居が多数集合しており，住居以外の用途に供される土地が少ない地域」を風俗営業の制限地域とすべきことを基準として定めており，一定の広がりのある地域の良好な風俗環境を一般的に保護しようとしていることが明らかであって，同号ロのように特定の個別的利益の保護を図ることをうかがわせる文言は見当たらない。このことに，前記のとおり法1条にも法4条2項2号自体にも個々人の個別的利益の保護をうかがわせる文言がないこと，同号にいう「良好な風俗環境」の中で生活する利益は専ら公益の面から保護することとしてもその性質にそぐわないとはいえないことを併せ考えれば，施行令6条1号イの規定は，専ら公益保護の観点から基準を定めていると解するのが相当である。そうすると，右基準に従って規定された施行条例3条1項1号は，同号所定の地域に居住する住民の個別的利益を保護する趣旨を含まないものと解される。したがって，右地域に居住する者は，風俗営業の許可の取消しを求める原告適格を有するとはいえない。」

（裁判長裁判官　大出峻郎，裁判官　小野幹雄，遠藤光男，井嶋一友，藤井正雄）

▶*Reference* *1*）　最三小判平成6（1994）・9・27判時1518号10頁は，風俗営業の不許可事由を定める法施行令6条1号ロ「その他の地域のうち，学校その他の施設で学生等のその利用者の構成その他のその特性にかんがみ特にその周辺における良好な風俗環境を保全する必要がある施設として都道府県の条例で定めるものの周辺の地域」（この地域内での制限地域の指定については，同条2号は「前号ロに掲げる地域内の地域につき制限地域の指定を行う場合には，当該施設の敷地……の周囲おおむね100メートルの区域を限度とし，その区域内の地域につき指定を行うこと」と規定していた）という定めを受けて制定された法施行条例に所定の診療所を設置する者について，風俗営業許可取消訴訟の原告適格を肯定した。

　2）　墓地経営許可取消訴訟について，最二小判平成12（2000）・3・17判時1708号62頁［重判平12行2］は，墓地から300メートル以内に居住する者に原告適格を否定した。墓埋法は当該許可の要件をとくに定めておらず，条例に要件を委任した規定も存在せず，大阪府墓地等の経営の許可に関する条例7条1号は，墓地の設置場所基準として住宅等から300メートル以上離れていることを規定していた。最高裁は，この条例規定に関し，「設置者の個別的利益を特に保護しようとする趣旨を含むものとは解し難い」と解釈した。

130　　I　行政訴訟

その後，2004年行訴法改正の趣旨を踏まえて，東京地裁は，墓埋法10条1項の許可制度について，墓地周辺の居住者の健康または生活環境に著しい被害を受けない利益を保護する趣旨であると解釈して，墓地から100メートル以内に住む者の原告適格を肯定した（参照，東京地判平成22（2010）・4・16判時2079号25頁（確定））。

45　場外車券発売施設設置許可と周辺住民等の利益

最一小判平成21（2009）・10・15［百選II 167］
　民集63巻8号1711頁；判時2065号24頁
　（評釈）板垣勝彦・法協129巻5号1188頁，阿部泰隆・判評621（判時2087）号2頁，清野正彦・曹時62巻11号196頁
　（一審）大阪地判平成19（2007）・3・14判タ1257号79頁
　（二審）大阪高判平成20（2008）・3・6判時2019号17頁

■事実　経済産業大臣は，2005年9月26日に，A株式会社に対し，大阪市中央区日本橋に設置を計画している場外車券発売施設「サテライト大阪」について，自転車競技法（平成19年法82号による改正前のもの。以下「法」という）4条2項（現在の5条2項）に基づき設置許可（以下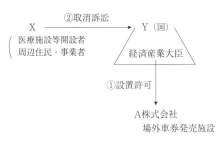「本件許可」という）を与えた。同施設の周辺において病院等を開設する医師，居住または事業を営む者であるXらは，国Yを被告として，本件許可が法定の設置許可要件を満たしていないと主張して，その取消訴訟を提起した。

　法4条2項を受けて制定された，自転車競技法施行規則（平成14年経済産業省令97号。平成18年経済産業省令126号による改正前のもの。以下「規則」という）15条1項は許可基準として，位置基準および周辺環境調和基準を定めている。同項1号は，学校その他の文教施設および病院その他の医療施設（以下，併せて「医療施設等」という）から相当の距離を有し，文教上または保健衛生上著しい支障を来すおそれがないことを規定する（位置基準）。4号は，施設の規模，構造および設備並びにこれらの配置は周辺環境と調和したものであり，経済産業大臣が告示で定める基準に適合するものであることを定める（周辺環境調和基準）。加えて，規則14条2項1号は，「場外車券発売施設付近の見取図」（敷地の周辺から1000メートル以内の地域にある医療施設等の位置並びに名称を記載した10000分の1以上の縮尺による図面）を，許可申請書に添付するよう要求している。

　一審は，法や規則等は，「善良な風俗環境ないし生活環境に係る利益を個々人の個別具体的利益としても保護する趣旨を含むものと解することはできない」と判示して，

⇨*45*

Xら全員の原告適格を否定した。二審は，規則14条2項，15条1項所定の位置基準および周辺環境調和基準について，施設敷地の周辺から1000メートル以内に居住しまたは事業を営む住民に対し，違法な設置許可に起因する善良な風俗および生活環境に対する著しい被害から保護する趣旨であると解釈し，Xらはいずれも原告適格を有すると判示した。Yが上告。最高裁は，Xらのうち，原判決言渡し前に死亡していたX₁に関する原判決部分を破棄し，死亡により訴訟の終了を宣言した。また，Xらのうち，本件敷地周辺から約120メートルから約200メートルほど離れた場所に病院または医療施設を開設する医師であるX₂～X₄に関する原判決部分を取り消し，原告適格の有無についてさらに審理を尽くさせるため大阪地裁に差し戻した。他方，本件敷地周辺から約800メートル離れた場所に医療施設を開設するX₅の原告適格は否定し，Xらのうち他の者（医療施設等以外の周辺事業者または周辺居住者）について原告適格を否定し，控訴を棄却。

■**判旨** 一部破棄自判，一部上告棄却，一部破棄終了。

「ア 一般的に，場外施設が設置，運営された場合に周辺住民等が被る可能性のある被害は，交通，風紀，教育など広い意味での生活環境の悪化であって，その設置，運営により，直ちに周辺住民等の生命，身体の安全や健康が脅かされたり，その財産に著しい被害が生じたりすることまでは想定し難いところである。そして，このような生活環境に関する利益は，基本的には公益に属する利益というべきであって，法令に手掛りとなることが明らかな規定がないにもかかわらず，当然に，法が周辺住民等において上記のような被害を受けないという利益を個々人の個別的利益としても保護する趣旨を含むと解するのは困難といわざるを得ない。

イ 位置基準は，場外施設が医療施設等から相当の距離を有し，当該場外施設において車券の発売等の営業が行われた場合に文教上又は保健衛生上著しい支障を来すおそれがないことを，その設置許可要件の1つとして定めるものである。場外施設が設置，運営されることに伴う上記の支障は，基本的には，その周辺に所在する医療施設等を利用する児童，生徒，患者等の不特定多数者に生じ得るものであって，かつ，それらの支障を除去することは，心身共に健康な青少年の育成や公衆衛生の向上及び増進といった公益的な理念ないし要請と強くかかわるものである。そして，当該場外施設の設置，運営に伴う上記の支障が著しいものといえるか否かは，単に個々の医療施設等に着目して判断されるべきものではなく，当該場外施設の設置予定地及びその周辺の地域的特性，文教施設の種類・学区やその分布状況，医療施設の規模・診療科目やその分布

⇨*45*

状況，当該場外施設が設置，運営された場合に予想される周辺環境への影響等の事情をも考慮し，長期的観点に立って総合的に判断されるべき事柄である。規則が，場外施設の設置許可申請書に，敷地の周辺から1000 m以内の地域にある医療施設等の位置及び名称を記載した見取図のほか，場外施設を中心とする交通の状況図及び場外施設の配置図を添付することを義務付けたのも，このような公益的見地からする総合的判断を行う上での基礎資料を提出させることにより，上記の判断をより的確に行うことができるようにするところに重要な意義があるものと解される。

　このように，法及び規則が位置基準によって保護しようとしているのは，第一次的には，上記のような不特定多数者の利益であるところ，それは，性質上，一般的公益に属する利益であって，原告適格を基礎付けるには足りないものであるといわざるを得ない。したがって，場外施設の周辺において居住し又は事業（医療施設等に係る事業を除く。）を営むにすぎない者や，医療施設等の利用者は，位置基準を根拠として場外施設の設置許可の取消しを求める原告適格を有しないものと解される。

　ウ　もっとも，場外施設は，多数の来場者が参集することによってその周辺に享楽的な雰囲気や喧噪といった環境をもたらすものであるから，位置基準は，そのような環境の変化によって周辺の医療施設等の開設者が被る文教又は保健衛生にかかわる業務上の支障について，特に国民の生活に及ぼす影響が大きいものとして，その支障が著しいものである場合に当該場外施設の設置を禁止し当該医療施設等の開設者の行う業務を保護する趣旨をも含む規定であると解することができる。したがって，仮に当該場外施設が設置，運営されることに伴い，その周辺に所在する特定の医療施設等に上記のような著しい支障が生ずるおそれが具体的に認められる場合には，当該場外施設の設置許可が違法とされることもあることとなる。

　このように，位置基準は，一般的公益を保護する趣旨に加えて，上記のような業務上の支障が具体的に生ずるおそれのある医療施設等の開設者において，健全で静穏な環境の下で円滑に業務を行うことのできる利益を，個々の開設者の個別的利益として保護する趣旨をも含む規定であるというべきであるから，当該場外施設の設置，運営に伴い著しい業務上の支障が生ずるおそれがあると位置的に認められる区域に医療施設等を開設する者は，位置基準を根拠として当該場外施設の設置許可の取消しを求める原告適格を有するものと解される。

I-3 原告適格　133

⇨*45*

そして，このような見地から，当該医療施設等の開設者が上記の原告適格を有するか否かを判断するに当たっては，当該場外施設が設置，運営された場合にその規模，周辺の交通等の地理的状況等から合理的に予測される来場者の流れや滞留の状況等を考慮して，当該医療施設等が上記のような区域に所在しているか否かを，当該場外施設と当該医療施設等との距離や位置関係を中心として社会通念に照らし合理的に判断すべきものと解するのが相当である。

　なお，原審は，場外施設の設置許可申請書に，敷地の周辺から1000 m 以内の地域にある医療施設等の位置及び名称を記載した見取図等を添付すべきことを義務付ける定めがあることを1つの根拠として，上記地域において医療等の事業を営む者一般に上記の原告適格を肯定している。確かに，上記見取図は，これに記載された個々の医療施設等に前記のような業務上の支障が生ずるか否かを審査する際の資料の1つとなり得るものではあるが，場外施設の設置，運営が周辺の医療施設等に対して及ぼす影響はその周辺の地理的状況等に応じて一様ではなく，上記の定めが上記地域において医療等の事業を営むすべての者の利益を個別的利益としても保護する趣旨を含むとまでは解し難いのであるから，このような地理的状況等を一切問題とすることなく，これらの者すべてに一律に上記の原告適格が認められるとすることはできないものというべきである。

　エ　これを本件について見ると，前記事実関係等によれば，本件敷地の周辺において医療施設を開設するＸらのうち，Ｘ5 は，本件敷地の周辺から約800 m 離れた場所に医療施設を開設する者であり，本件敷地周辺の地理的状況等にかんがみると，当該医療施設が本件施設の設置，運営により保健衛生上著しい支障を来すおそれがあると位置的に認められる区域内に所在しているとは認められないから，Ｘ5 は，位置基準を根拠として本件許可の取消しを求める原告適格を有しないと解される。これに対し，その余のＸ2，Ｘ3 及びＸ4……は，いずれも本件敷地の周辺から約120 m ないし200 m 離れた場所に医療施設を開設する者であり，前記の考慮要素を勘案することなく上記の原告適格を有するか否かを的確に判断することは困難というべきである。

　オ　次に，周辺環境調和基準は，場外施設の規模，構造及び設備並びにこれらの配置が周辺環境と調和したものであることをその設置許可要件の1つとして定めるものである。同基準は，場外施設の規模が周辺に所在する建物とそぐわないほど大規模なものであったり，いたずらに射幸心をあおる外観を呈して

いるなどの場合に，当該場外施設の設置を不許可とする旨を定めたものであって，良好な風俗環境を一般的に保護し，都市環境の悪化を防止するという公益的見地に立脚した規定と解される。同基準が，場外施設周辺の居住環境との調和を求める趣旨を含む規定であると解したとしても，そのような観点からする規制は，基本的に，用途の異なる建物の混在を防ぎ都市環境の秩序ある整備を図るという一般的公益を保護する見地からする規制というべきである。また，「周辺環境と調和したもの」という文言自体，甚だ漠然とした定めであって，位置基準が上記のように限定的要件を明確に定めているのと比較して，そこから，場外施設の周辺に居住する者等の具体的利益を個々人の個別的利益として保護する趣旨を読み取ることは困難といわざるを得ない。」

（裁判長裁判官　甲斐中辰夫，裁判官　涌井紀夫，宮川光治，櫻井龍子，金築誠志）

▶︎*Reference*　病院開設許可を受けた病院付近で医療施設を開設している者に当該許可の取消しを求める原告適格を否定した裁判例として，最二小判平成19（2007）・10・19判時1993号3頁［重判平19行7］がある。

Ⅰ-3-5　法益としての消費者利益・文化的利益

46　鉄道利用者の利益（近鉄特急訴訟）

最一小判平成元（1989）・4・13［百選Ⅱ 168］
　判時1313号121頁
　（評釈）古城誠・判評372（判時1330）号18頁
　（一審）大阪地判昭和57（1982）・2・19行裁例集33巻1＝2号118頁；
　　　　　判時1035号29頁（**95**）
　（二審）大阪高判昭和59（1984）・10・30行裁例集35巻10号1772頁；
　　　　　判時1145号33頁

■**事実**　運輸省（当時）大阪陸運局長Yは，1980年3月8日に，地方鉄道法（以下「法」という）21条1項に基づき近畿日本鉄道株式会社（近鉄）の特別急行料金改定（＝値上げ）について認可を行った（地方鉄道法は鉄道事業法の施行により1987年4月1日に廃止された）。これに対し，沿線に居住し，近鉄の通勤定期券を購入して特別急行列車に乗車しているXら（3名）は，当該認可は手続および内容に関して違法であると主

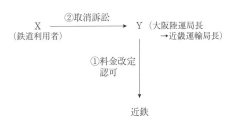

Ⅰ-3　原告適格

⇨47

張して，その取消訴訟を提起した（国家賠償も同時に請求しているが，以下では省略する）。一審は，法21条1項は個々の利用者の具体的利益を保護する規定であるとしてXらの原告適格を認めたうえで，Yが特別急行料金改定の認可権限を有していなかったとして認可処分の違法を判示した。しかし，認可処分の取消しは公共の福祉に適合しないとして，行政事件訴訟法31条1項に基づき認可処分の取消しを求める訴えを棄却した（事情判決）。二審は，法21条は地方鉄道の利用者の利益を具体的な法的利益として保護しているものではないとして，Xらの原告適格を否定。Xらが上告（被上告人は，大阪陸運局長の訴訟承継人である近畿運輸局長）。

　　■**判旨**　上告棄却。

　法「21条は，地方鉄道における運賃，料金の定め，変更につき監督官庁の認可を受けさせることとしているが，同条に基づく認可処分そのものは，本来，当該地方鉄道利用者の契約上の地位に直接影響を及ぼすものではなく，このことは，その利用形態のいかんにより差異を生ずるものではない。また，同条の趣旨は，もっぱら公共の利益を確保することにあるのであって，当該地方鉄道の利用者の個別的な権利利益を保護することにあるのではなく，他に同条が当該地方鉄道の利用者の個別的な権利利益を保護することを目的として認可権の行使に制約を課していると解すべき根拠はない。そうすると，たとえXらが近畿日本鉄道株式会社の路線の周辺に居住する者であって通勤定期券を購入するなどしたうえ，日常同社が運行している特別急行旅客列車を利用しているとしても，Xらは，本件特別急行料金の改定（変更）の認可処分によって自己の権利利益を侵害され又は必然的に侵害されるおそれのある者に当たるということができず，右認可処分の取消しを求める原告適格を有しないというべきであるから，本件訴えは不適法である。」

（裁判長裁判官　佐藤哲郎，裁判官　角田禮次郎，大内恒夫，四ッ谷巖，大堀誠一）

　▶*Reference*　鉄道事業法に基づく旅客運賃認可変更処分の取消訴訟，無効確認訴訟，義務付け訴訟に関して，通勤や通学等の手段として反復継続して鉄道を日常的に利用する者の原告適格を肯定した裁判例として，東京地判平成25（2013）・3・26判時2209号79頁［重判平25行4］参照（請求は斥けられている）。控訴棄却（東京高判平成26（2014）・2・19訟月60巻6号1367頁），上告不受理（最三小決平成27（2015）・4・21）。

47　文化財の保存等の利益（伊場遺跡訴訟）

　　　最三小判平成元（1989）・6・20［百選Ⅱ169］
　　　　判時1334号201頁
　　　　（評釈）阿部泰隆・判評381（判時1358）号10頁

⇒*47*

> （一審）静岡地判昭和 54（1979）・3・13 行裁例集 30 巻 3 号 592 頁；判時
> 　　　941 号 35 頁
> （二審）東京高判昭和 58（1983）・5・30 行裁例集 34 巻 5 号 946 頁；判時
> 　　　1081 号 29 頁

■**事実**　文化財保護法 98 条 2 項（平成 16 年法 61 号による改正前。現在は 182 条 2 項）
の規定に基づき制定された，静岡県文化財保護条例（昭和 36 年静岡県条例 23 号）30
条 1 項を根拠として，静岡県教育委員会 Y は，1973 年 11 月 27 日に，同県浜松市に
所在する伊場遺跡の指定史跡解除処分を行った。当該処分は，国鉄高架化事業用地と
して利用するためになされたものである。これに対し，同遺跡を学術研究の対象とし
てきた，歴史学，考古学等の学術研究者 X ら 5 名が，当該処分取消訴訟を提起した。
一審・二審とも，X らの原告適格を否定し，訴えを却下。X らのうち 3 名が上告。

■**判旨**　上告棄却。

「本件史跡指定解除処分の根拠である静岡県文化財保護条例（昭和 36 年静岡
県条例第 23 号。以下「本件条例」という。）は，文化財保護法（以下「法」とい
う。）98 条 2 項の規定に基づくものであるが，法により指定された文化財以
外の静岡県内の重要な文化財について，保存及び活用のため必要な措置を講じ，
もって県民の文化的向上に資するとともに，我が国文化の進歩に貢献すること
を目的としている（1 条）。本件条例において，静岡県教育委員会は，県内の
重要な記念物を県指定史跡等に指定することができ（29 条 1 項），県指定史跡
等がその価値を失った場合その他特殊の理由があるときは，その指定を解除す
ることができる（30 条 1 項）こととされている。これらの規定並びに本件条
例及び法の他の規定中に，県民あるいは国民が史跡等の文化財の保存・活用か
ら受ける利益をそれら個々人の個別的利益として保護すべきものとする趣旨を
明記しているものはなく，また，右各規定の合理的解釈によっても，そのよう
な趣旨を導くことはできない。そうすると，本件条例及び法は，文化財の保
存・活用から個々の県民あるいは国民が受ける利益については，本来本件条例
及び法がその目的としている公益の中に吸収解消させ，その保護は，もっぱら
右公益の実現を通じて図ることとしているものと解される。そして，本件条例
及び法において，文化財の学術研究者の学問研究上の利益の保護について特段
の配慮をしていると解しうる規定を見出すことはできないから，そこに，学術
研究者の右利益について，一般の県民あるいは国民が文化財の保存・活用から
受ける利益を超えてその保護を図ろうとする趣旨を認めることはできない。文
化財の価値は学術研究者の調査研究によって明らかにされるものであり，その

I-3 原告適格　137

⇨48

保存・活用のためには学術研究者の協力を得ることが不可欠であるという実情があるとしても、そのことによって右の解釈が左右されるものではない。」

「論旨は、要するに、文化財の学術研究者には、県民あるいは国民から文化財の保護を信託された者として、それらを代表する資格において、文化財の保存・活用に関する処分の取消しを訴求する出訴資格を認めるべきであるのに、これを否定した原審の判断は、法令の解釈適用を誤ったものである、というのであるが、右のような学術研究者が行政事件訴訟法9条に規定する当該処分の取消しを求めるにつき「法律上の利益を有する者」に当たるとは解し難く、また、本件条例、法その他の現行の法令において、所論のような代表的出訴資格を認めていると解しうる規定も存しないから、所論の点に関する原審の判断は、正当として是認することができ、原判決に所論の違法はない。」

(裁判長裁判官 坂上壽夫、裁判官 伊藤正己、安岡滿彦、貞家克己)

I-3-6 法益としての競業者の利益

48 競業者の原告適格——一般廃棄物収集運搬業・処分業の更新処分

最三小判平成26 (2014)・1・28 [百選Ⅱ171]
民集68巻1号49頁; 判時2215号67頁
(評釈) 勢一智子・判評672 (判時2241) 号2頁, 上村考由・曹時68巻9号145頁
(一審) 福井地判平成22 (2010)・9・10民集68巻1号78頁 [参]
(二審) 名古屋高金沢支判平成23 (2011)・6・1民集68巻1号102頁 [参]

■事実 X (原告、控訴人、上告人) はY市 (被告、被控訴人、被上告人) の市長Aから、廃棄物の処理及び清掃に関する法律 (以下「廃棄物処理法」という) に基づき、一般廃棄物収集運搬業 (以下「収集運搬業」

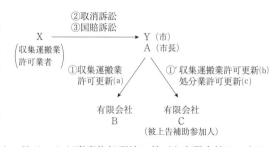

という) の許可を受けていた。Xは、Aが廃棄物処理法に基づき有限会社Bに与えた収集運搬業の許可更新処分 (以下、処分(a))、有限会社C (被上告補助参加人) に与えた収集運搬業の許可更新処分 (以下、処分(b)) および一般廃棄物処分業 (以下「処

分業」という）の許可更新処分（以下，処分(c)）（以上の(a)から(c)をまとめて，以下「本件各更新処分」という）はいずれも違法であると主張して，取消訴訟を提起した。あわせて，本件各更新処分の違法を理由として，国賠法1条1項に基づき損害賠償を請求した。

一審および二審は，廃棄物処理法は収集運搬業や処分業（両者をまとめて，以下「一般廃棄物処理業」という）の許可に関して，許可業者の営業上の利益を個別的利益として保護する趣旨ではないと解釈して，取消訴訟を却下し，国家賠償請求は棄却した。最高裁は，国家賠償請求に関しては破棄差戻しの判断を下した。他方，取消訴訟に関しては，処分(c)については，Xが処分業許可を有していないことから，処分業許可取消訴訟を提起する原告適格を欠くと判示した。処分(a)および(b)については，Xが上告後に収集運搬業を廃業したことから取消しを求める訴えの利益は失われたとした。そして，本件各更新処分について取消訴訟を不適法とした原審の判断は結論として是認できるとして，取消請求に関する部分につき上告を棄却した。以下では，本件各更新処分に関して取消しを求める原告適格について判旨を紹介する。

■判旨 一部破棄差戻し，一部棄却。

「イ(ア) 一般廃棄物処理業は，市町村の住民の生活に必要不可欠な公共性の高い事業であり，その遂行に支障が生じた場合には，市町村の区域の衛生や環境が悪化する事態を招来し，ひいては一定の範囲で市町村の住民の健康や生活環境に被害や影響が及ぶ危険が生じ得るものであって，その適正な運営が継続的かつ安定的に確保される必要がある上，一般廃棄物は人口等に応じておおむねその発生量が想定され，その業務量には一定の限界がある。廃棄物処理法が，業務量の見込みに応じた計画的な処理による適正な事業の遂行の確保についての統括的な責任を市町村に負わせているのは，このような事業の遂行に支障を生じさせないためである。そして，既存の許可業者によって一般廃棄物の適正な処理が行われており，これを踏まえて一般廃棄物処理計画が作成されている場合には，市町村長は，それ以外の者からの一般廃棄物処理業の許可又はその更新の申請につき，一般廃棄物の適正な処理を継続的かつ安定的に実施させるためには既存の許可業者のみに引き続きこれを行わせるのが相当であり，当該申請の内容が当該一般廃棄物処理計画に適合するものであるとは認められないとして不許可とすることができるものと解される（最高裁平成……16年1月15日第一小法廷判決・裁判集民事213号241頁参照）。このように，市町村が市町村以外の者に許可を与えて事業を行わせる場合においても，一般廃棄物の発生量及び処理量の見込みに基づいてこれを適正に処理する実施主体等を定め

I-3 原告適格 139

⇨*48*

る一般廃棄物処理計画に適合すること等の許可要件に関する市町村長の判断を通じて，許可業者の濫立等によって事業の適正な運営が害されることのないよう，一般廃棄物処理業の需給状況の調整が図られる仕組みが設けられているものといえる。そして，許可業者が収集運搬又は処分を行うことができる区域は当該市町村又はその一部の区域内（廃棄物処理法7条11項）に限定されていることは，これらの区域を対象として上記の需給状況の調整が図られることが予定されていることを示すものといえる。

　(イ)　また，市町村長が一般廃棄物処理業の許可を与え得るのは，当該市町村による一般廃棄物の処理が困難である場合に限られており，これは，一般廃棄物の処理が本来的には市町村がその責任において自ら実施すべき事業であるため，その処理能力の限界等のために市町村以外の者に行わせる必要がある場合に初めてその事業の許可を与え得るとされたものであると解されること，上記のとおり一定の区域内の一般廃棄物の発生量に応じた需給状況の下における適正な処理が求められること等からすれば，廃棄物処理法において，一般廃棄物処理業は，専ら自由競争に委ねられるべき性格の事業とは位置付けられていないものといえる。

　(ウ)　そして，市町村長から一定の区域につき既に一般廃棄物処理業の許可又はその更新を受けている者がある場合に，当該区域を対象として他の者に対してされた一般廃棄物処理業の許可又はその更新が，当該区域における需給の均衡及びその変動による既存の許可業者の事業への影響についての適切な考慮を欠くものであるならば，許可業者の濫立により需給の均衡が損なわれ，その経営が悪化して事業の適正な運営が害され，これにより当該区域の衛生や環境が悪化する事態を招来し，ひいては一定の範囲で当該区域の住民の健康や生活環境に被害や影響が及ぶ危険が生じ得るものといえる。一般廃棄物処理業の許可又はその更新の許否の判断に当たっては，上記のように，その申請者の能力の適否を含め，一定の区域における一般廃棄物の処理がその発生量に応じた需給状況の下において当該区域の全体にわたって適正に行われることが確保されるか否かを審査することが求められるのであって，このような事柄の性質上，市町村長に一定の裁量が与えられていると解されるところ，廃棄物処理法は，上記のような事態を避けるため，前記のような需給状況の調整に係る規制の仕組みを設けているのであるから，一般廃棄物処理計画との適合性等に係る許可要件に関する市町村長の判断に当たっては，その申請に係る区域における一般廃

140　　I　行政訴訟

棄物処理業の適正な運営が継続的かつ安定的に確保されるように，当該区域における需給の均衡及びその変動による既存の許可業者の事業への影響を適切に考慮することが求められるものというべきである。

　ウ　以上のような一般廃棄物処理業に関する需給状況の調整に係る規制の仕組み及び内容，その規制に係る廃棄物処理法の趣旨及び目的，一般廃棄物処理の事業の性質，その事業に係る許可の性質及び内容等を総合考慮すると，廃棄物処理法は，市町村長から一定の区域につき一般廃棄物処理業の許可又はその更新を受けて市町村に代わってこれを行う許可業者について，当該区域における需給の均衡が損なわれ，その事業の適正な運営が害されることにより前記のような事態が発生することを防止するため，上記の規制を設けているものというべきであり，同法は，他の者からの一般廃棄物処理業の許可又はその更新の申請に対して市町村長が上記のように既存の許可業者の事業への影響を考慮してその許否を判断することを通じて，当該区域の衛生や環境を保持する上でその基礎となるものとして，その事業に係る営業上の利益を個々の既存の許可業者の個別的利益としても保護すべきものとする趣旨を含むと解するのが相当である。したがって，市町村長から一定の区域につき既に廃棄物処理法7条に基づく一般廃棄物処理業の許可又はその更新を受けている者は，当該区域を対象として他の者に対してされた一般廃棄物処理業の許可処分又は許可更新処分について，その取消しを求めるにつき法律上の利益を有する者として，その取消訴訟における原告適格を有するものというべきである。」

（裁判長裁判官　岡部喜代子，裁判官　大谷剛彦，寺田逸郎，大橋正春，木内道祥）

▶*Reference*　1)　産業廃棄物処理業・特別管理産業廃棄物処理業の許可処分および許可更新処分に対する取消訴訟に関しては，産業廃棄物最終処分場の周辺住民のうち，当該処分場から排出された有害物質により健康または生活環境に係る著しい被害を直接的に受けるおそれのある者が原告適格を有する。最三小判平成26（2014）・7・29民集68巻6号620頁［重判平26行3］参照。

　2)　公衆浴場法が採用した営業許可制度は，国民保健および環境衛生を確保するといった公共の福祉の見地に加え，当該許可を受けた者を無用な競争による経営不合理化から守ろうとする趣旨でもあると解釈して，新規許可の無効確認訴訟について，既存許可業者に原告適格が認められた。参照，最二小判昭和37（1962）・1・19民集16巻1号57頁［百選Ⅱ170］。

　3)　競願の場合には，許可申請を拒否された者は，自己に対する拒否処分取消訴訟の原告適格を有するほか，競願者に対して下された許可処分の取消訴訟についても原告適格をもつ。参照，*53*。

I-3　原 告 適 格

⇨*49*

　4)　たばこ事業法上の小売販売業許可について，近隣で同じ許可を受けて営業する者に取消訴訟の原告適格を認めた裁判例として，熊本地判平成23（2011）・12・14判時2155号43頁［重判平24行7］参照（請求は棄却）。

I-4　時間の経過と抗告訴訟の許容性

I-4-1　取消訴訟の出訴期間

49　出訴期間の計算

最一小判昭和27（1952）・11・20
民集6巻10号1038頁
（評釈）成田頼明・法協73巻2号212頁
（一審）福島地判昭和26（1951）・2・5行裁例集2巻2号171頁
（二審）仙台高判昭和26（1951）・5・4民集6巻10号1049頁〔参〕

■**事実**　Y_1（福島県岩根村農地委員会）は，1949年5月3日，X所有の宅地につき，自作農創設特別措置法15条1項2号に基づき，買収計画を樹立公告した。これに対し，Xは，同月13日，Y_1に異議を申し立てたが棄却され，次いでY_2（福島県農地委員会）に訴願したが，同年8月8日，棄却された。このY_2の裁決書は，Y_1の依頼によって，同年9月12日頃，AがX方に持参したが，Xは同月7日から北海道方面に出張していたため，Xの養子であるBに交付した。Bは，X宅近くの別棟に住んでいるが，食事はXと一緒にしており，Xは留守中Xあての封書の受領をBに一任していた。Xは，同月26日，出張から帰宅して裁決書を受け取り，同年10月21日，Y_1の買収計画およびY_2の裁決の取消しを求めて出訴した。

　自作農創設特別措置法47条の2は，処分の取消しまたは変更を求める訴えは当事者が処分のあったことを知った日から1カ月以内，処分があった日から2カ月以内に提起しなければならないと規定していたため，本件における出訴期間の起算日が争点となった。一審は，同条にいう処分のあったことを知った日とは，裁決のあったことが裁決書の送達その他の方法により社会通念上関係者の了知できる状態におかれたときであって，関係者が処分の存在を現実に知得したか否かを問わないと解すべきところ，本件ではBに裁決書が交付されればXの了知できる状態におかれたとみるべきであるとして，訴えを却下した。二審もこれを支持してXの控訴を棄却したため，Xが上告。

■**判旨**　破棄差戻し。

「同条［自作農創設特別措置法47条の2］の1項は，「この法律による行政庁の

142　I　行政訴訟

処分で違法なものの取消又は変更を求める訴は……当事者がその処分のあったことを知った日から1箇月以内にこれを提起しなければならない。但し，処分の日から2箇月を経過したときは……訴を提起することはできない。」と規定し，その但書において同条項所定の訴は，処分の日から2箇月を経過したときは，当事者が処分のあったことを知らなくともこれを提起することができないものとして，処分の不確定な状態を処分の日から2箇月に限定したところからこれを見ると，同条にいう「処分のあったことを知った日」とは，当事者が書類の交付，口頭の告知その他の方法により処分の存在を現実に知った日を指すものであって，抽象的な知り得べかりし日を意味するものでないと解するを相当とする。尤も処分を記載した書類が当事者の住所に送達される等のことがあって，社会通念上処分のあったことを当事者の知り得べき状態に置かれたときは，反証のない限り，その処分のあったことを知ったものと推定することはできる（当裁判所第二小法廷昭和27年4月25日判決民事判例集第6巻4号462頁以下参照）。しかし，原判決は本件については……Xがその主張する期間不在であったことを認定したのであるから，その不在の期間本件裁決のあったことをX自身は（……Bが処分の対象物につきXに代り一切を処理する代理権を有し，従って，当事者と見るべき者であったことは，原判決並びに第一審判決の認めなかったところであることはいうまでもない。……）現実には知らなかったことを認定した趣旨であるとしなければならない。しかるに，第一審判決は，……法文上処分のあったことを現実に知ったか否かを問わないものと解し，その法律解釈の下に，本案に入ることなく，本訴の提起は1カ月の出訴期間を経過し不適法なものとしてXの請求を却下し，原判決も同一見解の下にその控訴を棄却したのは，法令の重要な解釈を誤った違法があって，本論旨は，その理由があるものといわねばならない。」

（裁判長裁判官　斎藤悠輔，裁判官　真野毅，岩松三郎，入江俊郎）

▶*Reference* 1）　最一小判昭和51（1976）・5・6民集30巻4号541頁は，課税処分に対する異議申立てについて税務署長がした決定の取消訴訟の出訴期間について，次のとおり判示している。「国税通則法によれば，異議申立てにつき税務署長がした決定……に対しては，更に審査請求等の不服申立てをすることができないこととされているのである（もっとも同法75条3項は，「当該異議申立てをした者が当該決定を経た後の処分になお不服があるときは，その者は，国税不服審判所長に対して審査請求をすることができる。」旨を規定しているが，右にいう「処分」が異議申立ての対象となった処分（原処分）を意味することは，文理上明らかであって，右規定は，異議申立てについて

⇨*50*

した税務署長の決定自体を審査請求の対象とすることを認めたものではない。）。したがって，課税処分に対する異議申立てについて税務署長がした決定の取消しを求める訴えについては，行訴法 14 条 4 項［現 3 項］の適用はなく，その出訴期間は，異議申立てについての決定があったことを知った日又は決定の日から，これを起算すべきものである。」

2）　最三小判平成 24（2012）・11・20 民集 66 巻 11 号 3521 頁［百選 II 182］は，収用委員会の裁決につき審査請求ができる場合において審査請求がされたときは，収用委員会の裁決の取消訴訟の出訴期間については，土地収用法の特例規定（133 条 1 項）は適用されず，他に同法に別段の特例規定が存しない以上，行訴法 14 条 3 項の一般規定が適用され，その審査請求に対する裁決があったことを知った日から 6 カ月以内かつ当該裁決の日から 1 年以内になるとした。

3）　最一小判平成 28（2016）・3・10 判時 2306 号 44 頁［重判平 28 行 4］は，個人情報保護条例に基づく個人情報の開示決定等は，開示が実施されていなくても，当該開示決定等に係る通知が開示請求者に到達した時点で効力を生ずるから，その時点で「処分があった」というべきであるとして，個人情報の一部開示決定について，決定の通知書が開示請求者を代理する弁護士のもとに到達した日をもって，処分があったことを知ったものといえるとした。

I–*4*–*2*　取消訴訟・無効確認訴訟の訴えの利益の事後消滅

I–*4*–*2*–*1*　法状態・事実状態の変化

50　権利侵害状態の解消（長沼ナイキ基地訴訟）

最一小判昭和 57（1982）・9・9［百選 II 177］
民集 36 巻 9 号 1679 頁；判時 1054 号 16 頁
（評釈）園部逸夫・曹時 35 巻 9 号 63 頁
（一審）札幌地判昭 48（1973）・9・7 判時 712 号 24 頁［重判昭 48 憲 1］
（二審）札幌高判昭 51（1976）・8・5 行裁例集 27 巻 8 号 1175 頁；判時 821 号 21 頁［重判昭 51 憲 1］

■**事実**　Y（農林水産大臣）は，1969 年 7 月 7 日，北海道夕張郡長沼町所在の保安林（森林法 25 条 1 項 1 号の水源かん養林）につき，航空自衛隊第三高射群施設敷地等として使用するため，保安林指定解除処分をした。森林法 26 条 2 項は，公益上の理由により必要が生じたときは，農林水産大臣はその部分につき指定を解除することができる旨定めているが，本件指定解除処分の理由は，本件保安林の使用目的である国家の防衛が同条項所定の「公益上の理由」に当たるというものである。これに対し，同町の住民 X らは，自衛隊のミサイル基地建設は憲法 9 条に違反し，森林法 26 条 2 項にいう「公益上の理由」に当たらないから，本件指定解除処分は違法であるとして，そ

144　　I　行政訴訟

⇨50

の取消しを求めて出訴した。

　一審は，Xらの原告適格を認めたうえで，代替施設工事によっても洪水の危険が完全に除去されているとはいえないので，訴えの利益はなお存在するとした。さらに，本案において，自衛隊の違憲性を認めて，本件指定解除処分は森林法の要件を欠き違法であるとした。Yが控訴。二審は，Xらの原告適格は認めたが，本件指定解除処分によって侵害される不利益は，代替施設の整備により代替補填されるので，Xらの訴えの利益は消滅したとして，訴えを却下した。Xらが上告。

■**判旨**　上告棄却。

1　原告適格について　「森林法所定の保安林指定処分［は］……一般的公益の保護を目的とする処分とみられる……が，法は他方において，利害関係を有する地方公共団体の長のほかに，保安林の指定に「直接の利害関係を有する者」において，森林を保安林として指定すべき旨を農林水産大臣に申請することができるものとし（法27条1項），また，農林水産大臣が保安林の指定を解除しようとする場合に，右の「直接の利害関係を有する者」がこれに異議があるときは，意見書を提出し，公開の聴聞手続に参加することができるものとしており（法29条，30条，32条），これらの規定と，旧森林法（明治40年法律第43号）24条においては「直接利害ノ関係ヲ有スル者」に対して保安林の指定及び解除の処分に対する訴願及び行政訴訟の提起が認められていた沿革とをあわせ考えると，法は，森林の存続によって不特定多数者の受ける生活利益のうち一定範囲のものを公益と並んで保護すべき個人の個別的利益としてとらえ，かかる利益の帰属者に対し保安林の指定につき「直接の利害関係を有する者」としてその利益主張をすることができる地位を法律上付与しているものと解するのが相当である。そうすると，かかる「直接の利害関係を有する者」は，保安林の指定が違法に解除され，それによって自己の利益を害された場合には，右解除処分に対する取消しの訴えを提起する原告適格を有する者ということができる」。

　「原審は，……本件保安林の有する理水機能が直接重要に作用する一定範囲の地域，すなわち保安林の伐採による理水機能の低下により洪水緩和，渇水予防の点において直接に影響を被る一定範囲の地域に居住する住民についてのみ原告適格を認めるべきものとしているのであるが，原審の右見解は，おおむね前記「直接の利害関係を有する者」に相当するものを限定指示しているものということができるのであって，その限りにおいて原審の右見解は，結論におい

I-4　時間の経過と抗告訴訟の許容性　145

⇨*50*

て正当というべきである。」

2　訴えの利益の消滅について　　「前記の見解のもとにXらのうち原告適
格を有するとされた排水機場流域内に居住する者……についても，本件保安林
指定解除処分後の事情の変化により，右原告適格の基礎とされている右処分に
よる個別的・具体的な個人的利益の侵害状態が解消するに至った場合には，も
はや右被侵害利益の回復を目的とする訴えの利益は失われるに至ったものとせ
ざるをえない。換言すれば，……Xらの原告適格の基礎は，本件保安林指定
解除処分に基づく立木竹の伐採に伴う理水機能の低下の影響を直接受ける点に
おいて右保安林の存在による洪水や渇水の防止上の利益を侵害されているとこ
ろにあるのであるから，本件におけるいわゆる代替施設の設置によって右の洪
水や渇水の危険が解消され，その防止上からは本件保安林の存続の必要性がな
くなったと認められるに至ったときは，もはや……Xらにおいて右指定解除
処分の取消しを求める訴えの利益は失われるに至ったものといわざるをえな
い」。

そして原審は，本件代替施設により，「Xらの居住する地域における洪水の
危険は社会通念上なくなったものと認定判断しているものと解される。」「以上
の原審の認定判断は，原判決挙示の証拠関係に照らし是認することができない
ではなく，その過程に所論の違法があるということはできない。」「してみると，
本件保安林の指定解除に伴う……Xらの利益侵害の状態はなくなったと認め
られるのであるから，Xらが本件保安林指定解除処分の取消しを求める訴え
の利益は失われたものというべきであり，本件訴えは不適法として却下を免れ
ないとした原審の判断は，正当として是認することができる。」

3　いわゆる跡地利用と原告適格ないし訴えの利益との関係について　　「論
旨は，要するに，本件保安林指定解除処分が解除後の跡地利用に対する許可処
分の一面をも有することを前提とし，右解除処分の目的である本件ミサイル基
地設置に伴いXらの平和的生存権が侵害されるおそれがあるので，XらはY
の公益判断の誤りを理由として右処分を争う法律上の利益を有する，というの
である。

しかしながら，……伐採後のいわゆる跡地利用によって生ずべき利益の侵害
のごときは，指定解除処分の取消訴訟の原告適格を基礎づけるものには当たら
ないのである。もっとも，本件保安林の指定解除処分が取り消されれば，右保
安林が伐採されることもなく，また，伐採されても非森林として自由に使用す

146　　I　行政訴訟

ることができなくなる結果，所論のような跡地利用も事実上不可能となり，したがってかかる利用によって生ずる利益侵害の危険もなくなるという関係が存在することは確かであるが，このような関係があるからといって，右跡地利用による利益侵害の危険をもって右指定解除処分の取消訴訟の原告適格を基礎づける法律上の利益を構成するものと解することはできない。」

（裁判長裁判官　団藤重光，裁判官　藤﨑萬里，本山亨，中村治朗，谷口正孝）

▶*Reference 1*)　最大判昭和42（1967）・5・24民集21巻5号1043頁［百選Ⅰ16］（朝日訴訟）は，生活保護受給権は「被保護者自身の最低限度の生活を維持するために当該個人に与えられた一身専属の権利であって，他にこれを譲渡し得ないし［生活保護法］59条参照），相続の対象ともなり得ないというべきである。また，被保護者の生存中の扶助ですでに遅滞にあるものの給付を求める権利についても，医療扶助の場合はもちろんのこと，金銭給付を内容とする生活扶助の場合でも，それは当該被保護者の最低限度の生活の需要を満たすことを目的とするものであって，法の予定する目的以外に流用することを許さないものであるから，当該被保護者の死亡によって当然消滅し，相続の対象となり得ない」。「されば，本件訴訟は，上告人の死亡と同時に終了し，同人の相続人……においてこれを承継し得る余地はない」とした。なお，最一小判平成29（2017）・12・18民集71巻10号2364頁は，被爆者援護法27条に基づく認定の申請がされた健康管理手当の受給権は当該申請者の一身に専属する権利ではなく，相続の対象となるから，被爆者健康手帳の交付と健康管理手当の認定の各申請の却下処分の取消訴訟等の係属中に申請者が死亡した場合は，その相続人が当該訴訟を承継するとした。

　2)　開発許可（都計法29条）取消訴訟の上告審係属中に上告人のうち1名が死亡した事案で，最三小判平成9（1997）・1・28民集51巻1号250頁［重判平9行2］は，「同上告人の有していた本件開発許可の取消しを求める法律上の利益は，同上告人の生命，身体の安全等という一身専属的なものであり，相続の対象となるものではないから，本件訴訟のうち同上告人に関する部分は，その死亡により終了した」とした。

　3)　最一小判平成14（2002）・2・28民集56巻2号467頁［重判平14行4］は，「本件条例［愛知県公文書公開条例］における公文書の公開とは，実施機関が本件条例の定めるところにより公文書を閲覧に供し，又は公文書の写しを交付することをいい……，本件条例には，請求者が請求に係る公文書の内容を知り，又はその写しを取得している場合に当該公文書の公開を制限する趣旨の規定は存在しない。これらの規定に照らすと，……公開請求権者は，本件条例に基づき公文書の公開を請求して，所定の手続により請求に係る公文書を閲覧し，又は写しの交付を受けることを求める法律上の利益を有するというべきであるから，請求に係る公文書の非公開決定の取消訴訟において当該公文書が書証として提出されたとしても，当該公文書の非公開決定の取消しを求める訴えの利益は消滅するものではない」とした。

⇨51

51 原状回復の事実上の不能

最二小判平成 4 (1992)・1・24 [百選II 178]

民集 46 巻 1 号 54 頁；判時 1425 号 53 頁

（評釈）荒秀・判評 422（判時 1482）号 17 頁，高橋利文・曹時 44 巻 9 号 246 頁

（一審）神戸地判昭和 58（1983）・8・29 行裁例集 34 巻 8 号 1465 頁；判時 1097 号 32 頁

（二審）大阪高判昭和 59（1984）・8・30 行裁例集 35 巻 8 号 1336 頁

（上告審）最一小判昭和 61（1986）・2・13 民集 40 巻 1 号 1 頁；判時 1185 号 99 頁

（差戻後一審）神戸地判平成 2（1990）・2・21 民集 46 巻 1 号 63 頁〔参〕

（差戻後控訴審）大阪高判平成 2（1990）・6・28 高民集 43 巻 2 号 119 頁；判タ 734 号 114 頁

■**事実**　Y（兵庫県知事）は，八鹿町に対し，1982 年 9 月 30 日付で，町営土地改良事業（以下「本件事業」という）施行認可処分（以下「本件認可処分」という）をした。これに対し，本件事業地内に土地を所有する X は，本件事業は農業生産とは直接結びつくことのない国道バイパス新設のために土地改良法を利用するものであって，同法所定の事業に該当せず，また，本件事業は，農業から商業への産業構造の転換を促すものであり，農業生産の拡大や農業構造の改善に何ら資するところがないから，同法施行令所定の必要性・総合性を欠くとして，本件認可処分の取消しを求めた。なお，八鹿町は，本件認可処分後，工事に着手し，1987 年 3 月にすべての工事を完了した。八鹿町は，同年 9 月，換地計画を定め，Y に対して換地計画の認可を申請したところ，Y は同年 12 月 16 日，換地計画を認可した。八鹿町は，同月 22 日，換地処分を行い，1988 年 2 月 1 日，換地処分の登記を完了した。

　一審は，最大判昭和 41（1966）・2・23 民集 20 巻 2 号 271 頁 [重判昭 41 行 3]（いわゆる青写真判決。*1R1*)）を引用して本件認可処分の処分性を否定して訴えを却下し，二審もこれを支持して，X の控訴を棄却した。上告審は，国営または都道府県営の土地改良事業計画の決定は，土地改良法上，行政不服審査法による異議申立ての対象となることが前提とされていること等から，処分性を有するところ，市町村営の土地改良事業施行の認可は，国営または都道府県営の土地改良事業計画の決定と，手続中に占める位置・役割を同じくすることから，処分性を有するとして，一審に差し戻した。

　差戻後一審は，すでに工事が完了していたことから，「本件認可にかかる事業施行地域を原状に回復することは，物理的にまったく不可能とまでいうことはできないとしても，その社会的・経済的損失を考えると，社会通念上，不可能である」。「そうすると，本件認可を取消しても，もはや X の主張する違法状態を除去することはできないから，これを取り消す実益はなく，訴えの利益はない」として，訴えを却下した。差戻後控訴審もこれを支持して X の控訴を棄却したため，X が上告。

I　行政訴訟

⇨*52*

■**判旨** 破棄自判（一審に差戻し）。

「本件認可処分は，本件事業の施行者である八鹿町に対し，本件事業施行地域内の土地につき土地改良事業を施行することを認可するもの，すなわち，土地改良事業施行権を付与するものであり，本件事業において，本件認可処分後に行われる換地処分等の一連の手続及び処分は，本件認可処分が有効に存在することを前提とするものであるから，本件訴訟において本件認可処分が取り消されるとすれば，これにより右換地処分等の法的効力が影響を受けることは明らかである。そして，本件訴訟において，本件認可処分が取り消された場合に，本件事業施行地域を本件事業施行以前の原状に回復することが，本件訴訟係属中に本件事業計画に係る工事及び換地処分がすべて完了したため，社会的，経済的損失の観点からみて，社会通念上，不可能であるとしても，右のような事情は，行政事件訴訟法 31 条の適用に関して考慮されるべき事柄であって，本件認可処分の取消しを求める X の法律上の利益を消滅させるものではない」。

（裁判長裁判官　藤島昭，裁判官　中島敏次郎，木崎良平，大西勝也）

▶*Reference*　最二小判平成 24（2012）・4・27 民集 66 巻 6 号 3000 頁［重判平 24 行 6］は，労働委員会が労働組合からの不当労働行為に係る申立てを受けて使用者に対する救済命令を発した後に，当該使用者に雇用されている組合員がいなくなるなどの事情変更があっても，使用者が同様の事業を営む会社として存続し，組合も産業別労働組合として存続しているという事実関係のもとでは，当該使用者が救済命令の取消しを求める訴えの利益は失われないとした。

52 法令の改廃・経過規定

最一小判昭和 57（1982）・4・8［重判昭 57 憲 6］
民集 36 巻 4 号 594 頁；判時 1040 号 3 頁
（評釈）渋谷秀樹・法協 102 巻 4 号 805 頁, 園部逸夫・曹時 35 巻 6 号 64 頁
（一審）東京地判昭和 45（1970）・7・17 行裁例集 21 巻 7 号別冊 1 頁；判時 604 号 29 頁［重判昭 45 憲 4］
（二審）東京高判昭和 50（1975）・12・20 行裁例集 26 巻 12 号 1446 頁；判時 800 号 19 頁［重判昭 50 憲 4］

■**事実**　本件は，いわゆる家永教科書裁判の第 2 次訴訟である。X（家永三郎東京教育大学教授（当時））は，1952 年以来高校用教科書『新日本史』を執筆し，発行者 A を通じて検定を申請し，初版本は 1953 年度から教科書として使用された。その後改訂の都度検定申請が行われたが，1962 年 8 月にした 4 訂版本についての全面改訂の申請に対し，翌年 4 月，Y（文部大臣）による不合格処分がされ，再申請に対しては

I-4　時間の経過と抗告訴訟の許容性　149

⇨*52*

条件付合格処分がされた。Xは Yの意向に沿って修正し，1964年 4月，上記全面改訂について合格処分がされ，5訂版本として 1965年度から使用された。その後，Xは上記 5訂版本につき 34カ所の部分改訂を行い，1966年 11月，Aを通じて検定申請したところ，翌年 3月，Yは 6カ所について不合格処分をした。そこで，Xはこれらの不合格処分の取消しを求めて出訴した。なお，本件部分改訂検定の申請は，1960年改正の学習指導要領に基づくものであるが，その後学習指導要領は 1970年に全面的に改正され，改正後の学習指導要領は 1976年 4月 1日より高校の全学年にわたって実施された。

　一審（いわゆる杉本判決）は，教科書検定制度自体は違憲・違法とはいえないが，本件不合格処分は，教科書執筆者としての思想（学問的見解）内容の事前審査であるから，憲法 21条 2項の禁ずる検閲に該当し，同時に教科書の誤記，誤植その他の著者の学問的見解に関わらない客観的に明白な誤りとはいえない記述内容の当否に介入するものであるから，教育基本法 10条に違反するとして，処分を取り消した。これに対して Yが控訴したが，二審（いわゆる畔上判決）は，Yが何ら事情の変更もないにもかかわらず，前に修正等をしないまでも合格とするとした原稿内容と同趣旨の原稿内容による本件改訂検定申請を不合格処分に付したのは，裁量の範囲を逸脱して違法であるとして，控訴を棄却した。Yが上告。

■**判旨**　破棄差戻し。

「検定規則 10条及び 11条の定める改訂検定とは，新規に検定を受ける新規検定に対し，すでに検定を経た教科書の内容を改訂しようとして全体のページ数の 4分の 1に満たない範囲内の改訂につき検定を受ける場合をいうものであるが，……［この］制度は，……無益な審査の重複を省略するため，一定の条件のもとに改訂を加えようとする箇所のみについて検定を実施し，これに合格すれば改訂内容を含む教科書の全体が検定を経た教科書としての効力を取得することになるものとした，いわば便法として設けられた特別の簡易検定手続というべきものと考えられる。このような制度の趣旨に照らして考えると，改訂検定の手続は，……改訂しようとする検定ずみ教科書の検定当時の審査基準と改訂検定時のそれとが同一であることを前提とするものであり，その間に審査基準の変更があった場合には，原則として，……改めて右改訂部分を含む全体について新しい審査基準による新規検定を受けなければならない」。

「そうであるとすれば，……旧学習指導要領は昭和 51年 3月 31日の経過をもって失効し，それに代って新学習指導要領が全面的に実施され，これに伴って本件各改訂検定申請に適用される審査基準も変更をみるに至ったのであるから，仮りに本件各検定不合格処分が取り消されても，昭和 51年 4月 1日以降

⇨*52*

は原則として本件各改訂検定申請につき新たに審査をすることは許されないこととなり、その結果Xは本件各検定不合格処分の取消しによって回復すべき法律上の利益を失うに至ったものということにならざるをえない。

（……本件各検定不合格処分が取り消されても、Xは本件内容の記述の自由を法律上保障される可能性を回復するわけではなく、右記述が今後の検定において合格とされる可能性は単なる事実上のそれにとどまるのであって、このような事実上の利益だけでは本件訴えの利益を基礎づけるに足りるものとすることはできない。……また、……検定不合格処分は、それ自体としては著作者の名誉や学問的信用に対する侵害的性質を有する処分とは認められないから、仮りにXに事実上右のような被害が生じたとしても、これに対しては国家賠償法の規定に基づく損害賠償等の請求により救済を求めるのは格別、これをもって行政庁の処分の取消しの訴えの利益を基礎づける理由とはなしえない……。）」

「しかしながら、右に述べたところはあくまで原則論であって、学習指導要領の変更といってもその内容及び程度は区々でありうべく、学習指導要領が教科書の検定における審査基準として機能する場面においても、右の変更が審査に及ぼす影響の内容及び程度にはさまざまな相違がありうると考えられ、その変動が微小であって審査基準の実質的な変更とみるべきものが少ないような場合には、改めて新審査基準による新規検定を経なければならないとする実質的必要性に乏しく、旧審査基準のもとにおける検定を経た教科書をそのまま使用させ、あるいはこれにつき新審査基準による改訂検定を経て部分改訂をしたものを使用させることとしても、必ずしも教科書検定の趣旨、目的に反せず、また、その整合性、一貫性をそこなうこともなく、諸般の事情からみてそれが最も合理的と認められるような場合も想定されないではない。そして、もし右のような場合には例外的に新審査基準による改訂検定が許されるとの解釈が可能であり、かつ、本件の場合がこれにあたることが肯定されるとすれば、Xはなお本件各検定不合格処分の取消しの訴えの利益を失わないということができるのである。そこで、……原判決を破棄したうえ、更に右の点の審理を尽くさせるため、本件を東京高等裁判所に差し戻すのを相当と考える。」

（裁判長裁判官　中村治朗、裁判官　団藤重光、藤﨑萬里、本山亨、谷口正孝）

▶*Reference*　差戻後控訴審である東京高判平成元（1989）・6・27行裁例集40巻6号
　661頁は、「指導要領の改正の程度が微小であって、審査基準の実質的な変更が少ない

⇨*53*

場合には，新指導要領に基づく新規検定を経ることなく，旧指導要領下の検定を経た教科書を新指導要領のもとにおいて教科書として引き続き使用させうる余地があるとの解釈は可能というべきであるが，本件に関する指導要領の内容の変動の程度，指導要領の改正に際しての検定制度の運用の実際，指導要領改正に基づく教科書の記述の内容の変化から認められる，右指導要領の変動が検定審査基準として有する実質的な意義に照らせば，右変動が微小なものであって，審査基準の実質的変更が少ないとは到底いうことができず」，訴えの利益は消滅したとして，一審判決を取り消し，本件訴えを却下した（確定）。

53 更新（東京12チャンネル事件）

最三小判昭和43（1968）・12・24［百選II 173］
民集22巻13号3254頁；判時542号28頁
（評釈）高柳信一・法協87巻3号405頁，丹宗昭信・判評124（判時551）号19頁，可部恒雄・曹時21巻11号134頁
（一審）東京高判昭和40（1965）・6・1行裁例集16巻7号1266頁

■**事実**　Xは，Y（郵政大臣）に対し，第12チャンネルのテレビジョン放送局の開設免許を申請したところ，5者の競願となり，Yは，A（訴外日本科学技術振興財団）に免許を付与し，Xに対しては免許拒否処分をした。そこで，Xは，自己に対する免許拒否処分の取消しを求める異議申立てをしたが，Yがこれを棄却する決定をしたため，Xは同決定の取消しを求めて（電波法96条の2），東京高裁に出訴した（同法97条）。一審はXの請求を認容した。Yが上告し，①本件決定が取り消されても，YはAに対する免許を取り消すべき拘束を受けるものでなく，すでにAに免許が付与されている以上，Xは，本件決定の取消しを求める利益を有しない，②仮に①のようにいえなくても，Aに付与された予備免許（のちに本免許）は，すでにその免許期間を満了したから，その後において，Xは，上記予備免許が自己に付与されるべきであった旨を主張して，本件決定の取消しを求める利益を有しない，と主張した。

■**判旨**　上告棄却。

1　Yの主張①について　「AとXとは，係争の同一周波をめぐって競願関係にあり，Yは，XよりもAを優位にあるものと認めて，これに予備免許を与え，Xにはこれを拒んだもので，Xに対する拒否処分とAに対する免許付与とは，表裏の関係にあるものである。そして，Xが右拒否処分に対して異議申立てをしたのに対し，Yは，電波監理審議会の議決した決定案に基づいて，これを棄却する決定をしたものであるが，これが……違法たるを免れないとして取り消された場合には，Yは，右決定前の白紙の状態に立ち返り，あらためて審議会に対し，Xの申請とAの申請とを比較して，はたしていず

152　I　行政訴訟

⇨*54*

れを可とすべきか，その優劣についての判定（決定案についての議決）を求め，これに基づいて異議申立てに対する決定をなすべきである。すなわち，本件のごとき場合においては，Ｘは，自己に対する拒否処分の取消しを請求しうるほか，競願者（Ａ）に対する免許処分の取消しをも訴求しうる（ただし，いずれも裁決主義がとられているので，取消しの対象は異議申立てに対する棄却決定となる。）が，いずれの訴えも，自己の申請が優れていることを理由とする場合には，申請の優劣に関し再審査を求める点においてその目的を同一にするものであるから，免許処分の取消しを訴求する場合はもとより，拒否処分のみの取消しを訴求する場合にも，Ｙによる再審査の結果によっては，Ａに対する免許を取り消し，Ｘに対し免許を付与するということもありうるのである。」

2　Ｙの主張②について　「Ａに付与された予備免許は，昭和39［1964］年4月3日本免許となったのち，翌40［1965］年5月31日をもって免許期間を満了したが，同年6月1日および同43年6月1日の2回にわたり，これが更新されていることが明らかである。もとより，いずれも再免許であって，形式上たんなる期間の更新にすぎないものとは異なるが，右に「再免許」と称するものも，なお，本件の予備免許および本免許を前提とするものであって，当初の免許期間の満了とともに免許の効力が完全に喪失され，再免許において，従前とはまったく別個無関係に，新たな免許が発効し，まったく新たな免許期間が開始するものと解するのは相当でない。そして，……期間満了後再免許が付与されず，免許が完全に失効した場合は格別として，期間満了後ただちに再免許が与えられ，継続して事業が維持されている場合に，これを前記の免許失効の場合と同視して，訴えの利益を否定することは相当でない。けだし，訴えの利益の有無という観点からすれば，競願者に対する免許処分の取消しを訴求する場合はもちろん，自己に対する拒否処分の取消しを訴求する場合においても，当初の免許期間の満了と再免許は，たんなる形式にすぎず，免許期間の更新とその実質において異なるところはないと認められるからである。」

（裁判長裁判官　横田正俊，裁判官　田中二郎，下村三郎，松本正雄）

54　処分の反復

最三小判昭和42（1967）・9・19［百選Ⅱ 172］
民集21巻7号1828頁；判時500号12頁
（評釈）高柳信一・法協85巻11号1595頁，渡部吉隆・曹時20巻1号144頁

I-4　時間の経過と抗告訴訟の許容性　153

⇨*54*

（一審）神戸地判昭和 36（1961）・2・22 行裁例集 12 巻 2 号 284 頁
（二審）大阪高判昭和 39（1964）・3・12 民集 21 巻 7 号 1844 頁〔参〕

■**事実**　X（株式会社まからずや洋品店。本件は，この名をとって，「まからずや事件」
と呼ばれる）は，青色申告書による申告の承認を受けており，昭和 31（1956）事業年
度の法人税確定申告をしたが，Y（神戸税務署長）は，1958 年 3 月 31 日付で，更正
（以下「第一次更正処分」という）を行った。これに対して X は行政上の不服申立てを
したが，棄却されたので，第一次更正処分の取消しを求めて出訴した。ところが，Y
は，訴訟係属後の 1960 年 4 月 30 日に，第一次更正処分における理由付記の不備を是
正するため，X の所得金額を X 申告どおりにする旨の再更正（以下「第二次更正処
分」という）と，更正の具体的根拠を明示して，申告に係る課税標準および税額を第
一次更正処分のとおりに更正する旨の再々更正（以下「第三次更正処分」という）をな
し，この 2 つの処分の通知書を 1 通の封筒に同封して X に送付した。
　Y は，本件第一次更正処分の取消訴訟における本案前の抗弁として，第一次更正
処分は第二次更正処分により取り消されているから，第一次更正処分取消しの訴えの
利益はないと主張した。一審および二審は，Y の主張を容れ，本案の判断をするこ
となく，X の請求を斥けた。X が上告。

■**判旨**　上告棄却。
「右の事実関係［事実参照］の下においては，第二次更正処分は，第三次更正
処分を行なうための前提手続たる意味を有するにすぎず，また，第三次更正処
分も，実質的には，第一次更正処分の附記理由を追完したにとどまることは否
定し得ず，また，かかる行為の効力には疑問がないわけではない。しかしなが
ら，これらの行為も，各々独立の行政処分であることはいうまでもなく，その
取消の求められていない本件においては，第一次更正処分は第二次更正処分に
よって取り消され，第三次更正処分は，第一次更正処分とは別個になされた新
たな行政処分であると解さざるを得ない。」「されば，第一次更正処分の取消を
求めるにすぎない本件訴は，第二次更正処分の行なわれた時以降，その利益を
失うにいたったものというべく，これと同趣旨に出た原審の判断は正当であり，
論旨は，排斥を免れない。」

　田中二郎裁判官の**反対意見**　「私としては，第一次の更正処分の取消訴訟が
提起された後，さらに第二次の再更正処分，第三次の再々更正処分等がなされ
た場合において，これらの処分が，依然，納税者が正当として主張する税額を
超えるものである以上，第一次更正処分の取消訴訟は，このような違法状態の
排除を求めることに，その本来の目的があるのであるから，必ずしも，常に訴
の追加的併合（又は訴の変更）の措置をまつまでもなく，第二次の再更正処分

154　　I　行 政 訴 訟

⇨*54*

及び第三次の再々更正処分も，第一次更正処分の取消を求める訴訟の中に含まれるものと解するのが更正処分に対する取消訴訟の救済制度としての趣旨・目的にそう解釈ではないかと考える。」「仮りに一般的に，こういう解釈をすることに問題があるとしても，少なくとも，本件の具体的事案については」，「第二次の再更正処分及び第三次の再々更正処分は，本来の更正処分とみるべきものではなく，第一次更正処分と第三次の再々更正処分とがその理由附記が追完されている以外は，その内容が同一である点からみても，理由を附記するためだけの修正・正誤にほかならず，取消訴訟上，別個独立の処分とみるべきものではない。殊に，本件取消訴訟の対象になっているのは，正に，その内容であって，内容そのものは何ら異なるところはない（第二次の再更正処分は，形式上，Xの主張するとおりに更正しているのである）のであるから，訴の追加的併合（又は訴の変更）の措置をとるまでもなく，第三次処分の内容が，正に，本件訴訟の対象になっていると解すべきである。この点に関する多数意見のとる見解は，処分の形式・外観に拘泥しすぎ，訴訟技術の末に走った感があって，とうてい賛成することができない。」

（裁判長裁判官　横田正俊，裁判官　柏原語六，田中二郎，下村三郎）

▶*Reference* 1）　本判決は，事案の特殊性から，その射程範囲が問題となりうるが，最一小判昭和55（1980）・11・20判時1001号31頁は，本判決を引用して，更正処分がされた後に増額再更正処分がされた場合に当初の更正処分の取消しを求める訴えの利益が失われることは「すでに確立した判例である」とした原審の判断を，正当とした。

2）　他方，減額再更正処分について，最二小判昭和56（1981）・4・24民集35巻3号672頁［重判昭56行7］は，「申告に係る税額につき更正処分がされたのち，いわゆる減額再更正がされた場合，右再更正処分は，それにより減少した税額に係る部分についてのみ法的効果を及ぼすものであり（国税通則法29条2項），それ自体は，再更正処分の理由のいかんにかかわらず，当初の更正処分とは別個独立の課税処分ではなく，その実質は，当初の更正処分の変更であり，それによって，税額の一部取消という納税者に有利な効果をもたらす処分と解するのを相当とする。そうすると，納税者は，右の再更正処分に対してその救済を求める訴の利益はなく，専ら減額された当初の更正処分の取消を訴求することをもって足りる」とした。

3）　土地改良法に基づく一時利用地指定処分の取消訴訟係属中に，一時利用地をそのまま換地とする内容の換地処分がされ，訴えの変更における出訴期間が問題となった事案として，*103*を参照。

4）　最三小判平成11（1999）・3・9民集53巻3号303頁［重判平11知財1］は，「無効審決の取消しを求める訴訟の係属中に当該特許権について特許請求の範囲の減縮を目的とする訂正審決が確定した場合には，当該無効審決を取り消さなければならな

⇨*55*

い」とした。

5) 東京高判平成 13 (2001)・7・4 判時 1754 号 35 頁は，原子炉設置許可処分に対する取消訴訟の係属中に，原子炉設置変更許可処分が行われた場合には，原子炉の安全性の問題に関しては，変更許可処分によって変更を許可された後の内容が，そのまま当該原子炉に係る原子炉設置許可処分の内容となり，変更許可処分に係る違法事由についても当該訴訟における審理，判断の対象に含まれるとした。

55 確認的処分

最二小判昭和 59 (1984)・10・26 [百選 II 174]

民集 38 巻 10 号 1169 頁；判時 1136 号 53 頁

（評釈）荒秀・判評 317（判時 1151）号 176 頁，泉徳治・曹時 38 巻 5 号
191 頁

（一審）仙台地判昭和 57 (1982)・4・19 民集 38 巻 10 号 1181 頁〔参〕

（二審）仙台高判昭和 58 (1983)・1・18 民集 38 巻 10 号 1190 頁〔参〕

■**事実**　Y（仙台市建築主事）は，1979 年 5 月 25 日付で，訴外 A ら 4 名の各申請に係る土地（以下「本件各土地」という）上に建築する各建物（以下「本件各建物」という）につき，建基法 6 条 1 項の規定による各建築確認（以下「本件各建築確認」という）をした。これに対し，本件各土地に隣接する土地に居住する X は，本件各建築確認は本件各土地に接する通路が建基法 42 条 2 項に定める道路（2 項道路）に該当しないにもかかわらず，それに該当するものとしてなされたので違法である等と主張し，仙台市建築審査会に対して審査請求をしたが，棄却裁決を受けたので，1980 年 3 月 12 日，本件各建築確認の取消しを求めて出訴した。その間，本件各建物は，1979 年 12 月下旬には全棟が完成し，検査済証も交付されて，使用に供されていた。

　一審は訴えを却下し，二審は X の控訴を棄却した。これに対し，X は，建築確認の取消判決によって，実体的に違法な建物であることが公権的に確定され，特定行政庁は関係行政庁（行訴法 33 条 1 項）として是正命令を発する義務を負うことになるから，訴えの利益がある等と主張して，上告した。

■**判旨**　上告棄却。

「建築確認は，建築基準法 6 条 1 項の建築物の建築等の工事が着手される前に，当該建築物の計画が建築関係規定に適合していることを公権的に判断する行為であって，それを受けなければ右工事をすることができないという法的効果が付与されており，建築関係規定に違反する建築物の出現を未然に防止することを目的としたものということができる。しかしながら，右工事が完了した後における建築主事等の検査［建基法 7 条］は，当該建築物及びその敷地が建築関係規定に適合しているかどうかを基準とし，同じく特定行政庁の違反是正

156　I　行政訴訟

⇨55

命令［建基法9条1項］は，当該建築物及びその敷地が建築基準法並びにこれに基づく命令及び条例の規定に適合しているかどうかを基準とし，いずれも当該建築物及びその敷地が建築確認に係る計画どおりのものであるかどうかを基準とするものでない上，違反是正命令を発するかどうかは，特定行政庁の裁量にゆだねられているから，建築確認の存在は，検査済証の交付を拒否し又は違反是正命令を発する上において法的障害となるものではなく，また，たとえ建築確認が違法であるとして判決で取り消されたとしても，検査済証の交付を拒否し又は違反是正命令を発すべき法的拘束力が生ずるものではない。したがって，建築確認は，それを受けなければ右工事をすることができないという法的効果を付与されているにすぎないものというべきであるから，当該工事が完了した場合においては，建築確認の取消しを求める訴えの利益は失われるものといわざるを得ない。」

（裁判長裁判官　大橋進，裁判官　木下忠良，鹽野宜慶，牧圭次，島谷六郎）

▶**Reference　1)**　最二小判平成5（1993）・9・10民集47巻7号4955頁［重判平5行8］は，市街化区域内の土地を開発区域とする開発許可（都計法29条）は「これを受けなければ適法に開発行為を行うことができないという法的効果を有するものであるが」，「開発許可の存在は，違反是正命令を発する上において法的障害となるものではなく，また，たとえ開発許可が違法であるとして判決で取り消されたとしても，違反是正命令を発すべき法的拘束力を生ずるものでもないというべきである。そうすると，開発行為に関する工事が完了し，検査済証の交付もされた後においては，開発許可が有する前記のようなその本来の効果は既に消滅して」いるから，開発許可の取消しを求める訴えの利益は失われるとした。なお，最三小判平成11（1999）・10・26判時1695号63頁は，開発許可に係る開発区域内において予定された建築物について，いまだ建築確認（建基法6条）がされていない場合であっても，上記平成5（1993）・9・10の射程が及ぶとして，開発許可取消訴訟の訴えの利益を否定した。これに対し，最一小判平成27（2015）・12・14民集69巻8号2404頁［重判平28行3］は，市街化調整区域内の土地を開発区域とする開発許可の取消訴訟については，当該開発行為に関する工事が完了し，検査済証が交付された後においても，予定建築物等の建築等が可能となるという法的効果を排除することができるので，訴えの利益が認められるとした。この判決は，上記平成5（1993）・9・10および上記平成11（1999）・10・26の射程が及ばない理由として，「市街化区域においては，開発許可を取り消しても，用途地域等における建築物の制限（都市計画法10条，建築基準法第3章第3節）等に従う限り，自由に建築物の建築等を行うことが可能であり，市街化調整区域における場合とは開発許可の取消しにより排除し得る法的効果が異なる」と説明している。

　2)　最一小判平成7（1995）・11・9判時1551号64頁は，森林法10条の2に基づく林地開発許可の取消訴訟について，開発行為に関する工事が完了し，検査済証の交付も

⇨56

された後においては，訴えの利益は消滅するとした。

I-4-2-2　過去の違法行為を争う利益

56　派生的法効果
最一小判平成 29（2017）・4・6 ［重判平 29 行 4］
民集 71 巻 4 号 637 頁；判時 2355 号 3 頁
（一審）福岡地判平成 25（2013）・12・10 民集 71 巻 4 号 663 頁〔参〕
（二審）福岡高判平成 27（2015）・4・16 民集 71 巻 4 号 710 頁〔参〕

■**事実**　建物の設備管理等の作業に従事する労働者であった A は，福岡労働局長に対し，じん肺法 15 条 1 項に基づいてじん肺管理区分の決定の申請をしたところ，管理 1（じん肺の所見がないと認められる者）に該当する旨の決定（以下「本件決定」という）を受けたため，じん肺健康診断の結果によれば管理 4（じん肺の所見があると認められる者のうち最も重い区分で，じん肺法 23 条により，「療養を要するものとする」とされている）に該当するとして，Y（国）を相手に，その取消し等を求めて訴訟を提起した。一審は，A が口頭弁論終結後に死亡した後，A の請求を一部認容した。Y が控訴。二審は，A の妻および子である X らが相続により本件訴訟における A の地位を承継したと主張して訴訟承継の申立てをしたのに対し，本件訴訟は A の死亡により当然に終了すると判断し，一審を取り消し，訴訟終了宣言をした。X らが上告。

■**判旨**　破棄差戻し。

「ア　都道府県労働局長のじん肺管理区分の決定は，粉じん作業に従事する労働者及び粉じん作業に従事する労働者であった者を対象とし，じん肺健康診断の結果を基礎として，じん肺に関し相当の学識経験を有する医師である地方じん肺診査医の審査等に基づき，じん肺の所見の有無及びその進展の程度を確認し，じん肺に関する健康管理その他必要な措置を適切に講じ得るよう，じん肺の所見がないと認められる者を管理 1 に，当該所見があると認められる者をその進展の程度に応じて管理 2 から管理 4 までに区分するもの（じん肺法 4 条 2 項）である。

そして，同法 23 条は，管理 4 と決定された者については，療養を要するものとしているところ，これは，労災保険給付の対象となる業務上の疾病として，「粉じんを飛散する場所における業務によるじん肺症」が定められ，療養補償給付等の対象とされていることに対応する規定であり，都道府県労働局長が上記のようなじん肺健康診断の結果を基礎とする専門医の判断に基づいて管理 4 と決定した者については，上記の業務上の疾病に当たるものとして労災保険給

158　I　行 政 訴 訟

⇨56

付が円滑かつ簡便に支給されるようにしたものと解される。そうすると，同条は，管理 4 に該当するじん肺にかかった労働者等が，その旨のじん肺管理区分決定を受けた場合に上記の業務上の疾病に当たるか否かについての実質的審査を再度経ることなく当該労災保険給付の支給を受けられることとしたものと解するのが相当である。

イ　他方，本件通達［労働省労働基準局長発出の「改正じん肺法の施行について」（昭和 53 年 4 月 28 日付け基発第 250 号）］によれば，じん肺に係る労災保険給付に関する事務を行うに当たっては，管理 4 と決定された者に係るじん肺を業務上の疾病として取り扱うものとする一方，管理 4 以外の者からじん肺に係る労災保険給付の請求があった場合は，原則として，随時申請を行うべきことを指導し，当該申請によるじん肺管理区分の決定を待って，その結論に応じて所定の事務を行うこととされている。これは，上記のようなじん肺法 23 条及び労災保険法等の規定を踏まえて，じん肺に係る労災保険給付に関する事務において，管理 4 に該当する旨の決定がある場合に上記アの業務上の疾病に当たるとの判断が行われることとしているものということができ，管理 1 に該当する旨の決定を受けた労働者等が労災保険給付の請求をした場合には，当該業務上の疾病に当たるとは認められないとして当該労災保険給付の不支給処分を受けることが確実であるということができる。

ウ　以上によれば，都道府県労働局長から所定の手続を経て管理 1 に該当する旨の決定を受けた労働者等は，これを不服として，当該決定の取消しを求める法律上の利益を有するところ，労災保険法 11 条 1 項所定の遺族は，死亡した労働者等が有していたじん肺に係る労災保険給付の請求権を承継的に取得するものと理解することができること（同項及び同条 2 項）を考慮すると，このような法律上の利益は，当該労働者等が死亡したとしても，当該労働者等のじん肺に係る未支給の労災保険給付を請求することができる上記遺族が存する限り，失われるものではないと解すべきである。このように解することは，本件のように，管理 1 に該当する旨の決定を受けた当該労働者等がその取消訴訟を提起した後に死亡した場合に，上記遺族に訴訟承継を認めないときは，当該遺族は当該労働者等のじん肺に係る労災保険給付を請求したとしても，管理 1 に該当する旨の決定が存する以上，当該労災保険給付の不支給処分を受けることが確実であり，改めてこれに対する取消訴訟を提起することを余儀なくされることに照らしても，合理性を有するということができる。

I -4　時間の経過と抗告訴訟の許容性　159

⇨*57*

　エ　したがって，管理1に該当する旨の決定を受けた労働者等が当該決定の取消しを求める訴訟の係属中に死亡した場合には，当該訴訟は，当該労働者等の死亡によって当然に終了するものではなく，当該労働者等のじん肺に係る未支給の労災保険給付を請求することができる労災保険法11条1項所定の遺族においてこれを承継すべきものと解するのが相当である。」

（裁判長裁判官　池上政幸，裁判官　大谷直人，小池裕，木澤克之）

▶*Reference　1*）　最大判昭和40（1965）・4・28民集19巻3号721頁は，分限免職処分の取消訴訟について，処分後に被処分者が市議会議員に立候補したことにより，公職選挙法の規定によって公務員の職を辞したものとみなされ，公務員たる地位を回復しうる余地がなくなっても，給料請求権その他の権利，利益を回復するため，訴えの利益が認められるとした。

　2）　最三小判昭和49（1974）・12・10民集28巻10号1868頁［百選I 115］は，免職された公務員が免職処分の取消訴訟の係属中に死亡した場合には，その取消判決によって回復される当該公務員の給料請求権等を相続する者が訴訟を承継するとした。

　3）　処分基準による処分加重期間と訴えの利益につき，最三小判平成27（2015）・3・3民集69巻2号143頁［百選II 175］（I巻（第2版）*101*）。

57 事実上の不利益

最三小判昭和55（1980）・11・25［百選II 176］
民集34巻6号781頁；判時987号28頁
（評釈）渋谷秀樹・法協100巻4号808頁，宮崎良夫・判評274（判時1016）号2頁，時岡泰・曹時36巻2号119頁
（一審）福井地判昭和51（1976）・1・23判時826号34頁
（二審）名古屋高金沢支判昭和52（1977）・12・14判時889号32頁

■**事実**　自動車運転免許保持者Xは，福井県公安委員会（Y₁）指揮下の福井県警察本部長（Y₂）から，列車踏切一旦停止義務その他の義務違反点数の累積により，1973年12月17日，道交法103条に基づき，30日間の免許停止処分（以下「本件原処分」という）を受けたが，Xが直ちに同法上の同日講習を受講したので，停止期間は29日間短縮されて1日だけとなった。Xは，本件原処分の日から1年間，無違反・無処分で経過した。他方，1974年2月15日，Xは，本件原処分につき，Y₁に対して審査請求の申立てをしたが，同年4月12日，棄却裁決（以下「本件裁決」という）を受けた。これに対し，Xは，本件原処分の違法性および本件裁決の審理手続の違法性を主張して，本件原処分および本件裁決の取消しを求めて出訴した。一審は，本件訴えの適法性を肯定したうえで，請求を棄却した。二審は，本件訴えの適法性について一審を支持したうえで，本案について，本件裁決手続の違法性を認め，本件裁決を取り消した。Y₁が上告。

■**判旨**　破棄自判（訴え却下）。

160　　I　行 政 訴 訟

⇨*58*

「原審が適法に確定したところによれば，Y_2 は，昭和 48［1973］年 12 月 17 日 X に対し自動車運転免許の効力を 30 日間停止する旨の処分（以下「本件原処分」という。）をしたが，同日免許の効力停止期間を 29 日短縮した，X は，本件原処分の日から満 1 年間，無違反・無処分で経過した，というのである。右事実によると本件原処分の効果は右処分の日 1 日の期間の経過によりなくなったものであり，また，本件原処分の日から 1 年を経過した日の翌日以降，X が本件原処分を理由に道路交通法上不利益を受ける虞がなくなったことはもとより，他に本件原処分を理由に X を不利益に取り扱いうることを認めた法令の規定はないから，行政事件訴訟法 9 条の規定の適用上，X は，本件原処分及び本件裁決の取消によって回復すべき法律上の利益を有しないというべきである。この点に関して，原審は，X には，本件原処分の記載のある免許証を所持することにより警察官に本件原処分の存した事実を覚知され，名誉，感情，信用等を損なう可能性が常時継続して存在するとし，その排除は法の保護に値する X の利益であると解して本件裁決取消の訴を適法とした。しかしながら，このような可能性の存在が認められるとしても，それは本件原処分がもたらす事実上の効果にすぎないものであり，これをもって X が本件裁決取消の訴によって回復すべき法律上の利益を有することの根拠とするのは相当でない。」

（裁判長裁判官　寺田治郎，裁判官　環昌一，横井大三，伊藤正己）

▶*Reference　1)　41* は，優良運転者である旨の記載のない免許証を交付して行う更新処分を受けた者につき，同処分の取消しを求める訴えの利益を認めた。

　　　　2)　105 は，弁護士に対する業務停止 3 カ月の懲戒処分によって生ずる社会的信用の低下，業務上の信頼関係の毀損等の損害につき，執行停止の要件である「重大な損害」（行訴法 25 条 2 項）に当たると認めた。

58 係争処分に従わずに行った行為を正当化する利益

最二小判平成 10（1998）・4・10［百選Ⅱ 179］
　　民集 52 巻 3 号 677 頁；判時 1638 号 63 頁①
　　（評釈）小林武・判評 479（判時 1655）号 19 頁；西川知一郎・曹時 51 巻
　　　　11 号 177 頁
　　（一審）福岡地判平成元（1989）・9・29 行裁例集 40 巻 9 号 1300 頁；判
　　　　時 1330 号 15 頁
　　（二審）福岡高判平成 6（1994）・5・13 行裁例集 45 巻 5 = 6 号 1202 頁；
　　　　判時 1545 号 46 頁［重判平 6 行 1］

■**事実**　在日韓国人である X は，当時の「日本国に居住する大韓民国国民の法定地位及び待遇に関する日本国と大韓民国との間の協定の実施に伴う出入国管理特別法」

⇨*58*

1条による許可を受けて，わが国に永住する資格（協定永住資格）を有していた。X
は，1986年5月，米国留学のため入管法26条1項による再入国許可を申請したとこ
ろ，Y（法務大臣）は，当時の外国人登録法14条所定の指紋押捺をXが拒否してい
たことを理由として，不許可処分をした。これに対し，Xは，本件不許可処分は違
憲，違法である等と主張して，その取消しを求めて出訴した。なお，Xは，同年8月
14日，再入国許可を受けないまま米国に出国し，約2年後の1988年6月，わが国の
査証を受けないで入国しようとして上陸を申請したが，出国による協定永住資格喪失
のため上陸条件に適合しないとされ，上陸特別許可と新たな在留資格・在留期間
（180日）を得て，入国するに至っている。

　一審は，Xは再入国許可を受けないまま出国したことにより在留資格を喪失して
おり，在留資格を前提とする再入国許可処分を改めて受ける余地はないから，本件不
許可処分の取消しを求める訴えの利益は失われたとして，訴えを却下した。

　これに対し，二審は，「Yが適法に再入国許可をしていれば，Xは，出国によって
も協定永住資格を喪失していなかったものであるから，不許可処分が違法として取り
消されたとしても，現に在留資格を有していないXに対し再入国許可をする余地が
ないとYにおいて主張することは，信義誠実の原則に反するものであり，そのよう
にしてXの権利救済を拒否することは不公正というほかない。したがって，本件処
分が違法として取消された場合には，Yは，本件再入国許可申請を原則として，本
件不許可処分をした時点を基準として再審査すべきものであって，Xの出国による
協定永住資格喪失を考慮に入れることは許されないので，訴えの利益喪失についての
Yの主張は採用でき」ないとして，訴えの利益を認めた。そのうえで，本件不許可
処分は，あまりにも苛酷な処分として比例原則に反しており，裁量の逸脱濫用があっ
たものとして違法であるとして，これを取り消した。Yが上告。

■判旨　破棄自判（訴え却下）。

「本邦に在留する外国人が再入国の許可を受けないまま本邦から出国した場
合には，同人がそれまで有していた在留資格は消滅するところ，出入国管理及
び難民認定法26条1項に基づく再入国の許可は，本邦に在留する外国人に対
し，新たな在留資格を付与するものではなく，同人が有していた在留資格を出
国にもかかわらず存続させ，右在留資格のままで本邦に再び入国することを認
める処分であると解される。そうすると，再入国の許可申請に対する不許可処
分を受けた者が再入国の許可を受けないまま本邦から出国した場合には，同人
がそれまで有していた在留資格が消滅することにより，右不許可処分が取り消
されても，同人に対して右在留資格のままで再入国することを認める余地はな
くなるから，同人は，右不許可処分の取消しによって回復すべき法律上の利益
を失うに至るものと解すべきである。そして，右の理は，右不許可処分を受け

162　I　行 政 訴 訟

⇨*59*

た者が日本国に居住する大韓民国国民の法的地位及び待遇に関する日本国と大韓民国との間の協定の実施に伴う出入国管理特別法……1条の許可を受けて本邦に永住していた場合であっても，異なるところがないというべきである。」

（裁判長裁判官　根岸重治，裁判官　大西勝也，河合伸一，福田博）

▶*Reference*　最大判昭和40（1965）・7・14民集19巻5号1198頁は，専従休暇（組合業務に専従するための休暇）の不承認処分の取消訴訟係属中に，申請に係る休暇期間が経過した事案について，「仮に本件不承認処分が違法のものであり，これにより被上告人らが不当に原判決摘示のごとき［職務専念義務違反を理由として，将来，昇給，昇格，退職金の算定等に関して不利に扱われる等の］不利益をこうむる虞があるとしても，かかる不利益は，将来の発生にかかり，しかもその発生自体不確定であるばかりでなく，そもそも被上告人らが本件不承認処分を無視して本来の職務に専念しなかったという別個の事実に由来するものであって，本件不承認処分による当然かつ直接的に招来されるものではないから，本件不承認処分を取消したからといってこれにより回復されるものではない。そればかりでなく，本件不承認処分が違法であったため上告人らがやむなく無承認のまま組合の業務に専従したという事情が，被上告人らに対し将来，或いはなされることあるべき個々の不利益処分の効力を判断するにつき考慮されるべき事項であるとするならば，それは，右不承認処分の取消をまつまでもなく，右の個々の不利益処分の効力を争う訴訟において考慮され得ると解されるから，被上告人らは，この意味においても，本件不承認処分の取消を求める法律上の利益を有するものということはできない」とした。

I-4-3　差止訴訟の許容性

差止訴訟については*9*も参照。

59　現実の不利益

最一小判平成24（2012）・2・9［百選Ⅱ 207］
　　　民集66巻2号183頁；判時2152号24頁
　　　（評釈）村上裕章・判評651（判時2178）号2頁，岩井伸晃＝須賀康太
　　　　　　　郎・曹時67巻7号199頁
　　　（一審）東京地判平成18（2006）・9・21判時1952号44頁
　　　（二審）東京高判平成23（2011）・1・28判時2113号30頁

■**事実**　Ｙ（東京都）教育委員会の教育長は，2003年10月23日，都立学校の各校長に対し，「入学式，卒業式等における国旗掲揚及び国歌斉唱の実施について（通達）」（以下「本件通達」という）を発し，教職員に対して，入学式，卒業式等において国旗に向かって起立し，国歌を斉唱すること，ピアノ伴奏をすること（以下「起立・斉唱・伴奏」という）を命じるよう通達した。校長らは，本件通達を踏まえ，2004年3

⇨*59*

月以降の卒業式や入学式等の式典に際し，その都度，多数の教職員に対し，起立・斉唱・伴奏を命ずる旨の職務命令を発した（以下，将来発せられるものを含め，このような職務命令を併せて「本件職務命令」という）。Y 教育委員会は，本件職務命令に従わない教職員に対し，1 回目は戒告，2 回目は減給 1 カ月，3 回目は減給 6 カ月，4 回目は停職 1 カ月という基準で懲戒処分を行っている。なお，過去に他の懲戒処分歴のある教職員に対しては，より重い処分がされているが，免職処分がされた例はない。

　これに対し，都立学校の教職員である X らは，起立・斉唱・伴奏を強制されることは X らの思想・良心の自由等を侵害すると主張して，Y に対し，①入学式，卒業式等の式典において，起立・斉唱・伴奏をする義務のないことの確認を求める（以下「本件確認訴訟」という）とともに，②起立・斉唱・伴奏をしないことを理由とする懲戒処分の差止めを求めた（以下「本件差止訴訟」という）。なお，国家賠償も請求されたが，省略する。

　一審は請求を認容したが，二審は次のとおり，いずれの訴えも却下した。まず，①本件確認訴訟について，無名抗告訴訟としての公的義務不存在確認訴訟において確認の利益が認められるためには，重大な損害を生ずるおそれがあり，かつ，その損害を避けるため他に適当な方法がないことが必要であるとしたうえで，本件では，本件通達の取消訴訟または無効確認訴訟および執行停止の方がより直截的で適切な救済手段であるから，確認の利益は認められないとした。次に，②本件差止訴訟についても，同様の理由から，「その損害を避けるため他に適当な方法があるとき」（行訴法 37 条の 4 第 1 項(但書)）に該当し，不適法であるとした。X らが上告。

　■判旨　上告棄却（以下では，訴訟要件に関する判示を紹介する。訴訟要件を満たすとされた訴えの本案については，最一小判平成 24（2012）・1・16 判時 2147 号 139 頁等を前提として，いずれの請求も棄却すべきであるが，不利益変更禁止の原則により，上告棄却にとどめるとされた）。

1　本件通達および本件職務命令の処分性

「本件通達は，行政組織の内部における上級行政機関である都教委から関係下級行政機関である都立学校の各校長に対する示達ないし命令にとどまり，それ自体によって教職員個人の権利義務を直接形成し又はその範囲を確定することが法律上認められているものとはいえないから，抗告訴訟の対象となる行政処分には当たらない」。「また，本件職務命令も，教科とともに教育課程を構成する特別活動である都立学校の儀式的行事における教育公務員としての職務の遂行の在り方に関する校長の上司としての職務上の指示を内容とするものであって，教職員個人の身分や勤務条件に係る権利義務に直接影響を及ぼすものではないから，抗告訴訟の対象となる行政処分には当たらないと解される。なお，

⇒*59*

本件職務命令の違反を理由に懲戒処分を受ける教職員としては，懲戒処分の取消訴訟等において本件通達を踏まえた本件職務命令の適法性を争い得るほか，後述のように本件に係る事情の下では事前救済の争訟方法においてもこれを争い得るのであり，本件通達及び本件職務命令の行政処分性の有無について上記のように解することについて争訟方法の観点から権利利益の救済の実効性に欠けるところがあるとはいえない。」

2　本件差止訴訟の適法性

(1)　一定の処分がされようとしていること（行訴法3条7項）　「本件通達の発出後，都立学校の教職員が本件職務命令に違反した場合の都教委の懲戒処分の内容は，おおむね，1回目は戒告，2回目及び3回目は減給，4回目以降は停職となっており，過去に他の懲戒処分歴のある教職員に対してはより重い処分量定がされているが，免職処分はされていないというのであり，……免職処分以外の懲戒処分（停職，減給又は戒告の各処分）がされる蓋然性があると認められる一方で，免職処分がされる蓋然性があるとは認められない。そうすると，本件差止めの訴えのうち免職処分の差止めを求める訴えは，当該処分がされる蓋然性を欠き，不適法というべきである。」

(2)　重大な損害を生ずるおそれ（行訴法37条の4第1項）　「行政庁が処分をする前に裁判所が事前にその適法性を判断して差止めを命ずるのは，国民の権利利益の実効的な救済及び司法と行政の権能の適切な均衡の双方の観点から，そのような判断と措置を事前に行わなければならないだけの救済の必要性がある場合であることを要するものと解される。したがって，差止めの訴えの訴訟要件としての上記「重大な損害を生ずるおそれ」があると認められるためには，処分がされることにより生ずるおそれのある損害が，処分がされた後に取消訴訟等を提起して執行停止の決定を受けることなどにより容易に救済を受けることができるものではなく，処分がされる前に差止めを命ずる方法によるのでなければ救済を受けることが困難なものであることを要する」。「本件通達を踏まえて懲戒処分が反復継続的かつ累積加重的にされる危険が現に存在する状況の下では，事案の性質等のために取消訴訟等の判決確定に至るまでに相応の期間を要している間に，毎年度2回以上の各式典を契機として……懲戒処分が反復継続的かつ累積加重的にされていくと事後的な損害の回復が著しく困難になることを考慮すると，本件通達を踏まえた本件職務命令の違反を理由として一連の累次の懲戒処分がされることにより生ずる損害は，処分がされた後に取消訴

⇨*59*

訟等を提起して執行停止の決定を受けることなどにより容易に救済を受けることができるものであるとはいえず」、上記要件に当てはまる。

(3) 補充性（行訴法37条の4第1項但書）　「原審は、本件通達が行政処分に当たるとした上で、その取消訴訟等及び執行停止との関係で補充性の要件を欠くとして、本件差止めの訴えをいずれも却下したが、本件通達及び本件職務命令は前記……[1]のとおり行政処分に当たらないから、取消訴訟等及び執行停止の対象とはならないものであり、また、上記……[2(2)]において説示したところによれば、本件では懲戒処分の取消訴訟等及び執行停止との関係でも補充性の要件を欠くものではないと解される。」

3　無名抗告訴訟としての本件確認訴訟の適法性

本件確認訴訟が将来の懲戒処分の予防を目的とする場合には、無名抗告訴訟として位置づけられ、差止訴訟（行訴法37条の4）と同様に、事前救済の争訟方法としての補充性が要件とされると解されるところ、本件では法定抗告訴訟である差止訴訟（前記2）が可能なので、補充性の要件を欠き、不適法である。

4　公法上の当事者訴訟としての本件確認訴訟の適法性

「本件職務命令に基づく公的義務の存在は、……勤務成績の評価を通じた昇給等に係る不利益という行政処分以外の処遇上の不利益が発生する危険の観点からも、都立学校の教職員の法的地位に現実の危険を及ぼし得るものといえるので、このような行政処分以外の処遇上の不利益の予防を目的とする訴訟として構成する場合には、公法上の当事者訴訟の一類型である公法上の法律関係に関する確認の訴え（行訴法4条）として位置付けることができる」。「本件通達を踏まえて処遇上の不利益が反復継続的かつ累積加重的に発生し拡大する危険が現に存在する状況の下では、毎年度2回以上の各式典を契機として……処遇上の不利益が反復継続的かつ累積加重的に発生し拡大していくと事後的な損害の回復が著しく困難になることを考慮すると、本件職務命令に基づく公的義務の不存在の確認を求める本件確認の訴えは、行政処分以外の処遇上の不利益の予防を目的とする公法上の法律関係に関する確認の訴えとしては、その目的に即した有効適切な争訟方法であるということができ、確認の利益を肯定することができる」。

（裁判長裁判官　宮川光治、裁判官　櫻井龍子，金築誠志，横田尤孝，白木勇）

▶*Reference 1)*　最一小判昭和47（1972）・11・30民集26巻9号1746頁［重判昭48行1］は、長野県教育委員会教育長通達により、教職員自身がその職務等につき自己観

察の結果を記載することとされたのに対し，教職員らが，当該表示義務を負わないことの確認を求めた事案で，違反に対する制裁としての不利益処分をまって義務の存否を争ったのでは回復しがたい重大な損害を被るおそれがある等の特段の事情はないとして，訴えの利益を否定した。

2）最三小判平成元（1989）・7・4判時1336号86頁［重判平元行4］（横川川事件）は，原告の土地が河川法にいう河川区域でないことの確認を求める訴えについて，上記最一小判昭和47（1972）・11・30を引用し，河川法に基づく監督処分等の不利益処分をまって，これに関する訴訟等において事後的に本件土地が河川区域に属するかどうかを争ったのでは，回復しがたい重大な損害を被るおそれがある等の特段の事情があるとはいえないとして，訴えの利益を否定した。

3）東京地判平成14（2002）・3・26判時1787号42頁は，「東京都における銀行業等に対する事業税の課税標準等の特例に関する条例」に基づく事業税の更正処分等の予防的不作為請求および同条例に基づく租税債務の不存在確認請求について，前掲最一小判昭和47（1972）・11・30を引用し，同条例に基づく事業税の更正処分等の効力を争う訴訟等において同条例の効力について適正判断がされ，それでも回復できない損害は金銭賠償によって補填されるとして，訴えの利益を否定した。二審の東京高判平成15（2003）・1・30判時1814号44頁［重判平15憲11］もこれを支持した。

4）名古屋地判平成25（2013）・5・31判時2241号31頁および二審・名古屋高判平成26（2014）・5・30判時2241号24頁は，タクシー事業者が乗務距離の最高限度を超えても運転者を乗務させることができる地位を有することの確認請求を認容するとともに，同限度を超えたことを理由とする輸送施設使用停止，事業停止および事業許可取消しの各処分の差止請求を認容した。同じく乗務距離規制が問題となった東京地判平成26（2014）・3・28判時2248号10頁は，確認訴訟を適法としたが，差止訴訟は不適法とした。大阪地判平成27（2015）・11・20判時2308号53頁は，タクシー特措法に基づく運賃変更命令の差止請求および運賃変更命令違反を理由とする輸送施設使用停止またはタクシー事業許可取消しの差止請求を認容した。二審・大阪高判平成28（2016）・6・30判時2309号58頁は，上記のうち輸送施設使用停止の差止訴訟については不適法とした（確定）。

60 将来の不利益

広島地判平成21（2009）・10・1［重判平22行10］
判時2060号3頁
（評釈）山下竜一・判評618（判時2078）号2頁

■事実 広島県福山市に位置する鞆の浦は，日本の近世の港を特徴づける遺構が現存する港湾として歴史的価値が高く，また，瀬戸内海国立公園内に位置する景勝地としても著名である。広島県および福山市は，交通渋滞解消と駐車場等の用地創出を目的として，埋立架橋事業を計画し，2007年5月，広島県知事に対し公有水面埋立免許（以下「本件埋立免許」という）の出願をした。知事は，これに対し免許をするのが相

⇨*60*

当であると判断した。広島県の出願分については，国土交通大臣の認可が必要であったので，知事は，2008年6月，認可の申請を行った（この認可は，本件訴訟の結審に至るまで行われていない）。

慣習排水権者，漁業権者，景観利益を有すると主張する者からなるＸらは，免許権者である広島県知事が所属するＹ（広島県）を被告として，本件埋立免許の差止めを求めて本件訴訟を提起した。なお，Ｘらは，本件埋立免許の仮の差止めを申し立てたが，広島地決平成20（2008）・2・29判時2045号98頁は，償うことのできない損害を避けるための緊急の必要（行訴法37条の5第2項）がないとして，これを却下した（*109R2*）を参照）。

■**判旨**　本判決は，Ｘらのうち鞆町居住者に原告適格（行訴法37条の4第3項）および「重大な損害を生ずるおそれ」（同条1項）を認めたうえで，本案において，調査の不十分さ等を指摘し，知事が本件埋立免許を行うことは，裁量権の範囲の逸脱（同条5項）に当たるとして，請求を認容した。以下では，「重大な損害を生ずるおそれ」に関する判示部分を紹介する。

行訴法37条の4の「差止訴訟が，処分又は裁決がなされた後に当該処分等の取消しの訴えを提起し，当該処分等につき執行停止を受けたとしても，それだけでは十分な権利利益の救済が得られない場合において，事前の救済方法として，国民の権利利益の実効的な救済を図ることを目的とした訴訟類型であることからすれば，処分等の取消しの訴えを提起し，当該処分等につき執行停止を受けることで権利利益の救済が得られるような性質の損害であれば，そのような損害は同条1項の「重大な損害」とはいえないと解すべきである。」

「本件埋立免許がなされたならば，事業者らは，遅くとも約3か月後には工事を開始すると予測され，……そのさらに約5か月後に完成するものと計画されている。他方，本件は争点が多岐にわたり，その判断は容易でないこと，第一審の口頭弁論が既に終結した段階であることなどからすれば，本件埋立免許がなされた後，取消しの訴えを提起した上で執行停止の申立てをしたとしても，直ちに執行停止の判断がなされるとは考え難い。以上の点からすれば，景観利益に関する損害については，処分の取消しの訴えを提起し，執行停止を受けることによっても，その救済を図ることが困難な損害であるといえる。」「以上の点や，景観利益は，生命・身体等といった権利とはその性質を異にするものの，日々の生活に密接に関連した利益といえること，景観利益は，一度損なわれたならば，金銭賠償によって回復することは困難な性質のものであることなどを総合考慮すれば，景観利益については，本件埋立免許がされることにより重大

⇨*61*

な損害を生ずるおそれがあると認めるのが相当である。」

（裁判長裁判官　能勢顯男，裁判官　福田修久，戸田有子）

▶*Reference　1*）　名古屋地判平成 18（2006）・8・10 判タ 1240 号 203 頁は，受刑者である原告が，生物学上および戸籍上は男性であるものの，性同一性障害のため，心理的，社会的には女性として生活してきたことを理由に，拘置所長から男子受刑者としての調髪処分を受けることになれば，耐え難い精神的苦痛を被るとして，同処分の事前差止めを求めた事案で，同処分の取消訴訟および執行停止による事後審査によっては回復することが困難な重大な損害が生じるおそれがあるとして，訴訟要件の充足を認めた（請求は棄却）。

2）　大阪地決平成 18（2006）・1・13 判タ 1221 号 256 頁は，都市公園にテント等を設置し日常生活を営んでいる者らに対するテント等の除却命令の差止訴訟について，除却命令の執行により生ずるおそれのある損害は，取消訴訟および執行停止によって避けることができる性質のものであるから，「重大な損害を生ずるおそれ」がないと判断した（仮の差止めの申立要件［行訴法 37 条の 5 第 2 項］として，本案訴訟である差止訴訟の適法性の有無が判断された事案）。

3）　大阪地決平成 18（2006）・5・22 判タ 1216 号 115 頁（確定）は，歯科医師（勤務医）に対する保険医登録取消処分の差止訴訟について，同処分は，保険診療以外の診療に従事することを禁ずるものではなく，直ちに当該歯科医師の技能等の適性の欠如に結び付くものではないこと，生じるおそれのある損害が主として財産上のものであること等にかんがみると，取消訴訟および執行停止によって損害を避けることができるから，「重大な損害を生ずるおそれ」がないとした（仮の差止めの申立要件として，本案訴訟である差止訴訟の適法性の有無が判断された事案）。他方，大阪地判平成 20（2008）・1・31 判タ 1268 号 152 頁（確定）（I 巻 *113*〔*114*〕）は，歯科医院および同医院の開設者である歯科医師に対する保険医療機関指定取消処分および保険医登録取消処分の差止訴訟について，処分によって生じる大幅な収入の減少や歯科医師および医療機関としての社会的評価，信用性の失墜によって，歯科医院の経営破綻という「重大な損害を生ずるおそれ」があるとして，訴訟要件の充足を認めた（請求は棄却）。

I-5　抗告訴訟をめぐる救済手続の相互間関係

抗告訴訟と国家賠償請求訴訟との関係については，*III-2-7* を参照のこと。

I-5-1　行政上の不服申立てと取消訴訟との関係

61 不服申立前置

最二小判昭和 36（1961）・7・21［百選 II 184］

⇨*61*

民集 15 巻 7 号 1966 頁
（評釈）田中真次・曹時 13 巻 9 号 113 頁
（一審）東京地判昭和 33（1958）・4・10 行裁例集 9 巻 4 号 621 頁；判時
150 号 15 頁
（二審）東京高判昭和 34（1959）・6・13 行裁例集 10 巻 12 号 2366 頁

■**事実**　X が所得額について確定申告をしたところ，浅草税務署長 Y は，更正処分
を行い，かつ，過少申告加算税額を決定した。そこで X が，浅草税務署に対し，東
京国税局長 A 宛の審査請求書と題する書面を提出したところ，Y は X に対し収支計
算書と貸付金明細書を提出するように補正を命じ，次いで，A は X に対し収支計算
書を提出するように補正を命じた。しかし，X は各補正命令に応じなかったため，A
は審査請求を却下する旨の決定を行った。そこで X は，Y の行った更正処分は課税
総所得金額を過大に評価した違法があると主張して，取消訴訟を提起した。

　一審および二審は，証拠書類を添付しない瑕疵ある審査請求について，X が補正
に応じないときは，審査請求は不適法として却下され，したがって，X の提起した
取消訴訟は，所得税法所定の訴願前置の要件を欠く不適法な訴えであるとして却下し
た。これに対し，X が上告。最高裁は，一審・二審とは異なり，証拠書類の不添付
を理由に補正命令を行い，それへの不服従を理由に審査請求を却下することは違法で
あるとしたうえで，適法な不服申立てを行政庁が誤って却下した場合には，行政庁に
対して処分の再審理の機会が与えられていたのであるから，不服審査前置の要件は満
たされていると判断した。

■**判旨**　二審判決・一審判決破棄，地裁へ差戻し。

「本訴の X の請求は更正処分の取消であるから同法［所得税法］51 条により
原則として再調査決定，審査決定を経なければ提起できないのであるが，国税
庁長官又は国税局長が誤ってこれを不適法として却下した場合には本来行政庁
は処分について再審理の機会が与えられていたのであるから，却下の決定であ
ってもこれを前記規定にいう審査の決定にあたると解すべきことは原判示のと
おりである。而して同法施行規則 47 条によれば，再調査請求をしようとする
者は一定の再調査請求書に証拠書類を添付して提出しなければならないと規定
しているのであるが，税務署長の更正には青色申告の場合を除いて，その理由
を示されないから納税者としては何故に更正を受けたのか判らないから証拠書
類の添付のしようのない場合もあり，更正の理由は判っていてもその所得が存
しないときなどは，かかる消極的な立証は困難であって消極的な立証の証拠書
類の存在しないこともあり得る。然らば同規則で証拠書類の添付を命じている
のはかかる書類があれば添付せよという趣旨と解すべく，証拠書類の添付を所
得税法 48 条 4 項の方式と解すべきではなく，従って証拠書類の添付のないと

170　Ⅰ　行 政 訴 訟

の理由で同項にいう当該請求の方式に欠陥があるものとして補正命令をなし，更に提出なき故をもって却下することはできないものと解すべきである。かくの如く不適法として却下すべきでない場合に国税局長が誤って却下した場合は前述説明の如く同法 51 条の審査の決定があったものとして適法に出訴ができるものと解すべきである。」

（裁判長裁判官　藤田八郎，裁判官　池田克，河村大助，奥野健一，山田作之助）

▶*Reference*　1）　差戻後上告審（最一小判昭和 49（1974）・7・11 訟月 20 巻 11 号 180 頁）は，事実認定の変更を踏まえて，「X はあくまで審査の請求をする旨を固執していたのであって，再調査の請求をする意思を有しなかったというのであるから，X が浅草税務署に提出した所論書面による請求は，再調査の請求を経ることなくされた審査の請求とみるほかはなく，かかる請求が不適法なことは明らかである」と判示し，審査請求が不適法であるとして却下された場合には，不服審査前置の要件を満たしたことにはならないと判断した。

　2）　平成 26（2014）年の行政不服審査法の全面改正に伴って，国税通則法が改正された結果，二重前置主義は廃止され，国税不服審判所長に対する審査請求に一元化されたが，処分庁に対する再調査の請求が定められた（国税通則法 75 条）。自由選択主義の下，審査請求の前に再調査の請求を行うこともできるが，この場合には審査請求についての裁決を経なければ訴訟を提起することはできない（同法 115 条）。

　3）　不服申立前置の意義に関連して，これが，住民監査請求前置の意義とパラレルであるか否かが問題となりうる。この点に関し，園部逸夫裁判官は，最三小判平成 2（1990）・6・5 民集 44 巻 4 号 719 頁〔重判平 2 行 6〕の反対意見において，「住民監査請求の手続は，行政不服審査法所定の不服申立て……の手続等の場合と異な〔る〕」として，住民監査請求においては，対象が特定されていない場合であっても，可能な限り応答措置を行うべきであると述べている。

62　不服申立前置の緩和要件

最一小判昭和 59（1984）・6・28
民集 38 巻 8 号 1029 頁；判時 1147 号 91 頁
（評釈）碓井光明・判評 321（判時 1163）号 37 頁，石川善則・曹時 41 巻 2 号 221 頁
（一審）東京地判昭和 56（1981）・4・27 民集 38 巻 8 号 1035 頁〔参〕
（二審）東京高判昭和 58（1983）・4・20 民集 38 巻 8 号 1040 頁〔参〕

■**事実**　X 会社は，1976 年 7 月 1 日から 1977 年 6 月 30 日までの事業年度の法人税について，取引先に対する債権約 7200 万円が貸倒れになったとして，欠損金額を約 7000 万円とする確定申告書を提出するとともに，欠損金額のうち前事業年度における所得金額相当額約 5200 万円を繰り戻して，法人税約 2000 万円の還付を求める請求書を提出した。これに対し，八王子税務署長 Y は，債権の貸倒れによる損金算入を

⇨*62*

否認し，本件事業年度の X の欠損金額を約 400 万円に減額する更正処分を行うとともに，更正処分と同じ理由により，繰戻還付請求の一部に理由がないとする通知処分を行った。

X は，更正処分に対して，適法に不服申立手続を経て取消訴訟を提起したが，一審は X の請求を棄却した。X は，二審において，通知処分に対して，不服申立手続を経ないまま，更正処分取消しの訴えの関連請求ないしこれと請求を同一にするとして，通知処分取消しの訴えを追加する旨の申立てをした。この申立てに対し，Y は異議を述べた。二審は，更正処分取消しの訴えについては，一審を支持して控訴を棄却し，他方，通知処分取消しの訴えについては，訴えの追加には Y の同意が必要であり，また，不服申立てを前置していないことからも不適法であるとして却下した。これに対し，X が上告。

■**判旨**　上告棄却。

「納税者が，欠損事業年度の法人税について欠損の確定申告をすると同時に，欠損金の繰戻しによる前年度の法人税の還付請求をしたのに対し，右申告に係る欠損金額の一部が否認され，欠損金額を減額する更正処分を受けるとともに，その還付請求の一部に理由がない旨の通知処分を受けた場合において，当該納税者が欠損金の繰戻しによる還付金の請求を維持しようとするときは，右更正処分に対する不服申立とは別に，右通知処分に対しても不服申立をしなければならないものであることは当然というべきである。けだし，両者はそれぞれその目的及び効果を異にする別個の処分であり，右更正処分の取消請求は，欠損事業年度の欠損金額の確定を争うものにすぎず，単に右更正処分のみを争うときは，その取消しの効果として次年度以降の繰越欠損金額に影響を及ぼすにとどまるものであって，欠損事業年度の欠損金額を前年度に繰り戻す効果を生ずるものではないからである。

したがって，右の更正処分と通知処分とは，その基礎となった事実関係が共通であるとしても，後者は前者の処分に付随する処分であると解することのできないものであり，右両者に対する納税者の不服の事由が同一であって前者の処分について適法に不服申立手続が採られているからといって，後者の処分に対する不服申立の前置を不要と解することはできず，また，同処分に対する不服申立を経ないことにつき国税通則法 115 条 1 項 3 号にいう正当な理由があると解することも相当でない。」

（裁判長裁判官　藤﨑萬里，裁判官　谷口正孝，和田誠一，角田禮次郎，矢口洪一）

▶*Reference 1*）　最三小判昭和 57（1982）・12・21 民集 36 巻 12 号 2409 頁は，青色申

告書提出承認の取消処分と同時に（または引き続いて）更正処分が行われ，後者について不服申立てを経由している場合に，2つの処分の基礎とされた事実関係が共通であって，不服の事由が同一であっても，前者について別個に不服申立てを経由することが必要であると判示した。

2）不服申立前置主義について，2004 年行訴法改正により，行政庁は，処分の相手方に対する書面での教示を義務づけられている（行訴法 46 条 1 項）。

63 原処分主義
最三小判昭和 62（1987）・4・21［百選Ⅱ 138］（⇒*125*）

■**事実**　*125* を参照。

■**判旨**　*125* を参照。

▶*Reference*　*1*）東京地判昭和 46（1971）・3・29 行裁例集 22 巻 3 号 315 頁は，出入国管理令 49 条 1 項による異議申出を棄却した法務大臣の裁決の取消しを求める訴えにおいて，棄却裁決の特殊性（本件裁決には，原処分である入国審査官の認定の当否の判断のほかに，特別在留の許否に関する法務大臣のいわば第二次的な判断が含まれていること）にかんがみて，法務大臣の固有の権限に属する特別在留の許否に関する判断の瑕疵を除き，原処分に関する瑕疵を本件裁決の違法事由として主張することは許されないと判示した。

2）東京地判平成 18（2006）・8・30 判タ 1305 号 106 頁は，「退去強制手続においては，原処分である入国審査官による退去強制事由の認定処分（入管法 47 条 3 項）を違法であるとして取り消しても，これに対する不服申立ての応答としての裁決である特別審理官による上記認定には誤りがない旨の判定（同法 48 条 8 項）に対する不服申立ての応答としての同法 49 条 1 項による異議申出に理由がないとする法務大臣等の裁決を取り消さない限り，退去強制令書発付処分の効力を否定できないと解されること（同法 49 条 6 項参照）から，この場合においては，上記法務大臣等の裁決を取り消す訴えの利益があるということができる。／そうであるとすれば，入国審査官による退去強制事由の認定に誤りがない旨の特別審理官の判定に対する，入管法 49 条 1 項による異議申出に理由がないとする法務大臣等の裁決の取消しを求める訴えにおいて，前提となる入国審査官の認定の違法をそのまま主張するについては制限があるとしても，当該違法によって原処分が訴訟によって取り消されることが上記裁決の違法事由になることまでは制限されないものと解するのが相当である」と判示した。

64 裁決主義
東京地判平成 19（2007）・5・25
訟月 53 巻 8 号 2424 頁

I‒5　抗告訴訟をめぐる救済手続の相互間関係　173

⇨*64*

■**事実**　2006年の電波法施行規則等の改正により，屋内において2メガヘルツから30メガヘルツまでの周波数の搬送波により信号を送受信する広帯域電力線搬送通信設備が解禁されたところ，アマチュア無線局の免許を有するXらは，当該通信設備から漏えいする電波によりアマチュア無線通信が妨げられるなどと主張して，当該通信設備につき総務大臣Yが行った型式指定処分（電波法施行規則44条1項1号(1)および46条の2第1項）の取消しを求めるとともに，Yがする型式指定および許可（電波法100条1項1号）の差止めを求めて，訴えを提起した。

■**判旨**　訴え却下。

1　取消訴訟の適法性について　「電波法83条から94条までの規定によれば，同法又は同法に基づく命令の規定による総務大臣の処分についての異議申立てがあったときは，総務大臣は，これを電波監理審議会の議に付し，電波監理審議会は審理の手続を経た上，審理官の作成した調書及び意見書に基づいて決定案を議決し，総務大臣はこの議決により決定を行うこととされている。」

「そして，このような準司法的手続が採用されていることから，電波法又は同法に基づく命令の規定による総務大臣の処分に不服がある者は，当該処分についての異議申立てに対する決定に対してのみ，取消訴訟を提起することができるという裁決主義が採用されている（同法96条の2）。さらに，その訴えについても，異議申立てを却下する決定に対する訴えを除き，第1審が省略されて，東京高等裁判所の専属管轄とされ（同法97条），電波監理審議会が適法に認定した事実は，これを立証する実質的な証拠があるときは，裁判所を拘束するという実質的証拠法則が規定されている（同法99条1項）。」

「本件取消訴訟の対象である本件型式指定処分は，電波法又は同法に基づく命令の規定による総務大臣の処分であるから，同法96条の2により裁決主義が採用されており，処分についての異議申立てに対する決定に対してのみ取消訴訟を提起することができるところ，Xらは，異議申立てに対する決定を経ることなく，原処分である本件型式指定処分に対する取消しの訴えを提起しているものであるから，本件取消訴訟は不適法というべきである。」

2　差止めの訴えの適法性について　「電波法が，同法又は同法に基づく命令の規定による総務大臣の処分に対する取消訴訟について，裁決主義及び実質的証拠法則を採用し，東京高等裁判所の専属管轄を定めた趣旨は，電波法等に基づく処分の適否という専門的技術的事項については，電波監理審議会の専門的知識経験に基づく事実認定を尊重し，裁判所が証拠に基づく事実認定を行う

174　　I　行政訴訟

ことを留保するのを適当としたものと考えられる。」

「行政事件訴訟法の……改正に際して裁決主義を定めた電波法96条の2について特段の手当てがされなかったことからすれば，同法は，行政事件訴訟法の……改正後においても，電波法又は同法に基づく命令の規定による総務大臣の処分については，電波監理審議会の審理を経た後の決定に対する取消訴訟のみを救済手段として予定していると解するのが相当であり，本件のような処分の差止めの訴えは予定していないと解されるから，本件差止めの訴えは不適法というべきである。」

（裁判長裁判官　杉原則彦，裁判官　市原義孝，島村典男）

▶**Reference 1)** 電波法は，無線通信に妨害を与えるおそれのある一定の周波数または電力を利用する高周波利用設備について，事前の設置許可または型式指定を必要とする制度を導入している。本件通信設備については，電波法施行規則44条1項1号(1)に基づき総務大臣の型式指定を受けたものは，電波法100条1項1号に基づく総務大臣の許可を受けることなく，使用することができる。

　2) 二審（東京高判平成19（2007）・12・5裁判所WEB）は，一審の判断を基本的に認めて，控訴を棄却した。

　3) 裁決主義について，2004年行訴法改正により，行政庁は，処分の相手方に対する書面での教示を義務づけられている（行訴法46条2項）。

I-5-2　無効確認訴訟の許容性

65　差止訴訟との関係

最三小判昭和51（1976）・4・27
民集30巻3号384頁；判時814号107頁
（評釈）石井健吾・曹時31巻12号197頁
（一審）熊本地判昭和46（1971）・4・7民集30巻3号389頁〔参〕
（二審）福岡高判昭和50（1975）・7・17民集30巻3号393頁〔参〕

■**事実**　熊本西税務署長Yは，Xに対し，X主催の菊人形博覧会についての入場税賦課決定および所得税についての更正と重加算税の賦課決定処分を行った。これに対し，Xは，所得税の更正等決定に対する異議申立てを行ったが，Yは不服申立期間の徒過を理由に申立てを却下した（なお，入場税賦課決定については，不服申立てはなされていない）。そこでXは，各処分の取消訴訟を提起したが，一審は，Xが適法な不服申立手続を経ていないことを理由として，訴えを却下した。Xは，二審で，各処分の無効確認訴訟を追加する訴えの変更をしたが，二審は，無効確認訴訟につき，「Xは争いになっている本件入場税および所得税は何れも未納付であることが窺われ

I-5　抗告訴訟をめぐる救済手続の相互間関係　175

⇨66

るので……，右各処分の無効を前提とする現在の法律関係に関する訴え（例えば，租税債務不存在確認の訴え）によってその目的を達することができるものというべきであって，右無効確認の訴えは不適法というほかはない」として，Xの訴えを却下した。これに対し，Xが上告。最高裁は，二審とは異なり，後続処分としての滞納処分を受けるおそれがある場合には，課税処分の無効確認訴訟は適法であると判示した。

■**判旨**　原判決破棄差戻し。

「納税者が，課税処分を受け，当該課税処分にかかる税金をいまだ納付していないため滞納処分を受けるおそれがある場合において，右課税処分の無効を主張してこれを争おうとするときは，納税者は，行政事件訴訟法36条により，右課税処分の無効確認を求める訴えを提起することができるものと解するのが，相当である（……）。

　そこで，右の見解に立って本件をみるのに，原判決によれば，Xは本件課税処分にかかる所得税及び入場税をいまだ納付していないことがうかがえるというのであるから，Xは，右課税処分に続く滞納処分を受けるおそれがあるものというべく，したがって，本件課税処分無効確認の訴えは適法である。」

（裁判長裁判官　江里口清雄，裁判官　天野武一，髙辻正己，服部髙顯）

66 原状回復請求・処分のやり直しとの関係

最二小判昭和62（1987）・4・17〔百選Ⅱ 180〕
　民集41巻3号286頁；判時1240号64頁
　（評釈）安本典夫・判評350（判時1263）号35頁，山﨑敏充・曹時41巻
　　3号180頁
　（一審）千葉地判昭和53（1978）・6・16民集41巻3号293頁〔参〕
　（二審）東京高判昭和57（1982）・3・24行裁例集33巻3号548頁；判タ
　　471号180頁

■**事実**　Y土地改良区が，土地改良事業施行地域内の土地所有者であるXに対し，土地改良法54条に基づく換地処分を行ったところ，Xは，換地の形状が従前地のそれと極端に異なり，農道に接する部分も短く，照応の原則（土地改良法53条1項2号）に違反し無効であるなどと主張して，本件換地処分の無効確認を求める訴えを提起した。

　一審は，訴えの適法性にはとくに触れず，実体審理をしたうえ，Xの請求を棄却した。二審は，①本件換地処分に基づく登記等の手続はすべて終了しており，後続処分によりXが損害を受けるおそれがあるということはできない，②仮に本件換地処分が無効であるとすると，Xは従前地の所有権を失っていないこととなり，換地により当該土地の現在の所有者とされている者を相手方として所有権確認・明渡し・登

176　Ⅰ　行　政　訴　訟

⇨*67*

記抹消等の訴えを提起することで，その目的を達することができるから，Ｘの無効確認訴訟は不適法であるとして，一審を取り消し，訴えを却下した。これに対し，Ｘが上告。最高裁は，二審とは異なり，相互に連鎖し関連し合っているという「処分の性質」，および，照応の原則に適合する処分のやり直しが求められているという「紛争の実態」にかんがみ，Ｘの無効確認訴訟を適法とした。

■**判旨** 原判決破棄差戻し。

「土地改良事業の施行に伴い土地改良区から換地処分を受けた者が，右換地処分は照応の原則に違反し無効であると主張してこれを争おうとするときは，行政事件訴訟法36条により右換地処分の無効確認を求める訴えを提起することができるものと解するのが相当である。けだし，〔土地改良〕法54条に基づく換地処分は，土地改良事業の性質上必要があるときに当該土地改良事業の施行に係る地域につき換地計画を定めて行われるものであり，右施行地域内の土地所有者等多数の権利者に対して行われる換地処分は通常相互に連鎖し関連し合っているとみられるのであるから，このような換地処分の効力をめぐる紛争を私人間の法律関係に関する個別の訴えによって解決しなければならないとするのは右処分の性質に照らして必ずしも適当とはいい難く，また，換地処分を受けた者が照応の原則に違反することを主張してこれを争う場合には，自己に対してより有利な換地が交付されるべきことを主張していることにほかならないのであって，換地処分がされる前の従前の土地に関する所有権等の権利の保全確保を目的とするものではないのであるから，このような紛争の実態にかんがみると，当該換地処分の無効を前提とする従前の土地の所有権確認訴訟等の現在の法律関係に関する訴えは右紛争を解決するための争訟形態として適切なものとはいえず，むしろ当該換地処分の無効確認を求める訴えのほうがより直截的で適切な争訟形態というべきであり，結局，右のような場合には，当該換地処分の無効を前提とする現在の法律関係に関する訴えによってはその目的を達することができないものとして，行政事件訴訟法36条所定の無効確認の訴えの原告適格を肯認すべき場合に当たると解されるからである。」

（裁判長裁判官　島谷六郎，裁判官　牧圭次，藤島昭，香川保一，林藤之輔）

▶*Reference*　判決の拘束力に関し，**94R2**）も参照のこと。

67 民事差止請求との関係（もんじゅ訴訟）

最三小判平成4（1992）・9・22〔百選Ⅱ181〕

I-5　抗告訴訟をめぐる救済手続の相互間関係　177

⇨*68*

民集 46 巻 6 号 1090 頁；判時 1437 号 44 頁
（評釈）桑原勇進・法協 111 巻 12 号 1887 頁，高橋利文・曹時 45 巻 3 号
254 頁
（一審）（二審）*13* を参照。

■**事実**　*13* を参照。

■**判旨**　上告棄却。
「処分の無効確認訴訟を提起し得るための要件の 1 つである，右の当該処分
の効力の有無を前提とする現在の法律関係に関する訴えによって目的を達する
ことができない場合とは，当該処分に基づいて生ずる法律関係に関し，処分の
無効を前提とする当事者訴訟又は民事訴訟によっては，その処分のため被って
いる不利益を排除することができない場合はもとより，当該処分に起因する紛
争を解決するための争訟形態として，当該処分の無効を前提とする当事者訴訟
又は民事訴訟との比較において，当該処分の無効確認を求める訴えのほうがよ
り直截的で適切な争訟形態であるとみるべき場合をも意味するものと解するの
が相当である（……）。」
「〔A に対して原子炉の建設・運転の差止めを求める〕民事訴訟は，行政事件訴訟
法 36 条にいう当該処分の効力の有無を前提とする現在の法律関係に関する訴
えに該当するものとみることはできず，また，本件無効確認訴訟と比較して，
本件設置許可処分に起因する本件紛争を解決するための争訟形態としてより直
截的で適切なものであるともいえないから，X らにおいて右民事訴訟の提起
が可能であって現にこれを提起していることは，本件無効確認訴訟が同条所定
の前記要件を欠くことの根拠とはなり得ない。」
（裁判長裁判官　貞家克己，裁判官　坂上壽夫，園部逸夫，佐藤庄市郎，可部恒雄）

I -*5*-*3*　申請型義務付け訴訟と非申請型義務付け訴訟の許容性

68 申　請　権

最二小判平成 21（2009）・4・17［百選 I 62］（I 巻 93〔92〕）
民集 63 巻 4 号 638 頁；判時 2055 号 35 頁
（評釈）横田光平・法協 129 巻 6 号 1440 頁，渡井理佳子・自治研究 85 巻
10 号 149 頁，清野正彦・曹時 62 巻 6 号 162 頁
（一審）東京地判平成 19（2007）・5・31 判時 1981 号 9 頁（*69*）
（二審）東京高判平成 19（2007）・11・5 判タ 1277 号 67 頁

⇨*68*

■事実　X_1 は，事実上の夫婦として共同生活をしている X_2（母）と X_3（父）の第二子として出生した。X_3 は，世田谷区長 A に対し，嫡出子または非嫡出子の別を記載する欄を空欄のままとして，X_1 に係る出生届を提出した。A は，X_3 に対し，不備の補正を求めたが，拒否され，認定事実を記載した付せんを届出に貼付する内部処理（付せん処理）をして受理する方法を提案したものの，この提案も拒絶されたため，出生届を受理しないこととした。X_3 は，出生届の不受理処分を不服として，A に出生届の受理を命ずることを求める家事審判の申立てをしたが，東京家裁は申立てを却下し，東京高裁は抗告を棄却し，最高裁は特別抗告を棄却した。

　X_3 は，出生届を不受理とされたものの，A に対し，X_1 につき住民票の記載を求める申出をしたところ，出生届が受理されていないことを理由に，記載をしない旨の応答をされ，その後も X_2 と共に申入れをしたものの受け入れられなかった。そこで，X らは，世田谷区 Y に対し，A の応答および住民票の記載をしない不作為が違法であると主張して，国賠法 1 条 1 項に基づき損害賠償を求めるとともに，A の応答が行政処分であることを前提としてその取消し，および，住民票作成の義務付けを求めて訴えを提起した。

　一審は，応答の取消しおよび住民票作成の義務付けの訴えについて，X_1 の請求を認容したが，二審は，一審を取り消し，X_1 の取消請求を棄却し，義務付け請求を却下した（なお，X_2 と X_3 については，原告適格を有していないとして，いずれの請求も却下されている）。これに対し，X らが上告受理申立て。最高裁は，一審・二審とは異なり，X_1 の取消請求につき，A の応答は行政処分に当たらないとして，訴えを却下した。

■判旨　X_1 の取消請求につき，原判決破棄，訴え却下。

「X_1 につき住民票の記載をすることを求める X_3 の申出は，住民基本台帳法（以下「法」という。）の規定による届出があった場合に市町村（特別区を含む。……）の長にこれに対する応答義務が課されている（住民基本台帳法施行令（……）11 条参照）のとは異なり，申出に対する応答義務が課されておらず，住民票の記載に係る職権の発動を促す法 14 条 2 項所定の申出とみるほかないものである。したがって，本件応答は，法令に根拠のない事実上の応答にすぎず，これにより X_1 又は X_3 の権利義務ないし法律上の地位に直接影響を及ぼすものではないから，抗告訴訟の対象となる行政処分に該当しないと解される（……）。そうすると，本件応答の取消しを求める X_1 の訴えは不適法として却下すべきである。」

（裁判長裁判官　今井功，裁判官　中川了滋，古田佑紀，竹内行夫）

▶*Reference　1*)　独禁法 45 条 1 項に基づく措置要求に関し，最一小判昭和 47（1972）・

⇨*69*

11・16 民集 26 巻 9 号 1573 頁［百選 I 122］（I 巻 *152*〔*153*〕）は，これは，「公正取引委員会の審査手続開始の職権発動を促す端緒」であるにとどまり，「具体的請求権」ではなく，公正取引委員会がこれを「不問に付する決定は取消訴訟の対象となる行政処分に該当［しない］」と判示した。

2）　国土調査法 17 条 2 項に基づく申出に関し，最三小判平成 3（1991）・3・19 判時 1401 号 40 頁は，「申出は，国土調査を行った者に対し，地図及び簿冊に測量若しくは調査上の誤り又は所定の誤差があることを指摘し，地図及び簿冊を修正するように職権の発動を促すものにすぎず，国土調査を行った者は，右申出をした者に対し何らかの応答をする法令上の義務を負うものではないと解するのが相当である」として，申出に対する回答は抗告訴訟の対象となる行政処分に当たらないと判示した。

3）　処分性に関し，*23R3*）も参照のこと。

4）　本件においては，国家賠償請求は全審級を通じて認められなかった。本判決は，A による住民票の不記載は，違法とはいえず，「もとより国家賠償法上も違法の評価を受けるものではない」と判示した。この部分に関する判示については，I 巻 *93*〔*92*〕を参照のこと。

69　非申請型義務付け訴訟の許容性

東京地判平成 19（2007）・5・31
判時 1981 号 9 頁

■事実　本件は，*68* の一審判決である。本判決は，世田谷区長 A による住民票に記載しない処分は，裁量権の逸脱・濫用にあたり違法であるとしたうえで，住民票の作成を求める非申請型の義務付け請求に関し，住民票の作成を命ずる判決を下した。

■判旨　X₁ の義務付け請求につき，請求認容。

「居住関係の証明を必要とする手続においては，住民票の提出等を求められることは容易に想定できるところ，こうした日常の社会生活の様々な場面における不利益の累積は，市民生活上看過できない負担ということができ［る］。さらに，将来的なことではあるが，出生した子が選挙権を行使し得る年齢に近くなれば，重要な基本的な人権である選挙権の行使の前提としての選挙人名簿に登録されるため，住民票が作成されるべき必要性は極めて高くなり（……），この点は住民票不作成の状態が継続すれば，いずれ回避できない重大な問題になるといわざるを得ない。」「X₁ は，各種の不利益を受けるものであって，他方，求められている住民票を作成する処分は，住民票記載事項が実態を正確に反映さえしていれば，当該処分をすること自体に特段の支障もないことに加え，当該義務付け訴訟と実質的には裏腹の関係にある取消訴訟が認容されるべきことにかんがみると，X₁ においては，……「重大な損害を生ずるおそれ」の要

180　　I　行政訴訟

件を満たすというべきである。

　また，住民基本台帳法においては，住民が，出生届とは別個に住民票の記載のみを市町村長に対して求める申請手続を法定しておらず，その点からすると，X_1の住民票の記載をしない処分の取消しを求める判決がされることによっても，必ずしもX_1の上記損害が回復されるとは限らないので，「その損害を避けるために他に適当な方法がない」ということもできる。」「本件においては，処分行政庁が，X_1の住民票の記載（作成）をすべきであったということができ，処分行政庁がこれをしないことは，裁量権の逸脱又は濫用であるといえる。」「したがって，行政事件訴訟法 37 条の 2 第 5 項の規定に基づき，処分行政庁に対し，X_1の住民票を作成すべき旨を命ずる判決をするのが相当である。」

（裁判長裁判官　大門匡，裁判官　吉田徹，小島清二）

▶**Reference**　非申請型義務付け訴訟が認容された例として，福岡高判平成 23（2011）・2・7 判時 2122 号 45 頁［重判平 23 行 8］は，産業廃棄物の安定型最終処分場の周辺住民が，産業廃棄物処理基準に適合しない処分が行われ，生活環境の保全上支障が生ずるおそれがあるとして，主位的請求として廃棄物の処理及び清掃に関する法律 19 条の 8第 1 項に基づく県知事の代執行，予備的請求として 19 条の 5 第 1 項に基づく事業者に対する県知事の措置命令の義務付けを求めた事件について，当該審級における鑑定嘱託の結果，処分場の地下から採取された水から基準を大幅に超過した鉛が検出されたことをはじめとする詳細な事実認定を行い，本案要件としての処分要件の充足性（不適正処理および生活環境の保全上の支障のおそれ）を肯定した後で，訴訟要件としての「重大な損害を生ずるおそれ」を肯定し，そのうえで，裁量権の逸脱・濫用を理由に，措置命令の義務付け請求を認容した（なお，代執行に関しては，請求は棄却された）。県の上告・上告受理申立てについて，最三小決平成 24（2012）・7・3 は，上告を棄却し，上告受理申立てを斥けた。

70 申請型義務付け訴訟に係る併合強制

①大阪地判平成 19（2007）・3・14，②大阪地判平成 21（2009）・9・25
①判タ 1252 号 189 頁，②判時 2071 号 20 頁
②（評釈）横田明美・自治研究 87 巻 6 号 95 頁

■**事実**　大阪市およびその周辺で個人タクシー事業を営む X は，近畿運輸局長 A に対し，初乗運賃を 480 円に値下げすることなどを内容とするタクシー事業に係る旅客の運賃および料金の変更認可申請をしたが，他の事業者との間の不当な競争を引き起こすおそれについて規定した道路運送法 9 条の 3 第 2 項 2 号の基準に適合しないとして，申請を却下された。そこで X が，国 Y に対し，却下処分の取消しとともに，申

⇨*70*

請に応じた運賃等の変更認可処分の義務付けを求めたのが，①事件である。①判決は，行訴法 37 条の 3 第 6 項前段に基づき，却下処分の取消訴訟についてのみ，裁量権の逸脱・濫用と理由付記の不備を理由として認容する終局判決をした。その後，A が，再度，X の申請を却下したことから，X が，国 Y に対し，再却下処分の取消しとともに，国賠法 1 条 1 項に基づき，慰謝料として 500 万円の損害賠償を求めて，行訴法 19 条に基づき，①事件の義務付け訴訟に追加的に併合提起したのが，②事件である。②判決は，再却下処分の取消請求および変更認可処分の義務付け請求を認容し，また，国賠請求については，20 万円の限度で X の慰謝料請求を認容した（ただし，再却下処分の遅延については，国賠法上違法とまではいえないとした）。

■**①判旨**　請求認容（確定）。

「本件義務付けの訴えと併合提起された本件却下処分の取消訴訟は判決をするのに熟していると認められるものの，本件義務付けの訴えについては，当該訴えに係る請求に理由があるか否かについての判断に必要かつ十分な主張，立証が尽くされていないところ，本件義務付けの訴えについて審理を続けた場合，本件認可申請に対する判断の専門性，技術性等や立証の困難等のためその審理が遅延し，迅速かつ適切な救済が得られないおそれがあると考えられる。また，現在の主張，立証状態に基づいて本件義務付けの訴えに係る請求を棄却する旨の判決をするのが本件却下処分に関する紛争の迅速かつ適切な解決に資するということもできない。他方で，国土交通大臣ないしその権限の委任を受けた A は，道路運送法 9 条の 3 の規定に基づく一般乗用旅客自動車運送事業の旅客の運賃及び料金の設定又は変更に係る認可権限を有する者として，専門的，技術的な知識経験を有し，判断の基礎となる事情に精通しているものと考えられる。そうであるとすれば，本件については，行政事件訴訟法 37 条の 3 第 6 項前段の規定により，本件却下処分の取消訴訟についてのみ請求認容の終局判決をし，A において当該判決の趣旨に従って本件認可申請が道路運送法 9 条の 3 第 2 項各号とりわけ同項 3 号の基準に適合するか否かについて審理，判断することとした方が，より迅速な争訟の解決に資するものと認められる。」

「（なお，本件義務付けの訴えについては，少なくとも本件却下処分の取消訴訟に係る訴訟手続が完結するまでの間，その審理を進めるのは適当ではないが，当該取消訴訟に係る訴訟手続が完結した後においても，A により本件認可申請に対する再度の処分がされるまでの間，本件義務付けの訴えの審理を進めない方法も考えられる。そして，本件認可申請に対する再度の却下処分がされた場合には，本件義務付けの訴えに当該再度の却下処分の取消訴訟を併合提起す

182　　Ⅰ　行　政　訴　訟

⇨*70*

ることにより，その審理を進めることも考えられるところである。）。」

（裁判長裁判官　西川知一郎，裁判官　岡田幸人，和久一彦）

■②判旨　一部認容，一部棄却。

「Aの本件再却下処分は，道路運送法9条の3第2項3号の基準適合性に係る判断の専門性，技術性及び公益性にかんがみてもなお，社会通念に照らし著しく妥当性を欠いたものといわざるを得ないのであって，その裁量権の範囲を超え又はその濫用があったというべきである。」

「本件再却下処分の取消しを求める原告の請求には理由があるから，本件再却下処分は「取り消されるべきもの」であり（行訴法37条の3第1項2号），本件申請の認可の義務付けを求める訴えは適法である。

そして，……本件再却下処分において，道路運送法9条の3第2項3号の要件に適合しないとしたAの判断には裁量権の逸脱又は濫用があったというべき〔である。〕

……したがって，行訴法37条の3第5項に基づき，Aに対し，本件申請の認可をすべき旨を命じるのが相当である（……）。」

（裁判長裁判官　山田明，裁判官　德地淳，直江泰輝）

▶*Reference* *1*)　②判決の控訴審（大阪高判平成22（2010）・9・9判時2108号21頁〔重判平23行7〕）は，Aの判断に裁量権の逸脱・濫用はなく，本件再却下処分は適法であるとし，また，再却下処分の取消請求が棄却された場合には，取消請求と併合提起された義務付け請求は，訴訟要件を欠き不適法であると判示した。

2)　申請型義務付け訴訟の例として，最三小判平成25（2013）・4・16民集67巻4号1115頁〔百選I 78〕（公害健康被害の補償等に関する法律4条2項に基づく水俣病認定をすることの義務付けを求めた事案）がある。また，一部認容判決の例として，和歌山地判平成24（2012）・4・25判時2171号28頁は，障害者自立支援法に基づいて，重度訪問介護の支給量を1カ月651時間とする介護給付費支給決定の義務付けが求められたのに対し，1カ月当たり542.5時間を下回らない介護給付費支給決定を義務付ける判決を下した。他に，認容判決の例として，長崎地判平成20（2008）・11・10判時2058号42頁（原子爆弾被爆者に対する援護に関する法律2条に基づく在外被爆者の被爆者健康手帳交付申請についての却下処分取消訴訟との併合事案），東京地判平成25（2013）・2・26判タ1414号313頁（と畜場法14条に基づくと畜検査員による検査の申請についての不作為違法確認訴訟との併合事案）等がある。

⇨*71*

I-6 抗告訴訟の管轄

71 管　轄

最一小決平成 26 (2014)・9・25 [重判平 26 行 5]
民集 68 巻 7 号 781 頁；判時 2243 号 11 頁
（評釈）周蒨・自治研究 92 巻 6 号 126 頁，木藤茂・判評 680（判時 2265）
　　　号 13 頁，寺岡洋和・曹時 67 巻 6 号 227 頁
（一審）徳島地決平成 26 (2014)・3・27 民集 68 巻 7 号 788 頁 [参]
（二審）高松高決平成 26 (2014)・5・9 民集 68 巻 7 号 791 頁 [参]

■事実　X は，障害基礎年金裁定請求書を徳島北年金事務所に提出して厚生労働大臣に対する裁定請求を行った（国民年金法 16 条・109 条の 4 第 1 項 5 号・109 条の 10 第 1 項 3 号，同法施行規則 117 条）。同事務所は，日本年金機構の徳島事務センターに上記請求書を回付し，同センターはその内容を審査し，その審査結果は日本年金機構本部を経由して厚生労働大臣に報告された。厚生労働大臣は，X の裁定請求を却下する処分（以下「本件処分」という）をした。X は，これを不服として，審査請求および再審査請求を経て，国（Y）を被告として，本件処分の取消訴訟（本案訴訟）を徳島地裁に提起した。

　Y は，徳島地裁は本案訴訟の管轄を有しないとして，行訴法 7 条・民訴法 16 条 1 項により，本案訴訟を行訴法 12 条 4 項により管轄を有する高松地裁に移送することを申し立てた。それに対し，X は，日本年金機構徳島事務センターが，行訴法 12 条 3 項にいう「事案の処理に当たった下級行政機関」に該当し，徳島地裁も管轄を有すると主張した。一審は，日本年金機構は特殊法人であって行政組織法上の行政機関ではなく，したがってその下部機関である同センターも行訴法 12 条 3 項にいう「行政機関」には当たらないとして，移送を認めた。二審もほぼ同じ理由で X の即時抗告を棄却した。X が許可抗告。

■決定要旨　原決定破棄差戻し。

(1)　「行政事件訴訟法 12 条 3 項において，処分又は裁決（以下「処分等」という。）に関し「事案の処理に当たった下級行政機関」の所在地の裁判所にも当該処分等の取消訴訟の管轄を認めている趣旨は，当該下級行政機関の所在地の裁判所に管轄を認めることにつき，被告の訴訟追行上の対応に支障が生ずることはないと考えられ，他方で原告の出訴及び訴訟追行上の便宜は大きく，また，当該裁判所の管轄区域内に証拠資料や関係者も多く存在するのが通常であると考えられるから証拠調べの便宜にも資し，審理の円滑な遂行を期待するこ

184　　I　行政訴訟

⇨71

とができることにあると解される。このような同項の趣旨からすれば，同項にいう「事案の処理に当たった下級行政機関」とは，当該処分等に関し事案の処理そのものに実質的に関与した下級行政機関をいうものと解される（最高裁平成……13年2月27日第三小法廷決定・民集55巻1号149頁，最高裁平成……15年3月14日第二小法廷決定・裁判集民事209号255頁参照）。

このような行政事件訴訟法12条3項の趣旨等に鑑みると，処分行政庁を補助して処分に関わる事務を行った組織は，それが行政組織法上の行政機関ではなく，法令に基づき処分行政庁の監督の下で所定の事務を行う特殊法人等又はその下部組織であっても，法令に基づき当該特殊法人等が委任又は委託を受けた当該処分に関わる事務につき処分行政庁を補助してこれを行う機関であるといえる場合において，当該処分に関し事案の処理そのものに実質的に関与したと評価することができるときは，同項にいう「事案の処理に当たった下級行政機関」に該当するものと解するのが相当である。」

(2) 「厚生労働大臣が年金の給付を受ける権利の裁定を行うに当たっては，上記の裁定に係る事務の委託を受けた［日本年金］機構の下部組織である事務センターが［日本年金］機構法等の定めに従って裁定請求の審査を行い，機構の本部を経由して同大臣にその結果が報告されるものであること等に照らせば，事務センターは，法令に基づき機構が委託を受けた上記の裁定に係る処分に関わる事務につき同大臣を補助してこれを行う機関であるということができる。」

(3) 「当該処分に関し事案の処理そのものに実質的に関与したと評価することができるか否かは，前記の行政事件訴訟法12条3項の趣旨に鑑み，当該処分の内容，性質に照らして，当該組織の関与の具体的態様，程度，当該処分に対する影響の度合い等を総合考慮して決すべきである。このような観点からすれば，当該組織において自ら積極的に事案の調査を行い当該処分の成立に必要な資料を収集した上意見を付してこれを処分行政庁に送付ないし報告し，これに基づいて処分行政庁が最終的判断を行った上で当該処分をしたような場合などは，当該組織の関与の具体的態様，程度等によっては，当該組織は当該処分に関し事案の処理そのものに実質的に関与したと評価することができるものというべきである（前掲最高裁平成13年2月27日第三小法廷決定参照）。」

（裁判長裁判官　横田尤孝，裁判官　櫻井龍子，金築誠志，白木勇，山浦善樹）

▶*Reference*　本判決が引用する最三小決平成13（2001）・2・27民集55巻1号149頁［重判平13行1］は，判旨(3)と同旨の一般論に続けて，「当該下級行政機関において処

⇨72

分庁に対する意見具申をしていないときであっても，処分要件該当性が一義的に明確で
あるような場合などは，当該下級行政機関の関与の具体的態様，程度等によっては，当
該下級行政機関は当該処分に関し事案の処理そのものに実質的に関与したと評価するこ
とができる」と判示し，社会保険庁長官（当時）がした障害基礎年金の支給停止処分と
過誤払い分の調整処分につき，その前提となる事務処理を行い，社会保険庁長官に進達
を行っていた和歌山県知事を，行訴法 12 条 3 項の下級行政機関に該当するとした。最
二小決平成 15（2003）・3・14 判時 1821 号 16 頁は，総務庁恩給局長がした恩給改定請
求却下処分について，実質的な審査・判断をした京都府知事を同項の下級行政機関に該
当するとした。

I-7　抗告訴訟の審理の対象と手続

I-7-1　処分の特定

72 義務付け訴訟における「一定の処分」

東京地判平成 20（2008）・2・29［重判平 20 行 5］
判時 2013 号 61 頁

■**事実**　ガーナ共和国国籍を有する X は，本邦に不法残留したことを理由とする退
去強制手続（入管法（以下「法」という）24 条 4 号ロ・27 条以下）において，法務大臣
の権限の委任を受けた東京入国管理局長から（法 69 条の 2。以下，東京入国管理局を
「東京入管」という），法 49 条 1 項による異議の申出に理由がない旨の裁決を受け，さ
らに東京入管主任審査官から，退去強制令書発付処分を受けた（同条 6 項）。X は，
X が日本人女性 A と内縁関係にあることなどの事情が看過されたことを違法事由と
して，(a)在留特別許可（法 50 条）をしない旨の決定の取消し，(b)裁決の取消し，(c)
退去強制令書発付処分の取消し，(d)在留資格を「日本人の配偶者等」，在留期間を 3
年とする条件を付して X に在留特別許可を行うことの義務付けを求め，国を被告と
して出訴した。

■**判旨**　訴え(a)を却下，請求(b)(c)を認容，請求(d)を，在留特別許可の義務付
けの限りで一部認容。表題テーマに直接関わるのは下記(4)である。

(1)　**訴え(a)の適法性について**　「法務大臣が法 50 条 1 項の判断権限を発動
し，その結果在留特別許可が付与されるか否かは，異議の申出をした容疑者に
とって本邦への在留が認められるか否かの重大な利益に関わる事柄であり，ま
た……在留特別許可を付与するか否かの判断に法務大臣の広範な裁量が認めら
れているとしても，法務大臣がそのようにして与えられた権限を誠実に行使し

186　I　行 政 訴 訟

⇨*72*

なければならないことはいうまでもなく，上記のような容疑者の重大な利益に関わる判断権限を法務大臣の裁量で発動しないことが許されているとは到底解し得ない。したがって，法務大臣は，法49条1項の異議の申出を受理し，その異議の申出が理由がないと認める場合には，当該容疑者が法50条1項各号に該当するか否かを審査する義務があり，その結果，その者に在留特別許可を付与すべきであると判断したときは，その旨の許可処分を，在留特別許可を付与すべきでないと判断したときは，異議の申出が理由がない旨の裁決をそれぞれ行うことによって，在留特別許可の許否についての判断の結果を当該容疑者に示す義務がある……。

そうすると，法49条1項の異議の申出に対しては，法務大臣によって，①異議の申出が理由があるとの判断，②異議の申出が理由がなく，かつ，在留特別許可を付与しないとの判断，及び，③異議の申出が理由がないが，在留特別許可を付与するとの判断のいずれかの判断が行われ，これらがそれぞれ，①異議の申出が理由がある旨の裁決，②異議の申出が理由がない旨の裁決，及び，③在留を特別に許可する旨の処分として示されることとなるから，在留特別許可を付与しないとの判断の当否を裁判で争おうとする場合には，異議の申出が理由がない旨の裁決を対象としてその取消訴訟を提起しなければならず，かつ，それで足りるというべきである。

以上のことからすると，〔(a)の〕訴え……は，存在しない処分を対象としたものか，又は，併合提起されている〔(b)の〕訴え……と実質的に重複する訴えというべきであり，取消しの対象又は訴えの利益を欠くものとして，不適法な訴えである」。

(2)　訴え(d)の性質および適法性について　「法50条1項の在留特別許可は，法49条1項の異議の申出があったときに初めて付与され得るものであり，同項の異議の申出とは無関係に法50条1項の在留特別許可が付与されることはない。そこで，仮に，容疑者が，退去強制対象者に該当する旨の入国審査官の認定に誤りがない旨の特別審理官の判定を争っている場合でない限り，法49条1項の異議の申出をすることができないものと解すると，自己が退去強制対象者であることを争う者にはいかにその主張が不合理なものであっても在留特別許可を受ける機会が与えられるのに対し，自己が退去強制対象者であることを正直に認めた者にはかえって在留特別許可を受ける機会が全く与えられないという不合理な結果を招くこととなる。したがって，法は，特別審理官の判定

⇨72

そのものは争わないが，自己が退去強制されることには不服があり，在留特別許可を希望するという者に対しても，異議の申出を認めていると解するのが相当であり，法49条1項にいう「判定に異議があるとき」とは，上記のような場合も含むものと解するのが相当である。なお，このような解釈に対しては，仮に在留特別許可を求める異議の申出が認められるとすると，審理の結果在留特別許可を付与すべきであるとの結論に至った場合には当該異議の申出は理由があったことになるが，これは異議の申出が理由がない場合に在留特別許可を付与することができるとした法50条1項の定めと矛盾するという反論が考えられないでもない。しかしながら，法49条4項ないし6項の定めによれば，法において「異議の申出が理由がある」とは，容疑者が法24条各号のいずれにも該当せず又は出国命令対象者に該当すること，すなわち，退去強制対象者（法45条1項）に該当しないことをいい，「異議の申出が理由がない」とは，これとは逆に，容疑者が退去強制対象者に該当することをいうと解されるから，法50条1項は，要するに，容疑者が退去強制対象者に該当すると認められる場合でも，在留特別許可を付与することができる旨を定めたものにすぎず，上記の当裁判所の解釈と何ら矛盾するものではない。

　そして，法務大臣が，このような異議の申出を受理し，「異議の申出が理由がない」と認める場合，すなわち，容疑者が退去強制対象者に該当すると認める場合には，法務大臣に，当該容疑者が法50条1項各号に該当するか否かを審査し，在留特別許可の許否についての判断の結果を当該容疑者に示す義務が生じるものと解すべきことは，〔(1)〕に説示したとおりである。

　以上のような法の仕組みによれば，法は，法49条1項の異議の申出権を法50条1項の在留特別許可を求める申請権としての性質を併せ有するものとして規定し，かつ，当該申請に対しては在留特別許可を付与するか否かの応答をすべき義務を法務大臣に課したものと解するのが自然であるから，〔(d)の〕訴え……は，行政事件訴訟法3条6項2号にいういわゆる申請型の義務付けの訴えである……。

　そして，本件において，Xは，行政事件訴訟法37条の3第2項の「法令に基づく申請又は審査請求をした者」に，本件裁決は，同条1項2号の「当該法令に基づく申請又は審査請求を却下し又は棄却する旨の処分又は裁決」にそれぞれ該当し，また，同条3項2号の「処分又は裁決に係る取消訴訟又は無効等確認の訴え」として，〔(b)の〕訴え……が併合提起されており，さらに，後記

⇨*72*

……のとおり，本件裁決は取り消されるべきものであって，同条１項２号の「当該処分又は裁決が取り消されるべきものであり，又は無効若しくは不存在であること」との要件も満たすから，〔(d)〕の訴えは，適法である。」

(3)　請求(b)(c)の成否について　　「本邦への在留を希望する外国人が，日本人との間に法律上又は事実上の婚姻関係がある旨を主張し，当該日本人も当該外国人の本邦への在留を希望する場合において，両者の関係が，両性が永続的な精神的及び肉体的結合を目的として真摯な意思をもって共同生活を営むという婚姻の本質に適合する実質を備えていると認められる場合には，当該外国人に在留特別許可を付与するか否かの判断に当たっても，そのような事実は重要な考慮要素として斟酌されるべきであり，他に在留特別許可を不相当とするような特段の事情がない限り，当該外国人に在留特別許可を付与しないとする判断は，重要な事実に誤認があるために全く事実の基礎を欠く判断，又は事実に対する評価が明白に合理性を欠くために社会通念に照らし著しく妥当性を欠くことが明らかな判断として，裁量権の逸脱，濫用となる」。本件ではこうした裁量権の逸脱，濫用が認められるから，本件の裁決および退去強制令書発付処分は違法であり取り消されるべきである。

(4)　請求(d)の成否について　　(b)「の請求には理由があり，かつ……現在（口頭弁論終結時）では，ＸとＡとの間に法律上の婚姻関係が成立していること……をも併せ考慮すれば，東京入管局長がＸに対して在留特別許可をしないことは，その裁量権の逸脱，濫用になる……。

したがって，行政事件訴訟法37条の３第５項に基づき……在留特別許可をすべき旨を命ずる判決をすべきこととなるが，在留特別許可に係る在留資格及び在留期間等の条件については，法50条２項及び法施行規則44条２項によれば，東京入管局長の裁量により，Ｘの請求に係る在留資格「日本人の配偶者等」，在留期間３年との条件のほか，在留資格「永住者」，在留期間無期限との条件，あるいは，在留資格「日本人の配偶者等」，在留期間１年との条件などを附することも可能で……あって，その内容が一義的に定まるものではないから，〔(d)〕の請求……については，これに附すべき条件を指定する部分を除いて認容する」。

（裁判長裁判官　古田孝夫，裁判官　工藤哲郎，古市文孝）

▶*Reference*　1)　控訴審（東京高判平成21（2009）・3・5裁判所WEB）は次のように，原判決を取り消して，訴え(d)を却下し，請求(b)(c)を棄却した。

I-7　抗告訴訟の審理の対象と手続　189

⇨*73*

① 訴え(d)の適法性について 「在留特別許可は，退去強制事由が認められ退去さ
せられるべき外国人について，特別に在留を許可すべき事情があると認めるときに，法
務大臣等が恩恵的処置として日本に在留することを特別に許可するものであると解され
るから，法24条に該当する外国人には，自己を本邦に在留させることを法務大臣に求
める権利はないというべきであり，法49条1項所定の異議の申出は，たとい，在留特
別許可を求める旨が明らかにされている場合であっても，行政事件訴訟法3条6項2号
所定の「行政庁に対し一定の処分又は裁決を求める旨の法令に基づく申請又は審査請
求」には当たらない……。したがって，在留特別許可をすることの義務付けを求める訴
えは，同項1号所定の義務付けの訴えである……。」「在留特別許可をすることを義務付
けることを求める訴えは，在留特別許可がされずに，法49条1項に基づく異議の申出
には理由がない旨の裁決がされたときに，裁量権の逸脱又は濫用があるか否かを争点と
するものであり，その裁決を受けた外国人は，当該裁決の取消しの訴えを提起し，在留
特別許可がされないことに裁量権の逸脱又は濫用があるとしてこれが認容されれば，行
政事件訴訟法33条により，法務大臣等は，取消判決の主文が導き出されるのに必要な
事実認定及び法律判断に拘束されることになるから（最高裁……平成4年4月28日第
三小法廷判決・民集46巻4号245頁［重判平4無体1]参照），その勝訴判決の後に改
めて行われる法務大臣等の裁決により，本邦における在留資格を取得するという目的を
達成することができるもので，同法37条の2第1項所定の「一定の処分がされないこ
とにより重大な損害を生ずるおそれがあり，かつ，その損害を避けるため他に適当な方
法がないとき」に当たらない」。

② 請求(b)(c)の成否について 「Xの不法残留は……わが国の出入国管理制度の根
幹を揺るがすものであり，Xに対し在留特別許可を付与するかどうかの判断において，
この点が重要視される」反面，「XとAとの関係は，婚姻と同視することまではできず，
少なくともAの両親も認める同棲生活を送ってきたといえるものであるが，その同居
生活には中断期間があったなど……の経緯に照らすと，在留特別許可を付与するかどう
かの判断において，1つの事情とはいえても，特に考慮すべき事情とまではいえず」，
本件の裁決および退去強制令書発付処分は適法である。

なお，①の判断は，東京地判平成19（2007）・5・25裁判所WEBと同旨である。

2) 判旨(1)(2)・上記*1)*①につき *68*・*69*，判旨(4)につき *70*②，判旨(3)につき最大判
昭和53（1978）・10・4民集32巻7号1223頁［百選I 76]（I巻*7*〔*6*〕）を参照。

73 差止訴訟における「一定の処分」

東京地判平成20（2008）・1・29（I巻*108*〔*109*〕）
判時2000号27頁
（評釈）小澤道一・自治研究86巻2号135頁

■**事実** XらはY（関東運輸局長）を被告として，①小田急小田原線の世田谷代田駅
と喜多見駅との間の線増連続立体交差化事業における高架複々線走行のための鉄道施
設変更工事について，Yがした完成検査合格処分（鉄道事業法12条3項・4項・10条

⇨*73*

2 項，鉄道営業法 1 条，鉄道に関する技術上の基準を定める省令（以下「技術基準省令」という））の取消し，②同事業により建設される高架複々線の鉄道線路に，小田急電鉄株式会社が鉄道を複々線で走行させることを許す Y の一切の処分の差止めなどを求めて，出訴した。本件は，*38* および I 巻 *185*〔*188*〕（最一小判平成 18（2006）・11・2 民集 60 巻 9 号 3249 頁〔百選 I 75〕）の訴えに続き提起された訴訟であり，X らは事業地の周辺住民である。

■**判旨**　訴えをすべて却下。訴え①については原告適格が否定されたが，以下では訴え②に関する判示のみを掲げる。

「行訴法 3 条 7 項にいう……「一定の処分又は裁決」とは……処分又は裁決の内容が具体的一義的に特定していることまでは要求していないものの，行訴法 37 条の 4 の定める差止めの訴えの要件について裁判所が判断することができる程度にまでは特定している必要がある」。

「鉄道事業法〔特に 64 条〕及び同法施行規則上の地方運輸局長の権限に属する処分をみると，列車の走行に直接関係すると考えられるものだけでも，次のようなものが挙げられる。

ア　鉄道事業者の事業基本計画のうち一定の事項に係るものの変更の認可（同法施行規則 71 条 1 項 1 号）

イ　鉄道事業者の工事計画変更の認可（同項 2 号）

ウ　鉄道施設の検査（同項 3 号，4 号）

エ　鉄道施設の変更の認可（同項 4 号）

オ　鉄道運送事業者の車両の確認（同項 5 号）

X らは，本件鉄道施設変更後の高架鉄道施設上に小田急電鉄が列車を複々線で走行させることを阻止することを目的として，本件差止請求をするものであるが，地方運輸局長である Y の権限に属する上記アからオまでの各処分（上記ウについては，検査後の合格処分）は，そのいずれについても，一定の条件の下においては，小田急電鉄が上記高架鉄道施設上に列車を複々線で走行させることを許す効果を持つ場合があると考えられる。しかし，逆に「小田急電鉄が上記高架鉄道施設上に列車を複々線で走行させることを許す」という結果のみに着目するのであれば，そのような効果をもたらす処分は，上記アからオまでの各処分のいずれでもあり得るのであって，しかもこれらに尽きるとは限らず，そのうちのどの処分なのかを特定することができず，行訴法 37 条の 4 の定める差止めの訴えの要件について審理，判断をすることはできない」。

I-7　抗告訴訟の審理の対象と手続　191

⇨74

「以上の検討によれば，本件差止請求に係る訴えは，差止めの対象が特定していないものとして不適法である」。

（裁判長裁判官　大門匡，裁判官　倉地康弘，小島清二）

▶*Reference 1*)　住民訴訟の事案であるが，最三小判平成 5（1993)・9・7 民集 47 巻 7 号 4755 頁［重判平 5 行 9］の次の判示を参照。「事前の差止請求にあっては，当該行為の適否の判断のほか，さらに，当該行為が行われることが相当の確実さをもって予測されるか否かの点……に対する判断が必要となることからすれば，これらの点について判断することが可能な程度に，その対象となる行為の範囲等が特定されていることが必要であり，かつ，これをもって足りる」。

　　2)　訴え①に係る原告適格につき *I -3* を参照。

I -7-2　自己の法律上の利益に関係のある違法

I -3 も参照。

74 名宛人

東京地判昭和 46（1971)・5・19
判時 646 号 36 頁

■**事実**　X は入場税および加算税に係る課税処分を受け，滞納処分として物件の差押えを受けた。X は課税処分取消訴訟とともに，異議申立てを経て，Y（東京国税局長）を被告として本件差押処分取消訴訟を提起した。

■**判旨**　請求棄却（確定）。以下，表題テーマに係る判示のみを示す。

「X は，Y が本件差押えにおいて第三者の所有にかかる物件の差押えをしたから違法であるというが，かりにそのような事実があったとしても，これによって不利益を受けるのはその第三者であって X ではなく，X はそのような差押えによってなんらの影響も受けないのであるから，結局，X がかかる事実を違法であると指摘することは，行政事件訴訟法第 10 条第 1 項にいう「自己の法律上の利益に関係のない違法」の主張にほかならず，その指摘自体が失当である」。

（裁判長裁判官　高津環，裁判官　小木曽競，海保寛）

▶*Reference*　行訴法 10 条 1 項の適用につき以下の判決も参照。

　　①　最三小判昭和 32（1957)・12・24 民集 11 巻 14 号 2336 頁——労働委員会が労働組合法 5 条 1 項により労働組合の救済申立資格を審査する「義務は，労働委員会が，組

合が第2条および第5条第2項の要件を具備するように促進するという国家目的に協力することを要請されている意味において，直接，国家に対し負う責務にほかならず，申立資格を欠く組合の救済申立を拒否することが，使用者の法的利益の保障の見地から要求される意味において，使用者に対する関係において負う義務ではない……。それ故，仮に資格審査の方法乃至手続に瑕疵がありもしくは審査の結果に誤りがあるとしても，使用者は，組合が第2条の要件を具備しないことを不当労働行為の成立を否定する事由として主張することにより救済命令の取消を求め得る場合のあるのは格別，単に審査の方法乃至手続に瑕疵があることもしくは審査の結果に誤りがあることのみを理由として救済命令の取消を求めることはできない」。

② 静岡地判平成12 (2000)・12・22訟月48巻9号2167頁——航空法38条1項による空港設置許可「処分によって周辺住民や周辺土地所有者等は，土地や物件の所有権について，航空法49条1項の公用制限を課される関係にあるから，[同法39条1項1号の]要件は，原告らの法律上の利益に関わるものというべきであり，1号要件違反は本件許可処分の取消を求める理由とはなりえないとする被告による行政事件訴訟法10条1項についての主張も採用することができない」。

75 第 三 者

東京高判平成17 (2005)・11・22
訟月52巻6号1581頁
(一審) 新潟地判平成6 (1994)・3・24行裁例集45巻3号304頁；判時
1489号19頁

■**事実** 内閣総理大臣が東京電力株式会社に対して行った柏崎・刈羽原子力発電所の原子炉設置許可処分について［現行法上は原子力規制委員会が処分権限を有する］，周辺住民Xらがさまざまな違法事由を主張して取消訴訟を提起した。原子炉等規制法（以下「規制法」という）24条1項［現43条の3の6第1項］各号のうち，Xらが違反を主張できる事由は何かが争点の1つであったが，この点に関する一審の判断はおおむね以下の判旨と同様であった。結論としては請求を棄却している。なお本件については，最一小決平成21 (2009)・4・23により上告不受理決定がなされている。

■**判旨** Xらの控訴を棄却。以下，上記の争点に関する判示部分のみを掲げる。

「ア 行訴法10条1項……の趣旨は，取消訴訟が違法な処分の是正を直接の目的とする客観訴訟ではなく，違法な処分によって侵害された原告の権利・利益を救済するための主観訴訟であるから……処分の取消しを求めるについて行訴法9条にいう法律上の利益が認められる者であっても，取消訴訟において原告が具体的に主張し得る処分の違法事由は，自己の法律上の利益に関係のあるものに限られるとするものである。

I-7 抗告訴訟の審理の対象と手続 **193**

⇨75

そして，同条項所定の「自己の法律上の利益に関係のない違法」とは，一般的・抽象的には，被告行政庁の処分に存する違法のうち，原告の権利・利益を保護する趣旨で設けられたのではない法規に違反したにすぎない違法と解するのが相当であって，ここにいう「法律」とは当該処分の根拠規定である行政実体法規を意味する……。もっとも，このことは，原告が行政実体法規による処分の名宛人であることを要するものではなく，また，原告の権利・利益を保護する趣旨で設けられた規定であるかどうかは，当該行政実体法規の立法趣旨，同法規と目的を共通する関連法規の関係規定との関係等を考慮して決定すべきものである」。

「イ　本件処分の要件を規定する規制法24条1項各号についてみてみると，まず，規制法24条1項各号所定の許可要件のうち，同項1号……，同項2号［の］各要件が定められた趣旨は，専ら，原子力の研究，開発及び利用を平和の目的に限り，かつ，原子力の開発及び利用を長期的視野に立って計画的に遂行するとの我が国の原子力に関係する基本政策に適合せしめ［この要件を定めていた旧2号は現行法上は削除されている］，もって，広く国民全体の公益の増進に資することにあると解され，それゆえ，原子炉施設の周辺住民等の個人的利益の保護を目的として内閣総理大臣の許可権限の行使を制限したものではない……。

また，同項3号［現2号］のうち，経理的基礎があることを要件とした趣旨は，原子炉の設置には多額の資金を要することにかんがみ，原子炉設置許可申請者の総合的経理能力及び原子炉設置のための資金計画を審査することにしたものであって，直接的には原子炉施設の周辺住民等の個人的権利・利益を具体的に保護する趣旨を含まない……。

したがって，規制法24条1項1号，2号及び3号のうち経理的基礎に係る部分は，Xらの法律上の利益に関係しないものであるから，Xらは，これらの規定に違反することを理由に本件処分の取消しを求めることはできない。

ウ　これに対し……原子炉設置許可の基準として，同項3号のうち技術的能力に係る部分及び4号が設けられた趣旨は，原子炉が，原子核分裂の過程において高エネルギーを放出するウラン等の核燃料物質を燃料として使用する装置であり，その稼働により，内部に多量の人体に有害な放射性物質を発生させるものであり，原子炉を設置しようとする者が原子炉の設置，運転につき所定の技術的能力を欠くとき，又は原子炉施設の安全性が確保されないときは，当該

194　　Ｉ　行　政　訴　訟

⇨75

原子炉施設の従業員やその周辺住民等の生命，身体に重大な危害を及ぼし，周辺の環境を放射能によって汚染するなど，深刻な災害を引き起こすおそれがあることにかんがみ，上記災害が万が一にも起こらないようにするため，原子炉設置許可の段階で，原子炉を設置しようとする者の上記技術的能力の有無及び申請に係る原子炉施設の位置，構造及び設備の安全性につき十分な審査をすることとし，原子炉を設置しようとする者において所定の技術的能力があり，かつ，原子炉施設の位置，構造及び設備が上記災害の防止上支障がないものであると認められる場合でない限り，主務大臣（本件処分当時は内閣総理大臣）は原子炉設置許可処分をしてはならないとするものと解される。

そして，同項3号所定の技術的能力の有無及び4号所定の安全性に関する各審査に過誤，欠落があった場合には重大な原子炉事故が起こる可能性があり，事故が起こったときは，原子炉施設に近い住民ほど被害を受ける蓋然性が高く，特に原子炉施設の近くに居住する者はその生命，身体等に直接的かつ重大な被害を受けるものと想定され，上記のような技術的能力及び安全性に関する各号の規定は，このような原子炉の事故等がもたらす災害による被害の性質を考慮した上で，設けられている……。

そうすると，同項3号（技術的能力に係る部分に限る。）及び4号の設けられた趣旨，上記各号が考慮している被害の性質等にかんがみると，上記各号は，単に公衆の生命，身体の安全，環境上の利益を一般的公益として保護しようとするにとどまらず，原子炉施設周辺に居住し，上記事故等がもたらす災害により直接的かつ重大な被害を受けることが想定される範囲の住民の生命，身体の安全等を個々人の個別的利益としても保護すべきものとする趣旨を含むと解するのが相当である。

そして……X らは，本件原子炉敷地周辺から約65 km までの範囲内の新潟県柏崎市及び刈羽郡刈羽村並びにその周辺市町村に居住する者であって，本件原子炉施設から環境へ放射性物質が放出されるとこれによる放射線被ばくに遭遇する危険があり，更に本件原子炉の事故が発生すると，その生命，身体及び財産等を侵害され得る立場にあるというべきであるから，このような X らの個別的な権利・利益に関係する限りにおいて，規制法24条1項3号（技術的能力に係る部分に限る。）及び4号に係る違法事由を主張することができる」。

「エ　……原子力発電所の社会的経済的有用性は，規制法24条1項の文言に照らしても，設置許可処分の要件ではなく，また，同条項各号所定の許可要件

I-7　抗告訴訟の審理の対象と手続　195

⇨*75*

と関連性を有するともいえないのであって，原子炉施設による発電の必要性は
その安全審査の対象とはなっていない……。そして，本件訴訟の審理の対象は，
規制法24条1項各号所定の許可要件に適合することについての内閣総理大臣
の判断における違法性の有無であり，しかも，Xらは，行訴法10条1項によ
り，Xらの個別的な権利・利益に関係する規制法24条1項3号（技術的能力
に係る部分に限る。）及び4号に係る違法事由のみに限り主張することができ
るのであるから，原子力発電所の必要性の有無そのものは本件訴訟の審理・判
断の対象とはならない」。

「オ　ところで，規制法24条1項3号（技術的能力に係る部分に限る。）及
び4号の要件は極めて抽象的，一般的である上……原子炉施設の安全性に関す
る審査の適合性については，各専門分野の学識経験者等を擁する原子力委員会
の科学的，専門技術的知見に基づく意見を尊重して行う内閣総理大臣の合理的
な判断にゆだねる趣旨と解するのが相当である［最一小判平成4［1992］・10・29
民集46巻7号1174頁（I巻*139*〔*139*〕）参照］。そして，規制法23条，24条2項
は，同法24条1項各号所定の許可要件に適合することについての内閣総理大
臣の判断が適正になされることを担保するために厳格な手続を定めている……
から［現行法上は，原子力規制委員会が処分権限および規則制定権限をもち，規制法
43条の3の6第3項が，1号要件の適用につき原子力委員会の意見を聴取する手続を定
める］，安全審査手続が適法であってはじめて上記判断の適正が保障される
……。

そうすると，手続上の違法が実体上の違法をもたらさないことが明白でない
限り，Xらは，手続上の違法を主張する利益がある……。それゆえ……規制
法には原子炉施設の周辺住民に対して原子炉設置許可手続への参加を保障する
趣旨の規定がないことから，上記住民は安全審査手続自体に関する利益を個別
的に保護されているとはいえず，安全審査手続の違法は，Xらの法律上の利
益に関係がない旨……の［国側の］主張は採用することができない。

カ　したがって，Xらが本件訴訟において主張することのできる本件処分
の違法事由は，本件安全審査の手続上の瑕疵（実体上の違法をもたらさないこ
とが明白であるものを除く。）並びに規制法24条1項3号のうち技術的能力に
係る部分及び4号各所定の要件適合性の審査・判断に係る瑕疵に限られる」。

（裁判長裁判官　大喜多啓光，裁判官　河野清孝，水谷正俊）

▶*Reference　1*)　原子炉設置許可処分に対する近隣住民による取消訴訟において，東京

⇨75

高判平成 13（2001）・7・4 判時 1754 号 35 頁は，次のように本判決とは異なる判示をしていた。

「行訴法 10 条 1 項……の趣旨は……処分の取消しを求めるについて行訴法 9 条にいう法律上の利益が認められる者であっても，およそその者の法律上の利益の保護という観点とは無関係に，専ら他の者の利益等を保護するという観点から当該処分の要件として定められているにすぎない事項については，そのような要件に違背しているとの理由では，当該処分の取消しを求めることはできないとすることにある……。／したがって，この行訴法 10 条 1 項の規定によっても，処分の取消しを求める者の側で主張し得る当該処分の違法理由が，その処分の取消しを求めようとする者個々人の個別的利益を保護するという観点から定められた処分要件の違背のみに限定されるというものではなく，不特定多数者の一般的公益保護という観点から設けられた処分要件であっても，それが同時に当該処分の取消しを求める者の権利，利益の保護という観点とも関連する側面があるようなものについては，その処分要件の違背を当該処分の取消理由として主張することは，何ら妨げられるものではないというべきである。この理は，例えば，土地収用法上の事業の認定の要件の一つとして，事業計画が土地の適正かつ合理的な利用に寄与するものであること（土地収用法 20 条 3 号），あるいは，当該土地を収用する公益上の必要があること（同条 4 号）といった公益目的からする処分要件が定められている場合に，自己の所有地を収用されることとなる者が，右の公益目的から定められた要件の違背を主張して，当該事業認定処分の取消しを求めることができるものと解されることからしても，明らかなものというべきである」。

「このような観点に立って，規制法 24 条 1 項各号の定める原子炉設置許可処分の各要件についてみると……3 号の経理的基礎に係る要件も，災害の防止上支障のないような原子炉の設置には一定の経理的基礎が要求されることなどから設けられたものであり，控訴人らの生命，身体の安全の保護という観点と無関係なものではない……。／さらに，1 号及び 2 号の各要件も，これが公益あるいは国益の保護という観点から設けられた要件であること自体は明らかなものというべきであり，したがって，規制法にこれらの要件が規定されていることを根拠として，本件原子炉施設の周辺に居住している住民について本件訴訟の原告適格が認められることとなるものでない……。しかしながら，他方で，仮に平和目的以外に利用されるおそれがあり，あるいは，原子力の開発及び利用の計画的な遂行に支障を及ぼすおそれのあるような公益目的に合致しない原子炉の設置等が行われるといった事態があり得るものとすれば，そのような原子炉の設置等によって，その生命，身体の安全等に危険が及ぶという事態を防止するという観点においては，これらの要件が控訴人ら住民の権利，利益の保護という観点とも関連する側面がある……。／したがって，規制法 24 条 1 項各号の定める原子炉設置許可処分の各要件の存否は，いずれも本件処分の取消訴訟における裁判所の審理，判断の対象事項に含まれる」。

2）　行訴法 10 条 1 項については **40** の判旨(ii)も参照。

I-7　抗告訴訟の審理の対象と手続　197

⇨*76*

I–7–3 違法性の承継

76 違法性の承継

最一小判平成 21（2009）・12・17 ［百選 I 84］
民集 63 巻 10 号 2631 頁；判時 2069 号 3 頁
（評釈）板垣勝彦・法協 132 巻 1 号 161 頁，仲野武志・自治研究 87 巻 1
号 148 頁，内山忠明・判評 621（判時 2087）号 8 頁
（一審）東京地判平成 20（2008）・4・18 民集 63 巻 10 号 2657 頁〔参〕
（二審）東京高判平成 21（2009）・1・14 民集 63 巻 10 号 2724 頁〔参〕

■**事実**　東京都建築安全条例（以下「本件条例」という）4 条 1 項は，建基法（以下「法」という）43 条 1 項の定める接道義務についての必要な制限の付加として（同条 2 項），延べ面積が 1000 平方メートルを超える建築物の敷地は，その延べ面積に応じて 6〜10 メートルの所定の長さ以上道路に接しなければならないと定めている。また，本件条例 4 条 3 項は，「知事が安全上支障がないと認める場合においては」，同条 1 項の規定は適用しないと定めている（同条 3 項に基づき知事が安全上支障がないと認める処分を「安全認定」という。なお，都の条例により，安全認定に係る事務は特別区が処理することとされている（地自法 283 条 1 項・252 条の 17 の 2 参照））。本件条例の規定は法 6 条 1 項にいう「建築基準法令の規定」に該当し，建築確認の要件となる。

　株式会社 A らは，延べ面積 2820 平方メートル余の建築物の建築計画につき，新宿区長より本件条例 4 条 3 項に基づき安全認定（以下「本件安全認定」という）を受けたうえで，新宿区建築主事より法 6 条 1 項に基づき建築確認（以下「本件建築確認」という）を受けたところ，周辺住民等である X らは，本件安全認定と本件建築確認について審査請求をし，次いで新宿区（Y）を被告とする取消訴訟を提起した。一審は，本件安全認定の取消訴訟は出訴期間を徒過して提起された不適法なものだとして訴えを却下し，本件建築確認の取消訴訟は一部原告については原告適格がないとして訴えを却下しその他の原告については請求を棄却した。X らが控訴。二審は，本件安全認定の取消訴訟については一審の判断を維持したものの，本件建築確認の取消訴訟については，「安全認定処分がその取消訴訟で取り消され，公定力が排除されない場合においても，建築確認の取消訴訟においては，知事のした安全認定処分の違法を建築確認の取消事由の 1 つとして主張することができる」と判示したうえで，本件安全認定は裁量権の逸脱濫用があって違法であり，したがって本件建築確認も違法になるとして，原告適格を有する原告についてこれを取り消した。Y が上告受理申立て。

■**判旨**　一部破棄（X らのうち，死亡した者について訴訟終了を宣言），一部上告棄却。
「(1)　本件条例 4 条 1 項は，大規模な建築物の敷地が道路に接する部分の長

198　　I　行 政 訴 訟

⇨76

さを一定以上確保することにより，避難又は通行の安全を確保することを目的とするものであり，これに適合しない建築物の計画について建築主は建築確認を受けることができない。同条3項に基づく安全認定は，同条1項所定の接道要件を満たしていない建築物の計画について，同項を適用しないこととし，建築主に対し，建築確認申請手続において同項所定の接道義務の違反がないものとして扱われるという地位を与えるものである。

平成11［1999］年東京都条例第41号による改正前の本件条例4条3項の下では，同条1項所定の接道要件を満たしていなくても安全上支障がないかどうかの判断は，建築確認をする際に建築主事が行うものとされていたが，この改正により，建築確認とは別に知事が安全認定を行うこととされた。これは，平成10年法律第100号により建築基準法が改正され，建築確認及び検査の業務を民間機関である指定確認検査機関も行うことができるようになったこと（法6条の2，7条の2，7条の4，77条の18以下参照）に伴う措置であり，上記のとおり判断機関が分離されたのは，接道要件充足の有無は客観的に判断することが可能な事柄であり，建築主事又は指定確認検査機関が判断するのに適しているが，安全上の支障の有無は，専門的な知見に基づく裁量により判断すべき事柄であり，知事が一元的に判断するのが適切であるとの見地によるものと解される。

以上のとおり，建築確認における接道要件充足の有無の判断と，安全認定における安全上の支障の有無の判断は，異なる機関がそれぞれの権限に基づき行うこととされているが，もともとは一体的に行われていたものであり，避難又は通行の安全の確保という同一の目的を達成するために行われるものである。そして，前記のとおり，安全認定は，建築主に対し建築確認申請手続における一定の地位を与えるものであり，建築確認と結合して初めてその効果を発揮するのである。

(2)　他方，安全認定があっても，これを申請者以外の者に通知することは予定されておらず，建築確認があるまでは工事が行われることもないから，周辺住民等これを争おうとする者がその存在を速やかに知ることができるとは限らない（これに対し，建築確認については，工事の施工者は，法89条1項に従い建築確認があった旨の表示を工事現場にしなければならない。）。そうすると，安全認定について，その適否を争うための手続的保障がこれを争おうとする者に十分に与えられているというのは困難である。仮に周辺住民等が安全認定の

I-7 抗告訴訟の審理の対象と手続　199

⇨*76*

存在を知ったとしても，その者において，安全認定によって直ちに不利益を受けることはなく，建築確認があった段階で初めて不利益が現実化すると考えて，その段階までは争訟の提起という手段は執らないという判断をすることがあながち不合理であるともいえない。

　(3)　以上の事情を考慮すると，安全認定が行われた上で建築確認がされている場合，安全認定が取り消されていなくても，建築確認の取消訴訟において，安全認定が違法であるために本件条例4条1項所定の接道義務の違反があると主張することは許されると解するのが相当である。」

（裁判長裁判官　宮川光治，裁判官　甲斐中辰夫，櫻井龍子，金築誠志）

▶*Reference*　*1*）　土地収用法に基づく事業認定（16条）の違法性が収用裁決（47条の2）に承継されるとしたものとして，札幌地判平成9（1997）・3・27判時1598号33頁［重判平9行8］（Ⅰ巻 *165*〔*167*〕）（二風谷ダム訴訟）（確定）。

　2）　これまで取消訴訟の対象とされていなかった行為に処分性が認められると，当該行為の違法性はやはりその取消訴訟でなければ主張できなくなるのかが問題となる。医療法に基づく病床削減勧告につき最三小判平成17（2005）・10・25判時1920号32頁［重判平17行6②］（*27R3*））の藤田宙靖裁判官補足意見を参照。土地区画整理事業の事業計画の決定につき *1* の近藤崇晴裁判官補足意見は，次のように述べている。

　「1　公定力と違法性の承継

　(1)　ある行政行為について処分性を肯定するということは，その行政行為がいわゆる公定力を有するものであるとすることをも意味する。すなわち，正当な権限を有する機関によって取り消されるまでは，その行政処分は，適法であるとの推定を受け，処分の相手方はもちろん，第三者も他の国家機関もその効力を否定することができないのである。／そして，このことがいわゆる違法性の承継の有無を左右することになる。すなわち，先行する行政行為があり，これを前提として後行の行政処分がされた場合には，後行行為の取消訴訟において先行行為の違法を理由とすることができるかどうかが問題となるが，一般に，先行行為が公定力を有するものでないときはこれが許されるのに対し，先行行為が公定力を有する行政処分であるときは，その公定力が排除されない限り，原則として，先行行為の違法性は後行行為に承継されず，これが許されないと解されている（例外的に違法性の承継が認められるのは，先行の行政処分と後行の行政処分が連続した一連の手続を構成し一定の法律効果の発生を目指しているような場合である。）。

　(2)　したがって，土地区画整理事業の事業計画の決定についてその処分性を否定していた本判決前の判例の下にあっては，仮換地の指定や換地処分の取消訴訟において，これらの処分の違法事由として事業計画の決定の違法を主張することが許されると解されていた。これに対し，本判決のようにその処分性を肯定する場合には，先行行為たる事業計画の決定には公定力があるから，たとえこれに違法性があったとしても，それ自体の取消訴訟などによって公定力が排除されない限り，その違法性は後行行為たる仮換地の指定や換地処分に承継されず（例外的に違法性の承継を認めるべき場合には当たらな

い。），もはや後行処分の取消事由として先行処分たる事業計画の決定の違法を主張することは許されないと解すべきことになろう。／そうすると，事業計画の決定の処分性を肯定する結果，その違法を主張する者は，その段階でその取消訴訟を提起しておかなければ，後の仮換地や換地の段階ではもはや事業計画自体の適否は争えないことになる。しかし，土地区画整理事業のように，その事業計画に定められたところに従って，具体的な事業が段階を踏んでそのまま進められる手続については，むしろ，事業計画の適否に関する争いは早期の段階で決着させ，後の段階になってからさかのぼってこれを争うことは許さないとすることの方に合理性があると考えられるのである。」

 3）住民訴訟（地自法 242 条の 2）の審理判断の対象は財務会計上の違法な行為または怠る事実（同法 242 条 1 項）であるが，いわゆる 4 号請求（同法 242 条の 2 第 1 項 4 号）において，「当該職員の財務会計上の行為をとらえて右の規定に基づく損害賠償責任を問うことができるのは，たといこれに先行する原因行為に違法事由が存する場合であっても，右原因行為を前提としてされた当該職員の行為自体が財務会計法規上の義務に違反する違法なものであるときに限られる」（最三小判平成 4（1992）・12・15 民集 46 巻 9 号 2753 頁（一日校長事件）。最二小判平成 15（2003）・1・17 民集 57 巻 1 号 1 頁〔重判平 15 行 1〕（I 巻 66〔62〕）も参照）。これも原因行為から財務会計行為への"違法性の承継"と呼ばれるが，行政処分間での違法性の承継とは前提が異なることに注意。なお，4 号請求の 2002 年改正につき，I 巻 3R1〔2R〕）参照。

I-7-4　理由の差替え・違法行為の転換

77　不利益処分

最二小判昭和 42（1967）・4・21
集民 87 号 237 頁
（一審）大阪地判昭和 37（1962）・6・29 行裁例集 13 巻 6 号 1133 頁
（二審）大阪高判昭和 38（1963）・12・26 行裁例集 14 巻 12 号 2174 頁；
   判時 366 号 24 頁

■**事実**　封筒製造業を営む X は，生野税務署長より，「法人税法［本件に適用される旧法（昭和 22 年法 27 号）を指す。以下「法」という］第 25 条第 8 項第 3 号［現 127 条 1 項 3 号］に該当する」という理由を付した通知書により，それまで受けていた青色申告書提出承認を取り消す処分を受けた。X の審査請求に対し，大阪国税局長 Y は，法 25 条 8 項 1 号（現 127 条 1 項 1 号）該当を理由として，同取消処分を相当とする決定をした。X が同決定の取消訴訟を提起。一審は同決定を違法として取り消し，二審は Y の控訴を棄却したので，Y が上告。

■**判旨**　上告棄却。

(1)　「法 25 条 8 項 1 号は，備付帳簿書類の種類，その記載項目，記載方法等の瑕疵，いわば外観的にその帳簿書類が青色申告の基礎として適応性を欠くこ

⇨**77**

とを理由として右申告書提出承認を取り消す場合であり，同項3号は，備付帳簿書類の記載事項の全体についてその真実性を疑うに足りる不実記載の存在，いわば内容的にその帳簿書類が同様の適応性を欠くことを理由として右申告書提出承認を取り消す場合である。その帳簿書類によっては正確な所得算出が不可能であるため，青色申告書提出の承認が取り消されることは両者同様であるとしても，右1号と3号とでは，処分庁においてその承認取消を相当とするかどうかを認定判断すべき事項を異にすること明らかであるから，両者それぞれ別個の取消処分を構成するものと解すべきであって，このことは，同条9項［現127条2項］が，右承認取消を通告するにあたって，その取消の基因となった事実が8項各号のいずれに該当するものであるかを附記すべきことを特に定めていることからも窺うことができる。」

(2) 「法35条［現行法では削除］による審査の請求の手続において，請求に理由がないとして棄却決定がなされるのは，その審査の請求の目的となった処分は違法不当と認むべき瑕疵がなく，その処分自体をそのまま維持するのを相当とする場合でなければならない。このことは，右手続において，審査の請求の全部または一部について審査庁において理由あると認めるときは，単に審査の請求の目的となった処分の全部または一部を取り消すべき旨の決定をなすべきものとし，審査庁に自らこれに代るべき相当な処分を決定することを認めていない同条の規定からいっても，疑いない。従って，また法25条8項3号による処分に対する審査の請求の手続において，いわゆる違法処分の転換の法理を適用し，新たに同項1号該当の事実の存在を認定し，これを生野税務署長のした右1号該当処分として維持できるものとすることは肯認しがた」い。

（裁判長裁判官　奥野健一，裁判官　城戸芳彦，石田和外，色川幸太郎）

▶*Reference*　全国学力調査実施に反対した中学校教員Xらに対する懲戒処分（地公法29条）の取消訴訟において，Xらの行為が生徒の学力調査受験拒否を「教唆，扇動」したものではないと認定しつつ，追加主張された一連の職務上の義務違反行為を根拠として懲戒処分を維持した原審判決につき，最三小判昭和59（1984）・12・18労働判例443号16頁は，「[Xらに対する処分説明書の]記載は具体性に欠けるきらいがあるものの，少なくとも，その記載自体から，処分権者であるYは，本件各懲戒処分の理由として，Xらが本件学力調査実施にあたり，担任学級の生徒が正常に受験するよう「適切な措置を講ずることを怠った」こと及び「かねて上記学力調査に反対しており，その言動」において「職務上の義務を著しく怠った」ことを挙げていることが明らかである。そして，本訴においてYがXらに対する処分事由として追加主張した一連の服務上の義務違反行為は，いずれも本件学力調査実施前又は実施当日における同調査反対

⇨*78*

目的の行為であるとされているものであり，これらは右処分説明書記載の処分事由と密接な関連関係にあることが認められるものであるから，原審がかかる処分事由の追加主張を許し，その存否，評価を含めて本件各懲戒処分の適否について審理，判断したことは，正当」とした。

78 申請拒否処分（ベンジジン労災訴訟）

最三小判平成 5（1993）・2・16 ［百選 II 190］

民集 47 巻 2 号 473 頁；判時 1464 号 36 頁
（評釈）宮島尚史・判評 420（判時 1476）号 57 頁，綿引万里子・曹時 46 巻 6 号 155 頁
（一審）和歌山地判昭和 61（1986）・5・14 判時 1212 号 104 頁［重判昭 61 労 4］
（二審）大阪高判平成元（1989）・10・19 判時 1351 号 51 頁

■**事実** 労災法は 1947 年 9 月 1 日から施行されたが，同法附則 57 条 2 項は「この法律施行前に発生した事故に対する保険給付……に関しては，なお旧法による」と定めている。1935～44 年の間に発がん性を有するベンジジン製造業務に従事していた労働者およびその遺族 X らは，和歌山労働基準監督署長 Y に対し，X らが 1949 年以降に膀胱がん等を発病したことを理由に，労災法 12 条の 8 に基づく保険給付を請求したところ，Y は，労災法附則 57 条 2 項を根拠に，同法による給付の対象となるのは，同法施行時以降業務に従事し，これに起因して発生した死傷病に限られるから，X らの疾病は「業務上の……疾病」（労災法 7 条 1 項 1 号）に当たらないとして，不支給処分を行った。X らおよび遺族が取消訴訟を提起。一審は，労災法附則 57 条 2 項にいう「「事故」とは，被災労働者に発生した負傷，疾病等の結果を意味する」と解し，X らの従事した業務が労災法施行前のものであっても，疾病の発生が施行後である以上，労災法の適用があるとして，不支給処分を取り消した。Y の控訴を二審が棄却したため，Y が上告。Y は，上告理由第 1 点において労災法の適用の有無を争うとともに，同第 2 点において，仮に労災法の適用があるとしても，保険給付が認められるためには X らの疾病がベンジジン製造業務に起因すること（業務起因性）が認定されなければならないところ，「本件では疾病と業務との因果関係の有無が処分事由となっていないので，これにつき検討を加えない」とした一審判決を引用して控訴を棄却した二審判決には審理不尽ないし理由不備の違法があると主張した。

■**判旨** 上告棄却。

上告理由第 1 点について Y の主張を斥けたうえで，同第 2 点について次のように述べた。

「本件不支給決定の理由は前示のとおり［X らの疾病は労災法にいう業務上の疾病とは認められないというもの］であり，Y は，本件被災者らの疾病が……ベン

I-7　抗告訴訟の審理の対象と手続　203

⇨79

ジジン製造業務就労事業場における業務に起因するものであるか否かの点については調査，判断することなく，専ら本件被災者らが右業務に従事した期間が労働者災害補償保険法の施行前であることを理由に，本件不支給決定をしたことが明らかである。被災労働者の疾病等の業務起因性の有無については，第一次的に労働基準監督署長にその判断の権限が与えられているのであるから，Yが右の点について判断をしていないことが明らかな本件においては，原判決が，本件被災者らの疾病の業務起因性の有無についての認定，判断を留保した上，本件不支給決定を違法として取り消したことに，所論の違法はない。」

（裁判長裁判官　園部逸夫，裁判官　坂上壽夫，貞家克己，佐藤庄市郎，可部恒雄）

▶*Reference*　最三小判昭和 53（1978）・9・19 判時 911 号 99 頁は，道路運送法に基づく一般乗用旅客自動車運送事業（一人一車制の個人タクシー事業）の免許（現行法では許可）の期限変更申請に対し，当初陸運局長が新たに免許をする際の基準（同法旧 6 条，現行同じ）に基づいて審査をし，拒否処分を行ったところ（拒否理由は通知されていないようである），免許の期限に関する同法旧 120 条 2 項（現 86 条 2 項）の趣旨に従い審査をすべきであったとされた事案で，「一般に，取消訴訟においては，別異に解すべき特別の理由のない限り，行政庁は当該処分の効力を維持するための一切の法律上及び事実上の根拠を主張することが許されるものと解すべきであるところ，本件においては，右特別の理由があるものとは認められない」としたうえで，旧 120 条 2 項の趣旨に従い同拒否処分の適否を判断し，これを正当として維持した。

79　理由提示義務との関係⑴──文書非公開決定

最二小判平成 11（1999）・11・19［百選Ⅱ 189］
民集 53 巻 8 号 1862 頁；判時 1696 号 101 頁
（評釈）島村健・法協 118 巻 10 号 1625 頁，川上宏二郎・判評 501（判時 1721）号 15 頁，大橋寛明・曹時 53 巻 10 号 298 頁
（一審）横浜地判平成 6（1994）・8・8 判自 138 号 23 頁
（二審）東京高判平成 8（1996）・7・17 民集 53 巻 8 号 1894 頁〔参〕

■**事実**　本件は，神奈川県逗子市の住民らが，池子弾薬庫跡地内に所在した土地の管理について行った，地自法 242 条に基づく 2 回の住民監査請求（以下あわせて「本件監査請求」という）および同法 242 条の 2 第 1 項 4 号（2002 年改正前）に基づく住民訴訟（以下「別訴 1」という），ならびに，同跡地内の土地の所有名義人と国との間の民事訴訟（以下「別訴 2」という）に関する情報公開請求をめぐる事件である（以上の事実関係の詳細は，Ⅰ巻 *83*〔*81*〕を参照）。

　逗子市の住民である X は，別訴 1 および別訴 2 が係属中だった 1992 年 3 月，旧逗子市情報公開条例（以下「本件条例」という）に基づいて，逗子市監査委員 Y に対し，本件監査請求に関する一件記録の公開を請求した。Y は，この一件記録に含まれる

204　Ⅰ　行 政 訴 訟

⇨*79*

関係人の事情聴取記録（以下「本件各文書」という）につき，「市又は国の機関が行う争訟に関する情報であり，公開することにより当該事務事業及び将来の同種の事務事業の目的をそう失し，また円滑な執行を著しく妨げるもの」であって，本件条例5条(2)ウ（条文については *R1* を参照）の規定する非公開事由があるという理由を付記して，本件各文書を公開しない旨の決定（以下「本件処分」という）を行った。これに対してXが取消訴訟を提起。

一審で，Yは，別訴1および別訴2が本件条例5条(2)ウにいう「争訟」に該当し，本件各文書は「争訟の方針に関する情報」に当たるとして，本件処分の付記理由どおりの主張をするほか，本件各文書は，住民監査請求に関する判断資料であって，同条(2)アの「意思決定過程における情報」に該当するから，本件処分は適法であるとして，本件処分の付記理由にはない非公開事由を追加主張した。これに対して，一審は，本件各文書に本件条例5条(2)ウの非公開事由があるとは認められないとしたうえ，同条(2)ア該当の主張については，「非公開事由の通知に関する本〔件〕条例……9条……の趣旨・目的に照らし，原告に対する本件各処分の通知書に付記しなかった非公開事由をもって，同通知書に付記した事由に代替させ，あるいはそれを補充することは許されず，これにより右各処分についての瑕疵の治癒を認めることはできないと解されるので，この点の主張は，それ自体失当として採用の限りでない」と述べ，本件処分を取り消した。Yの控訴に対して二審もこの判断を維持したうえ，本件各文書が本件条例5条(2)アにも該当しないとして控訴を棄却したので，Yが上告。

■**判旨**　破棄差戻し。

最高裁は，本件各文書が「「争訟の方針に関する情報」に当たらないとした原審の判断には，本件条例5条(2)ウの解釈適用を誤った違法がある」としたうえで，次のように述べる。

「本件条例9条4項前段が，……非公開決定の通知に併せてその理由を通知すべきものとしているのは，本件条例2条が，逗子市の保有する情報は公開することを原則とし，非公開とすることができる情報は必要最小限にとどめられること，市民にとって分かりやすく利用しやすい情報公開制度となるよう努めること，情報の公開が拒否されたときは公正かつ迅速な救済が保障されることなどを解釈，運用の基本原則とする旨規定していること等にかんがみ，非公開の理由の有無について実施機関の判断の慎重と公正妥当とを担保してそのし意を抑制するとともに，非公開の理由を公開請求者に知らせることによって，その不服申立てに便宜を与えることを目的としていると解すべきである。そして，そのような目的は非公開の理由を具体的に記載して通知させること（実際には，非公開決定の通知書にその理由を付記する形で行われる。）自体をもってひと

I-7　抗告訴訟の審理の対象と手続　　205

⇨*79*

まず実現されるところ，本件条例の規定をみても，右の理由通知の定めが，右の趣旨を超えて，一たび通知書に理由を付記した以上，実施機関が当該理由以外の理由を非公開決定処分の取消訴訟において主張することを許さないものとする趣旨をも含むと解すべき根拠はないとみるのが相当である。したがって，Ｙが本件処分の通知書に付記しなかった非公開事由を本件訴訟において主張することは許されず，本件各文書が本件条例５条(2)アに該当するとのＹの主張はそれ自体失当であるとした原審の判断は，本件条例の解釈適用を誤るものであるといわざるを得ない。」

　そして，本件各文書が本件条例５条(2)アに該当しないとした原審の判断にも「本件条例の解釈適用を誤った違法がある」とした。

（裁判長裁判官　亀山継夫，裁判官　河合伸一，福田博，北川弘治，梶谷玄）

　▶*Reference 1*）　本件当時の本件条例の関係規定は次のとおり。

　第５条　実施機関は，次の各号のいずれかに該当する情報については，当該情報を非公開とすることができる。

　(2)　市が実施する事務又は事業に関する情報であって，公開することにより当該事務又は事業の公正又は円滑な執行に著しい支障をきたす情報で次に掲げるもの

　ア　市の機関内部若しくは機関相互又は市の機関と国等（国又は他の地方公共団体をいう。以下「国等」という。）の機関との間における調査，研究，検討，審議等の意思決定過程における情報であって，公開することにより公正又は適正な意思決定を著しく妨げるもの

　ウ　市又は国等の機関が行う監査，検査，取締り，徴税等の計画又は実施要領，渉外，争訟及び交渉の方針，契約の予定価格，試験問題，採点基準，用地買収計画その他市等の機関が行う事務又は事業に関する情報であって，公開することにより当該事務若しくは事業又は将来の同種の事務若しくは事業の目的を失わせるもの又は公正かつ円滑な執行を著しく妨げるもの

　第９条　3　実施機関は，第１項の規定により公開又は非公開を決定したときは，速やかに実施機関の定めるところにより，その旨を文書で通知しなければならない。

　4　前項の場合において，公開請求に係る情報の閲覧，視聴取及びその写しの交付を拒むときは，その理由を併せて通知しなければならない。〔後略〕

　2）　本件各文書の本件条例５条(2)アウ該当性の実体判断に関する判旨の詳細は，Ｉ巻83〔81〕参照。

　3）　差戻後控訴審（東京高判平成12（2000）・7・13判例集未登載）は，本件各文書のうち横浜防衛施設局施設管理課職員からの事情聴取書については本件条例５条(2)アおよびウに該当するとして，同事情聴取書を除く部分について本件処分を取り消し，その余の請求を棄却した。Ｘの上告受理申立てに対し，最一小決平成12（2000）・12・21は，上告不受理の決定をした。

⇨*80*

80 理由提示義務との関係(2)——青色申告に対する更正処分

最三小判昭和 56（1981）・7・14［百選II 188］
民集 35 巻 5 号 901 頁；判時 1018 号 66 頁
（評釈）武田昌輔・判評 280（判時 1037）号 7 頁，村上敬一・曹時 37 巻
12 号 193 頁
（一審）京都地判昭和 49（1974）・3・15 行裁例集 25 巻 3 号 142 頁
（二審）大阪高判昭和 52（1977）・1・27 行裁例集 28 巻 1 = 2 号 22 頁

■**事実**　青色申告書提出の承認を受けていた不動産会社 X は，1961 年 8 月 1 日から
1962 年 7 月 31 日までの事業年度の法人税につき，青色申告書により確定申告をした
ところ，中京税務署長 Y は，これに加算すべき所得額があるとして，増額更正処分
（以下「本件処分」という）を行った。本件処分の理由の 1 つは，X は A より不動産
物件（以下「本件不動産」という）を 7600 万 9600 円で買い受け，これを B に 7000 万
円で売り渡したとして申告を行ったが，本件不動産の取得価額は 6000 万円であり，
1000 万円の譲渡益が生じているというものである。それに対し，X は，異議申立
て・審査請求を経て Y を被告とする取消訴訟を提起した。

　一審の認定によれば，X は本件不動産の代金 6000 万円のほかに，A らの経営して
いたパチンコ店の廃業補償金として，暴力団関係者に 1600 万 9600 円を払い込んでお
り，これも本件不動産の取得に要した費用と認められたため，結論としては X の申
告した取得価額が正しかったことになる。しかし，Y は，その後の調査により本件
不動産の譲渡価額が実際には 9450 万円であったことを探知したため，一審で追加的
に，仮に本件不動産の取得価額が 7600 万 9600 円であるとしても，1000 万円を超え
る譲渡益が生じており，結局のところ本件処分には違法がないと主張した。この追加
主張に対し，一審判決は，「この主張事実は本件係争年度分の青色申告に対する Y の
更正処分の理由として通知書に付記されなかった事実であり，青色申告に対する更正
処分に理由付記を要する趣旨からすれば，付記理由以外の事実を以て更正処分の正当
性を根拠づけることを許さないものと解すべきであるから，Y が付記以外の追加抗
弁事実を主張することは（その事実があるとしても，それを再更正処分の理由とした
場合を除く）許されない」として，本件処分のうち本件不動産の譲渡損益に対応する
部分を取り消した。

　Y の控訴に対し，二審は，本件不動産の取得価額については一審の認定を維持し
たものの，次の理由で Y の追加主張を認め，一審判決中 Y 敗訴部分を取り消して X
の請求を棄却した。「元来，更正処分取消訴訟は，租税債務不存在確認訴訟の性質を
有するのであり，青色申告書によって確定申告された法人税に関する更正処分取消訴
訟においても，その事実上の争点は，当該法人の当該事業年度の所得金額の存否であ
って，更正処分に附記された更正理由の存否ではないから，当該附記理由による所得
金額の存在は認められないけれども，その附記理由以外の理由によって，当該法人に
つき当該事業年度の新たな所得の存在が認められ，結局，更正処分において認定した

I-7　抗告訴訟の審理の対象と手続　207

⇨*80*

所得金額よりも多額の所得金額が認定される場合においては，当該更正処分は違法でない」。X が上告。

■**判旨**　上告棄却。

「原審が適法に確定したところによれば，㈠宅地の分譲販売等を業とする X は，本件係争事業年度において本件不動産を 7600 万 9600 円で取得しこれを 7000 万円で販売したものとして，右事業年度の法人税につき青色申告書による確定申告をした，㈡これに対して，Y は，本件不動産の取得価額は 6000 万円であるとして，他の理由とともにこれを更正の理由として更正通知書に附記し，本件更正処分をした，㈢ところが，Y は，本訴における本件更正処分の適否に関する新たな攻撃防禦方法として，仮に本件不動産の取得価額が 7600 万 9600 円であるとしても，その販売価額は 9450 万円であるから，いずれにしても本件更正処分は適法であるとの趣旨の本件追加主張をした，というのであって，このような場合に Y に本件追加主張の提出を許しても，右更正処分を争うにつき被処分者たる X に格別の不利益を与えるものではないから，一般的に青色申告書による申告についてした更正処分の取消訴訟において更正の理由とは異なるいかなる事実をも主張することができると解すべきかどうかはともかく，Y が本件追加主張を提出することは妨げないとした原審の判断は，結論において正当として是認することができる。」

（裁判長裁判官　伊藤正己，裁判官　環昌一，横井大三，寺田治郎）

▶*Reference*　1)　青色申告に対する更正処分における理由付記は，現行法では所得税法 155 条 2 項，法人税法 130 条 2 項に定められている。その趣旨については，最二小判昭和 38 (1963)・5・31 民集 17 巻 4 号 617 頁 [百選 I 119]（I 巻 *98*〔*97*〕），最三小判昭和 60 (1985)・4・23 民集 39 巻 3 号 850 頁（I 巻 *112*〔*113*〕）などを参照。

　2)　最三小判平成 4 (1992)・2・18 民集 46 巻 2 号 77 頁 [重判平 4 行 10] は，所得税法 120 条 1 項に基づく確定申告（白色申告）に対する更正処分につき，理由付記義務が課されていなかった当時の制度を前提に，「課税処分の取消訴訟における実体上の審判の対象は，当該課税処分によって確定された税額の適否であり，課税処分における税務署長の所得の源泉の認定等に誤りがあっても，これにより確定された税額が総額において租税法規によって客観的に定まっている税額を上回らなければ，当該課税処分は適法というべきである」と判示した。

　現在では，白色申告に対する更正処分にも，行手法 14 条に基づく理由の提示が義務づけられている（国税通則法 74 条の 14 第 1 項）。

81 行政審判手続との関係

最大判昭和 51（1976）・3・10［百選 II 191］

民集 30 巻 2 号 79 頁；判時 806 号 13 頁①

（評釈）瀧川叡一・判評 212（判時 822）号 36 頁，宍戸達徳・曹時 31 巻
2 号 136 頁

（一審）東京高判昭和 41（1966）・12・13 行裁例集 17 巻 12 号 1341 頁

■**事実**　Y らは，X が特許権を有するメリヤス編機に関する特許（以下「本件特許」
という）につき，旧特許法（本件に適用される大正 10 年法 96 号。以下「法」という）
57 条・84 条 1 項 1 号（現 123 条）に基づき特許無効審判を請求したところ，特許庁
は本件特許を無効とする審決をした。これに対し X が抗告審判（法 109 条，現行法で
は廃止）を請求したところ，特許庁は X の抗告審判請求は成り立たない旨の審決（以
下「本件審決」という）をした。本件審決の理由は，本件特許発明がその出願前に A
らが公然と製造・販売・使用していた編機と一致するものであったという事実（公知
事実）が認められ，法 4 条 1 号・1 条（新規性の欠如。法 57 条 1 項 1 号により無効理由
となる。現 29 条 1 項・123 条 1 項 2 号）に該当するというものである。X は，Y らを
被告として，東京高裁に本件審決の取消訴訟を提起した（法 128 条ノ 2・128 条ノ 3，
現 178 条・179 条）。一審は，本件審決が認定した公知事実の存在は認められず，本件
審決は違法であるとし，また，Y らが主張する別の公知事実（B および C が同様の編
機を公然使用していた事実）の存在，冒認出願（法 57 条 1 項 2 号，現 123 条 1 項 6 号）
および進歩性の欠如（現 29 条 2 項・123 条 1 項 2 号，旧法では新規性要件に包摂）につ
いては，「これらの事実は，いずれもいまだ特許庁における審理を経ず，この点に関
する何等の判断も示されていないものであるから，当裁判所がこれらの事実によって
直ちに審決の適否を判断するに由ないもの」として，これらの主張については判断を
せずに本件審決を取り消した。

　Y らが上告。Y らは，上告理由第 5 点において，特許庁において審理判断を経て
いない主張について判断をしなかった原判決には判例違反の違法があると主張したた
め，最高裁は，裁判所法 10 条 3 号，最高裁判所裁判事務処理規則 9 条 3 項に基づき，
この論点についてのみ大法廷で判決をした。

■**判旨**　上告理由第 5 点の論旨は理由がない。

「法は，特許出願に関する行政処分，すなわち特許又は拒絶査定の処分が誤
ってされた場合におけるその是正手続については，一般の行政処分の場合とは
異なり，常に専門的知識経験を有する審判官による審判及び抗告審判（査定に
ついては抗告審判のみ）の手続の経由を要求するとともに，取消の訴は，原処
分である特許又は拒絶査定の処分に対してではなく，抗告審判の審決に対して
のみこれを認め，右訴訟においては，専ら右審決の適法違法のみを争わせ，特

I-7　抗告訴訟の審理の対象と手続　　209

⇨*81*

許又は拒絶査定の適否は，抗告審判の審決の適否を通じてのみ間接にこれを争わせるにとどめている」。

「法が審判及び抗告審判の手続として定めているところをみると，特許の無効審判の請求については，一定の申立及び理由を記載した審判請求書を提出すべく（86条［現131条］），提出された請求書についてはその副本を被請求人に送達して答弁書提出の機会を与えるものとし（88条1項［現134条1項］），また，審判においては，申し立てられた理由以外の理由についても審理することができるが，この場合には，その理由につき当事者らに対して意見申立の機会を与えなければならないとする（103条［現153条］）とともに，審判に関与する審判官についての除斥，忌避（91条から96条まで［現139条から144条まで］），公開による口頭審理方式（97条［現145条］），利害関係人の参加（98，99条［現148，149条］），証拠調（100条［現150条］）等，民事訴訟に類似した手続を定め，抗告審判についてもこれらの規定を準用している（110条［現行法では廃止］）。これによってみると，法は，特許無効の審判についていえば，そこで争われる特許無効の原因が特定されて当事者らに明確にされることを要求し，審判手続においては，右の特定された無効原因をめぐって攻防が行われ，かつ，審判官による審理判断もこの争点に限定してされるという手続構造を採用していることが明らかであり，法117条が「特許若ハ第五十三条ノ許可ノ効力……ニ関スル確定審決ノ登録アリタルトキハ何人ト雖同一事実及同一証拠ニ基キ同一審判ヲ請求スルコトヲ得ス」と規定しているのも，このような手続構造に照応して，確定審決に対し，そこにおいて現実に判断された事項につき対世的な一事不再理の効果を付与したものと考えられる［現167条は，当事者および参加人についてのみ一事不再理を規定する］。そしてまた，法が，抗告審判の審決に対する取消訴訟を東京高等裁判所の専属管轄とし，事実審を一審級省略しているのも，当該無効原因の存否については，すでに，審判及び抗告審判手続において，当事者らの関与の下に十分な審理がされていると考えたためにほかならないと解されるのである。

右に述べたような，法が定めた特許に関する処分に対する不服制度及び審判手続の構造と性格に照らすときは，特許無効の抗告審判の審決に対する取消の訴においてその判断の違法が争われる場合には，専ら当該審判手続において現実に争われ，かつ，審理判断された特定の無効原因に関するもののみが審理の対象とされるべきものであり，それ以外の無効原因については，右訴訟におい

⇨*81*

てこれを審決の違法事由として主張し，裁判所の判断を求めることを許さない
とするのが法の趣旨であると解すべきである。

　そこで，進んで右にいう無効原因の特定について考えるのに，法57条1項
［現123条1項］各号は，特許の無効原因を抽象的に列記しているが，そこに掲
げられている各事由は，いずれも特許の無効原因をなすものとしてその性質及
び内容を異にするものであるから，そのそれぞれが別個独立の無効原因となる
べきものと解するのが相当であるし，更にまた，同条同項1号［現123条1項2
号にほぼ相当］の場合についても，そこに掲げられている各規定違反は，それ
ぞれその性質及び内容を異にするから，これまた各規定違反ごとに無効原因が
異なると解すべきである。しかしながら，無効原因を単に右のような該当条項
ないしは違反規定のみによって抽象的に特定することで足りるかどうかは，特
許制度に関する法の仕組みの全体に照らし，特に法117条が，前記のように，
確定審決における一事不再理の効果の及ぶ範囲を同一の事実及び証拠によって
限定すべきものとしていることとの関連を考慮して，慎重に決定されなければ
ならない。

　思うに，特許の基本的要件は，法1条［現行法では29条に包摂］に定める
「新規ナル工業的発明」に該当することであり，特許すべきかどうか，又は特
許が無効かどうかについて最も多く問題になるのも，右法条に適合するかどう
か，なかんずく当該発明が「新規ナル」ものであるかどうかであるところ，法
4条［現29条］は，右にいう発明の「新規」とは，「特許出願前国内ニ於テ公
然知ラレ又ハ公然用ヰラレタルモノ」又は「特許出願前国内ニ頒布セラレタル
刊行物ニ容易ニ実施スルコトヲ得ヘキ程度ニ於テ記載セラレタルモノ」に該当
しないことをいうと規定している。すなわち，ある発明が法にいう「新規ナ
ル」もの（以下「新規性」という。）に当たるかどうかは，常に，その当時に
おける「公然知ラレ又ハ公然用ヰラレタルモノ」又は公知刊行物に記載された
もの（以下「公知事実」という。）との対比においてこれを検討，判断すべき
ものとされているのである。ところが，このような公知事実は，広範多岐にわ
たって存在し，問題の発明との関連において対比されるべき公知事実をもれな
く探知することは極めて困難であるのみならず，このような関連性を有する公
知事実が存する場合においても，そこに示されている技術内容は種々様々であ
るから，新規性の有無も，これらの公知事実ごとに，各別に問題の発明と対比
して検討し，逐一判断を施さなければならないのである。法が前述のような独

I-7　抗告訴訟の審理の対象と手続　211

⇨*81*

得の構造を有する審査，無効審判及び抗告審判の制度と手続を定めたのは，発明の新規性の判断のもつ右のような困難と特殊性の考慮に基づくものと考えられるのであり，前記法 117 条の規定も，発明の新規性の有無が証拠として引用された特定の公知事実に示される具体的な技術内容との対比において個別的に判断されざるをえないことの反映として，その趣旨を理解することができるのである。そうであるとすれば，無効審判における判断の対象となるべき無効原因もまた，具体的に特定されたそれであることを要し，たとえ同じく発明の新規性に関するものであっても，例えば，特定の公知事実との対比における無効の主張と，他の公知事実との対比における無効の主張とは，それぞれ別個の理由をなすものと解さなければならない。

　以上の次第であるから，審決の取消訴訟においては，抗告審判の手続において審理判断されなかった公知事実との対比における無効原因は，審決を違法とし，又はこれを適法とする理由として主張することができないものといわなければならない。この見解に反する当裁判所の従前の判例（最高裁昭和……35[1960] 年 12 月 20 日第三小法廷判決・民集 14 巻 14 号 3103 頁，同昭和……43[1968] 年 4 月 4 日第一小法廷判決・民集 22 巻 4 号 816 頁）は，これを変更すべきものである。（なお，拒絶査定の理由の特定についても無効原因の特定と同様であり（拒絶理由の通知について法 72 条［現 50 条］，抗告審判［現行法では拒絶査定不服審判］におけるその準用について法 113 条 1 項［現 159 条 2 項］参照），したがって，拒絶査定に対する抗告審判の審決に対する取消訴訟についても，右審決において判断されなかった特定の具体的な拒絶理由は，これを訴訟において主張することができないと解すべきである。それ故，Y の引用する当裁判所昭和……28［1953］年 10 月 16 日第二小法廷判決・裁判集民事 10 号 189 頁もまた，これを変更すべきである。）」

（裁判長裁判官　村上朝一，裁判官　藤林益三，岡原昌男，下田武三，岸盛一，天野武一，坂本吉勝，岸上康夫，江里口清雄，大塚喜一郎，髙辻正己，吉田豊，団藤重光，本林讓，服部髙顯）

　▶*Reference　1*）　上告理由のその他の論点については，最三小判昭和 51（1976）・3・10 判時 806 号 13 頁②が原審の判断を是認し，上告を棄却した。

　2）　最三小判平成 3（1991）・4・23 民集 45 巻 4 号 538 頁［重判平 3 無体 3］は，商標法 50 条に基づく商標登録の取消しの審判において，被請求人が当該商標を使用していることを証明せずに取消審決を受け（同条 2 項参照），その取消訴訟を提起した場合，「商標登録の不使用取消審判で審理の対象となるのは，その審判請求の登録前 3 年以内

における登録商標の使用の事実の存否であるが、その審決取消訴訟においては、右事実の立証は事実審の口頭弁論終結時に至るまで許される」と判示した。

3) 電波法に基づく総務大臣の処分について同法83条により審査請求がされた場合、総務大臣はこれを電波監理審議会に付議し（85条）、審議会が審理（86条以下）を経たうえで議決した裁決案（93条の4）に基づき、審査請求についての裁決を行う（94条）。裁決書には審議会が認定した事実を示さなければならず（94条2項）、審議会が適法に認定した事実は、審査請求に対する裁決の取消訴訟（96条の2・97条）において、これを立証する実質的な証拠があるときは、裁判所を拘束する（99条）。ただし、審判制度廃止（平成25年法100号による改正）前の独禁法81条のように、新しい証拠の申出を制約する規定は置かれていない。電波法4条1項に基づく無線局の開設免許拒否処分についての異議申立て（現行法の審査請求）を棄却した決定（現行法の裁決）の取消訴訟において、*53*は、「独禁法81条……に相当する規定がないことの故をもって、裁判所が、郵政大臣のした異議申立て棄却決定の取消訴訟において、みずから自由に事実を確定し、これに基づいて右決定に表示された電波監理審議会の判断の適否を審査しうるものと解することは、原判決説示のように、「事実については専門的な知識経験を有する行政機関の認定を尊重し、裁判所はこれを立証する実質的な証拠の有無についてのみ審査し得るに止めようとする規定の趣旨を没却」するもの」とした。*89R*も参照。

I-7-5　違法判断の基準時・瑕疵の治癒

*I-4-2-1*も参照。

82　違法判断の基準時(1)——行政法規の解釈

最一小判平成11（1999）・11・25［百選I 56］
判時1698号66頁
（評釈）前田雅子・判評500（判時1718）号11頁
（一審）東京地判平成6（1994）・4・14行裁例集45巻4号977頁
（二審）東京高判平成7（1995）・9・28行裁例集46巻8＝9号790頁

本件はI巻*187*〔*190*〕と同一の事案である。以下では、表題に関わる事実および判旨のみを掲げる。

■**事実**　Y（建設大臣）は1991年に都市計画事業として、東京都知事に対し環状6号線道路拡幅事業を認可した（都計法（以下「法」という）59条2項・3項）。これに対し、事業地の周辺地域に居住もしくは通勤通学する百数十名（X₁ら）、および事業地内の土地の所有者や建物の賃借人数名（X₂ら）が、認可の取消訴訟を提起した。一審・二審とも、① X₁らの原告

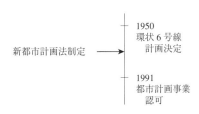

⇨*82*

適格を否定し，②X₂らの原告適格は肯定し，また都市計画事業認可処分の取消訴訟において，先行する都市施設に関する都市計画決定の違法事由（法11条・13条参照）を主張できるとしたが，③環状6号線整備計画は，1950年に旧都計法（大正8年法36号）に基づき決定されたものであり，現行都計法13条1項柱書に設けられた「都市計画は公害防止計画に適合するものでなければならない」旨の要件は適用されないとして，結局，都市計画事業認可処分を適法と判断した。

■**判旨**　X₁ら・X₂らの上告を棄却。判決はX₁らの原告適格を否定し，X₂らの訴えに関しては次のように本案について判示している。

③の点について「都市計画法施行法2条によれば，旧都市計画法……の下で適法，有効に決定された都市計画は，改めて法の規定する手続，基準に従って決定し直さないでも，そのまま法に基づいて適法，有効に決定された都市計画と認められ，法の都市計画に関する規定が適用されることになると解される。したがって，旧法の下で適法，有効に決定された都市計画において定められた都市施設を整備する事業を行う場合には，施行者は直ちに当該事業の認可等の申請を行えば足り，その要件とされる法61条1号の適用においても，事業の内容が旧法下で決定された都市計画に適合していれば足りると解すべきである。そうすると，旧法の下においては都市計画の基準として公害防止計画に適合することを要するとはされていなかったのであるから，旧法の下において決定された環状6号線整備計画は，その後に定められた公害防止計画に適合するか否かにかかわらず，現行法下においてもそのまま適法，有効な都市計画とみなされるものというべきであり，右整備計画に適合するものとしてされた環状6号線道路拡幅事業の認可に違法はない。」

（裁判長裁判官　遠藤光男，裁判官　小野幹雄，井嶋一友，藤井正雄，大出峻郎）

▶*Reference 1*）　一部を変更された都市計画決定の違法性が問題となった事案で，東京地判平成13（2001）・10・3判時1764号3頁は，「都市計画の一部のみを切り離して見直しをすることは，もとより困難であり，かつ避けるべきものといわざるを得ず，［都計法13条1項柱書］の規定の趣旨からしても，ある都市計画について，基礎調査等に基づき何らかの変更をすべき場合には，それが軽易な変更［都計法21条2項，同法施行令15条］でない限り，これを契機として都市計画全体の見直しをすることが求められているというべきであって……変更後の都市計画は，変更された部分のみならず，全体として新たな都市計画となる」として，変更時（1993年）の法状態・事実状態により都市計画の違法性を判断したのに対し（第二審，上告審も同じ），東京地判平成14（2002）・8・27判時1835号52頁（I巻*14*〔*13*〕）は，「変更部分が独立性を有し，変更前の都市計画全体を取り消して新たな都市計画とするまでのものとは認め難い場合に，

214　　I　行政訴訟

あえて［新計画への］吸収あるいは取消し・新規計画というような考え方をする必要はない」として，旧計画時（1957年）の法状態・事実状態により都市計画の違法性を判断した（第二審，上告審も同じ）。

2） 農地買収の事案で，最二小判昭和27（1952）・1・25民集6巻1号22頁［百選Ⅱ193］は，「行政処分の取消又は変更を求める訴において裁判所の判断すべきことは係争の行政処分が違法に行われたかどうかの点である。行政処分の行われた後法律が改正されたからと言って，行政庁は改正法律によって行政処分をしたのではないから裁判所が改正後の法律によって行政処分の当否を判断することはできない。本件買収計画は昭和22［1947］年12月26日法律241号による改正前の自作農創設特別措置法附則2項［市町村農地委員会が相当と認めるときは，1945年11月23日現在の事実に基づき買収計画を定めることを可能とする「遡及買収」の規定］によって定められたのであるから，原判決が本件買収計画が右附則2項による計画として適法であるかどうかを審理したのは当然である［原判決は「相当」性を否定して買収を違法と判断した］。前記法律241号附則2条は改正法施行前に前記附則2項による買収計画に関してされた手続は改正後の法律の6条の2, 3, 5の規定によりされた手続とみなす旨の規定であることは論旨のとおりであるが，右は改正前の法律による手続が改正法による手続としての効力を有する趣旨の規定に過ぎず，改正前の法律にてらして違法があった計画が法律の改正によって適法になる理由はないのであるから，所論のように本件買収計画が適法であるかどうかについて改正後の法律によって判断すべきものではない」とし，最三小判昭和28（1953）・12・15民集7巻12号1437頁は，「買収計画後買収処分前の昭和22［1947］年12月26日に法律第241号をもって自作農創設特別措置法は改正され，改正法は即日施行されたのであるが，右改正法は，牧野を未墾地と区別し，牧野については，自作牧野と小作牧野に分ち，それぞれ買収すべき場合を詳細に規定したのであって，換言すれば，政府は，牧野は牧野として買収することにしたのである。右改正前においては，牧野が未墾地中に包含されていたものと解すべきことは，原判決の判示するとおりであり，従って右改正前に定められた本件買収計画は，当時においては，本件土地が牧野であるがため違法であるということはできない。しかしながら，買収計画は，窮極において買収処分によって国が土地の所有権を取得するための段階的な一手続に過ぎず，国が買収処分によって所有権を取得する以前に，法律の改正によって，前記のとおり牧野として買収することに決した以上，買収計画が適法であったからと言って，牧野を未墾地として買収することができるものではない。しからば原判決が，本件買収計画が適法であったことを理由として本件買収処分を違法ではないとし上告人の請求を棄却したのは法律の解釈適用を誤ったものというべく本件上告は理由があり原判決は破棄を免れない。そして本件土地が牧野であることは原判決の確定するところであり，前述の理由によって被上告人のした本件買収処分は違法であって取り消すべきものである」とした。

3） 18は，「現在の科学技術水準に照らし」原子炉設置許可処分の違法性を判断している。

4） 原告適格に係る本判決の判示は，38の大法廷判決により判例変更された。

⇨*83*

83 違法判断の基準時 (2)——行政訴訟手続と行政手続との関係

最三小判昭和 57（1982）・2・23
民集 36 巻 2 号 215 頁；判時 1037 号 91 頁
（評釈）小松芳明・判評 285（判時 1052）号 9 頁，村上敬一・曹時 39 巻
1 号 171 頁
（一審）東京地判昭和 50（1975）・5・6 行裁例集 26 巻 5 号 683 頁；判時
782 号 35 頁
（二審）東京高判昭和 51（1976）・7・19 行裁例集 27 巻 7 号 1053 頁；判
時 829 号 39 頁

■**事実**　青色申告法人であった株式会社 A は，1965 年 8 月 1 日から 1966 年 7 月 31
日までの事業年度（以下「本件事業年度」という）の法人税につき，法人税法 57 条に
より，本件事業年度前の事業年度に生じた欠損金額の一部を損金の額に算入し，課税
標準額を零とする青色申告書による確定申告をした。その後，Y（足立税務署長）は
A を吸収合併した X に対し，青色申告の承認を本件事業年度にさかのぼって取り消
し，これにより白色申告とみなされることとなった確定申告につき，1968 年 8 月 31
日に，繰越欠損金の損金算入を否認して増額更正処分および無申告加算税賦課決定
（以下「本件更正処分等」という）をした。これに対し X は 1969 年 9 月 22 日に，本件
更正処分等の無効確認訴訟を提起した。しかし Y は 1974 年 9 月 6 日になって，青色
申告の承認の取消処分を職権により取り消した。

　一審は，本件事業年度の所得から繰越欠損金を控除した金額を超える部分について，
本件更正処分等の重大かつ明白な瑕疵を認めて無効を確認する判決を下した。これに
対し二審は，「青色申告の承認は申告の方法を規制する行政処分であって，その承認
ないし取消と，課税処分とは全く別個の行政処分である。したがって，右承認が取消
され青色申告が白色として取扱われ，これに基づいてなされた課税処分は所定の手続
を経過すれば確定するのであって，後日，承認取消処分が取消されても，既に確定し
た課税処分がさかのぼってかしのあるものになることはなく，また，承認取消処分の
取消された時点においてかしのあるものに変ることもない。このことは，国税通則法
第 23 条の規定が設けられていることからも窺われる」として，X の請求を棄却した。

■**判旨**　X の上告を棄却。
「本件更正処分等の後にされた青色申告の承認の取消処分の取消によって，
A は遡及的に青色申告法人としての地位を回復し，青色申告書以外の申告書
によるものとみなされた本件事業年度についての確定申告も青色申告書による
申告であったことになるから，青色申告書以外の申告書による確定申告に対す
るものとして繰越欠損金の損金算入を否認してされた本件更正処分は，その限
度において課税標準額及び税額を過大に算定したこととなって，青色申告の承
認の取消処分の取消によって後発的，遡及的に生じた法律関係には適合しない

216　I　行 政 訴 訟

⇨*84*

ことになる。しかしながら，このような場合，課税庁としては，青色申告の承認の取消処分を取り消した以上，改めて課税標準額及び税額を算定し，先にした課税処分の全部又は一部を取り消すなどして，青色申告の承認の取消処分の取消によって生じた法律関係に適合するように是正する措置をとるべきであるが，被処分者である納税者としては，国税通則法 23 条 2 項の規定により所定の期間内に限り減額更正の請求ができる……。そして，このような場合における納税者の救済はもっぱら右更正の請求によって図られるべきであって，課税処分についての抗告訴訟において右のような事由を無効又は取消原因として主張することはできない」。

（裁判長裁判官　環昌一，裁判官　横井大三，伊藤正己，寺田治郎）

▶*Reference*　更正の請求が制度化されていない状況における事案として，Ⅰ巻 *166*〔*168*〕（最二小判昭和 49（1974）・3・8 民集 28 巻 2 号 186 頁［百選Ⅰ 33]）を参照。

84 実体法上の瑕疵の治癒

最三小判昭和 47（1972）・7・25
民集 26 巻 6 号 1236 頁；判時 680 号 35 頁
（評釈）佐藤繁・曹時 25 巻 4 号 158 頁
（一審）東京地判昭和 38（1963）・4・30 行裁例集 14 巻 4 号 918 頁
（二審）東京高判昭和 41（1966）・2・21 行裁例集 17 巻 2 号 134 頁；判タ190 号 181 頁

■**事実**　A は，建基法 42 条 1 項 5 号を適用される私道である本件道路にはみ出る建築を適法化するために，道路位置廃止処分を受けようと考えた。そして，本件道路を廃止すると所有地が袋地になる X および B に対し，建築線（旧市街地建築物法が定めていた制度で，建築物は建築線に接することを要し，建築線より突出させることができないとされていた。建基法の制定により廃止され，建築線の機能は，同法上の道路および壁面線の制度に継承された）の廃止を申請するが本件道路は存続すると説き，本件私道付近の図面に捺印を得たうえで，図面・書面を改竄し，これを添付図面および承諾書として道路位置廃止処分を申請した。これを受けて Y（東京都知事）が行った同処分につき，X が無効確認訴訟を提起した。一審は請求を棄却したが，二審は請求を認容した。

■**判旨**　二審判決破棄，高裁に差戻し。表題テーマに直接関わるのは(2)である。

(1)　「X の承諾と本件処分の効力との関係について考えるに，東京都建築基準法施行細則……8 条［現 16 条 2 項］および原審確定の事実に徴すれば，本件

Ⅰ-7　抗告訴訟の審理の対象と手続　217

⇨*84*

処分をするにあたっては，Ｘの承諾を必要とするにかかわらず，これを欠いていた……。したがって，本件処分は違法な処分といわざるをえない。しかし，本件において適用されるべき［建築］基準法関係法令の諸規定に徴すれば，基準法42条1項5号に基づく位置の指定を受けた道路につき道路位置廃止処分をする場合における所定の権利者の承諾は，道路位置指定処分をする場合における権利者の承諾と異なって，主として，指定による私権の制限の解除を意味するものであるのみならず……，Ｘおよび訴外Ｂは，その意味を正しく理解していなかったとはいえ，私道が従前よりは狭くなる程度のことを承知のうえで本件道路位置廃止申請書添付の図面に押印した……。それゆえ，Ｘらの承諾を欠く申請に基づいてされた本件処分であっても，その承諾の欠缺が申請関係書類上明白であるのにこれを看過してされたというような特別の場合を除いて，これを当然に無効な処分と解することはできない。ところが，原判決は，Ｘの承諾は本件処分に必要欠くべからざる根本要件であるとしたうえ，その欠缺の一事からただちに本件処分を無効としているのであって，本件処分の効力に関する判断を誤っ」ている。

　(2)　「つぎに，本件処分後の事情と基準法43条1項……違反との関係について考えるに……本件道路の廃止により，Ｘおよび訴外Ｂの各所有地が袋地となったものであって，本件処分［は］同条項の規定に違反する違法な処分といわざるをえない……。ところで，同条項の趣旨とするところは，主として，避難または通行の安全を期することにあり，道路の廃止により同条項に抵触することとなる場合には，基準法45条により，その廃止を禁止することができる……ところからみれば，右の禁止もまた，避難または通行の安全を保障するための措置と解せられる。してみれば，道路の廃止によって，いったん，基準法43条1項の規定に違反する結果を生じたとしても，その後の事情の変更により，右の違反状態が実質上解消するに至った後においては，もはや，基準法45条に定める処分をする必要はなく，また，これをすることもできないものと解すべきである。この趣旨に即して考えれば，基準法43条1項違反の結果を生ずることを看過してなされた違法な道路位置廃止処分であっても，当該処分の後，事情の変更により，違反状態が解消するに至ったときは，処分当時の違法は治癒され，もはや，これを理由として当該処分を取り消すとか，当該処分が当然に無効であるとすることは許されない」。

　（裁判長裁判官　田中二郎，裁判官　下村三郎，関根小郷）

▶Reference　*1*)　表題判決が道路位置指定取消処分に道路敷地所有者の承諾を要すると
したことにつき，東京地判平成 28 (2016)・6・17 判時 2325 号 30 頁〔参〕は，機関委
任事務制度の下で都知事が定めた規則（東京都建築基準法施行細則）に基づく要件であ
り，現在では妥当しないとしたのに対し，控訴審・東京高判平成 28 (2016)・11・30 判
時 2325 号 21 頁は，建築基準法の解釈として導出された要件と解しつつ，現実に「道」
が存在せず，道路位置指定の必要性が消滅し（接道義務違反となる土地がない），その
ような状態が長期間継続している場合は，適用されない要件であるとした（確定）。

　　2)　行政行為の無効事由につき，Ⅰ巻 *163*〔*165*〕（最三小判昭和 36 (1961)・3・7
民集 15 巻 3 号 381 頁）・*164*（最一小判昭和 48 (1973)・4・26 民集 27 巻 3 号 629 頁
〔百選Ⅰ 83〕）参照。

85　手続法上の瑕疵の治癒

最三小判昭和 47 (1972)・12・5〔百選Ⅰ 86〕
民集 26 巻 10 号 1795 頁；判時 691 号 13 頁
（評釈）佐藤繁・曹時 25 巻 9 号 135 頁
（一審）大分地判昭和 42 (1967)・3・29 訟月 13 巻 8 号 978 頁
（二審）福岡高判昭和 43 (1968)・2・28 行裁例集 19 巻 1 = 2 号 317 頁

■**事実**　青色申告の承認を受けた法人 X は，清算手続中であるが，事業年度所得お
よび清算所得に対する法人税につき Y（大分税務署長）による更正処分を受け，更正
処分を一部取り消す熊本国税局長の裁決を経て，更正処分取消訴訟を提起した。一
審・二審とも，更正処分の残部を理由付記の不備を理由に取り消した。

■**判旨**　Y の上告を棄却。

「処分庁と異なる機関の行為により附記理由不備の瑕疵が治癒されるとする
ことは，処分そのものの慎重，合理性を確保する目的にそわないばかりでなく，
処分の相手方としても，審査裁決によってはじめて具体的な処分根拠を知らさ
れたのでは，それ以前の審査手続において十分な不服理由を主張することがで
きないという不利益を免れない。そして，更正が附記理由不備のゆえに訴訟で
取り消されるときは，更正期間の制限〔国税通則法 70 条〕によりあらたな更正
をする余地のないことがあるなど処分の相手方の利害に影響を及ぼすのである
から，審査裁決に理由が附記されたからといって，更正を取り消すことが所論
のように無意味かつ不必要なこととなるものではない。

それゆえ，更正における附記理由不備の瑕疵は，後日これに対する審査裁決
において処分の具体的根拠が明らかにされたとしても，それにより治癒される
ものではない」。

（裁判長裁判官　関根小郷，裁判官　田中二郎，下村三郎，天野武一，坂本吉勝）

Ⅰ-7　抗告訴訟の審理の対象と手続　219

▶*Reference* *1*)　青色申告に対する更正処分に係る理由付記義務につき，I 巻 98〔97〕（最二小判昭和 38（1963）・5・31 民集 17 巻 4 号 617 頁〔百選 I 119〕）参照。

2)　最二小判昭和 36（1961）・7・14 民集 15 巻 7 号 1814 頁〔百選 I 85〕は次のように述べて，手続法上の瑕疵の治癒を認めた。「農地買収計画につき異議・訴願の提起があるにもかかわらず，これに対する決定・裁決を経ないで爾後の手続を進行させたという違法は，買収処分の無効原因となるものではなく，事後において決定・裁決があったときは，これにより買収処分の瑕疵は治癒される……（昭和 34 年 9 月 22 日第三小法廷判決，民集 13 巻 11 号 1426 頁参照）。」「本件についてこれをみるのに……兵庫県農地委員会が本件買収計画を承認し，また兵庫県知事が被上告人に対する買収令書を発行した当時は，まだ同委員会による本件買収計画についての訴願裁決がなされていなかったとはいえ，右承認は訴願棄却の裁決があることを停止条件としてなされたものであり，訴願棄却の裁決もその後行われたというのであるから，訴願棄却の裁決がなされる前に承認その他の買収手続を進行させたという瑕疵は，その後訴願棄却の裁決がなされたことによって治癒された」。

また，最二小判昭和 46（1971）・1・22 民集 25 巻 1 号 45 頁〔百選 I 113〕は次のように，瑕疵の治癒を認めなかったが，瑕疵が無効事由にあたることを否定した。本件温泉動力装置「許可処分にあたり，温泉審議会は開かれず，知事による温泉審議会の意見聴取は持廻り決議の方法によりされた……のであり，また，温泉法〔旧〕19 条，島根県温泉審議会条例〔当時〕6 条等の規定に徴すれば，右審議会の意見は適法有効なものということはできず，右処分後に開かれた審議会の意見によっても，右のかし〔は〕補正されない〔現在は，温泉法 32 条，自然環境保全法 51 条，島根県自然環境保全条例 12 条により，島根県自然環境保全審議会の意見が聴取される〕」。「ところで，温泉法〔旧〕20 条によれば，知事が同法 8 条 1 項〔現 11 条 1 項〕等所定の規定による処分をしようとするときは温泉審議会の意見を聞かなければならない……が，同法〔旧〕19 条は，都道府県知事の諮問に応じ，温泉およびこれに関する行政に関し調査，審議させるため，都道府県に温泉審議会を置く，右審議会の組織，所掌事務，委員その他の職員については都道府県の条例で定める旨規定しており，その他，同法の目的を定める 1 条，許可不許可の基準を定める 4 条等の規定に徴すれば，前記〔旧〕20 条が知事に対し温泉審議会の意見を聞かなければならないこととしたのは，知事の処分の内容を適正ならしめるためであり，利害関係人の利益の保護を直接の目的としたものではなく，また，知事は右の意見に拘束されるものではないと解せられる。そして，これらの諸点を併せ考えれば，本件許可処分にあたり，知事のした温泉審議会の意見聴取は前記のようなものではあるが，そのかしは，取消の原因としてはともかく，本件許可処分を無効ならしめるものということはできない」。

3)　申請者が満たすべき手続的要件に係る処分の瑕疵に関する事案として，東京地判平成 28（2016）・2・16 判時 2313 号 18 頁〔重判平 29 行 1〕がある。建基法 86 条 1 項による一団地認定を受けた対象区域内において，同法 86 条の 2 第 1 項による同一敷地内建築物認定を申請しようとする者は，同法施行規則 10 条の 16 第 2 項 2 号により，対象区域内の他の地権者等に対し申請に係る建築物の計画に関する説明のために講じた措

置を記載した書面（説明措置記載書面）を，申請書に添えて提出するものとされている
ところ，当該事案では，説明措置記載書面等の内容から法の趣旨にかなった説明措置が
行われたといえるかにつき特定行政庁が審査を尽くしておらず，また，実際に法の趣旨
にかなった説明措置が行われていなかったことから，同一敷地内建築物認定に瑕疵があ
ったとみる余地がある，とされた。しかし判決は，その後の追加説明措置により瑕疵が
治癒されたとして，認定処分を適法と判断した。判決は，次のような一般論を述べてい
る。「事後的に処分の要件が備わったからといって当然に瑕疵の治癒が認められるもの
ではなく，例えば，法律が慎重な判断を求めて詳細な手続的要件を定めていたにもかか
わらず，これを無視して行政処分がされた場合にその瑕疵の治癒が認められるとはいえ
ないところでもあって（〔上記2〕の昭和46年最判の引用），瑕疵の治癒が認められる
かどうかは，処分に係る要件の趣旨・内容，瑕疵の程度，事後的にされた措置の内容，
瑕疵が関係者に与えた影響その他諸般の事情を考慮して判断すべきものと解される」。

I-7-6　審理手続

情報公開請求訴訟における証明責任につき，I巻III-5〔III-6〕および最二小判平成
26（2014）・7・14判時2242号51頁［百選II 196]（I巻（第2版）88）を参照。

86 証明責任(1)──推計課税

東京高判平成6（1994）・3・30
行裁例集45巻3号857頁
（評釈）手塚貴大・租税判例百選［第6版］211頁
（一審）新潟地判平成5（1993）・3・23税務訴訟資料194号909頁

■事実　Xは，新潟税務署長Yに対し，1979〜81年の各年分の所得税について確定
申告書を提出した。しかし，いずれの確定申告書にも所得金額および専従者控除額の
記載があるだけで，収入金額および必要経費の記載がなく，所得金額の算定経緯が不
明であることなどから，Yは，所得税に関する調査の必要があると認め，Y所属の
調査官Aに調査を命じた。ところが，XはAに対して帳簿書類等の呈示を拒み調査
に協力しようとする姿勢をまったく示さなかったので，AはXの取引銀行および取
引先の反面調査を実施し，Yは，これによって把握した収入金額を基礎とする推計
の方法によってXの事業所得金額を算定したうえ，Xの申告に係る各年分につき，
所得税額を増額する更正処分（所得税法156条）および過少申告加算税賦課決定（国
税通則法65条）を行った（以下両者を合わせて「本件各処分」という）。Xが本件各処
分の取消訴訟を提起したところ，一審は請求を棄却したので，Xが控訴。Xは，事
業所得金額について実額によって算定すべき旨を主張した。

■判旨　控訴棄却。

⇨*87*

(1)「税務署長が申告された又は無申告の所得税の課税標準等ないし税額等について更正又は決定をするに当たっては，所得の実額をもってすべきである（国税通則法 24 条，25 条）が，所得の実額を捕そくすることができない場合においても，租税負担公平の原則上更正又は決定をすることを回避又は放棄することは許されないから，高度の信頼性を付与されている青色申告にかかる更正の場合を除き，間接的な資料によって所得を認定して更正又は決定をしなければならない。所得税法 156 条（なお，法人税法 131 条）は，この趣旨を規定したものである。したがって，間接的な資料を用いて所得を認定する方式である推計課税は，直接資料を用いて所得を認定する方式である実額課税に代わるものではあっても，それ自体 1 つの課税の方式であって，所得の実額の近似値を求める，いうなれば概算課税の性質を有しているというべきである。そうだとすると，推計課税における推計の合理性は，所得の実額との関係で厳密な整合性を有する必要はなく，実額課税に代わる方式にふさわしいといい得る程度の推計の合理性で足りるというべきである。」

(2)「前記のように推計課税の本質を解するときは，税務署長を被告とする所得税更正処分取消訴訟において原告が直接資料によって収入及び経費の実額を主張・立証することは，被告の抗弁に対する単なる反証ではなく，自らが主張・証明責任を負うところの再抗弁であり，しかも，その再抗弁においては単に収入又は経費の実額の一部又は全部を主張証明するだけでは足りず，収入及び経費の実額をすべて主張・証明することを要するというべきである」。

（裁判官　山下薫，並木茂，中村直文）

▶*Reference*　最一小判平成 6（1994）・12・8 税務訴訟資料 206 号 659 頁は X の上告を棄却した。

87 証明責任 (2)──放射線起因性

最三小判平成 12（2000）・7・18［重判平 12 行 3］
判時 1724 号 29 頁
（評釈）西田和弘・判評 508（判時 1743）号 16 頁
（一審）長崎地判平成 5（1993）・5・26 判時 1465 号 66 頁
（二審）福岡高判平成 9（1997）・11・7 判タ 984 号 103 頁

■**事実**　長崎に原子爆弾が投下された 1945 年 8 月 9 日，当時 3 歳であった X は，爆心地から約 2.45 キロメートル離れた自宅において，爆風により飛来した屋根がわらに頭部を直撃され，頭部外傷および右片麻痺（脳萎縮）の傷害を負った。X は，旧原

⇨*87*

子爆弾被爆者の医療等に関する法律（以下「法」または「旧原爆医療法」という）8条1項（現在では原子爆弾被爆者に対する援護に関する法律（以下「被爆者援護法」という）11条1項）に基づき，厚生大臣Yに対し，原爆症の認定を申請した。この認定は，「原子爆弾の傷害作用に起因して負傷し，又は疾病にかかり，現に医療を要する状態にある」被爆者または「当該負傷又は疾病が原子爆弾の放射能に起因するものでないときは，その者の治ゆ能力が原子爆弾の放射能の影響を受けているため現に医療を要する状態にある」被爆者に対してされる（法7条1項［被爆者援護法10条1項]）。Yは，「申請にかかる申請人の疾病は，原爆放射能に起因する可能性は否定できる」との理由を付して，Xの申請を却下する処分（以下「本件処分」という）をした。本件処分の取消しを求めてXが出訴。一審はXの請求を認容して本件処分を取り消し，二審はYの控訴を棄却したため，Yが上告。

　なお，二審は，法8条1項の認定要件の証明責任と証明の程度につき，次のように述べた。「旧原爆医療法は，一般被爆者に対しては健康診断を，被爆者中同法14条の2［被爆者援護法18条］の特別被爆者に対しては健康診断と医療の給付（社会保険等を適用した後，自己負担部分につき公費負担）を行い，［法8条1項の］前示認定を受けた原爆症に罹っている認定被爆者には全額公費負担による医療の給付を行っており，他方，国は，旧原爆特別措置法［被爆者援護法により廃止される前の原子爆弾被爆者に対する特別措置に関する法律を指す。以下同じ］により認定被爆者に対しては特別手当と医療手当を支給していたのである。このようにひとしく被爆者であるといっても，実定法は被爆者の状況，疾病の内容等に応じてその健康及び福祉に対処する仕方を異にしているのであって，旧原爆医療法8条1項による認定処分は，同法7条による医療の給付及び旧原爆特別措置法による特別手当，医療手当の支給の前提となっており，旧原爆医療法及び旧原爆特別措置法は，認定被爆者に対し一般被爆者より厚い救済を与えているのであるから，認定処分は，国民がこれを受けることによって自己の権利，利益の拡張を得られるものであること及び旧原爆医療法8条1項の条文の規定の仕方に照らし，認定の前示要件を具備していることの証明があった場合に初めて認定がなされると解するのが相当である。」「しかしながら，……原子爆弾による被害の甚大性，原爆後障害症の特殊性，旧原爆医療法の目的，性格等を考慮し，認定の要件の証明の程度については，起因性の点についていえば，同法7条1項本文の放射能と現疾病との間の因果関係につき，また，同法7条1項ただし書きの放射能と治癒能力との間の因果関係につき，それぞれ物理的，医学的観点から高度の蓋然性の程度にまで証明されなくても，被爆者の被爆時の状況，その後の病歴，現症状等を参酌し，現傷病が原子爆弾の傷害作用に起因する旨の相当程度の蓋然性の証明があれば足りると解すべきである。」

■**判旨**　上告棄却。

「行政処分の要件として因果関係の存在が必要とされる場合に，その拒否処

⇨*88*

分の取消訴訟において被処分者がすべき因果関係の立証の程度は，特別の定め
がない限り，通常の民事訴訟における場合と異なるものではない。そして，訴
訟上の因果関係の立証は，一点の疑義も許されない自然科学的証明ではないが，
経験則に照らして全証拠を総合検討し，特定の事実が特定の結果発生を招来し
た関係を是認し得る高度の蓋然性を証明することであり，その判定は，通常人
が疑いを差し挟まない程度に真実性の確信を持ち得るものであることを必要と
すると解すべきであるから，法8条1項の認定の要件とされている放射線起因
性についても，要証事実につき「相当程度の蓋然性」さえ立証すれば足りると
することはできない。なお，放射線に起因するものでない負傷又は疾病につい
ては，その者の治ゆ能力が放射線の影響を受けているために医療を要する状態
にあることを要するところ，右の「影響」を受けていることについても高度の
蓋然性を証明することが必要であることは，いうまでもない。そうすると，原
審の前記判断は，訴訟法上の問題である因果関係の立証の程度につき，実体法
の目的等を根拠として右の原則と異なる判断をしたものであるとするなら，法
及び民訴法の解釈を誤るものといわざるを得ない。」

　「法7条1項は，放射線と負傷又は疾病ないしは治ゆ能力低下との間に通常
の因果関係があることを要件として定めたものと解すべきである。このことは，
法や特措法［旧原爆特別措置法］の根底に国家補償法的配慮があるとしても，異
なるものではない。そうすると，原審の前記判断は，実体要件に係るものであ
るとしても，法の解釈を誤るものといわなければならない。」

　しかし，原審が適法に確定した事実関係に基づけば，「本件において放射線
起因性が認められるとする原審の認定判断は，是認し得ないものではない」。

　（裁判長裁判官　金谷利廣，裁判官　千種秀夫，元原利文，奥田昌道）

88 証明責任 (3)──行政裁量に関わる無効確認訴訟

最二小判昭和 42（1967）・4・7 ［百選 II 197］
民集 21 巻 3 号 572 頁；判時 485 号 35 頁
（評釈）池田敏雄・法協 85 巻 4 号 606 頁，高林克己・判評 107（判時
495）号 33 頁，豊水道祐・曹時 19 巻 7 号 154 頁
（一審）盛岡地判昭和 37（1962）・7・17 民集 21 巻 3 号 575 頁〔参〕
（二審）仙台高判昭和 40（1965）・2・25 民集 21 巻 3 号 593 頁〔参〕

■**事実**　X らが所有権を有していた岩手県内の牧野（以下「本件土地」という）は，
第二次世界大戦前に陸軍飛行場を誘致するために買収され，岩手県から陸軍省に寄付

⇨*89*

され，戦後も政府の所有に属していた。岩手県知事Yは，1951年9月，本件土地について，旧自作農創設特別措置法（以下「旧自創法」という）41条1項2号および同法施行規則28条の8に基づいて，売渡しの相手方をA農業協同組合およびB村として売渡処分（以下「本件処分」または「本件牧野売渡処分」という）をしたところ，Xらが本件処分の無効確認訴訟を提起した。Xらは，いずれも専業農家であって，旧自創法に基づいて売渡しを受ける先順位者であるから，本件処分は売渡しの相手方を誤ったものであるなどと主張したのに対し，一審は，売渡しの相手方は行政庁が自由な裁量によって決すべき事項であるなどとし，Xらは本件処分によってその権利ないし法律上の利益を害されたとはいえないので，原告適格がないとして訴えを却下した。二審もほぼ同じ理由でXらの控訴を棄却したので，Xらが上告。

■**判旨**　上告棄却。

「行政庁の裁量に任された行政処分の無効確認を求める訴訟においては，その無効確認を求める者において，行政庁が右行政処分をするにあたってした裁量権の行使がその範囲をこえまたは濫用にわたり，したがって，右行政処分が違法であり，かつ，その違法が重大かつ明白であることを主張および立証することを要するものと解するのが相当である。これを本件についてみるに，本件牧野売渡処分は，旧自作農創設特別措置法41条1項2号および同法施行規則28条の8に基づいてされたものであるから，右売渡処分をするにあたって，右法条に規定されたものの相互の間で，いずれのものを売渡の相手方とするかは，政府の裁量に任されているものというべきである。しかるに，Xらは，政府のした右裁量権の行使がその範囲をこえもしくは濫用にわたり，したがって違法視されるべき旨の具体的事実の主張または右違法が重大かつ明白である旨の具体的事実の主張のいずれをもしていない……。したがって，本件牧野売渡処分が無効でないとした原判決には，所論の違法はな」い。

（裁判長裁判官　奥野健一，裁判官　草鹿浅之介，城戸芳彦，石田和外，色川幸太郎）

▶*Reference*　1）　牧野売渡処分の相手方につき，旧自創法41条1項2号は「農業に精進する見込のある者その他省令で定める者」と規定し，その委任を受けた同法施行規則28条の8は「市町村，農業協同組合若しくはその他の団体で農林大臣の承認を得たもの又は集団的に入植する者の生活上必要欠くべからざる職業に従事する者で都道府県知事の承認したもの」と規定している。

2）　原子炉設置許可処分取消訴訟における主張・証明責任について，*18*参照。

89 実質的証拠法則

最一小判昭和37（1962）・4・12［百選II 195］

I-7　抗告訴訟の審理の対象と手続　　225

⇨*89*

民集 16 巻 4 号 781 頁
（評釈）田中真次・曹時 14 巻 7 号 96 頁
（一審）東京高判昭和 29（1954）・7・7 行裁例集 5 巻 7 号 1690 頁

■**事実**　福岡通商産業局長は，A 株式会社（参加人）に対し，鉱業法 21 条に基づき，石灰試掘権設定の出願を許可する処分（以下「本件処分」という）をした。それに対し，小倉市（X）は，A の鉱業権実施により同市平尾台の住民の唯一の飲料水源が破壊されるので，本件処分は鉱業法 35 条（現 29 条 1 項 8 号）に違反するなどと主張して，同法 187 条（現 133 条）により，土地調整委員会（現在の公害等調整委員会）（Y）に本件処分の取消しを申請した。Y は，水源への影響を消極的に評価する鑑定や意見に依拠するとともに，将来の掘採計画や鉱業監督上の行政措置を考慮すれば，水源に及ぼす影響を防止ないし除去しうるし，万一水源が枯渇する事態が発生しても代替水源の開発が可能であるから，本件処分は鉱業法 35 条に違反しないとして，X の申請を棄却する裁定（以下「本件裁定」という）をした。そこで，X は，Y を被告として，本件に適用される旧土地調整委員会設置法（現在は鉱業等に係る土地利用の調整手続等に関する法律。以下同じ）49 条に基づき，本件裁定の取消しを求めて東京高裁に出訴した。一審が本件裁定を取り消したので，Y が上告。

■**判旨**　上告棄却。

(1) 鉱業法 35 条の解釈について　「鉱業法 35 条は，通商産業局長は，鉱物の掘採が保健衛生上害があると認められる場合等公共の福祉に反すると認めるときは，その部分については出願を許可してはならない旨を規定している。そして，鉱業出願に対し許可をするかしないかは，鉱業の正当な実施によって得られる公共の利益とそれによって失われる一般公益その他あらゆる事情を勘案してこれを総合的に判断すべき……である。」

「本件の場合，X は，鑑定人の鑑定に基づき，本件出願鉱区内の岩山の南半分をも掘り尽すというが如きことがあれば，平尾台上の住民の唯一の水源が破壊される旨を主張しているのである。しからば，Y としては，かかる虞が必然的なものでないとしても，許可に際し予見できるものであるならば，かかる虞は十分防止しうることを具体的に論証するかまたは一部区域を除外して許可する余地はないか等十分に考慮して許否を決すべきであるといわなければならない。」

「もとより，鉱物の掘採が将来において害を生じた場合には，その害が許可に際し予期できたものであると否とにかかわらず，通商産業局長の監督権の発動によってその害を防止すべきことは当然であるが，かかる監督権の発動は，行政庁の自発的な職務の執行によるものであって，監督権の行使が不十分であ

226　Ⅰ　行政訴訟

⇨*89*

っても，Yは監督権の発動を要求する途はなく，よって害を受ける者が監督権の発動を訴求する途も容易には考えられないのである。しからば，Yとしては，公益に害があるとのXの主張が全く根拠のないものでない以上は，許可の当否を判断するについては，右の監督権の行使が完全に行われて，決してXの主張するごとき事態の発生し得ないことを具体的に論証するか，または，例えば許可の一部を取り消す等の方法により万全の措置を講ずべきであるに拘らず，単に一般論として監督権の発動をいい，または，鑑定人のいう代替施設の可能性を容れることにより，平尾台部落住民の唯一の飲料用水源である本件鉱区内の水源が破壊される旨のXの切実な請求を排斥し去ったYの本件裁定は，鉱業法35条の法意に副うたものとはいいがたい。」

(2) 旧土地調整委員会設置法52条・54条違反の主張について 「これらの規定の趣旨が，専門的知識を有する者の判断を尊重することにあることは所論のとおりである。しかし，これらの者の判断が独断に流れてならないこともいうまでもないことであって，実質的証拠の有無を裁判所が判断すべきものとしているのもその趣旨である。

鉱業権の実施が公共の福祉に反するかどうかの委員会の判断も，実質的証拠に基くことを要するのは勿論であり，専門的知識を持つ者の判断も，かかる実質的証拠に基いてこそ裁判所はこれを尊重しなければならないのである。しかるに，本件の場合，記録に徴しても，水源の枯渇がないと断定し得るような資料に乏しく，それだけでは，裁定の認定した事実が実質的証拠に基くとはいえないのである。本件裁定が，なお，害がないとしたのは，右の資料に加えて，将来の掘採計画や鉱業監督上の掘採の制限等の行政措置を彼此考慮した結果ではあるが，将来の掘採計画や鉱業監督上の制限に関するYの判断は，抽象的，一般的たるを免れないこと前記のとおりであって，結局，Yの裁定は実質的証拠に基かないものと断じて支障はないのである。」

（裁判長裁判官　高木常七，裁判官　斎藤悠輔，入江俊郎，下飯坂潤夫）

▶*Reference* 鉱業等に係る土地利用の調整手続等に関する法律は，実質的証拠に関する52条・54条のほか，新しい証拠の申出を制約する53条を含んでいる。この適用例として東京高判平成10（1998）・11・25判時1665号34頁参照。*81R3*）も参照。

⇨*90*

I-*8*　抗告訴訟の判決

90 形 成 力
東京地決昭和 40（1965）・4・22
行裁例集 16 巻 4 号 708 頁；判時 406 号 26 頁
（評釈）成田頼明・医事判例百選 174 頁

■**事実**　厚生大臣 Y は，1965 年 1 月，健康保険法 43 条の 9 第 2 項（現 76 条 2 項）に基づき，療養の給付に要する費用の額を増額する告示（いわゆる医療費値上げの職権告示。以下「本件告示」という）を行った。これに対し，X 健康保険組合ほか 3 健康保険組合がその取消訴訟を提起するとともに，行訴法 25 条 2 項に基づき判決確定までの間その効力の停止を申立てた。裁判所は，本件告示が法律で諮問を義務づけられた中央社会保険医療協議会の答申を欠いてされたことなどにより違法であり，かつ，行訴法 25 条の定めるその他の要件も充足するとし，申立てを認容した。以下には，告示の処分性および効力停止決定の効力に関する判示を中心に掲げる。

■**決定要旨**　本件告示の効力を，X ら 3 組合との関係において，1965 年 5 月 1 日から本案判決の確定まで停止する。

(1)　行訴法 3 条 2 項にいう「「公権力の行使に当たる行為」は，主として，行政庁が一般的抽象的な法に基づき個別的，具体的な事実又は法律関係を規律する行為を指すものと解されるが，これのみに限られるものではなく，行政庁の行為が一面において一般的，抽象的な定めを内容とし将来の不特定多数の人をも適用対象とするため法規制定行為＝立法行為の性質を有するものとみられるものであっても，他面において右行為が，これに基づく行政庁の他の処分を待つことなく，直接に国民の具体的な権利義務ないし法律上の利益に法律的変動をひき起こす場合には，当該行政庁の行為も，その限りにおいては，特定人の具体的権利義務ないし法律上の利益に直接関係するにすぎない行政行為と何ら異なるところはないのであるから，取消訴訟の対象となりうるものと解するのが相当である。しかしながら，立法行為の性質を有する行政庁の行為が取消訴訟の対象となるとはいっても，それは，その行為が個人の具体的な権利義務ないし法律上の利益に直接法律的変動を与える場合に，その限りにおいて取消訴訟の対象となるにすぎないのであるから，取消判決において取り消されるのは，その立法行為たる性質を有する行政庁の行為のうち，当該行為の取消しを

求めている原告に対する関係における部分のみであって，行為一般が取り消されるのではないと解すべきである。けだし，抗告訴訟，特に取消訴訟は行政庁の違法な公権力の行使によって自己の権利ないし法律上の利益を侵害された者がその権利ないし法律上の利益の救済を求めるために認められた制度であり（行政事件訴訟法第9条，第10条第1項参照），自己の権利ないし利益に関係なく違法な行政行為一般の是正を求めることを目的とする民衆訴訟は法律に定める場合において法律に定める者からのみ提起しうるものとされている（同法第5条，第42条）趣旨から考えると，行政事件訴訟法は，行政庁の一個の行為であっても原告の権利義務ないし法律上の利益と何ら関係のない部分についてはその取消しを求め得ないものとしているものと解するのが相当であるし，また原告をして自己の権利義務ないし法律上の利益に直接関係する部分をこえて立法行為たる性質を有する行政庁の行為全般を取り消させなければならない必要性も認められず，かく解したからといって何ら当該原告の権利救済の途をとざすことにもならないからである。法第32条第1項は，取消判決の効力は第三者に及ぶ旨規定しているが，その趣旨は，原告に対する関係で行政庁の行為が取り消されたという効果を第三者も争い得なくなること，換言すれば，原告は何人に対する関係においても以後当該行政庁の行為の適用ないし拘束を受けないことを意味するにとどまり，（行為の性質上不可分の場合および実際上の効果は別として），それ以上に取消判決の効果を第三者も享受し，当該行政庁の行為がすべての人に対する関係で取り消されたことになること，すなわち，何人も以後当該行政庁の行為の適用ないし拘束を受けなくなることを意味するものでないというべきであるから，右条項の存在は何ら前記解釈の妨げとなるものではない。」

(2)「行政処分の効力停止決定はその告知以後将来に向ってのみ行政処分の効力を一時的に消滅させる効果を有するものであるが，裁判所は，さらに，申立人の回復困難な損害を避けるために行政処分の効力を停止する必要性，効力停止によって申立人の得る利益と，それによって生ずる混乱の程度等諸般の事情を考慮し，申立人の回復の困難な損害を避けるために必要な限度内で，しかも効力停止によって生ずる混乱ができるだけ少ないように，その裁量により，行政処分の効力を停止すべき時期，期間，方法，範囲等を適宜定めうるものと解すべきところ，本件においては，保険医療機関等の支払基金に対する報酬請求書の提出並びに支払基金におけるその審査及び支払が前記のようにひと月単

⇨*90*

位で行われており，月の中途で本件告示の効力が停止された場合には保険医療機関等及び支払基金の右事務処理に少なからぬ煩雑さと混乱をきたすおそれがあることにかんがみると，本件告示の効力は昭和40［1965］年5月1日（すなわち，同日以降療養の給付のあったもの）から本案行政訴訟事件の判決確定まで停止するのが相当であると認める。」

（裁判官　位野木益雄，高林克己，石井健吾）

▶*Reference　1*）　本判決に対するYの即時抗告（行訴法現25条7項）について，東京高決昭和40（1965）・5・31行裁例集16巻6号1099頁は，「行政事件訴訟法第25条第2項にいう回復困難な損害［2004年改正後の現行法では「重大な損害」］を避けるため告示の効力を停止しなければならないほど，緊急の必要があるとの点について疏明が足りない」として，原決定を取り消し，Xらの申立てを却下した。

　2）　特急料金値上げ認可処分が取り消されると，原告以外の特急利用者にも影響が及ぶことを前提に事情判決をしたものとして，*95*参照。

　3）　土地区画整理事業の事業計画決定の取消判決の効力につき，*1*の近藤崇晴裁判官補足意見は，次のように述べている。

「3　取消判決の第三者効（対世効）と第三者の手続保障

　(1)　土地区画整理事業の事業計画の決定に処分性を認める場合に，事業計画の決定を取り消す判決が確定すると，取消判決の形成力によって，当該事業計画決定はさかのぼって効力を失う。そして，この判決は第三者に対しても効力を有する（行政事件訴訟法32条1項）。いわゆる取消判決の第三者効（対世効）である。／土地区画整理事業の事業計画の決定は，特定の個人に向けられたものではなく，不特定多数の者を対象とするいわゆる一般処分であるが，このような一般処分を取り消す判決の第三者効については，相対的効力説（原告との関係における当該処分の相対的効力のみを第三者との関係でも失わせるものであるとする見解）と絶対的効力説（第三者との関係をも含む当該処分の絶対的効力を失わせるものであるとする見解）の対立がある。詳論は避けることとするが，私は，行政上の法律関係については，一般に画一的規律が要請され，原告とそれ以外の者との間で異なった取扱いをすると行政上不要な混乱を招くことなどから，絶対的効力説が至当であると考えている。

　(2)　事業計画の決定を取り消す判決の第三者効によって，訴訟の当事者ではない関係者で，当該事業計画決定の適法・有効を主張する者は，不利益を被ることになるから，このような利害関係人が自己のために主張・立証をする機会を保障する必要がある。上記の絶対的効力説を採ったときは，特にその必要性が高い。／このような第三者の手続保障としては，まず，「訴訟の結果により権利を害される第三者」の訴訟参加がある（行政事件訴訟法22条）。例えば，土地区画整理事業の施行地区内の宅地所有者等で，当該事業計画決定は適法・有効であるとして事業の進行を望む者は，裁判所の決定をもって訴訟参加をし，被告の共同訴訟的補助参加人として訴訟行為を行うことができるものと考えたい。さらに，そうだとすれば，自己の責めに帰することができない理由により訴訟に参加することができなかった第三者は，第三者の再審の訴えを提起することが

できることになろう（同法 34 条）。したがって，第三者の手続保障に欠けるところはないというべきである。」

また，条例制定行為の取消判決の効力につき，**30**を参照。

4) 旧行政事件訴訟特例法下で言い渡された無効確認判決の効力につき，最三小判昭和 42（1967）・3・14 民集 21 巻 2 号 312 頁［百選 II 205］は，「行政処分無効確認判決の効力は，行政処分取消判決の効力と同様に，訴訟の当事者のみならず，第三者に対する関係においても，画一的に生ずるものと解しなければならない」とした。

5) 行政処分の取消判決が確定した場合，当該処分は処分時にさかのぼってその効力を失うのが原則である（最二小判平成 22（2010）・10・15 民集 64 巻 7 号 1764 頁）。

91 既判力

横浜地判昭和 58（1983）・10・17
判時 1109 号 121 頁

■**事実**　朝鮮人であった A 男と日本人であった B 女との間の非嫡出子として出生した X は，出入国管理令（現在の入管法）24 条 4 号リの退去強制事由に該当するとして，東京入国管理事務所主任審査官が発付した退去強制令書（以下「本件令書」という）により，1978 年 6 月 26 日から 1981 年 2 月 7 日まで同事務所に強制収容された（以下「本件収容」という）。X は，本件令書発付処分の取消訴訟を提起したところ，東京地判昭和 56（1981）・2・5 訟月 27 巻 5 号 951 頁は，X が日本国籍を有することを理由として，本件令書発付処分を違法として取り消した（確定）。そこで，X は，国（Y）を被告として，国賠法 1 条 1 項に基づき本件収容によって被った損害の賠償を請求する訴えを提起した。

■**判旨**　請求棄却（確定）。

(1)　「本件令書発付処分の違法が訴訟の対象とされ，同処分を取り消す旨の前訴判決が確定した以上，同処分に係る事務の帰属する Y もまた，その既判力の効果として同処分の違法性につき，後訴においてこれに反する主張をすることは許されないものというべきである。したがって，本訴において，Y は右処分の違法を争うことはできず，右処分は違法といわなければならない。」

(2)　しかし，「［本件令書発付］処分時において，前記認定の事実から X を外国人と認定し，それに基づいて本件主任審査官が本件令書を発付したことはやむを得ないものというべきであって，右発付処分に過失があるということはできない。」

（裁判長裁判官　古館清吾，裁判官　吉戒修一，須田啓之）

▶*Reference*　1) 国賠法 1 条 1 項における違法性と過失の関係につき，**III-2-4**参照。

I-8 抗告訴訟の判決　231

⇨92

2)　*12*は，申請に対する不応答を違法とする不作為の違法確認判決が確定している場合に，当該不応答を理由とする国家賠償請求訴訟において，「［不作為の違法確認］訴訟の性質からすれば，その違法であることの確認の趣旨は，右訴訟の弁論終結時点において，知事が処分をすべき行政手続上の作為義務に違反していることを確認することにあるから，これが直ちに……申請者の右の［応答遅延により内心の静穏な感情を害されないという］法的利益に向けた作為義務を認定し，その利益侵害という意味での不作為の違法性を確認するものではないと解すべきである」とした。

92 反復禁止効

①大津地判平成 9（1997）・6・2（一審）
②大阪高判平成 10（1998）・6・30（二審）
　①判自 173 号 27 頁，②判時 1672 号 51 頁
　②（評釈）島村健・自治研究 77 巻 9 号 117 頁，寺田友子・判評 490（判時 1688）号 19 頁

■**事実**　滋賀県の住民 X は，旧滋賀県公文書の公開等に関する条例（以下「本（件）条例」という。現在では滋賀県情報公開条例）4 条に基づき，「空港整備事務所の折衝費の明細・領収書等（平成 5［1993］年度）」（以下「本件公文書」という）の公開を請求したところ，滋賀県知事 Y は，本件公文書が本件条例 6 条 7 号（「県の機関または国等の機関が行う検査，監査，取締り等の計画および実施細目，争訟および交渉の方針，入札の予定価格，試験の問題その他の事務に関する情報であって，公開することにより，当該もしくは同種の事務の実施目的を失わせ，またはこれらの事務の円滑な実施を著しく困難にするおそれがあるもの」）の非公開事由に該当するとして，非公開決定（以下「前処分」または「原決定」という）を行った。これに対し X が取消訴訟（以下「前訴」という）を提起したところ，大津地判平成 8（1996）・5・13 判タ 923 号 107 頁（以下「前訴判決」という）は，「本件公文書について，本件条例第 6 条第 7 号に定める非公開事由に該当すると認めることはできない」とし，前処分を取り消した。なお，Y は，前訴において，本件条例 6 条 7 号以外の非公開事由該当性を主張していない。前訴判決が確定した後，Y は，本件公文書の一部を公開するとともに，残りの部分を非公開とする決定（以下「本件処分」という）をした。本件処分の理由は，非公開とされた部分が，本件条例 6 条 1 号（「個人の思想，宗教，身体的特徴，健康状態，病歴，家族構成，職歴，資格，学歴，住所，所属団体，財産，所得等に関する情報……であって，特定の個人が識別され得るもの」），同条 2 号（「法人その他の団体（国および地方公共団体を除く。以下「法人等」という。）に関する情報または事業を営む個人の当該事業に関する情報であって，公開することにより当該法人等または当該事業を営む個人に明らかに不利益を与えると認められるもの」），同条 3 号（「公開することにより，個人の生命，身体，財産等の保護，犯罪の予防または捜査その他公共の安全と秩序の維持に支障が生ずるおそれのある情報」）の非公開事由にそれぞれ該当するというものであった。X が本件処

232　Ⅰ　行 政 訴 訟

⇨92

分の無効確認（主位的請求）ないし取消し（予備的請求）を求めて出訴。

■①一審判旨　本件処分の無効を確認。

(1)　「行政事件訴訟法第33条1項……の拘束力は，取消判決の理由において示された具体的違法事由についての判断に与えられた通用力であるから，それが認められる客観的範囲（同一処分の繰り返し禁止効ないし同一過誤の反復禁止効の認められる範囲）は，当該取消し判決によって違法と判断され，当該処分の取消原因とされたところの個々の具体的事由のみについて生じるものであり，それとは別の理由又は事実に基いて同一人に対し同一の効果を持つ処分をすることまでが同項の拘束力により当然に妨げられるものではないと解される。しかしながら，判決理由に示されていない他の理由又は事由による再度の処分が常に許されるとするならば，攻撃防御の手段を十分尽くさなかった行政庁に不当な利益を与える結果となるばかりでなく，事件が裁判所と行政庁との間を往復することになり，その最終的解決が遅れ，紛争ないし司法的救済の一挙的解決が期待できなくなる。したがって，後の処分の理由が前の処分の取消判決の口頭弁論終結時までに行政庁が提出することができたのに提出しなかったものであるなどの事情が存する場合には，行政庁は，そのような理由を根拠に再度拒否処分をすることは許されないと解するのが相当である。」

(2)　「Yが本件処分の理由として主張する各事由は，いずれも，原決定時において，その存否の検討，判断が予定され，そのための特別の調査を必要としないものであり，前訴においても処分の追加主張として口頭弁論終結時までに提出することができたものと認められるから，前訴判決の拘束力が及ぶものというべきである。

以上によれば，本件処分は，前訴判決の拘束力に反し無効であるといわざるを得ない。」

(3)　「Yが本件処分の理由として主張する各非公開事由の存否は，いずれも請求された公文書の内容を判断すれば容易に結論が出せるものであり，原決定前の審査の際に，各非公開事由の該当性を検討することが予定されていたことに照らせば，原決定の理由に本件処分の理由を加えることにより，処分の同一性が失われるとは必ずしもいえず，また，前訴において本件処分の理由を追加的に主張することが，理由付記制度の趣旨を没却したり，行政権の第一次審査権を不当に制限するともいえない。」

（裁判長裁判官　鏑木重明，裁判官　末永雅之，小島法夫）

I-8　抗告訴訟の判決　　233

⇨*92*

■②二審判旨　Y の控訴を受けて，原判決取消し，差戻し。

「一　当裁判所は，本条例 6 条 1 ないし 3 号を理由とする本件公文書一部非公開処分は，本条例 6 条 7 号を理由とする原決定を取り消した前訴判決との関係で，行政事件訴訟法 33 条に反するものではないと判断する。その主な理由は次のとおりである。

二　同法 33 条 2 項は，申請却下処分が判決により取り消されたときは，申請を認容すべきことは命じておらず，判決の趣旨に従って申請に対する処分をすることを命じている。このことは再び申請却下処分をすることも，判決の趣旨に反しなければ許されることを示している。

三　X は，判決が実体的理由により処分を取り消したときは，行政庁は再び実体的理由により申請却下処分をすることはできないと主張する。しかし，前訴判決の趣旨は原決定につきどの非公開事由も存しないとしたものではないから，拘束力が全ての実体的理由に及ぶとすることはできない（なお後記最高裁判決参照）。

四　本条例 6 条 7 号は県や国の行政に関わる利益を保護しようとするのに対し，同条 1 ないし 3 号は私人の利益を保護しようとするものであって，全く保護法益を異にしている。このことからすると，同条 7 号に該当しないとする判決は，同条 1 ないし 3 号を理由とする処分を禁じる効力があるとすることはできない。

五　X は，前処分の……取消訴訟で同条 1 ないし 3 号にも該当する旨の主張をすることができたことを理由に，本件処分が同法 33 条に反すると主張する。しかしながら，行政処分の適法性審査においては，まず処分の時点で行政庁がその理由の判断をした上で，裁判所の判断を受ける構造が望ましいところである。この点からすると，本件処分の理由を前訴訟で主張できた場合であっても，本件処分が同法 33 条に反するとすることはできない（最高裁判所平成……5〔1993〕年 2 月 16 日第三小法廷判決，民集 47 巻 2 号 473 頁〔*78*〕）。」

（裁判長裁判官　井関正裕，裁判官　前坂光雄，高田泰治）

▶*Reference　1*)　X の上告を最高裁（裁判年月日不詳）は棄却。差戻後一審（大津地判平成 12（2000）・4・10 判自 205 号 9 頁）は，本件処分の無効確認請求は棄却したが，本件処分の取消請求については，本件公文書が本件条例 6 条 1 号〜3 号のいずれにも該当しないとして，本件処分を取り消した。差戻後控訴審（大阪高判平成 12（2000）・12・20 裁判所 WEB）は，本件公文書のうち，私人の氏名や振込先口座番号に係る部分は本件条例 6 条 1 号・2 号に基づいて非公開とすることが許されるが，その他の部分は

234　　Ⅰ　行政訴訟

⇨*93*

非公開事由に該当するとはいえないとして，原判決を変更し本件処分の一部を取り消した。

2) 大阪地判平成 17（2005）・6・24 判タ 1222 号 163 頁（確定）は，取消判決の拘束力は「当該［判決］主文が導き出されるのに必要な事実認定及び法律判断にわたり，その限度で生じる」（最三小判平成 4（1992）・4・28 民集 46 巻 4 号 245 頁［重判平 4 無体 1］を引用）とし，公開が請求された文書に記録された氏名・役職名が公務員のものであるという事実認定に基づいて公文書非公開決定を取り消す判決が確定した場合は，公務員以外の者の氏名・役職名が記録されているという理由で再度の非公開決定をすることは取消判決の拘束力に反するとした。

3) 反復禁止効と密接な関係をなす理由の差替えについては，*I*-*7*-*4* を参照。

93 拘束力と整合化義務

最三小判平成 5（1993）・12・17［重判平 5 行 7］
　　民集 47 巻 10 号 5530 頁
　　（評釈）福岡右武・曹時 48 巻 2 号 409 頁
　　（一審）大阪地判平成元（1989）・11・24 民集 47 巻 10 号 5538 頁〔参〕
　　（二審）大阪高判平成 2（1990）・3・29 判時 1377 号 50 頁

■事実 摂津市（Y）は，都市再開発法に基づいて第一種市街地再開発事業（以下「本件事業」という）を施行し，本件事業の施行地区内の土地所有者 X ら，および，X らから土地を賃借していた A らに対し，それぞれ同法 86 条に基づく権利変換処分をした（以下，A らに対する処分を「処分甲」といい，X らに対する処分を「処分乙」という）。X らは，A らとの賃貸借契約の特約により，本件事業の結果 A らは X らに対し借地権を主張できなくなったはずなのに，Y が A らの借地権の存在を前提として処分甲および処分乙をしたことは違法であるとして，これらの処分の取消訴訟を提起した。一審は，処分乙については審査請求前置主義がとられているところ（平成 11 年法 87 号による改正前の地自法 256 条，都市再開発法 128 条），X らは行訴法 14 条（現 18 条）1 項所定の審査請求期間内に審査請求をしていない，処分甲については名宛人でない X らはその取消訴訟の原告適格を有しないとして，X らの訴えをいずれも却下した。X らの控訴を二審が棄却したため，X らが上告。

■判旨 上告棄却。

「都市再開発法に基づく第一種市街地再開発事業における権利変換に関する処分は，権利変換期日において，施行地区内の宅地の所有者，借地権者等に対し，従前の宅地，借地権等に代え，これに対応して，施設建築敷地若しくはその共有持分又は施設建築物の一部等を与えることなどを内容とする処分である（同法 73 条 1 項 2 号，12 号，86 条，87 条 1 項，91 条 1 項等）。権利変換に関する処分がこのような内容のものであることからすると，施行地区内の宅地の

I-*8* 抗告訴訟の判決 　235

所有者が当該宅地上の借地権の存在を争っている場合に，右借地権が存在することを前提として当該宅地の所有者及び借地権者に対してされる権利変換に関する処分については，借地権者に対してされた処分が当該借地権が存在しないものとして取り消された場合には，施行者は，宅地の所有者に対する処分についても，これを取り消した上，改めてその上に借地権が存在しないことを前提とする処分をすべき関係にある（行政事件訴訟法33条1項）。その意味で，この場合の借地権者に対する権利変換に関する処分は，宅地の所有者の権利に対しても影響を及ぼすものといわなければならない。そうすると，宅地の所有者は，自己に対する処分の取消しを訴求するほか，借地権者に対する処分の取消しをも訴求する原告適格を有するものと解するのが相当である。」

しかし，処分甲についても審査請求前置主義がとられているところ，Xらは法定の審査請求期間内に審査請求をしていないので，本件訴えは結局不適法なものに帰する。

（裁判長裁判官　佐藤庄市郎，裁判官　園部逸夫，可部恒雄，大野正男，千種秀夫）

▶*Reference*　行訴法33条4項により，同条1項の規定は執行停止の決定（同法25条2項）に準用される。*107*参照。

94 拘束力と再考慮義務

東京地判平成13（2001）・9・25
民集59巻6号1207頁〔参〕

■**事実**　東京都知事は，Xが所有する9件の土地（以下「本件土地1〜9」という）について，地方税法（以下「法」という）734条1項・403条1項により，固定資産税の課税標準となる固定資産の価格を決定し，土地課税台帳に登録した（法349条1項）。これを不服とするXは，法432条1項に基づき，東京都固定資産評価審査委員会（Y）に審査の申出をしたところ，Yは，その一部を認容するとともに，その余の申出を棄却する決定（以下「本件各決定」という）をした。そこで，Xは，Yを被告として，本件各決定の取消訴訟を提起した（法434条）。

■**判旨**　一部認容，一部棄却，一部却下。

裁判所は，本件土地2〜6の5件については，賦課期日における適正な時価（法341条5号）である客観的な交換価値を上回る価格を認定した点において違法であるとし，本件土地2〜6に係る本件各決定の全部を取り消したが，本件土地1および7〜9については，それぞれに係る本件各決定の全部の取消しを求める主位的請求を棄却するとともに，その一定価額を超える部分の取消しを

236　I　行政訴訟

⇨*94*

求める予備的請求に係る訴えを却下した。次に掲げる判決理由は、予備的請求に関する判断である。

「Yは、固定資産台帳に登録された価格に関する不服を審査決定するために、当該固定資産の時価を評価することがあるが、ここにおいて判断された価格は、基準年度に係る賦課期日における当該固定資産の適正な時価という一個の評価的事実であるから、法は、この価格を可分なものであるとして、その一部に関する部分のみが取消訴訟において争われ、残部が別途に確定するという事態は予定していないというべきである。もし仮にYの決定が、その前提として判断された当該不動産の価格を基準として可分なものとみれば、弁論主義の帰結として、その一部のみの取消しを訴求することが認められることとなるが、このような場合、請求が認容された場合には、Yは審査申出に対して応答すべき義務の履行として改めて当該部分についての決定を行うべきとされており（行政事件訴訟法33条2項）、その結果、新たな決定と訴訟の対象とならなかった決定の残部の両方が存在し、これらの間の論理的な整合も期し難い結果を招来することとなり、また、第2年度・第3年度の課税標準を定めるについて、法349条2項1号に定める「特別の事情」が存在するか否かを判断する場合、いずれの決定部分に係る事情を基礎とすべきかなどの点において、実際上も解決困難な不都合な事態を生じることが考えられる。

　したがって、Xの予備的請求のように「当該土地に係る固定資産課税台帳の登録価格のうち同土地の平成5年度欄記載の価額を超える部分」のみの取消しを求める訴えを認める余地はなく、このような訴えは不適法と解さざるを得ない。」

「ちなみに、Yの決定が不可分であると解しても、Xにおいて、裁決の違法事由の1つとして価格の不当を主張することが許されるのはいうまでもなく、Yが認定した価格が「適正な時価」を上回るとしてYの決定を取り消す旨の判決がなされ、その理由中で「適正な時価」が具体的に認定判断されているときには、Yは、上記判断に示された価格を上回る認定をすることができないとの拘束を受けたうえで、改めて決定を行うべきこととなるものである。」

（裁判官名不詳）

▶*Reference　1*)　東京高判平成14（2002）・3・27民集59巻6号1309頁〔参〕がYの控訴を棄却したので、Yが上告受理申立て。最二小判平成17（2005）・7・11民集59巻6号1197頁〔百選Ⅱ203〕は、「審査決定の取消訴訟においては固定資産評価審査委

員会の認定した価格の適否が問題となるところ，裁判所が，審理の結果，基準年度に係る賦課期日における当該土地の適正な時価等を認定した場合には，当該審査決定が金額的にどの限度で違法となるかを特定することができるのである。そして，上記の場合には，当該審査決定の全部を取り消すのではなく，当該審査決定のうち裁判所が認定した適正な時価等を超える部分に限りこれを取り消すこととしても何ら不都合はなく，むしろ，このような審査決定の一部を取り消す判決をする方が，当該土地の価格をめぐる紛争を早期に解決することができるものである」として，原判決を変更し，本件土地2〜6に係る本件各決定のうち，原審が認定した適正な時価を超える部分を取り消した。

　2）判決の拘束力は，訴えの利益ないし原告適格の判断において考慮されることがある。明示的に言及したものとして，*93*参照。明示的な言及はないが，*53*および*66*も拘束力の作用を前提にしていると見ることができる。

95 事情判決（近鉄特急訴訟一審）

大阪地判昭和 57（1982）・2・19
行裁例集 33 巻 1 = 2 号 118 頁；判時 1035 号 29 頁
（評釈）中西又三・判評 291（判時 1070）号 17 頁

■**事実**　Ｘらは，通勤定期乗車券を購入し，通勤の際に近畿日本鉄道（近鉄）の特急を利用している。大阪陸運局長Ｙは，旧地方鉄道法 21 条 1 項に基づき，近鉄特急の料金の改定（値上げ）を認可する処分（以下「本件認可処分」という）をした（現在は鉄道事業法 16 条による運賃・料金の上限の認可制となっている）。これに対し，Ｘらが取消訴訟を提起した。

■**判旨**　請求棄却。ただし，本件認可処分は違法。

裁判所は，法律上運輸大臣に与えられた認可権限を陸運局長に委任する根拠がないにもかかわらず，Ｙが本件認可処分をしたことは違法であると判断したうえで，次のように述べた。

「本件認可処分を，このことを理由に取り消すことにすると，利用者が 1 日約 10 万人にものぼる近鉄特急の運行に多大の混乱を惹起するばかりか，特急料金を徴収している他の私鉄（名鉄，小田急，西武，東武，南海など）にも影響を及ぼしかねない。このことは，行訴法 31 条 1 項にいう「取り消すことにより公の利益に著しい障害を生ずる場合」に該当するとしなければならない。他方，Ｘらが本件訴訟を提起するに至った端緒は，本件申請に関する近鉄の資料を閲読し，本件申請に対し意見を述べる機会を得ることにあったこと……，Ｘらの受ける経済的出捐は，Ｘらの主張どおりであるとしても，1 か月たかだか金 1,000 円あてであること，陸運局長に委譲する根拠法の欠缺は，立法によって解決できる問題であり，この新法によって本件認可処分を遡及的に追認す

⇨*96*

ることも立法技術的に可能であること，以上のことやその他本件に顕われた一切の事情を考慮したとき，本件認可処分を取り消すことが公共の福祉に適合しないといわなければならない。

　そこで，当裁判所は，行訴法 31 条 1 項に従って事情判決をすることにする。」

（裁判官　古崎慶長，孕石孟則，上原茂行）

▶*Reference　1*）　X らおよび Y の双方の控訴について，大阪高判昭和 59´（1984）・10・30 行裁例集 35 巻 10 号 1772 頁は，X らの原告適格を否定して訴えを却下した。*46* も，X らの原告適格を否定し，X らの上告を棄却した。

　　2）　広島地判平成 6（1994）・3・29 行裁例集 47 巻 7 = 8 号 715 頁（Ⅰ巻 *186*〔*189*〕の一審）は，都市計画の変更決定（都計法 21 条）が違法であり，それを前提としてなされた道路建設のための都市計画事業認可（同法 59 条 1 項）および収用裁決（土地収用法 47 条の 2）も違法である場合に，当該道路がすでに大部分完成しており，これを前提とした社会経済生活が 20 年来営まれていること，収用によって被る損害は適正な補償により回復できることなどを理由として，事情判決をした。札幌地判平成 9（1997）・3・27 判時 1598 号 33 頁〔重判平 9 行 8〕（Ⅰ巻 *165*〔*167*〕）（二風谷ダム訴訟）は，ダム建設用地を取得するための収用裁決が違法である場合に，すでにダムが完成していることなどを理由として事情判決をした（確定）。東京地判平成 13（2001）・10・3 判時 1764 号 3 頁（*82R1*））（小田急訴訟一審）は，鉄道連続立体交差事業等についての都市計画事業認可が違法である場合に，当該認可が取り消されてもすでになされた工事について原状回復義務等の法的効果が発生するものではないなどとして，行訴法 31 条 1 項を適用せずに当該認可を取り消した。

　　3）　議員定数配分規定の違憲を理由とする選挙無効訴訟における事情判決の「法理」の適用につき，*111* 参照。

Ⅰ*-9*　当事者訴訟

96　形式的当事者訴訟

最三小判平成 9（1997）・1・28［百選Ⅱ 209］
民集 51 巻 1 号 147 頁；判時 1598 号 56 頁
（評釈）福井秀夫・判評 465（判時 1612）号 13 頁，川神裕・曹時 52 巻 2
　　　号 267 頁
（一審）山口地判平成 4（1992）・1・30 民集 51 巻 1 号 168 頁〔参〕
（二審）広島高判平成 4（1992）・11・6 民集 51 巻 1 号 177 頁〔参〕

■**事実**　日本道路公団（Y）は，自動車道新設工事等の事業（以下「本件事業」という）の起業者である。建設大臣は，この事業について土地収用法 17 条に基づき事業

⇨96

認定をし，これを告示した（同法 26 条 1 項）。Ｙは，本件事業のため，Ｘ所有の土地（以下「本件土地」という）について山口県収用委員会に収用裁決を申請した（同法 39条）。本件土地については，ＸとＺとの間に小作権の存否をめぐる民事訴訟が係争中であったため，同収用委員会は，土地収用法 48 条 5 項に基づき，小作権の存否を不明とし，Ｚの小作権が存在する場合の小作権割合を 4 割として，Ｘに対する損失補償額を 3395 万円余とする権利取得裁決をした。Ｘは，小作権が存在する場合の小作権割合は 2 割とするのが相当であると主張して，土地収用法 133 条に基づき，Ｙを被告として損失補償額の増額を求める訴えを提起した。ＺはＹに補助参加した。一審はＸの請求を棄却したが，二審はＸの控訴を受けて小作権割合を 3 割と認定し，損失補償額を 3961 万円余に変更した。Ｚが上告。

■**判旨**　上告棄却。

(1)　「土地収用法における損失の補償は，……完全な補償，すなわち，収用の前後を通じて被収用者の有する財産価値を等しくさせるような補償をすべきであり，金銭をもって補償する場合には，被収用者が近傍において被収用地と同等の代替地等を取得することを可能にするに足りる金額の補償を要するものと解される（最高裁昭和……48 年 10 月 18 日第一小法廷判決・民集 27 巻 9 号 1210 頁参照）。同法による補償金の額は，「相当な価格」（同法 71 条参照）等の不確定概念をもって定められているものではあるが，右の観点から，通常人の経験則及び社会通念に従って，客観的に認定され得るものであり，かつ，認定すべきものであって，補償の範囲及びその額（以下，これらを「補償額」という。）の決定につき収用委員会に裁量権が認められるものと解することはできない。したがって，同法 133 条所定の損失補償に関する訴訟において，裁判所は，収用委員会の補償に関する認定判断に裁量権の逸脱濫用があるかどうかを審理判断するものではなく，証拠に基づき裁決時点における正当な補償額を客観的に認定し，裁決に定められた補償額が右認定額と異なるときは，裁決に定められた補償額を違法とし，正当な補償額を確定すべきものと解するのが相当である。」

(2)　「土地収用法 133 条所定の損失補償に関する訴訟は，裁決のうち損失補償に関する部分又は補償裁決に対する不服を実質的な内容とし，その適否を争うものであるが，究極的には，起業者と被収用者との間において，裁決時における同法所定の正当な補償額を確定し，これをめぐる紛争を終局的に解決し，正当な補償の実現を図ることを目的とするものということができる。右訴訟において，権利取得裁決において定められた補償額が裁決の当時を基準としてみ

ても過少であったと判断される場合には，判決によって，裁決に定める権利取得の時期までに支払われるべきであった正当な補償額が確定されるものである。しかも，被収用者である土地所有者等は右の時期において収用土地に関する権利を失い，収用土地の利用ができなくなる反面，起業者は右の時期に権利を取得してこれを利用することができるようになっているのであるから，被収用者は，正当な補償額と裁決に定められていた補償額との差額のみならず，右差額に対する権利取得の時期からその支払済みに至るまで民法所定の年5分［当時］の法定利率に相当する金員を請求することができるものと解するのが相当である。」

（裁判長裁判官　尾崎行信，裁判官　園部逸夫，可部恒雄，大野正男，千種秀夫）

▶**Reference** *1*)　東京地判平成2（1990）・3・7行裁例集41巻3号379頁は，「損失補償の額に不服があるとしてこれを争う者は，公定力を排除するために，［収用委員会の］裁決のうちの損失補償の額に関する部分の変更を求めなければならないのであり，これを求めることなく金額の給付のみを求める訴えは，土地収用法133条1項の予定する訴訟形式によらない訴えとして不適法であると解すべきである」とした。

それに対し，大阪地判平成4（1992）・6・26行裁例集43巻6＝7号847頁は，「裁決額についての不服を内容とする土地収用法133条の訴えは，裁決内容の変更（増額又は減額）を求めるものに外ならず，無名抗告訴訟の実質を有する」としつつ，「右訴訟については，行政庁である収用委員会を関与させることなく，被収用者と起業者との間で争わせれば足りるとした同条の趣旨に鑑みるならば，土地収用法133条は，損失補償に関する紛争は，右当事者間において，全面的かつ終局的に解決することを予定するものと解され，そうである以上，同条に基づく訴えにおいて，あえて裁決を変更する旨の請求をその請求の趣旨に掲げるまでもなく，裁決を変更した結果の確認ないし金員の給付を求めることを認めたものと解するのが相当である」とした。控訴審・大阪高判平成6（1994）・11・29行裁例集45巻10＝11号1900頁および上告審・最二小判平成11（1999）・1・22判自203号77頁もこの判断を是認した。

2)　最二小判平成25（2013）・10・25判時2208号3頁は，土地収用法94条7項または8項の規定による収用委員会の裁決について，その判断内容が損失補償に関する事項に限られている場合であっても，同法133条2項の損失補償の訴え（形式的当事者訴訟）のみならず，当該裁決の取消訴訟が提起できる（ただし，取消訴訟で主張しうるのは，裁決手続の違法等，損失補償に関する事項以外の違法事由に限られる）とした。

97　実質的当事者訴訟

東京地判平成19（2007）・11・7［重判平20行8］
判時1996号3頁

■**事実**　Xは，腎臓がんの治療のため，インターフェロン療法に加えて活性化自己

⇨*97*

リンパ球移入療法を併用する治療を受けていた。このうち，インターフェロン療法は，健康保険法（以下「法」という）63条1項にいう「療養の給付」に該当するため（法72条1項，保険医療機関及び保険医療養担当規則19条1項，療担規則及び薬担規則並びに療担基準に基づき厚生労働大臣が定める掲示事項等），法74条1項により，健康保険の被保険者は一部負担金（療養の給付に要する費用の2割から3割）を支払うだけで治療を受けることができる（残額は法76条1項により保険者から支払われる）。それに対し，自己リンパ球移入療法は「療養の給付」に該当しないため，健康保険の保険給付を受けることはできず，治療費は全額自己負担となる。ところが，厚生労働省の採用する解釈・運用によれば，「療養の給付」に該当する診療（以下「保険診療」という）と該当しない診療（以下「自由診療」という）とを併用すること（以下「混合診療」という）は，法によって禁止されているため，混合診療が行われた場合には，自由診療に該当する活性化自己リンパ球移入療法のみならず，本来保険診療となるはずのインターフェロン療法についても，法に基づく保険給付を受けられなくなるので，Xはインターフェロン療法についても治療費の全額を負担すべきものとされた。そこで，Xは，国（Y）を被告として，「Xが，活性化自己リンパ球移入療法と併用して行われる，本来，健康保険法による保険診療の対象となるインターフェロン療法について，健康保険法に基づく療養の給付を受けることができる権利を有すること」の確認を求めて訴訟を提起した。

■判旨 請求認容。

(1)「本件は，Xが，Yに対し，これ［インターフェロン療法についても治療費の全額を自己負担すべきものとされたこと］は法に違反するものであり，また憲法違反であるとして，上記のような混合診療を受けた場合であっても，本来法が定める「療養の給付」に当たる診療については，なお法に基づく「療養の給付」を受けることができる権利を有することの確認を求めた事案（行政事件訴訟法4条の「公法上の法律関係に関する確認の訴え」）である。」

(2) 1984年の法改正で設けられた特定療養費制度（平成18年法83号による改正前の法86条），2006年の法改正で設けられた保険外併用療養費制度（法86条）は，混合診療のうち保険診療部分について費用が支払われる例外的なものを認めた制度であり，これに該当しない混合診療には保険給付をしないのが法の趣旨であるとYは主張するが，この主張は理由がない。

(3)「Xは，その主治医から，その腎臓がんの治療のため，インターフェロン療法と活性化自己リンパ球移入療法を併用する療養が医学的に有用なものとして勧められ，この療養を受けていたものであり，Xは，今後とも，インターフェロン療法と活性化自己リンパ球移入療法を併用する療養を受ける可能性

242 I 行 政 訴 訟

⇨98

は高いと認められるところ，仮に，Xが今後とも活性化自己リンパ球移入療法を受けようとすれば，インターフェロン療法に要する費用についても全額自己負担とされ，多額の医療費の負担を余儀なくされるおそれがあることに照らすと，Xが，いわゆる公法上の当事者訴訟（行政事件訴訟法4条）として，上記権利を有することを確認すべき法律上の利益も十分に肯認することができるというべきである。」

（裁判長裁判官　定塚誠，裁判官　中山雅之，進藤壮一郎）

▶*Reference*　1)　Yの控訴を受けて，東京高判平成21（2009)・9・29判タ1310号66頁は，特定療養費制度および保険外併用療養費制度に関する一審の解釈を否定し，原判決を取り消して請求を棄却した。最三小判平成23（2011)・10・25民集65巻7号2923頁［重判平23行2］はXの上告を棄却した。

2)　2004年改正後の行訴法4条後段に定める確認訴訟を適法と認めた最高裁判例として，*4*，*3*，および最二小判平成25（2013)・1・11民集67巻1号1頁（I巻 *177*〔*180*〕）を参照。2004年改正前の例として，最大判昭和41（1966)・7・20民集20巻6号1217頁は，薬事法の定める薬局開設の許可更新制度が憲法に違反するなどと主張して「許可又は許可の更新を受けなくても……薬局の開設ができる権利のあること」の確認を求める訴えにつき，訴訟要件について判断することなく請求を棄却した。

3)　*59* は，同時に提起された差止訴訟と確認訴訟のいずれも適法と認めた（*59R* も参照）。

4)　*35* が処分性を否定した通達をめぐる紛争について，確認訴訟によって争う可能性が議論されている。もっとも，*36* は，通達の処分性を認めている。

I-10　複雑な訴訟形態

98　処分の複数の第三者による取消訴訟と訴額

最二小決平成12（2000)・10・13［百選II 213］
判時1731号3頁
（評釈）門脇雄貴・自治研究79巻7号127頁

■**事実**　Xらを含む245名は共同原告として，森林法10条の2によりY（広島県知事）が有限会社Aに対して行った林地開発許可（以下「本件処分」という）につき，取消訴訟を提起した。Xらは，原告・控訴人全員につき訴額は95万円，控訴提起の手数料は6150円であるとして控訴状に印紙を貼付したのに対し（金額は変更されているが，民訴法8条2項・9条1項但書，民事訴訟費用等に関する法律（以下「費用法」という）3条1項・4条1項・2項・8条・別表第1第4項），原審裁判長は，訴額を原告・控訴人1名につき95万円として，控訴した207名につき合算し（民訴法9条1項本

⇨*98*

文），控訴提起の手数料は 53 万 1450 円であるとして，手数料の追納を命じた（民訴法 288 条・137 条）。しかし X らをはじめ 204 名は応じなかったため，裁判長は控訴状のうち 204 名に係る部分を却下した。X ら 190 名が抗告許可を申し立て，最高裁はこれを許可した。

■**決定要旨** X らの抗告を棄却。

「訴えや控訴の提起の手数料の算出の基礎となる「訴訟の目的の価額」は，「訴えで主張する利益」によって算定し，一の訴えで数個の請求をする場合には，その価額を合算したものを訴訟の目的の価額とするのが原則であるが，その訴えで主張する利益が各請求について共通である場合におけるその各請求については，右の合算をしないものとされている（費用法 4 条 1 項，民訴法 8 条 1 項，9 条 1 項）。したがって，現行法の採用している手数料制度の下においては，多数の者が共同して訴えを提起した場合においても，原則として各原告の主張する利益によって算定される額を合算して訴訟の目的の価額を算定し，費用法別表第 1 に従って，手数料の額を算出することになる。もっとも，同表が訴訟の目的の価額が増大するほどこれに対応する手数料の負担割合を逓減する仕組みを採用していることにより，多数の者が共同して訴えを提起する場合には，各原告ごとにみれば，単独で同じ訴えを提起する場合に比べて，低額の手数料を負担することで足りる。そして，例外的に，共同原告がその訴えで主張する利益が共通であると認められる場合には，右の合算が不要となり，共同原告が何名であっても，全員で 1 名分の手数料のみを負担すればよいことになる。」

「本件訴訟において原告らが訴えで主張する利益は，本件処分の取消しによって回復される各原告の有する利益，具体的には水利権，人格権，不動産所有権等の一部を成す利益であり，その価額を具体的に算定することは極めて困難というべきであるから，各原告が訴えで主張する利益によって算定される訴訟の目的の価額は 95 万円とみなされる（費用法 4 条 2 項）。そして，これらの利益は，その性質に照らし，各原告がそれぞれ有するものであって，全員に共通であるとはいえないから，結局，本件訴訟の目的の価額は，各原告の主張する利益によって算定される額を合算すべきものである。……X らは右のような解釈は多数の住民が共同して提訴ないし控訴することを困難にするものであるというが，本件において，各原告は，単独で控訴をする場合には 6150 円の手数料を負担しなければならないところ，共同して控訴したことにより，右の合

⇨*99*

算をした上で前記の逓減がされる結果，約 2567 円の手数料を負担すれば足りるのであって，右の所論は当たらない。」

（裁判長裁判官　河合伸一，裁判官　福田博，北川弘治，亀山継夫，梶谷玄）

▶*Reference*　林地開発許可取消訴訟の例として *42* 参照。住民訴訟における訴額につき *112* 参照。

99 第三者の訴訟参加

最一小決平成 14（2002）・9・26
判時 1807 号 152 頁

■事実　労働組合 Z らは，日本国有鉄道の分割・民営化に伴い設立された X（東日本旅客鉄道株式会社）の職員採用に際し，所属組合員 A が採用されなかったのは不当労働行為に当たると主張して，宮城県地方労働委員会に対し救済を申し立てた。A は自ら救済を申し立てなかった。同委員会は A につき，X 設立時からの採用取扱い，および採用されていたならば得たであろう賃金相当額と実際に支払われた賃金額との差額の支払いを命じる救済命令（以下「初審命令」という）を発した。X は Y（中央労働委員会）に再審査を申し立て（労組法 27 条の 15），Y は初審命令を変更し，A につき，X 設立時からの採用取扱い，および賃金の 60％ 相当額の支払い等を命じ，その余の救済申立てを棄却する命令を発した。これに対し X は，Y の命令のうち再審査申立てを棄却して救済を命じた部分の取消しを求めて出訴した（同法 27 条の 19）。一審は X の請求を認容し，二審も Y の控訴を棄却したため，Y が上告。本件は A が最高裁に行訴法 22 条 1 項による参加を申し立てた事案である。

■決定要旨　申立てを却下。

「労働組合法 27 条に定める労働委員会の救済命令制度は，不当労働行為につき一定の救済利益を有すると認められる労働組合及び労働者に対し，それぞれ独立の救済申立権を保障するものであるから，労働組合のみが労働委員会に救済を申し立てた場合に，その申立てに係る救済命令又は救済申立てを棄却する命令が確定したとしても，当該労働組合に所属する労働者が自ら救済申立てをする権利に何らかの法的影響が及ぶものではない。上記各命令の確定後に労働者が自ら救済申立てをしようとしても，救済申立期間の経過により，これを行うことができなくなっていることもあるが，それは自ら救済申立期間内に申立てをしなかったことの結果にすぎない。そして，労働組合の救済申立てに係る救済命令の内容が労働者個人の雇用関係上の権利にかかわるものである場合には，当該労働者は，使用者が公法上の義務としてこれを履行することにより利

I –10　複雑な訴訟形態　　245

⇨*100*

益を受けることになり，上記救済命令が判決により取り消されれば，その利益を受けられなくなるのであるが，当該労働者は上記の義務の履行を求める権利を有するものではないし，救済を申し立てなかった当該労働者の救済命令を求める権利が侵害されることもないのであるから，上記利益を受けられなくなることによりその者の法律上の利益が害されたということはできない。以上によれば，上記労働者は行政事件訴訟法22条1項にいう「訴訟の結果により権利を害される第三者」には当たらない」。

（裁判長裁判官 深澤武久，裁判官 井嶋一友，藤井正雄，町田顯，横尾和子）

▶*Reference* 本案について最一小判平成15（2003）・12・22労働判例864号5頁は，上告を棄却した（深澤武久裁判官，島田仁郎裁判官の反対意見が付されている）。

100 補助参加

最三小決平成15（2003）・1・24［百選II 187］
集民209号59頁

■事実 XはY（岡山県知事）に対し，廃棄物処理法（平成9年法85号による改正前）15条に基づき産業廃棄物処理施設（同法施行令7条14号ハ所定のいわゆる管理型最終処分場。以下「本件施設」という）の設置許可を申請したが，不許可処分を受けたため，取消訴訟を提起した。この本案訴訟においてZらは，本件施設の設置予定地を水源とする水道水ないし井戸水を飲料水等として使用しており，本件施設が設置されれば生命，健康が損なわれるおそれがある等と主張して，民訴法42条に基づきYを補助するために補助参加を申し出た。これに対しXが異議を述べたところ，一審・二審とも補助参加を許す旨の決定をした。Xが抗告許可を申し立て，最高裁はこれを許可した。

■決定要旨 Xの抗告を棄却。

「本件の本案訴訟において本件不許可処分を取り消す判決がされ，同判決が確定すれば，Yは，他に不許可事由がない限り，同判決の趣旨に従い，Xに対し，本件施設設置許可処分をすることになる（行政事件訴訟法33条2項）。ところで，廃棄物処理法15条2項2号は，産業廃棄物処理施設である最終処分場の設置により周辺地域に災害が発生することを未然に防止するため，都道府県知事が産業廃棄物処理施設設置許可処分を行うについて，産業廃棄物処理施設が「産業廃棄物の最終処分場である場合にあっては，厚生省令で定めるところにより，災害防止のための計画が定められているものであること」を要件として規定しており〔現在では同条項8号が，申請者が同計画を申請書に記載するこ

246 I 行政訴訟

とを要求している]，同号を受けた廃棄物の処理及び清掃に関する法律施行規則
（平成 10 年厚生省令第 31 号による改正前のもの）12 条の 3 は［現行施行規則で
は 11 条 4 項が対応する規定］，災害防止のための計画において定めるべき事項を
規定している。また，廃棄物処理法 15 条 2 項［現行法では 15 条の 2 第 1 項が対
応する規定］1 号は，産業廃棄物処理施設設置許可につき，申請に係る産業廃
棄物処理施設が「厚生省令（産業廃棄物の最終処分場については，総理府令，
厚生省令）で定める技術上の基準に適合していること」を要件としているが，
この規定は，同項 2 号の規定と併せ読めば，周辺地域に災害が発生することを
未然に防止するという観点からも上記の技術上の基準に適合するかどうかの審
査を行うことを定めているものと解するのが相当である。そして，人体に有害
な物質を含む産業廃棄物の処理施設である管理型最終処分場については，設置
許可処分における審査に過誤，欠落があり有害な物質が許容限度を超えて排出
された場合には，その周辺に居住する者の生命，身体に重大な危害を及ぼすな
どの災害を引き起こすことがあり得る。このような同項の趣旨・目的及び上記
の災害による被害の内容・性質等を考慮すると，同項は，管理型最終処分場に
ついて，その周辺に居住し，当該施設から有害な物質が排出された場合に直接
的かつ重大な被害を受けることが想定される範囲の住民の生命，身体の安全等
を個々人の個別的利益としても保護すべきものとする趣旨を含むと解するのが
相当である。したがって，上記の範囲の住民に当たることが疎明された者は，
民訴法 42 条にいう「訴訟の結果について利害関係を有する第三者」に当たる」。
　「以上の見地から考えると，本件施設から排出される有害物質により水源が
汚染される事態が生じた場合に，これにより住民が直接的かつ重大な被害を受
けることが想定される範囲は，いまだ証拠をもって確定されているとはいえな
いものの，原審が適法に確定した事実関係によれば，Ｚらにつき上記の疎明が
あったといえなくはない」。

（裁判長裁判官　濱田邦夫，裁判官　金谷利廣，上田豊三，藤田宙靖）

　▶*Reference*　平成 9 年法 85 号による廃棄物処理法改正につき I 巻 *125R2*）〔*126R2*）〕
　を参照。

101 関連請求

最三小決平成 17（2005）・3・29［百選 II 186］
　　民集 59 巻 2 号 477 頁；判時 1890 号 43 頁
　　（評釈）石井昇・判評 564（判時 1912）号 12 頁，杉原則彦・曹時 58 巻 2

⇨*101*

号 265 頁

（一審）長野地命令平成 16（2004）・5・6 民集 59 巻 2 号 483 頁〔参〕

（二審）東京高決平成 16（2004）・7・30 民集 59 巻 2 号 486 頁〔参〕

■**事実**　ゴルフ場に併設された 1 つのリゾートホテルを構成する宿泊施設，事務所，倉庫，店舗，寄宿舎等の建物 21 棟（以下「本件各建物」という）を所有する X は，本件各建物について，2003 年度の固定資産課税台帳に登録された価格に需給事情による減点補正（地方税法 388 条 1 項による固定資産評価基準に定めがある）がされていない点に不服があるとして，川上村（長野県南佐久郡）固定資産評価審査委員会に審査の申出をしたが，棄却決定（以下「本件決定」という）を受けた（同法 432 条・433 条）。そこで X は，本件決定のうち，X が本件各建物の適正な時価と主張する価格を超える部分の取消しを求めて出訴した（同法 434 条。以下「本件訴訟」という）。

　X は，本件訴訟に係る請求は 1 個であるとし，本件各建物ごとに訴えで主張する利益の額（民訴法 8 条 1 項）を計算したうえで，合算した金額 889 万 7800 円を訴額とし，これを基に算出した 4 万 6000 円を手数料として，同額の印紙を貼付した訴状（以下「本件訴状」という）を提出した。これに対し一審の裁判長は，本件訴訟に係る請求は 21 個であり，互いに行訴法 13 条の関連請求に当たらないことを前提に，本件各建物ごとに訴額および手数料を計算すべきであり，手数料の合計額は 8 万 3000 円となるから，本件各建物の一部に係る訴えにつき手数料が不足しているとして，X に追納を命ずる補正命令を発した。しかし X は手数料を追納しなかったため，一審の裁判長は本件訴状の一部を却下した。二審も X の抗告を棄却した。

■**決定要旨**　X の抗告を容れて，原決定を破棄，一審裁判長がした訴状一部却下命令を取消し。

「(1)　固定資産評価に関する地方税法の規定をみると，市町村長は，個々の土地，家屋等の固定資産ごとにその価格を決定し，個々の固定資産ごとに作成される固定資産課税台帳にこれを登録すべきものとされており（同法 381 条，410 条 1 項，411 条 1 項参照），固定資産評価審査委員会は，個々の固定資産ごとに登録価格に関する審査の申出を受けて審査し，決定をするものとされている（同法 432 条 1 項，433 条 1 項）。そうすると，固定資産評価額に関する固定資産評価審査委員会の審査決定は，個々の固定資産ごとにされるものであり，1 通の審査決定書において同一人の所有に係る複数の固定資産の登録価格について決定をしている場合でも，審査決定は，当該固定資産の数だけあるものというべきである。したがって，本件決定の個数は 21 である。」

「(2)　本件は，同一人の所有に係る，同一の敷地にあって 1 つのリゾートホテルを構成している本件各建物について，同一年度の登録価格につき，需給事

248　　Ⅰ　行政訴訟

情による減点補正がされていないのは違法であるとして，本件決定のうち X が本件各建物の適正な時価と主張する価格を超える部分の取消しを求める訴訟である。これによれば，本件訴訟に係る各請求の基礎となる社会的事実は一体としてとらえられるべきものであって密接に関連しており，争点も同一であるから，上記各請求は，互いに行政事件訴訟法 13 条 6 号所定の関連請求に当たる……。したがって，上記各請求に係る訴えは，同法 16 条 1 項により，これらを併合して提起することができる……。このように解することが，審理の重複や裁判の矛盾抵触を避け，当事者の訴訟提起・追行上の負担を軽減するとともに，訴訟の迅速な解決にも役立つ……。そうすると，本件訴訟について納付されるべき手数料の額は 4 万 6000 円であって［民訴法 9 条 1 項本文］，X が納付した手数料の額に不足はない」。

（裁判長裁判官　上田豊三，裁判官　金谷利廣，濱田邦夫，藤田宙靖）

102 逆併合・民訴法による訴えの併合

最三小判平成 5（1993）・7・20［百選II 210］
民集 47 巻 7 号 4627 頁；判時 1474 号 68 頁
（評釈）三村量一・曹時 47 巻 12 号 178 頁
（一審）福岡地直方支判昭和 61（1986）・9・30 民集 47 巻 7 号 4634 頁〔参〕
（二審）福岡高判昭和 63（1988）・5・26 民集 47 巻 7 号 4646 頁〔参〕

■**事実**　X は Y（福岡県）による本件ダムの設置運営等により，旅館等の営業者として自然景観の眺望を享受する利益や水資源を利用し得る利益等を侵害されたと主張して，国賠法 1 条 1 項等に基づき損害賠償請求訴訟を提起した。一審は X の請求を棄却した。二審で X は，憲法 29 条 3 項に基づく損失補償請求を予備的・追加的に併合することを申し立てた。しかし二審は，控訴を棄却するとともに，次の理由などを挙げて，追加的併合を不適法とし予備的請求に係る訴えを却下した。

①「行訴法 19 条 1 項は，取消訴訟に関連請求に係る訴えを追加的に併合して提起することができる旨を定めているが，その逆の場合にも追加的併合が許されるかどうかについて直接定めた規定はない。行訴法は，行政訴訟の特殊性にかんがみ，行政庁の訴訟参加（23 条），職権証拠調べ（24 条），取消判決の拘束力（33 条 1 項）等の特則を定め，かつ，行政訴訟を中心として関連請求の移送，併合等の規定を設けていて，基本となる請求とその関連請求との間には主従の区別をしており，関連請求が民事訴訟の場合は，これを主として行政訴訟を従とすることは，行政訴訟手続を中心として規定する行訴法の予想するところのものではないというべきである。更に，一般的に民事訴訟に行政訴訟を併合することを認めると，その審理手続がどのようになるのか

I-10　複雑な訴訟形態　　249

⇨*102*

との問題があり，主たる民事訴訟の手続で審理がされることになると解するときは，そのような結果は行訴法の趣旨を没却することになり，妥当でないと考えられる。本来行訴法の予定する形態での追加的併合の場合は，行訴法の手続のみで審理がなされるべきであり，請求の併合の場合に手続の混在を認め，又は民事訴訟の手続で審理がなされるとすることは問題である。」「以上のように考えると，行訴法 19 条 1 項の規定の類推適用を根拠として民事訴訟である本件国家賠償請求等に当事者訴訟〔行訴法 41 条 2 項により 19 条が準用される〕である本件損失補償請求を追加的に併合することは許されない」。②「また，本件の予備的，追加的併合の申立てが民訴法 232 条〔現 143 条〕1 項の規定による訴えの追加的変更のそれであるとしても，同条項は同種の手続を前提とするものであって〔現民訴法 136 条参照〕，本件は異種の手続にかかる請求の追加的変更の申立てであるから，同条項によることも許されない」。③「また，本件損失補償請求は，当審において予備的，追加的に併合申立てがされたものであって，前記のとおり右請求は異種の手続に係るものであり，かつ第一審において審理判断を経ておらず，本件国家賠償請求等とは審級を異にするものであるので，当審において民訴法 132 条〔現 152 条〕の規定により弁論を併合することはできない」。

■**判旨**　Ｘの上告を棄却。

「右損失補償請求は，主位的請求である国家賠償法 1 条 1 項等に基づく損害賠償請求と被告を同じくする上，いずれも対等の当事者間で金銭給付を求めるもので，その主張する経済的不利益の内容が同一で請求額もこれに見合うものであり，同一の行為に起因するものとして発生原因が実質的に共通するなど，相互に密接な関連性を有するものであるから，請求の基礎を同一にするものとして民訴法 232 条〔現 143 条〕の規定による訴えの追加的変更に準じて右損害賠償請求に損失補償請求を追加することができる……。もっとも，損失補償請求が公法上の請求として行政訴訟手続によって審理されるべきものであることなどを考慮すれば，相手方の審級の利益に配慮する必要があるから，控訴審における右訴えの変更には相手方の同意を要する……〔なお行訴法 19 条 1 項・16 条 2 項参照〕。ところが……原審において，Ｙは，右予備請求を追加的に併合することは不適法であるとして訴えの却下を求めており，Ｙによる同意があったものと認めることはできない。したがって，Ｘの本件予備的請求を追加することは許されないところ……，本件損失補償請求の予備的，追加的併合申立ては，主位的請求と同一の訴訟手続内で審判されることを前提とし，専らかかる併合審判を受けることを目的としてされたものと認められるから，右予備的請求に係る訴えは，これを管轄裁判所に移送する措置をとる余地はなく不適法として却下すべきであって，これと結論を同じくする原判決は，正当であ

250　Ｉ　行政訴訟

⇨*103*

る」。

　（裁判長裁判官　佐藤庄市郎，裁判官　貞家克己，園部逸夫，可部恒雄，大野正男）

103 訴えの変更と出訴期間

最二小判昭和 61（1986）・2・24［百選 II 183］
　　民集 40 巻 1 号 69 頁；判時 1184 号 65 頁
　　（評釈）常岡孝好・法協 104 巻 9 号 1358 頁，中西又三・判評 344（判時
　　　1243）号 21 頁，泉德治・曹時 38 巻 7 号 172 頁
　　（一審）熊本地判昭和 58（1983）・3・18 行裁例集 34 巻 3 号 454 頁
　　（二審）福岡高判昭和 59（1984）・2・28 行裁例集 35 巻 2 号 194 頁；判時
　　　1117 号 139 頁

■**事実**　Y（八代平野北部土地改良区）は 1975 年 11 月 27 日付けで，土地改良法 53 条
の 5 第 1 項に基づき，X 所有の土地（以下「本件従前地」という）に代わるべき一時
利用地として本件土地を指定する旨の処分（以下「本件一時利用地指定処分」という）
をした。X は Y に対し同年 12 月 20 日付けで，本件一時利用地指定処分につき異議
の申立てをし，Y は 1976 年 1 月 20 日付けで，異議申立てを棄却する決定をした。
そこで X は Y を被告として同年 2 月 19 日に，異議申立棄却決定の取消訴訟を提起
し，同年 7 月 23 日に，この訴えを本件一時利用地指定処分の取消訴訟に交換的に変
更した。
　さらに Y は 1978 年 3 月 31 日に，本件従前地を含む地区の換地計画を決定し（同
法 52 条），同法 54 条 1 項に基づき，本件従前地の換地として本件土地を指定する旨
の同年 10 月 4 日付けの換地処分通知書を，同年 11 月 13 日に X に送達した（以下
「本件換地処分」という）。X は 1979 年 11 月 21 日に，上記の訴えを本件換地処分取消
訴訟に交換的に変更した。本件一時利用地指定処分は，専ら土地改良事業の工事のた
めに本件土地を暫定的な利用地として指定した処分ではなく，本件土地を将来本件従
前地の換地とする予定で行った処分である。そして X は，訴えの変更の前後を通じ，
処分の取消事由として，照応原則（同法 53 条 1 項 2 号・53 条の 5 第 2 項）違反を主張
している。しかし一審は本件換地処分取消訴訟を，出訴期間を徒過した不適法な訴え
として却下し，二審も一審判決を是認したため，X が上告した。

■**判旨**　原判決を破棄，一審判決を取り消して，一審に差戻し。

1　「X は，本件一時利用地指定処分に係る異議申立棄却決定につき行政事
件訴訟法 14 条所定の出訴期間内に取消しの訴えを提起した上，これを本件一
時利用地指定処分の取消しの訴えに変更したのであるから，同法 20 条の規定
の趣旨に従い，本件一時利用地指定処分の取消しの訴えは，出訴期間の遵守に
ついては右の異議申立棄却決定の取消しの訴えの提起の時に提起されたものと
みなすのが相当である。そうすると，本件一時利用地指定処分の取消しの訴え

I-10　複雑な訴訟形態　　251

⇨103

自体は，出訴期間を遵守したものであるということができる。ところが，X
は，本件一時利用地指定処分の取消しの訴えをさらに本件換地処分の取消しの
訴えに変更した。訴えの変更は，変更後の新請求については新たな訴えの提起
にほかならないから，右訴えにつき出訴期間の制限がある場合には，先に述べ
た行政事件訴訟法20条のような特別の規定のない限り，右出訴期間の遵守の
有無は，変更前後の請求の間に訴訟物の同一性が認められるとき，又は両者の
間に存する関係から，変更後の新請求に係る訴えを当初の訴えの提起の時に提
起されたものと同視し，出訴期間の遵守において欠けるところがないと解すべ
き特段の事情があるときを除き，右訴えの変更の時を基準としてこれを決しな
ければならないところ［民訴法147条参照］，Xが本件換地処分の取消請求に訴
えを変更したのは，本件換地処分の日から1年以上を経過した後であり，また，
本件一時利用地指定処分の取消請求と本件換地処分の取消請求との間に訴訟物
の同一性を認めることもできないから，本件換地処分の取消しの訴えにつき出
訴期間の遵守があったというためには，右の特段の事情の存在が肯定されなけ
ればならない。この点に関し，原審は，そもそも一時利用地指定処分は，従前
の土地に代わるべき一時利用地を指定し，換地処分の公告の日までの期間に限
って，従前の土地についての使用収益を停止し，代わりに一時利用地について
の使用収益をさせるという暫定的な処分にすぎないのであって，換地処分に先
行して必ず行われる処分ではなく，また，一時利用地を将来そのまま換地とす
るために行う処分でもないから，本件換地処分の取消しの訴えが本件一時利用
地指定処分の取消しの訴えの提起の時に提起されたものと同視すべき特段の事
情が存するということはできないと判示し，本件換地処分の取消しの訴えは出
訴期間を徒過した不適法な訴えであるとした第一審判決を是認した。」

2　「思うに，土地改良事業における一時利用地指定処分は，純粋に工事のた
めの必要に基づくもので当該一時利用地を将来換地とすることを予定しないで
指定するものと，当該一時利用地を換地の予定地として指定するものとに大別
することができる。土地改良事業は，工事着手から換地処分に至るまでに長時
間を要するのが通例であるから，関係権利者の地位を安定させるため，換地処
分前であっても，換地処分によって確定されるべき権利関係をあらかじめ想定
し得るに至った段階において，実質上換地処分がなされたと同様の使用収益関
係を設定するという必要性が存する。また，換地処分は，従前の土地に存する
権利関係を換地に移転させる処分であって，その性質上，当該換地計画に係る

⇨103

土地の全部につき一挙に行うことが必要であるところ，従前の土地について存する現実の使用収益の状態を換地処分と同時に一斉に換地に移転させることは困難であるから，換地処分前において従前の土地についての使用収益権限を順次将来換地となるべき土地に移転しておくという必要性が存する。一時利用地指定処分は右に述べたような必要性に基づいても行われるのであり，その場合の一時利用地指定処分は，当該一時利用地を換地予定地として指定し，換地処分前において実質それに相当する使用収益関係を当該一時利用地の上に設定する処分であるということができる。それは，土地改良事業の円滑な遂行のために必要な措置として土地改良法が当然に予定しているものなのである。そして，右の一時利用地指定処分は，右に指摘したように，換地処分で予定された法的効果を仮に実現するという性格を有するから，右の一時利用地指定処分に対する関係権利者の不服が一時利用地として指定された土地の照応の原則違反を理由に取消訴訟という形で表明された場合には，その土地を換地として将来行われるべき換地処分に対する不服が訴えの形で既に表明されたものともみることができるのである。もとより，右の一時利用地指定処分も換地処分の公告の日までに限り法的効果を有する処分であることに変わりはなく，また，換地処分を行うための法律上の前提要件として右の一時利用地指定処分が必要であるとか，当該一時利用地を必ず換地として指定しなければならないというものではないが，そのことと，いったんなされた右の一時利用地指定処分が換地処分で予定された法的効果を仮に実現するという性格を有していることとは何ら矛盾するものではない。右の一時利用地指定処分に引き続き行われた換地処分において，当該一時利用地が換地として指定された場合，それを一時利用地指定処分とは無縁のものと称することはできず，一時利用地指定処分において表明された土地改良事業施行者の意図の確定的な実現の結果というべきである。

　本件一時利用地指定処分も，正規の換地計画決定前のものではあるが，前記のとおり，純然たる工事のための処分ではなく，右に述べた換地予定地的な一時利用地の指定処分であって，本件土地を将来本件従前地の換地とすることを予定し，実質上本件換地処分がなされたと同様の使用収益関係を本件土地上に設定した処分である。そうすると，土地改良事業の施行者であるＹを相手方として本件土地が照応の原則に違反することを理由に提起された本件一時利用地指定処分の取消しの訴えは，単に本件一時利用地指定処分自体に対する不服の表明にとどまるものではなく，本件土地を換地として将来行われるべき本件

I-10　複雑な訴訟形態　253

⇨*104*

換地処分に対する不服の表明としての性格をも有するものといわざるを得ないから，本件換地処分取消しの訴えは，出訴期間の関係においては，本件一時利用地指定処分の取消しの訴えの提起の時から既に提起されていたものと同様に取り扱うのが相当であり，出訴期間の遵守に欠けるところがないものと解すべきである」。

（裁判長裁判官　大橋進，裁判官　牧圭次，島谷六郎，藤島昭）

▶*Reference　54R3*）も参照。判旨1にいう「特段の事情」を肯定した例として，①最三小判昭和31（1956）・6・5民集10巻6号656頁（県農業委員会を被告とする農地買収計画に関する訴願裁決取消訴訟から，県知事を被告とする買収処分取消訴訟への変更），②最一小判昭和37（1962）・2・22民集16巻2号375頁（農業委員会を被告とする宅地買収計画取消訴訟に，買収対価増額請求訴訟を予備的に追加。ただし，後者の訴訟は国を被告とすべきところ農業委員会を被告として提起されたため，被告適格の誤りを理由に不適法とされた），否定した例として，③最二小判昭和58（1983）・7・15民集37巻6号869頁（機関としての長を被告とする地自法242条の2第1項3号の住民訴訟から，長個人を被告とする同4号の訴訟への変更。ただし現在では4号請求の被告適格が変更されている），④最一小判昭和58（1983）・9・8判時1096号62頁（収用裁決取消訴訟とその関連請求，すなわち，土地の形状変更による損害賠償請求または原状回復に代わる塡補賠償請求としての，収用時の本件土地の価額相当額から原告がすでに受領した損失補償金額を控除した額の金員の支払請求に，土地収用法133条による同額の損失補償請求を予備的に追加）。

I-11　仮 の 救 済

I-11-1　執 行 停 止

104　重大な損害(1)──退去強制

大阪地決平成19（2007）・3・30
判タ1256号58頁

■**事実**　中国国籍を有するXは，2000年3月30日，在留資格を「留学」，在留期間を1年とする上陸許可を受けて本邦に上陸し，同年4月，A短期大学に入学した。Xはその後，3回の在留期間更新許可を受け，その間，A短期大学を卒業し，B大学文学部英文学科の3年次に編入学した。しかし，最終の在留期間更新許可に係る在留期限である2006年3月30日までに，卒業に必要な124単位のうち107単位しか修得できなかったため，同大学を卒業することができなかった。

　Xが2006年3月22日に在留期間更新許可申請を行ったのに対し，大阪入国管理

⇨*104*

局長は，同年 6 月 12 日付けで，在留期間更新不許可処分をした（以下「本件更新不許可処分」という）。同年 9 月 13 日，大阪入国管理局入国警備官は，X について入管法 24 条 4 号ロ（不法残留）に該当すると疑うに足りる相当の理由があるとして大阪入国管理局主任審査官から収容令書の発付を受け，同月 14 日，X を入国者収容所に収容した。これに対し，X は，入管法 49 条 1 項に基づく異議の申出をしたが，大阪入国管理局長は，同年 10 月 30 日付けで，X の異議の申出は理由がない旨の裁決（以下「本件裁決」という）をした。これを受けて，大阪入国管理局主任審査官は，X に対し，同月 31 日付けで退去強制令書（以下「本件令書」という）の発付処分（以下「本件退令発付処分」という）をした。X は，Y（国）を被告として，本件裁決および本件退令発付処分の取消訴訟を提起するとともに，本件令書の収容部分および送還部分の両方について，執行停止を申し立てた。

　本決定は，本件令書の収容部分および送還部分の両方について，執行を停止した。以下では，「重大な損害を避けるため緊急の必要があるとき」（行訴法 25 条 2 項）の要件該当性を認めた部分を紹介する。

■**決定要旨**　一部認容（確定）。

1　本件令書の送還部分の執行について

「我が国の法令上，退去強制令書の執行により送還され，その後，退去強制令書発付処分の取消しを求める訴訟において同処分の取消しの認容判決を得た者に対し，送還前に置かれていた原状を回復することを保障する制度は設けられていない。また，本件令書の送還部分の執行によって X が中国に送還された場合，X が本案事件について訴訟代理人らを選任していること及び現在では通信手段が相当程度発達していることなどを考慮してもなお，証拠等を収集し，訴訟代理人らと打合せをすることなどが困難になるといわざるを得ず，X が本案事件の訴訟追行をすることが事実上極めて困難になる」。「よって，本件において，本件令書の送還部分の執行により生ずる重大な損害を避けるため緊急の必要があると認められる。」

2　本件令書の収容部分の執行について

(1)　「被収容者の処遇に関する入管法の規定の趣旨，入管法及び被収容者処遇規則が予定する被収容者の自由に対する制限の内容，態様，程度にかんがみると，収容令書又は退去強制令書発付処分のうちの収容部分の執行により被収容者が受ける損害は，その内容，性質，程度に照らして，特段の事情がない限り，行訴法 25 条 2 項にいう「重大な損害」には当たらない」。

(2)　「退去強制令書による収容によって通学することができなくなるなどの

I-*11*　仮の救済　　255

⇨*104*

学業継続に係る困難を生ずることは，入管法が当然に予定しているところであると解される上，その不利益の内容，性質，程度に照らしても，通常，そのことをもって，行訴法25条2項にいう「重大な損害」に該当するということはできない。」

「しかしながら，……Xは，平成19［2007］年度の履修登録手続をすることができない場合，……B大学文学部英文学科を平成19年度秋学期末に除籍されることとなる蓋然性が高い」。「Xは，在留資格を「留学」とする上陸許可を受けて本邦に上陸し，その後，3回の在留期間更新許可を受けて，本邦に在留し，その間，A短期大学を卒業し，B大学文学部英文学科の3年次に編入学して学業を続けてきたものであって，同学科を卒業することが，平成14年4月以降の約5年間，Xが本邦に在留してきた主要な目的であるということができる……。これらにかんがみれば，本件収容によって同学科での学業を継続することができなくなるにとどまらず，同学科を除籍されるという不利益は，Xにとって，その性質上回復困難な著しい不利益であって，行訴法25条2項にいう「重大な損害」に該当するというべきである。そして，平成19年度の履修登録手続の最終期限が同年4月7日である上，Xが……収容されている場合，履修登録は認められないというのであるから，本件においては，本件令書の収容部分の執行により生ずる重大な損害を避けるため緊急の必要がある」。

「この点について，Yは，Xが本件更新不許可処分の取消しの訴えを提起せず，その出訴期限を徒過させている以上，そもそもXの学業継続は法的に認められない状態にあるのであって，大学を除籍されることは重大な損害に該当しないといった趣旨の主張をする。しかしながら，……Xは，違反調査等において，一貫して，本件不許可処分を訴訟で争う意向を示し，又は在留特別許可を希望する理由は大学を卒業したいからである旨の供述をしている。のみならず，……卒業までに修得することが必要な単位数はわずかに17単位にすぎないことからすれば，卒業するために学業を継続したいと望むのがむしろ自然というべきである上，……Xが本件更新不許可処分の取消しの訴えに係る出訴期限を徒過させたのは，C弁護士との間において円滑な意思疎通がされなかったからであることがうかがわれ……る。これらによれば，Xにおいて学業を継続する利益を積極的に放棄したものとは認められず，むしろ，Xは，学業を継続し，B大学を卒業する意思を有していることが認められる。」

（裁判長裁判官　西川知一郎，裁判官　岡田幸人，森田亮）

⇨105

▶*Reference* 2004 年の行訴法 25 条改正前の事案で，退去強制令書の収容部分の執行停止を認めなかった最高裁決定として，最一小決平成 16（2004）・5・31 判時 1868 号 24 頁がある。同決定は，不法残留の状態にあった韓国人女性である X_1 および X_2（X_1 の子）が，① X_1 が日本人男性と婚姻し，X_2 が同男性と養子縁組をしたこと，② X_2 は，ソウル大学の推薦入試の受験が決まり，そのために日本において東京韓国学校高等科を卒業しなければならないこと，③ X_1 および X_2 は X_2 の同学校卒業後直ちに韓国に帰る意思を明らかにしたことを主張して，X_2 が上記学校を卒業する 2005 年 3 月末日まで退去強制令書の収容部分の執行を停止することを申し立てた事案で，「退去強制令書の収容部分の執行により被収容者が受ける損害は，当然には行政事件訴訟法 25 条 2 項に規定する回復の困難な損害に当たるとはいえないところ，X_1 らの主張するところによっても，本件各令書の収容部分の執行により X_1 らが受ける損害は，いずれも社会通念上金銭賠償による回復をもって満足することもやむを得ないものというべきであり，上記の回復の困難な損害に当たるということはでき」ないとした。

105 重大な損害(2)——その他の不利益処分

最三小決平成 19（2007）・12・18 ［百選 II 199］
判時 1994 号 21 頁
（一審）東京高決平成 19（2007）・7・19 判時 1994 号 25 頁

■**事実** X は第二東京弁護士会に所属する弁護士であるが，同弁護士会懲戒委員会は，2006 年 10 月 13 日付けで，X には旧弁護士倫理 31 条（「弁護士は，依頼者に対し，事件の経過及びその帰趨に影響を及ぼす事項を必要に応じ報告し，事件の結果を遅滞なく報告しなければならない」）に反する非行に該当する事由があるとして，X を業務停止 3 カ月の懲戒処分とするのが相当であるとの議決をし，同弁護士会は，この議決に基づき，X を業務停止 3 カ月の懲戒処分（以下「本件懲戒処分」という）に付し，同年 11 月 7 日にこれを X に告知した。これに対し，X が Y（日本弁護士連合会）に対し審査請求をしたところ，Y は，日本弁護士連合会懲戒委員会の議決に基づき，2007 年 6 月 12 日付けで，審査請求を棄却する裁決をした（以下「本件裁決」という）。X は，本件裁決が違法であると主張して，東京高裁に対し（弁護士法 61 条 1 項参照），裁決取消しの訴えを提起する（同条 2 項により裁決主義がとられている）とともに，本件懲戒処分の効力の停止を求めて，執行停止の申立てをした。

一審は，次のように述べて，行訴法 25 条 2 項の要件該当性を認め，本件懲戒処分の効力を停止した。「本件懲戒処分を受けた X は，……依頼者との委任契約の解除，訴訟代理人等の辞任手続，顧問契約の解除を行わなければならないのであって，これにより，X の弁護士としての社会的信用が低下し，それまでに培われた依頼者との業務上の信頼関係も損なわれる事態が生じると認められる。そして，このような……弁護士としての社会的信用の低下，業務上の信頼関係の毀損は，……その損害の性質から，本案で勝訴しても完全に回復することは困難であり，また，損害を金銭賠償に

I-11 仮の救済 257

⇨*105*

よって完全に補塡することも困難である。」「このような損害の性質に加え，……X
が業務停止期間中に期日が指定されているものだけで31件の訴訟案件を受任してい
ると認められることから推認できるXが被る損害の程度を勘案すれば，一旦生じた
損害の回復は困難で，本件懲戒処分によってXに重大な損害が生じると認められ
る。」これに対し，Yが即時抗告した。

■決定要旨 抗告棄却。
「Xは，その所属する弁護士会から業務停止3月の懲戒処分を受けたが，当
該業務停止期間中に期日が指定されているものだけで31件の訴訟案件を受任
していたなど本件事実関係の下においては，行政事件訴訟法25条3項所定の
事由を考慮し勘案して，上記懲戒処分によってXに生ずる社会的信用の低下，
業務上の信頼関係の毀損等の損害が同条2項に規定する「重大な損害」に当た
るものと認めた原審の判断は，正当として是認することができる。」
　田原睦夫裁判官の**補足意見**　「本件の基本事件は，Xの所属弁護士会がXに
対してした業務停止3月の懲戒処分に対して，Xが申し立てた審査請求を棄
却する裁決に対する取消請求訴訟であるところ，本件執行停止決定がされない
場合には，同訴訟が通常の進行速度で審理されるときには，上記業務停止期間
内に審理を終結することは著しく困難であり，同訴訟係属中に上記業務停止期
間が経過し，Xは上記懲戒処分の効力のすべてを受けることになる。」「この
ように懲戒処分の効力のすべてを受けてしまった後に，なお，訴えの利益が認
められて（最高裁判所昭和……58［1983］年4月5日第三小法廷判決・裁判集
民事138号493頁参照），裁決取消しの判決がされても，Xは，その取消判決
それ自体により業務停止を免れるという利益を得ることはできず，別途損害賠
償訴訟を提起して，その損害の回復を図らざるを得なくなる。」「ところで，弁
護士業務は，その性質上，高い信用の保持と業務の継続性が求められるところ，
多数の訴訟案件，交渉案件を受任している弁護士が数か月間にわたる業務停止
処分を受けた場合，その間，法廷活動，交渉活動，弁護活動はもちろんのこと，
顧問先に係る業務を始めとして一切の法律相談活動はできず，業務停止処分に
より，従前の依頼者は他の弁護士に法律業務を依頼せざるを得なくなるが，進
行中の事件の引継ぎは容易ではない。また，懲戒を受けた弁護士の信用は大き
く失墜する。そして，業務停止期間が終了しても，いったん他の弁護士に依頼
した元の依頼者が再度依頼するとは限らず，また，失墜した信用の回復は容易
ではない。」「業務停止処分を受けた弁護士が受ける上記の状況によって生ずる

⇨*105*

有形無形の損害は，後にその処分が取り消された場合に，金銭賠償によっては容易に回復し得ないものである。」「原決定によれば，X は業務停止期間中に期日が指定されているものだけで 31 件の訴訟案件を受任しているというのであるから，その点だけからしても，業務停止処分により，重大な影響を受けるものと認められ，それに加えて，弁護士としての業務活動のすべての停止をしなければならないことを考慮すると，本件業務停止処分は，X にとって，行政事件訴訟法 25 条 2 項に定める「処分の執行により生ずる重大な損害」に当たることは明らかであり，また，本件業務停止処分の性質上それを避けるための緊急の必要があるものといえる。」「Y は，……平成 16［2004］年法律第 84号による改正前の行政事件訴訟法 25 条 2 項に関する高等裁判所の裁判例を引用して原決定を非難するが，同項の執行停止の要件は，上記改正前は，「回復困難な損害を避けるため緊急の必要があるとき」とされていたのを，同法の改正検討作業の過程における，同要件の緩和を強く求める日本弁護士連合会（Y）の意見等を踏まえて，同改正により「重大な損害」と規定されるに至ったのであって，Y の主張は，同条の改正経緯等からして到底採り得ないものである。」

（裁判長裁判官　近藤崇晴，裁判官　藤田宙靖，堀籠幸男，那須弘平，田原睦夫）

▶***Reference***　*1*）　本判決の補足意見が引用する最三小判昭和 58（1983）・4・5 判時 1077号 50 頁は，日本弁護士連合会会長選挙規程により，弁護士法に基づく懲戒処分を受けた者は，その処分に対し不服の申立てができなくなった日から 3 年を経過するまでは被選挙権を有しないとされているから，業務停止処分期間満了後も，会長選挙の被選挙権を剥奪されている間は，業務停止の取消しを求める利益は失われないとしたものである。

　　2）　最三小決平成 15（2003）・3・11 判時 1822 号 55 頁は，日本弁護士連合会から戒告を受けた弁護士が戒告の取消訴訟を提起し，戒告の効力またはその手続の続行として日本弁護士連合会会則に基づく公告が行われると，弁護士としての社会的信用が低下する等として，主位的に戒告処分の効力停止を，予備的に戒告処分に基づく手続の続行停止を求めた事案で，「弁護士に対する戒告処分は，それが当該弁護士に告知された時にその効力が生じ，告知によって完結する。その後会則 97 条の 3 第 1 項［現 68 条］に基づいて行われる公告は，処分があった事実を一般に周知させるための手続であって，処分の効力として行われるものでも，処分の続行手続として行われるものでもないというべきである。そうすると，本件処分の効力又はその手続の続行を停止することによって本件公告が行われることを法的に阻止することはできないし，本件処分が本件公告を介して第三者の知るところとなり，相手方の弁護士としての社会的信用等が低下するなどの事態を生ずるとしても，それは本件処分によるものではないから，これをもって本件処分により生ずる回復困難な損害に当たるものということはできない」として，申立て

*I***-11**　仮の救済　259

⇨*106*

を却下した。

　3）　東京地決平成 27（2015）・4・20 判タ 1424 号 205 頁は，景表法に基づく措置命令について，当該商品の販売が困難となり，申立人らの信用も毀損されることにより倒産のおそれがある等として，効力停止を認めた（確定）。

　4）　東京高決平成 24（2012）・7・12 判時 2155 号 112 頁は，条件付採用公立学校教員の免職処分の効力停止の申立てについて，給料の一部支払に限定して容認した（確定）。

106 重大な損害(3)——処分の第三者

奈良地決平成 21（2009）・11・26
判タ 1325 号 91 頁

■**事実**　Y（奈良県）知事は，2009 年 8 月 10 日，A に対して，産業廃棄物処理施設（以下「本件施設」という）の設置許可処分（以下「本件処分」という）をした。これに対し，本件施設設置予定場所（以下「本件予定地」という）の周辺に居住し，農業を営み，または土地を所有している X ら（本件の申立人には権利能力なき社団が含まれているが，これに関する判示の紹介は省略することとし，本稿にいう X らには含まれない）は，本件処分は廃棄物処理法（以下「法」という）15 条の 2 第 1 項等に規定されている許可条件に適合せず違法であり，同処分により本件施設の設置工事等が開始されれば X らの所有権や健康等が害され，または害されるおそれがあり，その被害回復は事実上不可能となると主張して，行訴法 25 条 2 項に基づき，本案判決が確定するまで同処分の効力の停止を求めた。

■**決定要旨**　申立て認容（確定）。

1　X らの申立適格の有無について　「本件施設の処理能力や……排水（浸透水）による影響範囲……に照らせば，……X らは，いずれも本件予定地の下流約 2 km 未満の土地に居住し，又は，土地を所有して柿や梅を栽培しているから，同施設から人体に有害な産業廃棄物が大気中に飛散し，あるいは同施設からの汚染水が下流域に流入した場合，これらを継続的に吸引ないし摂取する環境にあるということができ，同施設から有害な物質を含有する飛散物や汚染水が許容限度を超えて排出されると，生命又は身体に係る重大な被害を直接に受けるおそれがあるというべきである。

　したがって，X らは，本件処分の取消しを求めるにつき「法律上の利益を有する者」として，本件本案訴訟における原告適格を有し，同許可の効力の執行停止の申立適格を有する」。

2　重大な損害を避けるための緊急の必要の有無について　「A の代表取締役である B は，本件予定地に隣接する場所において，事前に付近住民の代

260　Ⅰ　行 政 訴 訟

⇨106

表者らと公害防止協定を結んだ上，平成 2 [1990] 年 2 月 21 日，奈良県知事に対し，本件施設と同様の産業廃棄物の安定型最終処分場（以下「第一処分場」という。）の設置許可届出をし，その後，同知事の許可を受けて，Ａと共に同処分場において埋立処分業を行っていたが，許可された処理能力面積や容量を大幅に超えて産業廃棄物の埋立を行い，埋め立てられた廃棄物の十分な転圧や覆土を行わず，「産廃富士」と呼ばれるほどの容量となっただけでなく，届出された安定 5 品目以外の有機物等が数多く混入していたため，その腐敗，分解などにより鉛や鉄，マンガン等の重金属等が溶出している……。

　Ｘらの一部は，他の付近住民らと共に，Ｂ及びＡに対し，上記産廃富士の一部（村道の高さを超えるもの）の撤去を求めて……訴えを提起したところ……，認容判決を得，その後，……同事件の控訴審……において，当事者間で上記認容判決と同内容の和解が成立した……。

　上記和解により，Ａ及びＢは，上記産廃富士の一部を撤去することを約束したにもかかわらず，これを履行せず，同産廃富士は，現在も放置されたままになっている……。

　さらに，本件処分には，「五條市西吉野町夜中 [番地略] 外 7 筆にある市道高以上に存する産業廃棄物（上記産廃富士を指す。）の撤去は，本許可に基づき埋立処分が可能な時から本許可に基づく場所へ 1 ヶ年の間に行うこと」との条件……が付されているが，上記のとおり，上記産廃富士の中には，安定型産業廃棄物以外の有機物等も含まれており，その分解等によって重金属等が発生していることが認められ，上記条件に従うと，本件施設には，当初から安定型産業廃棄物以外の有害な廃棄物が埋め立てられることになり，違反したまま操業となる。

　以上に照らせば，Ｘらが直接被るおそれのある生命又は身体に係る重大な被害はいったん発生すると，Ｘらの生命，身体の安全等に対し償うことができない損害を生じさせるものであり，しかもＡ及びその代表取締役であるＢ（以下「Ａら」という。）についての第一処分場をめぐる前記の事情にかんがみれば，その蓋然性は極めて高く，金銭賠償によって回復することは困難というべきである。

　このような損害の回復の困難の程度，損害の性質及び程度並びに処分の内容及び性質を勘案すると，本件は，「重大な損害を避けるため，緊急の必要があるとき」（行訴法 25 条 2 項本文）に当たるものと認めるのが相当である。

I-11 仮 の 救 済　261

⇨*107*

　Ｙは，……Ｘらの主張は，将来の法令違反や許可条件違反といったＹが同施設稼働後に行うおそれのある行為を仮定し，そこから生じる損害を問題にしているにすぎず，そのような損害については，違反があった時点で事後的な許可取消等の対象となるにすぎないから，本件については，重大な損害や緊急の必要性の疎明がなされていない旨主張する。

　……［しかし，］後に使用前検査や処分業許可の段階で審査される事項であるからといって将来の義務違反行為のおそれの有無が設置段階の審査事項から除外されることにはならない。しかも，Ａらの第一処分場をめぐる前記の違反状態が放置されたままになっている事情にかんがみると，Ａらは，本件施設設置工事を完了させて，Ｙ主張の後続行政処分を経ずに本件施設を稼働させるおそれがあり，また，これに対するＹの適切な措置も期待することができない。

　したがって，Ｙの前記主張は採用することができない。」

（裁判長裁判官　一谷好文，裁判官　小川紀代子，船戸容子）

107 執行停止の効果

最一小決平成 11（1999）・1・11
判時 1675 号 61 頁
（評釈）桑原勇進・自治研究 76 巻 10 号 132 頁
（一審）徳島地決平成 10（1998）・9・14 裁判所 WEB
（二審）高松高決平成 10（1998）・10・28 判タ 1015 号 117 頁

■**事実**　Ｘは，徳島県麻植郡川島町の議員であったが，Ｙ（川島町議会）は，Ｘが議場において特定業者の利益誘導に当たる発言および差別発言をしたという理由で，1998 年 1 月 19 日，Ｘを除名する旨の懲罰をした（以下「本件除名処分」という）。川島町選挙管理委員会は，本件除名処分がされた 4 日後の 1 月 23 日，繰上補充によりＡを当選人と定める旨を告示した。Ｘが本件除名処分の取消訴訟を提起するとともに，本件除名処分の効力停止の申立てをしたところ，一審は，効力停止の申立てを認容した。これに対し，Ｙは，Ａが川島町議会議員たる地位を確定的に取得したことにより，本件除名処分の効力を停止しても，法律上，Ｘが川島町議会議員たる地位を回復する余地はないから，本件執行停止申立ては申立ての利益を欠き不適法であると主張して，即時抗告をした。

　二審は，次のように述べてＹの抗告を棄却した。執行停止の「効力は将来に向かってのみ生ずるものであり，執行停止自体の効力によっては，執行停止がされる前に当該処分を前提として既になされている後続処分及びこれによって形成された法律関

262　Ⅰ　行 政 訴 訟

⇨*107*

係の効力に対して何ら影響を及ぼさない」。「しかしながら，執行停止は，将来に向け
てその対象となった処分の効力がない状態に置くものであるから，当事者たる行政庁
その他の関係行政庁は，執行停止の有する……拘束力［行訴法33条4項・1項］に基
づき，将来に向けて執行停止の趣旨に従って行動すべき義務を負うのであって，……
執行停止後において当該処分の効力があるような状態を存続させることは許されず，
そのような状態があればこれを将来に向かって排除し，処分の効力がない状態をもた
らすための措置を講ずるべきものと解するのが相当であり，そのように解しても，執
行停止に遡及効がないことと何ら矛盾するものではない」。「これを本件についてみる
と，Yは，議長を通じて町選管に対し本件除名処分によりYに欠員が生じた旨の本
件欠員通知をしたものであるが，［一審の］原決定により，将来に向かってではあれ
本件除名処分の効力がない状態に置かれるのであるから，Yとしては，本件欠員通
知がされた状態を放置しておくことは許されず，原決定の趣旨に従い，直ちに本件欠
員通知を撤回すべき義務を負う……。そして，……Aの当選は，本件欠員通知が撤
回されることにより，その根拠を失い将来に向かって無効とされるべき筋合いである。
したがって，町選管は，関係行政庁として，原決定の拘束力に基づき，Aを当選人
とした定めを撤回し，その当選を将来に向かって無効とすべき義務を負う」。Yが許
可抗告。

■決定要旨　抗告棄却。

「原審の適法に確定した事実関係の下においては，本件除名処分の効力停止
決定がされることによって，同処分の効力は将来に向かって存在しない状態に
置かれ，Xの川島町議会議員としての地位が回復されることになり，これに
伴って，Xの除名による欠員が生じたことに基づいて行われた繰上補充によ
る当選人の定めは，その根拠を失うことになるというべきであるから，関係行
政庁である川島町選挙管理委員会は，右効力停止決定に拘束され，繰上補充に
よる当選人の定めを撤回し，その当選を将来に向かって無効とすべき義務を負
うとした原審の判断は，正当として是認することができ」る。

（裁判長裁判官　井嶋一友，裁判官　小野幹雄，遠藤光男，藤井正雄，大出峻郎）

▶*Reference*　最三小判昭和29（1954）・6・22民集8巻6号1162頁［百選Ⅱ200］は，
農地買収計画の「執行停止決定は単に農地買収計画に基く買収手続の進行を停止する効
力を有するだけであって，すでに執行されたその手続の効果を覆滅して元所有者の所有
権を確定する効力を有するものと解すべきではな」いとしている。

I-*11*　仮の救済　263

⇨*108*

I-11-2　その他の仮の救済

108　仮の義務付け

岡山地決平成 19（2007）・10・15［重判平 20 行 6］
判時 1994 号 26 頁
（評釈）黒原智宏・自治研究 86 巻 8 号 145 頁

■**事実**　X は，朝鮮民族社会の連携・朝日友好親善等を目的として歌劇団の公演を実行するために組織された実行委員会の委員長である。X は，2007 年 11 月に岡山市で公演（以下「本件公演」という）を行うために，岡山市の設置した公の施設（地自法 244 条）である A ホールの使用許可を申請したのに対し，A ホールの指定管理者（同法 244 条の 2 第 3 項）である Y（財団法人 A ホール）は，X の公演を妨害しようとする右翼団体等の街宣活動が活発化したことを踏まえ，本件公演が行われると A ホールの管理に支障を及ぼすと認められることを理由に，不許可処分をした。そこで，X は Y に対し，同使用不許可処分の取消しおよび使用許可処分の義務付けを求める本案訴訟（以下「本件本案訴訟」という）を提起するとともに，行訴法 37 条の 5 第 1 項に基づき，仮に A ホールの使用許可処分を義務づけるよう申し立てた。

■**決定要旨**　申立て認容（確定）。

「行政事件訴訟法 37 条の 5 第 1 項所定の「償うことのできない損害」とは，一般に，執行停止の要件である同法 25 条 2 項所定の「重大な損害」よりも損害の性質及び程度が著しい損害をいうが，金銭賠償ができない損害に限らず，金銭賠償のみによって損害を甘受させることが社会通念上著しく不相当と評価される損害を含むと解されている。そこで，これを本件についてみるに，本件公演を実施できなくなることにより，X は，……財産的損害や精神的苦痛を被るほか，憲法によって保障された［集会の自由その他の］基本的自由が侵害されることになるのであるが，そのうち，財産的損害についてはともかく，上記精神的苦痛や基本的自由の侵害に対する損害は，もともとその算定が甚だ困難であるため，懲罰的賠償が許容されない現行法制のもとでは，低額の慰謝料が認容されるにとどまる蓋然性が高いし，また，これらの損害の回復，特に，基本的自由の侵害の回復という観点からしても，これを慰謝料に換算した上，金銭賠償をすることによってたやすくその損害の回復ができると考えてしまうことにも相当に問題があり，憲法秩序からしても，また，社会通念からしても是認し難いものがある。そうすると，本件公演が実施できなくなることによって被る X の損害は，金銭賠償のみによって損害を甘受させることが社会通念上

264　I　行 政 訴 訟

⇨*108*

著しく不相当と評価されるということができるから，Xに生じる損害は，同法37条の5第1項所定の「その義務付けの訴えに係る処分がされないことにより生ずる償うことのできない損害」に当たる」。

「また，本件本案訴訟は，現時点において第1回の口頭弁論期日さえ開かれていない段階であることは本件記録上明らかであり，本件公演の開催予定日である平成19［2007］年11月12日までに本件本案訴訟の判決が確定することはありえないことも明らかである。したがって，本件申立ては，同法37条の5第1項所定の「償うことのできない損害を避けるため緊急の必要があ」るときに当たる」。

（裁判長裁判官　近下秀明，裁判官　篠原礼，植月良典）

▶*Reference　1*）　東京地決平成18（2006）・1・25判時1931号10頁は，身体障害を有する児童Aの普通保育園への入園の仮の義務付けをAの父親が申し立てた事案で，「本案訴訟の判決の確定を待っていては，Aは，［卒園の年齢に達してしまうため］保育園に入園して保育を受ける機会を喪失する可能性が高いということができる。……子供にとって，幼児期においてどのような環境においてどのような生活を送るかはその子供の心身の成長，発達のために重要な事柄である。したがって，相手方がAの保育園への入園を許可する旨の処分をしないことによって，Aが保育園に入園して保育を受ける機会を喪失するという損害は，その性質上，原状回復ないし金銭賠償による塡補が不能な損害である」として，申立てを認容した（確定）。

　2）　那覇地決平成21（2009）・12・22判タ1324号87頁は，生活保護開始の仮の義務付けの申立てについて，申立人の困窮状態にかんがみ，これを認容した（福岡高那覇支決平成22（2010）・3・19判タ1324号84頁により抗告棄却・確定）。

　3）　名古屋地決平成22（2010）・11・8判タ1358号94頁は，タクシー業者の運賃据置の認可申請を却下した運輸局長の処分に対し，従前の運賃による認可処分の仮の義務付けが申し立てられた事案で，「本案について理由があるとみえる」と認めたうえで，従前の認可に係る運賃の実施期間の終了により，「申立人はタクシー事業を行うことができなくなり，その影響は，法人である申立人の営業活動ができなくなり倒産の危機が現実的になることにとどまらず，その従業員の収入が途絶えることにもつながる」として，「償うことのできない損害を避けるため緊急の必要」があると認め，申立てを認容した。

　4）　和歌山地決平成23（2011）・9・26判タ1372号92頁は，障害者自立支援法（現・障害者総合支援法）による介護保険給付の仮の義務付けの申立てを認容した（抗告審・大阪高決平成23（2011）・11・21裁判所WEBにより原決定取消し，申立て却下）。

　5）　東京地決平成24（2012）・10・23判時2184号23頁は，市に対する，と畜場においてと畜検査員に「獣畜のとさつ又は解体の検査」（と畜場法14条）を行わせることの仮の義務付けの申立てを認容した。

⇨*109*

109 仮の差止め

大阪高決平成 19（2007）・3・1
賃金と社会保障 1448 号 58 頁
（一審）大阪地決平成 19（2007）・2・20 裁判所 WEB

■**事実**　X は，2005 年 11 月より，大阪市西成区にある A 会館を住所とする住民票の記載を受けているが，実際には，A 会館を起臥寝食の場所としたことはなく，同所を自己宛の郵便物の郵送先として利用しているのみである。X は，A 会館近くにある特定の 2 ないし 3 の簡易宿所のいずれかに宿泊し，1 年のうち 4 割から 5 割くらいの期間は簡易宿所を出て遠方の建設現場で稼働していたが，仕事がないときには簡易宿所に戻っており，継続して簡易宿所に宿泊しない期間は長くて 1 カ月であった。なお，当時，A 会館（住宅面積約 140 ㎡）を住所とする住民票の記載を受けていた者（日雇労働者等）は，3000 人を超えていた。

　2007 年 1 月の大阪市の執行会議において，A 会館に生活の本拠がないにもかかわらず A 会館を住所として住民票の記載がされている者について，居住実態を調査のうえ，住民票の消除等を含めて住民基本台帳の適正化を図ることが確認された。西成区長は，同年 2 月 10 日付けで，A 会館を住所として住民票の記載がされている者に対し，A 会館に居住している場合には同月 20 日までにその旨連絡するよう求める居住確認照会書を送付した。大阪市住民基本台帳事務処理要領は，居住確認照会書を送付した本人等から連絡がない場合には，住民票消除予告書を送付し，これに対してもなお連絡がない場合には，その者の住民票を職権により消除するとしている。なお，大阪市においては，大阪市議会議員選挙が同年 3 月 30 日告示，4 月 8 日投票の日程で予定されていた。

　X は，Y（大阪市）を被告として，西成区長が住民基本台帳法 8 条に基づき職権により行おうとしている X の住民票の消除処分（以下「本件消除処分」という）の差止訴訟（以下「本件本案訴訟」という）を提起するとともに，本件消除処分の仮の差止めを申し立てた。一審は，仮の差止めの要件である本件本案訴訟の適法な係属（行訴法 37 条の 4 第 1 項の「重大な損害を生ずるおそれ」の要件充足）および「償うことのできない損害を避けるため緊急の必要」（同法 37 条の 5 第 2 項）を認めたうえで，「X らにおいて生活の本拠である場所を立証することにより選挙権の行使の確保を図るみちがなくもないことを……考えると，本件消除処分により侵害される X の選挙権を行使する権利が憲法によって保障された国民の重要な権利であることをしんしゃくしても，住民に関する記録を正確かつ統一的に行うという住民基本台帳制度の目的及び選挙の適正な執行という要請を犠牲にしてもなお本件消除処分を差し止めなければ正義に反するといえるような特別の事情があるとまでいうことはできず，本件消除処分について信義則の法理の適用を考える余地はない」として，「本案について理由があるとみえるとき」（同法 37 条の 5 第 2 項）の要件該当性を否定し，申立てを却下した。

266　Ⅰ　行 政 訴 訟

⇨*109*

Xが即時抗告。

■**決定要旨**　原決定取消し，申立て認容。

1　適法な本件本案訴訟の係属　「Yの主張によっても，今回の……大量の住民票消除処分の経過について簡易宿所業者の組合に対して説明を行っており，今後，簡易宿所における居住実態を明らかにするための何らかのルール作りについて，簡易宿所業者の組合と調整を進めているところであるというのであり，このような状況の下においては，本件消除処分がされた後大阪市議会議員の一般選挙等の投票日までに，Xが簡易宿所の所在地に住所を有するものとして職権による住民票の回復を受け又は選挙管理委員会により公職選挙法27条1項の規定による住所を有しなくなった旨の表示の抹消を確実に受けることができるとはにわかに認め難」い。「そうであるとすれば，本件消除処分がされた場合，Xは少なくとも大阪市議会議員の一般選挙において選挙権を行使することが極めて困難になるといわざるを得ないのであり，本件消除処分により憲法15条1項，3項，93条2項等によって保障されているXの選挙権を行使する権利が侵害されるというべきである。そして，選挙権は，……これを行使することができなければ意味がないものといわざるを得ず，侵害を受けた後に争うことによっては権利行使の実質を回復することができない性質のものであることにかんがみると，本件消除処分がされることにより重大な損害を生ずるおそれがある」。

2　「償うことのできない損害を避けるため緊急の必要」　「以上説示したところによれば，本件申立ては，[行訴]法37条の5第2項にいう「その差止めの訴えに係る処分又は裁決がされることにより生ずる償うことのできない損害を避けるため緊急の必要があり」の要件をも満たす」。

3　本案について理由があるとみえるか　住民基本台帳法4条にいう住所は，「客観的に生活の本拠たる実態を具備しているか否かにより決すべきものと解される。」「Xの生活の本拠はXが……宿泊先としている上記簡易宿所の所在地にあると認めるのがふさわしい」。しかし，「少なくとも，……Yと簡易宿所業者の組合との調整がまとまり，その調整がXら住民に周知されるまでは，A会館を住所とみる余地も十分ある」。「仮に，Xの住所としてA会館を認めることができない」としても，「Xが住所としての実体を有する簡易宿所を……支障なく住所として届出することができるとの保証が得られているとはいえない現状において，A会館の住所が本来の住所でないとして，Yが本

I-11 仮の救済　267

⇨*109*

件消除処分を行うことは信義則に反して許されない」。

（裁判長裁判官　横田勝年，裁判官　東畑良雄，植屋伸一）

▶***Reference***　1)　東京地決平成 19（2007)・2・13 裁判所 WEB は，診療報酬の不正請求を理由とする保険医登録取消処分の仮の差止めの申立てについて，本件処分により申立人が医療関係の仕事に就労する途が絶たれるわけではないこと，申立人の経営する医院には他にも複数の医師が勤務しているから，本件処分により直ちに医院の経営が困難になるとはいえないこと，本件のような場合に，医師および当該医師の経営する医院に通常想定される範囲の損害が生ずるおそれがあるだけで仮の差止めを認めると，健康保険診療制度の適正な運用が広く阻害されるおそれがあること等を総合考慮すると，償うことのできない損害を避けるための緊急の必要が認められないとした（なお，*60 R3*)も参照)。

2)　*60* の差止訴訟を本案とする仮の差止めの申立てについて，広島地決平成 20（2008)・2・29 判時 2045 号 98 頁（確定）は，申立人らは，免許がなされた場合，直ちに差止訴訟を取消訴訟に変更し，それと同時に執行停止の申立てをし，本件埋立てが着工される前に執行停止の許否の決定を受けることが十分可能であるから，償うことのできない損害を避けるための緊急の必要がないとした。

3)　大阪地決平成 17（2005)・7・25 判タ 1221 号 260 頁は，産業廃棄物処分業許可の仮の差止めの申立てについて，近隣住民に申立適格を認めたうえで，産業廃棄物が適正に処理されなかった場合に生じる粉じんの飛散，汚水の流出等が申立人らの生命，健康を著しく害するような性質のものとまでは認め難いとして，償うことのできない損害を避けるための緊急の必要がないとした。

4)　大阪地決平成 18（2006)・12・12 判タ 1236 号 140 頁（確定）は，「退去強制令書の収容部分の執行により生活基盤を喪失するという不利益を被り，送還部分の執行により訴訟上の救済手段を喪失し，その結果として 5 年間上陸拒否され，婚約者との婚姻が不可能となる不利益を主張して」，退去強制令書発付処分の仮の差止めが申し立てられた事案で，「退去強制令書の送還部分の執行によって被る不利益は，処分がされた後に取消訴訟を提起し，その執行停止の決定を得ることにより回避することができるし，収容部分の執行によって被る不利益は，申立人の主張する各事実を前提としたとしても，償うことのできない損害に該当するものとはいえ」ないとして，申立てを却下した（なお，*104* も参照)。

5)　神戸地決平成 19（2007)・2・27 賃金と社会保障 1442 号 57 頁は，条例改正による市立保育所の廃止（民間移管）処分の仮の差止めの申立てについて，「償うことのできない損害の有無を判断するに当たっては，本件条例の改正に伴って相手方が措置することを予定している民間移管の内容や円滑な移管のためにとられる予定の引継ぎや共同保育等のスケジュール等の諸般の事情を前提とした上で，市立保育所としての本件保育所の廃止が保育児童やその保護者らに与える影響について勘案すべきである」として，この要件の該当性を肯定したうえで，「極めて不十分で実質的にみれば無きに等しい性急な共同保育を経ただけで市立保育所としての本件保育所を廃止しこれを民間移管することは，申立人らの保育所選択権を，相手方に与えられた裁量権を逸脱又は濫用して侵

268　Ⅰ　行 政 訴 訟

害するものといわざるを得ず，本案について理由があるとみえる場合に当たる」として，申立てを認容した（抗告審である大阪高決平成19（2007）・3・27裁判所WEBは，条例改正案を市が撤回したため，差止めの対象となる条例が制定されないことが確定的になったとして，申立てを却下した）。

6）　大阪地決平成26（2014）・5・23裁判所WEBは，タクシー特措法に基づく運賃変更命令，輸送施設使用停止処分および事業許可取消処分の仮の差止めの申立てを認容した（大阪高決平成27（2015）・1・7判時2264号36頁［重判平27憲8］により抗告棄却［確定］）。

110 民事仮処分の制限

甲府地判昭和38（1963）・11・28
行裁例集14巻11号2077頁

■**事実**　Y（山梨県知事）は，旧狩猟法9条に基づき，Xが所有耕作している土地を含む区域を禁猟区に設定した（以下「本件処分」という）。Xは，本件処分の結果，鳥獣が農作物を喰い荒し，山林を荒廃させるに至り，相当の損害を受けたと主張し，本件処分の根拠規定である旧狩猟法9条は憲法29条に違背して無効である等と主張して，本件処分の無効確認訴訟を提起した。

■**判旨**　請求棄却。以下では，本件無効確認訴訟が行訴法36条の要件を満たし適法とされた部分を紹介する。

「本件処分の無効を前提とする現在の法律関係に関する訴えとして，本件禁猟区不存在確認を求める公法上の当事者訴訟を考えることができる。従って，このような場合には，行政事件訴訟法第36条後段の規定の趣旨から同法第45条所定の処分の効力等を争点とする訴訟によるべきであって，禁猟区設定処分の無効確認自体を求める訴えは，許されないとの見解も一概には排斥し得ないものと思料される。しかしながら，かかる場合であっても，なお右処分の無効確認訴訟の提起が許されるものとすれば，訴訟提起とともに同法第25条所定の執行停止制度を利用し得ることとなって当該処分の執行に対する救済の目的を達することができるのに（同法第38条第3項），もし無効確認訴訟の提起が許されず，前記禁猟区不存在確認の如き現在の法律関係に関する訴えによる外ないとすれば，同法第44条の制約の結果民事訴訟法上の仮処分をすることはできないのみならず，当事者訴訟には執行停止の規定を準用していないから，執行停止の救済も受けられないこととなり，結局このような場合には，民事訴訟法上の仮処分も執行停止もともに許されないとの結果を避けることができないこととなるのである。ところで，右いずれの訴えも，仮の措置による救済を

⇨*111*

必要とすることにおいては変りなく，かつ，執行停止は，本件行政権の作用を阻止ないし制限する仮処分が許されないためこれに代るべき措置として設けられた特別の制度であることに想到すれば，仮処分の許されぬものについては，執行停止が許されるものとすることによりその不合理を解消するように解釈するのが相当である。以上のように解するときは結局このような仮の措置を受けることのできない場合は，現在の法律関係に関する訴えによって目的を達することのできないものに該当すると解さなければならないから，本件について前記のように，禁猟区不存在確認の訴えが考えられるとしても，なお本件処分の無効確認を求める訴えも許されるものといわなければならない。」

（裁判長裁判官　須賀健次郎，裁判官　奥平守男，神崎正陳）

▶*Reference* 1)　二審の東京高判昭和39（1964）・7・9行裁例集15巻7号1442頁は，本件禁猟区設定行為の処分性を否定して訴えを却下し，上告審・最二小判昭和40（1965）・11・19判時430号24頁もこれを支持してXの上告を棄却した。

　　2)　東京高決平成24（2012）・7・25判時2182号49頁は，薬事法施行規則の規定が無効であることを前提として，事業者らが第1類・第2類医薬品につき郵便等販売をすることができる権利（地位）を有することを仮に確認する仮処分は，公権力の行使である改正省令（制定行為）の効力停止の実質を有するものであるから，行訴法44条により許されないとした。

I-12　民衆訴訟・機関訴訟

I-12-1　民 衆 訴 訟

111　民衆訴訟の許否

最大判昭和51（1976）・4・14［百選 II 212］
民集30巻3号223頁；判時808号24頁
（評釈）浜田純一・法協95巻1号219頁，矢野邦雄・判評210（判時816）号11頁，越山安久・曹時31巻8号90頁
（一審）東京高判昭和49（1974）・4・30行裁例集25巻4号356頁

■**事実**　Xは，1972年12月10日の衆議院議員選挙において選挙区間における議員1人あたりの有権者数比率が最大4.99対1となる格差が生じていたことから，衆議院議員選挙の選挙区および議員定数を定める公職選挙法の規定（以下「本件議員定数配分規定」という）は憲法14条1項に違反するとして，千葉県第1区における選挙を無効とすることを求める同法204条・205条の訴えを提起した。一審は本件議員定数配

270　I 行 政 訴 訟

⇨111

分規定を合憲として X の請求を棄却したため，X が上告。

■**判旨**　原判決を変更し，1972 年 12 月 10 日に行われた衆議院議員選挙の千葉県第 1 区における選挙を違法と宣言し，X の請求を棄却。最高裁は本件議員定数配分規定を違憲としたうえで，選挙の効力につき次のように判示した。反対意見も，選挙の効力に関するものに限り掲げる。

「憲法 98 条 1 項は，「この憲法は，国の最高法規であって，その条規に反する法律，命令，詔勅及び国務に関するその他の行為の全部又は一部は，その効力を有しない。」と規定している。この規定は，憲法の最高法規としての性格を明らかにし，これに反する国権行為はすべてその効力を否定されるべきことを宣言しているのであるが，しかし，この法規の文言によって直ちに，法律その他の国権行為が憲法に違反する場合に生ずべき効力上の諸問題に一義的解決が与えられているものとすることはできない。憲法に違反する法律は，原則としては当初から無効であり，また，これに基づいてされた行為の効力も否定されるべきものであるが，しかし，これは，このように解することが，通常は憲法に違反する結果を防止し，又はこれを是正するために最も適切であることによるのであって，右のような解釈によることが，必ずしも憲法違反の結果の防止又は是正に特に資するところがなく，かえって憲法上その他の関係において極めて不当な結果を生ずる場合には，むしろ右の解釈を貫くことがかえって憲法の所期するところに反することとなるのであり，このような場合には，おのずから別個の，総合的な視野に立つ合理的な解釈を施さざるをえないのである。

そこで，本件議員定数配分規定についてみると，右規定が憲法に違反し，したがってこれに基づいて行われた選挙が憲法の要求に沿わないものであることは前述のとおりであるが，そうであるからといって，右規定及びこれに基づく選挙を当然に無効であると解した場合，これによって憲法に適合する状態が直ちにもたらされるわけではなく，かえって，右選挙により選出された議員がすべて当初から議員としての資格を有しなかったこととなる結果，すでに右議員によって組織された衆議院の議決を経たうえで成立した法律等の効力にも問題が生じ，また，今後における衆議院の活動が不可能となり，前記規定を憲法に適合するように改正することさえもできなくなるという明らかに憲法の所期しない結果を生ずるのである。それ故，右のような解釈をとるべきでないことは，極めて明らかである。

次に問題となるのは，現行法上選挙を将来に向かって形成的に無効とする訴

I–*12*　民衆訴訟・機関訴訟　271

⇨*111*

訟として認められている公選法 204 条の選挙の効力に関する訴訟において，判決によって当該選挙を無効とする（同法 205 条 1 項）ことの可否である。この訴訟による場合には，選挙無効の判決があっても，これによっては当該特定の選挙が将来に向かって失効するだけで，他の選挙の効力には影響がないから，前記のように選挙を当然に無効とする場合のような不都合な結果は，必ずしも生じない。（元来，右訴訟は，公選法の規定に違反して執行された選挙の効果を失わせ，改めて同法に基づく適法な再選挙を行わせること（同法 109 条 4号）を目的とし，同法の下における適法な選挙の再実施の可能性を予定するものであるから，同法自体を改正しなければ適法に選挙を行うことができないような場合を予期するものではなく，したがって，右訴訟において議員定数配分規定そのものの違憲を理由として選挙の効力を争うことはできないのではないか，との疑いがないではない。しかし，右の訴訟は，現行法上選挙人が選挙の適否を争うことのできる唯一の訴訟であり，これを措いては他に訴訟上公選法の違憲を主張してその是正を求める機会はないのである。およそ国民の基本的権利を侵害する国権行為に対しては，できるだけその是正，救済の途が開かれるべきであるという憲法上の要請に照らして考えるときは，前記公選法の規定が，その定める訴訟において，同法の議員定数配分規定が選挙権の平等に違反することを選挙無効の原因として主張することを殊更に排除する趣旨であるとすることは，決して当を得た解釈ということはできない。）

　しかしながら，他面，右の場合においても，選挙無効の判決によって得られる結果は，当該選挙区の選出議員がいなくなるというだけであって，真に憲法に適合する選挙が実現するためには，公選法自体の改正にまたなければならないことに変わりはなく，更に，全国の選挙について同様の訴訟が提起され選挙無効の判決によってさきに指摘したのとほぼ同様の不当な結果を生ずることもありうるのである。また，仮に一部の選挙区の選挙のみが無効とされるにとどまった場合でも，もともと同じ憲法違反の瑕疵を有する選挙について，そのあるものは無効とされ，他のものはそのまま有効として残り，しかも，右公選法の改正を含むその後の衆議院の活動が，選挙を無効とされた選挙区からの選出議員を得ることができないままの異常な状態の下で，行われざるをえないこととなるのであって，このような結果は，憲法上決して望ましい姿ではなく，また，その所期するところでもない……。それ故，公選法の定める選挙無効の訴訟において同法の議員定数配分規定の違憲を主張して選挙の効力を争うことを

272　Ⅰ　行 政 訴 訟

⇨*111*

許した場合においても，右の違憲の主張が肯認されるときは常に当該選挙を無効とすべきものかどうかについては，更に検討を加える必要があるのである。

そこで考えるのに，行政処分の適否を争う訴訟についての一般法である行政事件訴訟法は，31条1項前段において，当該処分が違法であっても，これを取り消すことにより公の利益に著しい障害を生ずる場合においては，諸般の事情に照らして右処分を取り消すことが公共の福祉に適合しないと認められる限り，裁判所においてこれを取り消さないことができることを定めている。この規定は法政策的考慮に基づいて定められたものではあるが，しかしそこには，行政処分の取消の場合に限られない一般的な法の基本原則に基づくものとして理解すべき要素も含まれていると考えられるのである。もっとも，行政事件訴訟法の右規定は，公選法の選挙の効力に関する訴訟についてはその準用を排除されているが（公選法219条），これは，同法の規定に違反する選挙はこれを無効とすることが常に公共の利益に適合するとの立法府の判断に基づくものであるから，選挙が同法の規定に違反する場合に関する限りは，右の立法府の判断が拘束力を有し，選挙無効の原因が存在するにもかかわらず諸般の事情を考慮して選挙を無効としない旨の判決をする余地はない。しかしながら，本件のように，選挙が憲法に違反する公選法に基づいて行われたという一般性をもつ瑕疵を帯び，その是正が法律の改正なくしては不可能である場合については，単なる公選法違反の個別的瑕疵を帯びるにすぎず，かつ，直ちに再選挙を行うことが可能な場合についてされた前記の立法府の判断は，必ずしも拘束力を有するものとすべきではなく，前記行政事件訴訟法の規定に含まれる法の基本原則の適用により，選挙を無効とすることによる不当な結果を回避する裁判をする余地もありうる……。もとより，明文の規定がないのに安易にこのような法理を適用することは許されず，殊に憲法違反という重大な瑕疵を有する行為については，憲法98条1項の法意に照らしても，一般にその効力を維持すべきものではないが，しかし，このような行為についても，高次の法的見地から，右の法理を適用すべき場合がないとはいいきれないのである。

そこで本件について考えてみるのに……前記の法理にしたがい，本件選挙は憲法に違反する議員定数配分規定に基づいて行われた点において違法である旨を判示するにとどめ，選挙自体はこれを無効としないこととするのが，相当であり，そしてまた，このような場合においては，選挙を無効とする旨の判決を求める請求を棄却するとともに，当該選挙が違法である旨を主文で宣言するの

I-12 民衆訴訟・機関訴訟　273

⇨*112*

が，相当である。」

　本判決には，千葉県第1区の選挙を無効とすべきとする岡原昌男，下田武三，江里口清雄，大塚喜一郎，吉田豊各裁判官の反対意見，それでも同選挙区の当選人らは当選を失わないとする岸盛一裁判官の反対意見，および公職選挙法の議員定数配分規定の違憲無効を唯一の理由として選挙の効力を争う訴えは，同法の想定するものでなく不適法であるとする天野武一裁判官の反対意見が付されている。

　（裁判長裁判官　村上朝一，裁判官　関根小郷，藤林益三，岡原昌男，下田武三，岸盛一，天野武一，坂本吉勝，岸上康夫，江里口清雄，大塚喜一郎，髙辻正己，吉田豊，団藤重光，本林讓）

▶*Reference* **1)**　選挙権の行使を可能にするために，*4*は当事者訴訟としての確認訴訟を適法とし，かつ請求を認容した。また，最二小決平成26（2014）・7・9判時2241号20頁［重判平26憲2］は，公職選挙法が一定の者につき選挙権を制限していることの憲法適合性について，「当該者が自己の選挙権の侵害を理由にその救済を求めて提起する訴訟においてこれを争うことの可否はおくとしても」，同法204条の選挙無効訴訟において，同法が選挙権を有するものとしている選挙人らが争うことは予定されていない，とした。なお，最一小決平成24（2012）・11・30判時2176号27頁［重判平25行6］は，衆議院議員の選挙に関する内閣による助言と承認等の差止め，および内閣による法案提出の義務付けを求める訴えが，民衆訴訟として提起された事案で，こうした訴えを不適法とした。選挙権（行使）の侵害を理由とする国家賠償請求の例として，*154R1*）**3)4)** の諸判決を参照。

　2)　最三小判昭和32（1957）・3・19民集11巻3号527頁は，村民が村長選挙に係る選挙期日の告示等の取消しを求める訴えを，「選挙期日の告示を選挙の一連の手続から切り離して，これを独立した争訟の対象とすることは，法律の許容しない趣旨」などとし，民衆訴訟として不適法とした。

$\underline{112}$　住民訴訟

最一小判昭和53（1978）・3・30［百選Ⅱ214］
　民集32巻2号485頁；判時884号22頁
　（評釈）佐藤繁・曹時33巻5号246頁
　（一審）名古屋地判昭和51（1976）・7・14行裁例集27巻7号1024頁；
　　　　　判時834号27頁①
　（二審）名古屋高判昭和51（1976）・10・18判時834号27頁②

■**事実**　Xらは地自法旧242条の2第1項4号により，愛知県に代位してY（元愛知県知事個人）に対し損害賠償を請求した（xviii頁参照）。Xらは民事訴訟費用等に関する法律（以下「費用法」という）4条2項により訴訟の目的の価額を35万円（当時）

274　Ⅰ　行　政　訴　訟

⇨*112

と計算して，訴状に 3350 円の印紙を貼付したが（当時の額），一審は訴額を請求額の
8 億 4809 万 7372 円，手数料額は 424 万 3400 円であるとし，X らが追貼に応じない
として，訴えを却下した。これに対し二審は印紙額に不足はないとして，一審判決を
取り消して差し戻した。

■**判旨**　Y の上告を棄却。

「地方自治法 242 条の 2 の定める住民訴訟は，普通地方公共団体の執行機関
又は職員による同法 242 条 1 項所定の財務会計上の違法な行為又は怠る事実が
究極的には当該地方公共団体の構成員である住民全体の利益を害するものであ
るところから，これを防止するため，地方自治の本旨に基づく住民参政の一環
として，住民に対しその予防又は是正を裁判所に請求する権能を与え，もって
地方財務行政の適正な運営を確保することを目的としたものであって，執行機
関又は職員の右財務会計上の行為又は怠る事実の適否ないしその是正の要否に
ついて地方公共団体の判断と住民の判断とが相反し対立する場合に，住民が自
らの手により違法の防止又は是正をはかることができる点に，制度の本来の意
義がある。すなわち，住民の有する右訴権は，地方公共団体の構成員である住
民全体の利益を保障するために法律によって特別に認められた参政権の一種で
あり，その訴訟の原告は，自己の個人的利益のためや地方公共団体そのものの
利益のためにではなく，専ら原告を含む住民全体の利益のために，いわば公益
の代表者として地方財務行政の適正化を主張するものであるということができ
る。住民訴訟の判決の効力が当事者のみにとどまらず全住民に及ぶと解される
のも，このためである」。

「右のような損害補塡に関する住民訴訟の特殊な目的及び性格にかんがみれ
ば，その訴訟の訴額算定の基礎となる「訴を以て主張する利益」［民訴法 8 条 1
項］については，これを実質的に理解し，地方公共団体の損害が回復されるこ
とによってその訴の原告を含む住民全体の受けるべき利益がこれにあたるとみ
るべきである。そして，このような住民全体の受けるべき利益は，その性質上，
勝訴判決によって地方公共団体が直接受ける利益すなわち請求に係る賠償額と
同一ではありえず，他にその価額を算定する客観的，合理的基準を見出すこと
も極めて困難であるから，結局，費用法 4 条 2 項に準じて，その価額は 35 万
円とすることが相当である。また，右訴訟は，前述のように，住民が法律の特
別の規定に基づき地方公共団体の構成員としての資格において住民全体の利益
のためにこれを追行するものであることからすれば，複数の住民が共同して出

***I*-*12*　民衆訴訟・機関訴訟　275

⇨113

訴した場合でも，各自の「訴を以て主張する利益」は同一であると認められるので，その訴額は，民訴法23条［現9条］1項により合算すべきではなく，一括して35万円とすべきものである」。

（裁判長裁判官　藤﨑萬里，裁判官　岸盛一，岸上康夫，団藤重光，本山亨）

▶*Reference 1*）住民訴訟以外の行政訴訟における訴額をめぐる争いとして，*98*，*101* 参照。

　　2）住民訴訟については様々な法的問題があり，*6*など，関係する最高裁判決だけでも多数にのぼる。詳しくは注釈書などを参照。

I-*12*-*2*　機 関 訴 訟

法定された国と地方公共団体との間の訴訟について，*7*を参照。

113　機関訴訟の許否

最一小判昭和28（1953）・5・28
民集7巻5号601頁
（評釈）奥平康弘・法協72巻6号743頁
（一審）金沢地判昭和25（1950）・1・23行裁例集1巻1号37頁
（二審）名古屋高金沢支判昭和25（1950）・10・28行裁例集1巻追録 1949頁

■**事実**　山代町議会議員であるXらはY（山代町長）に対し，地自法101条［現3項］に基づき，議員定数の4分の1以上の者から会議に付議すべき事項を示して町議会臨時会の招集を請求したが，Yが応じなかったため，Yに対し町議会の招集を求める訴えを提起した。一審は訴えを却下，二審もXの控訴を棄却した。

■**判旨**　Xの上告を棄却。

「普通地方公共団体の機関相互間の争いについては，法律に特別の規定のない限り，法律上の争訟として裁判所に訴訟の提起はゆるされない……。そして本件のような事項については地方自治法その他の法律に訴の提起をゆるした規定はないから本訴は不適法の訴」である。

（裁判長裁判官　斎藤悠輔，裁判官　真野毅，岩松三郎）

▶*Reference*　他に機関訴訟として訴えが不適法とされた例として，最二小判昭和28（1953）・6・12民集7巻6号663頁［百選II 211］（市議会議員が市長等に対し，公会堂の建設に係る市議会の議決の不存在および無効等の確認を求める訴え），最三小判昭和42（1967）・5・30民集21巻4号1030頁［重判昭42行4］（町選挙管理委員会が管理し

276　I　行 政 訴 訟

た土地改良区総代選挙について，県選挙管理委員会が無効裁決を行った場合，土地改良区は特段の定めがない以上，裁決の取消しを求める原告適格を有しないとした）。他方，個人の法的地位に関わる場合として，最三小判昭和31（1956）・10・23民集10巻10号1312頁は，地方公共団体の長は議会による不信任議決に対し，機関として違法な議決一般に対する争訟手続をとることができるが（地自法176条4項以下），個人として抗告訴訟も提起できるとした。そのほか，I巻59〔55〕（東京地判平成18（2006）・3・24判時1938号37頁：特別区が都に対し提起した，住民基本台帳ネットワークシステムの利用をめぐる確認訴訟を不適法とした），I巻60〔57〕（最二小判昭和53（1978）・12・8民集32巻9号1617頁［百選I 2］：特殊法人に対する主務大臣の認可を行政機関相互の行為と同視すべきものとした），I巻61〔56〕（最一小判昭和49（1974）・5・30民集28巻4号594頁［百選I 1］：いわゆる裁定的関与に対する，原処分庁である地方公共団体の機関の原告適格を否定した），I巻68〔65〕（最三小判平成6（1994）・2・8民集48巻2号123頁：特殊法人に対する国の訴訟が，指揮監督関係でなく経済的利益に関わるために却下されなかった），I巻88〔86〕（最二小判平成13（2001）・7・13判自223号22頁［百選II 142］：市の情報公開決定の取消しを求める国の原告適格を否定した）を参照。

114　（旧）職務執行命令訴訟

最大判平成8（1996）・8・28［地方自治百選（第4版）122］
民集50巻7号1952頁；判時1577号26頁
（評釈）畠山武道・判評465（判時1612）号9頁，綿引万里子・曹時51巻1号167頁
（一審）福岡高那覇支判平成8（1996）・3・25行裁例集47巻3号192頁；判時1563号26頁

■事実　日本国内のアメリカ軍基地は，その敷地が民有地である場合には，国が土地所有者との間で，土地の売買・賃貸借契約等の合意で使用権限を取得できない場合には，「日本国とアメリカ合衆国との間の相互協力及び安全保障条約第6条に基づく施設及び区域並びに日本国における合衆国軍隊の地位に関する協定の

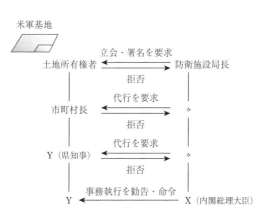

実施に伴う土地等の使用等に関する特別措置法」（以下「特措法」という）の手続によ

⇨*114*

り，国は強制的に使用権限を取得する。同手続には，事業認定から収用裁決にいたる土地収用法の規定が原則として適用されるが（特措法 14 条），国の防衛施設局長が土地調書を作成するに際しては，土地所有者を立ち会わせ，調書に署名押印を求めなければならない。

　土地所有者がそれを拒んだ場合には，市町村長の立会いと署名押印（以下「署名等代行」という）を求めることになるが，市町村長も拒んだ場合には，都道府県知事が，職員を立ち会わせ署名押印させなければならない（土地収用法 36 条 5 項）。

　沖縄県内の基地用地の一部について，国は 1995 年 3 月から特措法の手続を開始し，使用認定がなされた。土地所有者に立会いないし署名押印を拒否された用地について，那覇防衛施設局長は関係市町村長に署名等の代行を求めたが，Ａ村長，Ｂ市長，Ｃ市長がこれを拒否したため，Ｙ（沖縄県知事）に署名等代行を求めたが，Ｙは特措法の強制使用手続が沖縄県民の財産権や平和的生存権を不当に侵害する等を主張し，これを拒否した。Ｘ（内閣総理大臣）は，地自法 151 条の 2 第 1 項・2 項（1999 年改正前）によりＹに対して当該事務を執行するよう勧告・命令したが，Ｙが期限までに事務を執行しなかったため，職務執行命令訴訟を提起した。

　一審は，本件署名等代行事務が職務執行命令訴訟の対象となる，機関委任事務（1999 年改正前地自法 148 条 1 項）であると認定したうえで，Ｙが使用認定の違法性・違憲性を主張して，本件命令を拒否できるかどうかについて，知事と裁判所の審査権の範囲を，「法令により……審査権が付与されていない事項を審査して右義務の有無を論ずることはできない」と限定したうえで，都道府県知事は，署名等代行の趣旨等から先行行為の違法・無効を主張しての拒否はできないとし，また，機関委任事務の執行の義務づけにつき，「これを執行することが地方自治の本旨に反するときには，右事務の執行を拒否することができる」が，本件はそうした場合に該当しないとした。そしてＹの拒否行為は，国による土地使用権の取得と条約上の義務履行可能性を完全に奪うので，地自法 151 条の 2 第 1 項の「放置することにより著しく公益を害することが明らか」という要件に該当するとしてＸの請求を認容し，「Ｙは……立会人を指名し，署名押印させよ」との判決を下した。

　Ｙは上告し，署名等代行をなお行わなかったため，Ｘは，1996 年 3 月 29 日地自法 151 条の 2 第 8 項により署名等代行事務を自ら行った。

■判旨　上告棄却。

「［機関委任事務］の管理執行に関する主務大臣の指揮監督につき，いわゆる上命下服の関係にある国の本来の行政機構内部における指揮監督の方法と同様の方法を採用することは，都道府県知事本来の地位の自主独立性を害し，ひいては地方自治の本旨にもとる結果となるおそれがある。そこで，地方自治法 151 条の 2 は，都道府県知事本来の地位の自主独立性の尊重と国の委任事務を

278　Ⅰ　行 政 訴 訟

⇨*114*

処理する地位に対する国の指揮監督権の実効性の確保との間の調和を図るために職務執行命令訴訟の制度を採用しているのである。そして，同条が裁判所を関与させることとしたのは，主務大臣が都道府県知事に対して発した職務執行命令の適法性を裁判所に判断させ，裁判所がその適法性を認めた場合に初めて主務大臣において代執行権を行使し得るものとすることが，右の調和を図るゆえんであるとの趣旨に出たもの［である］。／この趣旨から考えると，職務執行命令訴訟においては，下命者である主務大臣の判断の優越性を前提に都道府県知事が職務執行命令に拘束されるか否かを判断すべきものと解するのは相当でなく，主務大臣が発した職務執行命令がその適法要件を充足しているか否かを客観的に審理判断すべきもの［である］。」

「都道府県知事の行うべき事務の根拠法令が仮に憲法に違反するものである場合を想定してみると，都道府県知事が，右法令の合憲性を審査し，これが違憲であることを理由に当該事務の執行を拒否することは，行政組織上は原則として許されないが，他面，都道府県知事に当該事務の執行を命ずる職務執行命令は，法令上の根拠を欠き違法ということができるのである。そうであれば，都道府県知事が当該事務を執行する義務を負うからといって，当該事務の執行を命ずることが直ちに適法となるわけではないから，職務執行命令の適法性の審査とは都道府県知事が法令上当該国の事務を執行する義務を負うか否かの審査を意味すると解した上，裁判所も都道府県知事に審査権が付与されていない事項を審査することは許されないとした原審の判断は相当でない。」

「署名等代行事務は，使用認定から使用裁決に至る一連の手続を構成する事務の１つであって，使用裁決を申請するために必要な土地調書及び物件調書を完成させるための事務である。使用裁決の申請は，有効な使用認定の存在を前提として行われるべき手続であるから，……本件各土地……に係る使用認定に重大かつ明白な瑕疵があってこれが当然に無効とされる場合には，ＸがＹに対して署名等代行事務の執行を命ずることは許されない……。……本件各土地につき，有効な使用認定がされていることは，ＸがＹに対して署名等代行事務の執行を命ずるための適法要件をなすものであって，使用認定にこれを当然に無効とするような瑕疵がある場合には，本件職務執行命令も違法というべきことになる。使用認定に右のような瑕疵があるか否かについては，本件訴訟において，審理判断を要する」。

「特措法は，駐留軍の用に供するため土地等を必要とする場合において，当

I–*12*　民衆訴訟・機関訴訟　　279

⇨*114*

該土地等を駐留軍の用に供することが適正かつ合理的であると認められるときは，当該土地等の使用認定をすべきものとしているところ（同法5条，3条），右の判断は……Xの政策的，技術的な裁量にゆだねられていると解される。したがって，使用認定は，Xの判断に，右裁量権の範囲を逸脱し，又はこれを濫用した違法があり，しかもその違法が重大かつ明白なものである場合に限り，無効とされる」。

「原審の適法に確定した事実関係によれば，……沖縄県に駐留軍の基地が集中している現状や本件各土地の使用状況等についてYが主張する諸事情を考慮しても，なお本件各土地の使用認定にこれを当然に無効とすべき重大かつ明白な瑕疵があるということはできない。」

「所論は，Yの署名等代行事務の執行の拒否は，駐留軍の基地が沖縄県に集中していることによる様々な問題を解決するという地方自治の本旨にかなった公益の実現を目指すものであるから，これをもって著しく公益を害するということはできないという。しかし，……特措法14条，土地収用法36条5項が都道府県知事による署名等の代行の制度を定めた……趣旨からすると，Yにおいて署名等代行事務の執行をしないことを通じて右の問題の解決を図ろうとすることは，右制度の予定するところとは解し難い。Yの署名等代行事務の執行の懈怠を放置することにより，著しく公益が害されることが明らかであるとした原審の判断も正当である。」

（裁判長裁判官 三好達，裁判官 園部逸夫，可部恒雄，大西勝也，小野幹雄，大野正男，千種秀夫，根岸重治，高橋久子，尾崎行信，河合伸一，遠藤光男，井嶋一友，福田博，藤井正雄）

▶*Reference* 1） 職務執行命令訴訟に関し一般的には，最二小判昭和35（1960）・6・17民集14巻8号1420頁が，「職務執行命令訴訟において，裁判所が国の当該指揮命令の内容の適否を実質的に審査することは当然であって，したがってこの点，形式的審査で足りるとした原審の判断は正当でない」と判示していた。

2） 本件においては，利害関係をもつ私人が民訴法42条による補助参加の申出をしたが，最二小決平成8（1996）・2・26民集50巻2号274頁［重判平8行3］は次のように判示して，申出を却下すべきものとした。「職務執行命令訴訟は，国の委任を受けて都道府県知事が管理執行する事務に関する行政機構内部における意思決定過程で，行政機関の間に法令解釈等をめぐる対立があった場合において，その対立の調整手段として法が特に認めた客観的訴訟の性質を有するものと解され，裁判所が主務大臣の請求に理由があると認めて，都道府県知事に対し，当該事項を行うべきことを命じた場合であっても，行政機構内部における本来の方法によって当該事項を執行すべきことが決定さ

280 Ⅰ 行 政 訴 訟

⇨*114*

れたのと同様の効果を生ずるにとどまる……。かかる訴訟については，右指揮命令の適
法性をめぐり対立する主務大臣と都道府県知事との間で訴訟が追行されることが予定さ
れており，本来行政機構内部における意思決定過程に介入することが認められていない
者が，これに関与することは法の全く予定しないところである……。したがって，職務
執行命令訴訟については，その性質上，民訴法の補助参加に関する規定を準用する余地
はないとした原審の判断は，正当として是認することができる。」

3)　現在では職務執行命令訴訟の前提であった機関委任事務制度が廃止されたが，地
自法 245 条の 8 に新設された法定受託事務を代執行するための訴訟の制度が，具体的な
手続については職務執行命令訴訟をほぼ継承している。

I-12　民衆訴訟・機関訴訟　281

Ⅱ　行政不服申立て

II-1 形式的要件

115 不服申立期間の起算点

最一小判平成 14（2002）・10・24 [百選 II 131]
民集 56 巻 8 号 1903 頁；判時 1805 号 32 頁
（評釈）大橋寛明・曹時 56 巻 12 号 190 頁
（一審）東京地判平成 11（1999）・8・27 民集 56 巻 8 号 1936 頁〔参〕
（二審）東京高判平成 12（2000）・3・23 判時 1718 号 27 頁

■**事実** 群馬県知事は都計法（平成 11 年法 87 号による改正前のもの）59 条 1 項に基づき，1996 年 9 月 5 日に，都市計画道路事業の認可（以下「本件認可」という）を行い，同月 13 日に，同法 62 条 1 項に基づき本

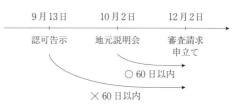

件認可を告示した。同年 10 月 2 日の地元説明会で本件認可を知った X は，建設大臣（当時）Y に対して本件認可の取消しを求める審査請求を同年 12 月 2 日にしたが，Y はかかる請求を不適法であるとして却下した（以下「本件裁決」という）。その理由として，Y は，旧行審法 14 条 1 項（現行法では 18 条 1 項）所定の審査請求期間に関して告示の翌日から進行すると解釈して，当該期間（60 日［現行法では 3 カ月］）の徒過を挙げた。これに対し，X は，審査請求期間について，処分を現実に知った日（10 月 2 日）の翌日から起算すれば，X の審査請求は 60 日以内になされていると主張し，本件裁決の取消訴訟を提起した。一審は，旧 14 条 1 項本文にいう「処分があったことを知った日」に関して，利害関係人が現実に知ったかにかかわりなく，告示等の公示手段が行われた日を指すと解釈し，X の請求を棄却した。二審は，本件認可が告示されたとしても，処分の効力を受ける者が本件認可の存在を現実に知らない限り上記条文の「処分があったことを知った」とはいえないと解釈し，一審判決を取り消し，本件裁決を違法として取り消した。これに対し，Y が上告。

■**判旨** 破棄自判。

「行政不服審査法 14 条 1 項［現行法の 18 条 1 項］本文の規定する「処分があったことを知った日」というのは，処分がその名あて人に個別に通知される場合には，その者が処分のあったことを現実に知った日のことをいい，処分があったことを知り得たというだけでは足りない（最高裁昭和……27 年 11 月 20 日第一小法廷判決・民集 6 巻 10 号 1038 頁［*49*］参照）。しかし，都市計画法

における都市計画事業の認可のように，処分が個別の通知ではなく告示をもって多数の関係権利者等に画一的に告知される場合には，そのような告知方法が採られている趣旨にかんがみて，上記の「処分があったことを知った日」というのは，告示があった日をいうと解するのが相当である（原判決掲記の最高裁昭和……61年6月19日第一小法廷判決・裁判集民事148号239頁［120］は，……同旨をいうものである。）」。

（裁判長裁判官　横尾和子，裁判官　井嶋一友，藤井正雄，町田顯，深澤武久）

▶*Reference*　*120*は，建基法46条1項に基づく壁面線の指定に対する審査請求の請求期間の起算日について，同条3項に基づく公告があった日の翌日と解するのが相当であると解釈して，本判決と同趣旨の判断を示している。

116 地方議会議員の不服申立権

最一小判昭和56（1981）・5・14［百選Ⅱ134］
　　民集35巻4号717頁；判時1008号130頁
　　（評釈）新村正人・曹時37巻2号154頁
　　（一審）長崎地判昭和55（1980）・3・31判時971号46頁
　　（二審）福岡高判昭和55（1980）・7・17民集35巻4号734頁〔参〕

■**事実**　長崎県福江市議会議員であるXは，1978年9月に同市議会議員に当選したAが当選後4カ月間，福江市から廃棄物の収集を請け負った有限会社Bの取締役の地位にあったことを理由に，議員の関係私企業への関与禁止を定めた地自法（以下「法」という）92条の2に違反すると主張して，Aの議員資格の有無について同市議会に決定を求めた。1979年9月12日に，市議会は，Aが議員資格を有する旨の決定（以下「本件決定」という）を行った。本件決定を不服として，Xは長崎県知事Yに対して，法127条4項（現3項）・118条5項に基づき，審査を申し立てた。これに対し，Yは，Xには審査の申立権がないとして，申立却下の裁決（以下「本件裁決」という）をなした。そこで，Xは本件裁決の取消訴訟を提起した。

　本件裁決の手続に準用される法118条5項は，議会の行う選挙について投票の効力に異議がある場合の不服申立手続を定めるものであり，その不服申立権は広く議員全員に認められると解釈されている。同項を法127条4項が準用する趣旨に関しては，争いがある。つまり，①民衆争訟的な不服手続を採用する（つまり，議員に広く不服申立適格を認める）趣旨であるのか（非限定説），そうではなく，②不服申立手続に関して同様の手続による旨を定めるにすぎず，127条4項の場合の不服申立適格は議会決定により失職する議員に限られるのか（限定説），という争いである。

　一審・二審とも，法127条4項が法118条5項を準用するに当たり何ら制限的趣旨の文言を用いていないという立法の体裁から，法118条と同様に，127条の不服申立

Ⅱ-1　形式的要件　　285

⇨116

ても民衆争訟の性格を有するとして，Xの不服申立権を肯定した（Xの請求認容）。Yが上告。最高裁は，Xの審査申立権を否定し，本件裁決を適法であると判示した。

■判旨 破棄自判。

「地方自治法（以下「法」という。）127条4項［現3項］は，普通地方公共団体の議会の議員が法92条の2の規定に該当するかどうかについて法127条1項に基づき議会のした決定に関し，法118条5項の規定を準用し，右決定に不服がある者は審査の申立及び出訴をすることができるものとしている。しかしながら，法127条4項が，右のように前記議会の決定に関する不服申立について法118条5項の規定を準用するという形をとっていることから直ちに，法はこの両者の不服申立を完全に同一視し，後者の争訟に適用される法規及び法理のすべてを前者にも適用すべきことを定めたものと解することは相当でない。元来法118条5項の規定は，普通地方公共団体の議会の行う選挙における投票の効力に関する異議について議会のする決定に不服がある場合にこれを争う方法及び手続を定めたものであるが，この場合における審査申立及び出訴による争訟の制度は，一般の公職選挙法に基づく選挙に関する争訟の制度と同様に，専ら議会における選挙の適正な執行を担保する趣旨に出たもので，個人の権利救済を目的とするものではなく，法の適正な執行の確保を目的とする民衆争訟の性格を有するものと考えられる。しかるに，前記法127条1項の決定は，特定の議員について右条項の掲げる失職事由が存在するかどうかを判定する行為で，積極的な判定がされた場合には当該議員につき議員の職の喪失という法律上の不利益を生ぜしめる点において一般に個人の権利を制限し又はこれに義務を課する行政処分と同視せられるべきものであって，議会の選挙における投票の効力に関する決定とは著しくその性格を異にしており，違法な決定によって右のような不利益を受けた当該議員に対し，同種の行政処分による被害者に対すると同様の権利救済手段としての不服申立を認める必要や理由はたやすく肯定することができても，後者の決定におけるように選挙の適正な執行の担保という公益上の目的からこれに対する民衆争訟的な不服手続を設けるべきものとされた趣旨がこの場合にも当然に妥当するということはできないのである。もっとも，議員につき客観的に失職事由が存在するのに消極的な決定がされた場合に，かかる議員をその職にとどまらしめるべきではないとする公益上の要請から民衆争訟的な不服手続を設けてその議員の排除を可能ならしめる必要も皆無とはいえないけれども，その必要性が格別大きいとはとうてい考えられず，

286　Ⅱ　行政不服申立て

⇨*116*

法がそのような特段の意図を有していたと認めるべき根拠は薄弱であるといわなければならない（法143条は，普通地方公共団体の長につき議会の議員の場合における法127条の規定に相当する定めをしているが，右143条3項は，同条1項の規定による選挙管理委員会の決定に対する不服申立権者については，単に「第1項の規定による決定に不服がある者」［現行法は「第1項の規定による決定についての審査請求」と定める］と規定するにとどまっている。そして同条3項の規定は，普通地方公共団体の出納長，収入役及び法第3節第1款に掲げる各種委員会の委員につき同様の失職事由があるかどうかについて当該地方公共団体の長等がする決定に対する不服についても準用されている。一般に，法律が民衆争訟手続を設ける場合には，争訟提起権者の範囲を明確にするか，あるいは少なくともこれを識別しうるような規定を設けるのが通例であることに照らして考えると，前記法143条3項が不服申立権者につき右のような漠然とした抽象的な規定を設けるにとどめ，それ以上争訟提起権者の範囲を識別すべきなんらの基準をも示していないのは，法が右の場合に民衆争訟的な不服手続を設ける意図を有していないためであると推認せざるをえない。そうだとすると，議会の議員の場合に限って特に，民衆争訟的な不服手続を設けるべき積極的な理由が見出だせない以上，法127条の場合についても同様に解すべきものと思われる。）。

　このように見てくると，法127条4項が同条1項の決定につき法118条5項の規定を準用しているのは，単に，右決定に対し不服申立が可能なこと，及びその方法，手続は右118条5項のそれと同様であることを定めたにとどまり，後者の不服と同様の民衆争訟的な不服手続をこの場合にも採用したわけのものではなく，不服申立をすることができる者の範囲は，一般の行政処分の場合と同様にその適否を争う個人的な法律上の利益を有する者に限定されることを当然に予定したもの，すなわち，この場合についていえば，専ら決定によってその職を失うこととなった当該議員に対して前記の方法による不服申立の権利を付与したものにすぎないと解するのが相当である。」

（裁判長裁判官　中村治朗，裁判官　団藤重光，藤﨑萬里，本山亨，谷口正孝）

　▶*Reference*　不服申立適格については，*37*参照。

117 第二次納税義務者の不服申立権

最一小判平成 18（2006）・1・19 ［百選Ⅱ 133］
民集 60 巻 1 号 65 頁；判時 1936 号 72 頁
（評釈）田中啓之・法協 128 巻 6 号 1619 頁，川神裕・曹時 59 巻 9 号 295 頁
（一審）東京地判平成 16（2004）・1・22 民集 60 巻 1 号 90 頁〔参〕
（二審）東京高判平成 16（2004）・6・15 判時 1903 号 18 頁

■**事実** 麹町税務署長は 2002 年 3 月 29 日付けで，A 社に対し法人税の決定処分および無申告加算税賦課決定処分

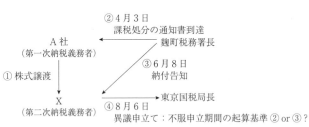

（以下「課税処分」という）を行い，その通知書は同年 4 月 3 日に到達した。A 社から同社株式の譲渡を受けていた X は，同年 6 月 8 日に，A 社の滞納国税につき，国税徴収法 39 条に基づく第二次納税義務の納付告知を受けた。そこで，X は，（納付告知からは不服申立期間である 2 カ月［現行法では 3 カ月］以内である）同年 8 月 6 日に，国税通則法（以下「法」という）旧 75 条 1 項 1 号・2 項 1 号に基づき，東京国税局長に課税処分に対して異議申立てをしたが，課税処分が A 社に送達された日の翌日から起算して 2 カ月を過ぎていることを理由に異議申立て却下の決定を受けた。これを不服として，X は，法 75 条 3 項に基づき，国税不服審判所長に審査請求をしたところ，適法な異議申立てを経ていないとして，審査請求を却下する裁決（以下「本件裁決」という）を受けた。本件は，X が本件裁決の取消しを求めた事案である。

本件で争われたのは，①本来の納税義務者である A に対する課税処分について第二次納税義務者である X が，法 75 条に基づく不服申立てをできるのか（不服申立適格の有無），および，不服申立てができるとして，②法 77 条 1 項所定の 2 カ月（現行法では 3 カ月）の不服申立期間の起算日についてである。②は，主たる課税処分の通知書が主たる納税義務者（本件では A）に送達された日の翌日から起算するのか，第二次納税義務者（本件では X）に納付告知がなされた日の翌日から起算するのか，という問題である。一審は，X の不服申立適格を肯定したうえで，不服申立期間の起算日を X に対して納付告知がされた日の翌日と解釈し，X の主張を認めた。二審は，第二次納税義務者は課税処分に対する不服申立適格を有しないとして X の不服申立適格を否定し，原判決を取り消し X の請求を棄却した。最高裁は，以下のように，X の不服申立適格を肯定し，不服申立期間の起算日については，X に対して納付告知がなされた日の翌日から起算すると解釈した。

⇨117

■判旨 破棄自判。

「国税徴収法39条は，滞納者である本来の納税義務者が，その国税の法定納期限の1年前の日以後にその財産について無償又は著しく低い額の対価による譲渡，債務の免除その他第三者に利益を与える処分を行ったために，本来の納税義務者に対して滞納処分を執行してもなお徴収すべき額に不足すると認められるときは，これらの処分により権利を取得し，又は義務を免れた第三者に対し，これらの処分により受けた利益が現に存する限度において，本来の納税義務者の滞納に係る国税の第二次納税義務を課している。

同条に定める第二次納税義務は，本来の納税義務者に対する主たる課税処分等によって確定した主たる納税義務の税額につき本来の納税義務者に対して滞納処分を執行してもなお徴収すべき額に不足すると認められる場合に，前記のような関係にある第三者に対して補充的に課される義務であって，主たる納税義務が主たる課税処分によって確定されるときには，第二次納税義務の基本的内容は主たる課税処分において定められるのであり，違法な主たる課税処分によって主たる納税義務の税額が過大に確定されれば，本来の納税義務者からの徴収不足額は当然に大きくなり，第二次納税義務の範囲も過大となって，第二次納税義務者は直接具体的な不利益を被るおそれがある。他方，主たる課税処分の全部又は一部がその違法を理由に取り消されれば，本来の納税義務者からの徴収不足額が消滅し又は減少することになり，第二次納税義務は消滅するか又はその額が減少し得る関係にあるのであるから，第二次納税義務者は，主たる課税処分により自己の権利若しくは法律上保護された利益を侵害され又は必然的に侵害されるおそれがあり，その取消しによってこれを回復すべき法律上の利益を有するというべきである。

そうすると，国税徴収法39条所定の第二次納税義務者は，主たる課税処分につき国税通則法75条に基づく不服申立てをすることができるものと解するのが相当である。」

（裁判長裁判官 才口千晴，裁判官 横尾和子，甲斐中辰夫，泉德治，島田仁郎）

▶*Reference* 滞納者と不動産を共有する者は，当該不動産にかかる滞納者の共有持分差押処分がなされる場合，当該処分の法的効果により権利制限を受けることから，当該処分取消訴訟の原告適格を認められる。参照，最二小判平成25（2013）・7・12判時2203号22頁［重判平25行3］。

II-1 形式的要件　289

⇨118

II-2 審理のあり方

118 職権探知

最一小判昭和 29 (1954)・10・14 [百選 II 135]
民集 8 巻 10 号 1858 頁
(評釈) 田中真次・曹時 6 巻 12 号 110 頁
(一審) 東京高判昭和 28 (1953)・4・20 行裁例集 4 巻 4 号 832 頁

■**事実** A ら外 1 名は，公選法（昭和 27 年法 307 号による改正前のもの）202 条 1 項に基づき，1951 年 4 月 23 日施行の松戸市議会議員選挙（以下「本件選挙」という）の効力に関し，松戸市選挙管理委員会に対し異議申立てを行ったところ（現行の公選法 202 条 1 項では異議の申出にあたる），同年 5 月 9 日に同委員会は異議却下決定を行った。これを不服として，A ら外 1 名は千葉県選挙管理委員会 Y に訴願を提起した（現行の公選法 202 条 2 項では審査の申立てにあたる）。Y は同年 9 月 15 日に異議却下決定を取り消し，本件選挙を無効とする旨の裁決（以下「本件裁決」という）をした。本件裁決は，A ら外 1 名が訴願で申し立てなかった事項（選挙人名簿や補充選挙人名簿にかかる瑕疵等）に基づいてなされたものである。本件裁決に対して，本件選挙で当選した X らは，訴願で申し立てられていない事項について裁決している点を捉えて不告不理原則違反などを主張して，Y を被告として東京高裁に取消訴訟を提起した（A ら外 1 名は Y の補助参加人である）。

　一審は，本件選挙が選挙の管理執行に関する規定に違反し無効であり，同旨の本件裁決を相当であるとして，X らの請求を棄却した。一審は，訴願の理由にない事項に基づく裁決が可能である点について，以下のように判示した。「X らは Y が裁決にあたってこの点を審理判断したのは訴願の理由にない事項にもとずいて裁決したもので違法であると主張するが訴願の趣旨は選挙の効力を争うにあるのであって，その当否を決するために訴願庁たる Y が行い得る調査の範囲は，選挙の有効無効を判断するに必要な事項全般に及ぶものと解すべく，これによって不当に選挙に干渉するというものではないから，この点において Y の裁決が違法であるということはできない」。これに対し，X らが上告。

■**判旨**　上告棄却。

「論旨は要するに，原判決が，訴願庁たる Y において職権を以て事実を探知しこれに基ずき選挙無効の裁決をなした違法を是認し……たのは違法である……というのである。しかし訴願においては訴訟におけるが如く当事者の対立弁論により攻撃防禦の方法を尽す途が開かれているわけではなく，従って弁論主義を適用すべき限りではないから，訴願庁がその裁決をなすに当って職権を

290　II　行政不服申立て

⇨*119*

以ってその基礎となすべき事実を探知し得べきことは勿論であり，必ずしも訴
願人の主張した事実のみを斟酌すべきものということはできない。」

（裁判長裁判官　岩松三郎，裁判官　真野毅，斎藤悠輔，入江俊郎）

119 口頭審理

最一小判平成 2（1990）・1・18［百選Ⅱ 136］
民集 44 巻 1 号 253 頁；判時 1357 号 50 頁
（評釈）石島弘・判評 385（判時 1370）号 26 頁，青柳馨・曹時 43 巻 6 号
150 頁
（一審）奈良地判昭和 59（1984）・12・26 民集 44 巻 1 号 292 頁〔参〕
（二審）大阪高判昭和 61（1986）・6・26 判タ 626 号 136 頁

■**事実**　X（原告，控訴人，被上告人）は，本件土地の所有者であり，固定資産税の納
付義務を負っている。大和郡山市長は，本件土地について 1982 年度の固定資産税評
価額を決定し，固定資産税課税台帳に登録した（以下「本件登録価格」という）。X は，
1982 年 4 月 30 日に，本件登録価格を不服として，大和郡山市固定資産評価審査委員
会 Y（被告，被控訴人，上告人）に対し，審査の申出を行い，地方税法（以下「法」と
いう）433 条所定の口頭審理を申請した。Y は，同年 5 月 19 日に口頭審理を実施し，
同月 26 日に Y の委員等と X との協議会を開催したうえ，同年 6 月 3 日に X の本件
審査申出を棄却する決定（以下「本件決定」という）を行った。本件決定は，6 月 4 日
に X に通知された。X は，本件決定の取消訴訟を提起し，本件決定の手続上の違法
および実体上の違法を主張した（以下では手続上の違法に焦点を当てる）。手続に関し
て，納税者相互間の公正の観点から他の土地の評価額を明らかにすることの要否とそ
の範囲，Y が口頭審理外で職権によって調査した結果や収集した資料を本件決定に
おいて判断の基礎とする場合に調査の結果等を口頭審理に上程する必要があるかとい
う問題がある。また，手続上の瑕疵が認められた場合，それが固定資産評価審査委員
会の本件決定にとって違法事由になるかという点も争われた。

　一審は，職権調査の結果を口頭審理に上程していない点などで本件口頭審理手続の
瑕疵を認めたが，当該瑕疵は本件決定の違法事由とはならず，実体的違法もないとし
て，X の請求を棄却した。X が控訴。二審は，次のように判示して，一審判決を取
り消し，本件決定を取り消した。「Y は，X が本件土地の評価額に対する不服事由を
特定するに足る合理的に必要な範囲で評価の手順，方法，特に根拠を明らかにさせず，
また他の納税者の宅地の評価額と比較検討するため，状況類似地域における標準宅地
等合理的に必要な範囲の土地評価額を明らかにする措置を講ぜず，更に口頭審理外で
職権により収集した資料や調査結果を口頭審理に上程しなかったのであるから，X
が的確な主張及び証拠を提出することを可能ならしめるような形で手続を実施しなか
ったものといわざるを得ず，従って Y の行った本件口頭審理手続には判断の基礎及

Ⅱ-2　審理のあり方　　291

⇨119

び手続の客観性と公正が充分にはかられなかった瑕疵があり，違法たるを免れないと解するのを相当とする。」本件口頭審理手続の「具体的方法内容をみると，法が口頭審理を要求する趣旨について充分な理解を至すことなく，単に同条［法433条］の定める形式を履践したにすぎず，その結果前認定の瑕疵が発生したものであって，これらの瑕疵は，法が市町村長から独立した第三者機関である委員会の口頭による審理手続を通じて，評価額の適否につき審査申出人に対し主張及び証拠を提出する機会を与える対審的，争訟的審理構造を採用することにより，判断の基礎及びその手続の客観性と公正を要求し，もって納税者の権利保護を保障せんとする特別な制度の趣旨の根幹にかかわる重大な瑕疵といわざるを得ず，従って，本件決定はその余の点について判断するまでもなく違法として取消を免れない。」

　これに対し，Ｙが上告。

■**判旨**　破棄差戻し。

「法が固定資産の登録価格についての不服の審査を評価，課税の主体である市町村長から独立した第三者的機関である委員会に行わせることとしているのは，中立の立場にある委員会に固定資産の評価額の適否に関する審査を行わせ，これによって固定資産の評価の客観的合理性を担保し，納税者の権利を保護するとともに，固定資産税の適正な賦課を期そうとするものであり，さらに，口頭審理の制度は，固定資産の評価額の適否につき審査申出人に主張，証拠の提出の機会を与え，委員会の判断の基礎及びその過程の客観性と公正を図ろうとする趣旨に出るものであると解される。そうであってみれば，口頭審理の手続は，右制度の趣旨に沿うものでなければならないが，それはあくまでも簡易，迅速に納税者の権利救済を図ることを目的とする行政救済手続の一環をなすものであって，民事訴訟におけるような厳格な意味での口頭審理の方式が要請されていないことはいうまでもない。」

「納税者は，固定資産課税台帳を閲覧してその所有に係る宅地の評価額を知り，これに不服を抱いた場合に，不服事由を具体的に特定するために必要なその評価の手順，方法，根拠等をほとんど知ることができないのが通常である。したがって，宅地の登録価格について審査の申出があった場合には，口頭審理制度の趣旨及び公平の見地から，委員会は，自ら又は市町村長を通じて，審査申出人が不服事由を特定して主張するために必要と認められる合理的な範囲で評価の手順，方法，根拠等を知らせる措置を講ずることが要請されているものと解される。しかし，委員会は，審査申出人において他の納税者の宅地の評価額と対比して評価が公平であるかどうかを検討することができるように，他の

⇨119

状況類似地域における宅地の評価額等を了知できるような措置を講ずることまでは要請されていないものというべきである。けだし，法341条5号によれば，固定資産税の課税標準となる固定資産の価格は，適正な時価をいうものとされているのであって，宅地の登録価格についての不服の審査は，宅地の登録価格が適正な時価を超えていないかどうかについてされるべきものである。そして，法によれば，自治大臣は固定資産評価基準を定め，これを告示しなければならず（388条1項），市町村長は固定資産評価基準に従って固定資産の価格を決定しなければならない（403条1項）と規定され，また，固定資産評価基準によれば，市町村長は，評価の均衡を確保するため当該市町村の各地域の標準宅地の中から1つを基準宅地として選定すべきものとされ，標準宅地の適正な時価を評定する場合においては，この基準宅地との評価の均衡及び標準宅地相互間の評価の均衡を総合的に考慮すべきものとされているのであって，法は，このように統一的な一律の評価基準によって評価を行い，かつ，所要の調整を行うことによって各市町村全体の評価の均衡を確保することとし，評価に関与する者の個人差に基づく評価の不均衡も，法及び固定資産評価基準の適正な運用によって解消することとしているものと解される。したがって，特定の宅地の評価が公平の原則に反するものであるかどうかは，当該宅地の評価が固定資産評価基準に従って適正に行われているかどうか，当該宅地の評価に当たり比準した標準宅地と基準宅地との間で評価に不均衡がないかどうかを審査し，その限度で判断されれば足りるものというべきであり，そうである以上，審査申出人が状況類似地域における他の宅地の評価額等を了知できるような措置を講ずべき手続上の要請は存しないと考えられるのである。」

「委員会は，口頭審理を行う場合においても，口頭審理外において職権で事実の調査を行うことを妨げられるものではないところ（法433条1項），その場合にも審査申出人に立会いの機会を与えることは法律上要求されていない。また，委員会は，当該市町村の条例の定めるところによって，審査の議事及び決定に関する記録を作成し，法430条［現行法は433条3項］の規定によって提出させた資料又は右の記録を関係者の閲覧に供しなければならないとされているのであって（法433条4項，5項［現行法は433条9項および10項］，大和郡山市固定資産評価審査委員会条例（昭和38年大和郡山市条例第2号）7条ないし9条），審査申出人は，右資料及び右条例によって作成される事実の調査に関する記録を閲覧し，これに関する反論，証拠を提出することができるのであ

II-2 審理のあり方　293

⇨*120*

るから，委員会が口頭審理外で行った調査の結果や収集した資料を判断の基礎として採用し，審査の申出を棄却する場合でも，右調査の結果等を口頭審理に上程するなどの手続を経ることは要しないものと解すべきである。」

（裁判長裁判官　大堀誠一，裁判官　角田禮次郎，大内恒夫，佐藤哲郎，四ッ谷巖）

▶*Reference 1*)　差戻後控訴審（大阪高判平成3（1991）・2・22判自103号32頁〔参〕）は，本件決定に手続面・実体面の違法はないとして控訴を棄却，その上告審（最三小判平成4（1992）・2・18判自103号29頁）もこれを支持した。

2)　固定資産評価審査委員会（以下「審査委員会」という）は，固定資産課税台帳に登録された価格に関する不服審査決定等の事務を行う，市町村に設置される行政委員会である（地方税法423条1項，地自法202条の2第5項）。固定資産の登録価格についての不服については，審査委員会に対する審査の申出の方法によってのみ争うことが可能である（固定資産税の賦課決定についての不服申立てにおいてこの点を主張することはできない。地方税法432条3項・434条2項）。

行政上の不服申立てに係る審理方法に関して，行審法は書面審理の方式を原則とする。例外として，審査請求人または参加人の申立てにより，口頭意見陳述の機会を付与する旨を定める（同法31条1項）。これに対し，個別法においては，口頭審理手続の定めを置く例がある。本件は，1999年改正前の地方税法が適用されている事案であり，改正前の同法では口頭審理が原則とされていた（本件の判旨参照）。1999年改正により，不服の審理は原則として書面によることと改められ，審査申出人の求めがあった場合に，審査委員会は口頭で意見を述べる機会を与えなければならないとされた（地方税法433条2項）。なお，審査委員会は，審査のために必要がある場合に公開による口頭審理を行うことができる（同条6項）。

3)　固定資産評価審査委員会の審理手続の違法が問題とされた事案として，Ⅰ巻*116*〔*117*〕（最三小判平成14（2002）・7・9判自234号22頁）を参照。

120 壁面線指定と不服申立ての教示

最一小判昭和61（1986）・6・19［百選Ⅱ140］
判時1206号21頁
（評釈）木村弘之亮・判評338（判時1221）号40頁
（一審）横浜地判昭和59（1984）・3・14判時1127号96頁
（二審）東京高判昭和60（1985）・9・26行裁例集36巻9号1295頁；判時1180号42頁

■**事実**　横浜市長Y_1（被告，被控訴人，被上告人）は，建基法46条1項に基づき，X（原告，控訴人，上告人）らの所有する土地に接する道路について，「道路の境界線から水平距離で2.0メートル後退した位置において地盤面から3.0メートルまでの部分に壁面線を指定する」旨の壁面線の指定（以下「本件指定」という）を行い，同条3項に基づき同市の市報に公示した。住宅街において前庭をとらせるとか，商店街の歩道にスペースを設けるために用いられるまちづくりの手法が「壁面線の指定」である。

294　Ⅱ　行政不服申立て

⇒*120*

壁面線の指定がなされると，建築物の壁若しくはこれに代わる柱または高さ2メートルをこえる門若しくはへいは，壁面線を越えて建築することができなくなる（建基法47条）。本件も，横浜中華街の一角，南門通り商店街の活性化のために壁面線の指定がなされた事案である。

本件指定に対してXらは，Y₁宛てに本件指定の取消しを求める審査請求書を提出した。Y₁は，これを横浜市建築審査会Y₂（被告，被控訴人，被上告人）に送付したところ，Y₂は審査請求を却下した（本件裁決）。Xらは，本件指定および本件裁決の取消しを求めて出訴した。一審は，行審法14条1項［現18条1項］の定める審査請求期間経過後になされた審査請求は不適法であるから本件裁決は適法であるとし，本件指定にかかる取消しの訴えは審査請求前置の要件（建基法96条）を欠いて不適法であるとした。Xらは，教示義務の懈怠があったために審査請求期間は進行しないと主張したが，一審は，本件指定は，行政法57条1項［現82条1項］所定の処分を書面でする場合には当たらないから，本件指定に教示がされていないとしても教示義務の懈怠はない，とした。二審は，本件指定は，同条項にいう不服申立てをすることができる処分を書面でする場合に該当するものと解すべきであり，本件指定について公告する際に教示をすべきであったとしながらも，教示の懈怠により審査請求期間の進行が妨げられるものではない，とした。Xらにより上告。

■**判旨**　上告棄却。

「建築基準法（以下「法」という。）46条1項に基づく壁面線の指定に対する審査請求の請求期間の起算日は，同条3項に基づく公告があった日の翌日と解するのが相当である」。

「行政不服審査法57条1項［現82条1項］は，同項所定の処分を書面でする場合に，その処分の相手方に対して不服申立に関する教示をしなければならないとしているものであるから，特定の個人又は団体を名あて人とするものでない処分についてはその適用がないものと解するのが相当である。法46条1項に基づく壁面線の指定は，特定の街区を対象として行ういわば対物的な処分であり，特定の個人又は団体を名あて人として行うものではないから，右指定については行政不服審査法57条1項の適用はない……。のみならず，同法は，行政庁が同法57条［現82条］の規定による教示をしなかった場合の救済として，処分をした行政庁に不服申立書を提出すればそのときに正当な審査庁に不服申立がされたものとみなし，その限度で不服申立期間の徒過を救済することとしているものであって（58条［現83条］），同法が不服申立期間の進行を止めるという救済方法を採用したものと解すべき根拠はない」。

（裁判長裁判官　谷口正孝，裁判官　角田禮次郎，髙島益郎，大内恒夫）

⇨*121*

▶*Reference* 本件指定が抗告訴訟の対象たる処分か否かについても争われた。一審は，この点の判断を留保している。二審は，処分性を肯定している。本判決も処分であることを前提としているとみられる。

121 審査委員会の中立性

東京高判平成 10（1998）・9・30
判時 1667 号 20 頁
（評釈）木村琢磨・自治研究 76 巻 12 号 124 頁
（一審）浦和地判平成 10（1998）・1・26 判自 186 号 49 頁

■**事実**　Ｘら（原告，控訴人，被上告人）が共有する本件土地について，越谷市長（原処分庁）は，地方税法 349 条 3 項但書に基づき，平成 8 年度の固定資産税の課税標準の基礎となる価格を決定し（以下「本件価格決定」という），その価格が固定資産課税台帳に登録された。Ｘらは，その価格等について不服があるとして，同市固定資産評価審査委員会Ｙ（被告，被控訴人，上告人）に対して審査の申出を行った。

　Ｙは，1996（平成 8）年 5 月 31 日午後 2 時から，Ｘらと原処分庁側から職員数名（判旨参照）を出席させて口頭審理を行った（第 1 回委員会）。その後，午後 4 時から，上記職員らの出席のもと（Ｘらは出席していない），第 2 回委員会が開催され，Ｙは，上記職員らとの質疑の後，職員らに退席を求めることをしないまま，Ｘらの審査申出を棄却する旨の決定（以下「本件審査決定」という）を行った。Ｘらは，本件審査決定の取消しを求めて出訴した。一審は，請求を棄却。Ｘらにより控訴。

■**判旨**　控訴認容。本件審査決定を取り消す。

「［地方税］法 423 条が固定資産の登録価格についての不服の審査を，評価，課税の主体である市町村長から独立した第三者的機関である固定資産評価審査委員会（以下「委員会」という。）に行わせることとしているのは，中立の立場にある委員会に固定資産の評価額の適否に関する審査を行わせ，これによって固定資産の評価の客観的合理性を担保し，納税者の権利を保護するとともに，固定資産税の適正な賦課を期そうとするものである（最高裁平成 2［1990］年 1 月 18 日第一小法廷判決・民集 44 巻 1 号 253 頁［*119*]）。

　しかるに，本件審査決定に至る手続［においては］……，Ｙの第 2 回委員会における調査（資産税課長の補足説明等）終了後も，Ｙは，一方の当事者である原処分庁（越谷市長）の補助機関である越谷市の税務部長，税務部次長兼主税課長，資産税課長その他職員数名の退席を求めることをせず，固定資産税の賦課徴収を担当する主税課の課長，固定資産評価員である資産税課長及び固定資産評価補助員である職員が同席する場で，本件審査請求の適否についての

296　Ⅱ　行政不服申立て

合議をした上，本件審査請求を棄却することに決定し，書記の朗読した決定書の原案について承認しているのである……。

そうだとすれば，本件審査決定手続は，委員会の制度が，簡易，迅速に納税者の権利救済を図ることを目的とする行政救済手続であり，民事訴訟，行政事件訴訟における程の厳格な独立性，中立性を要請されるものではないことを考慮しても，いささか一方の当事者にすぎない原処分庁に偏したとみられる審査決定手続であって，委員会の独立性，中立性に著しく反するものとの評価を免れず，法423条，425条1項の規定の趣旨に反する違法な手続であるといわざるを得ない」。

（裁判長裁判官　塩崎勤，裁判官　橋本和夫，川勝隆之）

▶*Reference*　本判決は，以上のような手続的違法の指摘に加え，本件価格決定およびこれを前提としてなされた本件審査決定には，実体的違法もあると判示している。これに対し，本件の上告審・最三小判平成14（2002）・7・9判自234号22頁（I巻 *116*〔*117*〕）は，本件審査決定は，手続的にも実体的にも違法とはいえないとして控訴審判決を取り消し，Xらの控訴を棄却した。

122 審査庁の審理不尽

仙台高判平成9（1997）・10・29
判時1656号62頁
（評釈）石島弘・判評485（判時1673）号19頁
（一審）福島地判平成8（1996）・4・22判自166号56頁

■**事実**　X（原告，控訴人）は，自らが所有する土地の評価が前基準年度のそれに比較して高額にすぎるとして郡山市固定資産評価審査委員会Y（被告，被控訴人）に対し審査の申出をした。その後，Xの日程の都合から口頭審理から書面審理に審査方法が変更された。市長から当該土地に関する評価の算定過程が示された答弁書が提出されたが，Xは，延長された期限を経過しても弁ばくを行わなかったので，Yは，評価の方法，手順，根拠等に関する資料，すなわち，審査対象事項にかかる資料を市長から提出を求めてこれを調べることなく審理を終結し，審査の申出を棄却した（以下「本件決定」という）。Xは，本件決定の取消しを求めて出訴した。一審は，本件審査手続は違法とはいえないとして，請求を棄却した。

■**判旨**　控訴認容，審査決定を取り消す。

本判決は，*119*の判旨（第2段落に相当する部分）を引用したうえで，次のように判示した。

「宅地の登録価格が高額すぎるとして，審査の申出があった場合，固定資産

II-2　審理のあり方　297

⇨122

評価審査委員会としては，審査申出にかかる土地について右評価の方法及び手順が適正にされているかどうかについて，その根拠にまで遡って審査の対象とし，必要であれば職権をもって調査その他事実審査をしたうえで，審査の決定をすべきものである」。

「市長から提出された答弁書の記載だけでは比準した標準宅地の選定及びその価格の決定に関する説明が決して十分ではないと考えられ，Y が X に対する了知措置義務を尽くしたとはいえないばかりでなく，答弁書に対して審査申出人が弁ばく書を提出しないからといって，審査申出人が右答弁書記載の主張及び事実を認めて争わないものとみなすことができないのはいうまでもないところであって，Y としては，職権をもって［旧地方税］法 433 条 1 項の定めるところに従い，必要な調査その他の事実審査を行ったうえで決定をすべきものである。……答弁書の記載と審査決定書の記載とを対照すると，Y の決定は市長が提出した答弁書の記載をそのまま是認したものであることが容易に見て取れるが，第三者機関である Y が標準宅地の選定とその評定及び当該宅地の個別要因（街路条件，環境条件，接近条件，行政的条件，画地条件等）を比較検討し，当該宅地の評価額を認定・算出するには，具体的資料に基づく審理が不可欠であるのに，Y がこのような具体的資料を徴することなく審理を終結し，審査決定をしたことは，X が，審査の申出において前記認定の程度の不服事由しか述べておらず，市長の答弁書によりその主張が示された後になっても，弁ばくをしなかったとの事情を考慮しても，法 433 条 1 項の趣旨に反し，審理不尽の違法があるものというべきである」。

「行政庁のした処分の根拠となる資料を全く取り調べることもなく，いわば行政庁の処分を鵜呑みにするような審査・判断をすることは，独立の第三者機関である固定資産評価審査委員会に行政救済手続を委ねた法の趣旨を没却するものであって，この違法は決して軽微なものとはいえず，本件各決定はいずれも取消しを免れないものというべきである」。

（裁判長裁判官　原健三郎，裁判官　伊藤紘基，杉山正巳）

▶*Reference　1*）　本件も *119* と同様，1999 年改正前の地方税法の規定が適用されている事案である。

　　　2）　本判決が言及する了知措置義務については，本判決も引用する *119* を参照。

123 審査庁の調査メモに対する閲覧請求権

大阪地判昭和 44（1969）・6・26
行裁例集 20 巻 5 = 6 号 769 頁；判タ 236 号 185 頁
（評釈）岡田康彦・自治研究 46 巻 12 号 122 頁

■事実　X（原告）は，その所得税の総所得金額に関して，城東税務署長 Z からそれを増額する内容の更正処分を受けたので，Z に対して異議申立てをしたところ，これを棄却されたので，さらに大阪国税局長 Y（被告）に対して審査請求をしたが，これも棄却された。X は Y に対し，更正処分の理由となった事実を証する書類の閲覧を請求したが，審査庁の附属機関の職員が処分庁に赴いて調査した際に作成したメモについては閲覧を拒否された。X は，棄却裁決の取消しを求めて出訴した。

■判旨　請求認容。

「［行政不服］審査法 33 条 2 項前段［現 38 条 1 項前段］は，……審査請求人等に処分庁の処分理由を根拠づける証拠資料を検討する機会を与えるという重要な意味を有していることを考慮すれば，右規定にいう「処分庁から提出された書類その他の物件」とは，当該処分の理由となった事実に対する処分庁の証拠資料で，審査庁に現に存在するもの……をいうと解するのが相当であって，正式の提出手続を経て提出された書類その他の物件に限らないと解すべきである」。「所得税に関する不服申立てにおいて処分庁が当該処分の理由となった事実を証する書類その他の物件の一部を審査庁に提出しないのは，所得税に関する処分が反復的であるため，処分庁としては所得調査書等が長期にわたって手許にないと，次年度の処分をなすにつき支障をきたすこと，また協議団［国税局の附属機関］の係官も気軽に処分庁へ赴いて所得調査書等を閲覧調査し，必要があればその要点をメモする等の方法をとっているので，提出されないことにさほど不便を感じていないという特殊な事情によるものと考えられ，このような事情の下に作成された右のメモは，処分庁が作成ないし収集し，かつ保管しているところの，処分の理由となった事実を証する書類と同一視しうるものであり，処分庁より原書類が提出されない欠陥を補填する役割も果しているのである。

　そうすると，［上記の］メモは，閲覧請求権の対象となる書類に該当するといわなければならない」。そして，本件における閲覧拒否の違法は，本件裁決の結論に影響が及ぶ可能性があるものであるから，本件裁決もまた違法性を帯びる。

（裁判長裁判官　石崎甚八，裁判官　喜多村治雄，南三郎）

▶*Reference*　大阪地判昭46（1971）・5・24行裁例集22巻8＝9号1217頁（確定）は，
本判決や大阪地判昭和45（1970）・9・22行裁例集21巻9号1148頁（確定）と異なり，
審査庁の職員が自ら処分庁に出向き収集した調査メモは，処分庁から提出された証拠資
料ではなく行審法33条2項（現38条1項）の規定による閲覧の対象とならないとした。

124 口頭による意見陳述権

東京地判昭和45（1970）・2・24
行裁例集21巻2号362頁；判時588号28頁

■**事実**　X（原告）は，戦傷病者戦没者遺族等援護法に定める遺族年金および弔慰金
支給の裁定を，厚生大臣Y（被告）に求めたが却下されたので，さらにYに対して
異議申立てを行った。その際，Xは口頭による意見陳述の機会を求める申立てを行
ったが（行審法25条1項但書［現31条1項］），Yは，Xが同一事案について過去にも
同一の請求をしこれに対して却下処分がなされていること，当該却下処分が既に確定
していることから実体審理に入る必要を認めず，Xに意見陳述の機会を与えないま
ま異議申立てを棄却した。Xは，棄却決定の取消しを求めて出訴した。

■**判旨**　請求認容。

「［行審］法第48条［現61条］，第25条第1項は，異議申立ての審理方式に
ついて，書面審理主義を採用しながら，ただし書きを設け，異議申立人または
参加人の申立てがあったときは，その申立人に口頭による意見陳述の機会を与
うべきこととしているが，同法による行政不服審査制度が「行政庁の違法又は
不当な処分」から「国民の権利利益の救済を図る」ことを直接の目的とし（同
法第1条参照），これがため，同法によって廃止された訴願法（明治23年法律
第105号）による訴願制度と異り，処分について不服申立てをした国民または
利害関係人の審理手続への関与を広範囲に認めている（行政不服審査法第25
条第1項ただし書，第26条本文［現32条1項］，第27条［現34条］，第28
条［現33条］，第29条1項［現35条1項］，第30条［現36条］，第33条第2項
本文［現38条1項1文前段］参照）こと，しかるに行政不服審査法第25条第1
項ただし書きによる口述機会付与の申立てが審査庁によって正当な理由もなく
拒否し得るものとすると，同法による審査制度の右のような基本的建前が全く
骨抜きになるものと解される（なお，この点同法第26条による証拠物件の提
出および同法第33条第2項本文による処分庁提出物件の閲覧請求も同様であ
る。……）ことから推すときは，右に示した口述機会付与の申立ては，不服申
立ての当事者たる国民および利害関係人に権利として保障され，審査庁におい

⇨125

て，既に処分を正当とする実体的心証を得ているというような理由によって，これを拒否し得るものではないと解するのが相当である」。
（裁判長裁判官　駒田駿太郎，裁判官　小木曾競，山下薫）

▶*Reference*　名古屋高金沢支判昭和56（1981）・2・4行裁例集32巻2号179頁（確定）は，不服申立前置の要件を充足せずに審査請求がなされた事案で，審査請求が不適法であってかつその補正ができないことが一見明白である場合には，口頭審理の申立てに対しその機会を与えなくても違法ではないとした。

II-3　裁　　　決

裁決書の作成が裁決の成立要件となるか否かが争われた最一小判平成18（2006）・10・5判時1952号69頁［重判平18行8］（I巻 *119*〔*120*〕）を参照。

125　人事院の修正裁決
最三小判昭和62（1987）・4・21［百選II 138］
民集41巻3号309頁；判時1240号136頁
（評釈）浜川清・判評349（判時1260）号55頁，石川善則・曹時42巻6号162頁
（一審）鳥取地判昭和58（1983）・8・10民集41巻3号318頁〔参〕
（二審）広島高松江支判昭和59（1984）・2・29民集41巻3号327頁〔参〕

■事実　郵政事務官であるX（原告，控訴人，上告人）は，中国郵政局長Y（被告，被控訴人，被上告人）から，停職6月の懲戒処分（以下「本件懲戒処分」という）を受けた。Xは，国公法90条1項に基づき人事院に審査請求をしたところ，人事院は，原処分を減給処分（6月の間俸給月額10分の1を減額するもの）に修正する旨の判定（以下「本件裁決」という）をした。Xは，Yを被告として減給処分に修正後の本件懲戒処分の取消しの訴えと，人事院を被告とする本件裁決の取消しの訴えを併合提起した。前者が本件訴訟である。

【一審，二審の立場】
懲戒処分は，修正裁決により，いったん消滅する。

【最高裁の立場】
懲戒処分は，修正裁決により内容が変更されるが，当初から（修正された内容で）途切れることなく存続する。

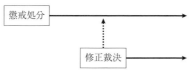

一審は，本件訴訟を裁決取消しの訴えと分離して審理し，本件裁決により本件懲戒

⇨*125*

処分は一体として消滅したものと解されるから，本件懲戒処分の取消しを求める本件訴訟は訴えの利益を欠き不適法であるとして，訴えを却下した。二審もこれを支持した。なお，本件裁決の取消しの訴えについては，Xの請求を棄却する鳥取地判昭和59（1984）・3・26労民集35巻2号123頁が確定している。

■**判旨**　原判決破棄，一審判決取消し。一審に差戻し。

「国公法は，懲戒処分等同法89条1項所定の処分に対する不服申立の審査については，処分権者が職員に一定の処分事由が存在するとして処分権限を発動したことの適法性及び妥当性の審査と，当該処分事由に基づき職員に対しいかなる法律効果を伴う処分を課するかという処分の種類及び量定の選択，決定に関する適法性及び妥当性の審査とを分けて考え，当該処分につき処分権限を発動すべき事由が存在すると認める場合には，処分権者の処分権限発動の意思決定そのものについてはこれを承認したうえ，処分権者が選択，決定した処分の種類及び量定の面について，その適法性及び妥当性を判断し，人事院の裁量により右の点に関する処分権者の意思決定の内容に変更を加えることができるものとし，これを処分の「修正」という用語で表現しているものと解するのが相当である。

そうすると，懲戒処分につき人事院の修正裁決があった場合に，それにより懲戒権者の行った懲戒処分（以下「原処分」という。）が一体として取り消されて消滅し，人事院において新たな内容の懲戒処分をしたものと解するのは相当でなく，修正裁決は，原処分を行った懲戒権者の懲戒権の発動に関する意思決定を承認し，これに基づく原処分の存在を前提としたうえで，原処分の法律効果の内容を一定の限度のものに変更する効果を生ぜしめるにすぎないものであり，これにより，原処分は，当初から修正裁決による修正どおりの法律効果を伴う懲戒処分として存在していたものとみなされることになるものと解すべきである。

……してみると，本件修正裁決により，本件懲戒処分は，処分の種類及び量定の面において停職6月の処分から減給6月間俸給月額10分の1の処分に軽減されたものの，Yの懲戒権の発動に基づく懲戒処分としてなお存在するものであるから，被処分者たるXは，処分事由の不存在等本件懲戒処分の違法を理由としてその取消しを求める訴えの利益を失わない」。

（裁判長裁判官　坂上壽夫，裁判官　伊藤正己，安岡滿彦，長島敦）

▶*Reference*　本件のような変更裁決がなされた場合に，当該裁決について，原処分を取

⇨*126*

り消し新たな内容の処分を行うもの（「交代裁決」などと呼ばれる。兼子仁『行政法学』
（岩波書店，1997 年）181 頁参照）と解するのか，そうではなく，当該裁決は原処分の
効力を否定しないまま原処分の内容を当初から変更するものと解するのか，という点に
ついては，従来争いがあった。人事院の修正裁決について，一審および二審は前者の立
場を，本判決は後者の立場をとったものである。

126 審査決定の理由付記

最二小判昭和 37（1962）・12・26 ［百選 II 139］
　　民集 16 巻 12 号 2557 頁；判時 325 号 14 頁
　　（評釈）田中真次・曹時 15 巻 2 号 101 頁
　　（一審）東京地判昭和 34（1959）・10・28 行裁例集 10 巻 10 号 2014 頁
　　（二審）東京高判昭和 36（1961）・1・21 行裁例集 12 巻 1 号 83 頁

■**事実**　芝税務署長 Y_1（被告，甲事件被控訴人，被上告人）は，X（原告，甲事件控訴
人・乙事件被控訴人，上告人）に対し，青色申告の承認を取り消す処分（以下「原処
分」という）をした。X は，東京国税局長 Y_2（被告，乙事件控訴人，被上告人）に審
査請求をしたが棄却された（以下「棄却決定」という）。X は，原処分（甲事件）およ
び棄却決定（乙事件）の取消しを求めて出訴した。
　一審は，原処分は違法ではないとしたが，棄却決定の通知書における理由の記載
（「貴社の審査請求の趣旨，経営の状況，その他を勘案して審査しますと，芝税務署長の行
った青色申告届出承認の取消処分には誤りがないと認められますので審査の請求には理由
がありません」）は，抽象的でなんら具体的に処分の正当性を明らかにしておらず，
原処分が（旧）法人税法 25 条 7 項列記のいずれに該当するものとして維持しうるの
かさえこれを明らかにしていないから，X としては，取消処分の事由さえ知ること
ができず，当該記載は理由の付記として不備なものであるとして棄却決定を取り消し
た。甲事件につき X が，乙事件につき Y_2 が控訴。二審は，甲事件につき X の控訴
を棄却し，乙事件については X の請求を認容した原判決を取り消し，X の請求を棄
却した。

■**判旨**　上告棄却。
　「法人税法 35 条 5 項（昭和 37 年法律 67 号による削除前）が，審査決定の書
面に理由を附記すべきものとしているのは，訴願法や行政不服審査法による裁
決の理由附記と同様に，決定機関の判断を慎重ならしめるとともに，審査決定
が審査機関の恣意に流れることのないように，その公正を保障するためと解さ
れるから，その理由としては，請求人の不服の事由に対応してその結論に到達
した過程を明かにしなければならない。ことに本件のように，当初税務署長
Y_1 がした処分に理由の附記がない場合に，請求人の請求を排斥するについて
は，審査請求書記載の不服の事由が簡単であっても，原処分を正当とする理由

II-3 裁　決　303

⇨*126*

を明らかにしなければならない。このように考えるならば，前記，本件審査決定の理由は，理由として不備であることが明白であ［る］。このことは，請求人が棄却の理由を推知できる場合であると否とにかかわりのないものと解すべきである。

　しかるに原判決は「審査決定の当否を審査する訴訟においては審査決定の結論が違法であるか否かに基いてこれを維持すべきか否かを決すべきであって，審査決定に附してあった理由が不備であるということだけで，審査決定を取り消すことは許されないものというべきであろう。」とし，Xの審査決定の取消を求める本訴請求を棄却しているのである。しかし，法律が審査決定に理由を附記すべき旨を規定しているのは，行政機関として，その結論に到達した理由を相手方国民に知らしめることを義務づけているのであって，これを反面からいえば，国民は自己の主張に対する行政機関の判断とその理由とを要求する権利を持つともいえるのである。従って，原判決のいうように，審査決定に対する不服の訴訟において，当事者が，審査請求に際しての主張事実，決定に際しての認定事実等に拘束されないという一事をもって，理由附記に不備のある決定を取り消すことがゆるされないということはできない。換言すれば，理由にならないような理由を附記するに止まる決定は，審査決定手続に違法がある場合と同様に，判決による取消を免れないと解すべきである。

　しかし，本件の場合は，XはY₁がした原処分の取消をも訴求しており，その理由がないことは，原判示のとおりであり，Xも本件上告において取消処分の内容については何等の不服も述べていないのである。審査請求も，結局は，Xに対する青色申告書提出承認の取消処分の取消を求める趣旨である以上，上述のような理由附記の不備を理由に，本件審査決定を取り消すことは全く意味がないことというべきであろう。けだし，本件決定を取り消し，Y₂が，あらためて理由を附記した決定をしても，すでに青色申告提出承認の原取消処分の違法でないことが本判決で確定している以上，決定の取消を求める訴においても，裁判所はこれと異なる判断をすることはできないからである」。

　奥野健一・山田作之助両裁判官の**反対意見**　「本件審査決定が取り消され，Y₂が改めて審査決定をする場合に本件青色申告提出承認の取消処分も不当又は違法として取り消される可能性が全然ないとは断定できないのであるから，本件審査決定を取り消す意味が全くないとはいえない」。

　（裁判長裁判官　池田克，裁判官　河村大助，奥野健一，山田作之助，草鹿浅之介）

⇨*127*

▶*Reference* 本判決は，理由付記の不十分性を独立の取消事由としている。他方，最高裁は，訴訟において，行政庁が処分時の理由と異なる理由を持ち出して当該処分を維持しようとするいわゆる「理由の差替え」を比較的柔軟に認めている（*79・80*参照）。

II-4 執 行 停 止

127 行審法による執行不停止決定に対する取消訴訟

東京地判平成 28（2016）・11・29［重判平 29 行 2］
判タ 1445 号 189 頁

■**事実** 愛媛県は，県道拡幅工事のために土地収用法に基づく事業認定の申請をし，国土交通大臣から権限の委任を受けた四国地方整備局長は，これに対し，2014 年 9 月に同法 20 条に基づく事業の認定をした。起業地内に土地・建物を所有する X（原告）は，国土交通大臣に対し，本件事業認定につき，審査請求をするとともに，行審法 34 条 2 項（現 25 条 2 項）に基づく執行停止の申立てをしたが，国土交通大臣から執行停止をしない旨の決定（以下「本件決定」という）を受けたので，本件決定は違法であると主張して，国（Y）を被告としてその取消しを求めて出訴した。本判決は，本件決定の処分性を肯定したが，本件決定は適法であるとして請求を棄却した。以下では，処分性の論点について扱う。

■**判旨** 請求棄却（確定）。

「行審法上，審査請求人には，執行停止の申立権が付与されており，審査庁には，これに対する審査権限が付与されているところ，審査庁による執行不停止決定は，行政庁の消極的行為ではあるものの，上記の申立権に基づく申立てに対して審査庁がその諾否に係る法令上の審査権限に基づく公権力を行使して当該申立てに係る申請を拒否し，処分の執行等を停止させないという公権的な判断を示すことによって，同法によって付与された審査請求人の上記申立権に法的効果を及ぼすものであるから，……取消訴訟の対象となる行政処分に当たると解するのが相当である」。

「行審法上，同法に基づく執行停止の申立てに対する執行停止をしない旨の決定（執行不停止決定）についての不服申立ての方法は定められていないところ，行訴法上の執行停止の申立てがこれに代替する不服申立ての手続保障となり得るか否かについてみるに，①行審法上の執行停止は，行訴法上の執行停止と異なり，審査庁が処分の違法性のみならず不当性を考慮して必要と認めるときにもすることができるものと解され，審査請求人はそのような観点からも執

⇨*127*

行停止の決定を受ける法律上の利益を有するものということができる上，②審査請求人が行訴法上の執行停止の要件該当性につき司法審査を受けるためには係争処分の取消訴訟の提起を要するところ，当該処分の根拠法律にいわゆる審査請求前置の規定が設けられている場合には，原則として直ちに取消訴訟を提起することができないから（行訴法8条1項ただし書，2項），これらのいずれの観点からも，行訴法上の執行停止の申立ては，行審法上の執行停止の要件充足性に関する司法審査を受ける機会に係る審査請求人の手続保障として十分なものとはいえないといわざるを得ず，行審法上の執行不停止決定については，上記……のように取消訴訟の提起が可能であると解することによって初めて，上記の司法審査に係る手続保障が適正に確保されるものということができ，行審法において同法上の執行不停止決定に対する取消訴訟の提起が禁止されているとはいえないと解するのが相当である」。

行審法上の執行不停止決定は暫定的措置としてされる付随的処分にすぎないというYの主張に対して，「執行停止の決定は，処分の有する効力，処分の内容の実現を強制する執行力の行使又は処分に係る法律関係を進展させ若しくは後続処分を行うことを停止する効果を有するものであって，裁決により処分が取り消された場合と同様の効果を一定の期間について発生させるものであるから，審査手続の主宰を委ねられた審査庁が単に手続の円滑な進行や審査請求人の手続上の利益の観点から行う個々の付随的な措置とは本質的に性質を異にする」。

執行不停止決定に対する取消訴訟の提起が可能であると解することにより，簡易迅速を旨とする審査手続が進められている過程で執行不停止決定の適法性について訴訟手続で争われることになってしまうというYの主張に対して，「行訴法上の執行停止の申立てが係争処分の取消訴訟の提起を要するとともに審査請求前置による制約を受けることと比較すれば，司法審査に係る手続保障の在り方として簡易迅速を旨とする審査手続の趣旨が損なわれるものとはいえない」。

（裁判長裁判官　岩井伸晃，裁判官　堀内元城，吉賀朝哉）

▶*Reference*　本判決とは逆に，岐阜地判昭和54（1979）・12・19行裁例集30巻12号2040頁は，行審法上の執行不停止決定の処分性を否定した。控訴審・名古屋高判昭和55（1980）・3・21行裁例集31巻3号530頁もこれを支持した。

Ⅲ　国家賠償と損失補償

⇨*128*

III-1　国家賠償責任の特徴と現代的展開

III-1-1　国家無答責からの転換

　明治憲法のもとで，行政裁判所は「損害要償ノ訴訟ヲ受理セス」（行政裁判法 16 条）とされたので，民事裁判所が，どのような行政活動を対象に国・地方公共団体の賠償責任を認めるのかが解釈問題となった。大審院は，徳島市立の尋常小学校において，遊動円棒の支柱が腐朽して折れ，児童が落下して死亡した事故について，以下のように説示して，市の民法 717 条責任を認めた（大判大正 5（1916）・6・1 民録 22 輯 1088 頁。漢字は新字体にあらためて引用）。「本件小学校ノ管理ハ上告人［徳島市］主張ノ如ク行政ノ発動タルコト勿論ナレトモ其管理権中ニ包含セラルル小学校校舎其他ノ設備ニ対スル占有権ハ公法上ノ権力関係ニ属スルモノニアラス純然タル私法上ノ占有権ナルノミナラス其占有ヲ為スニモ私人ト不平等ノ関係ニ於テ之ヲ為スニアラス全ク私人カ占有スルト同様ノ地位ニ於テ其占有ヲ為スモノナレハ之ニ因リ被上告人［児童の父］等ニ損害ヲ被ラシメタル本訴ノ場合ニ於テ原院［二審・大阪控訴院］カ民法第七百十七条ノ規定ヲ適用シタルハ毫モ不法ニアラス」。

128　明治憲法下の国家賠償

東京高判平成 17（2005）・6・23［重判平 18 国際 2］
判時 1904 号 83 頁
（評釈）北村和生・判評 568（判時 1925）号 18 頁
（一審）東京地判平成 13（2001）・7・12 判タ 1067 号 119 頁

■**事実**　A は，太平洋戦争の戦時中，国（Y）の施策により中国から北海道に強制連行されて，過酷な労働を強制され，それに耐えかねて終戦直前に作業場から逃走し，その後 13 年間にわたって北海道の山中での逃走生活を余儀なくされ，これらによって耐え難い精神的苦痛を被ったとして，Y に対し，（A が発見され，保護されてから 38 年後である）1996 年 3 月 25 日に，損害賠償請求訴訟を提起した。一審係属中に A は死亡し，相続人である X らが訴訟手続を承継した。

　一審は，X による，Y の戦前の行為に対する国際法違反や安全配慮義務違反による損害賠償請求の主張は斥けた。しかし，戦後の救済義務違反の主張については，Y は，原状回復義務として，強制連行された者を保護する一般的な作為義務を負っており，保護義務の懈怠と A の被った被害との間には相当因果関係が肯定でき，なおかつ国賠法 6 条の相互保証があるときに該当するとして，これを肯認した。また，Y による調査不実施の事実を認定し，民法 724 条の除斥期間の制度を適用して Y の責

⇨*128*

任を免れさせることは，正義公平の理念に著しく反するので，国家として損害の賠償に応ずることは条理にかなうとして，除斥期間の適用は制限するのが相当とし，請求を認容した。Ｙが控訴。

　控訴審である本判決も，国賠法施行後のＹの救済義務違反およびＡの損害との間の相当因果関係は認めたが，Ａが発見・保護された1958年2月までの期間，中華人民共和国には政策として国家無答責の法理が存在し，相互保証がなかったとして，請求を斥けた（除斥期間の適用についても，著しく正義公平の原則に反するものではない，としている）。以下の説示は，Ｙの戦前の行為について賠償責任を否定した部分である。

■**判旨**　原判決を取り消し，請求棄却。

「明治23年に制定された裁判所構成法の立法過程では，地方裁判所の事物管轄に官吏の公務から生じた国家賠償責任に関する訴訟を置く案が検討されたが，井上毅が反対意見を述べ，結局同案は削除され，司法裁判所において国家賠償請求訴訟を受理しないとされた。……同年に制定施行された行政裁判法16条は「行政裁判所ハ損害要償ノ訴訟ヲ受理セス」と規定するところ，その制定過程において，「政府ノ主権ニ依レル処置」すなわち公権力の行使に該当する措置によって生じた損害については，当時憲法学上一般に是認されていた国家無答責の法理により，個人は原則として行政裁判所に対して損害賠償の訴えを提起できないとしたものであり，国家無答責の法理を前提として行政裁判所の事物管轄の範囲を定めたものである……。」「そして，大日本帝国憲法下の大審院の判例をみると，違法な租税の徴収及び滞納処分を理由とする損害賠償請求事件につき，大審院昭和16〔1941〕年2月27日判決（民集20巻2号118頁）は，「按ズルニ凡ソ国家又ハ公共団体ノ行動ノ中統治権ニ基ク権力的行動ニツキテハ私法タル民法ノ規定ヲ適用スベキニアラザルハ言ヲ俟タザルトコロナルヲ以テ，官吏又ハ公吏ガ国家又ハ公共団体ノ機関トシテ職務ヲ執行スルニ当リ不法ニ私人ノ権利ヲ侵害シ之ニ損害ヲ蒙ラシメタル場合ニ於テ，ソノ職務行為ガ統治権ニ基ク権力行動ニ属スルモノナルトキハ，国家又ハ公共団体トシテハ被害者ニ対シ民法不法行為上ノ責任ヲ負フコトナキモノト解セザルベカラズ。」と判示しているほか，……いずれも加害行為が権力的作用であることを理由に国の損害賠償責任を否定している。

　このように，大日本帝国憲法下では，権力的作用に基づく加害行為については，民法の不法行為に関する規定の適用はなく国の損害賠償責任は認められないとするのが，大審院の一貫した判例であり，この判例の態度は，学説によっ

***III-1*　国家賠償責任の特徴と現代的展開　309

⇨*128*

ても一般に支持されていた（…［文献略］…）。

　最高裁判所も，最高裁昭和25［1950］年4月11日判決において，「国家賠償法施行以前においては，一般的に国に賠償責任を認める法令上の根拠のなかったことは前述のとおりであって，大審院も公務員の違法な公権力の行使に関して，常に国に賠償責任のないことを判示して来たのである。……本件家屋の破壊は日本国憲法施行以前に行われたものであって，国家賠償法の適用される理由もなく，原判決が同法附則によって従前の例により国に賠償責任なしとして，上告人の請求を容れなかったのは至当であって，論旨に理由はない。」旨判示し，前記の大審院の判例の立場を認識してこれを是認した。

　以上のように，大審院，最高裁判所は，一貫して，明治憲法下における権力的作用について民法の適用はなく，また，他に国の損害賠償責任を肯定する規定のないことを理由に，損害賠償責任を否定してきた……。」「以上によれば，立法過程，学説及び判例のいずれの点から考察しても，大日本帝国憲法下においては，国の権力的作用について民法の適用を否定し，その損害について国が賠償責任を負わないという国家無答責の法理が確立していたものというべきである。」

　（裁判長裁判官　西田美昭，裁判官　小池喜彦，森髙重久）

▶*Reference* 1)　上記判旨で援用されている最三小判昭和25（1950）・4・11集民3号225頁は，家屋買収処分を受けたXが，1945年7月31日までに自ら解体撤去することを条件として県知事から家屋の買戻許可を受けたが，Xが撤去しなかったため，警察官が同年10月12日同家屋を破壊したことの損害賠償をXが国に求めた事案である。

　2)　福岡高判平成16（2004）・5・24判時1875号62頁は，戦時下の強制労働について，本判決とは異なり，以下のように明治憲法下での公権力の行使に関する民事損害賠償請求の可能性を認めている（そのうえで，原告主張の損害賠償請求権は，除斥期間の経過により消滅したとして，請求は棄却）。「a　民法715条が公務員の権力的作用に基づく不法行為責任の発生する余地を文理上排斥しておらず，／b　行政裁判法16条はともかく，実体法としての特別法が制定されていない以上，／c　公務員の権力的作用に基づく不法行為について民法715条を適用するか否かの解釈は，国賠法施行前においても，判例にゆだねられたものと解さざるを得ない。……大審院の判例が，当初は権力的作用と非権力的作用を問わず，私経済的作用を除くすべての公務員の行為に責任を認めていなかったのに，大正5年の遊動円棒事件判決［*III–1–1*冒頭を参照］以来，非権力的作用については民法の適用を認め，不法行為責任を肯定するように変遷してきたことも，そのように解して初めて合理的に説明し得る。／エ　戦前の有力な学説も，国家無答責の法理につき，一致して支持していたわけでもなければ，異論がなかったわけでもない。」「以上によれば，旧憲法下における事例であっても，すべての権力的作用に基

⇨*129*

づく行為について民法が適用されないとする法理があったというのは相当でなく，戦前の判例法理を前提としても，特段の事情がある場合には，国は不法行為責任を負わなければならないと解釈する余地は残されていたと解するのが相当である。」

3) 国賠法6条の定める相互保証主義の問題については *136* を参照。

4) 憲法17条と国賠法の関係については，*179* も参照。

Ⅲ-1-2 民事不法行為責任との対比と類比

129 パトカー追跡事件

最一小判昭和61（1986）・2・27［百選Ⅱ 216］

民集40巻1号124頁；判時1185号81頁

（評釈）遠藤博也・判評334（判時1209）号22頁，加藤和夫・曹時41巻9号122頁

（一審）富山地判昭和57（1982）・4・23交民集15巻2号517頁

（二審）名古屋高金沢支判昭和58（1983）・4・27交民集19巻1号37頁

■**事実**　富山県（Y）の巡査Aらは午後10時50分頃，パトカーに乗車して機動警ら中，国道を走行中のB運転の普通乗用自動車（以下「加害車両」という）が速度違反車であることを現認して追尾し，その速度が同所の指定最高速度時速40キロメートルを超える78キロメートルであることを確認した。パトカーは，加害車両を停止させるため赤色灯を点灯し，サイレンを吹鳴して同車の追跡を開始した。

　加害車両は，時速約100キロメートルに加速して逃走した後，停車したので，パトカーも同車の前方約20メートルの地点に斜めに同車の進路を塞ぐように停止し同車の車両番号を確認した。しかし，パトカーに同乗していた巡査C・Dが事情聴取のため加害車両に歩み寄ったところ，同車は突如Uターンして時速100キロメートルで逃走を再開した。Aは直ちにパトカーの赤色灯をつけ，サイレンを吹鳴して再び追跡を開始し，県内各署に加害車両の車両番号，車種等の無線手配を行い，追跡中に，「交通機動隊が検問開始」との無線交信を傍受した。加害車両は，この間も逃走を続け，Uターン地点から，約2キロメートル地点のE交差点を右折車線から大回りで，赤信号を無視して左折逃走し，パトカーも同様の方法で左折し追跡を継続した。

　左折先の市道は，最高速度は時速40キロメートルに指定され，道路両側には商店や民家が立ち並び，また，交差する道路も多い状況であったが，Bは，いったんパトカーを振り切ったものと考えて70キロメートルに減速したが，しばらくして後方にパトカーの赤色灯を認め，追跡続行に気づき，時速約100キロメートルに加速し複数の信号を無視したのち，本件事故現場となった交差点に赤信号を無視して加害車両を進入させた。そのため同交差点内において，青信号に従い進行中のF運転の普通乗用自動車に加害車両を衝突させ，F運転の普通乗用自動車は，同交差点を青信号に従

Ⅲ-1　国家賠償責任の特徴と現代的展開　311

⇨*129*

って進行してきたXらの普通乗用自動車に激突して，Xらは重傷を負った。Xらは，Yに対し，Aらの追跡が違法であったとして，国賠法1条1項に基づき，損害賠償を求めた。

一審および二審は，「交通取締に従事する警察官は，単に違反者の検挙のみを目的とするものではなく道路交通の安全と円滑を確保することをもその目的として職務に従事しているのであるから，違反車両が警察官の停止命令に従わずあくまで逃走を続けるような場合，違反車両の現場における検挙のみをいたずらに求めることなく，併せて道路交通の安全及び円滑，一般人の生命，身体及び財産の安全の確保をも図らなければなら［ない］。……追跡にあたって，自ら交通事故を惹起することのないように注意して走行すべき注意義務があることは一般車両の場合と異ならず，さらに，自車の追跡行為により被追跡車両が暴走するなどして交通事故を惹起する具体的危険があり，かつ，これを予見できる場合には，追跡行為を中止するなどして交通事故の発生を未然に防止すべき注意義務がある。……追跡を継続すべきか否かは，逃走車両の運転速度及びその態様，交通違反の程度及びその態様，道路及び交通の状況，違反車両検挙のための他の手段の有無等追跡の必要性を総合的に検討して判断すべきである。」としたうえで，「E交差点左折後もそのまま追跡を継続したならば，同車の暴走により通過する道路付近の一般人の生命，身体又は財産に重大な損害を生ぜしめる具体的危険が存し，Aらも右のような危険を予測しえた……。しかも，あえて追跡を継続しなくても交通検問など他の捜査方法ないしは事後の捜査によりBを検挙することも十分可能であった」と判断してAらの過失を認定し，また，同追跡行為は，第三者の生命，身体に対し危害を加える可能性が高く，他の取締方法が考えられるから，Xらに負わせた傷害の重大性に鑑み，Xらに対する関係では違法性を阻却されないとして，Xらの請求を一部認容した。Yより上告。

■**判旨** 破棄自判，請求棄却。

「警察官は，異常な挙動その他周囲の事情から合理的に判断してなんらかの犯罪を犯したと疑うに足りる相当な理由のある者を停止させて質問し，また，現行犯人を現認した場合には速やかにその検挙又は逮捕に当たる職責を負うものであって（警察法2条，65条，警察官職務執行法2条1項），右職責を遂行する目的のために被疑者を追跡することはもとよりなしうるところであるから，警察官がかかる目的のために交通法規等に違反して車両で逃走する者をパトカーで追跡する職務の執行中に，逃走車両の走行により第三者が損害を被った場合において，右追跡行為が違法であるというためには，右追跡が当該職務目的を遂行する上で不必要であるか，又は逃走車両の逃走の態様及び道路交通状況等から予測される被害発生の具体的危険性の有無及び内容に照らし，追跡の開始・継続若しくは追跡の方法が不相当であることを要する」。

⇨130

「Bは，速度違反行為を犯したのみならす，警察官の指示により一たん停止しながら，突如として高速度で逃走を企てたものであって，いわゆる挙動不審者として速度違反行為のほかに他のなんらかの犯罪に関係があるものと判断しうる状況にあったのであるから，〔Aら〕は，Bを現行犯人として検挙ないし逮捕するほか挙動不審者に対する職務質問をする必要もあった……。……同車両の運転者の氏名等は確認できておらず，無線手配や検問があっても，逃走する車両に対しては究極的には追跡が必要になることを否定することができないから，当時本件パトカーが加害車両を追跡する必要があった」。

「パトカーが加害車両を追跡していた道路は，その両側に商店や民家が立ち並んでいるうえ，交差する道路も多いものの，その他に格別危険な道路交通状況はなく，……道路の幅員が約12メートル程度の市道であり，事故発生の時刻が午後11時頃であったというのであるから，逃走車両の運転の前示の態様等に照らしても，〔Aら〕において当時追跡による第三者の被害発生の蓋然性のある具体的な危険性を予測しえたものということはできず，……更に，本件パトカーの前記追跡方法自体にも特に危険を伴うものはなかったということができるから，右追跡行為が違法であるとすることはできない」。

（裁判長裁判官　谷口正孝，裁判官　角田禮次郎，髙島益郎，大内恒夫）

130 学校事故──安全確保と注意義務

最二小判平成20（2008）・4・18
判時2006号74頁
（一審）千葉地判平成18（2006）・7・19判自306号76頁〔参〕
（二審）東京高判平成19（2007）・4・11判自306号86頁〔参〕

■**事実**　Y（千葉市）の設置する公立小学校（以下「本件小学校」という）の教室内で，男子児童（A）が頭上でベストを振り回し，これが女子児童 X_1 の右眼に当たって負傷した。X_1 およびその両親である X_2・X_3 が，担任教諭（B）に児童の指導監督上の義務を怠った過失があるなどと主張して，Yに対し，国賠法1条1項に基づく損害賠償を請求した。事実の概要は下記のとおりである。

本件小学校では，児童は午前8時5分までに登校し，午前8時20分まで朝自習等をすることになっており，X_1・Aの所属する3年2組では，朝自習の時間帯には「用もないのに自分の席を離れない」などの約束事があった。X_1 は，朝自習の時間中，ランドセルを教室の後方にあるロッカーにしまおうとして，席を立って後ろを振り向いたが，他方，自分のベストが教室の後方にあるロッカーから落ちているのに気づいてこれを拾いに行ったAが，X_1 から約1メートル離れた位置で，ほこりを取るため

III-1　国家賠償責任の特徴と現代的展開　313

⇨*130*

ベストの襟首部分を持って頭上で弧を描くように何周か振り回し，ベストのファスナーの部分が，ちょうど席を立って後ろを振り向いた X_1 の右眼の部分に当たった。当時 B は，教室前方の自席に座り，4〜5 名の児童から忘れ物の申告等を受けており，A の離席行動や本件事故の発生に気づかなかった。

一審は X_1 らの請求を棄却したが，二審は以下のように説示のうえ，B に本件事故の発生につき児童の安全確保および児童に対する指導監督義務を尽くしていない過失が認められるとして，請求を一部認容した。「小学校の担任教諭は，教師としての性質や職務の内容から見て，教室内の各児童に対して注意力を適正に配分してその動静を注視し，危険な行為をする児童を制止したり厳重な注意を与えるなど適切な指導を行い，児童を保護監督して事故を未然に防止する義務がある」「本件事故は……教壇付近の自席に担任が座っていた教室内で発生したものであり，しかも，担任の席の周りには，4，5 名の児童がやってきて話をしていたのであるから，他の児童も席を立ったりして気ままな行動に出やすいことも考えられる状況であったこと……児童の日頃からの傾向を見て離席し動き回ることも予測して，学級の約束として「用もないのに自分の席をはなれない」と定めるなどしていたことからすると，担任も，本件事故のような行為もあり得ると予想して，日頃から，その都度児童各人に具体的な注意を与えることにより，事故の発生を未然に防止すべきであった」。

Y が上告受理申立て（X_1 らは A およびその両親に対しても損害賠償を請求していたが，こちらは一審・二審ともに一部認容し確定している）。

■**判旨** 破棄自判，請求棄却。

「朝自習の時間帯であっても，……忘れ物の申告等担任教諭に伝えておきたいと思っていることを話すために同教諭の下に行くことも，教科書など授業を受けるのに必要な物を机に入れてランドセルをロッカーにしまうことも，児童にとって必要な行動というべきであるから，「用もないのに自分の席を離れない」という学級の約束は，このような児童にとって必要な行動まで禁じるものではなく，児童が必要に応じて離席することは許されていたと解されるし，それは合理的な取扱いでもあった」。

「A が日常的に乱暴な行動を取っていたなど，B において日ごろから特に A の動静に注意を向けるべきであったというような事情もうかがわれないから，A が離席したこと自体をもって，B においてその動静を注視すべき問題行動であるということはできない。……ベストを頭上で振り回す直前までの A の行動は自然なものであり，特段危険なものでもなかったから，他の児童らに応対していた B において，A の動静を注視し，その行動を制止するなどの注意義務があったとはいえず，A がベストを頭上で振り回すというような危険性

314　　III　国家賠償と損失補償

⇨131

を有する行為に出ることを予見すべき注意義務があったともいえない。したがって，Bが，ベストを頭上で振り回すという突発的なAの行動に気付かず，本件事故の発生を未然に防止することができなかったとしても，Bに児童の安全確保又は児童に対する指導監督についての過失があるということはできない。」

（裁判長裁判官　中川了滋，裁判官　津野修，今井功，古田佑紀）

▶*Reference　1*）　課外クラブ活動についての，町立中学校および顧問教諭の指導監督・事故発生防止の一般的注意義務の存在を認めた最二小判昭和 58（1983）・2・18 民集 37 巻 1 号 101 頁［重判昭 58 行 7］（事案については破棄差戻し）など，公立学校における教師の教育活動が国賠法 1 条の公権力の行使に該当するとしたうえで，過失の有無を判断した判例は多い。III–2–1 の冒頭も参照。

2）　最三小判平成 21（2009）・4・28 民集 63 巻 4 号 904 頁［重判平 21 行 12］は，悪ふざけをしていた公立小学校 2 年生の男子生徒（A）を，教員（B）が捕まえて，胸元をつかんで壁に押し当て，大声で叱った行為について，体罰を禁止した学校教育法 11 条但書との関係を，以下のように説示し，国家賠償請求を棄却している。「B の本件行為は，児童の身体に対する有形力の行使ではあるが，他人を蹴るという A の一連の悪ふざけについて，これからはそのような悪ふざけをしないように A を指導するために行われたものであり，悪ふざけの罰として A に肉体的苦痛を与えるために行われたものではないことが明らかである。B は，自分自身も A による悪ふざけの対象となったことに立腹して本件行為を行っており，本件行為にやや穏当を欠くところがなかったとはいえないとしても，本件行為は，その目的，態様，継続時間等から判断して，教員が児童に対して行うことが許される教育的指導の範囲を逸脱するものではなく，学校教育法 11 条ただし書にいう体罰に該当［しない］」。

131　勾留中の患者の診療行為

最一小判平成 17（2005）・12・8
判時 1923 号 26 頁
（評釈）岡林伸幸・判評 574（判時 1944）号 31 頁
（一審）東京地判平成 16（2004）・1・22 判タ 1155 号 131 頁
（二審）東京高判平成 17（2005）・1・18 判時 1896 号 98 頁

■**事実**　X は住居侵入罪で逮捕され，A 拘置所に勾留されていたところ，拘置所の職員は，2001 年 4 月 1 日午前 7 時 30 分ころ，巡回中に，X が起床の作業をせず，布団の上で上半身を起こしたままの状態でいるのを見た。職員が声をかけたところ，X は言葉にならない返答をするだけであったので，同職員は直ちに A 拘置所医務部病院に連絡した。X は，同日午前 8 時ころ，医務部に運び込まれ，医務部の外科の医師で同日午前 8 時 30 分までの当直医であった B 医師が診察したところ，X には，脳

III–1　国家賠償責任の特徴と現代的展開　315

⇨*131*

内出血または脳こうそくの疑いがあり，同日午前 8 時 10 分ころ，A 拘置所の ICU に収容された。当直を引き継いだ精神神経科が専門の C 医師，次いで医務部長で一般消化器外科が専門の D 医師が，X を脳こうそくと診断し，頭部 CT 撮影や投薬を継続したが，症状発見の翌々日の 4 月 3 日午前 10 時ころ，D 医師は拘置所での保存的治療は不適当と判断し，複数の病院に受入れを打診し，受入可能との回答を得た E 病院に転送，同日午後 3 時 41 分に E 病院に到着した。X の意識レベルは，いわゆるこん睡状態であり，症状は増悪傾向にあったので，E 病院では，X の弁護人の同意を得て，同日午後 10 時 15 分から X の前側頭部の緊急開頭減圧手術を施行したが，X には重大な後遺症が残った。X は，国（Y）が速やかに外部の医療機関に転送すべき義務があったにもかかわらず，これを怠り，適切な治療を受ける機会を失わせたなどと主張して，国賠法 1 条 1 項に基づいて，慰謝料等を請求した。

　一審は B 医師が担当した 4 月 1 日午前 8 時 30 分までの時点においても，X を脳神経内科・同外科の専門知識と治療設備を有する専門病院へ転医させる（少なくともその手続に入る）べきであったし，少なくとも，午前 8 時 30 分過ぎに C 医師が引き継いだ時点では，速やかに転医の手続をとるべきであったとして，X は，脳こうそくに対して超急性期に有効な血栓溶解療法を受ける機会を完全に失ったものというべきであるから，これによって発生した精神的損害について，Y は，国賠法 1 条 1 項により賠償すべき責任があると判断して，X の請求を 120 万円の限度で認容した。

　それに対して二審は，X につき，外部の医療機関によって血栓溶解療法を受けることによりその後の重篤な後遺症が残らなかった相当程度の可能性があるとはいえず，そうした可能性の侵害を理由とする国家賠償請求は理由がないとして，請求を棄却した。X より上告。

■判旨　上告棄却。

「勾留されている患者の診療に当たった拘置所の職員である医師が，過失により患者を適時に外部の適切な医療機関へ転送すべき義務を怠った場合において，適時に適切な医療機関への転送が行われ，同病院において適切な医療行為を受けていたならば，患者に重大な後遺症が残らなかった相当程度の可能性の存在が証明されるときは，国は，患者が上記可能性を侵害されたことによって被った損害について国家賠償責任を負う……（最高裁平成……12［2000］年 9 月 22 日第二小法廷判決・民集 54 巻 7 号 2574 頁，最高裁平成……15［2003］年 11 月 11 日第三小法廷判決・民集 57 巻 10 号 1466 頁参照）。」

「(1)　第 1 回 CT 撮影が行われた 4 月 1 日午前 9 時 3 分の時点では，X には，血栓溶解療法の適応がなかった，(2)　それより前の時点においては，X には，血栓溶解療法の適応があった可能性があるが，血栓溶解療法の適応があった間

⇨*131*

に，X を外部の医療機関に転送して，転送先の医療機関において血栓溶解療法を開始することが可能であったとは認め難い，(3) A 拘置所においては，X の症状に対応した治療が行われており，そのほかに，X を速やかに外部の医療機関に転送したとしても，X の後遺症の程度が軽減されたというべき事情は認められないのであるから，X について，速やかに外部の医療機関への転送が行われ，転送先の医療機関において医療行為を受けていたならば，X に重大な後遺症が残らなかった相当程度の可能性の存在が証明されたということはできない。……X に重大な後遺症が残らなかった相当程度の可能性の存在が証明されたということができない以上，A 拘置所の職員である医師が X を外部の医療機関に転送すべき義務を怠ったことを理由とする国家賠償請求は，理由がない。」

（裁判長裁判官　泉德治，裁判官　横尾和子，甲斐中辰夫，島田仁郎，才口千晴）

▶*Reference*　1)　本判決に付された横尾裁判官と泉裁判官の反対意見は，「[B 医師・C 医師には] 急性期の脳卒中患者である X について，脳血管障害の専門医による医療水準にかなった適切な検査，治療等の医療行為を行うことのできる医療機関へ直ちに移送し，適切な医療行為を受けさせる義務があった……，同医師らには，これを怠った過失がある……。これにより，X は，急性期の脳卒中患者として専門医による医療水準にかなった適切な検査，治療等の医療行為を受ける利益を侵害されたのであるから，Y は，国家賠償法に基づき，X の上記利益侵害に係る精神的損害を賠償する責任がある」とする。島田裁判官，才口裁判官それぞれの補足意見も参照。

2)　因果関係と過失の立証については，*132～134* も参照。

3)　学校事故などの責任を追及するもう 1 つの方法として，債務不履行構成（安全配慮義務違反）がある。安全配慮義務は「ある法律関係に基づいて特別な社会的接触の関係に入った当事者間において，当該法律関係の付随義務として当事者の一方又は双方が相手方に対して信義則上負う義務」（最三小判昭和 50 (1975)・2・25 民集 29 巻 2 号 143 頁 [百選 I 26]（I 巻 *29*〔*28*〕))であり，消滅時効の点で不法行為構成よりも有利になるとされたが，2017（平成 29）年民法改正において，人の生命・身体を害した場合の損害賠償請求権の短期・長期消滅時効（従前のいわゆる除斥期間）は，債務不履行と不法行為で統一されたので（短期 5 年，長期 20 年。民法 166 条・167 条・724 条・724 条の 2)，この点でのメリットはなくなった。

4)　他方で，最一小判平成 28 (2016)・4・21 民集 70 巻 4 号 1029 頁 [重判平 28 行 7] は，未決勾留の拘禁関係は，被勾留者の意思にかかわらず法令等の規定により規律され，当事者が信義則上の安全配慮義務を負うべき特別な社会的接触の関係ではないとして，国賠法 1 条 1 項責任のみの追及可能性を示した。

⇨*132*

Ⅲ-1-3　予防接種禍の救済

132 過失立証負担の軽減

最二小判平成 3（1991）・4・19［百選Ⅱ 217］
民集 45 巻 4 号 367 頁；判時 1386 号 35 頁
（評釈）富越和厚・曹時 45 巻 10 号 85 頁
（一審）札幌地判昭和 57（1982）・10・26 判時 1060 号 22 頁
（二審）札幌高判昭和 61（1986）・7・31 判時 1208 号 49 頁

■事実　X（生後 6 カ月）は，1968 年 A 市保健所において，予防接種法（昭和 45 年法 111 号による改正前のもの。以下「法」という）に基づく痘そうの予防接種（以下「本件接種」という）を受けたが，その 9 日後に脊髄炎を発症し，下半身麻痺による運動障害および知能障害の後遺障害を残すに至った。X とその両親（以下「X ら」という）は，国（Y）の A 市長に対する委任により国の公権力の行使に当たる公務員として本件接種を実施した A 市保健所予防課長が十分な予診をしなかった過失，または同人を補助者として本件接種を実施した同保健所長が十分な予診を行うことができるように措置しなかった過失を主張して，予防接種の実施事務を A 市長に委任した Y に対しては国賠法 1 条 1 項の規定に基づき，保健所予防課長および保健所長の給与負担者である A 市に対しては国賠法 3 条 1 項の規定に基づき，損害の賠償を請求した（X らは予備的請求として，条理に基づく損害賠償または損失補償を主張したが，二審でこの主張は撤回し，憲法の規定を根拠とする損失補償を追加的に主張した）。

　一審は，X の発症と本件接種には因果関係があり，接種実施者の問診義務違反によって，接種時の X の不適応状態を看過した過失があるとして，X の母が X の数日前からの身体状況を申告しなかった過失につき過失相殺のうえ，損害賠償請求を認容した。二審は，X の後遺障害について，本件接種に起因するものと認めたうえで，接種前の X の症状は咽頭炎であり，遅くとも同月 6 日には X は解熱していたから，咽頭炎は治癒しており，接種当日である同月 8 日に発熱がなかったから，接種当時において X は禁忌者［現在は，予防接種法 7 条の「当該予防接種を受けることが適当でない者として厚生労働省令で定めるもの」に相当］に該当せず，よって，仮に予診に不十分な点があったとしても，X の健康状態等に照らし，本件接種の実施は正当であり，予診の不十分な点と本件後遺障害とが結びつくことはありえない，として各請求を棄却した。また，予備的請求について，憲法 29 条 3 項による補償請求は，行訴法の適用を受ける実質的当事者訴訟であり，国家賠償請求とは訴訟物を異にするので，民訴法 227 条（現 136 条）の規定する同一訴訟手続を欠くとして不適法却下とした。X が上告。

■判旨　破棄差戻し。

318　Ⅲ　国家賠償と損失補償

⇨*132

　「予防接種によって重篤な後遺障害が発生する原因としては，被接種者が禁忌者に該当していたこと又は被接種者が後遺障害を発生しやすい個人的素因を有していたことが考えられるところ，禁忌者として掲げられた事由は一般通常人がなり得る病的状態，比較的多く見られる疾患又はアレルギー体質等であり，ある個人が禁忌者に該当する可能性は右の個人的素因を有する可能性よりもはるかに大きいものというべきであるから，予防接種によって右後遺障害が発生した場合には，当該被接種者が禁忌者に該当していたことによって右後遺障害が発生した高度の蓋然性があると考えられる。したがって，予防接種によって右後遺障害が発生した場合には，禁忌者を識別するために必要とされる予診が尽くされたが禁忌者に該当すると認められる事由を発見することができなかったこと，被接種者が右個人的素因を有していたこと等の特段の事情が認められない限り，被接種者は禁忌者に該当していたと推定するのが相当である。」

　「Ｘが現在呈している後遺障害は，その全体にわたり，本件接種に起因するものと認められるというのであるが，原審は必要な予診を尽くしたかどうかを審理せず，Ｘが前記個人的素因を有していたと認定するものでもない。……原審認定事実によっては，いまだＸが禁忌者に該当していなかったと断定することはできない。

　したがって，必要な予診を尽くしたかどうか等の点について審理することなく，本件接種当時のＸが予防接種に適した状態にあったとして，接種実施者の過失に関するＸらの主張を直ちに排斥した原審の判断には審理不尽の違法がある」。

（裁判長裁判官　藤島昭，裁判官　香川保一，中島敏次郎，木崎良平）

▶*Reference　1*）　最一小判昭和 51（1976）・9・30 民集 30 巻 8 号 816 頁［重判昭 51 民8］は，インフルエンザの集団接種における過失の推定につき，以下のように説示していた。「適切な問診を尽さなかったため，接種対象者の症状，疾病その他異常な身体的条件及び体質的素因を認識することができず，禁忌すべき者の識別判断を誤って予防接種を実施した場合において，予防接種の異常な副反応により接種対象者が死亡又は罹病したときには，担当医師は接種に際し右結果を予見しえたものであるのに過誤により予見しなかったものと推定するのが相当である。そして当該予防接種の実施主体であり，かつ，右医師の使用者である地方公共団体は，接種対象者の死亡等の副反応が現在の医学水準からして予知することのできないものであったこと，若しくは予防接種による死亡等の結果が発生した症例を医学情報上知りうるものであったとしても，その結果発生の蓋然性が著しく低く，医学上，当該具体的結果の発生を否定的に予測するのが通常であること，又は当該接種対象者に対する予防接種の具体的必要性と予防接種の危険性と

III-*1*　国家賠償責任の特徴と現代的展開　319

⇨*133*

の比較衡量上接種が相当であったこと（実施規則 4 条但書）等を立証しない限り，不法
行為責任を免れないものというべきである。」

2）　本件差戻後控訴審・札幌高判平成 6（1994）・12・6 判時 1526 号 61 頁（確定）は，
本件の事実関係のもとでは，X について本件上告審判決が示す特段の事情を認めるに
足りないから，X は本件種痘時に禁忌者に該当していたと推定され，接種によって X
が罹病していることにより担当医師は種痘実施にあたり適切な問診を尽くさなかったた
めに識別を誤って接種したことになるから，後遺障害が発生することを予見しえたのに
過誤により予見しなかったものと推定すべきこととなり，右推定を覆すに足りる例外的
事由は認められない以上，当該医師の過失が認められるとした。

3）　損失補償請求の併合の問題については，*102* を参照。

133　損失補償請求の可否と組織過失

東京高判平成 4（1992）・12・18 ［重判平 4 行 7］
高民集 45 巻 3 号 212 頁；判時 1445 号 3 頁
（評釈）又坂常人・自治研究 72 巻 7 号 122 頁，滝沢正・判評 415（判時
1461）号 12 頁
（一審）東京地判昭和 59（1984）・5・18 判時 1118 号 28 頁

■事実　1952 年から 1974 年までの間に，予防接種法に基づく種痘，インフルエンザ
などの予防接種を受けた乳幼児 62 名は，接種の直後に脳炎・脳症等を発症し，死亡
したり重篤な後遺障害を負った。生存被害児や両親ら 159 名（X ら）は，国（Y）に
対して国賠法による損害賠償を請求し，あわせて，憲法 29 条 3 項等に基づく損失補
償を選択的に併合して請求した。

一審は，被害児 A について，接種担当者に過量接種を行った過失，B について，
実施主体としての東京都 C 区長と接種担当者に複数同時接種を行った過失を認定し
て，国家賠償請求を一部認容し，他の被害児については，以下の説示のもとに，損失
補償請求を一部認容した。「……いわゆる強制接種は，予防接種法第 1 条に規定する
ように，伝染の虞がある疾病の発生及びまん延を予防するために実施し，よって，公
衆衛生の向上と増進を図るという公益目的の実現を企図しており，それは，集団防衛，
社会防衛のためになされる」，「……予防接種は，一般的には安全といえるが，極く稀
にではあるが不可避的に死亡その他重篤な副反応を生ずることがあることが統計的に
明らかにされている。しかし，それにもかかわらず公共の福祉を優先させ，たとえ個
人の意思に反してでも一定の場合には，これを受けることを強制し，予防接種を義務
づけている……。」「いわゆる勧奨接種についても，……被接種者としては，勧奨とは
いいながら，接種を受ける，受けないについての選択の自由はなく，国の方針で実施
される予防接種として受けとめ，国民としては，国の施策に従うことが当然の義務で
あるとのいわば心理的社会的に強制された状況の下で，しかもその実施手続・実態に
は，いわゆる強制接種となんら変ることのない状況の下で接種を受けている」。「この

320　　Ⅲ　国家賠償と損失補償

ようにして，一般社会を伝染病から集団的に防衛するためになされた予防接種により，その生命，身体について特別の犠牲を強いられた各被害児及びその両親に対し，右犠牲による損失を，これら個人の者のみの負担に帰せしめてしまうことは，生命・自由・幸福追求権を規定する憲法13条，法の下の平等と差別の禁止を規定する同14条1項，更には，国民の生存権を保障する旨を規定する同25条のそれらの法の精神に反するということができ，そのような事態を等閑視することは到底許されるものではなく，かかる損失は，本件各被害児らの特別犠牲によって，一方では利益を受けている国民全体，即ちそれを代表するYが負担すべきものと解するのが相当である。」「そして，右憲法13条後段，25条1項の規定の趣旨に照らせば，財産上特別の犠牲が課せられた場合と生命，身体に対し特別の犠牲が課せられた場合とで，後者の方を不利に扱うことが許されるとする合理的理由は全くない。／従って，生命，身体に対して特別の犠牲が課せられた場合においても，右憲法29条3項を類推適用し，かかる犠牲を強いられた者は，直接憲法29条3項に基づき，Yに対し正当な補償を請求することができる」。

Yが控訴。二審は，以下のように，損失補償請求は斥けたが，厚生大臣の過失を認定して，（除斥期間を徒過した1名の被害児を除き）国家賠償請求を認容した。

■**判旨**　一部原判決を取り消し，一部控訴棄却。

損失補償請求に関する説示　「予防接種による重篤な副反応の発生の過程で公権力を行使した（国の）公務員に故意又は過失があった場合を想定すると，その場合の接種は違法であって，国家賠償法1条により責任を問うことができることは明白である。これに対し，公務員に主観的要件がないという場合を想定すると，憲法17条を受けて制定された国家賠償法が無過失責任を採用しなかった結果として，国家賠償法上の責任は問えないということになるにすぎない。そして，そのような結果は，憲法自体が，……公権力行使による特定個人の損失と国民全体の負担の調整の結果として，容認しているところ〔である〕。」

「本件予防接種被害を適法行為による侵害であるとみることはできないものであり（……），また，憲法29条3項を違法な侵害行為にまで拡張して解釈することは，前記の体系の下で右条項は法に基づく適法な侵害に関する規定であることが明らかであるから，憲法解釈の枠を超える」。

「生命身体に特別の犠牲を課すとすれば，それは違憲違法な行為であって，許されないものであるというべきであり，生命身体はいかに補償を伴ってもこれを公共のために用いることはできないものであるから，許すべからざる生命身体に対する侵害が生じたことによる補償は，本来，憲法29条3項とは全く無関係のものであるといわなければならない。したがって，このように全く無

⇨*133*

関係なものについて，生命身体は財産以上に貴重なものであるといった論理により類推解釈ないしもちろん解釈をすることは当を得ない」。

国家賠償請求に関する説示　「予防接種は時に重篤な副反応が生ずるおそれがあるもので，危険を伴うものであり，その危険をなくすためには事前に医師が予診を充分にして，禁忌者を的確に識別・除外する体制を作る必要がある。」

「そして，伝染病の伝播及び発生の防止その他公衆衛生の向上及び増進を任務とする厚生省の長として同省の事務を統括する厚生大臣としては，右の趣旨に沿った具体的な施策を立案し，それに沿って法15条に基づく省令等を制定し，かつ，予防接種業務の実施主体である市町村長を指揮監督し（地方自治法150条［1999年改正前］。法に基づく接種の場合），あるいは地方自治法245条等［1999年改正前］に基づき（勧奨接種の場合）地方自治体に助言・勧告する，さらには，接種を実際に担当する医師や接種を受ける国民を対象に予防接種の副反応や禁忌について周知を図るなどの措置をとる義務があった」。

「ところが，厚生大臣は，長く，伝染病の予防のため，予防接種の接種率を上げることに施策の重点を置き，予防接種の副反応の問題にそれほど注意を払わなかったため，以下のとおり，前記の義務を果たすことを怠った。」

（中略。1958年以前・以降，1970年以前・以降に分けて，それぞれにおいて，予診体制が不備であり，予診不充分なまま接種が実施される状況であった旨を認定）「厚生大臣は，以上のような，禁忌を識別するための充分な措置をとらなかったことの結果として，現場の接種担当者が禁忌識別を誤り禁忌該当者であるのにこれに接種して，本件各事故のような重大な副反応事故が発生することを予見することができたものというべきである。また，……本件被害児らはすべて禁忌該当者と推定されるものであるから，厚生大臣が禁忌を識別するための充分な措置をとり，その結果，接種担当者が禁忌識別を誤らず，禁忌該当者をすべて接種対象者から除外していたとすれば，本件副反応事故の発生を回避することができたものというべきであり，したがって，本件副反応事故という結果の回避可能性もあったものということができる。」

（裁判長裁判官　宍戸達徳，裁判官　大坪丘，福島節男）

▶*Reference 1)*　本判決につきYは上告せず，除斥期間徒過により請求を棄却された原
　　　　告1名が上告。上告審・最二小判平成10（1998）・6・12民集52巻4号1087頁［重判
　　　　平10民11］は，特段の事情がある場合には除斥規定の効果は生じない旨の判断を示し

⇨*134*

て破棄差戻しとし，差戻審の東京高裁で和解が成立した。

2）予防接種法の改正により，現在では予防接種は，原則として個別接種として行われ，「定期の予防接種」「臨時の予防接種」からなる（5条・6条）。予防接種を行ってはならない場合にかかる規定（7条），市町村長等が接種を勧奨する旨の規定（8条），および，予防接種の対象者の接種を受ける努力義務規定（9条）がある。市町村による定期の予防接種の実施は自治事務であり，臨時の予防接種についての都道府県と市町村の事務は法定受託事務である。

3）地方公共団体の公文書不開示決定に対する損害賠償請求事件において，最一小判平成18（2006）・4・20集民220号165頁は，担当職員に職務上通常尽くすべき注意義務違反がなかったとして請求を斥けたが，泉徳治裁判官反対意見は，以下のように，組織過失論を提示している。「行政処分は，知事等の独任機関たる行政庁の名義で行われる場合であっても，実際には，行政庁を支える行政組織体の組織的決定として行われるものであって，国家賠償法1条1項の「公務員」の故意又は過失の存否も，行政組織体を構成する公務員を全体的一体的にとらえて，組織体として手落ち手抜かりが存したかどうかという観点から検討すべきである。すなわち，当該行政処分を実際に担当した個別具体的な職員の故意過失のみを問題とするのではなく，行政庁を支える行政組織体の構成員たる公務員を全体的一体的にとらえて故意過失が存するか否かを判断すべきである。／そして，国家賠償法1条1項の規定に基づく損害の賠償を請求する上において，上記「公務員」を具体的に特定する必要がないことは，いうまでもない（最高裁昭和……57［1982］年4月1日第一小法廷判決・民集36巻4号519頁参照［*140*]）。」同反対意見に反駁する甲斐中辰夫裁判官の補足意見も参照。

134 因果関係の立証（B型肝炎訴訟）

最二小判平成18（2006）・6・16［重判平18民11］
民集60巻5号1997頁；判時1941号28頁
（評釈）松久三四彦・判評585（判時1978）号16頁，松並重雄・曹時61巻4号175頁
（一審）札幌地判平成12（2000）・3・28訟月47巻2号235頁
（二審）札幌高判平成16（2004）・1・16判時1861号46頁

■**事実** X₁〜X₅ら原告は，国（Y）に対し，乳幼児期に受けた集団ツベルクリン反応検査・集団予防接種（以下「集団予防接種等」という）において，注射器等の医療器具が適切に消毒されないまま連続使用されたことによってB型肝炎ウイルスに感染し，さらにX₃を除く原告らは，B型肝炎を発症して肉体的・精神的損害等を被ったと主張し，国賠法1条1項に基づき，慰謝料等の支払いを求めた。

一審は，各集団予防接種とX₁らの感染との間における医学的に明確な因果関係を積極的に認定することは困難である等として，X₁らの請求を全部棄却した。二審は，XらのB型肝炎ウイルス感染の原因が集団予防接種等であると認めうる直接証拠は見当たらず，疫学的な因果の連鎖を的確に示す客観的な事実を認めうる間接証拠も見

⇨*134*

当たらないが，集団予防接種等とB型肝炎ウイルスの感染との間には，大枠で疫学的観点からの時間的関係において因果関係を認めうる事実関係にあること等に照らし，因果関係を認めた。そして，Yは，本件各集団予防接種において肝炎の病原に感染させる可能性があったことを認識し，または認識することが十分に可能で，予防接種実施に当たり注射器の1人ごとの交換または徹底した消毒の励行等を各実施機関に指導してB型肝炎ウイルス感染を未然に防止すべき義務があったにもかかわらず，これを怠ったとして，Yの過失を認定し，X_1〜X_3について各550万円の限度で請求を認容し，X_4・X_5については，提訴時に除斥期間が経過していたとして請求を棄却した。請求認容部分に対してYが，棄却部分につきX_4・X_5が，それぞれ上告受理申立て。

最高裁は，以下のように因果関係の肯定について原審の判断を是認し，Yの上告を棄却した（X_4・X_5については除斥期間が経過していないとして，原審を破棄自判した）。

■**判旨**　一部上告棄却，一部破棄自判。

「訴訟上の因果関係の立証は，一点の疑義も許されない自然科学的証明ではなく，経験則に照らして全証拠を総合検討し，特定の事実が特定の結果発生を招来した関係を是認し得る高度の蓋然性を証明することであり，その判定は，通常人が疑いを差し挟まない程度に真実性の確信を持ち得るものであることを必要とし，かつ，それで足りるものと解すべきである（最高裁昭和……50 [1975] 年10月24日第二小法廷判決・民集29巻9号1417頁参照）。」

「①　B型肝炎ウイルスは，血液を介して人から人に感染するものであり，その感染力の強さに照らし，集団予防接種等の被接種者の中に感染者が存在した場合，注射器の連続使用によって感染する危険性があること，②　X_1らは，最も持続感染者になりやすいとされる0〜3歳時を含む6歳までの幼少期に本件集団予防接種等を受け，それらの集団予防接種等において注射器の連続使用がされたこと，③　X_1らは，その幼少期にB型肝炎ウイルスに感染して持続感染者となり，うちX_1及び同X_2は，成人期に入ってB型肝炎を発症したことが認められる。また……X_1らの母親がX_1らを出産した時点でHBe抗原陽性の持続感染者であったものとは認められないから，X_1らは，母子間の垂直感染（……）により感染したものではなく，それ以外の感染，すなわち，水平感染によるものと認められる。」

「さらに……昭和61 [1986] 年から母子間感染阻止事業が開始された結果，同年生まれ以降の世代における新たな持続感染者の発生がほとんどみられなくなったことが認められ……同年生まれ以降の世代については，母子間感染阻止

⇨*135*

事業の対象とされた垂直感染による持続感染者の発生がほとんどなくなったというだけでなく，母親が持続感染者でないのに感染した X_1 らのような水平感染による持続感染者の発生もほとんどなくなったということを意味し，少なくとも，幼少児については，垂直感染を阻止することにより同世代の幼少児の水平感染も防ぐことができたことを意味する。」

「同［母子間感染阻止］事業の開始後も，そのような措置を施されなかった幼少児が多数存在するとともに，家庭内を含めて幼少児の生活圏内には相当数の持続感染者が存在していたと推認されることにかんがみれば，幼少児について，垂直感染を阻止することにより水平感染も防ぐことができたということは，一般に，幼少児については，集団予防接種等における注射器の連続使用によるもの以外は，家庭内感染を含む水平感染の可能性が極めて低かったことを示すものということもできる。」

「以上の事実に加え，本件において，X_1 らについて，本件集団予防接種等のほかには感染の原因となる可能性の高い具体的な事実の存在はうかがわれず，他の原因による感染の可能性は，一般的，抽象的なものにすぎないこと（……）などを総合すると，X_1 らは，本件集団予防接種等における注射器の連続使用によってB型肝炎ウイルスに感染した蓋然性が高いというべきであり，経験則上，本件集団予防接種等と X_1 らの感染との間の因果関係を肯定するのが相当である。」

（裁判長裁判官　中川了滋，裁判官　滝井繁男，津野修，今井功，古田佑紀）

▶*Reference*　行政訴訟における因果関係立証につき *87* 参照。

Ⅲ-1-4　私人による行政と国家賠償

135 民営児童養護施設における事故と県の責任

最一小判平成 19（2007)・1・25 ［百選Ⅱ 232]
民集 61 巻 1 号 1 頁；判時 1957 号 60 頁
（評釈）横田光平・法協 125 巻 12 号 2789 頁，板垣勝彦・自治研究 84 巻 8 号 133 頁，武田真一郎・判評 585（判時 1978）号 13 頁，増森珠美・曹時 61 巻 4 号 254 頁
（一審）名古屋地判平成 16（2004)・11・12 民集 61 巻 1 号 41 頁〔参〕
（二審）名古屋高判平成 17（2005)・9・29 民集 61 巻 1 号 67 頁〔参〕

■**事実**　X（原告）は，母親の病気療養により，家庭での養育が困難になったため，

Ⅲ-1　国家賠償責任の特徴と現代的展開　　325

⇨*135*

1992年に，県（Y_1）による児童福祉法27条1項3号に基づく入所措置（以下「3号措置」という）により，社会福祉法人（Y_2）の経営するA学園に入所した（入所当時3歳）。Xは，1998年1月に，A学園の施設内で，Xと同じく3号措置により入所中の児童4名から暴行を受けて重傷を負い，入院治療を受けたが重篤な後遺症が残った。上記暴行は，直前に同学園の職員Bから，上記4名の中

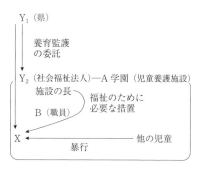

の1名がXを蹴ったことで注意を受けた腹いせに，Bが事務室に戻った間に行われた。Xは，Bには入所児童を保護監督すべき注意義務を怠った過失があるとして，上記受傷により被った損害について，A学園の施設の長および職員（以下，あわせて「職員等」という）による入所児童の養育監護行為はY_1の公権力の行使に当たるので，Y_1は国賠法1条1項に基づき賠償責任を負い，またY_1が賠償責任を負う場合にも，Y_2はA学園の職員等による不法行為につき民法715条に基づき使用者責任を負うと主張して，それぞれに対して損害賠償を求めた。

一審は，Bの過失を認定し，Y_1に対する請求については，保護者のない児童や保護者に監護させることが不適当な児童については，国および地方公共団体が当該児童の養育監護の責任を負うので，本来，養護施設内における入所児童に対する養育監護行為は，国および地方公共団体が行うべき事務であり，養護施設に入所する児童の養育監護を社会福祉法人に委託した場合でも，なお入所児童に対して適切な養育監護行為を行うべき責任を負っているものとし，なおかつ施設における養育監護行為は，「一定の強制力を伴うものも含まれると解されるから，これを純粋な私経済作用と解することはでき［ず］」，「非権力的作用であるとしても，国家賠償法1条1項所定の公権力の行使と認める」ことができる，として，Y_1の損害賠償責任を認めた。Y_2に対する請求については，Y_2がY_1から委託を受けて行う養育監護は公共的性質の高度な行為であり，委託に対して正当な理由がない限りこれを拒んではならない受諾義務が課せられていること，Y_1の知事は，児童福祉法により，Y_2に委託した業務の運営内容について，調査，監督および指導を行う権限を有するものであること，公共団体が賠償責任を負うことによって，被害者に対する損害の填補に不安はないこと等の諸点から，職員の個人責任について一般の公務員の場合と別異に解すべき理由はないとして，Y_2の民法715条責任を認めなかった。

二審は，Y_1の責任については，一審と同様に判断したが，Y_2の責任については，国賠法上の公務員個人の責任と使用者の責任の関係につき，以下のように説示のうえ，これを認めた。「国賠法1条1項は，公権力の行使に当たる公務員が，違法に他人に

⇨*135*

損害を与えたときは，「国又は公共団体が」賠償責任を負うとして，上記公務員との関係で，公務員個人の責任を排除したものにすぎず，それにより公務員個人の行為の違法性が消滅するものではないから，いわゆる組織法上の公務員ではないが，国賠法上の公務員に該当する者の使用者の不法行為責任まで排除するものとまではいえない」。Y₁・Y₂が上告。

■**判旨**　Y₁の上告を棄却。Y₂の上告につき，原審を破棄自判。

　Y₁の責任について　「［児童福祉］法は，保護者による児童の養育監護について，国又は地方公共団体が後見的な責任を負うことを前提に，要保護児童に対して都道府県が有する権限及び責務を具体的に規定する一方で，児童養護施設の長が入所児童に対して監護，教育及び懲戒に関しその児童の福祉のため必要な措置を採ることを認めている。上記のような法の規定及び趣旨に照らせば，3号措置に基づき児童養護施設に入所した児童に対する関係では，入所後の施設における養育監護は本来都道府県が行うべき事務であり，このような児童の養育監護に当たる児童養護施設の長は，3号措置に伴い，本来都道府県が有する公的な権限を委譲されてこれを都道府県のために行使するものと解される。

　したがって，都道府県による3号措置に基づき社会福祉法人の設置運営する児童養護施設に入所した児童に対する当該施設の職員等による養育監護行為は，都道府県の公権力の行使に当たる公務員の職務行為と解するのが相当である。」

　Y₂の責任について　「国家賠償法1条1項は，国又は公共団体の公権力の行使に当たる公務員が，その職務を行うについて，故意又は過失によって違法に他人に損害を与えた場合には，国又は公共団体がその被害者に対して賠償の責めに任ずることとし，公務員個人は民事上の損害賠償責任を負わないこととしたものと解される（最高裁昭和……30［1955］年4月19日第三小法廷判決・民集9巻5号534頁［*166*]，最高裁昭和……53［1978］年10月20日第二小法廷判決・民集32巻7号1367頁［*159*]等）。この趣旨からすれば，国又は公共団体以外の者の被用者が第三者に損害を加えた場合であっても，当該被用者の行為が国又は公共団体の公権力の行使に当たるとして国又は公共団体が被害者に対して同項に基づく損害賠償責任を負う場合には，被用者個人が民法709条に基づく損害賠償責任を負わないのみならず，使用者も同法715条に基づく損害賠償責任を負わないと解するのが相当である。」

（裁判長裁判官　才口千晴，裁判官　横尾和子，甲斐中辰夫，泉徳治，涌井紀夫）

▶*Reference*　*1*)　民間補導委託における国の賠償責任を認めるとともに，受託者の責任

III—*1*　国家賠償責任の特徴と現代的展開　327

⇨*136*

を否定した判決として，浦和地判平成 8（1996）・2・21 判時 1590 号 114 頁（I 巻 *58*〔*54*〕）を参照。

2）指定建築確認機関（建基法 77 条の 18 以下）によりなされた建築確認（同法 6 条の 2）に対する周辺住民の取消訴訟と損害賠償請求について，横浜地判平成 17（2005）・11・30 判自 277 号 31 頁は，確認の違法性を認定して取り消した。損害賠償については，最二小決平成 17（2005）・6・24 判時 1904 号 69 頁〔百選 I 7〕（I 巻 *69*〔*66*〕）の説示を引用のうえ，「指定確認検査機関による建築確認処分は，当該確認に係る建築物について確認をする権限を有する建築主事が置かれた地方公共団体の公権力の行使であるといえるから，当該地方公共団体は，指定確認検査機関による建築確認処分に係る事務の違法それ自体を理由として，国家賠償法 1 条 1 項の「公共団体」として賠償責任を負う」との解釈を示したが，当該事案については，指定建築確認機関に故意または過失がなかったとして，市に対する損害賠償請求を斥けた。それに対して，横浜地判平成 24（2012）・1・31 判時 2146 号 91 頁は，耐震強度不足マンションの区分所有者による損害賠償請求事案において，「指定確認検査制度は，建築確認等の事務の主体を地方公共団体から民間の指定確認検査機関に移行したものであって，指定確認検査機関は，自ら設定した手数料を収受して，自己の判断で建築確認業務を行っており，その交付した建築確認済証は，建築主事が交付した確認済証とみなされる……。そうすると，指定確認検査機関は，行政とは独立して，公権力の行使である建築確認業務を行っているので……指定確認検査機関の行った建築確認に瑕疵がある場合には，その国賠法上の責任は指定確認検査機関自身が負う……。ただし，……特定行政庁においても，一定の監督権限は与えられているから，特定行政庁が同権限の行使を怠った場合には，特定行政庁が属する地方公共団体も，国賠法上の責任を負う」としたうえで，当該事案において監督権限行使の懈怠はないとして，市に対する請求を斥け，指定確認検査機関，設計事務所およびその代表者に対する請求を認容している。

3）横浜地判平成 11（1999）・6・23 判自 201 号 54 頁は，市立図書館において，警備業務を委託された私営警備会社の従業員たる警備員が図書館利用者に対して加えた実力の行使について，「契約上の根拠及び条理に基づき，〔市〕から委託された権限の行使」として，国賠法 1 条の公権力の行使に該当するとしたうえで，実力行使の状況や程度から，民事上違法な行為には至っていないとして，市に対する国家賠償請求を棄却している。

Ⅲ-1-5 国際化と国家賠償

136 相互保証主義の憲法適合性とその適用

東京地判平成 14（2002）・6・28
判時 1809 号 46 頁
（評釈）髙梨文彦・自治研究 80 巻 5 号 135 頁，下山憲治・判評 537（判時 1831）号 29 頁

328　Ⅲ　国家賠償と損失補償

⇨*136*

■事実　アメリカ合衆国国籍を有する X は，日本の A 刑務所に懲役受刑者として拘禁されていたところ，刑務所の職員から集団的暴行を受け，違法に革手錠および金属手錠を使用されたうえ，保護房に拘禁された等の事実を主張して，国（Y）に対し，国賠法 1 条 1 項に基づき，上記各行為により被った精神的苦痛に対する慰謝料および弁護士費用の賠償並びに遅延損害金の支払いを求めた。

　判決は，革手錠および金属手錠の継続使用について違法性を認め，X の請求を一部認容したが，国賠法 6 条の憲法適合性と，アメリカ合衆国との間での相互保証の有無については，以下のように説示している。

■判旨　一部認容（確定）。

「憲法 17 条は，「何人も，公務員の不法行為により，損害を受けたときは，法律の定めるところにより，国又は公共団体に，その賠償を求めることができる。」と規定しており，同条の規定がその性質上我が国の国民のみを対象とするものということは相当でないものの，同条が「法律の定めるところにより」損害賠償を請求できる旨規定しており，同条に基づいて直ちに具体的な賠償請求権が生ずるものではないことからすれば，同条は，外国人による国家賠償請求について，必ずしも我が国の国民による国家賠償請求と同一の保障をしなければならないことを要請するものではなく，外国人による国家賠償請求について，我が国の国民による国家賠償請求とは異なる事情が認められる場合に，法律により特別の定めを設けて制約を加えることも，その内容が不合理なものでない限り，同条の規定に反しない……国家賠償法 6 条が外国人による国家賠償請求を相互の保証のある場合に限定しているのは，我が国の国民に対して国家賠償による救済を認めない国の国民に対し，我が国が積極的に救済を与える必要がないという，衡平の観念に基づくものであり，外国人による国家賠償請求について相互の保証を必要とすることにより，外国における我が国の国民の救済を拡充することにも資する……。」「そうすると，外国人による国家賠償請求について相互の保証を要することとした国家賠償法 6 条の規定は，外国人による国家賠償請求に関する特有の事情に基づくものであり，その趣旨及び内容には，一定の合理性が認められる」。

「今日の国際社会において，基本的人権の国際的な保障が重要となっていることにかんがみれば，立法政策における当否の問題としては，外国人による国家賠償請求について，我が国の国民と平等の保障を及ぼすものとすることも，十分検討に値するというべきであるが，このことから，国家賠償法が外国人による国家賠償請求について相互主義を採用したことが，直ちに不合理であると

***III-1*　国家賠償責任の特徴と現代的展開**　329

⇨*136*

までは解することができない……。」「したがって，外国人による国家賠償請求を相互の保証のある場合に限定した国家賠償法 6 条の規定が，憲法 17 条に違反するものということはできない。」

「［国賠法 6 条の］趣旨及び内容に一定の合理性が認められることからすれば，同条の規定が憲法 14 条 1 項に違反するということはできない。」

「アメリカ合衆国においては，連邦制が採用され，刑務所の運営主体も連邦，州，郡，市等，多岐に分かれているところ，連邦市民権法（42 U. S. Code Section 1983）は，連邦及び州の公務員による憲法上の権利の侵害に対する民事的請求を認めており，公務員による過度の強制力の行使が，憲法上の権利の侵害に該当することから，同法による救済の対象となる。」

「上記の責任は，公務員個人に対する責任であって，各州においては，主権免責の概念が認められている場合もあるが，主権免責を放棄したり，免責制限を図る州も存在する。また，公務員個人が責任を負う場合においても，政府が通常当該公務員に弁償することとされており，公務員の行動の原因が政府によって十分な指導，監督等が行われていなかったことにあると証明された場合には，政府自体の法的責任が認められる可能性もある。」「そして，実際にも，市の刑務所で暴行を受けた受刑者に対して，市や郡が賠償金を支払った事例が存在する。」「また，アメリカ合衆国憲法修正 14 条が，法の平等な保護を保障していることからすれば，上記の保護は，これを制限する旨の特別の規定がない限り，外国人に対しても及ぶものと推認されるところ，このような特別の規定が存することを認めるに足りる証拠はない。」

「以上によれば，我が国の国民がアメリカ合衆国において，本件で違法と認められた行為と同様の加害行為を公務員から受けた場合には，当該公務員に損害賠償を請求することが可能であるほか，刑務所の運営者である州，市等に対して直接損害賠償を請求できる場合もあり，これらの運営者に対して直接損害賠償を請求できない場合であっても，最終的にはこれらの運営者の拠出により損害賠償金の支払を受けることができる点で，我が国における国家賠償請求と同等の効果の救済を得ることができることが一応認められる……」。

「各国の法制のあり方に差異があり，民事上の請求に関する要件，効果，請求手続等について，我が国の場合と比較することには必ずしも容易でない面が存する以上，相互の保証を厳密に求めた場合には，国際的な人権保障の観点から不合理，弊害が生じるおそれがあることは否定できない」，「特に本件の場合，

330 III 国家賠償と損失補償

⇨*136*

アメリカ合衆国が連邦制を採用している国家であり，かつ，いわゆる判例法国であって，我が国とは著しく異なる法制度を有する国であることにもかんがみれば，……上記……の事情が認められることをもって，国家賠償法 6 条に規定する「相互の保証」が存するものと解することが相当というべきである。」

（裁判長裁判官　市村陽典，裁判官　森英明，馬渡香津子）

▶*Reference*　1)　東京高判平成 27（2015)・7・30 判時 2277 号 84 頁（厚木基地騒音第 4 次民事差止・損害賠償請求訴訟二審）も，国賠法 6 条は合憲としたうえで，その解釈について「各国の法制の在り方には差異があり，各要件等の形式的な比較を重視すべきではなく……各国の法制度等の多様性を前提とした解釈を採るべき」として，一審（横浜地判平成 26（2014)・5・21 判時 2277 号 123 頁）で相互保証が認められなかったフィリピン人原告を含めすべての外国人原告につき相互保証を認めている。なお，上告審（最一小判平成 28（2016)・12・8 判時 2325 号 37 頁［重判平 29 民訴 1]）は，この点につき説示しないが結論は維持している。

2)　1958 年時点で，中華人民共和国との間に相互保証がなかったとした判決として *128* を参照。東京地判平成 13（2001)・6・26 判タ 1124 号 167 頁は，イラン・イスラム共和国の民事責任法 11 条は，公務員の個人責任を規定しているが，政府が代位して賠償した事例があるとして同国との間での相互保証を認めた。また，札幌地中間判平成 21（2009)・1・16 判時 2095 号 100 頁は，相互保証の欠如は被告側が主張立証する抗弁事実であるとして，ロシア連邦につきその立証がないとした。

3)　国際協力に関する国家賠償請求事案について，東京地判平成 21（2009)・9・10 判タ 1371 号 141 頁は，インドネシア政府に対して日本が供与した借款に基づくダム建設事業によって，居住地を強制移転させられたと主張する原告による国家賠償請求に対して，原告が根拠とする「国際基準に基づく行為準則」等に照らしたとしても「住民の移住及び補償の問題は，借入国政府の内政上の問題であり，日本国政府及び［海外経済協力］基金は，本件プロジェクトに当たって，インドネシア共和国政府の主権に属する原告住民らに対し，非自発的な移住に対する注意義務を負うものではない」として請求を斥けた。

Ⅲ-2　国家賠償法 1 条責任

Ⅲ-2-1　公権力の行使

(1)　国賠法 1 条の責任と民法の不法行為責任との境界線の役割を果たすのが「公権力の行使」の要件である。中学校の体育の授業中に発生した事故について国家賠償法が適用されるかどうかにつき，最二小判昭和 62（1987)・2・6 判時 1232 号 100 頁［百選Ⅱ 215]は，「公立学校における教師の教育活動も含まれるものと解するのが相当」とする。

⇨*137*

そして，教諭の注意義務違反を認めて責任を肯定している。

(2) 学校事故に関する国家賠償事件においては，基本的に民事不法行為法と同様の判断過程が採られ，注意義務違反が成立するかどうかが責任の成否を分けるポイントとなる。*130* でも，事故当時の状況を踏まえ，担任教諭には児童の安全確保や指導監督に関する過失がないことが認定されて，責任が否定されている。

(3) 国賠法の責任主体につき，最三小判昭和 54（1979）・7・10 民集 33 巻 5 号 481 頁〔百選 II 231〕は，「都道府県警察の警察官がいわゆる交通犯罪の捜査を行うにつき故意又は過失によって違法に他人に損害を加えた場合において国家賠償法 1 条 1 項によりその損害の賠償の責めに任ずるのは，原則として当該都道府県であり，国は原則としてその責めを負うものではない，と解するのが相当である。けだし，警察法及び地方自治法は，都道府県に都道府県警察を置き，警察の管理及び運営に関することを都道府県の処理すべき事務と定めている（警察法 36 条 1 項，地方自治法 2 条 6 項 2 号〔現在は削除〕（……）等参照）ものと解されるから，都道府県警察の警察官が警察の責務の範囲に属する交通犯罪の捜査を行うこと（警察法 2 条 1 項参照）は，検察官が自ら行う犯罪の捜査の補助に係るものであるとき（刑訴法 193 条 3 項参照）のような例外的な場合を除いて，当該都道府県の公権力の行使にほかならないものとみるべきであるからである」と判示している。また，弁護士職務経験に関する法律の規定の趣旨を踏まえ，弁護士職務従事職員の訴訟代理人としての活動につきそれが国の作用に属しないとした事例として，東京地判平成 27（2015）・5・25 判時 2279 号 39 頁がある。

137 国有林の管理と私経済作用——国の分収育林事業

大阪地判平成 26（2014）・10・9
判時 2303 号 55 頁〔参〕

■事実 X らは国（Y）との間で分収育林契約（国有林野に生育している樹木共有持分を国以外の者に譲渡し，持分の対価や樹木の保育・管理費用の一部を振り込んでもらい，成長した樹木を売却することで得た収益を国との間で分収する契約，通称「緑のオーナー制度」）を締結したものの，売却により得ることができた分収額のほとんどが振込額を大きく下回ることになり，売却困難な山林も続出した。このため X らは，Y の違法な勧誘によって契約を締結し，振込額相当の損害を被ったとして国賠法 1 条 1 項等に基づく損害賠償を求めた。

■判旨 請求の一部認容。

「本件分収育林事業が，Y と個々の国民との間で分収育林契約が締結されることによって成り立ち，法的性質として売買，準委任及び賃貸借の要素を含むものであり，私経済的作用としての側面があることは認められる。他方で，本件分収育林事業は，広く国民各層から森林造成への参加促進を図ることを目的

332　III　国家賠償と損失補償

とし，国土の緑化という公益的側面が重視されていることも考慮すると，国有林の管理経営という行政作用の一環としてされたものであることは明らかである。

したがって，本件分収育林事業は，純粋な私経済作用であると解することはできず，公権力の行使に該当する。」

（裁判長裁判官　阪本勝，裁判官　進藤千絵，奥山浩平）

▶*Reference*　*1*)　控訴審（大阪高判平成 28（2016）・2・29 判時 2303 号 44 頁）も，公権力の行使の判断につき，「30 頁 24 行目［上記判旨下から 2 行目］の「本件分収育林事業」の次に「，ひいては Y の担当者が行う分収育林契約の勧誘」を加える」以外は一審と同じ判断を示した。
　　　　2)　最三小決平成 28（2016）・10・18 により上告不受理決定。

---

138 行政指導

静岡地判昭和 58（1983）・2・4
判時 1079 号 80 頁

■**事実**　ゴルフ場の開設，経営等を目的とする会社である X は，静岡県富士市において 1972 年頃からゴルフ場開設のために土地買収を行った。静岡県は当時，土地利用調整のために土地利用対策委員会を同設置規程に基づき設置していた。そして，いわゆる行政指導として，2 ヘクタール以上の土地利用を計画している起業者に対して，法令に基づく許認可の申請または届出の前に知事の承認を得なければならないものとし，知事が承認をする際にはあらかじめ関係市町村長の意見を聴くものとしていた。X は 1972 年末に富士市 Y₁ に計画概要を説明したところ，Y₁ の担当職員らは，富士山麓の自然環境破壊の対策を検討中であり，同計画に対して Y₁ が同意することは困難と予想されると説明した。Y₁ は翌年に取扱方針を公表し，自然環境保全に関する科学的調査を行うために 1974 年 3 月末まで土地利用審査を保留すると宣言した。X は 1973 年 10 月に内容証明郵便をもって富士市長 Y₂ に対して事前審査申請書を郵送したところ，Y₁ はこれを不受理とした。翌年に入って X は静岡県に対して上記申請書の受理を求めたところ，県は Y₁ と協議して意見書を添付して欲しいと答えて受理しなかった。同年 4 月に Y₁ は規制方針を発表し，富士，愛鷹山麓の概ね標高 200 メートル以上の地域について概ね 10 ヘクタール以上にわたるゴルフ場等の開発を一切認めないと宣言し，新聞に公表したうえに静岡県や X らにも通知した。X は Y₁ らとの直接交渉を試みたものの，Y₂ は規制方針への協力を求め，万一開発が強行された場合にはいかなる方法をもってしてもこれを阻止する旨述べた。さらに Y₁ は 1975 年に「富士市の自然環境の保全と緑の育成に関する条例」を定め，土地利用事業を行う者は市長に届出るものとし，市長はとりやめ・変更の勧告ができるものとした。X は 1976 年に土地利用事業届出を行ったところ，Y₂ はとりやめの勧告を行った。そ

⇨*138*

こでXは，Y₂が申請書の受理を拒否し続けたこと等により損害を受けたとして，国賠法1条に基づきY₁・Y₂（個人責任を追及）に損害の賠償を求めた。

■**判旨** 請求棄却。

「国家賠償法1条1項所定の「公権力の行使」とは，国又は公共団体の作用のうち，純然たる私的経済作用及び同法2条所定の公の営造物の設置及び管理の作用を除くすべての作用をいうと解するのを相当とするから，本件において被告Y₂らのなした行政指導は，同法所定の公権力の行使に当たるものというべきである。」

「静岡県の運営要領及び指導要綱には，土地利用事業施行者に対し市町村の意見書を要求したり，知事に対し市町村長の意見を聴くことを要求する規定は存するけれども，市町村長に対し意見書の添付を義務付ける規定は存しないし，また元来，右運営要領や指導要綱は県が土地利用事業の審査をするための手続や基準を定めた内部的な訓令にすぎないから，仮に市町村や市町村長に意見書添付を義務付ける規定があったとしてもその規定が別個独立の地方自治体である市町村若しくは行政機関たる市町村長を拘束し，法的に義務付けるものとは解することができないから，いずれの点からみても，Y₂やY₁にXの事前審査申請書に意見書を作成添付すべき法的義務は存しないというべきである。」

「運営要綱等では県（委員会若しくは知事）に対する事前審査申請は用地取得前にすることとされているにもかかわらず，Xは事前審査申請前しかもY₁に対する充分な意見の打診をする前に用地の取得に着手していたものであること，Y₁ではXからゴルフ場造成計画の説明を受けた当初から，その問題状況を説明し市が右計画に同意することは困難である旨伝えてあること（Xはそれにもかかわらず用地の取得を継続した。），……に鑑みれば，Y₂がXの事前審査申請書に対し意見書を添付しなかったことをもって違法とみることはできないというべきである。」

（裁判長裁判官 髙瀬秀雄，裁判官 荒井勉，松丸伸一郎）

▶*Reference* **1）** 最高裁も，行政指導が国賠法1条にいう公権力の行使に該当する場面があることを認めている。武蔵野マンション事件国家賠償訴訟（最一小判平成5(1993)・2・18民集47巻2号574頁［百選I 98］（I巻 *203*〔*205*〕））において最高裁は，給水契約の拒否を背景に教育施設負担金の納付を求める行政指導を行ったことについて，「本来任意に寄付金の納付を求めるべき行政指導の限度を超えるものであり，違法な公権力の行使である」とした。また，都計法の都市計画施設区域内の事業予定地での建築行為不許可の際の土地買取り制度に対する租税特別措置を市が（本来の要件に該

334 Ⅲ 国家賠償と損失補償

当しないにもかかわらず）利用するよう指導し，後に特例の適用がないことが確定して過少申告加算税等の損害が生じた事件（最三小判平成 22（2010）・4・20 集民 234 号 63 頁）について，「担当職員の上記の教示や指導がなければ，上告人が本件特例の適用があることを前提として本件申告をすることはなかったというべきであるから，上告人にも安易に上記の教示や指導に従った点で過失があることは否めないとしても，違法な公権力の行使に当たる本件行為により，上告人に過少申告加算税相当額の損害が発生したことは明らかである」とする。

  2） 法定行政指導である生活保護法 27 条 1 項の規定に基づく指導指示の法的性格につき，最高裁（最一小判平成 26（2014）・10・23 判時 2245 号 10 頁［重判平 26 行 11］）は以下のような判断を示し，国賠法 1 条 1 項に基づく賠償請求の可能性を認めている。「生活保護法 62 条 1 項は，保護の実施機関が同法 27 条の規定により被保護者に対し必要な指導又は指示をしたときは，被保護者はこれに従わなければならない旨を定め，同法 62 条 3 項は，被保護者がこの義務に違反したときは，保護の実施機関において保護の廃止等をすることができる旨を定めている。そして，生活保護法施行規則 19 条は，同法 62 条 3 項に規定する保護の実施機関の権限につき，同法 27 条 1 項の規定により保護の実施機関が書面によって行った指導又は指示に被保護者が従わなかった場合でなければ行使してはならない旨を定めているところ，その趣旨は，保護の実施機関が上記の権限を行使する場合にこれに先立って必要となる同項に基づく指導又は指示を書面によって行うべきものとすることにより，保護の実施機関による指導又は指示及び保護の廃止等に係る判断が慎重かつ合理的に行われることを担保してその恣意を抑制するとともに，被保護者が従うべき指導又は指示がされたこと及びその内容を明確にし，それらを十分に認識し得ないまま不利益処分を受けることを防止して，被保護者の権利保護を図りつつ，指導又は指示の実効性を確保することにあるものと解される。」

  3） 情報の公表に対しても国賠法 1 条に基づく責任が肯定される。警察官による調書の虚偽記載と報道機関に対する誤発表につき，最三小判昭和 54（1979）・7・10 民集 33 巻 5 号 481 頁［百選Ⅱ 231］（*Ⅲ-2-1*(3)）は東京都の責任を認めた原審の判断を維持している。また，東京高判平成 25（2013）・11・27 判時 2219 号 46 頁は，公訴時効完成後に警察庁長官に対する狙撃事件の犯人が特定の宗教団体である旨の公表を行ったことにつき，「本件公表時には，同事件の公訴時効が完成しており，もはや同事件に係る刑事責任を追及することができない事態に至っていたのであるから，本件公表において同事件の捜査の経過及び結果を説明するとしても，犯人性，有罪性を前提とした犯人（犯行主体）の断定を伴う説明をすることは，本来的に許されないというべきであり，また，その説明により，……被控訴人［当該宗教団体］の社会的評価の低下が生じているから，本件公表は，特段の事情のない限り，警察における職務上の義務に反するものというべきである」と判示して，賠償請求の一部を認容した。さらに，Ⅰ巻 4〔*3*〕（東京高判平成 15（2003）・5・21 判時 1835 号 77 頁［重判平 15 行 3］）では，O–157 による集団食中毒の原因食材を厚生大臣が公表したことによる損害の国家賠償を認めている。

⇨139

Ⅲ-2-2　公　務　員

139　国立大学法人職員の行為

東京地判平成 21（2009）・3・24
判時 2041 号 64 頁
（評釈）山本隆司・自治研究 89 巻 4 号 114 頁

■**事実**　X は Y₂（国立大学法人）の設置・運営する大学院の教授であった。同大学院の研究科長 Y₁ は，2006 年 9 月に開催された同研究科委員会において，X の訴外女子院生 A に対するセクハラ行為等に関する発言を行った。この 2 カ月前に解雇されていた X は，これらの発言によって社会的評価を失い，精神的苦痛を受けたとして，Y₁ に対し不法行為に基づく損害賠償請求を，また Y₂ に対して国賠法 1 条（予備的に民法 715 条）に基づく賠償請求を行った。裁判所は以下のように述べて，Y₂ に対する慰謝料 5 万円と弁護士費用 1 万円の賠償請求のみを認めた。

■**判旨**　請求の一部認容。

「国立大学法人法は，独立行政法人通則法 51 条（みなし公務員）を準用するものでないから，国立大学法人である Y₂ の設置・運営する Y₂ 大学院の職員である Y₁ は，みなし公務員ではない（国立大学法人法 19 条の適用のある場合を除く。）。しかし，国家賠償法 1 条 1 項にいう「公務」は，国家公務員法，地方公務員法等の定める「公務員」に限られないことはいうまでもなく，国又は公共団体が行うべき公権力を実質的に行使する者も，同条項にいう「公務員」に含まれると解されるところである。

　この観点から，国立大学法人の職員が公権力を行使する公務員にあたるといえるか否かについてみると，①国立大学法人の成立の際に存在していた国立大学の職員が職務に関して行った行為は，純然たる私経済作用を除いては一般に公権力の行使にあたると解されていて，本件のような大学院の委員会における活動も，すべて公権力の行使にあたると解されていたこと，②国立大学法人は，国立大学を設置し，これを運営することをその業務としており（国立大学法人法 22 条 1 項 1 号），その財政は別として，委員会における活動の実態等においては格別の変更はないこと，③国立大学法人等の成立の際に，現に国が有する権利又は義務のうち，各国立大学法人が行う国立大学法人法 22 条 1 項，29 条に規定する業務に関するものは，国立大学法人がこれを承継することとされていること（国立大学法人法附則 9 条）等を総合すると，国立大学法人は国家賠

償法1条1項にいう「公共団体」にあたり，その職員が行う職務は純然たる私経済作用を除いては一般に公権力の行使にあたると解するのが相当である。したがって，Y₁の本件各発言は，公権力の行使にあたる公務員であるY₁によって，その職務を行うにつきされたものと認められる。

そうすると，国家賠償法により国又は公共団体が責任を負う場合，公務員個人は責任を負うものではないから，Y₁が直接Xに対してその責任を負うことはないものと解するのが相当である。」

（裁判長裁判官　綿引穣，裁判官　佐藤重憲，金洪周）

▶*Reference*　国賠法1条の責任と民事不法行為責任との大きな相違は，行為者個人責任の追及の可否にある。県の国家賠償責任が認められた *135* では，被用者個人のみならず使用者の民事賠償責任が否定されている。

140　加害公務員・加害行為の特定

最一小判昭和57（1982）・4・1　［百選Ⅱ 230］
　　民集36巻4号519頁；判時1048号99頁
　　（評釈）加茂紀久男・曹時37巻11号264頁
　　（一審）岡山地津山支判昭和48（1973）・4・24判時757号100頁
　　（二審）広島高岡山支判昭和51（1976）・9・13訟月22巻9号2198頁

■**事実**　大蔵事務官として林野税務署に勤務していたXは，1952年6月に定期健康診断の一環として胸部エックス線間接撮影による検診を受けた。その際に，Xが初期の肺結核に罹患していることを示す陰影があったにもかかわらず，同税務署長は精密検査等を受ける指示をしなかった。Xは外勤の職務に従事した結果，翌年の定期健康診断により結核罹患の事実が判明するまでにその病状が悪化し，長期療養を余儀なくされた。そこでXは，国Yに対して国賠法1条に基づく損害賠償を求めた。

　一審は，定期健康診断は法令に基づき強制的に受診させて病気の早期発見に努め，他方で健康診断において異常がないとされた職員は職務につき上司の職務上の命令に従うべき義務が生じることに注目し，定期健康診断とその事後措置は公権力の行使に該当するとした。そして，「右要件に該当するか否かの判断対象たるべきものは，Yが主張する読影のように，定期検診の構成要素に当る個々の行為ではない」としたうえで，読影を担当した医師が広島国税局直属の医官であったか林野税務署長から嘱託を受けた外部の医療機関所属の医師であったかを問わず，病状の悪化によってXが被った損害につきYは国賠法上の賠償責任を負うとして，請求の一部を認容した。二審でもほぼ同様の判断がなされたのに対してYが上告した。

■**判旨**　破棄差戻し。

「国又は公共団体の公務員による一連の職務上の行為の過程において他人に

⇨*140*

被害を生ぜしめた場合において，それが具体的にどの公務員のどのような違法行為によるものであるかを特定することができなくても，右の一連の行為のうちのいずれかに行為者の故意又は過失による違法行為があったのでなければ右の被害が生ずることはなかったであろうと認められ，かつ，それがどの行為であるにせよこれによる被害につき行為者の属する国又は公共団体が法律上賠償の責任を負うべき関係が存在するときは，国又は公共団体は，加害行為不特定の故をもって国家賠償法又は民法上の損害賠償責任を免れることができないと解するのが相当であり，原審の見解は，右と趣旨を同じくする限りにおいて不当とはいえない。しかしながら，この法理が肯定されるのは，それらの一連の行為を組成する各行為のいずれもが国又は同一の公共団体の公務員の職務上の行為にあたる場合に限られ，一部にこれに該当しない行為が含まれている場合には，もとより右の法理は妥当しないのである。」

「レントゲン写真による検診及びその結果の報告は，医師が専らその専門的技術及び知識経験を用いて行う行為であって，医師の一般的診断行為と異なるところはないから，特段の事由のない限り，それ自体としては公権力の行使たる性質を有するものではないというべきところ，本件における右検診等の行為は，本件健康診断の過程においてされたものとはいえ，右健康診断におけるその余の行為と切り離してその性質を考察，決定することができるものであるから，前記特段の事由のある場合にあたるものということはできず，したがって，右検診等の行為を公権力の行使にあたる公務員の職務上の行為と解することは相当でないというべきである。」

（裁判長裁判官　藤﨑萬里，裁判官　団藤重光，本山亨，中村治朗，谷口正孝）

▶*Reference*　差戻後控訴審（広島高岡山支判昭和59（1984）・10・30訟月31巻7号1506頁）では，陰影に気づかなかったのは林野税務署長が委嘱した林野保健所勤務医師であると推認したうえで，この行為は「同保健所の事務として同保健所がその独自の職責によりこれを行なったものであり，かつ同保健所は岡山県の機関であって，同保健所勤務の医師は岡山県の職員であり，しかも，本件検診は前記のとおりの性質を有するものであって，これを純然たる医療行為とみるべきものであることからすると，本件検診に対し同税務署長が実質上も指揮監督を及ぼし得るものと解し難い」とした。そして，「Xがその健康保持上必要な指示ないし措置を受け得なかったのは，林野保健所勤務の医師が本件フィルム上の陰影に気付かなかったことに基づくものであるというべきところ，右の読影を含む本件検診はこれをYの公権力の行使とはなし難いものであるから，国家賠償法1条1項に基づくXの本件請求は，この点で失当というべきである」としてXの請求をいずれも棄却した。

Ⅲ-2-3　職務行為関連性

141　県立高校ラグビー部顧問の行為

最二小判昭和 58（1983）・7・8
判時 1089 号 44 頁
（評釈）西埜章・判評 302（判時 1105）号 42 頁
（一審）静岡地沼津支判昭和 53（1978）・3・1 判例集未登載
（二審）東京高判昭和 54（1979）・12・11 判時 958 号 63 頁

■**事実**　X らの長男である訴外 A は，静岡県立 P 商業高等学校（P 商）3 年生で，クラブ活動のラグビー部の主将であった。A は，1971 年 9 月 12 日，開催が予定された国体高校ブロックの試合を観戦しようとしていた。同日同じ球技場で予定されていた社会人チームの試合の一方の R チームに多数の不参加者があったため定数に達せず，試合は中止となっていた。そこで両チームは不足する人員を補って練習試合を行うことになり，その場にいた静岡県立 Q 工業高等学校（Q 工）の B 教諭に対して，高校ラグビー部員による補充を要請した。B 教諭は自校ラグビー部の部員に加え，付近に居合わせた P 商のラグビー部員にも声をかけ，A をスタンドオフとして指名したほか，他の 2 名の P 商部員も出場者として指名した。B 教諭が指名した全 10 名の生徒が練習試合に参加したところ，試合開始後 10 数分で，A がボールを持って突進した際，相手方の S チームからのタックルを受けて転倒し，頸椎第四，第五脱臼および脊髄損傷の傷害を受け，これによって翌日に静岡市内の病院で死亡した。そこで X らは国賠法 1 条に基づき，静岡県 Y に対して賠償を請求した。

　一審は X らの請求を棄却したのに対し，二審は，B 教諭が他校の生徒である A に対して当然に指揮監督すべき職務上の義務を負うとはいえないとしつつ，A らを参加させることでクラブ活動の実施そのものを可能にしたのであるから「A を本件練習試合に参加させたことは，Y の公務員 B 教諭が公権力の行使としての職務を行うについてなされたものといわなければならない」とした。さらに，社会人チームと高校生チームの体力や技能には差があるにもかかわらず「漫然と社会人チームからの補充要請に応じて A を右試合に参加出場させた事実を認めることができる」として B 教諭の保護監督義務違反を認め，賠償請求を認容した。Y が上告。

■**判旨**　破棄差戻し。

「Q 工ラグビー部員の右練習試合への参加が，Q 工の B 教諭の指揮監督の下に行われたことによって同校のクラブ活動としての意義を有するとしても，右練習試合における不足人員の補充は社会人チームの要請に基づくものであり，これに応じた A ら P 商ラグビー部員は，R チームの一員として右練習試合に参加して S チームと競技したにすぎないのであるから，P 商ラグビー部員の

Ⅲ-2　国家賠償法 1 条責任　　339

⇨*141*

右参加がＱ工のＢ教諭の呼びかけによるものであるとしても，そのゆえをもって同部員が当然に右競技中同教諭の指揮監督下に置かれたものということはできないし，また，同部員の右参加がＱ工ラグビー部のクラブ活動そのものの実施を可能にしたからといって，そのことから同部員がＱ工のクラブ活動に参加したり，又はそのクラブ活動を補助する関係に立つものではないといわざるをえない。したがって，Ｂ教諭がＡらＰ商ラグビー部員に対しＱ工ラグビー部員に対する同様の指揮監督権を有していたと認められるような特段の事情がない限り，Ｐ商ラグビー部員の右練習試合への参加がＱ工のクラブ活動の一環としてされたとみる余地はないというべき筋合であるから，原審が，右特段の事情について何ら審理することなく，単にＢ教諭がＡらに対してＲチームの補充員として右練習試合への参加を呼びかけ，ポジションを定めたというにすぎない事実関係を捉えてＡがＹの公務員であるＢ教諭の公権力の行使としての指揮監督下にあったと判断したことは，公務員の職務行為に関する法令の解釈適用を誤り，ひいては審理不尽，理由不備の違法を犯したものというべく，右違法が判決の結論に影響を及ぼすことが明らかであるから，この点をいう論旨は理由があるといわざるをえない。」

「本件において，果して同チーム［Ｓチーム］の技能，体力が具体的にＡら高校生の技能，体力に比較してどの程度勝っているものであり，従って高校生を同チーム相手の練習試合に参加させることによって死亡事故等が発生することを予測させるまでの技能，体力の較差があったかどうか等について何ら審理しないままたやすくＢ教諭の前記のような注意義務違反を認定している点で，原審の右認定判断には，過失に関する法令の解釈適用を誤り，ひいて審理不尽，理由不備の違法があるものというべく，右違法が判決の結論に影響を及ぼすものであることも明らかであるから，この点をいう論旨も，理由がある。」

（裁判長裁判官　木下忠良，裁判官　鹽野宜慶，宮﨑梧一，大橋進，牧圭次）

▶*Reference*　非番の巡査が職務行為を装って現金を奪おうとし，さらに被害者を拳銃で射殺した事件で，最二小判昭和31（1956）・11・30民集10巻11号1502頁［百選Ⅱ229］は，国賠法１条が「公務員が主観的に権限行使の意思をもってする場合にかぎらず自己の利をはかる意図をもってする場合でも，客観的に職務執行の外形をそなえる行為をしてこれによって，他人に損害を加えた場合には，国又は公共団体に損害賠償の責を負わしめて，ひろく国民の権益を擁護することをもって，その立法の趣旨とするものと解すべきであるからである」と述べて，職務行為関連性を肯定した。

340　　Ⅲ　国家賠償と損失補償

142 刑務官による私的目的での情報漏洩

鳥取地判平成 24（2012）・7・17
判夕 1390 号 195 頁

■事実　鳥取刑務所の職員であった A は，同刑務所の受刑者であった B に，同刑務所で X が受刑中である（そうした前科を有する）ことの記載を含む報告書控えを刑務所の施設外で提供したとして，X が国 Y に対して国賠法 1 条等に基づく慰謝料を請求した。

■判旨　請求の一部認容（確定）。

「国家賠償法 1 条が，公務員が主観的に権限行使の意思をもってする場合に限らず自己の利益を図る意思をもってする場合でも客観的に職務執行の外形を備える行為によって他人に損害を負わせた場合には，国又は地方公共団体に損害賠償責任を負わせることによって広く国民の権利利益を擁護する趣旨に出たものであることに照らせば，当該行為が職務を行うについてなされたといえるかどうかについては，職務執行の外形を備える行為がされたと評価し得るかどうかによって決するべきであり，職務執行の外形を備える行為には，職務執行行為及び職務執行行為と一体不可分な行為のみならず，職務執行行為を契機とし，社会常識上これと密接に関連を有すると認められる行為も含むものと解するのが相当である。」

「刑務所の職員は，受刑者の個人情報が記録された電子データあるいは文書については，特段の必要がある場合に所要の手続を取った場合を除けば，施設外に持ち出すことを禁止されているだけでなく，所要の手続を取って施設外に持ち出した場合は，公務の一環として施設外における保管行為を全うすることを要求され，その保管に厳重な注意を払うことや持出後情報の漏洩がされない状態に戻すなどの職責を全うすることが求められているものと解される。そして，個人情報を保護することが重要な事柄であることに照らせば，職員が自己の利益を図る意思をもって個人情報を持ち出した場合であっても，公務の一環として当該情報が漏洩されないように保管すべきことが求められているものというべく，無断で持ち出した文書等の保管行為は，客観的には，私的行為としてではなく，公務として行われているものと解するのが相当である。」

「これを本件についてみると，前記争いのない事実に証拠［略］及び弁論の全趣旨を総合すれば，A は，B に情報を漏洩する意図で，鳥取刑務所の非常招集表をコピーし，そのコピーを鳥取刑務所の施設外に持ち出して B に手渡

III-2　国家賠償法 1 条責任　　341

⇨*142*

したことがあったほか，公用文書である本件報告書を作成した際に，上司の承諾を得ずに本件報告書控えを2部作成し，鳥取刑務所の施設外に持ち出して，1部をBに手渡したこと，本件報告書控えには，AがXという人物が鳥取刑務所で受刑中であること（換言すれば，そうした前科を有すること）を含む重大な個人情報が記載されていたことが認められる。そうすると，Aは，本件報告書控えを施設外に持ち出し，Bの自宅内に持ち込んだ時点においても，その厳重な保管という公務を遂行中であったと評価せざるを得ない。」

「Yは，本件報告書控えが施設外に持ち出され，施設外でBに提供された点をとらえて，国家賠償責任を負うことはない旨を主張し，その主張に沿うと考える裁判例（京都地方裁判所平成19年（ワ）第3205号）が存在する旨主張する。

しかし，当該事例は，職務執行に際して除籍原簿の記載事項を知った公務員が，そこに記載されていた者が元妻と離婚した後の婚姻歴をその元妻に対して漏洩した場合に関するものであり，当該公務員は，除籍原簿やその写しを庁外に持ち出したわけではなく，脳に保存・記憶した情報を庁舎外で告知する方法によって漏洩したという事案であるところ，公務員が，職務遂行過程で記憶・保存してしまった情報を脳内から削除しないままの状態で職場を離脱することが禁止されているわけではないから，公務員が庁舎外で脳内に情報を保存しているという行為自体が，公務の一環として行われているものと評価することは困難である。そうすると，関係規定によって紙媒体の持ち出しが明確に禁止され，それにもかかわらず持ち出した以上は，公務の一環としてその適切な保存を行うべきものであって，その所持や保管自体を公務遂行行為と評価することができる本件事案とは事案を異にするといわざるを得ない。」

（裁判官　和久田斉）

▶*Reference*　本判決が言及している京都地判平成20（2008）・3・25判時2011号134頁は，「本件漏洩行為は，Y₁［市の職員］がその職務を終えて自宅に帰宅した後にAに電話をかけて行った行為であり，Y₁のY₂［市］における職務と時間的・場所的関連性が乏しく，少なくとも，職務と時間的・場所的に密接に関連しているといえないことは明らかである」と述べて，職務執行関連性を否定した（確定）。

⇨*143*

III-*2*-*4*　違法性およびその過失との関係

III-*2*-*4*-*1*　一　　般

143 委任立法の違法と公務員の過失（監獄法事件）

最三小判平成 3（1991）・7・9　［百選 I 48］
　　民集 45 巻 6 号 1049 頁；判時 1399 号 27 頁
　　（評釈）横田光平・法協 110 巻 7 号 1065 頁，平岡久・判評 403（判時
　　　　　　1424）号 8 頁，増井和男・曹時 43 巻 10 号 186 頁
　　（一審）東京地判昭和 61（1986）・9・25 行裁例集 37 巻 9 号 1122 頁；判
　　　　　　時 1209 号 9 頁
　　（二審）東京高判昭和 62（1987）・11・25 行裁例集 38 巻 11 号 1650 頁；
　　　　　　判時 1265 号 67 頁

■**事実**　X は爆発物取締罰則違反等により起訴され，1975 年から東京拘置所に勾留され，1979 年 11 月 12 日第一審で死刑判決を，1982 年 10 月 29 日控訴審で控訴棄却の判決を受けた。X は 1983 年に岩手県に居住する訴外 A と養子縁組をした。これは，A が死刑廃止運動に賛同し，X を自己の養子にしたいと決意したことに起因している。A とその長女 B は何度も X と面会に来ていた。X は養子縁組成立前から B の長女 C と文通をしていたので，C との面会の許可申請を何度も行ったが，拘置所は毎回不許可にしていた。これは 1978 年以降，在監者と幼年者との面会を制限する実務が定着していたためである。X は 1984 年 4 月 27 日に東京拘置所長に対して C との面会許可申請をしたところ，所長は翌日，監獄法施行規則 120 条によりこれを許可しないとの決定（以下「本件不許可処分」ないし「本件処分」という）をした。そこで X は国 Y に対して精神的損害に対する慰謝料を求める国家賠償訴訟を提起した。

　一審は，本件不許可処分が東京拘置所長において施行規則の解釈・適用を誤り，ひいては接見に関する裁量権の範囲を逸脱・濫用した違法なものであるとし，過失に関しては「東京拘置所長は，刑政等に関する専門家として，法が，刑事被告人の行為につき，前記二に述べた［幼年者の心情を害する具体的な危険を避けるための］範囲においてのみ制限できることを当然の前提としていること及び規則 120 条，124 条が，右の法の趣旨にそって解釈適用すべきであることを知悉すべき責務があるものというべきであり，したがって，規則 120 条，124 条の解釈適用，ひいては裁量権の行使を誤り，もって，違法な本体不許可処分をした以上，それにつき少なくとも過失があったものと推認すべきであり，本件全証拠によるも，この推認を覆すべき事情は認められない」と述べてこれを肯定したうえで，X の請求の一部を認容した。二審でもほぼ同様の判断が示されていた。Y が上告。

■**判旨**　原判決中 Y 敗訴部分を破棄，一審判決中 Y 敗訴部分取消し・X の請求棄却。

III-*2*　国家賠償法 1 条責任　　343

⇨*143*

「被勾留者も当該拘禁関係に伴う一定の制約の範囲外においては原則として一般市民としての自由を保障されるのであり，幼年者の心情の保護は元来その監護に当たる親権者等が配慮すべき事柄であることからすれば，法が一律に幼年者と被勾留者との接見を禁止することを予定し，容認しているものと解することは，困難である。そうすると，規則120条（及び124条）は，原審のような限定的な解釈を施したとしても，なお法の容認する接見の自由を制限するものとして，法50条の委任の範囲を超えた無効のものというほかはない。」

「原審の確定した事実関係によれば，XとCとが接見したとしても，(ｱ)Xが逃亡し又は罪証を隠滅するおそれが生ずるとも，(ｲ)監獄内の規律又は秩序が乱されるおそれが生ずるとも認められないというのであるから，所長は，法45条の趣旨に従い，XとCとの接見を許可すべきであったといわなければならない。ところが，所長は，本件処分をし，これを許可しなかったのであるから，本件処分は法45条に反する違法なものといわなければならない。」

「そこで，進んで，国家賠償法1条1項にいう「過失」の有無につき検討を加える。」「思うに，規則120条（及び124条）が被勾留者と幼年者との接見を許さないとする限度において法50条の委任の範囲を超えた無効のものであるということ自体は，重大な点で法律に違反するものといわざるを得ない。しかし，規則120条（及び124条）は明治41年に公布されて以来長きにわたって施行されてきたものであって（もっとも，規則124条は，昭和6年司法省令第9号及び昭和41年法務省令第47号によって若干の改正が行われた。），本件処分当時までの間，これらの規定の有効性につき，実務上特に疑いを差し挟む解釈をされたことも裁判上とりたてて問題とされたこともなく，裁判上これが特に論議された本件においても第一，二審がその有効性を肯定していることはさきにみたとおりである。そうだとすると，規則120条（及び124条）が右の限度において法50条の委任の範囲を超えることが当該法令の執行者にとって容易に理解可能であったということはできないのであって，このことは国家公務員として法令に従ってその職務を遂行すべき義務を負う監獄の長にとっても同様であり，監獄の長が本件処分当時右のようなことを予見し，又は予見すべきであったということはできない。」「本件の場合，原審の確定した事実関係によれば，所長は，規則120条に従い本件処分をし，XとCとの接見を許可しなかったというのであるが，右に説示したところによれば，所長が右の接見を許可しなかったことにつき国家賠償法1条1項にいう「過失」があったというこ

⇨*144*

とはできない。」

　（裁判長裁判官　園部逸夫，裁判官　坂上壽夫，貞家克己，佐藤庄市郎，可部恒雄）

　▶*Reference*　本判決後，監獄法施行規則 120 条は削除された。2005 年には，刑事施設及び受刑者の処遇等に関する法律が制定され，翌年の改正で題名も改正されて刑事収容施設及び被収容者等の処遇に関する法律となり（施行は 2007 年），監獄法は廃止された。

144 法令解釈を誤った通知（通達）と処分

最一小判平成 16（2004）・1・15　［重判平 16 行 2］
　　民集 58 巻 1 号 226 頁；判時 1850 号 16 頁
　　（評釈）福井章代・曹時 58 巻 12 号 124 頁
　　（一審）横浜地判平成 13（2001）・1・26 判時 1791 号 68 頁〔参〕
　　（二審）東京高判平成 14（2002）・2・6 判時 1791 号 63 頁

■**事実**　X はいわゆる在外華僑を父母として大韓民国において出生し，1971 年に短期滞在の在留資格で日本に入国したが，その際に大韓民国の再入国許可を受けなかったため，同国における永住資格を喪失した。そこで台湾に入国したが，台湾でも国籍が確認されなかった。1976 年に X は寄港地上陸許可を得て日本に上陸し，72 時間の上陸時間経過後も残留して，中華料理店で調理師として勤務した。X は 1985 年ごろから横浜市港北区内に居住し，1997 年に外国人登録した。X は長男が脳腫瘍に罹患していることが判明した後，1998 年に妻子とともに東京入国管理局横浜支局に在留特別許可を求める書面を提出し，また国民健康保険の被保険者証の交付を横浜市港北区長に請求（以下「本件請求」という）したところ，国民健康保険法（平成 11 年法 160号による改正前のもの。以下「法」という）5 条の被保険者に該当しないとして被保険者証を交付しないとの処分（以下「本件処分」という）を受けた。当時出されていた通達（国民健康保険法施行規則の一部を改正する省令の施行について（1981 年 11 月 25 日保険発 84 号都道府県民生主管部（局）長あて厚生省保険局国民健康保険課長通知），外国人に対する国民健康保険の適用について（1992 年 3 月 31 日保険発 41 号都道府県民生主管部（局）長あて厚生省保険局国民健康保険課長通知））によると，在留資格を有しない外国人が国民健康保険の適用対象となることは予定されていなかった。X らが在留特別許可を得た後，横浜市 Y_1 は被保険者証を交付した。X は被保険者証不交付処分によって国民健康保険の適用が受けられずに負担せざるをえなくなった長男の療養費等の損害が生じたとして，Y_1 および国 Y_2 に対して国賠法 1 条に基づき賠償を請求した。

　一審は，被保険者証の不交付処分は違法なものとして取り消されるべきものであったとしつつ，Y_1 の担当職員が厚生省通知に従って処分を行ったことについて過失はないとして，国賠法上の違法を否定した。二審は，X らが「日本国内に不法残留していた者であることが明らかであり，本件処分の時点において何らの在留資格を有しない者であるから，法 5 条に規定する被保険者資格を有するものと解することはでき

III-2　国家賠償法 1 条責任　　345

⇨*144*

ないといわなければならない。したがって，本件処分には何ら違法があるものということはできない」として控訴を棄却した。Xが上告。

■**判旨**　上告棄却。

「国民健康保険は，市町村が保険者となり，その区域内に住所を有する者を被保険者として継続的に保険料等の徴収及び保険給付を行う制度であることに照らすと，法5条にいう「住所を有する者」は，市町村の区域内に継続的に生活の本拠を有する者をいうものと解するのが相当である。そして，法は，5条において被保険者を定める一方，6条においてその適用除外者を定めており，日本の国籍を有しない者は，法制定当初は適用除外者とされていたものの，その後，これを適用除外者とする規定が削除されたことにかんがみれば，法5条が，日本の国籍を有しない者のうち在留資格を有しないものを被保険者から一律に除外する趣旨を定めた規定であると解することはできない。」

「在留資格を有しない外国人が法5条所定の「住所を有する者」に該当するというためには，単に市町村の区域内に居住しているという事実だけでは足りず，少なくとも，当該外国人が，当該市町村を居住地とする外国人登録をして，入管法50条所定の在留特別許可を求めており，入国の経緯，入国時の在留資格の有無及び在留期間，その後における在留資格の更新又は変更の経緯，配偶者や子の有無及びその国籍等を含む家族に関する事情，我が国における滞在期間，生活状況等に照らし，当該市町村の区域内で安定した生活を継続的に営み，将来にわたってこれを維持し続ける蓋然性が高いと認められることが必要であると解するのが相当である。」

「これを本件についてみると，前記事実関係等によれば，①　Xは，寄港地上陸許可を得て上陸し，上陸期間経過後も我が国に残留している外国人であるが，②　いわゆる在外華僑として大韓民国で出生し，同国での永住資格を喪失し，台湾でも国籍が確認されないという特殊な境遇にあったため，やむなく我が国に残留し続け，この間，不法滞在状態を解消するため，2度にわたり，自ら入国管理局に出頭したものの，上記事情から不法滞在状態を解消することができず，その後入国管理局からは何の連絡もなかったものであり，③　本件処分までの滞在期間は約22年間もの長期に及び，本件処分当時の居住地であるY₁では，調理師として稼働しながら，約13年間にわたって妻と我が国で生まれた2人の子と共に定住して家庭生活を営んできたものであって，④　本件請求時には，Y₁を居住地とする外国人登録をして，在留特別許可を求めており，

その約半年後には，在留資格を定住者とする在留特別許可を受けたというのである。これらの事情に照らせば，Ｘは，Ｙ₁の区域内で家族と共に安定した生活を継続的に営んでおり，将来にわたってこれを維持し続ける蓋然性が高いものと認められ，法5条にいう「住所を有する者」に該当するというべきである。そうすると，本件処分は違法であるというべきであり，これと異なる原審の判断は是認することができない。」

「しかしながら，ある事項に関する法律解釈につき異なる見解が対立し，実務上の取扱いも分かれていて，そのいずれについても相当の根拠が認められる場合に，公務員がその一方の見解を正当と解しこれに立脚して公務を遂行したときは，後にその執行が違法と判断されたからといって，直ちに上記公務員に過失があったものとすることは相当ではない……。これを本件についてみると，本件処分は，本件各通知に従って行われたものであるところ，……社会保障制度を外国人に適用する場合には，そのよって立つ社会連帯と相互扶助の理念から，国内に適法な居住関係を有する者のみを対象者とするのが一応の原則であると解されていることに照らせば，本件各通知には相当の根拠が認められるというべきである。そして，前記事実関係等によれば，在留資格を有しない外国人が国民健康保険の適用対象となるかどうかについては，定説がなく，下級審裁判例の判断も分かれている上，本件処分当時には，これを否定する判断を示した東京地裁平成……7［1995］年9月27日判決・行裁集46巻8・9号777頁があっただけで，法5条の解釈につき本件各通知と異なる見解に立つ裁判例はなかったというのであるから，本件処分をしたＹ₁の担当者及び本件各通知を発したＹ₂の担当者に過失があったということはできない。そうすると，Ｙらの国家賠償責任は認められないから，Ｘの請求を棄却すべきものとした原審の判断は，結論において是認することができる。」

横尾和子，泉德治両裁判官の**意見**　「居住の継続性・安定性の要請から，外国人が日本国内に法5条の住所を有するというためには，入管法により相当の在留資格と在留期間を付与され，法律上も一定期間継続して適法に居住し得る地位にあることが必要であるというべきである。在留資格を有しない外国人は，いつでも日本から退去を強制され得る状態にあり（入管法24条），処罰の対象ともされているのであって（入管法70条），日本国内での居住を保障されておらず，日本国内に生活の本拠を置くことが法律上認められていないというべきであるから，その居住地を法5条の住所と評価することはできない。在留資格

⇨*145*

を有しない不法滞在外国人は，地域保険たる国民健康保険の被保険者となるになじまないものというべきである。」「Ｘは，昭和60 [1985] 年12月ころから，配偶者及び２人の子と共に，いずれも在留資格のないまま横浜市港北区内に居住していたが，平成10 [1998] 年３月，子の１人が脳腫瘍に罹患していることが判明し，同年５月１日，東京入国管理局横浜支局において在留特別許可を申請し，同月20日付けで，横浜市港北区長に対し国民健康保険被保険者証の交付を求める申請をしたところ，Ｙ₁の委任を受けた同区長は，同年６月９日，Ｘに対し，Ｘには在留資格がなく，法５条所定の被保険者に該当しないことを理由に国民健康保険被保険者証を交付しない旨の本件処分をした。同区長が在留資格のないＸに対し本件処分を行ったことは，上記のような理由により適法である。」

（裁判長裁判官　島田仁郎，裁判官　深澤武久，横尾和子，甲斐中辰夫，泉德治）

▶*Reference　1*）　本判決後に国民健康保険法施行規則１条が改正され，在留資格を有しない外国人は適用対象外とされた。

　　2）　写真家メイプルソープの写真集を国内に持ち込もうとした際に関税定率法21条１項４号（現在の関税法69条の11第１項７号に相当）所定の輸入禁制品に該当すると通知を受けた原告が，その処分の取消しと国家賠償を求めた事件において，二審が通知は適法としたのに対して，最三小判平成20 (2008)・2・19民集62巻2号445頁［重判平20憲6］は通知の要件該当性を否定しつつも，以下のように述べて国賠法上の違法性を否定した。「もっとも，……被上告人税関支署長において，本件写真集が本件通知処分当時の社会通念に照らして「風俗を害すべき書籍，図画」等に該当すると判断したことにも相応の理由がないとまではいい難く，本件通知処分をしたことが職務上通常尽くすべき注意義務を怠ったものということはできないから，本件通知処分をしたことは，国家賠償法１条１項の適用上，違法の評価を受けるものではないと解するのが相当である。」

145 非権力活動としての計画変更の違法性

最一小判平成10 (1998)・10・8
判自203号79頁
（一審）福島地郡山支判平成元 (1989)・6・15判時1521号59頁〔参〕
（二審）仙台高判平成6 (1994)・10・17判時1521号53頁

■**事実**　Ｘらは郡山駅西口市街地再開発事業区域内の土地・建物所有者等で，同事業の推進に参加・協力してきた。1983年に地権者協議会は，郡山市Ｙが誘致した「そごう本社」を再開発ビルのキーテナントとすることを了承し，当時の市長Ａがその旨市議会に報告した。この頃，全国各地で百貨店の地方進出の動きが強まり，既存

⇨*145*

の地元中小小売業者との対立が激化した。1985年4月に実施された郡山市長選挙では，再開発計画の実行を推し進めるAを破り，そごうの誘致に慎重な新市長Bが当選した。Bは計画の見直しを表明し，再開発ビルの完成の見通しが遅れることを発表した。1986年にそごうは出店計画を断念した。Xらはこの過程で失われた経済的損害や精神的損害の賠償を求めてYに対する国家賠償訴訟を提起した。

　一審では，情勢に応じた計画の見直しは許されるとしながらも，変更により不利益を受ける者に対する保護をすべきとし，「原計画の「見直し」，その「撤回」，しかし実質的「変更」という一連の過程をみると，その背景的事情を考慮にいれてもあまりにも唐突であり，その結果行政に対する不信の念を醸成し，施策の重要な要である「郡山そごう」の撤退を余儀なからしめ，長年の間Yの施策を信頼し，協力し準備活動に入っていたXらのみをとり残し，今日に至るまでなんら代償的措置が講ぜられていないのである」としてXらの慰謝料請求を認めた。

　これに対して二審では「B市長の右見直し発言及びこれに引き続く一連の言動は，原計画の実現に強い利害関係を有していた郡山そごう及びXら地権者との十分な連絡がないまま唐突になされたものであり，この点で相当性を欠いていたことは否定できないけれども，それだからといって原計画の見直し行為に裁量権の逸脱又は濫用があったとまでいうことはできない」としたうえで，「Xらは，右内容の事業計画案の推進に協力することによってその限度では郡山市の商業政策の形成に深く関与していたものであり，既存商業者の支持を受けたB候補の当選という政治情勢の変化によって，前市長当時に後押しした政策が結果的に実現しなかったというに過ぎない側面があるのは明らかである。したがって，従前の計画案の実現に向けて地権者らが前記のとおり時間と労力を費やしたとしても，それを目して右計画案の見直しに際しこれに対して補償しなければ地権者との間の信頼関係を不当に破壊することとなるような，社会観念上看過することのできない程度に至った損害というのは困難である」としてXらの請求を棄却した。Xらが上告。

■**判旨**　上告棄却。

「所論の点に関する原審の事実認定は，原判決挙示の証拠関係に照らして首肯するに足りる。これによれば，本件再開発事業に係る都市計画が決定されてから相当期間が経過し，また，Yにおいて本件再開発事業の主要部分を成した原計画を変更したこと等から，Xらがある程度の不利益を受けたことがうかがわれないではないが，右の原計画変更の結果，Xらが社会観念上看過することのできない程度の損害を被ったとは認め難く，右変更を違法なものということはできない。」

（裁判長裁判官　井嶋一友，裁判官　小野幹雄，遠藤光男，藤井正雄，大出峻郎）

▶*Reference　1)*　工場誘致施策の変更に関する最三小判昭和56（1981)・1・27民集35

***Ⅲ-2*　国家賠償法1条責任**　349

巻1号35頁〔百選Ⅰ25〕（Ⅰ巻 *28*〔27〕）は，誘致に応じて資本を投下した者が原告であること，経済的損害を民法709条に基づいて賠償請求していることの2点において本件と相違するものの，この種の事件に対する基本的な判断枠組みを以下のとおり示している。「右施策が変更されることにより，前記の勧告等に動機づけられて前記のような活動に入った者がその信頼に反して所期の活動を妨げられ，社会観念上看過することのできない程度の積極的損害を被る場合に，地方公共団体において右損害を補償するなどの代償的措置を講ずることなく施策を変更することは，それがやむをえない客観的事情によるのでない限り，当事者間に形成された信頼関係を不当に破壊するものとして違法性を帯び，地方公共団体の不法行為責任を生ぜしめるものといわなければならない。」

2)　和歌山市Yが一般廃棄物の分別収集を実施するにあたり，ごみ収集袋の指定制度を採用し，忌避剤含有のごみ収集袋を採用した。この袋は製造と流通を各1社が独占していたこともあって価格が高額であるとの批判が強まり，Yはその後，材質の規格を簡素化した。これに対して，販売を独占していた業者Xが施策変更によって損害を受けたとして国家賠償訴訟をYに対して提起した。和歌山地判平成12（2000）・4・14判時1752号123頁は以下のように述べて請求の一部を認容した（確定）。「Yは，右施策の立案当初から，当然，Xによる販売代理権独占の事実を認識し，敢えてこれを採用したのであり，併せて，前記認定のとおり，X外2業者を製造業者として承認し，5種分別収集の実施に向け，本件指定袋700万枚等の在庫用意を求めるなど，短期間に多額の資本投下を要する販売準備を具体的に指示しており，Yの右対応こそが，Xをして，本件指定袋の販売に係る事業展開を決意させた契機になったものというべきである。」「Yにおいて，制度の根本的見直しは必至と判断したならば，製造承認業者に対し，速やかに改正の見通しを通知し，合理的な対処を促すべきであって，これを怠ったまま，Xらが既に投下した資金や労力等について，特段の代償措置をせず，本件要綱を改正したYの施策変更は，Xとの間で形成された信頼関係を不当に破壊するものとして，違法というべきである。」

146　更正処分における違法性

最一小判平成5（1993）・3・11　〔百選Ⅱ219〕
民集47巻4号2863頁；判時1478号124頁
（評釈）井上繁規・曹時46巻5号120頁
（一審）奈良地判昭和61（1986）・7・30民集47巻4号2962頁〔参〕
（二審）大阪高判平成元（1989）・3・28判時1324号37頁

■**事実**　商品包装用等の紙箱の製造加工業者であるXは，1971〜73年分の事業所得について1975年に奈良税務署長から更正処分を受けた。奈良税務署長はXの所得税調査のため税務職員を数回X方に赴かせ，帳簿書類の提出を求めたが，Xは奈良民主商工会Aの事務局員の立会いを要求してこれに応じなかった。そこで奈良税務署長はXの得意先や取引銀行を反面調査して収入金額を把握し，ここから申告額どおりの必要経費を控除して所得金額を算定して更正処分を行った。Xは各更正に対し

350　Ⅲ　国家賠償と損失補償

⇨*146*

て異議申立て・審査請求を経て取消訴訟を提起したところ，二審で一部認容判決を受け，同判決は確定した。X は，こうした更正が奈良民主商工会に対する攻撃の一環であるとし，精神的損害や営業損害等の賠償を求めて，国 Y に対し国家賠償訴訟を提起した。

一審は「本件各更正処分が，その後の審査請求における裁決ないし行政訴訟における確定判決の結果との間において，各係争年分の所得額の認定を著しく異にするものであるけれども，本件各更正処分をもって奈良税務署長が A に対する攻撃の一環としてなした処分，あるいは X に対する A からの脱会工作に失敗したために懲罰的になした処分であって，職権濫用の行為であるということはできない」として，X の請求を棄却した。

これに対して二審は「［昭和］48［1973］年分において，売上原価，消耗品費，給料賃金の項において売上の 2 倍の増加に基づき更正処分をなすに拘らず，申告額そのままを採用したことによって右各費目の過少認定となり，それが本件過大認定に反映した部分は，その処分に当った担当職員が職務上通常尽すべき義務に著るしく違反した違法な処分であったとみなければならない」として，請求を一部認容した。

Y が上告。

■**判旨**　破棄自判。

「税務署長のする所得税の更正は，所得金額を過大に認定していたとしても，そのことから直ちに国家賠償法 1 条 1 項にいう違法があったとの評価を受けるものではなく，税務署長が資料を収集し，これに基づき課税要件事実を認定，判断する上において，職務上通常尽くすべき注意義務を尽くすことなく漫然と更正をしたと認め得るような事情がある場合に限り，右の評価を受けるものと解するのが相当である。」

「納税義務者において売上原価その他の必要経費に係る資料を整えておくことはさして困難ではなく，資料等によって必要経費を明らかにすることも容易であり，しかも，必要経費は所得算定の上での減算要素であって納税義務者に有利な課税要件事実である。そうしてみれば，税務署長がその把握した収入金額に基づき更正をしようとする場合，客観的資料等により申告書記載の必要経費の金額を上回る金額を具体的に把握し得るなどの特段の事情がなく，また，納税義務者において税務署長の行う調査に協力せず，資料等によって申告書記載の必要経費が過少であることを明らかにしない以上，申告書記載の金額を採用して必要経費を認定することは何ら違法ではないというべきである。」

「X は，本件係争各年分の所得税の申告をするに当たり，必要経費につき真実より過少の金額を記載して申告書を提出し，さらに，本件各更正に先立ち，

***III*-2**　国家賠償法 1 条責任　　351

⇨*146*

税務職員から申告書記載の金額を超える収入の存在が発覚していることを告知されて調査に協力するよう説得され，必要経費の金額について積極的に主張する機会が与えられたにもかかわらず，これをしなかったので，奈良税務署長は，申告書記載どおりの必要経費の金額によって，本件各更正に係る所得金額を算定したのである。してみれば，本件各更正における所得金額の過大認定は，専らＸにおいて本件係争各年分の申告書に必要経費を過少に記載し，本件各更正に至るまでこれを訂正しようとしなかったことに起因するものということができ，奈良税務署長がその職務上通常尽くすべき注意義務を尽くすことなく漫然と更正をした事情は認められないから，48年分更正も含めて本件各更正に国家賠償法1条1項にいう違法があったということは到底できない。」

（裁判長裁判官　三好達，裁判官　大堀誠一，橋元四郎平，味村治，小野幹雄）

▶*Reference* *1*）　精神に疾患があることを理由に東京都公安委員会が免許取消処分を行ったことに対して，当該処分の取消しと処分に伴う精神的損害等の賠償を求めた訴訟において，東京地判平成元（1989）・3・29判時1315号42頁は，原告は精神病者ではないとして処分取消しを認めながら，「本件処分には，これを取り消すべき瑕疵があることは右一で判示したとおりであるが，このことから本件処分に関わる公務員の行為が国家賠償法上当然に違法となるものではない。なぜなら，国家賠償法上の違法性は，公務員が具体的状況の下において職務上尽くすべき法的義務に違反したかどうかという観点から判断すべきものであり，したがって，行政処分がその根拠となる行政法規に定める実体的又は手続的な要件を客観的に欠缺しているかどうかという瑕疵判断とは，その判断基準を異にしているからである」として，国賠法上の違法性を否定した。

2）　派出所内での事情聴取中の警察官による実力行使の違法性が問題となった事件で，東京高判昭和53（1978）・10・17判時916号35頁（確定）は，「あくまでも犯罪の予防と鎮圧という行政目的達成のために行なう警察官職務執行法に基づく行為としては，その許される範囲を逸脱したものといわざるを得ない。しかし，国家賠償法1条にいう「違法」とは，単に当該行為が法に違背するということだけでは足らず，同条の法意に照らし，国又は公共団体に損害賠償義務を負担せしめるだけの実質的な理由がなければならないと解するのが相当であるところ，同派出所内における控訴人らを含む朝高生の態度，殊に偶然的事情に誘発されたとはいえ，先に控訴人らにおいて暴力沙汰に及んだこと，実力行使の程度，結果等を勘案すれば，右警察官らの実力の行使は，これをもって国家賠償法1条の違法な行為と認めることはできないものというべきである」と述べて国家賠償請求を棄却した。

3）　租税滞納処分の違法性が争点となった国家賠償訴訟（最一小判平成15（2003）・6・26金融法務事情1685号53頁）において，最高裁は「滞納処分としての差押えは，滞納者の財産に対してのみ行うべきものであるところ，税務署長が誤って第三者に属する預金債権を差し押さえた場合であっても，そのことから直ちに国家賠償法1条1項にいう違法があったとの評価を受けるものではなく，税務署長が当該預金債権の帰属につ

いて認定，判断する上において，職務上通常尽くすべき注意義務を尽くすことなく漫然と差押えをしたと認め得るような事情がある場合に限り，上記の評価を受けるものと解するのが相当である」としている。

147 通達の発出・継続における違法性と過失

最一小判平成 19（2007）・11・1　［百選 II 220］
民集 61 巻 8 号 2733 頁
（評釈）三木素子・曹時 62 巻 8 号 149 頁
（一審）広島地判平成 11（1999）・3・25 訟月 47 巻 7 号 1677 頁
（二審）広島高判平成 17（2005）・1・19 判時 1903 号 23 頁

■事実　韓国に居住する同国籍の X らは，第二次世界大戦中に広島市に強制連行され，1945 年に広島市に投下された原子爆弾により被爆した。1957 年に制定された原子爆弾被爆者の医療等に関する法律（原爆医療法）では，給付等の対象となる「被爆者」の定義には国籍条項はなく，給付を受けるために必要な被爆者健康手帳の交付を受ける際には居住地（現在地）の都道府県知事に申請しなければならないと定めていた。1968 年に制定された原子爆弾被爆者に対する特別措置に関する法律（原爆特別措置法）にも国籍条項はなかった。これら原爆二法の制定段階では在外被爆者に対する救済は念頭に置かれていなかった。しかし，在韓被爆者が原爆症治療を受ける目的で 1970 年に日本に不法入国したところを逮捕され，県内の病院に入院中に福岡県知事に被爆者健康手帳の交付を申請したところ，日本国内に居住関係を有しないことを理由に却下処分を受け，その取消しを求めた訴訟が提起された。1974 年 3 月 30 日に福岡地裁は，被爆者でさえあればその者が日本国内に現在することによって同法の適用を受けうるとして請求を認容する判決を言い渡した。同年 7 月 25 日に厚生省公衆衛生局長はそれまでの法解釈を変更し，治療目的で適法に 1 カ月以上滞在している者に対しては被爆者健康手帳を交付しても差し支えないとする解釈を採用することを明らかにした。他方で同年 7 月 22 日に厚生省公衆衛生局長は「原子爆弾被爆者の医療等に関する法律及び原子爆弾被爆者に対する特別措置に関する法律の一部を改正する法律等の施行について」と題する通達（昭和 49 年 7 月 22 日衛発 402 号各都道府県知事並びに広島市長及び長崎市長あて厚生省公衆衛生局長通達，以下「402 号通達」という）を発出し，被爆者健康手帳の交付を受けた者が国外に居住地を移した場合には，原爆特別措置法に基づく手当等の受給権が失権すると定めた。その後最高裁は 1978 年に原爆二法が不法入国した被爆者についても適用されると判示した（*193*）。しかし 402 号通達の失権の定めはその後も維持された。2002 年に大阪高裁が原子爆弾被爆者に対する援護に関する法律（原爆二法を統合して 1994 年に制定。以下，原爆二法とまとめて「原爆三法」という）にいう被爆者の地位は日本からの出国によって失われるものではないと判断したことを受け，2003 年 3 月 1 日に厚生労働省健康局長は「原子爆

⇨*147*

弾被爆者に対する援護に関する法律施行令の一部を改正する政令等の施行について」
と題する通知（平成15年健発0301002号各都道府県知事並びに広島市長及び長崎市長あ
て厚生労働省健康局長通知）を発出して，402号通達の失権取扱いの定めを廃止した。
Xらは，こうした失権取扱いによって在外被爆者が差別を受け，「被爆者」としての
法的地位・権利を国Yが違法に侵害したとして，国家賠償訴訟を提起した。

　一審は，原爆三法は外国居住者に対する適用を予定していないと認めるのが相当で
あるとして，Xの請求を棄却した。これに対して二審は，被爆者としての地位は居
住地を国外に移すと失われるとの解釈はとれないとしたうえで「誤った法律解釈に基
づいて402号通達を作成，発出し，これに従った行政実務の取扱いを継続したことは，
法律を忠実に解釈すべき職務上の基本的な義務に違反した行為というべきである。本
件全証拠からは，その違法なことを認識し故意があったものとまでは認められないも
のの，402号通達の作成，発出に関わった担当者には少なくとも過失があったものと
認められる」とした。そして，以下のように述べて慰謝料請求を認めた。「給付を受
けることのできる地位そのものが誤った解釈に基づく通達とこれに従った行政実務の
取扱いによって否定されたこと，そして，そのような状態が続く中で，これを正すた
めに本件訴訟を提起してまでその違法を主張せざるを得なかったことに伴う精神的損
害は，通達及び行政実務の取扱いが改められたからといって解消されるものではなく，
その意味では給付請求権とは別個独立に保護されるものというべきである」。Yが上
告。

■**判旨**　上告棄却。

「Yの担当者の発出した通達の定めが法の解釈を誤る違法なものであったと
しても，そのことから直ちに同通達を発出し，これに従った取扱いを継続した
Yの担当者の行為に国家賠償法1条1項にいう違法があったと評価されるこ
とにはならず，Yの担当者が職務上通常尽くすべき注意義務を尽くすことな
く漫然と上記行為をしたと認められるような事情がある場合に限り，上記の評
価がされることになるものと解するのが相当である」。

「402号通達は，被爆者についていったん具体的な法律上の権利として発生
した健康管理手当等の受給権について失権の取扱いをするという重大な結果を
伴う定めを内容とするものである。このことからすれば，一般に，通達は，行
政上の取扱いの統一性を確保するために上級行政機関が下級行政機関に対して
発する法解釈の基準であって，国民に対して直接の法的拘束力を有するもので
はないにしても，原爆三法の統一的な解釈，運用について直接の権限と責任を
有する上級行政機関たるYの担当者が上記のような重大な結果を伴う通達を
発出し，これに従った取扱いを継続するに当たっては，その内容が原爆三法の

⇨*147*

規定の内容と整合する適法なものといえるか否かについて，相当程度に慎重な検討を行うべき職務上の注意義務が存したものというべきである。」

「402号通達発出当時，Yの担当者は，そもそも在外被爆者に対してはこれらの法律が適用されないものとする従前の解釈を改め，一定の要件の下で在外被爆者が各種手当の受給権を取得することがあり得ることを認めるに至りながらも，なお，現実にこれらの手当の受給権が発生した後になって，「被爆者」が日本国外に居住地を移したという法律に明記されていない事由によって，その権利が失われることになるという法解釈の下に，402号通達を発出したこととなるのである。／このような法解釈は，原爆二法が社会保障法としての性格も有することを考慮してもなお，年金や手当等の支給に関する他の制度に関する法の定めとの整合性等の観点からして，その正当性が疑問とされざるを得ないものであったというべきであり，このことは，前記のとおり，402号通達の発出の段階において，原爆二法の統一的な解釈，運用について直接の権限と責任を有する上級行政機関たるYの担当者が，それまでYが採ってきたこれらの法律の解釈及び運用が法の客観的な解釈として正当なものといえるか否かを改めて検討することとなった機会に，その職務上通常尽くすべき注意義務を尽くしていれば，当然に認識することが可能であったものというべきである。／そうすると，Yの担当者が，原爆二法の解釈を誤る違法な内容の402号通達を発出したことは，国家賠償法上も違法の評価を免れないものといわざるを得ない。／そして，Yの担当者が，このような違法な402号通達に従った失権取扱いを継続したことも，同様に，国家賠償法上違法というべきである。」

「そもそも健康管理手当が「被爆者」の精神的安定を図ることをも目的として支給されるものであることも考慮すると，Yの担当者の原爆三法の解釈を誤った違法な402号通達の作成，発出及びこれに従った失権取扱いの継続によって，Xらが財産上の損害を被ったものとまですることはできないことを前提として，Xらは法的保護に値する内心の静穏な感情を侵害され精神的損害を被ったものとして各原告につき100万円の慰謝料を認めた原審の判断は，是認できないではない。」

甲斐中辰夫裁判官の**反対意見**「Yの担当者の402号通達の作成，発出及びこれに従った失権取扱いの継続は，これを肯定する裁判例もあるなど相当の法律上の根拠が認められ，Yの担当者は，その後司法判断が変化したことから，これに応じた対応をしたにすぎないのであって，国家賠償法上の過失は認める

⇨*147*

ことができない。」「Ｘらのうち一部の者は，被爆者健康手帳の交付及び健康
管理手当の支給認定を受けているが，残りの者は，健康管理手当の支給認定の
申請をしていない者又は被爆者健康手帳交付の申請すらしていない者である。
原判決は，Ｘらにはいずれも健康管理手当相当額の財産上の損害が生じてい
ないという。しかし，前提となる請求である財産上の損害が法的に認められな
いＸらに対し，同一行政行為に対する精神的苦痛のみを取り上げて法的保護
に値する利益の侵害があるといえるのであろうか。とりわけ，Ｘらの中には
平成15年に至るまで健康管理手当の支給認定や被爆者健康手帳交付の申請を
していない者があるが，健康管理手当受給に向けての具体的申請をしていない
者に対しては，同手当相当額の損害が生じているとは認められないのは当然で
あるところ（原判決178頁参照），そうであるとすると，そのような原告に対
して同手当の支給が受けられなかったからといって，法的保護に値する精神的
損害を認めることは困難である。」

（裁判長裁判官　涌井紀夫，裁判官　甲斐中辰夫，泉德治，才口千晴）

▶*Reference*　*1*）　原爆医療法の法的性格については*193*を参照。

　2）　非嫡出子について住民票の続柄欄に「子」との記載がなされた行為が住民基本台
帳法・憲法に違反するとして提起された国家賠償訴訟において，最一小判平成11
(1999)・1・21判時1675号48頁［重判平11行5］は，「市町村長が住民票に法定の事
項を記載する行為は，たとえ記載の内容に当該記載に係る住民等の権利ないし利益を害
するところがあったとしても，そのことから直ちに国家賠償法1条1項にいう違法があ
ったとの評価を受けるものではなく，市町村長が職務上通常尽くすべき注意義務を尽く
すことなく漫然と右行為をしたと認め得るような事情がある場合に限り，右の評価を受
けるものと解するのが相当である」としたうえで，国が定めた住民基本台帳事務処理要
領に従って記載がなされたことにも注目して，注意義務違反を否定した。

　3）　公害に係る健康被害の救済に関する特別措置法（以下「救済法」という）または
公害健康被害補償法（以下「補償法」という）に基づき，水俣病と認定すべき旨の申請
をした原告らに対し熊本県知事が長期にわたり認定・棄却の処分を行わなかった事件
（水俣病待たせ賃訴訟）において，*12*は，「認定申請者としての，早期の処分により水
俣病にかかっている疑いのままの不安定な地位から早期に解放されたいという期待，そ
の期待の背後にある申請者の焦燥，不安の気持を抱かされないという利益は，内心の静
穏な感情を害されない利益として，これが不法行為法上の保護の対象になり得るものと
解するのが相当である」として慰謝料請求の可能性を認めた。他方で，申請処理の遅延
の国家賠償法上の違法性を判断するには「客観的に処分庁がその処分のために手続上必
要と考えられる期間内に処分できなかったことだけでは足りず，その期間に比して更に
長期間にわたり遅延が続き，かつ，その間，処分庁として通常期待される努力によって
遅延を解消できたのに，これを回避するための努力を尽くさなかったことが必要である

⇨148

と解すべきである」として，不作為の違法確認訴訟における違法性と同一視しなかった。

III–2–4–2　規制権限の不行使／過小行使

III–2–4–2–1　経 済 規 制

148 宅建業者に対する免許付与と監督

最二小判平成元（1989）・11・24　［百選 II 222］
　　民集 43 巻 10 号 1169 頁；判時 1337 号 48 頁
　　（評釈）古城誠・判評 383（判時 1364）号 51 頁，篠原勝美・曹時 43 巻 2
　　　号 223 頁
　　（一審）京都地判昭和 58（1983）・7・20 判タ 517 号 175 頁
　　（二審）大阪高判昭和 61（1986）・7・1 判時 1222 号 46 頁

■**事実**　訴外有限会社 A は 1972 年に京都府知事から宅建業者の免許の付与を受け，1975 年にその更新がなされた。A の実質的経営者である B は手付売買の方法で営業を継続していたが，1976 年頃から債務返済に追われて所有者への代金支払いができず，顧客に対する所有権移転や代金返還の不履行が多くなっていた。B は他人所有の土地建物を取得して，購入者に移転しうる可能性はないのに A 所有の建売住宅として売り出し，1976 年 9 月 3 日に 1050 万円で X に売却した。しかし X が同日と 11 月 25 日に支払った手付金・中間金の総額 740 万円を A は他に流用したので，X は本件土地建物の所有権を取得することができなかった。そこで X は，A の代表取締役で B の親戚の C と京都府 Y に対して損害賠償を請求した。以下では Y に対する国家賠償訴訟に関してのみ事実関係を紹介する。

　A の取引関係者から Y の担当職員に対する苦情の申出は，免許更新直前の 1975 年 9 月 10 日が最初であり，翌年 7 月には A に対する立入調査を行って新規契約締結禁止を指示した。その後も苦情の申出が続き，Y の担当職員は B との折衝で，B は紛争解決の資金を友人から融資してもらう努力を続けるとし，それまで業務停止・免許取消等の処分を猶予して欲しいと伝えた。しかしその実現可能性が危ぶまれ，また苦情も続出したため，Y の担当職員は同年 10 月 25 日に監督処分の方針を決め，11 月 15 日に聴聞期日を指定した。12 月 17 日に公開による聴聞が開かれ，B は宅地建物取引業法違反の事実を認めた。そこで 1977 年 4 月 7 日に京都府知事は免許取消処分を行った。

　一審は，一方で免許付与・更新の違法性と過失を認めながらも損害との因果関係を否定し，他方で業務停止等の監督措置に関する権限不行使の違法を認めて X の請求を一部認容した。二審はこれに対し，X の損害は京都府知事の監督権限行使がなければ通常の手段では除去できない性質とはいいがたいこと，業務停止等の不利益処分を行うには慎重な手続が必要になることを勘案すれば，X が中間金を支払った 1976

III–2　国家賠償法 1 条責任　　357

⇨*148*

年11月25日の時点までに京都府知事が監督権限行使をしなかったことが著しく不合理であるとはいえないとして一審判決を取り消した。Ｘが上告。

■判旨 上告棄却。

「［宅地建物取引業］法がかかる免許制度を設けた趣旨は，直接的には，宅地建物取引の安全を害するおそれのある宅建業者の関与を未然に排除することにより取引の公正を確保し，宅地建物の円滑な流通を図るところにあり，監督処分権限も，この免許制度及び法が定める各種規制の実効を確保する趣旨に出たものにほかならない。もっとも，法は，……取引関係者の利益の保護を顧慮した規定を置いており，免許制度も，究極的には取引関係者の利益の保護に資するものではあるが，前記のような趣旨のものであることを超え，免許を付与した宅建業者の人格・資質等を一般的に保証し，ひいては当該業者の不正な行為により個々の取引関係者が被る具体的な損害の防止，救済を制度の直接的な目的とするものとはにわかに解し難く，かかる損害の救済は一般の不法行為規範等に委ねられているというべきであるから，知事等による免許の付与ないし更新それ自体は，法所定の免許基準に適合しない場合であっても，当該業者との個々の取引関係者に対する関係において直ちに国家賠償法1条1項にいう違法な行為に当たるものではないというべきである。」

業務停止・免許取消は「その要件の認定に裁量の余地があるのであって，これらの処分の選択，その権限行使の時期等は，知事等の専門的判断に基づく合理的裁量に委ねられているというべきである。したがって，当該業者の不正な行為により個々の取引関係者が損害を被った場合であっても，具体的事情の下において，知事等に監督処分権限が付与された趣旨・目的に照らし，その不行使が著しく不合理と認められるときでない限り，右権限の不行使は，当該取引関係者に対する関係で国家賠償法1条1項の適用上違法の評価を受けるものではないといわなければならない。」

「京都府知事がＡに対し本件免許を付与し更にその後これを更新するまでの間，Ａの取引関係者からの担当職員に対する苦情申出は1件にすぎず，担当職員において双方から事情を聴取してこれを処理したというのであるから，本件免許の付与ないし更新それ自体は，法所定の免許基準に適合しないものであるとしても，その後にＡと取引関係を持つに至ったＸに対する関係で直ちに国家賠償法1条1項にいう違法な行為に当たるものではないというべきである。また，本件免許の更新後は担当職員がＡと被害者との交渉の経過を見守りな

がら被害者救済の可能性を模索しつつ行政指導を続けてきたなど前示事実関係の下においては，Ｘが A に対し中間金 390 万円を支払った時点までに京都府知事において A に対する業務の停止ないし本件免許の取消をしなかったことが，監督処分権限の趣旨・目的に照らして著しく不合理であるということはできないから，右権限の不行使も国家賠償法 1 条 1 項の適用上違法の評価を受けるものではないというべきである。」

奥野久之裁判官の**反対意見** 「宅地建物取引が益々国民生活において重要性を増しつつあること並びにしばしば極めて高額の取引となることにかんがみ，宅建業者において法所定の規制に違背して取引関係者に損失を及ぼし，かつ，同種の所為を反覆累行するおそれがあるため，免許取消，業務停止等の監督処分をしなければいたずらに取引関係者の被害を増大あるいは続発させ，右法の趣旨を没却すべきことが予想されるに至ったときは，知事等はもはや裁量の名において監督処分権限を発動しないことは許されず，その後その業者との間で宅地建物取引を行うべき者に対する関係においても，相当な監督処分をすべき義務を負うに至るものと解するのが相当である。」

「京都府知事の度重なる指導監督権限の著しく不当な行使若しくは不行使が本件の事態を招来する基盤をなしているものと考えられるのであって，その後の前記経過等にかんがみると，昭和 51 ［1976］年 8 月ころには，既に取引関係者の被害の増大ないし続発の危険が予測され，相当な監督処分に着手すべき義務を負い，右手続に必要な期間を考慮しても，遅くとも X が 2 回目の中間金を支払った同年 11 月 25 日までには右監督処分をすべきであったものというべきである。したがって，その権限の不行使につき X に対する関係においても国家賠償法 1 条 1 項の違法性を肯認する余地が十分に存するというべく，本件における Y の責任の成否を論ずるに当たり，このような過去の経緯を看過することは許されないといわなければならない。」

（裁判長裁判官　藤島昭，裁判官　牧圭次，島谷六郎，香川保一，奥野久之）

149 抵当証券業者に対する監督（大和都市管財事件）

大阪高判平成 20（2008）・9・26
判タ 1312 号 81 頁
（一審）大阪地判平成 19（2007）・6・6 判時 1974 号 3 頁

■事実　訴外 A（大和都市管財株式会社）は，実質的に経営が破綻しているにもかか

⇨*149*

わらず高額の抵当証券などを販売し続けていた。抵当証券業規制法に基づく登録権限と業務停止・登録取消等の監督権限を有していた近畿財務局は，遅くとも1992年頃からＡの不動産鑑定の過大評価等の抵当証券商法の問題性を認識し，当初は検査・指導を通じて監督を図っていた。その後，Ａのグループ会社の一社が出資法違反の疑いの強い手形商品の販売を開始したため，1994年検査以降はグループ全体を含めた収益状況を監視し，業務改善命令を含めた措置を採ることを一度は決定した。しかしＡの経営者Ｃが同和団体との関連性をも示して威迫したことに押されて1995年の業務改善命令を撤回し，また大蔵省が司法当局への情報提供を行ったものの捜査機関は迅速に動かなかった。その後もＣによる財務局の担当課に対する揺さぶりが続き，1997年検査の頃には近畿財務局の監督の消極姿勢が強まった。その後，担当課の上司である次長が，このまま放置していては抵当証券購入者に多大な損害が生ずるおそれがあるため，1997年12月の登録更新の前に業務改善命令を発令し，これを契機として業務停止命令を出して破綻処理することもやむを得ないと考えて関係機関との調整を行った。しかしその過程で局長が介入してこれを抑制したり，Ａが予期に反して業務改善命令に応ずる対応をとったりしたこともあり，業務停止措置をとらず，また形式的な審査によって本件更新登録を行った。その後Ａグループの経営はますます悪化して放置できない状態となり，2000年検査において抵当証券受取利息の資産性の否認と簿外債務を認定して，2001年に更新登録拒否に踏み切った。

　Ｘらはａから1998年1月以降に抵当証券を購入し，Ａの経営破綻によって大きな損失を受けた。Ｘらは，1997年12月に近畿財務局が違法に本件更新登録を行ったことによって抵当証券購入額，慰謝料および弁護士費用の損害を被ったと主張して，国Ｙに対し国家賠償訴訟を提起した。

　一審は，本件更新登録が国賠法1条の適用上違法であって近畿財務局長には少なくとも過失があったと認定したうえで，1998年1月以降の抵当証券購入原資に登録更新以前にＡグループから購入していた金融商品の償還金が含まれていないと認められるＸら260名について請求を一部認容した。これに対してＹと一審で請求を全部棄却されたＸらの一部が控訴。二審は以下のように述べて，一審で請求が全部棄却となったＸらの請求を一部認容した。

■**判旨**　一部変更，一部控訴棄却（確定）。

「抵当証券業規制法による規制の仕組みに照らすと，同法の定める登録制度は，その目的は抵当証券の購入者の保護にあるものの，そのために抵当証券業者や抵当証券業を営もうとする者の営業の自由を過度に犠牲にすることまでは志向していないものと解されるから，登録主体である財務局長等が，抵当証券の購入者に対し，当該抵当証券を販売すべき抵当証券業者の財務基盤や企業としての誠実性・廉潔性につき，その欠如が外形的に明らかでない場合にまでそ

360　　Ⅲ　国家賠償と損失補償

⇨*149*

の存在を一般的に保証するとの趣旨は有していないものと解される。しかし，抵当証券業者の財産的基礎及び人的構成については，同法は，抵当証券業者が抵当証券を投資家に販売する際に多くの場合保証をしている実情にかんがみ，抵当証券業者の財産的及び人的基盤を確保することによって抵当証券の購入者の保護を図る趣旨から，その欠缺を抵当証券業の登録及び更新登録の拒否事由として規定して，少なくとも3年に1度の更新登録時期には，財務局長等において当該抵当証券業者が抵当証券業を適確に遂行するに足りる財産的基礎及び人的構成を具備しているか否かを審査することとし，なお登録の有効期間中であっても，財産的基礎又は人的構成を欠くことにより抵当証券の購入者の利益を害するに至っている事実が判明した場合には，監督処分としての業務改善命令を発令し，必要に応じて最終的には登録取消しに至るまでの監督処分を適時に発動することによって，抵当証券購入者の保護を図ることが予定されているものと解される。」

「財務局長等は，更新登録の可否を決するに当たっては，原則として更新登録申請書及びその添付書類の記載に照らして登録拒否事由の有無を判断すれば，結果的にその判断が誤っていたとしても，直ちに個々の抵当証券購入者との関係で職務上の注意義務違反に問われることはないというべきである。しかしながら，財務局長等が必要な監督規制権限の行使を怠って漫然と更新登録を行い，それが更新登録に係る財務局長等の権限を定めた抵当証券業規制法の趣旨，目的や当該権限の性質等に照らし，具体的事情の下で許容される限度を逸脱して著しく合理性を欠くと判断される場合には，当該更新登録は財務局長等の職務上の注意義務違反の結果と捉えられるから，これによって抵当証券業の継続を認められた抵当証券業者から抵当証券を購入した者が，後に当該抵当証券業者に係る登録拒否事由が顕在化したことによって損害を被ったときは，財務局長等の帰属主体であるＹは，当該損害を賠償すべき国賠法上の義務を負うものと解すべきである。」

「近畿財務局長による本件更新登録は，本件具体的事情の下においては，抵当証券購入者の保護を目的として財務局長等に監督規制権限を定めた抵当証券業規制法の趣旨，目的に照らし，許容される限度を逸脱して著しく合理性を欠くものであって，その余の主張をみるまでもなく，本件更新登録後にＡから抵当証券を購入することにより被害を受けた個々の国民との関係において，国賠法1条1項の適用上，違法となると解すべきである。」

⇨150

　「近畿財務局長は，本件の具体的事情の下において，本件更新登録が，監督権限や更新登録に係る財務局長等の規制権限を定めた抵当証券業規制法の趣旨，目的や当該権限の性質等に照らし，許容される限度を逸脱して著しく合理性を欠き，国賠法1条1項の適用上違法となることを予見し，かつ，これを回避する可能性があったことは明らかというべきであるから，近畿財務局長は，本件更新登録を行うについて，少なくとも過失が存在したものというべきである。」

（裁判長裁判官　小田耕治，裁判官　富川照雄，剱持淳子）

▶*Reference*　中小企業等協同組合法に基づいて設立された佐賀商工共済協同組合が粉飾経理操作によって事業を継続し，最終的に破産したことにより掛金・貸付金の一部の返還を受けることができなくなった原告らが，粉飾経理操作を知りつつ佐賀県知事が法律上の規制権限を行使しなかったとして国家賠償請求したことに関して，佐賀地判平成19（2007）・6・22判時1978号53頁，および知事への求償にかかる佐賀地判平成22（2010）・7・16判時2097号114頁は，いずれも監督権限不行使が同法106条1項の趣旨，目的や，その権限の性質に照らし，その不行使が許容される限度を逸脱して著しく合理性を欠くとして国賠法上違法と判断した。

III-2-4-2-2　生命／健康の保護

150　水質二法の権限不行使（水俣病関西訴訟）

最二小判平成16（2004）・10・15　［百選II 225］
民集58巻7号1802頁；判時1876号3頁
（評釈）田上富信・判評557（判時1891）号17頁，長谷川浩二・曹時58巻10号228頁
（一審）大阪地判平成6（1994）・7・11判時1506号5頁
（二審）大阪高判平成13（2001）・4・27判時1761号3頁

■**事実**　水俣病の原因物質は有機水銀化合物の一種のメチル水銀化合物であり，チッソ株式会社水俣工場の排水に含まれて工場外に流出したものであった。水俣病はこのメチル水銀化合物が魚介類の体内に蓄積され，その魚介類を多量に摂取した者の体内に取り込まれ，大脳・小脳等に蓄積し，神経細胞に傷害を与えることで引き起こされた。こうした原因については発生当初は不明であったが，1957年の合同研究発表会で魚介類摂取が原因であるとの一応の結論に達し，1959年11月には厚生大臣の諮問機関である食品衛生調査会が，水俣病の主因はある種の有機水銀化合物であるとした。しかしその後もメチル水銀化合物の排出は続き，1968年9月になってようやく政府は，水俣病はチッソ水俣工場から排出されたメチル水銀化合物が原因であるとする見解を発表した。翌年，「公共用水域の水質の保全に関する法律」と「工場排水等の規

362　III　国家賠償と損失補償

⇨*150*

制に関する法律」（両者をあわせて「水質二法」という）に基づき，水俣湾とその周辺
海域の指定水域の指定等がなされた。Ｘらはかつて水俣湾沿岸に居住し，後に関西
地方に移り住んだ水俣病患者およびその承継人であり，国 Y_1 および熊本県 Y_2 が各
種規制権限を行使して水俣病の発生および被害拡大を防止すべき義務があったのにこ
れを怠ったとして，国賠法１条に基づく賠償訴訟を提起した。

　一審は，権限不行使の違法はないとしてＸらの請求を棄却した。これに対し二審
は，Y_1 および Y_2 の権限不行使の違法・過失を認定してＸらの請求の一部を認容し
た。Y_1・Y_2 が上告。

■**判旨**　一部上告棄却，一部破棄自判。

「国又は公共団体の公務員による規制権限の不行使は，その権限を定めた法
令の趣旨，目的や，その権限の性質等に照らし，具体的事情の下において，そ
の不行使が許容される限度を逸脱して著しく合理性を欠くと認められるときは，
その不行使により被害を受けた者との関係において，国家賠償法１条１項の適
用上違法となるものと解するのが相当である」。

「水質二法所定の前記規制は，①　特定の公共用水域の水質の汚濁が原因と
なって，関係産業に相当の損害が生じたり，公衆衛生上看過し難い影響が生じ
たりしたとき，又はそれらのおそれがあるときに，当該水域を指定水域に指定
し，この指定水域に係る水質基準（特定施設を設置する工場等から指定水域に
排出される水の汚濁の許容限度）を定めること，汚水等を排出する施設を特定
施設として政令で定めることといった水質二法所定の手続が執られたことを前
提として，②　主務大臣が，工場排水規制法７条，12条に基づき，特定施設
から排出される工場排水等の水質が当該指定水域に係る水質基準に適合しない
ときに，その水質を保全するため，工場排水についての処理方法の改善，当該
特定施設の使用の一時停止その他必要な措置を命ずる等の規制権限を行使する
ものである。そして，この権限は，当該水域の水質の悪化にかかわりのある周
辺住民の生命，健康の保護をその主要な目的の１つとして，適時にかつ適切に
行使されるべきものである。」

「昭和34［1959］年11月末の時点で，①　昭和31［1956］年５月１日の水俣
病の公式発見から起算しても既に約３年半が経過しており，その間，水俣湾又
はその周辺海域の魚介類を摂取する住民の生命，健康等に対する深刻かつ重大
な被害が生じ得る状況が継続していたのであって，Y_1 は，現に多数の水俣病
患者が発生し，死亡者も相当数に上っていることを認識していたこと，②
Y_1 においては，水俣病の原因物質がある種の有機水銀化合物であり，その排

⇨*150*

出源がチッソ水俣工場のアセトアルデヒド製造施設であることを高度のがい然性をもって認識し得る状況にあったこと，③　Y_1 にとって，チッソ水俣工場の排水に微量の水銀が含まれていることについての定量分析をすることは可能であったことといった事情を認めることができる。なお，チッソが昭和 34 [1959] 年 12 月に整備した前記排水浄化装置が水銀の除去を目的としたものではなかったことを容易に知り得たことも，前記認定のとおりである。そうすると，同年 11 月末の時点において，水俣湾及びその周辺海域を指定水域に指定すること，当該指定水域に排出される工場排水から水銀又はその化合物が検出されないという水質基準を定めること，アセトアルデヒド製造施設を特定施設に定めることという上記規制権限を行使するために必要な水質二法所定の手続を直ちに執ることが可能であり，また，そうすべき状況にあったものといわなければならない。」

「昭和 35 [1960] 年 1 月以降，水質二法に基づく上記規制権限を行使しなかったことは，上記規制権限を定めた水質二法の趣旨，目的や，その権限の性質等に照らし，著しく合理性を欠くものであって，国家賠償法 1 条 1 項の適用上違法というべきである。」

「熊本県知事は，水俣病にかかわる前記諸事情について Y_1 と同様の認識を有し，又は有し得る状況にあったのであり，同知事には，昭和 34 [1959] 年 12 月末までに県漁業調整規則 32 条に基づく規制権限を行使すべき作為義務があり，昭和 35 [1960] 年 1 月以降，この権限を行使しなかったことが著しく合理性を欠くものであるとして，Y_2 が国家賠償法 1 条 1 項による損害賠償責任を負うとした原審の判断は，同規則が，水産動植物の繁殖保護等を直接の目的とするものではあるが，それを摂取する者の健康の保持等をもその究極の目的とするものであると解されることからすれば，是認することができる。」

（裁判長裁判官　北川弘治，裁判官　福田博，滝井繁男，津野修）

▶*Reference　1*）　公害健康被害の補償等に関する法律に基づく障害補償費の支給と，原因企業に対する損害賠償請求権の関係につき，最二小判平成 29（2017）・9・8 民集 71 巻 7 号 1021 頁［重判平 29 行 10］は以下のように判示して，民事上の賠償義務が全て履行されている場合の障害補償費の支払義務を否定した。

　「［同法は］障害補償費の支給に要する費用について，都道府県等がこれを支弁することとしているものの（47 条），同法 4 条 2 項の認定を受けた者に対する障害補償費の支給に要する費用については，その全額につき独立行政法人環境再生保全機構によって原因者から徴収される特定賦課金をもって充てるとしており（48 条 1 項，49 条 2 項，同

法施行令 26 条 1 項），最終的には原因者が負担すべきものとしている。／このような同法の仕組み等に照らせば，同法 4 条 2 項の認定を受けた者に対する障害補償費は，これらの者の健康被害に係る損害の迅速な塡補という趣旨を実現するため，原因者が本来すべき損害賠償義務の履行に代わるものとして支給されるものと解するのが相当であって，同法 13 条 1 項の規定もこのことを前提とするものということができる。」

2）　クロロキン製剤の副作用によりクロロキン網膜症に罹患した患者等が，厚生大臣が同製剤の製造を承認し，クロロキン網膜症の発生防止のための適切な措置をとらなかった違法を主張して国家賠償請求した事件で，最二小判平成 7（1995）・6・23 民集 49巻 6 号 1600 頁［百選Ⅱ223］は，以下のように述べて賠償責任を否定した。「医薬品の副作用による被害が発生した場合であっても，厚生大臣が当該医薬品の副作用による被害の発生を防止するために前記の各権限を行使しなかったことが直ちに国家賠償法 1 条1 項の適用上違法と評価されるものではなく，副作用を含めた当該医薬品に関するその時点における医学的，薬学的知見の下において，前記のような薬事法の目的及び厚生大臣に付与された権限の性質等に照らし，右権限の不行使がその許容される限度を逸脱して著しく合理性を欠くと認められるときは，その不行使は，副作用による被害を受けた者との関係において同項の適用上違法となるものと解するのが相当である。」「当時のクロロキン網膜症に関する医学的，薬学的知見の下では，クロロキン製剤の有用性が否定されるまでには至っていなかったものということができる。したがって，クロロキン製剤について，厚生大臣が日本薬局方からの削除や製造の承認の取消しの措置を採らなかったことが著しく合理性を欠くものとはいえない。」

3）　本件と同様に規制権限不行使に基づく国家賠償請求を認めた最高裁判例として，筑豊じん肺訴訟（最三小判平成 16（2004）・4・27 民集 58 巻 4 号 1032 頁［重判平 16 行5］）および泉南アスベスト訴訟（11）がある。

Ⅲ-2-4-3　保護規範と利益の諸相

151　建築確認を受けた建築主の利益（偽装設計事件）

最三小判平成 25（2013）・3・26［百選Ⅱ221］
集民 243 号 101 頁
（一審）京都地判平成 21（2009）・10・30 判時 2080 号 54 頁
（二審）大阪高判平成 22（2010）・7・30 判例集未登載

■**事実**　ビジネスホテルの建物（以下「本件建築物」）の新築を計画した X は，A 一級建築士事務所の一級建築士を代理人として，京都府（以下「府」）の建築主事（以下「本件建築主事」）に建築確認の申請をした。本件建築物は，一級建築士の設計によらなければ新築工事できないものであった（建基法 5 条の 6 第 1 項，建築士法 3 条 1 項）。また，本件建築物は，構造計算により確かめられる安全性を有するものでなければな

⇨*151*

らないところ（建基法 20 条 1 項 2 号・6 条 1 項 3 号），申請書に添付された構造計算書（以下「本件構造計算書」）は，上記建築士から依頼を受けた一級建築士 B が，当時 100 種類以上存在していた建設大臣または国土交通大臣の指定ないし認定を受けたプログラムの一つを用いて作成したものであった。X は，本件建築主事から建築確認（建基法 6 条 4 項），確認済証の交付，さらに本件建築物につき中間検査および完了検査を受けた。

　その後，B 建築士のいわゆる耐震強度偽装事件の発覚を契機に，本件構造計算書に偽装がされていることが判明した。府は本件建築物につき，震度 6 以上の地震により倒壊するおそれがあるとして改修を要請し，X はこれを実施した。X は，本件建築主事が属する府に対し，構造計算書の偽装を看過して建築確認が行われたために，必要になった改修工事およびホテルの営業休止等により財産的損害を受けたとして，国家賠償を請求した。

　一審は，「建築主のその建築物の所有権については，建築基準法が直接保護の対象としていない以上，建築主事が建築基準関係規定適合性の判断を誤っても，原則として違法とは評価できない」が，「建築主事が建築基準関係規定適合性につき故意に虚偽の判断をしたり，誤った判断をしたことにつき建築主事に重過失があったような場合には，故意や重過失のない建築主との関係で，国家賠償法 1 条との関係でも違法と評価される」としたうえで，請求を棄却した。二審は，「建築主は……安全性を欠く建築物を出現させないことについて第一義的な責任を負っており，建築基準関係規定に適合した設計などを行うことができる十分な資質と能力を備えた建築士を選任することによって，その責任を果たすとともに，自らの利益をも擁護することができる立場にある」のであり，「建築主の個別的利益に属する財産権は，建築主事が建築確認審査において依拠すべき行為規範の保護範囲には含まれず，本件建築確認審査において本件建築主事が建築主である X 個人に対して職務上の法的義務を負うものとは認められない」として，X の控訴を棄却した。

■**判旨**　本件建築主事による建築確認は国賠法 1 条 1 項の適用上違法とはいえないとして，X の上告を棄却。ただし，以下に掲げる国家賠償法上の違法性に関する一般論は，二審判決と異なる。

(1)　建築士法の諸「規定の趣旨は，建築物の新築等をする場合におけるその設計及び工事監理に係る業務を，その規模，構造等に応じて，これを適切に行い得る専門的技術を有し，かつ，法令等の定める建築物の基準に適合した設計をし，その設計図書のとおりに工事が実施されるように工事監理を行うべき旨の法的責務が課せられている建築士に独占的に行わせることにより，建築される建築物を建築基準関係規定に適合させ，その基準を守らせることとしたものであって，建築物を建築し，又は購入しようとする者に対し，建築基準関係規

366　　Ⅲ　国家賠償と損失補償

⇨*151*

定に適合し，安全性等が確保された建築物を提供することを主要な目的の一つとするものである（最高裁平成……15年11月14日第二小法廷判決・民集57巻10号1561頁参照）」。

(2)ア　「建築確認制度の根拠法律である建築基準法は，建築物の構造等に関する最低の基準を定めて，国民の生命，健康及び財産の保護を図り，もって公共の福祉の増進に資することを目的としており（1条）……しかるところ，建築士が設計した計画に基づいて建築される建築物の安全性が第一次的には上記(1)のような建築士法上の規律に従った建築士の業務の遂行によって確保されるべきものであり，建築士の設計に係る建築物の計画についての建築主による建築基準法6条1項に基づく確認の申請が，自ら委託（再委託を含む。以下同じ。）をした建築士の設計した建築物の計画が建築基準関係規定に適合することについての確認を求めてするものであるとはいえ［同法6条3項，建築士法3条ないし3条の3］，個別の国民である建築主が同法1条にいう国民に含まれず，その建築する建物に係る建築主の利益が同法における保護の対象とならないとは解し難い。建築確認制度の目的には，建築基準関係規定に違反する建築物の出現を未然に防止することを通じて得られる個別の国民の利益の保護が含まれており，建築主の利益の保護もこれに含まれているといえるのであって，建築士の設計に係る建築物の計画について確認をする建築主事は，その申請をする建築主との関係でも，違法な建築物の出現を防止すべく一定の職務上の法的義務を負う……。以上の理は，国民の社会生活上の重要な要素としての公共性を有する建築物の適正を公的に担保しようとする建築基準法の趣旨に沿うものであり，建築物の適正を担保するためには専門技術的な知見が不可欠であるという実情にもかなう」。

イ　「そこで，建築主事が負う職務上の法的義務の内容についてみるに……建築士の設計に係る建築物の計画について建築主事のする確認は，建築主からの委託を受けた建築士により法令又は条例の定める基準に適合するように設計されたものとして当該建築主により申請された当該計画についての建築基準関係規定との適合性の審査を内容とするものであり，建築士は建築士法に基づき当該計画が上記基準に適合するように設計を行うべき義務及びその業務を誠実に行い建築物の質の向上に努めるべき義務を負うものである［建築士法18条1項・2項］ことからすると，当該計画に基づき建築される建築物の安全性は，第一次的には建築士のこれらの義務に従った業務の遂行によって確保されるべ

⇨151

きものであり，建築主事は，当該計画が建築士により上記の義務に従って設計されるものであることを前提として審査をすることが予定されている……。このことに加え……申請書及び法令上これに添付すべき図書（以下併せて「申請書類」という。）の記載事項等がこれらの様式や審査期間を含めて法令で個別具体的に規定されていること等に鑑みると〔建基法6条4項・6項・9項，同法施行規則1条の3〕，建築主事による当該計画に係る建築確認は，例えば，当該計画の内容が建築基準関係規定に明示的に定められた要件に適合しないものであるときに，申請書類の記載事項における誤りが明らかで，当該事項の審査を担当する者として他の記載内容や資料と符合するか否かを当然に照合すべきであったにもかかわらずその照合がされなかったなど，建築主事が職務上通常払うべき注意をもって申請書類の記載を確認していればその記載から当該計画の建築基準関係規定への不適合を発見することができたにもかかわらずその注意を怠って漫然とその不適合を看過した結果当該計画につき建築確認を行ったと認められる場合に，国家賠償法1条1項の適用上違法となる……（なお，建築主事がその不適合を認識しながらあえて当該計画につき建築確認を行ったような場合に同項の適用上違法となることがあることは別論である。）」。

ウ　「もっとも，上記イに示した場合に該当するときであっても，建築確認制度は建築主が自由に建物を建築することに対して公共の福祉（建築基準法1条）の観点から設けられた規制であるところ，建築士が設計した計画に基づいて建築される建築物の安全性は第一次的には上記(1)のような建築士法上の規律に従った建築士の業務の遂行によって確保されるべきものであり，建築主は自ら委託をした建築士の設計した建築物の計画につき建築基準関係規定に適合するものとして建築確認を求めて建築主事に対して申請をするものであることに鑑みると，その不適合に係る建築主の認識の有無又は帰責性の程度，その不適合によって建築主の受けた損害の性質及び内容，その不適合に係る建築主事の注意義務違反の程度又は認識の内容その他の諸般の事情に照らして，建築確認の申請者である建築主が自らの申請に応じて建築主事のした当該計画に係る建築確認の違法を主張することが信義則に反するなどと認められることにより，当該建築主が当該建築確認の違法を理由として国家賠償法1条1項に基づく損害賠償請求をすることができないものとされる場合があることは否定できない」。

本判決には，「保護法益の対象者が，建築主であるか否かによって安全性の

有無，程度の差異が問われることはない」，つまりその意味で「同一の保護法益についての違法性の有無について人的相対性」は認められないとする田原睦夫裁判官の**補足意見**と，「「違法性」の枠組みの中では，本来，基準に適合する建物であることを確保すべき義務を負っている建築士への委託者であり，建築主事の審査について申請人の立場にある建築主と基準に適合し損なった建築物によって被害を受けた第三者とでは被侵害利益の種類・性質において意味のある違いがあるから，賠償を求めるについて相手方行為者の注意義務の内容・レベルにおいて両者の間に差を見いだすことにさほど困難があるとも思えない」，つまりその意味で「国家賠償法の解釈においても，加害公務員の注意義務の内容・レベルを検討するに当たって被侵害利益の種類・性質を考慮することが肯定されていると考えられ，それを一歩進めるならば，上記の被侵害利益を異にする場合の賠償請求におけるそれぞれの加害公務員側の注意義務の内容・レベルには違いがあるとすることも解釈として可能な範囲内にある」とする寺田逸郎・大橋正春両裁判官の**補足意見**が付されている。

（裁判長裁判官　寺田逸郎，裁判官　田原睦夫，岡部喜代子，大谷剛彦，大橋正春）

▶*Reference* 　1）　*48* は，市町村長が，一般廃棄物収集運搬業および処分業の許可（更新）処分を行う際に，既に許可（更新）を受けている他の事業者の利益に配慮し，これを保護する義務を負っていないとはいえないとして，市町村が同事業者に対し国家賠償責任を負う余地を認めた。

2）　長期間処分がされないことにより申請者が内心の静穏な感情を害されるという結果を回避する条理上の作為義務について，*12* 参照。これに対し，地方公務員災害補償法に基づく公務災害認定の遅延につき，大阪地判平成 25（2013）・7・29 労働判例 1082 号 36 頁（確定）は，公務災害と認定されないことによる不安や焦燥の感情を抱かされないという申請者の利益が，不法行為法上保護の対象になるとはいい難く，地公災法その他関連法令に照らしても，上記のような結果回避義務を根拠づけることはできないとして，認定の遅延を理由とする国家賠償請求を斥けた。

3）　東京地判平成 27（2015）・12・21 判時 2308 号 97 頁は，「住民票の写しの交付の申出における対象者が自治体において，適切な審査をすることによって受ける利益は……法的保護に値する」として，特別区の職員が，住民票の不正な交付申出に対し，補足説明を求めずに交付を行ったことによる国家賠償請求を，慰謝料 5 万円および弁護士費用 5000 円の限度で認めた。

4）　東京地判平成 27（2015）・12・4 判時 2308 号 109 頁は，「認知の届出又は申請を受理した市区町村長が他の市区町村へ送付する義務は，認知子に対する義務と解することはできない」と述べ，当該送付の懈怠により，認知子である旨が父の戸籍に記載されなかったことを理由に，認知子が国家賠償を請求することはできないとした（確定）。

152 図書の廃棄と人格的利益

最一小判平成 17（2005）・7・14［重判平 17 憲 6］

民集 59 巻 6 号 1569 頁；判時 1910 号 94 頁

（評釈）木藤茂・自治研究 83 巻 12 号 128 頁，今村哲也・判評 572（判時
1937）号 16 頁，松並重雄・曹時 60 巻 4 号 175 頁

（一審）東京地判平成 15（2003）・9・9 民集 59 巻 6 号 1579 頁〔参〕

（二審）東京高判平成 16（2004）・3・3 民集 59 巻 6 号 1604 頁〔参〕

■**事実**　X₁ は，「新しい歴史・公民教科書およびその他の教科書の作成を企画・提案
し，それらを児童・生徒の手に渡すことを目的とする」団体（権利能力なき社団）で
ある。X₂ らは，X₁ の会員である。Y（船橋市）は，船橋市図書館条例（昭和 56 年船
橋市条例 22 号）に基づき，船橋市中央図書館，船橋市東図書館，船橋市西図書館お
よび船橋市北図書館を設置し，その図書館資料の除籍基準として，船橋市図書館資料
除籍基準（以下「本件除籍基準」という）を定めていた。本件除籍基準には，「除籍対
象資料」として，「(1)蔵書点検の結果，所在が不明となったもので，3 年経過しても
なお不明のもの。(2)貸出資料のうち督促等の努力にもかかわらず，3 年以上回収不能
のもの。(3)利用者が汚損・破損・紛失した資料で弁償の対象となったもの。(4)不可抗
力の災害・事故により失われたもの。(5)汚損・破損が著しく，補修が不可能なもの。
(6)内容が古くなり，資料的価値のなくなったもの。(7)利用が低下し，今後も利用され
る見込みがなく，資料的価値のなくなったもの。(8)新版・改訂版の出版により，代替
が必要なもの。(9)雑誌は，図書館の定めた保存年限を経過したものも除籍の対象とす
る」と定められていた。2001 年 8 月 10 日から同月 26 日にかけて，当時船橋市西図
書館に司書として勤務していた職員（以下「本件司書」という）が，X₁ に対する否定
的評価と反感から，その独断で，同図書館の蔵書のうち X₁ の会員らの執筆・編集に
係る書籍を含む合計 107 冊を，「除籍対象資料」に該当しないにもかかわらず廃棄し
た（以下「本件廃棄」という）。本件は，X₁ および X₂ らが，本件廃棄によって著作者
としての人格的利益等を侵害されて精神的苦痛を受けた旨主張し，Y に対し，国賠
法 1 条 1 項または民法 715 条に基づき，慰謝料の支払いを求めたものである。

　一審および二審は，本件司書の行為は Y に対する関係では違法であるが，X らが，
船橋市西図書館でその図書が閲覧に供されていることにより何らかの法的な権利利益
を取得したとはいえず，事実上の反射的利益を有するにすぎないから，不公正な廃棄
を理由として損害賠償請求をすることはできないとして X らの請求を棄却した。X
らが上告受理申立て。

■**判旨**　原判決を破棄し，原審に差戻し。

「(1)　図書館は，「図書，記録その他必要な資料を収集し，整理し，保存して，
一般公衆の利用に供し，その教養，調査研究，レクリエーション等に資するこ
とを目的とする施設」であり（図書館法 2 条 1 項），「社会教育のための機関」

370　Ⅲ　国家賠償と損失補償

⇨*152*

であって（社会教育法9条1項），国及び地方公共団体が国民の文化的教養を高め得るような環境を醸成するための施設として位置付けられている（同法3条1項，教育基本法7条2項参照）。公立図書館は，この目的を達成するために地方公共団体が設置した公の施設である（図書館法2条2項，地方自治法244条，地方教育行政の組織及び運営に関する法律30条）。……

公立図書館は，住民に対して思想，意見その他の種々の情報を含む図書館資料を提供してその教養を高めること等を目的とする公的な場ということができる。そして，公立図書館の図書館職員は，公立図書館が上記のような役割を果たせるように，独断的な評価や個人的な好みにとらわれることなく，公正に図書館資料を取り扱うべき職務上の義務を負うものというべきであり，閲覧に供されている図書について，独断的な評価や個人的な好みによってこれを廃棄することは，図書館職員としての基本的な職務上の義務に反するものといわなければならない。」

「(2) 他方，公立図書館が，上記のとおり，住民に図書館資料を提供するための公的な場であるということは，そこで閲覧に供された図書の著作者にとって，その思想，意見等を公衆に伝達する公的な場でもあるということができる。したがって，公立図書館の図書館職員が閲覧に供されている図書を著作者の思想や信条を理由とするなど不公正な取扱いによって廃棄することは，当該著作者が著作物によってその思想，意見等を公衆に伝達する利益を不当に損なうものといわなければならない。そして，著作者の思想の自由，表現の自由が憲法により保障された基本的人権であることにもかんがみると，公立図書館において，その著作物が閲覧に供されている著作者が有する上記利益は，法的保護に値する人格的利益であると解するのが相当であり，公立図書館の図書館職員である公務員が，図書の廃棄について，基本的な職務上の義務に反し，著作者又は著作物に対する独断的な評価や個人的な好みによって不公正な取扱いをしたときは，当該図書の著作者の上記人格的利益を侵害するものとして国家賠償法上違法となるというべきである。」

（裁判長裁判官　横尾和子，裁判官　甲斐中辰夫，泉徳治，島田仁郎，才口千晴）

▶*Reference 1*）差戻後控訴審・東京高判平成17（2005）・11・24判時1915号29頁は，人格的利益の性質，本件廃棄についての経緯，本件廃棄に係る図書が再び船橋市西図書館に備え付けられ，閲覧に供されるなどの措置が執られていることなどの諸事情を総合勘案し，人格的利益が侵害されたことにより閲覧に供された図書の著作者が受けた無形

⇨*153*

の損害に対する金銭賠償としては，1人当たり3000円をもって相当とするとした。

2)　大阪高判平成21（2009）・9・17判時2068号65頁では，国と市共催のタウンミーティングの参加者選出に関し，応募者多数の場合には抽選を行うと公表しながら実際には作為的に一部の者を落選させたうえで，公正な抽選を装って落選の通知をしたことが国家賠償法上違法であるとして，当該落選者による国および市に対する慰謝料請求が一部認容されている。

3)　*12*は水俣病認定申請者の「内心の静穏な感情を害されない利益」が人格的利益として法的保護の対象となるとした。

153 犯罪捜査と反射的利益

最一小判平成17（2005）・4・21
判時1898号57頁
（一審）神戸地判平成15（2003）・10・29判時1844号111頁
（二審）大阪高判平成16（2004）・8・27判例集未登載

■**事実**　Xは，自宅マンションで1995年6月13日深夜，窓から侵入した男Aにカッターナイフを向けられるなどして強盗強姦の被害に遭った。Xは，兵庫県警察本部に対し被害申告を行ったので，同県西宮警察署の警察官は，X立会いの下でXの自宅の実況見分を実施した。また，Xは，同署の司法警察職員である警察官に対し，犯人が遺留した証拠物（Xの所有物）を任意提出したので，同警察官はこれを領置した。Xは，本件証拠物を任意提出した際，西宮署長あての所有権放棄書に署名押印して提出し，その所有権を放棄する旨の意思表示をしていた。西宮署の警察官は，Aの体液等が付着している可能性の高い本件証拠物について写真撮影を行ったほか，犯人の血液型を捜査するため兵庫県警察本部の科学捜査研究所に対して鑑定嘱託をした。1995年12月上旬に鑑定が終了し，本件証拠物は西宮署に返却された。西宮署の担当警察官（以下「担当警察官」という）は，本件証拠物の鑑定終了後，領置の必要性が失われたと判断して同年末に本件証拠物を廃棄処分した。しかし，本件証拠物の廃棄処分後も，西宮署は本件犯罪について継続捜査事件として捜査を継続していた。

　Xは，本件証拠物の廃棄処分により精神的苦痛を被り，Xの人格権的利益が侵害されたと主張して，Y（兵庫県）に対し，国賠法1条1項に基づき，損害賠償を請求した。一審は，被害者が捜査によって受ける利益は，捜査によって反射的にもたらされる事実上の利益にすぎないとしたが，Xと西宮署の警察官との間に捜査上必要な限り西宮署において本件証拠物を保管するとの事実上の合意が成立していたことを認め，上記合意に従った本件証拠物の取扱いがされることはXの人格権ともいえる法的保護に値する利益であり，本件証拠物を犯罪からわずか半年後に廃棄したことは著しく合理性を欠くとして，Xの請求を認容した。これに対し，二審は，本件証拠物について捜査機関において捜査上必要がある限り保管する旨の約束をした事実はない

372　　Ⅲ　国家賠償と損失補償

⇨*153*

として，Xの請求を棄却した。Xが上告受理申立て。

■**判旨**　上告棄却。

「本件証拠物の廃棄処分は，本件犯罪の発生時からわずか約6か月後のまだ捜査の継続中に，本件証拠物についての鑑定が終了したことのみを理由にされたものであり，適正な措置であったとはいい難い。しかしながら，犯罪の捜査は，直接的には，国家及び社会の秩序維持という公益を図るために行われるものであって，犯罪の被害者の被侵害利益ないし損害の回復を目的とするものではなく，被害者が捜査によって受ける利益自体は，公益上の見地に立って行われる捜査によって反射的にもたらされる事実上の利益にすぎず，法律上保護される利益ではないというべきである……から，犯罪の被害者は，証拠物を司法警察職員に対して任意提出した上，その所有権を放棄する旨の意思表示をした場合，当該証拠物の廃棄処分が単に適正を欠くというだけでは国家賠償法の規定に基づく損害賠償請求をすることができないと解すべきである。」

泉徳治裁判官の**反対意見**　「被害者がその所有に係る証拠物を捜査機関に提出するのは，犯人の検挙・処罰に役立てることを目的とするものであって，告訴権の行使の一内容，あるいは告訴権に類似する人格的権利の行使ということができ，当該証拠物が捜査機関において捜査のために有効に活用され，捜査上必要である限り適正に保管されることの利益は，単に所有権の一部を構成するにとどまらず，上記の人格的権利に由来し，法的に保護された利益というべきである。そして，被害者がその所有に係る証拠物を捜査機関に提出する際，所有権放棄書に署名押印しても，それは，当該証拠物が捜査及び公訴の遂行上で必要性がなくなった場合に，その返還を求めないということを意味するにとどまり，当該証拠物が捜査機関において有効に活用され，適正に保管されることの利益まで放棄することを意味するものではない。したがって，捜査機関が正当な理由なく当該証拠物を廃棄すれば，被害者の法的に保護された利益を侵害するものとして，国家賠償法の規定に基づく損害賠償請求の対象となるといわなければならない。」

（裁判長裁判官　泉徳治，裁判官　横尾和子，甲斐中辰夫，島田仁郎，才口千晴）

▶***Reference***　*1*）　本件に先だち最三小判平成2（1990）・2・20判時1380号94頁では，被害者または告訴人が捜査または公訴提起によって受ける利益は，公益上の見地に立って行われる捜査または公訴の提起によって反射的にもたらされる事実上の利益にすぎず，法律上保護された利益ではないとして，被害者ないし告訴人は，捜査機関による捜査が

⇨154

適正を欠くことまたは検察官の不起訴処分の違法を理由として，国賠法の規定に基づく損害賠償請求をすることはできないと判示していた。

2）東京地判平成 21（2009）・12・21 判タ 1328 号 85 頁［重判平 22 刑訴 1］は，犯罪被害者等保護法（2000 年）および犯罪被害者等基本法（2004 年）の制定後においても，犯罪の捜査および検察官による公訴権の行使が，国家および社会の秩序維持という公益を図るために行われるものであるとの原則が変更されていないとの認識にたち，前掲最三小判平成 2（1990）・2・20 および *153* と異なる判断をすべき状況にあったとは認められないと判示している。なお，当事案については，東京高判平成 22（2010）・11・2 訟月 57 巻 7 号 2011 頁により控訴棄却，最一小決平成 24（2012）・2・16 により上告不受理決定。他方で，大阪地判平成 24（2012）・6・14 判時 2158 号 84 頁（確定）は，検察官が刑事事件の被害者に当該事件の公判期日を通知しなかったため，被害者が公判期日を傍聴することができなかった場合，被害者等通知制度により公判期日の通知を受けるという原告の法的利益は違法に侵害されることになるとして原告の請求を一部認容している。

Ⅲ-2-5　行政以外の国家行為における違法性

Ⅲ-2-5-1　立法行為・立法不作為

154　再婚禁止期間の違憲立法国賠

最大判平成 27（2015）・12・16［重判平 28 憲 6・民 10］
民集 69 巻 8 号 2427 頁；判時 2284 号 20 頁
（評釈）武田万里子・判評 694（判時 2308）号 2 頁，加本牧子・曹時 69 巻 5 号 208 頁
（一審）岡山地判平成 24（2012）・10・18 判時 2181 号 124 頁
（二審）広島高岡山支判平成 25（2013）・4・26 民集 69 巻 8 号 2582 頁
〔参〕

■**事実**　X は 2008 年 3 月 28 日に前夫と離婚し，同年 10 月 7 日に後夫と婚姻した。この後夫との婚姻は，民法 733 条 1 項（平成 28（2016）年法 71 号改正前）の「女は，前婚の解消又は取消しの日から 6 箇月を経過した後でなければ，再婚をすることができない」とする再婚禁止期間の規定のために遅れたものであり，それによって精神的損害を被ったと X は主張した。そして，国会議員が憲法 14 条 1 項・24 条 2 項に違反する 6 カ月の再婚禁止期間の規定について，その期間を短縮する等の法改正をしなかった立法不作為（以下「本件立法不作為」という）が国賠法 1 条 1 項の適用上，違法の評価を受けるとして，165 万円とその遅延損害金を求めて出訴した。一審・二審はともに，民法 733 条 1 項の立法目的は合理性があり，過剰な制約であるとはいえないとした。よって，本件立法不作為が，国賠法 1 条 1 項の適用上，違法の評価を受けな

374　Ⅲ　国家賠償と損失補償

⇨*154*

いと判示した。

　これに対して，Xが上告。上告審では，民法733条1項のうち「100日超過部分が憲法24条2項にいう両性の本質的平等に立脚したものでなくなっていたことも明らかであり，上記当時において，同部分は，憲法14条1項に違反するとともに，憲法24条2項にも違反するに至っていたというべき」として違憲判断をした一方で，本件立法不作為の国賠違法については，以下のとおり判示した。

■**判旨**　上告棄却。

(1)　「国家賠償法1条1項は，国又は公共団体の公権力の行使に当たる公務員が個々の国民に対して負担する職務上の法的義務に違反して当該国民に損害を加えたときに，国又は公共団体がこれを賠償する責任を負うことを規定するものであるところ，国会議員の立法行為又は立法不作為が同項の適用上違法となるかどうかは，国会議員の立法過程における行動が個々の国民に対して負う職務上の法的義務に違反したかどうかの問題であり，立法の内容の違憲性の問題とは区別されるべきものである。そして，上記行動についての評価は原則として国民の政治的判断に委ねられるべき事柄であって，仮に当該立法の内容が憲法の規定に違反するものであるとしても，そのゆえに国会議員の立法行為又は立法不作為が直ちに国家賠償法1条1項の適用上違法の評価を受けるものではない。」「もっとも，法律の規定が憲法上保障され又は保護されている権利利益を合理的な理由なく制約するものとして憲法の規定に違反するものであることが明白であるにもかかわらず，国会が正当な理由なく長期にわたってその改廃等の立法措置を怠る場合などにおいては，国会議員の立法過程における行動が上記職務上の法的義務に違反したものとして，例外的に，その立法不作為は，国家賠償法1条1項の規定の適用上違法の評価を受けることがあるというべきである」。

(2)　そのうえでXが前夫と離婚した2008年当時，民法733条1項のうち「100日超過部分が憲法に違反するものとなってはいたものの，これを国家賠償法1条1項の適用の観点からみた場合には，憲法上保障され又は保護されている権利利益を合理的な理由なく制約するものとして憲法の規定に違反することが明白であるにもかかわらず国会が正当な理由なく長期にわたって改廃等の立法措置を怠っていたと評価することはできない。したがって，本件立法不作為は，国家賠償法1条1項の適用上違法の評価を受けるものではないというべきである。」

III-2　国家賠償法1条責任　　375

⇨*154*

（裁判長裁判官　寺田逸郎，裁判官　櫻井龍子，千葉勝美，岡部喜代子，大谷剛彦，大橋正春，山浦善樹，小貫芳信，鬼丸かおる，木内道祥，山本庸幸，山﨑敏充，池上政幸，大谷直人，小池裕）

▶*Reference 1)*　最一小判昭和60（1985）・11・21民集39巻7号1512頁［重判昭60憲4］は，国会が公職選挙法の定めにおいて在宅投票制度を廃止して復活しない行為（以下「本件立法行為」という）につき，身体の障害により移動が困難なために国会議員の選挙などで投票することができなかった原告が，本件立法行為の憲法違反などを主張して求めた国家賠償請求を棄却した。同判決は以下のとおり，立法行為が国賠法上違法の評価を受けるのは，例外的な場合に限られることを強調した。「国会議員の立法行為（立法不作為を含む。以下同じ。）が同項［国賠法1条1項］の適用上違法となるかどうかは，国会議員の立法過程における行動が個別の国民に対して負う職務上の法的義務に違背したかどうかの問題であって，当該立法の内容の違憲性の問題とは区別されるべきであり，仮に当該立法の内容が憲法の規定に違反する廉があるとしても，その故に国会議員の立法行為が直ちに違法の評価を受けるものではない。」「国会議員が立法に関し個別の国民に対する関係においていかなる法的義務を負うかをみるに，憲法の採用する議会制民主主義の下においては，国会は，国民の間に存する多元的な意見及び諸々の利益を立法過程に公正に反映させ，議員の自由な討論を通してこれらを調整し，究極的には多数決原理により統一的な国家意思を形成すべき役割を担うものである。……国会議員の立法行為は，本質的に政治的なものであって，その性質上法的規制の対象になじまず，特定個人に対する損害賠償責任の有無という観点から，あるべき立法行為を措定して具体的立法行為の適否を法的に評価するということは，原則的には許されないものといわざるを得ない。」「国会議員は，立法に関しては，原則として，国民全体に対する関係で政治的責任を負うにとどまり，個別の国民の権利に対応した関係での法的義務を負うものではないというべきであって，国会議員の立法行為は，立法の内容が憲法の一義的な文言に違反しているにもかかわらず国会があえて当該立法を行うというごとき，容易に想定し難いような例外的な場合でない限り，国家賠償法1条1項の規定の適用上，違法の評価を受けないものといわなければならない。」

2)　ハンセン病患者の強制隔離などを定めた，らい予防法を1996年に至るまで廃止しなかった立法行為の不作為について，違憲・違法を主張して国賠請求を求めた事案で，熊本地判平成13（2001）・5・11判時1748号30頁［重判平13憲10］（確定）は，上記最一小判昭和60（1985）・11・21を「本件とは，全く事案を異にする」としたうえで，本件は「他にはおよそ想定し難いような極めて特殊で例外的な場合」であるとして，遅くとも1965年以降に同法を改廃しなかった不作為につき，国賠法上の違法性を認めた。

3)　在外国民による国家賠償請求を認容した*4*では，立法不作為が国家賠償法上，違法とされる一般的準則を説示したうえで，上記最一小判昭和60（1985）・11・21は「以上と異なる趣旨をいうものではない」と論じた。

4)　他方で，精神的原因によって投票所において選挙権を行使することができないと主張する原告が立法不作為にかかる国家賠償を請求した事案で，最一小判平成18（2006）・7・13判時1946号41頁［重判平18憲2］は，*4*を引用しつつも，「精神的原

⇨155

因による投票困難者の選挙権行使の機会を確保するための立法措置については，今後国会において十分な検討がされるべきものであるが，本件立法不作為について，国民に憲法上保障されている権利行使の機会を確保するために所要の立法措置を執ることが必要不可欠であり，それが明白であるにもかかわらず，国会が正当な理由なく長期にわたってこれを怠る場合などに当たるということはできない」として，請求を棄却した。

5）　なお，国会議員・地方議会議員の議会における発言の国家賠償責任・個人責任に関して，*166R2)3)* を参照。

III-2-5-2　裁判，民事執行および調停

155 民事訴訟における過程と違法性

最二小判昭和 57（1982）・3・12［百選 II 227］

　民集 36 巻 3 号 329 頁；判時 1053 号 84 頁
　（評釈）宇賀克也・判評 291（判時 1070）号 27 頁，村上敬一・曹時 39 巻
　　　　　4 号 145 頁
　（一審）大阪地判昭和 51（1976）・10・8 民集 36 巻 3 号 335 頁〔参〕
　（二審）大阪高判昭和 52（1977）・9・29 下民集 28 巻 9〜12 号 1028 頁

■事実　X はミシンの販売・修理業を営むとともに，ミシンの特注機械装置を製造していた。縫製業を営む訴外 A 会社は，1967 年 12 月，上記機械装置を

A
①1967.12　機械装置購入契約締結により納入
②数カ月使用の後，不調を理由に未払いのまま
　X に返還
③1968.1　X に修理を依頼
⑥債務不履行に基づく損害賠償請求

X ←→ A
　　　　数カ月使用

X
④修理をせず留置権の行使
⑤1969.11　未修理のまま A に返還
⑦A の使用による価値減少を理由に損害賠償請求

⑧一審：留置権なしとして A 勝訴・確定

購入するため X と契約を締結し，同装置の引渡しを受けたが，装置の不調を理由として代金未払いのまま数カ月使用した後，これを X に返還した。一方，1968 年 1 月，A は X にミシンの修理を依頼したが，X は修理をしないまま放置し，1969 年 11 月に至り A に返還した。そこで A は，X が同ミシンを約 1 年 10 カ月間も留置したため損害を受けたとして，X に対して債務不履行に基づく損害賠償訴訟を提起した（前訴）。これに対して，X は，A の装置使用による価値の減少を原因とする損害賠償債権を被担保債権として前記ミシンを留置したと抗弁した。前訴一審は，X のいう被担保債権は留置物と関連しないため留置権は認められず，X の債務不履行責任は免れないと判示した。X は，裁判官の法律判断を信じて控訴せず，判決は確定した。しか

⇨155

し，その後，Xは，双方商人間の商行為により生じた債権が被担保債権の場合，留置物と関連性がなくてもよいとする商法521条の規定を知るに至り，同条の適用を怠った前訴裁判官には故意もしくは重大な過失があるとして，国賠法1条1項に基づきY（国）に対して損害賠償を請求した。

一審，二審ともXは敗訴。二審は，前訴判決が控訴期間の徒過により確定した場合，再審により前訴確定判決を取消す判決が確定しないかぎり，前訴確定判決の違法に基づく国家賠償請求訴訟において，前訴確定判決の既判力が生じる事項についての担当裁判官の判決行為自体の違法の主張をなしえず，裁判所も，前訴確定判決の違法の判断をなしえないと判示した。これに対してXが上告した。

■**判旨**　上告棄却。

「裁判官がした争訟の裁判に上訴等の訴訟法上の救済方法によって是正されるべき瑕疵が存在したとしても，これによって当然に国家賠償法1条1項の規定にいう違法な行為があったものとして国の損害賠償責任の問題が生ずるわけのものではなく，右責任が肯定されるためには，当該裁判官が違法又は不当な目的をもって裁判をしたなど，裁判官がその付与された権限の趣旨に明らかに背いてこれを行使したものと認めうるような特別の事情があることを必要とすると解するのが相当である。所論引用の当裁判所昭和……43［1968］年3月15日第二小法廷判決・裁判集民事90号655頁の趣旨とするところも結局右と同旨に帰するのであって，判例抵触を生ずるものではない。」

（裁判長裁判官　栗本一夫，裁判官　木下忠良，鹽野宜慶，宮﨑梧一，大橋進）

▶*Reference*　**1)**　東京高判平成22（2010）・10・7判タ1332号64頁は，家事審判官による不在者財産管理人の監督についても本判決の準則が妥当する旨を判示した。

2)　東京地判平成26（2014）・3・11判タ1412号182頁（確定）は，家事審判官（家事事件手続法［平成23年法52号］の制定に伴い家事審判法は廃止され，現行制度では家事審判手続は裁判官により進められる）による後見事務の監督は，独立した判断を行う職責のある裁判官たる家事審判官の職務行為として行われるものであるから，それが国賠法1条1項の損害賠償責任が肯定されるためには，争訟の裁判を行う場合と同様に「特別の事情」があることを要すると判示した。他方で，広島高判平成24（2012）・2・20判タ1385号141頁（確定）は，家事審判官による後見事務の監督は行政作用に類するものであって争訟の裁判とは性質を異にし，国賠法1条1項の適用上違法となるのは，家事審判官に与えられた権限が逸脱されて著しく合理性を欠くと認められる場合に限られると判示している。

3)　大阪高判平成28（2016）・8・26訟月63巻3号1009頁は，民事訴訟において，釈明権の行使は裁判の内容形成に密接に関わるものであるから，判決の場合と別異に解する理由はないとしたうえで，「特別の事情」を否定した（最一小決平成29（2017）・1・19により上告不受理）。

378　　Ⅲ　国家賠償と損失補償

4)　最大判平成元（1989）・3・8民集43巻2号89頁［重判平元憲9］は，傍聴人の
メモ制限という法廷警察権の行使に当たる裁判長の措置は，法廷警察権の目的，範囲を
著しく逸脱またはその方法が甚だしく不当であるなどの特段の事情のない限り，国賠
法1条1項の規定にいう違法な公権力の行使とはいえないと判示している。

156　刑事訴訟における過程と違法性
最二小判平成2（1990）・7・20［重判平2刑訴5］
民集44巻5号938頁；判時1418号75頁
（評釈）河野信夫・曹時44巻10号183頁
（一審）青森地弘前支判昭和56（1981）・4・27判時1002号25頁
（二審）仙台高判昭和61（1986）・11・28高民集39巻4号83頁；判時
　　　　1217号39頁

■**事実**　1949年8月6日，青森県弘前市で当時弘前大学医学部教授の夫人が自宅で
就寝中に殺害された。同事件につき逮捕されたXは，別件による逮捕・勾留を経て，
否認のまま起訴された。一審の青森地裁弘前支部は無罪を言い渡したが，仙台高裁は
無罪判決を破棄し，懲役15年の有罪判決を下した。Xは上告したが棄却され，服役
した。Xは仮釈放の後，真犯人が名乗り出たことを受けて，1971年に仙台高裁に再
審請求を行ったが，同高裁第一刑事部は請求を棄却した。異議申立てを受けた同高裁
第二刑事部は再審開始を決定し，同部が控訴審としての審理を行った。同部は，1977
年2月15日，捜査官による証拠ねつ造を示唆し，有罪を支えた証拠に大きな疑問が
あるとして，無罪判決を言い渡し，これが確定した。そこでXが検察官および裁判
官の職務行為に故意または過失があるとして，国（Y）に対して国賠法1条1項に基
づき損害賠償を請求したのが本件である。
　一審は，*159*の基準に依拠しつつ，決定的証拠とされていた白シャツ・白靴の「鑑
定書」が刑事裁判の証拠となりえないものであることを検察官は知っていた，あるい
は知るべきであったと認定して，検察官の行為について違法と過失を認定した。裁判
官については，本件で問題とされた各証拠の全部が提出されたわけではないから，自
由心証の範囲を著しく逸脱したものとは認め難いとして過失を否定した。
　二審は，*155*の趣旨は刑事裁判官にも妥当するとしたうえで，検察官についても国
賠法上の違法性判断に関して裁判官の場合と質的相違はないとし，検察官・裁判官の
いずれについても「違法又は不当な目的の下に」職務行為をしたなど，「その付与さ
れた権限の趣旨に明らかに背いてこれを行使したと認められるような特別の事情があ
ることを必要とする」と判示した。そして，「検察官において，本件白シャツの押収
後捜査官がこれに血痕を付着させたことを知りながら」職務行為を行ったなど権限違
背を推認させる「特別事情」はないと認定して，検察官・裁判官の双方について国の
責任を否定した。Xが上告。

III-2　国家賠償法1条責任　　379

⇨*157*

■判旨　上告棄却。

「裁判官がした争訟の裁判に上訴等の訴訟法上の救済方法によって是正されるべき瑕疵が存在したとしても，これによって当然に国家賠償法1条1項の規定にいう違法な行為があったものとして国の損害賠償責任の問題が生ずるものではなく，当該裁判官が違法又は不当な目的をもって裁判をしたなど，裁判官がその付与された権限の趣旨に明らかに背いてこれを行使したものと認め得るような特別の事情がある場合にはじめて右責任が肯定されると解するのが当裁判所の判例（最高裁昭和……57［1982］年3月12日第二小法廷判決・民集36巻3号329頁［*155*]）であるところ，この理は，刑事事件において，上告審で確定した有罪判決が再審で取り消され，無罪判決が確定した場合においても異ならないと解するのが相当である。」

「刑事事件において，無罪の判決が確定したというだけで直ちに検察官の公訴の提起及び追行が国家賠償法1条1項の規定にいう違法な行為となるものではなく，公訴の提起及び追行時の検察官の心証は，その性質上，判決時における裁判官の心証と異なり，右提起及び追行時における各種の証拠資料を総合勘案して合理的な判断過程により有罪と認められる嫌疑があれば足りるものと解するのが当裁判所の判例（最高裁昭和……53［1978］年10月20日第二小法廷判決・民集32巻7号1367頁［*159*]）であるところ，この理は，上告審で確定した有罪判決が再審で取り消され，無罪判決が確定した場合においても異ならないと解するのが相当である。」

（裁判長裁判官　香川保一，裁判官　藤島昭，奥野久之，中島敏次郎）

157 執行官の現況調査

最三小判平成9（1997）・7・15［重判平9民訴5］
　民集51巻6号2645頁；判時1617号86頁
　（評釈）山下郁夫・曹時51巻2号238頁
　（一審）秋田地判平成4（1992）・2・17判時1424号107頁
　（二審）仙台高秋田支判平成5（1993）・12・20判時1498号87頁

■事実　B所有の面積約5万4000平方メートルの山林（本件土地）につき不動産競売手続が開始されたことを受けて現況調査が命じられた。現況調査を担当したA執行官は，地元の町役場職員の指示説明に基づいて調査の対象となる土地を特定したうえで，現況調査報告書を作成したが，実際に調査・報告したのは本件土地の隣の山林であった。Xは，現況調査報告書の記載等から本件土地の隣地を本件土地と信じて

⇨*157*

買受けの申出をし，売却許可決定を得て代金を納付し，本件土地を取得した。Ｘは，本件土地と信じる隣地に建物を建築して居住していたが，隣地の所有者から明渡しを求められ，土地建物の明渡しを余儀なくされた。Ｘは，Ａ執行官の現況調査に誤りがあり，これを信じて本件土地を取得したために損害を被ったとして，Ｙ（国）に対して国賠法１条１項に基づいて損害賠償を求めた。

　一審は，執行官が現況調査の対象不動産を正確に特定すべき注意義務は高度の注意義務であり，Ａ執行官は注意義務を怠ったとして，Ｙの責任を認め，Ｘの請求を110万円の限度で認容した。双方からの控訴に対し，二審は，一審と同様にＹの責任を認め，請求認容額を330万円に増額した。これに対し，Ｙが上告した。

■判旨　上告棄却。

「民事執行手続における現況調査（民事執行法57条）の目的は，執行官が執行裁判所の命令に基づいて不動産執行又は不動産競売の目的不動産の形状，占有関係その他の現況を調査し，その結果を記載した現況調査報告書を執行裁判所に提出することにより，執行裁判所に売却条件の確定や物件明細書の作成等のための判断資料を提供するとともに，現況調査報告書の写しを執行裁判所に備え置いて一般の閲覧に供することにより，不動産の買受けを希望する者に判断資料を提供することにある。このような現況調査制度の目的に照らすと，執行官は，執行裁判所に対してはもとより，不動産の買受希望者に対する関係においても，目的不動産の現況をできる限り正確に調査すべき注意義務を負うものと解される。もっとも，現況調査は，民事執行手続の一環として迅速に行わなければならず，また，目的不動産の位置や形状を正確に記載した地図が必ずしも整備されていなかったり，所有者等の関係人の協力を得ることが困難な場合があるなど調査を実施する上での制約も少なくない。これらの点を考慮すると，現況調査報告書の記載内容が目的不動産の実際の状況と異なっても，そのことから直ちに執行官が前記注意義務に違反したと評価するのは相当ではないが，執行官が現況調査を行うに当たり，通常行うべき調査方法を採らず，あるいは，調査結果の十分な評価，検討を怠るなど，その調査及び判断の過程が合理性を欠き，その結果，現況調査報告書の記載内容と目的不動産の実際の状況との間に看過し難い相違が生じた場合には，執行官が前記注意義務に違反したものと認められ，Ｙは，誤った現況調査報告書の記載を信じたために損害を被った者に対し，国家賠償法１条１項に基づく損害賠償の責任を負うと解するのが相当である。」

（裁判長裁判官　千種秀夫，裁判官　園部逸夫，大野正男，尾崎行信，山口繁）

▶*Reference 1*） 東京高判平成 10（1998）・6・22 判時 1701 号 75 頁は,「執行官は, 競売物件の占有関係等の現況について事案に応じて適切な方法により可能な限り正確に調査するように努めるべき義務があり, この義務を怠った場合には, 国害賠償法上の違法性が認められ」,「執行官が本件貸室に立ち入ることなく, 本件貸室の占有がないと判断したことは, 前記の義務を怠ったものといわざるを得ない」と判示した。

　2） 前掲東京高判平成 10（1998）・6・22 の一審・東京地判平成 9（1997）・12・9 判時 1701 号 79 頁は, 現況調査報告書および物件明細書の記載について執行異議の申立てをすることができたにもかかわらず, これを怠った原告に何らかの 損害が発生したとしても, 国に対してその賠償を請求することはできないとする国の反論について詳細に検討を加えている。当該判示については, *163R1*）を参照。

158 公害調停の打切りと違法性

最一小判平成 27（2015）・3・5［重判平 27 行 3・民訴 9］
判時 2264 号 33 頁
（評釈）下山憲治・判評 690（判時 2296）号 8 頁
（一審）徳島地判平成 23（2011）・7・20 判自 396 号 51 頁〔参〕
（二審）高松高判平成 25（2013）・4・18 判自 396 号 57 頁〔参〕

■**事実**　産業廃棄物の最終処分場の周辺地域に居住する X らは, 同最終処分場を管理する会社の実質的経営者, 産業廃棄物の処分を委託した業者その他関係者（以下「A ら」という）を被申請人として, 徳島県知事に対し, 公害紛争処理法（以下「法」という）26 条 1 項に基づく調停（以下「本件調停」という）の申請をした。同申請を受けて設けられた徳島県公害紛争調停委員会（以下「本件委員会」という）が, A らに対し, 本件調停に応じるか否かの意見を聴取する書面を送付したところ, A らは, 調停に応じない旨の回答をした。

　本件委員会は, 第 1 回調停期日を開くにあたり, A らに対して期日通知書を送付したが, 調停に応じない姿勢を明確にしている A らに対して出頭を強制しているとの誤解を与えてはいけないとの配慮に基づき, 同期日通知書には,「調停期日を下記のとおり定めたので, 出席する意志がある場合は, 下記の日時・場所へお越しください。なお, 時間厳守とし, 下記時間より 30 分以上遅れた場合, 出席する意志がないものとして扱わせていただきますので, ご留意ください」との記載（以下, このうち第 1 文中の「出席する意志がある場合は,」の部分および第 2 文をあわせて「本件記載」という）をしたが, 本件記載は他の多くの都道府県における公害調停の期日通知書にはないものであった。結局 A らが第 1 回調停期日に出席しなかったため, 本件委員会は, 法 36 条 1 項に基づいて本件調停を打ち切った。

　X らは, 徳島県（Y）を被告として, 本件委員会による A らの呼出手続や本件調停の打切りは裁量権の逸脱による違法があるとして, 国賠法 1 条 1 項に基づき, 損害賠償を請求する訴訟を提起した。一審は請求棄却。X らの控訴を受けて, 二審は,

⇨*158*

本件委員会によるＡらの呼出方法は，Ａらの出頭を確保することができないもので不相当であり，実際にＡらが出頭しなかったために，本件調停の事案内容，調停による解決の必要性を見極めることなく，直ちに本件調停を打ち切ったことは，本件委員会のなすべき任務を著しく懈怠したもので違法であるとして，請求を一部認容した。Ｙが上告。

■**判旨**　破棄自判（控訴棄却）。

「公害調停は，当事者間の合意によって公害に係る紛争を解決する手続であり，当事者に手続への参加を求める方法，合意に向けた各当事者の意向の調整，法36条1項に基づく調停の打切りの選択等の手続の運営ないし進行については，手続を主宰する調停委員会が，当該紛争の性質や内容，調停の経過，当事者の意向等を踏まえ総合的に判断すべきものであって，その判断には調停委員会の広範な裁量が認められるものというべきである。

前記事実関係によれば，本件調停に係る紛争は，平成3［1991］年から同7［1995］年までに処分された産業廃棄物及び平成11［1999］年頃以降に投棄された残土に係るもので，当該産業廃棄物等に対するＡらの関与の態様や程度は様々である上，Ａらはいずれも，本件委員会からの事前の意見聴取に対し，調停に応じない旨の意思を明確にしていたものである。また，本件委員会がＡらに送付した期日通知書に本件記載をしたのは，上記意思を明確にしていたＡらに対し，手続への参加を強制されたとの誤解を与えないようにとの配慮に基づくものというのである。そして，本件委員会は，上記紛争の性質や内容に加えて，本件調停の第1回調停期日にＡらがいずれも出席しなかったことをも踏まえ，上記紛争について当事者間に合意の成立の見込みがないと認めた結果，続行期日を定めたり，Ａらに対し法32条に基づく出頭の要求をしたりすることなく，法36条1項に基づき本件調停を打ち切ったものである。

このような事情の下においては，本件委員会が，Ａらに対し本件記載のある期日通知書を送付し，第1回調停期日において本件調停を打ち切った措置は，その裁量権の範囲を逸脱したものとはいえず，国家賠償法1条1項の適用上違法であるということはできない。」

（裁判長裁判官　金築誠志，裁判官　櫻井龍子，白木勇，山浦善樹，池上政幸）

⇨*159*

Ⅲ–2–5–3　刑事手続における行為

159 検察官の起訴・公訴追行の違法性

最二小判昭和 53（1978）・10・20［百選Ⅱ 228］
民集 32 巻 7 号 1367 頁；判時 906 号 3 頁
（評釈）藤谷正博・判評 259（判時 969）号 13 頁，篠田省二・曹時 32 巻
　　　 9 号 119 頁
（一審）札幌地判昭和 46（1971）・12・24 判時 653 号 22 頁
（二審）札幌高判昭和 48（1973）・8・10 判時 714 号 17 頁

■事実　1952 年 7 月 29 日に発生した国鉄（当時）根室本線芦別－平岸間の鉄道路線
の爆破につき嫌疑を受けた X と A は，(1)爆発物取締罰則違反，電汽車往来危険，(2)
窃盗（犯行に使用した発破器を窃取），(3)火薬類取締法違反の各罪で起訴された。この
刑事裁判の一審は(3)については両名とも有罪，(2)については両名とも無罪，(1)につい
ては A は有罪，X は無罪とした。刑事裁判二審は，係属中に A が死亡したので，A
については控訴棄却としたが，X については，(1)(2)に関する検察官の控訴を棄却し，
(3)の有罪部分を破棄し，無罪を言い渡した。検察官は上告せず，控訴審判決が確定し
た。そこで，X とその家族，A の遺族は，捜査や公訴の提起などについて故意また
は重過失があったとして，国，検察官・警察官らに対して損害賠償と謝罪広告を請求
した。
　一審は，公訴の提起・追行については，有罪判決を得る合理的な可能性がないこと
を知りながらあえて公訴を提起・追行すれば故意による違法行為となり，不注意によ
ってその合理的な可能性ありと誤信した場合には過失による違法行為となるとして，
本件公訴提起・追行について検察官には故意か，少なくとも過失があったとした。二
審は，警察官または検察官のなした逮捕，勾留，公訴の提起・追行が違法であるとい
うためには，「警察官または検察官の判断が，証拠の評価について通常考えられる右
の個人差を考慮に入れても，なおかつ行き過ぎで，経験則，論理則に照して，到底そ
の合理性を肯定することができないという程度に達していることが必要である」と判
示し，本件においてはそのような程度に達していないとして，原判決を破棄し請求を
棄却した。これに対して X は上告した。

■判旨　上告棄却。
　「刑事事件において無罪の判決が確定したというだけで直ちに起訴前の逮
捕・勾留，公訴の提起・追行，起訴後の勾留が違法となるということはない。
けだし，逮捕・勾留はその時点において犯罪の嫌疑について相当な理由があり，
かつ，必要性が認められるかぎりは適法であり，公訴の提起は，検察官が裁判
所に対して犯罪の成否，刑罰権の存否につき審判を求める意思表示にほかなら

384　　Ⅲ　国家賠償と損失補償

ないのであるから，起訴時あるいは公訴追行時における検察官の心証は，その性質上，判決時における裁判官の心証と異なり，起訴時あるいは公訴追行時における各種の証拠資料を総合勘案して合理的な判断過程により有罪と認められる嫌疑があれば足りるものと解するのが相当であるからである。」

（裁判長裁判官　本林讓，裁判官　大塚喜一郎，吉田豊，栗本一夫）

▶*Reference* 1)　156 は，上告審で確定した有罪判決が再審で取り消され，無罪判決が確定した場合においても本判決の判旨が妥当するとした。

2)　最二小判平成 8（1996）・3・8民集 50 巻 3 号 408 頁［重判平 8 行 7］は，京都市屋外広告物条例違反による現行犯逮捕の後，長時間（約 44 時間 10 分）にわたる留置は違法であるとして国家賠償請求訴訟が提起された事案（逮捕された A は一審係属中死亡し，家族が訴訟を承継）で，「司法警察員が，留置時において，捜査により収集した証拠資料を総合勘案して刑訴法 203 条 1 項所定の留置の必要性を判断する上において，合理的根拠が客観的に欠如していることが明らかであるにもかかわらず，あえて留置したと認め得るような事情がある場合に限り，右の留置について国家賠償法 1 条 1 項の適用上違法の評価を受けるものと解するのが相当である」と判示し，結果として原告の請求を棄却した。

160 逮捕状請求段階での国家賠償請求

最二小判平成 5（1993）・1・25［重判平 5 刑訴 2］
　　民集 47 巻 1 号 310 頁；判時 1477 号 49 頁
　　（評釈）櫻井敬子・法協 113 巻 7 号 1106 頁，平良木登規男＝岡部喜代子・判評 427（判時 1497）号 45 頁，井上繁規・曹時 46 巻 5 号 100 頁
　　（一審）東京地判昭和 62（1987）・12・21 判時 1295 号 77 頁
　　（二審）東京高判平成元（1989）・1・24 高民集 42 巻 1 号 1 頁；判時 1304 号 92 頁

■**事実**　1980 年 10 月に発生した殺人等被疑事件につき，1981 年 1 月 13 日，被疑者 A は全国に指名手配され，報道機関にその旨が発表された。A の両親および妻である X らは，1986 年 2 日 18 日，①A には，事件当日のアリバイがあり被疑事実は不存在である，②捜査機関が事前に身辺捜査を行わずに逮捕状を請求して全国指名手配をし，かつ，その後アリバイの存在を知りながら逮捕状の請求を繰り返している行為は違法である，③裁判官がアリバイを精査せずに逮捕状を発付し続けている行為は違法である，として Y（国）らに対して国賠法 1 条に基づき損害賠償請求訴訟を提起した。

　一審および二審とも，逮捕状の発付とこれに続く刑事手続の進行が予定されている段階で，民事訴訟において，犯罪事実の不存在を理由にその嫌疑の有無の判断ないしこれを前提とする行為（逮捕状の請求および発付）の違法性を判断することは許され

III–*2*　国家賠償法 1 条責任　385

⇨*161*

ず，逮捕状の請求および発付につき国賠法1条1項に規定する違法があることを前提とする本訴請求は失当である旨を判示して，Xらの請求を棄却した。これに対して，Xらは，原審の判断が，逮捕状の請求，発付および執行に関する刑事訴訟法等の解釈を誤るものであるなどと主張して上告した。

■**判旨** 上告棄却。

「逮捕状は発付されたが，被疑者が逃亡中のため，逮捕状の執行ができず，逮捕状の更新が繰り返されているにすぎない時点で，被疑者の近親者が，被疑者のアリバイの存在を理由に，逮捕状の請求，発付における捜査機関又は令状発付裁判官の被疑者が罪を犯したことを疑うに足りる相当な理由があったとする判断の違法性を主張して，国家賠償を請求することは許されないものと解するのが相当である。けだし，右の時点において前記の各判断の違法性の有無の審理を裁判所に求めることができるものとすれば，その目的及び性質に照らし密行性が要求される捜査の遂行に重大な支障を来す結果となるのであって，これは現行法制度の予定するところではないといわなければならないからである。右と同旨の見解に立ち，Xらによる国家賠償の請求は許されないことを理由として，Xらの本訴請求を棄却すべきものとした原審の判断は，正当として是認することができ，原判決に所論の違法はない。」

（裁判長裁判官　藤島昭，裁判官　中島敏次郎，木崎良平，大西勝也）

161 接見交通の利益──秘密面会申出の拒否

最三小判平成 25（2013）・12・10〔重判平 26 行 8・刑訴 8〕
民集 67 巻 9 号 1761 頁；判時 2211 号 3 頁
（評釈）寺崎嘉博・判評 669（判時 2232）号 18 頁，中島基至・曹時 66 巻
8 号 235 頁
（一審）広島地判平成 23（2011）・3・23 判時 2117 号 45 頁
（二審）広島高判平成 24（2012）・1・27 判タ 1374 号 137 頁

■**事実**　X_1 は強盗殺人等で死刑判決を言い渡され，死刑確定者として広島拘置所に収容されていた。X_2・X_3 は，2008 年 5 月 2 日，X_1 の再審請求弁護人として再審請求に関する打合せのために必要であるとして，職員の立会いのない面会（以下「秘密面会」という）の申出をしたが，広島拘置所長は秘密面会を許さず，X_2 はやむなく X_1 と一般面会を行った（第 1 面会）。ただし，広島拘置所の職員は，X_2・X_3 に対し，次回の一般面会の開始後に X らが再審請求に関して秘密とすることを要する内容の打合せを始める場合において，X_1 が立会いをする職員に秘密面会の申出をしたときは，その当否を検討する旨述べた。同年 5 月 9 日，X_1 は，広島拘置所の職員との面

386　Ⅲ　国家賠償と損失補償

⇨*161*

接において，再審請求に迷いがあり X_2・X_3 に対して再審請求をするか否かの結論を示していない旨述べていた。同年 7 月 15 日，X_2・X_3 が X_1 と一般面会を行った際，X_1 は立会いをする職員に秘密面会の申出をしたが，広島拘置所長は秘密面会を許さなかった（第 2 面会）。さらに，同年 8 月 12 日，X_2・X_3 は X_1 との秘密面会の申出をしたが，広島拘置所長は秘密面会を許さなかった。そのため X_2・X_3 は，一般面会で X_1 の再審請求の意思を確認したものの，再審請求に関する打合せをすることはできなかった（第 3 面会）。X_1〜X_3 は，秘密面会の申出を拘置所長が 3 回にわたり拒否したことは秘密交通権および再審請求手続における裁判へのアクセス権の侵害または拘置所長の裁量権の逸脱濫用であるなどとして，国賠法 1 条に基づき被告国に対し損害賠償を求めた。

　一審は，刑事収容施設及び被収容者等の処遇に関する法律 121 条但書が定める「立会い……をさせないことを適当とする事情」の判断は刑事施設の長の裁量に委ねられるとしたうえで，広島拘置所長が，第一面会の際に秘密面会を求められたのに対し，限られた時間の中で X_1 の心情がいまだ立会いなしで面会させるほど安定しているとは認められない旨判断したことは，それが判断の基礎となる重要な事実を欠く，またはその内容が社会通念に照らし著しく妥当性を欠くとはいい難いし，判断の過程において職務上通常尽くすべき注意義務が尽くされていないということもできないとして，国賠法上違法であるとはいえないと判示した。しかし，第 1 面会の時点において弁護人が再審請求のための準備を行っていたことは容易に推察できたとして，第 2 面会と第 3 面会に関する判断には裁量権の逸脱濫用があるとし，国賠法 1 条 1 項の適用上違法となると結論づけた。これに対して，X らと国の双方が控訴したところ，二審は，第 1 〜第 3 の各面会において秘密面会を許さなかった拘置所長の措置が，いずれも国賠法 1 条 1 項の適用上違法となるとして，X らの請求を一部認容した。そこで国が上告受理の申立てを行った。

■**判旨**　上告棄却。

刑事収容施設及び被収容者等の処遇に関する法律（以下「刑事収容施設法」という）121 条本文において，死刑確定者については，「その指名する職員が面会に立ち会うか，又はその面会の状況の録音若しくは録画をすることを原則としつつ，同条ただし書は，死刑確定者の訴訟の準備その他の正当な利益の保護のため秘密面会を許すか否かの措置を刑事施設の長の裁量に委ね，当該正当な利益を一定の範囲で尊重するよう刑事施設の長に職務上義務付けている。」

「ところで，刑訴法 440 条 1 項は，検察官以外の者が再審請求をする場合には，弁護人を選任することができる旨規定しているところ，死刑確定者が再審請求をするためには，再審請求弁護人から援助を受ける機会を実質的に保障する必要があるから，死刑確定者は，再審請求前の打合せの段階にあっても，刑

⇨*161*

事収容施設法121条ただし書にいう「正当な利益」として，再審請求弁護人と秘密面会をする利益を有する。

　また，上記の秘密面会の利益が保護されることは，面会の相手方である再審請求弁護人にとってもその十分な活動を保障するために不可欠なものであって，死刑確定者の弁護人による弁護権の行使においても重要なものである。のみならず，刑訴法39条1項によって被告人又は被疑者に保障される秘密交通権が，弁護人にとってはその固有権の重要なものの一つであるとされていることに鑑みれば（最高裁昭和……53年7月10日第一小法廷判決・民集32巻5号820頁），秘密面会の利益も，上記のような刑訴法440条1項の趣旨に照らし，再審請求弁護人からいえばその固有の利益であると解するのが相当である。」

　「したがって，死刑確定者又は再審請求弁護人が再審請求に向けた打合せをするために秘密面会の申出をした場合に，これを許さない刑事施設の長の措置は，秘密面会により刑事施設の規律及び秩序を害する結果を生ずるおそれがあると認められ，又は死刑確定者の面会についての意向を踏まえその心情の安定を把握する必要性が高いと認められるなど特段の事情がない限り，裁量権の範囲を逸脱し又はこれを濫用して死刑確定者の秘密面会をする利益を侵害するだけではなく，再審請求弁護人の固有の秘密面会をする利益も侵害するものとして，国家賠償法1条1項の適用上違法となると解するのが相当である。」

　（裁判長裁判官　大谷剛彦，裁判官　岡部喜代子，寺田逸郎，大橋正春，木内道祥）

　　　▶*Reference*　弁護士会が，受刑者からの人権救済の申立てを受けて，旧監獄法に基づきその被害状況を目撃したとされる他の受刑者との接見を求めたところ，これを許さなかった刑務所長の措置が違法であるとして，国賠法1条1項に基づく損害賠償請求がなされた事案について，最三小判平成20（2008）・4・15民集62巻5号1005頁〔重判平20行11〕は，旧監獄法45条2項（「受刑者及ビ監置ニ処セラレタル者ニハ其親族ニ非サル者ト接見ヲ為サシムルコトヲ得ス但特ニ必要アリト認ムル場合ハ此限ニ在ラス」）の規定が，「〔受刑者の利益とは離れた〕受刑者との接見を求める者の固有の利益と規律及び秩序の確保等の要請との調整を図る趣旨を含むものと解することはできない」と判示し，刑務所長の措置につき国賠法1条1項にいう違法はないとした。

Ⅲ-2-6　故意・過失

（1）水俣病認定申請について知事の不作為を理由とした国家賠償請求訴訟について，熊本地判昭和58（1983）・7・20判時1086号33頁（*12*の一審）は，「国賠法1条1項に

いう「故意」とは，当該公務員が職務を執行するに当り，当該行為によって客観的に違法とされる事実が発生することを認識しながら，これを行う場合をいう」と判示し，不作為の性質上，知事が，不作為の違法の確認判決によって違法と確認された事実を認識していれば，当然故意があると認めるのが相当であるとしている。

(2) 不動産の任意競売手続で配当異議訴訟が提起されたにもかかわらず，競売裁判所が異議ある債権の配当額を供託すべき義務を怠ったため，当該訴訟で勝訴した者が，供託利息相当の損害を被ったと主張して国家賠償を請求した事案で，最一小判昭和49 (1974)・12・12民集28巻10号2028頁は，過失の存在について次のとおり判示した。「原判決の適法に確定するところによると，競売裁判所が異議ある債権の配当額を供託する義務があるか否かについて，先例的な判例及び通説的な学説はなく，これをいかに解すべきかについて疑義があり，積極・消極の両説が考えられ，また，裁判所の競売実務上の取扱いも二様に分かれており，本件における競売裁判所である浦和地方裁判所は，民訴法の右規定の準用がないとの解釈のもとに，配当額を供託することなく，そのままこれを保管する措置をとったというのである。／このように，ある事項に関する法律解釈につき異なる見解が対立して疑義を生じ，拠るべき明確な判例，学説がなく，実務上の取扱いも分かれていて，そのいずれについても一応の論拠が認められる場合に，公務員がその一方の解釈に立脚して公務を執行したときは，後にその執行が違法と判断されたからといって，ただちに右公務員に過失があったものとすることは相当でなく，これと同趣旨の原審の判断は正当である。」

(3) 立木法による登記を経ていない山林地上の立木に対し，執行吏が有体動産として差押え・競売をしたところ，その競落人が競売の違法無効を主張し，支払済の競落代金相当額につき国家賠償を求めた事件において，最一小判昭和46 (1971)・6・24民集25巻4号574頁は，債権執行に準じ立木を伐採する権利を差し押え，民訴法625条(旧法)による特別換価をすべきものとする見解を採用しつつ，過失を次のとおり否定した。「ある事項に関する法律解釈につき異なる見解が対立し，実務上の取扱いも分かれていて，そのいずれについても相当の根拠が認められる場合に，公務員がその一方の見解を正当と解しこれに立脚して公務を執行したときは，のちにその執行が違法と判断されたからといって，ただちに右公務員に過失があったものとすることは相当でない。」

(4) 法定利率を上回る損害金等の約定を定めた公正証書の内容の法令違背につき，公証人に過失があるとして国家賠償請求訴訟が提起された事案について，最一小判平成9 (1997)・9・4民集51巻8号3718頁は，「[公証人法は]原則的には，公証人に対し，嘱託された法律行為の適法性などを積極的に調査することを要請するものではなく，その職務執行に当たり，具体的疑いが生じた場合にのみ調査義務を課しているものと解するのが相当である」と判示したうえで，本件について「具体的な疑い」は生じたといえないとして公証人の過失を否定した。

(5) 国民健康保険法に基づく国民健康保険の被保険者証の交付を請求したところ，法

⇨162

所定の被保険者に該当しないとして被保険者証を交付しない旨の処分を受けたため国家賠償請求訴訟が提起された事案に関する *144* も参照。

III-2-7 他の救済手段，とくに抗告訴訟との関係

162 固定資産税賦課決定と国家賠償

最一小判平成22（2010）・6・3［百選II 233］
民集64巻4号1010頁；判時2083号71頁
（評釈）渕圭吾・法協130巻1号267頁，村上裕章・判評626（判時2102）号9頁，岡田幸人・曹時64巻9号230頁
（一審）名古屋地判平成20（2008）・7・9判自332号43頁〔参〕
（二審）名古屋高判平成21（2009）・3・13判自332号40頁〔参〕

■事実　倉庫業等を営む法人であるXは，1979年に建築された倉庫（本件倉庫）をその建築以来現在まで所有している。名古屋市長は，1980年

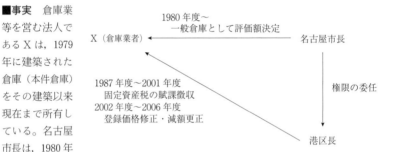

度以降，本件倉庫を一般用の倉庫に該当するものと評価してその価格を決定し，市長から固定資産税の賦課徴収につき権限の委任を受けた同市港区長は，1987年度から2001年度まで，これに基づいて本件倉庫に対する固定資産税等の賦課決定を行った。Xは，これに従った固定資産税等を納付してきたが，同市港区長は，2006年5月26日付けで本件倉庫は冷凍倉庫等に該当するとしたうえ，2002年度から2006年度までの登録価格を修正した旨をXに通知し，上記各年度に係る本件倉庫の固定資産税等の減額更正をした。Xは，2007年3月，国賠法1条1項に基づき，Y（名古屋市）に対して未還付となっていた1987年度分から2001年度分までの固定資産税等の過納金相当額，弁護士費用および遅延損害金の支払いを求める本訴を提起した。しかし，訴えを提起する前に，所定の固定資産評価審査委員会による審査を経ていなかった（地方税法434条1項参照）。

一審および二審とも，①地方税法は固定資産税等の登録価格に対する不服申立てについて期間の遵守を求め，不可争力の発生を予定しているが，それは比較的短期間で大量になされる課税処分を可及的速やかに確定させることにより，固定資産税等の徴

税行政の安定とその円滑な運営を確保しようとする趣旨である，②行政処分には公定力があるにもかかわらず，固定資産税等の過納金相当額を損害とする国賠法に基づく損害賠償請求を許容することは，課税処分等の不服申立期間を制限した地方税法の上記趣旨を損なうことになるばかりか，課税処分の公定力をも実質的に否定することになる，③冷凍倉庫等の意義は明確ではなく，各市町村長の合理的な解釈や運用を許容し，かつ，それを前提とするものと解され，本件倉庫を冷凍倉庫等に該当するものと判断しなかったことが直ちに不合理とはいえないうえ，仮に不合理であったとしても重大な内容上の過誤があるとまではいい難く，また，Ｘに不服申立期間の徒過による不利益を甘受させることが著しく不当と認められるような例外的な事情があるとは到底認め難いなどと判示して，Ｘの請求を棄却した。Ｘが上告受理申立て。

■**判旨** 原判決を破棄，高裁に差戻し。

「(1) ……地方税法は，固定資産評価審査委員会に審査を申し出ることができる事項について不服がある固定資産税等の納税者は，同委員会に対する審査の申出及びその決定に対する取消しの訴えによってのみ争うことができる旨を規定するが，同規定は，固定資産課税台帳に登録された価格自体の修正を求める手続に関するものであって（435条1項参照），当該価格の決定が公務員の職務上の法的義務に違背してされた場合における国家賠償責任を否定する根拠となるものではない。

原審は，国家賠償法に基づいて固定資産税等の過納金相当額に係る損害賠償請求を許容することは課税処分の公定力を実質的に否定することになり妥当ではないともいうが，行政処分が違法であることを理由として国家賠償請求をするについては，あらかじめ当該行政処分について取消し又は無効確認の判決を得なければならないものではない……。このことは，当該行政処分が金銭を納付させることを直接の目的としており，その違法を理由とする国家賠償請求を認容したとすれば，結果的に当該行政処分を取り消した場合と同様の経済的効果が得られるという場合であっても異ならないというべきである。

そして，他に，違法な固定資産の価格の決定等によって損害を受けた納税者が国家賠償請求を行うことを否定する根拠となる規定等は見いだし難い。

したがって，たとい固定資産の価格の決定及びこれに基づく固定資産税等の賦課決定に無効事由が認められない場合であっても，公務員が納税者に対する職務上の法的義務に違背して当該固定資産の価格ないし固定資産税等の税額を過大に決定したときは，これによって損害を被った当該納税者は，地方税法432条1項本文に基づく審査の申出及び同法434条1項に基づく取消訴訟等の

⇨163

手続を経るまでもなく，国家賠償請求を行い得るものと解すべきである。」

以上のとおり判示したうえで，本件倉庫は外観から容易に冷凍倉庫として認識できることから，本件倉庫を一般用の倉庫として評価したことは名古屋市長がXに対する職務上の法的義務に違背した結果といえるか否か等について更に審理を尽くさせるため，本件を原審に差し戻した。

なお，取消訴訟と国家賠償請求訴訟の機能および制度趣旨の相違を重視して法廷意見を補強する論として，宮川光治裁判官と金築誠志裁判官の補足意見がある。

（裁判長裁判官　宮川光治，裁判官　櫻井龍子，金築誠志，横田尤孝，白木勇）

▶*Reference* 1) 行政処分が違法であることを理由として国家賠償の請求をするについては，あらかじめ当該行政処分につき取消しまたは無効確認の判決を得る必要はないとの理解は，すでに最二小判昭和36（1961）・4・21民集15巻4号850頁で示されていた。

2) 課税処分の違法を理由とする国家賠償請求訴訟の提起・追行に関して生じた弁護士費用は当該処分と相当因果関係のある損害となるとした事例として，最二小判平成16（2004）・12・17判時1892号14頁がある。

3) 所得金額を過大に認定した更正処分について，*146* は，職務行為基準説の立場から，納税義務者が税務署長の行う調査に協力せず，資料等により確定申告の必要経費を明示しないために上記結果が生じたときは，更正につき国賠法1条1項にいう違法があったということはできないと判示した。

163　強制執行における救済手続と国家賠償

最三小判昭和57（1982）・2・23
民集36巻2号154頁；判時1037号101頁
（評釈）和田吉弘・法協106巻12号2259頁，秋山義昭・判評287（判時1058）号45頁，淺生重機・曹時38巻4号121頁
（一審）東京地判昭和51（1976）・11・25判時858号80頁
（二審）東京高判昭和52（1977）・7・25金融法務事情854号42頁

■**事実**　本件強制競売は，債務者A所有の本件山林につき，1958年7月，Bの申立てにより開始され，同年11月と1969年8月にCとDの競売申立てによる記録添付があり，さらに同年10月にEほか7名の

配当要求の申立てを経て，以上11名の者の合計1897万円の債権のため本件山林全部

⇨*163*

が競売手続に付された。1970 年 10 月，880 万円で F に競落許可決定がなされ，1974年 3 月，その競落代金は E ほか 7 名の配当要求債権者にも配当のうえ競売手続は終了した。X は，1961 年 11 月すでに本件山林を債務者 A から買い受け，代金全額を支払ったが，売主の A が所有権移転登記をしないため，1966 年 2 月，本件山林につき処分禁止の仮処分決定を得て登記した。しかし，X は，執行裁判所が仮処分決定に遅れる 8 名の債権者の配当要求にも効力を認め，これにも配当すべきものとして本件山林 3 筆全部を競売に付したのを知りながら，単に仮処分の登記がある旨を届け出ていただけで，第三者異議等の強制執行法上の手続による救済を求めず，配当もすべて終了してから国家賠償請求訴訟を提起した。

　X は，処分禁止仮処分後の E らの配当要求は，①仮処分債権者である X に対抗できないからこれに配当すべきではない，②E らの配当要求債権 1705 万円を除くと，配当すべき債権は約 200 万円にすぎず，本件 3 筆の山林のうち最小の 1 筆を競売するだけで足りたから，担当裁判官が残りの 2 筆を競売に付し競落を許可したのは違法である，③E ほか 7 名の配当要求債権者に配当を実施したのも違法であるとして，X は 2 筆の山林の価格相当の損害などを被ったと主張し，Y（国）に対し 7242 万 8868円の賠償を請求した。

　一審・二審ともに，X は所有権取得登記を経由しておらず，仮処分には所有権取得登記のような対抗要件具備の効力はなく，平等主義の建前から仮処分後の配当要求も許されると解して執行裁判所の処分に違法はないとし，さらに，二審判決は，X は少なくとも強制執行法上の手続による救済を求めることができたのにこれをしないのであるから，X の請求は失当であると判示した。X が上告。

■**判旨**　上告棄却。

「不動産の強制競売事件における執行裁判所の処分は，債権者の主張，登記簿の記載その他記録にあらわれた権利関係の外形に依拠して行われるものであり，その結果関係人間の実体的権利関係との不適合が生じることがありうるが，これについては執行手続の性質上，強制執行法に定める救済の手続により是正されることが予定されているものである。したがって，執行裁判所みずからその処分を是正すべき場合等特別の事情がある場合は格別，そうでない場合には権利者が右の手続による救済を求めることを怠ったため損害が発生しても，その賠償を国に対して請求することはできないものと解するのが相当である。しかるところ，原審の適法に確定した事実関係によれば，X が本件土地の所有権を取得したとしてこれにつき処分禁止の仮処分決定を得，その登記を経由したのは，本件土地につきされた競売開始決定に基づき競売手続が進行中であったというのであって，所論の如く X が所有権を取得した以上これに遅れて配

当要求をした債権者のためには競売すべきではなく本件土地3筆の全部を競売することが超過競売となりXの所有権を害することがあると解せられるとしても，暫定的な処分にすぎない仮処分決定があるというだけでは，前記の特別の事情がある場合にあたるということはできず，Xとしては強制執行法上の異議の訴えを起し執行停止決定を得てその正本を執行裁判所に提出するなど強制執行法上の手続による救済を求めるべきものであったのである。以上のとおり述べたうえで，本件土地の全部が競売されたことにより生じたXの損害について，国家賠償請求はできないと判示した。

（裁判長裁判官　伊藤正己，裁判官　環昌一，横井大三，寺田治郎）

▶*Reference*　1)　東京地判平成9（1997）・12・9判時1701号79頁（*157 R2*))では，現況調査報告書および物件明細書の記載について執行異議の申立てが可能であったにもかかわらず，これを怠り原告に何らかの損害が発生したとしても，原告は国に対して賠償を請求することはできないという原則を維持しつつ，執行異議により救済を受ける具体的な可能性を考慮したうえで，国家賠償請求を認めるべき特別の事情が認められている。

2)　執行官の現況調査における過誤につき *157* 参照。

164　取消訴訟判決の既判力と国家賠償

東京高判昭和62（1987）・8・31
訟月34巻4号656頁
（一審）東京地判昭和60（1985）・10・28判時1210号86頁

■**事実**　Xの経営するキャバレー（有限会社）においてバンド演奏に従事していた楽団員8名が，1972年2月，休日の廃止や演奏料の引上げ問題をきっかけにZ（大阪芸能労働組合）に加入した。Zの団交申入れを

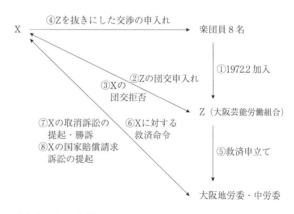

Xは拒否したほか，Zを抜きにした交渉をバンドメンバーにもちかけたため，組合員らは抗議した。これに対しXは，バンドマスター宛に演奏についての請負契約の解

⇨*164*

約の予告をなしたので，Ｚは Ｘ の団交拒否および支配介入について救済の申立てをした。大阪府地方労働委員会および中央労働委員会ともに団交拒否，請負契約解約を不当労働行為と認定し，救済命令を発したが，この命令の取消請求訴訟において，一審・二審ともに，楽団員と Ｘ との間には請負契約関係はあるが，労働契約関係はないとして右命令を取り消す旨の判断を示した（東京地判昭和 54 (1979)・8・30 労民集 30 巻 4 号 852 頁，東京高判昭和 57 (1982)・8・10 労民集 33 巻 4 号 737 頁）。

そこで，Ｘ が労働委員会による法令解釈・適用の違法等を主張して，Ｙ（国）に対して損害賠償の支払いと謝罪広告を求めたところ，一審は，労働委員会による法令の解釈・適用に誤りがあったとしても直ちに国賠法上も違法とはならないとして請求を棄却した。しかし，前記救済命令取消訴訟に関する最高裁は，二審判決を破棄し，当該命令を適法なものとした（最一小判昭和 62 (1987)・2・26 判時 1242 号 122 頁［重判昭 62 労 6］）。本判決は，この昭和 62 年最判を理由に Ｘ の本件請求を棄却した。

■判旨 控訴棄却。

「四 ……Ｘ は，本訴において，まず(1)本件組合は労組法所定の救済申立適格を有する労働組合ではなく，(2)Ｘ は労組法第 7 条の使用者に該当せず楽団員らは同条の労働者に該当しないにもかかわらず，本件救済命令はこれらの点をすべて肯定しているのでその判断は違法である，と主張する。しかしながら，その主張する違法と，……本件救済命令取消訴訟において主張した違法とはその内容において異なるものではないのであるから，右取消訴訟において請求棄却の判決が確定し，本件救済命令につき取消原因となる違法の存在が否定されている（無資格組合からの申立てであるという(1)の主張は，それ自体失当として排斥されている。）以上，その既判力は取消訴訟で主張された個々の違法事由ごとに生ずるとしても（この点については，次の五で検討する。），該既判力により，国家賠償請求事件たる本訴においても本件救済命令が，右(1)，(2)の点で違法であるとの判断をすることはできないものというべきである（最高裁判所昭和 48［1973］年 3 月 27 日第三小法廷判決・裁判集民事 529 ページ参照）。

したがって，Ｘ の右主張は，採用することができない。

五 Ｘ は，右主張のほかに，本件救済命令に対し種々の違法事由を主張するけれども，取消訴訟においては原告はあらゆる違法事由を主張し得るのであるから，その請求棄却の判決が確定すれば当該行政処分にはおよそ違法性がないという既判力を生じ，これが国家賠償請求訴訟に及ぼす客観的範囲は，取消訴訟において現に主張された個々の違法事由に限られないものと解するのが相当であり，したがって，右四で判断した以外の種々の違法事由の主張もまた，

III-2　国家賠償法 1 条責任　　395

⇨*164*

本件救済命令取消請求を棄却した確定判決の既判力に抵触し，採用することができないものというべきである。」

（裁判長裁判官　賀集唱，裁判官　安國種彦，伊藤剛）

▶*Reference　1*）　上告審である最二小判平成2（1990）・9・28労働判例572号24頁は，本判決の判断を維持した。

2）　本判決が引用する最三小判昭和48（1973）・3・27集民108号529頁は，換地処分取消請求棄却判決の確定後に提起された右換地処分の違法を理由とする国家賠償請求に関して，「本件土地……に対する換地処分につき，上告人が，本件において主張する違法と，所論換地処分取消請求訴訟において主張した違法とは，その内容において異なるものではないことが記録上認められるから，右行政訴訟において上告人が請求棄却の確定判決を受け，本件換地処分につき取消原因となる違法の存在が否定された以上，その既判力により，本件においても，右換地処分が違法であるとの判断はできないものというべきである」と判示している。

また，差押処分取消訴訟の棄却判決確定後に提起された国家賠償請求訴訟について，千葉地判昭和63（1988）・3・23判時1290号115頁は，「原告が，本訴において主張する違法と，……本件差押処分の取消訴訟において主張した違法とは，その内容において異なるものではないことが認められるから，前訴……において原告が請求棄却の確定判決を受け，本件差押処分につき取消原因となる違法の存在が否定された以上，その既判力により，本訴において本件差押処分が違法であることの前提となる本件申告についての被告……の行為が違法であるとの判断はできないものと解するのが相当である」と判示している。

3）　主位的請求である国賠法1条1項等に基づく損害賠償請求に憲法29条3項に基づく損失補償請求（実質的当事者訴訟）を予備的，追加的に併合することが可能な場合については，*102*参照。

III-2-8　公務員への求償と個人責任

(1)　公務員が，その行為や不作為によって，国民および相互保証のある外国人（*136*を参照）に損害を与えた場合，公務員は直接その被害者に対する損害賠償責任を負わないとするのが，国賠法1条にかかる判例の立場である（*166*と，例外的に個人責任が認められる場合があるとする*167*を参照）。1条1項により，被害者に賠償金を支払った国や地方公共団体は，同条2項により，故意または重過失のある公務員に対して求償権を有する。公の営造物の設置管理の瑕疵にかかる同法2条責任の場合には，いわゆる原因者求償の規定があり（2項），その対象者は公務員も含むと解されている。2条責任に関して公務員が直接個人責任を負うか否か，同条2項の求償につき，対象が公務員の場合，故意・重過失がある場合に限定されるか否かについては，判例は未だ存在しない。

(2)　しかし，国家賠償責任から視野を広げると，公務員が直接責任を負う場面も目に

396　　III　国家賠償と損失補償

入ってくる。まず，地方公務員の場合，首長を含めて，住民訴訟のいわゆる4号請求（地自法242条の2第1項4号，および第二段階訴訟につき242条の3）により，故意・過失によって地方公共団体に損害を与えた場合には，地方公共団体に対して損害を賠償しなければならない（住民訴訟につき，*112, 6*を参照）。近時は，国賠法1条2項の求償権を行使しないことが違法であるとして，その違法確認等を求める住民訴訟も提起されるようになっている（*165*）。なお，2017年の法改正によって，善意でかつ重過失がない場合には，賠償責任を一部免責できる旨の規定が導入された（243条の2）。

　会計職員については，対地方公共団体賠償責任の特別規定がある（243条の2の2）。そこでは，現金の亡失の場合を除いて，賠償責任自体を故意または重過失がある場合に限定している。

　(3)　国家公務員の場合には，住民訴訟に相当する訴訟制度はないが，物品管理職員・予算執行職員については，いずれも故意・重過失の場合（物品管理法31条1項，予算執行職員等の責任に関する法律3条2項），出納官吏・出納員については現金の亡失につき，善管注意義務に違反した場合には，国に対して弁償責任を負う旨の特別規定がある（会計法41条以下）。

　その他の国家公務員が，国に損害を与えた場合には，（上記(1)の）被害者に国が国賠法1条による賠償金を支払った場合の同条2項による求償という類型とは別に，例えば，違法な職務命令の発出により，業務の停滞を招いたなど，もっぱら国と当該公務員の関係において損害が発生したという類型についても，（明文規定はないものの）故意または重過失のある場合に限定して損害賠償責任を負うとするのがこれまでの通説的な考え方である。

　(4)　さらに，公務員の規制権限や公物管理権限の不行使によって，人が死傷する被害が生じた場合，近時の判例には，関係公務員に業務上の注意義務違反を認めて業務上過失致死罪を問うものがある。最二小決平成20（2008）・3・3刑集62巻4号567頁［重判平20刑1］（薬害エイズ厚生省ルート事件——薬事法上の監督権限を有していない課の職員の責任を肯定），最一小決平成26（2014）・7・22刑集68巻6号775頁［重判平26刑2］（明石市砂浜陥没事件——市が海浜公園として管理していた砂浜における事故について，海岸保全施設［かぎ形突堤］を維持管理していた国の担当職員の責任を肯定）である。

165　公務員に対する求償とその範囲

最二小判平成29（2017）・9・15［重判平29行7］
判時2366号3頁
（一審）大分地判平成27（2015）・3・16判自429号35頁〔参〕
（二審）福岡高判平成27（2015）・10・22判自429号53頁〔参〕

■**事実**　1　大分県教育委員会（以下「県教委」という）の職員らは，平成19（2007）

年度および平成 20（2008）年度の公立学校教員採用選考試験において，受験者の得点を改ざんするなどの不正（以下「本件不正」という）を行い，これにより計 54 名の受験者が，本来は合格していたにもかかわらず不合格となった（下記 2・3）。大分県（以下「県」という）は，53 名の受験者との間で，損害賠償金を支払う旨の和解を成立させ，総計 9045 万円を支払った。

2　平成 19 年度試験当時の教育審議監 A は，市立小学校の教頭 B と教諭 C（以下「B 夫妻」という）から 100 万円の賄賂を供与され，その子を合格させるよう依頼を受けるなど相当数の依頼を受け，人事班主幹 G に対し，依頼に係る受験者の中から A が選定した者を合格させるよう指示した。また，義務教育課長 H は，他にも相当数の依頼を受け，その中から H が選定した者を合格させるよう G に指示し，G は，受験者の得点を操作したうえで教育長に合否の判定を行わせ，上記指示に係る受験者を合格させた。

3　平成 20 年度試験についても，H は同様の依頼を受け，G に対し H が選定した者を合格させるよう指示し，G は，そのほかに市立小学校教頭 D から 400 万円の賄賂を供与され，その子を合格させるよう依頼を受け，人事班副主幹 I に指示して，これらの者を合格させた。

4　A は，平成 18（2006）年 11 月頃に県を退職し退職手当 3254 万円余の支給を受けたが，その後，上記賄賂に係る収賄罪により有罪判決を受け，平成 20（2008）年 12 月，県教委から，条例に基づき退職手当全額の返納を命じられ（以下「本件返納命令」という），同 21（2009）年 1 月，県に対し，上記全額の返納（以下「本件返納」という）をした。H，G，B 夫妻および D は，いずれも懲戒免職処分を受け，退職手当の支給はされなかった。

5　県は，県教委の幹部職員等から，上記 1 の損害賠償金の財源の一部として，平成 23（2011）年 2 月から 3 月にかけて合計 4842 万円余の寄付（以下「第 1 寄付」という）を受け，県教委は，同年 8 月，上記 1 の損害賠償金につき，総額から上記寄附の合計額および本件返納に係る額（以下「本件返納額」という）を控除した 947 万円余について求償することとし，B 夫妻から 44 万円余，A から 195 万円余，D から 20 万円余，I から 187 万円余の各弁済を受けた。また，県は，県教委の教育委員有志等から，上記求償金の財源の一部として，平成 24（2012）年 2 月に 500 万円の寄付を受けた（以下「第 2 寄付」という）。

6　県の住民 X らは，県が上記第 1・第 2 寄付および A からの本件返納額相当額を求償から控除し，8597 万円余（損害賠償額から A らの弁済金 447 万円余を差し引いた額）について求償権を行使しないことが違法に財産の管理を怠るものであること等を主張し，A らに対する求償権に基づく金員の支払請求等を求め，住民監査請求を経て，大分県知事（Y）を被告として住民訴訟を提起した。

一審判決は，第 1・第 2 寄付の控除を適法としたが，A の本件返納額の控除につい

ては，Ｙが県教委の指導監督上の落ち度等，控除が適切であるとする具体的理由を主張していないとして，過失相殺または信義則上求償権は制限されないと判断し，Ｘらの請求を一部認容した。二審判決は，Ａに対する本件返納命令とＢらについての退職手当不支給は，その地位や行為態様に照らし当然であるが，返納や不支給の事実を求償権行使において考慮することが許容されるかは別の問題であるとして，「県教委にも本件不正の発生について責任があることのほか，公務員の退職手当には賃金の後払いという性格もあること及び不正行為をした者に対する求償には大分県の財産管理という側面もあることをも考慮すると，求償権の行使に当たり，これら退職手当の返納や不支給の事実を，合理性の認められる限度で考慮すること自体は許容される」として，本件返納額相当額を求償しないことは違法ではないと判断して，原判決を取り消し，Ｘらの請求を棄却した。Ｘらが上告。

■**判旨**　破棄差戻し。

(1)　「本件不正は，教育審議監その他の教員採用試験の事務に携わった県教委の職員らが，現職の教員を含む者から依頼を受けて受験者の得点を操作するなどして行われたものであったところ，その態様は幹部職員が組織的に関与し，一部は賄賂の授受を伴うなど悪質なものであり，その結果も本来合格していたはずの多数の受験者が不合格となるなど極めて重大であったものである。そうすると，Ａに対する本件返納命令や本件不正に関与したその他の職員に対する退職手当の不支給は正当なものであったということができ，県が本件不正に関与した者に対して求償すべき金額から本件返納額を当然に控除することはできない。また，教員の選考に試験の総合点以外の要素を加味すべきであるとの考え方に対して県教委が確固とした方針を示してこなかったことや，本件返納命令に基づく返納の実現が必ずしも確実ではなかったこと等の原審が指摘する事情があったとしても，このような抽象的な事情のみから直ちに，過失相殺又は信義則により，県による求償権の行使が制限されるということはできない。」

(2)　「県の教員採用試験において不正が行われるに至った経緯や，本件不正に対する県教委の責任の有無及び程度，本件不正に関わった職員の職責，関与の態様，本件不正発覚後の状況等に照らし，県による求償権の行使が制限されるべきであるといえるか否か等について，更に審理を尽くさせるため，上記部分につき本件を原審に差し戻す」。

山本庸幸裁判官の**意見**　「［第1寄付について］……［Ａ］のかつての影響力を慮った元部下たちが，その傘下の県教委職員や公立学校の校長等から事実上強制的に寄附金を集め，最終的にはＡの損害賠償義務の軽減に用いられるよう

⇨*165*

にもっていったと解釈できなくもない。……本事件の第1寄附をいかに取り扱うかによっては，このような形でトップあるいはこれに準じる者の損害賠償責任が部下に押し付けられるというやり方が，今後，全国にまん延しかねないとも限らないし，今回の判断でそれを裁判所が追認する結果となることを懸念している。／そこで，多数意見が更に審理を尽くすべきであるとする本件返納額に相当する部分についての求償権の制限に加えて，以上のような点を含めて，更に審理を尽くさせるために原審に差し戻すべきものと考える」。

（裁判長裁判官　菅野博之，裁判官　小貫芳信，鬼丸かおる，山本庸幸）

▶*Reference　1*）　いわゆる国立マンション事件（Ⅰ巻 *184*〔*187*〕，Ⅱ巻 *10*）に関して，市がマンション建設業者に対して支払った損害賠償金（Ⅰ巻 *184 R2*〔*187 R*〕））について，事件当時の市長に支払いを求める住民訴訟が提起された。①東京地判平成 22（2010）・12・22 判時 2104 号 19 頁では，景観保全を目的とした市長のマンション建設阻止に向けての行為が重過失ありとされ，なおかつ，市が損害賠償を支払った相手方からの同額の一般寄付によっても，求償権は消滅していないとされた。市側の控訴取下げにより確定。

市が元市長に支払いを求めた第二段階住民訴訟（地自法 242 条の 3 第 2 項）について，②一審・東京地判平成 26（2014）・9・25 判自 399 号 19 頁は，同訴訟提起後，議会が求償権の放棄議決をしたことに裁量権の逸脱・濫用がないとして請求を棄却したが，③二審・東京高判平成 27（2015）・12・22 判自 405 号 18 頁は，同放棄議決には現市長の権利放棄の意思表示がなく，議会で新たに請求権の行使を求める決議がなされたこと等の事情の下で，求償権行使は権限濫用でないとして請求を認容した（最三小決平成 28（2016）・12・13 により上告不受理）。請求権放棄議決については *6* も参照。

2）　求償権の範囲について，上記 R1）の①③，名古屋地判平成 22（2010）・5・25 判時 2098 号 82 頁（国家賠償請求に対して，加害公務員側が求償債務不存在の確認を求めて独立当事者参加した事例）および佐賀地判平成 22（2010）・7・16 判時 2097 号 114 頁（*149R*）（協同組合に対する県知事の監督権限不行使についての求償事件）では，いずれも損害額全額が求償権の対象として認められている。それに対して，*149R* の控訴審（福岡高判平成 24（2012）・2・16 判例集未登載）は，求償権の範囲を信義則上，賠償額の 10 分の 1 に限定した（最一小決平成 26（2014）・1・16 により上告不受理。なお，同決定には，重過失の認定にかかる櫻井龍子裁判官の反対意見（横井尤孝裁判官同調）が付されている）。また，大分地判平成 28（2016）・12・22 判自 434 号 66 頁〔*参*〕（*165* と同じく住民訴訟事例である）は，県立高校の部活動中の熱中症による死亡事故につき，顧問教員の重過失を認定のうえ，求償権の範囲につき，「公務の遂行を通じて公権力の行使という行政目的を達していることなどに照らせ，生じた損害の全額を直ちに求償できることにはならず，その公務の性格，規模，施設の状況，当該公務員の業務の内容，勤務条件，勤務態度，加害行為の態様，加害行為の予防もしくは損失の分配についての国又は公共団体の配慮の程度その他諸般の事情に照らし，損害の公平な分担という見地から信義則上相当と認められる限度においてのみ，当該公務員に対し求償の請求をする

ことができる」との準則により（民法715条3項の求償に関する最一小判昭和51（1976)・7・8民集30巻7号689頁［重判昭51民9］を参照のこと），顧問教員による事故防止対策等を考慮して，学校管理者保険による填補額を損益相殺した残りの損害額の2分の1の求償を相当とした（福岡高判平成29（2017)・10・2判自434号60頁も，その判断を維持（確定)）。

　3）　前掲佐賀地判平成22（2010)・7・16では，国賠法3条1項により損害賠償を支払った費用負担者は，他の国家賠償責任者がいる場合（同事件においては国）には，同賠償責任者との間での法令の規定もしくは合意による内部的負担割合に応じてのみ，公務員個人に対して求償できるとした。

166　個人責任の否定

最三小判昭和30（1955)・4・19［百選II 234］
　　民集9巻5号534頁
　　（評釈）白石健三・曹時7巻6号77頁
　　（一審）熊本地判昭和27（1952)・6・16行裁例集3巻5号1047頁
　　（二審）福岡高判昭和28（1953)・4・15民集9巻5号554頁〔参〕

■**事実**　A町農地委員会（1946年12月実施の農地委員選挙により成立）では，同町の小作人組合と農民組合に属する各5人の委員に分かれて対立し，そのため事務の停滞・不手際が重なり，ついに農民組合系の委員5名が辞職する事態にいたった。そのため県知事は，県農地委員会の請求により，同町農地委員会の解散命令を発発したが，これを不服とする同農地委員会委員長Xおよび委員3名は，知事Y_1を被告として解散処分の無効確認を求めるとともに，Y_1および県農地部長Y_2に対して慰謝料の支払いおよびその仮執行の宣言を求めて出訴した。

　一審は，本件解散処分には裁量を誤った違法もなければ無効事由もなく請求に理由なしとし，Y_1およびY_2に対する損害賠償について，当該解散処分自体が適法である以上，損害賠償を求められるいわれはないとした。二審も，一審の結論を正当とし，Xらの請求を棄却した。これに対してXらが上告したのが本件である。最高裁は，解散処分について，農地調整法に基づく農地委員会は農業委員会法（昭和26［1951]年法88号）の施行に伴う農業委員会の成立により消滅したのであるから，Xらにはもはや本件農地委員会の解散命令の無効確認を求める利益がないとし，損害賠償の請求については上告を棄却した。

■**判旨**　上告棄却。

「X等の損害賠償等を請求する訴について考えてみるに，右請求は，Y_1等の職務行為を理由とする国家賠償の請求と解すべきであるから，国または公共団体が賠償の責に任ずるのであって，公務員が行政機関としての地位において賠償の責任を負うものではなく，また公務員個人もその責任を負うものではない。

III-2　国家賠償法1条責任　　401

⇨*167*

従って県知事を相手方とする訴は不適法であり，また Y₁ 個人，Y₂ 個人を相手方とする請求は理由がないことに帰する。のみならず，原審の認定するような事情の下においてとった Y₁ 等の行為が，X 等の名誉を毀損したと認めることはできないから，結局原判決は正当であって，所論は採用することはできない。」

（裁判長裁判官　島保，裁判官　河村又介，小林俊三，本村善太郎）

▶*Reference　1*）　社会福祉法人の設置運営する児童養護施設での児童間の暴行傷害事件について，入所児童を保護監督すべき職員の注意義務の懈怠が問われた事案において，*135* が本判決を引用している。

2）　国会議員の国会における発言により名誉が毀損され，自殺に追い込まれたとして，その者の遺族が，当該国会議員に対しては民法 709 条・710 条に基づき，国に対しては国賠法 1 条に基づき，それぞれ損害賠償を求めた事件において，最三小判平成 9 (1997)・9・9 民集 51 巻 8 号 3850 頁［重判平 9 憲 9］は，国会議員としての職務としてなされた発言は，仮に故意または過失による違法な行為であるとしても，国が賠償責任を負うことがあるのは格別，公務員である国会議員はその責任を負わないと判示した。なお本判決は，「国会議員が国会で行った質疑等において，個別の国民の名誉や信用を低下させる発言があったとしても，これによって当然に国家賠償法 1 条 1 項の規定にいう違法な行為があったものとして国の損害賠償責任が生ずるものではなく，右責任が肯定されるためには，当該国会議員が，その職務とはかかわりなく違法又は不当な目的をもって事実を摘示し，あるいは，虚偽であることを知りながらあえてその事実を摘示するなど，国会議員がその付与された権限の趣旨に明らかに背いてこれを行使したものと認め得るような特別の事情があることを必要とする」と判示した。

3）　市議会議員である Y が市議会の一般質問において行った発言により，同じ市議会の議員である X の名誉が毀損されたとして，X が Y に対し，損害賠償等を求めた事案において，最二小判平成 15 (2003)・2・17 判例集未登載は，市議会議員が議会内における一般質問の際に行った発言は，その発言内容にかかわらず，職務を行うについてされたものと認められ，Y が X に対し損害賠償責任を負うものではないと判示した。

167 個人責任の肯定例（警察による盗聴事件）

東京地判平成 6 (1994)・9・6
判時 1504 号 40 頁
（評釈）西埜章・判評 435（判時 1521）号 37 頁

■**事実**　1986 年 11 月，A 党幹部 X の自宅に繋がる電話が，何者かにより盗聴されていたことが判明した。当時のマスコミ報道等で右盗聴工作の「犯人」として，神奈川県警察所属の複数の警察官の名前が取りざたされていた。被害者の告訴を受けて盗聴事件の捜査を行っていた東京地検特捜部は，電気通信事業法違反の罪につき神奈川県警所属の現職警察官 2 名を起訴猶予処分とし，さらに，付審判請求を受けた東京地

⇨*167*

裁およびその抗告審である東京高裁も，決定の中で同じく現職警察官2名の盗聴への関与を認定した（付審判請求自体は棄却）。本件は，盗聴被害者であるXら3名が，Y₁（国），Y₂（神奈川県）およびY₃〜Y₅（警察官個人）らに対し，総額3608万3792円の損害賠償を求めた事案である。

本判決は，Y₃らの本件盗聴への関与を認定したうえで，同人らの「各行為が個人的動機に基づく独自の行動であったと見ることは到底できないものと言うべきであって，同人らによる本件盗聴行為は，神奈川県警察本部警備部公安第一課所属の警察官としての……組織的な行動の一環であったものと推認するのが相当であり」，「神奈川県警察本部警備部公安第一課所属の警察官3名が右のような組織的行動に加担していたことからすれば，……本件盗聴行為は，まさに神奈川県警察本部警備部公安第一課の職務として行われたものと認めるのが相当である」と判示し，Y₂の国賠法1条1項に基づく責任を肯定した。また，Y₁の責任については，前記起訴猶予処分確定後の警察内部の人事異動の経緯等を根拠に，「本件盗聴について，少なくとも警察庁警備局の職員（警察庁警備局長，同警備局公安第一課長，同課理事官……）ないしは神奈川県警察幹部職員（同県警察本部長，同警備部長）において具体的内容を知り得る立場にあったこと自体は否定できない」と判示したうえで，「本件盗聴の客観的特徴，特に，期間・人員・費用の各点において相当程度大がかりな事案であり，準備活動もかなり活発に行われたであろうと推認されることに照らせば，少なくとも，直属の上司である神奈川県警察本部警備部長……において，本件盗聴を事前に察知し，適正な監督措置によって被害の発生を未然に防止すべき義務が認められることは疑い得ないところであ」るとして，一般職の国家公務員としてY₁がその俸給等を負担する神奈川県警察警備部長の過失を認め，Y₁の国賠法1条1項・3条1項に基づく責任を肯定した。さらに本判決は，Y₃らの個人責任についても次のように判示し，請求を認容した。

■**判旨**　請求認容。

「本件盗聴行為がまさにY₂の職務として実行されたものであることについてはY₃ら主張のとおりであるが，他方，本件盗聴は当初より違法であることが明白な行為であって，かかる行為についてまで，形式的に公務に該当することを理由に，公務としての特別の配慮を加えるべき理由が存するのかどうかについては強い疑問を感じざるを得ないところである。

思うに，公務は，私的業務とは際立った特殊性を有するものであり，その特殊性ゆえに，民事不法行為法の適用が原則として否定されるべきものであると解されるが，右の理は，本件のごとく，公務としての特段の保護を何ら必要としないほど明白に違法な公務で，かつ，行為時に行為者自身がその違法性を認識していたような事案については該当しないものと解するのが相当である。こ

***III-2*　国家賠償法1条責任**　403

⇨168

のように解しても，公務員の個人責任が認められる事案は，行為の違法性が重大で，かつ行為者がその違法性を認識している場合に限られるのであるから，損害賠償義務の発生を恐れるがゆえに公務員が公務の執行を躊躇するといったような弊害は何ら発生するおそれがないことは言うまでもなく，かえって，将来の違法な公務執行の抑制の見地からは望ましい効果が生じることさえ期待できるところである。」

（裁判長裁判官　澤田三知夫，裁判官　村田鋭治，早田尚貴）

▶*Reference*　控訴審・東京高判平成9（1997）・6・26判時1617号35頁（確定）は，*166*を引用しつつ，「国家賠償制度は，広い意味における不法行為制度の一環として，損害の塡補を目的とするものであって，加害者個人に対する制裁等を目的とするものではない」とし，国賠法1条をこのように解しても，「何ら被害者の救済に欠けることとなるものではないし，他面において，加害者個人に対する制裁等の点については，事柄の性質上，刑事訴追等別途の方法にゆだねられるべき筋合のものというべきである」と判示して，Y₃らの賠償責任を否定した。

Ⅲ-3　国家賠償法2条責任

Ⅲ-3-1　2条責任の意義──民法717条との関係

168　国立公園での事故（奥入瀬渓谷事件）

東京高判平成19（2007）・1・17
判タ1246号122頁
（一審）東京地判平成18（2006）・4・7判時1931号83頁

■**事実**　X₁らは観光のため，青森県の十和田八幡平国立公園の奥入瀬渓流遊歩道を訪れた。その際，頭上約10メートルの高さから，ブナの木の枯れ枝（長さ約7メートル，直径約18ないし41センチメートル）が落下してその直撃を受け（以下「本件事故」という），その後重篤な後遺障害を被るに至った。そこでX₁およびその夫X₂は遊歩道およびブナの木の所有者および管理者としての国Y₁と遊歩道の管理者である県Y₂に対して国賠法1条・2条，民法717条2項（所有，占有する本件ブナの木の植栽，支持の瑕疵），同法709条（観光客に対する安全確保義務違反）による責任原因を選択的に主張して，損害賠償を求めた。

一審はY₁について民法717条に基づく工作物責任を，またY₂については国賠法2条に基づく責任をそれぞれ認め，X₁に約1億4600万円，X₂に約330万円の損害賠償を認めた。Y₁・Y₂が控訴。X₁が主に損害額の判断の一部を不服として附帯控訴。

404　　Ⅲ　国家賠償と損失補償

■**判旨** Y_1・Y_2 の控訴をいずれも棄却。X_1 の附帯控訴一部認容（賠償額増額）。

Y_1 は民法717条2項にいう「竹木」には天然木は含まれないと主張するが，「天然木においてもこれが倒れたり，枝を落としたりする危険を内包する点においては，庭木等と何ら異なるところはない」ので，その「「支持の瑕疵」を問えるものとすることが社会的にみても相当な解釈である」。

そして「もともと危険を内包する竹木について，その安全性につき社会的に期待されるレベル，したがって，その有すべき安全性の程度は，それが生立する自然的，社会的な状況によって異なるものであるから，竹木の支持の瑕疵，すなわち維持，管理の瑕疵の有無についても，その生立する自然的，社会的な状況に照らして，その有すべき安全性の程度を判断することが必要である。」

本件事故が起きた奥入瀬渓谷はわが国有数の自然観光資源であり，多くの観光客が訪れていた。また Y_1 は Y_2 とともに合同点検を実施しており，その趣旨は本件ブナの木周辺を含む遊歩道に近接した部分の危険性を除去するためのものであった。そうすると，Y_1 は本件ブナの木の「落木，落枝による場合を含め，これが人への危害を及ぼすことがないように維持，管理に当たる責任があったというべきである。」

他方 Y_2 は，本件事故が発生した場所について，国からの貸付けを受けていなかった。しかしこの場所は Y_2 が管理する，国賠法2条にいう公の営造物たる遊歩道と接続する地域であり，「事実上，Y_2 によって……一体として管理されているものというべきである。」

「本件事故現場は，観光客が多数参集する場所であり」そのことを Y_1・Y_2 は認識することができたのであり，その状況に照らせば，安全性への社会的な期待は高かったことから，本件事故現場付近の営造物管理者である Y_2，本件ブナの木の占有者である Y_1 においては「周到な安全点検が求められていたというべきである。」

証拠によれば，Y_2 は Y_1 とともに，「本件事故前において，本件ブナの木から落枝が起こり得ることを予測することができた」し，また本件事故についての「結果回避の可能性がなかったなどとみる余地はない」といえる。

（裁判長裁判官　小林克已，裁判官　片野悟好，小宮山茂樹）

▶*Reference* 区が設置・管理していた，船舶を係留するための公の営造物であるマリーナ施設が，廃止条例の施行により公用廃止された。同施設の通常有すべき安全性につい

⇨169

て東京地判平成 27（2015）・6・15 判タ 1422 号 183 頁は，①廃止条例の制定・公布後で施行までの間は，同施設廃止までの準備期間と捉え，同施設利用者の退去が可能な程度の安全性を有していれば足りるとした。また②廃止条例の施行後，区に求められるのは水路（溝渠）としての管理のみであり，同施設は廃止された施設として，無断使用等による事故等を防止する程度の管理が求められるに過ぎないとした。

III-3-2　公の営造物

(1)　道路からは離れた場所で起きた地滑りにつき，道路（道路運送法に基づく有料自動車道）設置の瑕疵は否定されたものの，その管理の瑕疵が認められたものとして，長野地判平成 9（1997）・6・27 判時 1621 号 3 頁（確定）がある。

(2)　国賠法 2 条 1 項の「公の営造物」には動産も含まれることを示すものとして，大阪高判昭和 62（1987）・11・27 判時 1275 号 62 頁（確定）がある（この事案で問題とされたのは警察官の拳銃）。また，横浜地判平成 15（2003）・9・12 判時 1851 号 133 頁は，場合により私人所有の給水管も同項の「公の営造物」に含まれるとした。他方で第二次世界大戦中に作られ，戦後に公用廃止された防空壕について，東京高判平成 5（1993）・2・24 判時 1454 号 97 頁（確定）は，国賠法ではなく民法 717 条 1 項に基づく責任を国に認めた。

III-3-3　設置管理の瑕疵

III-3-3-1　道　　路

169　落石事故と予算措置（高知落石事件）

最一小判昭和 45（1970）・8・20 ［百選 II 235］
民集 24 巻 9 号 1268 頁；判時 600 号 71 頁
（評釈）古崎慶長・判評 141（判時 606）号 20 頁，鈴木重信・曹時 23 巻 2 号 160 頁
（一審）高知地判昭和 39（1964）・12・3 下民集 15 巻 12 号 2865 頁；判時 393 号 13 頁
（二審）高松高判昭和 42（1967）・5・12 高民集 20 巻 3 号 234 頁；判時 509 号 41 頁

■**事実**　高知県内において同県知事が管理する国道 56 号線において，その上方の斜距離約 77 メートルの箇所が崩れ，それに伴って多数の岩石が崩落した（この現場付近を含む同国道の一定区間を以下「本件道路」という）。この際に本件道路を通りかかった 6 トントラックに直径約 1 メートル，重さ約 400 キログラムの岩石が当たり，同トラック助手席に乗っていた当時 16 才の A がその衝撃で即死した。なお，この事故現

⇨169

場付近では以前からしばしば落石や崩土があった事実を高知県 Y₂ は把握しており，「落石注意」の標識を立てるなどしていた。

　A の両親である X らは，本件道路が国の営造物であることから，国 Y₁ に対して国賠法 2 条 1 項に基づき，また国道の管理費用負担者（道路法 49 条・50 条参照）として Y₂ に対して国賠法 3 条 1 項に基づき損害賠償を請求した。一審は，本件道路は通常備えるべき安全性に欠けており，その管理に瑕疵があったとして X らの請求を認めた。Y₁ らが主張する本件崩落現場の事前調査が困難であった点や，事故防止の費用が膨大である点については，それを理由に上記の瑕疵がやむをえないものとして一般に許容されるべきものとならないとした。これに対し Y₁・Y₂ が控訴（X らは附帯控訴）。二審は控訴を棄却するとともに，X らへの損害賠償金等の増額を認めたため，Y₁・Y₂ が上告。

■**判旨**　上告棄却。

「国家賠償法 2 条 1 項の営造物の設置または管理の瑕疵とは，営造物が通常有すべき安全性を欠いていることをいい，これに基づく国および公共団体の賠償責任については，その過失の存在を必要としないと解するを相当とする。」

　本件道路は重要な路線の一部でありながら，従来から落石や崩土が起きており，そこを通行する人や車が危険にさらされていた。しかし Y₁ は「「落石注意」等の標識を立て，あるいは竹竿の先に赤の布切をつけて立て，これによって通行車に対し注意を促す等の措置を講じたにすぎず，本件道路の右のような危険性に対して防護柵または防護覆を設置し，あるいは山側に金網を張るとか，常時山地斜面部分を調査して，落下しそうな岩石があるときは，これを除去し，崩土の起こるおそれのあるときは，事前に通行止めをする等の措置をとったことはない」。このような事実関係のもとでは，「本件道路は，その通行の安全性の確保において欠け，その管理に瑕疵があったものというべきである」。

　また「本件における道路管理の瑕疵の有無は，本件事故発生地点だけに局限せず，前記 2000 メートルの本件道路全般について危険状況および管理状況等を考慮にいれて決するのが相当である」。

　本件道路において防護柵の設置などをした場合，「その費用の額が相当の多額にのぼり，［Y₂ として］その予算措置に困却するであろうことは推察できるが，それにより直ちに道路の管理の瑕疵によって生じた損害に対する賠償責任を免れうるものと考えることはできないのであり，その他，本件事故が不可抗力ないし回避可能性のない場合であることを認めること」もできない。よって Y₁ は国賠法 2 条 1 項により，Y₂ は管理費用負担者として同法 3 条 1 項により

Ⅲ-3　国家賠償法 2 条責任　407

⇨*170*

「損害賠償の責に任ずべきことは明らかである。」

　（裁判長裁判官　大隅健一郎，裁判官　入江俊郎，長部謹吾，岩田誠）

170 故障車放置と瑕疵

最三小判昭和 50（1975）・7・25 ［百選 II 236］
　　民集 29 巻 6 号 1136 頁；判時 791 号 21 頁
　　（評釈）能見善久・法協 95 巻 12 号 1942 頁，浅野直人・判評 205（判時
　　　　　801）号 20 頁②，斎藤次郎・曹時 29 巻 7 号 157 頁
　　（一審）和歌山地妙寺支判昭和 45（1970）・6・27 民集 29 巻 6 号 1141 頁
　　　　　〔参〕
　　（二審）大阪高判昭和 47（1972）・3・28 高民集 25 巻 1 号 146 頁；判時
　　　　　675 号 58 頁

■**事実**　和歌山県橋本市内の国道 170 号線（以下「本件国道」という）において，運転手 A は B 所有の大型貨物車（以下「本件故障車」という）を運転していて不具合を起こし，自力走行がほぼ不可能となった。そこで幅員約 7.5 メートルの本件国道の事故現場付近において，中央線寄りの左車線に本件事故車を違法駐車の状態にしたまま，その場を離れた。その 4 日後の午前 6 時過ぎ（本件故障車放置から約 87 時間後），本件故障車は依然として同じ場所に放置されていたところ，C が原動機付自転車で同国道を時速約 60 キロメートルで走行中，本件故障車の荷台後部に激突して即死した（以下「本件事故」という）。

　C の両親である X らはまず，A・B に対して，民法，自賠法に基づく損害賠償請求をし，別件訴訟一審で認容され，確定した。それとは別個に，本件国道の維持・修繕・管理責任を負うのが和歌山県知事であったことから，本件国道管理費用の負担者である和歌山県 Y に対して国賠法 2 条・3 条に基づく損害賠償請求を行った。

　一審は Y の道路管理に瑕疵はないとして，X の訴えを斥けた。しかし二審では，本件事故が本件故障車放置から相当の時間経過後のことであることなどから，いかなる観点からも不可抗力とは見ることができないとしたうえで，本件事故当時，本件国道が通常有すべき安全性を欠いていたものとして，道路の管理の瑕疵を認め，（速度超過していた）C の過失を 4 分の 3 として過失相殺のうえで，損害賠償を認容した。Y が上告。

■**判旨**　上告棄却。

　本件国道は本件事故当時，「道路の安全性を著しく欠如する状態であったにもかかわらず」，当時その管理事務を担当する Y の土木出張所は，「道路を常時巡視して応急の事態に対処しうる看視体制をとっていなかったために，本件事故が発生するまで［本件］故障車が道路上に長時間放置されていることすら知らず，まして故障車のあることを知らせるためバリケードを設けるとか，道

408　　III　国家賠償と損失補償

路の片側部分を一時通行止めにするなど，道路の安全性を保持するために必要とされる措置を全く講じていなかったことは明らかであるから，このような状況のもとにおいては，本件事故発生当時，［Yの］出張所の道路管理に瑕疵があった」というほかにない。したがって，Yは国賠法2条・3条に基づき，損害を賠償する責任を負う。

（裁判長裁判官 関根小郷，裁判官 天野武一，坂本吉勝，江里口清雄，髙辻正己）

▶*Reference* 1） 道路の安全性が欠けていても，安全を保持するための措置を講じる時間的余裕がなければ，道路管理者は国賠法上の責任を負わないとされる。最一小判昭和50（1975）・6・26民集29巻6号851頁は，道路上に設置されていた工事標識板やバリケード，赤色灯標柱が夜間，先行車両によって引き倒された直後に走行してきた車両が事故を起こした事案に関するものである。この場合，道路管理者が時間的に「遅滞なくこれを原状に復し道路を安全良好な状態に保つことは不可能であった」として，瑕疵を否定した。

　2） 夜間に町道の路側帯を歩行していた者が，ガードレール等の転落防止施設がなかったために並行する水路に転落して負傷した事案につき，町の賠償責任を認めたものとして，大阪高判平成19（2007）・5・22判時1985号68頁（確定）がある。

III-3-3-2 河　　川

171 未改修河川における管理瑕疵（大東水害訴訟）

最一小判昭和59（1984）・1・26［百選II 237］
　民集38巻2号53頁；判時1104号26頁
　（評釈）加藤和夫・曹時41巻2号133頁
　（一審）大阪地判昭和51（1976）・2・19判時805号18頁
　（二審）大阪高判昭和52（1977）・12・20判時876号16頁

■**事実**　1972年7月，大阪府大東市において大雨が降った際に，同市内の一部住宅地が水害に見舞われ，床上浸水などの被害が出た。この被害を受けた住民Xら71名が，溢水によるこの水害の原因はXらが居住する付近を流れる1級河川谷田川およびそれに接続する3本の水路（河川法の適用を受けない，法定外公共物）の管理に瑕疵があったと主張し，1級河川である谷田川の管理者（河川法9条1項）である国 Y_1，同河川の一部管理を機関委任事務（当時）として行う（同条2項）大阪府知事が属し，かつ管理費用負担者（同法60条2項）である大阪府 Y_2，水路の管理者（地自法［当時］2条2項，同条3項2号により，ないし「事実上」管理する者）である大東市 Y_3 の三者を被告として，国賠法2条または3条に基づく損害賠償を求めたものである。

　寝屋川水系の小規模な一支流であり，いわゆる天井川であった谷田川は，各区域に分けて1965年ないし1966年にかけて1級河川に指定された。その際に策定された改

⇨*171*

修計画に基づく改修工事が，各区間に分けて順次進められていた。しかし，Xらが居住する付近については，それよりも上流と下流のそれぞれの区間では改修が完了していたものの，約325メートルにわたって，本件水害当時はなお未改修のままとなっていた（以下「本件未改修部分」という）。本件未改修部分は，改修部分と比して相対的に川幅が狭く，かつ堤防も低いうえに，部分的に川底に土砂の堆積があった。また，谷田川に接続する水路についても部分的に土砂やゴミが堆積し，暗渠部分においては水の通りも良くない状態であった。

　一審・二審は谷田川および水路の管理に関して，Y₁・Y₂・Y₃それぞれの瑕疵を認めてXらの請求をほぼ認容した。その判断に際しては，自然公物である河川においても，人工公物である道路の場合と同様の，営造物の管理における瑕疵の有無にかかる判断基準が採用された。Yらが上告。

■判旨　破棄差戻し。

　河川の管理については，「道路その他の営造物の管理とは異なる特質及びそれに基づく諸制約が存するのであって，河川管理の瑕疵の存否の判断にあたっては，右の点を考慮すべきものといわなければならない。すなわち，河川は，本来自然発生的な公共用物であって，……通常は当初から人工的に安全性を備えた物として設置され管理者の公用開始行為によって公共の用に供される道路その他の営造物とは性質を異にし，もともと洪水等の自然的原因による災害をもたらす危険性を内包しているものである。したがって，河川の管理は，道路の管理等とは異なり，本来的にかかる災害発生の危険性をはらむ河川を対象として」，各種の治水事業を行うことによって漸次達成されてゆくものであるといえる。

　この治水事業は多大な時間を要するうえに，全国にその対象となる河川が多数存することから，莫大な費用を必要とする。結局は議会が決定する予算のもとで，「各河川につき過去に発生した水害の規模，頻度，発生原因，被害の性質等のほか，降雨状況，流域の自然的条件及び開発その他土地利用の状況，各河川の安全度の均衡等の諸事情を総合勘案し，それぞれの河川についての改修等の必要性・緊急性を比較しつつ，その程度の高いものから逐次これを実施していくほかはない。」また，治水事業の実施にあたっては，実施順序等に影響を与える技術的な制約に加えて，計画どおりの実施を困難にする可能性のある社会的制約を伴うことも看過することはできない。しかも河川の場合，道路の管理における一時閉鎖等のような簡易，臨機的な危険回避手段を採ることもできない。「河川の管理には，以上のような諸制約が内在するため，すべての河

⇨*171*

川について通常予測し，かつ，回避しうるあらゆる水害を未然に防止するに足りる治水施設を完備するには，相応の期間を必要とし，未改修河川又は改修の不十分な河川の安全性としては，右諸制約のもとで一般に施行されてきた治水事業による河川の改修，整備の過程に対応するいわば過渡的な安全性をもって足りるものとせざるをえないのであって，当初から通常予測される災害に対応する安全性を備えたものとして設置され公用開始される道路その他の営造物の管理の場合とは，その管理の瑕疵の有無についての判断の基準もおのずから異なったものとならざるをえないのである。」この意味で，*169*の判断枠組みは，河川管理の瑕疵については当然には妥当しない。

「前示のような河川管理の特質に由来する財政的，技術的及び社会的諸制約が解消した段階においてはともかく，これらの諸制約によっていまだ通常予測される災害に対応する安全性を備えるに至っていない現段階においては，当該河川の管理についての瑕疵の有無は，過去に発生した水害の規模，発生の頻度，発生原因，被害の性質，降雨状況，流域の地形その他の自然的条件，土地の利用状況その他の社会的条件，改修を要する緊急性の有無及びその程度等諸般の事情を総合的に考慮し，前記諸制約のもとでの同種・同規模の河川の管理の一般水準及び社会通念に照らして是認しうる安全性を備えていると認められるかどうかを基準として判断すべきである」。

「既に改修計画が定められ，これに基づいて現に改修中である河川については，右計画が全体として右の見地からみて格別不合理なものと認められないときは，その後の事情の変動により［工事の順序を変更しなければならないなど］特段の事由が生じない限り，右部分につき改修がいまだ行われていないとの一事をもって河川管理に瑕疵があるとすることはできないと解すべきである。」

（裁判長裁判官　藤﨑萬里，　裁判官　中村治朗，谷口正孝，和田誠一）

▶*Reference*　*1*)　差戻後控訴審・大阪高判昭和62（1987）・4・10判時1229号27頁では本判決の定式をあてはめて，Xの請求を斥けた。すなわち，寝屋川水系および谷田川の改修計画並びに実施状況は，一応合理性，整合性を備えており，とくに不合理，不釣合いなものがあるとは認められないとしたうえで，谷田川の Y_1・Y_2 による河川管理についても合理的，整合的であって，上告審判決にいう過渡的安全性を備えていたということができるので本件請求は認められないとした（Y_3 による水路の管理の瑕疵も否定）。

　2)　大東水害訴訟判決の判断枠組みに沿うのがその翌年の加治川水害訴訟判決（最一小判昭和60（1985）・3・28民集39巻2号333頁［重判昭60行7］）である。ただし大

⇨*172*

東水害が溢水型水害であるのに対して，これは未改修河川における破堤型水害に関する事案である。加治川水害訴訟判決では改修工事の計画が未達成である点については予算配分状況を勘案して，また破堤したのが工事途中の仮堤防であった点についても，「時間的，財政的及び技術的制約のもとでの同種・同規模の河川に同趣旨で設置する仮堤防の設計施工上の一般水準ないし社会通念に照らして是認することができる」として，河川管理の瑕疵がないと結論づけた。

3）　町が管理・運営するスキー場で雪崩によりパトロール員が死亡した事案で，松江地判平成 26 (2014)・3・10 判時 2228 号 95 頁（確定）は，国賠法 2 条にいう設置管理の瑕疵を認めた。同判決ではスキー場で通常予想される危険は雪崩による危険であるとしたうえで，この場合の通常有すべき安全性は，雪崩用防護柵の設置などの物的安全性を備えておくことに加えて，雪崩対策の権限を持つ部署の設置などの人的態勢を整えておくことも含まれるとした。また，スキー場は自然の状態で管理されているとはいえ，「過渡的な安全性」で足りるとされる河川管理の場合とは異なり，設置時から本来，安全性が確保されていてしかるべきものであり，その財政的制約等によって直ちに瑕疵が否定されるものではないとの判断を示した。

172 既改修河川における瑕疵（多摩川水害訴訟）

最一小判平成 2 (1990)・12・13［百選 II 238］
民集 44 巻 9 号 1186 頁；判時 1369 号 23 頁
（評釈）桑原勇進・法協 110 巻 9 号 1384 頁，植木哲・判評 386（判時 1373）号 2 頁，富越和厚・曹時 44 巻 7 号 165 頁
（一審）東京地判昭和 54 (1979)・1・25 判時 913 号 3 頁
（二審）東京高判昭和 62 (1987)・8・31 判時 1247 号 3 頁

■**事実**　1 級河川多摩川流域において，1974 年 8 月末からの豪雨により，同年 9 月，東京都狛江市緒方地区において同河川の堤防の一部が浸食されて破堤し，住宅地面積約 3000 平方メートルにわたり，家屋 19 棟が流出する災害（以下「本件災害」という）が発生した。本件災害による被災地に居住し，あるいは同地に土地または家屋を所有する者 X らが，同河川の管理者である国 Y に対して，国賠法 2 条 1 項に基づき，損害賠償を求めたものである。

同河川は 1966 年に 1 級河川に指定されるとともに，同年「多摩川水系工事実施基本計画」（以下「基本計画」という）が建設大臣により策定された。基本計画によれば，本件災害発生地付近の河川部分は改修工事完成区間とされ，本件災害時までの間に新規の改修計画もなかった（すなわち新規の改修，整備は必要がないとされていた）。ただし，本件災害発生地付近の河道内には，河川法に基づく許可工作物として，取水堰（管理者は川崎市。以下「本件堰」という）が設置されていた。そして本件災害発生時においては，本件堰およびその取付部護岸に欠陥が生じており，その欠陥が本件災害の原因をなした。なお，本件災害は基本計画が定める「計画高水流量」に至る前の段階において発生した。

412　　III　国家賠償と損失補償

⇨172

　一審は Y の河川管理の瑕疵を認め，X らの請求を一部認容した。しかし二審は Y の瑕疵を否定した。その主な根拠は，「工事実施基本計画」のもとでの改修が完了した河川部分であっても絶対的安全性が保障されているものではないため，171 にいう過渡的安全性で足りること，堰などの許可工作物も同様であること，堰などの欠陥を放置したことが河川（本体の）管理の瑕疵というためには，災害の発生が「具体的かつ明白に予測し得る情況が存在した」ことを要すること，であった。X らが上告。

■**判旨**　破棄差戻し。
　河川の管理についての国賠法 2 条 1 項にいう瑕疵の有無については，一般的には 171 の判断基準が適用されるべきものである。
　もっとも本件河川は，新規の改修，整備は必要がないとされていた部分であり，基本計画に基づいて改修，整備がされた河川と同視されるものである。このような河川の「改修，整備の段階に対応する安全性とは，同計画に定める規模の洪水における流水の通常の作用から予測される災害の発生を防止するに足りる安全性をいうものと解すべきである。」というのも，「改修，整備がされた河川は，その改修，整備がされた段階において想定された洪水から，当時の防災技術の水準に照らして通常予測し，かつ，回避し得る水害を未然に防止するに足りる安全性を備えるべきものであるというべきであり，水害が発生した場合においても，当該河川の改修，整備がされた段階において想定された規模の洪水から当該水害の発生の危険を通常予測することができなかった場合には，河川管理の瑕疵を問うことができないからである。」
　また，「水害発生当時においてその発生の危険を通常予測することができたとしても，右危険が改修，整備がされた段階においては予測することができなかったものであって，当該改修，整備の後に生じた河川及び流域の環境の変化，河川工学の知見の拡大又は防災技術の向上等によってその予測が可能となったものである場合には，直ちに，河川管理の瑕疵があるとすることはできない。」けだし，河川管理については 171 が示す諸制約が存在し，新たな危険の除去又は減殺の「措置を講ずるためには相応の期間を必要とするのであるから」，そのような諸制約などを「当該事案に即して考慮した上，右危険の予測が可能となった時点から当該水害発生時までに，予測し得た危険に対する対策を講じなかったことが河川管理の瑕疵に該当するかどうかを判断すべきものであると考えられるからである。」
　なお，「許可工作物［本件の場合，本件堰］の存在する河川部分における河川

III-3　国家賠償法 2 条責任　413

⇨*173*

管理の瑕疵の有無は，当該河川部分の全体について，前記判断基準の示す安全性を備えていると認められるかどうかによって判断すべきものであり，全体としての当該河川部分の管理から右工作物の管理を切り離して，右工作物についての改修の要否のみに基づいて，これを判断すべきものではない。」

（裁判長裁判官　大堀誠一，裁判官　角田禮次郎，大内恒夫，四ッ谷巖，橋元四郎平）

▶*Reference*　1）　差戻後控訴審・東京高判平成 4（1992）・12・17 判時 1453 号 35 頁［重判平 4 行 8］では，「本件堰及びその取付部護岸並びに本件高水敷は昭和 46［1971］年当時の一般的技術水準からみて安全性に問題があり，かつ，過去の被災事例から得られた知見に鑑みると」，災害の発生が予測可能であり，本件災害を回避するための措置を講じることができ，そのための工事実施も財政的・時間的に可能であって，社会的に困難な事情も見られなかったとして，Y の河川管理の瑕疵を認めて，損害賠償責任を肯定した（確定）。

2）　表題判決にかかる多摩川水害と同年に発生した，平作川水害に関する最高裁判決が最二小判平成 8（1996）・7・12 民集 50 巻 7 号 1477 頁［重判平 8 行 8］である。同判決では，現に改修中の 2 級河川について，水害発生時に既に設置済みの河川管理施設の瑕疵を判断するには，その施設の「設置の時点における技術水準に照らして，右施設が，その予定する規模の洪水における流水の通常の作用から予測される災害の発生を防止するに足りる安全性を備えているかどうかによって判断すべき」とし，表題判決の判断枠組みに準じることを示した。また（河川法の適用がない）普通河川については *171*（大東水害訴訟判決）が示した河川管理の特殊性，瑕疵判断基準が妥当するとした。

3）　長良川安八水害訴訟判決（最一小判平成 6（1994）・10・27 判時 1514 号 28 頁）によれば，堤防の改修・整備を考えるうえでは堤防の本体（＝堤体）のみに着目すればよく，その基礎地盤については，過去における災害時の異常現象等によって欠陥のあることが明らかとなっているなど特段の事情のある場合を除き，管理者が措置を講じる義務はないとされた。

4）　名古屋地判平成 20（2008）・3・14 判時 2024 号 58 頁（一部確定）は統計開始以来最大の記録的豪雨につき，同一水系に属する本流と支流を一体のものとして *171* の示した一般的な瑕疵判断基準によって判断するとした。

III-3-3　機能的瑕疵——空港／道路騒音

173　空港騒音（大阪国際空港訴訟）

最大判昭和 56（1981）・12・16［百選 II 241］（⇒*8*）

■**事実**　*8* を参照。ここでは損害賠償請求のみに言及する。

　一審では国賠法 1 条 1 項に基づく過去の損害賠償を認めた（将来の慰謝料については認めず）。X らが主張したのは同法 2 条 1 項であるが，この点については「同法 2

条1項にいう営造物の設置管理の瑕疵とは，当該営造物が通常備えるべき性質または設備を欠き，安全性がないことをいうのであるが，本件の場合はこの意味の安全性の問題ではなく，航空機の発する騒音等による被害を生じないような方法で管理すべき義務の違反が問われているのであるから，同法1条1項が適用されるものと解すべきである」とした。それに対して二審では，同法2条1項の適用を認めて，過去の損害とともに，将来の損害についても賠償責任を認めた。これに対して，Yが上告。

■判旨 一部上告棄却，一部破棄自判，一部破棄差戻し。

「国家賠償法2条1項の営造物の設置又は管理の瑕疵とは，営造物が有すべき安全性を欠いている状態をいうのであるが，そこにいう安全性の欠如，すなわち，他人に危害を及ぼす危険性のある状態とは，ひとり当該営造物を構成する物的施設自体に存する物理的，外形的な欠陥ないし不備によって一般的に右のような危害を生ぜしめる危険性がある場合のみならず，その営造物が供用目的に沿って利用されることとの関連において危害を生ぜしめる危険性がある場合をも含み，また，その危害は，営造物の利用者に対してのみならず，利用者以外の第三者に対するそれをも含むものと解すべきである。すなわち，当該営造物の利用の態様及び程度が一定の限度にとどまる限りにおいてはその施設に危害を生ぜしめる危険性がなくても，これを超える利用によって危害を生ぜしめる危険性がある状況にある場合には，そのような利用に供される限りにおいて右営造物の設置，管理には瑕疵があるというを妨げず，したがって，右営造物の設置・管理者において，かかる危険性があるにもかかわらず，これにつき特段の措置を講ずることなく，また，適切な制限を加えないままこれを利用に供し，その結果利用者又は第三者に対して現実に危害を生ぜしめたときは，それが右設置・管理者の予測しえない事由によるものでない限り，国家賠償法2条1項の規定による責任を免れることができないと解されるのである。」

これを本件についてみるとXらが主張する「本件空港の設置，管理の瑕疵は，右空港の施設自体がもつ物理的・外形的欠陥ではなく，また，それが空港利用者に対して危害を生ぜしめているというのでもなくて，本件空港に多数のジェット機を含む航空機が離着陸するに際して発生する騒音等がXら周辺住民に被害を生ぜしめているという点にあるのであるが，利用者以外の第三者に対する危害もまた右瑕疵のうちに含まれること，営造物がその供用目的に沿って利用されている状況のもとにおいてこれから危害が生ずるような場合もこれに含まれることは前示のとおりであるから，本件空港に離着陸する航空機の騒

⇨*174*

音等による周辺住民の被害の発生を右空港の設置，管理の瑕疵の概念に含ましめ」ることは正当である。

（裁判長裁判官　服部高顯，裁判官　団藤重光，環昌一，栗本一夫，藤﨑萬里，本山亨，中村治朗，横井大三，木下忠良，伊藤正己，宮﨑梧一，寺田治郎，谷口正孝）

174　道路公害（国道43号線訴訟）

最二小判平成7（1995）・7・7［重判平7行7］
民集49巻7号1870頁；判時1544号18頁①
（評釈）前田智彦・法協115巻7号1017頁，潮海一雄・判評451（判時1570）号34頁，田中豊・曹時49巻1号238頁
（一審）神戸地判昭和61（1986）・7・17判時1203号1頁
（二審）大阪高判平成4（1992）・2・20判時1415号3頁

■**事実**　1968年に全線が開通した全長約30キロメートルの，大阪－神戸間の一般国道43号線（および阪神高速道路公団が管理する，兵庫県道高速神戸西宮線および同大阪西宮線）（以下「本件道路」という）において，交通量の増大や大型車両の乗り入れの増加に伴い，騒音・振動等による被害が周辺住民に見られるようになった。そこで本件道路の管理者である国および阪神高速道路公団（以下，Yら）に対して，国賠法1条・2条に基づく過去および将来の損害賠償請求と，騒音と二酸化窒素の居住敷地内への一定レベルを超えて侵入する状態での道路の差止めを求めて，本件道路沿道から概ね50メートル以内に居住し，被害を被っている（あるいは被っていた）と主張するXら149名が提訴したものである。

一審では，国賠法2条1項に基づき，Xらの一部について過去の損害賠償を認容したが，将来の損害賠償および差止めの請求については却下した。二審では同じく同法2条1項に基づき，Xらの一部について過去の損害賠償請求を認容した（ただし被害の程度に応じて，Xらを詳細に識別）が，将来の損害賠償については却下した。また差止めの請求については実体判断をして棄却した。これに対して，X，Yの双方が上告。

■**判旨**　上告棄却。

国賠法2条1項の瑕疵には，いわゆる供用関連瑕疵も含まれることにつき，*173*の判示内容を引用した。そのうえでとくに道路の場合において，一定の「騒音等がほぼ1日中沿道の生活空間に流入するという侵害行為により，そこに居住するXらは，騒音により睡眠妨害，会話，電話による通話，家族の団らん，テレビ・ラジオの聴取等に対する妨害及びこれらの悪循環による精神的苦痛を受け，また，本件道路端から20メートル以内に居住するXらは，排気ガス中の浮遊粒子状物質により洗濯物の汚れを始め有形無形の負荷を受けてい

たというのである。」

「他方，本件道路が主として産業物資流通のための地域間交通に相当の寄与をしており，自動車保有台数の増加と貨物及び旅客輸送における自動車輸送の分担率の上昇に伴い，その寄与の程度が高くなるに至っているというのであるが，本件道路は，産業政策等の各種政策上の要請に基づき設置されたいわゆる幹線道路であって，地域住民の日常生活の維持存続に不可欠とまではいうことのできないものであり，Ｘらの一部を含む周辺住民が本件道路の存在によってある程度の利益を受けているとしても，その利益とこれによって被る前記の被害との間に，後者の増大に必然的に前者の増大が伴うというような彼此相補の関係はなく，さらに，本件道路の交通量等の推移はおおむね開設時の予測と一致するものであったから，Ｙらにおいて騒音等が周辺住民に及ぼす影響を考慮して当初からこれについての対策を実施すべきであったのに，右対策が講じられないまま住民の生活領域を貫通する本件道路が開設され，その後に実施された環境対策は，巨費を投じたものであったが，なお十分な効果を上げているとまではいえないというのである。そうすると，本件道路の公共性ないし公益上の必要性のゆえに，Ｘらが受けた被害が社会生活上受忍すべき範囲内のものであるということはできず，本件道路の供用が違法な法益侵害に当たり，ＹらはＸに対して損害賠償義務を負うべきである」。

（裁判長裁判官　河合伸一，裁判官　中島敏次郎，大西勝也，根岸重治）

▶*Reference*　東京 NOx 大気汚染第 1 次訴訟一審判決（東京地判平成 14（2002）・10・29 判時 1885 号 23 頁）では，違法性の判断において本判決の枠組みをほぼ踏襲した。すなわち，国道 4 号線などの道路の供用につき，被告である国らが，公共性ないし公益上の必要性という理由により，周辺住民に対してその被る被害を受忍すべきことを要求することはできないから，それら道路の供用において国賠法 2 条 1 項の瑕疵があるとした。また国らが主張した結果（＝健康被害）回避可能性の不存在による免責の抗弁は，道路周辺の環境改善の方策には様々なものがありうるとして，斥けた。

III-3-3-4　安全対策の態様と瑕疵

175　営造物の本来の用法と瑕疵基準（校庭開放事件）

最三小判平成 5（1993）・3・30［百選 II 240］
民集 47 巻 4 号 3226 頁；判時 1500 号 161 頁
（評釈）徳本広孝・法協 113 巻 12 号 1724 頁，中村哲也・判評 433（判時

⇨*175*

1515）号 57 頁，滝澤孝臣・曹時 48 巻 2 号 313 頁
（一審）仙台地判昭和 59（1984）・9・18 判タ 542 号 249 頁
（二審）仙台高判昭和 60（1985）・11・20 民集 47 巻 4 号 3253 頁〔参〕

■事実　X は弟，甥とともに長男 A（当時 5 才）を連れて，当時門扉など外部との仕切りが設置されておらず事実上開放状態にあった Y 町立中学校校庭に赴き，そのテニスコートでテニスをしていた。A は校庭を走り回るなどしていたが，やがてテニスコートのネット横に置かれていた審判台（地面から座席までの高さ約 1.4 メートル，同背当て最上部までの高さ 1.8 メートル，重量約 24 キログラム。以下「本件審判台」という）にのぼり，その座席部分の背当てを構成している左右の鉄パイプを両手で握って審判台の後部から降りようとしたため，本件審判台が後方に倒れ，A は仰向けに倒れてその下敷きとなった。A は直ちに病院に搬送されたが，同日脳挫傷により死亡した。

　A の両親 X らは，Y 町に対し国賠法 2 条 1 項に基づく損害賠償を求めて提訴した。一審は X らの請求を認容した。その理由は，開放状態にあった校庭の利用状況にかんがみると，本件のような事故を惹起する可能性があることは本件審判台の設置管理者には通常予測しうるところであり，本件審判台を地面に固定したり，不使用時は片付けておくなどの防止策を講じておくべきであった，というものであった。二審もこの判断を支持したため，Y が上告。

■判旨　破棄自判。

「一般に，テニスの審判台は，審判者がコート面より高い位置から競技を見守るための設備であり，座席への昇り降りには，そのために設けられた階段によるべきことはいうまでもなく，審判台の通常有すべき安全性の有無は，この本来の用法に従った使用を前提とした上で，何らかの危険発生の可能性があるか否かによって決せられるべきものといわなければならない。」

「公の営造物の設置管理者は，本件の例についていえば，審判台が本来の用法に従って安全であるべきことについて責任を負うのは当然として，その責任は原則としてこれをもって限度とすべく，本来の用法に従えば安全である営造物について，これを設置管理者の通常予測し得ない異常な方法で使用しないという注意義務は，利用者である一般市民の側が負うのが当然であり，幼児について，異常な行動に出ることがないようにさせる注意義務は，もとより，第一次的にその保護者にあるといわなければならない。」

　本件についてみれば，A の行動は「本件審判台の本来の用法と異なることはもちろん，設置管理者の通常予測し得ないものであったといわなければならない。そして，このような使用をすれば，本来その安全性に欠けるところのな

い設備であっても，何らかの危険を生ずることは避け難いところである。」「このような場合にまで，YがXらに対して国家賠償法2条1項所定の責任を負ういわれはないというべきである。」

（裁判長裁判官　可部恒雄，裁判官　坂上壽夫，貞家克己，園部逸夫，佐藤庄市郎）

▶*Reference*　1）同様に，市が管理する道路の防護柵の鉄パイプ製手摺に後ろ向きに腰掛けて遊ぶうちに，誤って転落し，後遺障害を負った事案でも，道路管理者が通常予測することのできない行動に起因するものとして，設置・管理の瑕疵を否定した最三小判昭和53（1978）・7・4民集32巻5号809頁がある。

2）また，鉄道駅ホームの点字ブロックが設置されていなかったことにつき国賠法2条1項の瑕疵が問題とされた事案で，最三小判昭和61（1986）・3・25民集40巻2号472頁［百選II 239］は，その安全設備の有効性や普及の度合と，事故発生の危険性の程度，事故防止設備の設置の必要性の程度，その設置の困難性の有無など，諸般の事情を総合考慮する必要を説示し，個別具体的な事実の分析が不可欠であるとした。

176　事故のリスクと安全対策（国道キツネ飛び出し事件）

最三小判平成22（2010）・3・2
判時2076号44頁
（一審）札幌地判平成19（2007）・7・13判例集未登載
（二審）札幌高判平成20（2008）・4・18裁判所WEB

■**事実**　2001年10月8日，高速道路である北海道縦貫自動車道函館名寄線の北海道苫小牧市内のほぼ直線の区間において，Aは普通乗用車を運転していたが，車道に飛び出してきたキツネとの衝突を避けようとして急ハンドルを切り，その結果中央分離帯に衝突して車道上に停車した（以下，この事故を「本件事故」といい，本件事故現場付近の道路を「本件道路」という）。本件事故の約2分後，走ってきた後続車に衝突され，Aは死亡した。Aの両親であるXらは本件事故当時の本件道路の設置管理者であった日本道路公団の訴訟承継人である東日本高速道路株式会社Yに対し，キツネの侵入防止措置が不十分であったとして，国賠法2条1項に基づく損害賠償を求めて提訴した。ちなみに，本件道路を挟む2つのインターチェンジの間の区間においては，道路に侵入したキツネが自動車に接触して死ぬ事故が2001年の本件事故時点までに46件起きていたが，キツネを回避しようとして自動車の運転者が死亡する事故は1994年に1件あるのみであった。また本件道路には動物注意の標識があったが，動物の道路への侵入を防ぐ有刺鉄線ないし金網の柵は，ところにより10〜20センチメートルの隙間があり，完全なものではなかった。1989年に日本道路公団が発行した資料（以下「本件資料」という）には隙間をなくしたうえで，柵の下の地面にコンクリートを敷くなどの侵入を防ぐ，より完全な措置が示されてはいた。

一審はXらの請求を棄却したものの，二審は一部を認容した。その理由は，道路

⇨*177*

にキツネが頻繁に侵入していること自体が通常有すべき安全性を欠いており，動物注意の標識が設置されていてもその判断は変わらないというものであった。Y が上告受理申立て。

■**判旨**　破棄自判。

本件道路の有刺鉄線ないし金網の柵では，キツネ等の侵入を防止することはできなかったが，侵入したとしても「走行中の自動車がキツネ等の小動物と接触すること自体により自動車の運転者等が死傷するような事故が発生する危険性は高いものではなく，通常は，自動車の運転者が適切な運転操作を行うことにより死傷事故を回避することを期待することができるものというべきである。」

「本件資料に示されていたような対策が全国や北海道内の高速道路において広く採られていたという事情はうかがわれないし，そのような対策を講ずるためには多額の費用を要することは明らかであり，加えて，前記事実関係によれば，本件道路には，動物注意の標識が設置されていたというのであって，自動車の運転者に対しては，道路に侵入した動物についての適切な注意喚起がされていたということができる。」

「これらの事情を総合すると，［本件資料にあるような］対策が講じられていなかったからといって，本件道路が通常有すべき安全性を欠いていたということはできず，本件道路に設置又は管理の瑕疵があったとみることはできない。」

（裁判長裁判官　藤田宙靖，裁判官　堀籠幸男，那須弘平，田原睦夫，近藤崇晴）

Ⅲ-4　賠償責任者と負担割合

177　教員給与負担者の賠償負担

最二小判平成 21（2009）・10・23 ［百選 II 243］
民集 63 巻 8 号 1849 頁
（評釈）金子直史・曹時 64 巻 10 号 178 頁
（一審）福島地判平成 19（2007）・10・16 判時 1995 号 109 頁
（二審）仙台高判平成 20（2008）・3・19 判タ 1283 号 110 頁

■**事実**　郡山市 Y が設置する市立中学校において，県費負担教職員である A が生徒 B に対して足蹴り等の暴行を加える体罰事件を起こした。B は国賠法に基づき，学校の設置者である Y と，A の給与等を負担する福島県 X を共同被告とし，国賠法に基

づく損害賠償を求める別件訴訟を提起した。別件訴訟一審（福島地郡山支判平成16（2004）・7・6判例集未登載）は、XとYが連帯して50万円の損害賠償などを支払うよう命じる一部認容判決を言い渡した。それに対してBは控訴し、XとYもそれぞれ附帯控訴した。その後Y市教育委員会はBに対して学校側の指導の不備を認めて遺憾の意を表したため、BはYに対する請求を放棄するとの内容の訴訟上の和解が成立した。また同日Bは、Xに対しては控訴を取り下げた。このためBとXの間では別件訴訟一審の判決が確定し、XはBにそこで認容された損害賠償などの全額を支払った。

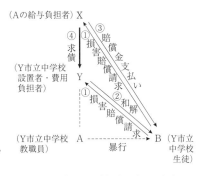

　Xは上記別件訴訟で確定した損害賠償債務について、Yは不真正連帯債務者の関係にあるとして、国賠法3条2項に基づき、求償金請求訴訟を提起した。一審は別件訴訟で確定した債務につき、「負担割合は、費用負担の趣旨を考慮しつつ損害発生への寄与の割合などを総合的に考慮して定めるべきである」としてX：Y＝1：2として、Xの請求を一部認容する判決をした。これに対して二審は「教育活動において発生した賠償費用の最終負担者は、［学校教育法5条に基づき］学校の経費を負担するYである」としてX：Y＝0：3としてXの請求を全部認容した。Yが上告受理申立て。

■**判旨**　上告棄却。
「市町村が設置する中学校の教諭がその職務を行うについて故意又は過失によって違法に生徒に損害を与えた場合において、当該教諭の給料その他の給与を負担する都道府県が国家賠償法1条1項、3条1項に従い上記生徒に対して損害を賠償したときは、当該都道府県は、同条2項に基づき、賠償した損害の全額を当該中学校を設置する市町村に対して求償できるものと解するのが相当である。」
「国又は公共団体がその事務を行うについて国家賠償法に基づき損害を賠償する責めに任ずる場合における損害を賠償するための費用も国又は公共団体の事務を行うために要する経費に含まれるというべきであるから、上記経費の負担について定める法令は、上記費用の負担についても定めていると解される。同法3条2項に基づく求償についても、上記経費の負担について定める法令の規定に従うべきであり、法令上、上記損害を賠償するための費用をその事務を

⇨*177*

行うための経費として負担すべきものとされている者が，同項にいう内部関係でその損害を賠償する責任ある者に当たると解するのが相当である。」

　これを本件についてみるに，学校教育法5条，地方財政法9条によれば，「市町村が設置する中学校の経費については，原則として，当該市町村がこれを負担すべきものとされている。他方，市町村立学校職員給与負担法1条は，市町村立の中学校の教諭その他同条所定の職員の給料その他の給与……は，都道府県の負担とする旨を規定するが，同法は，これ以外の費用の負担については定めるところがない。そして，市町村が設置する中学校の教諭がその職務を行うについて故意又は過失によって違法に生徒に与えた損害を賠償するための費用は，地方財政法9条ただし書所定の経費には該当せず，他に，学校教育法5条にいう法令の特別の定めはない。そうすると，上記損害を賠償するための費用については，法令上，当該中学校を設置する市町村がその全額を負担すべきものとされているのであって，当該市町村が国家賠償法3条2項にいう内部関係でその損害を賠償する責任ある者として，上記損害を賠償した者からの求償に応ずべき義務を負うこととなる。」

（裁判長裁判官　中川了滋，裁判官　今井功，古田佑紀，竹内行夫）

　▶*Reference*　最三小判昭和50（1975）・11・28民集29巻10号1754頁［百選Ⅱ 242］は，国賠法2条1項に基づく賠償責任に関して，同法3条1項にいう費用負担者として，法律上の「負担金」（地方財政法10条ないし10条の4・17条）支給者のみならず，「補助金」（同法16条）支給者も含まれることがあるとする。補助金支給者がそこに含まれるための要件は，法律上の費用負担義務者と同等もしくはこれに近い経済的な負担をしていること，実質的に法律上の費用負担義務者と事業を共同して執行していること，問題となる営造物の危険防止について法律上の費用負担義務者に措置を請求しうる立場にあること，の3点である。また，問題とされる営造物が複合的施設を構成する個別的施設（この場合は，国立公園の遊歩道の一部である吊り橋）である場合について，最一小判平成元（1989）・10・26民集43巻9号999頁は「当該個別的施設と複合的施設を構成する他の施設とを一体として補助金が交付された場合などの特段の事情がない限り，……［国賠法3条1項にいう］費用負担者に当たるか否かは，当該個別的施設について費用負担の割合等を考慮して判断するのが相当である」とした。

Ⅲ-5　民法の適用

178　失火責任法の消防活動への適用

最二小判昭和53（1978）・7・17［百選Ⅱ 244］

　　民集32巻5号1000頁；判時905号11頁
　　（評釈）能見善久・法協97巻2号270頁，時岡泰・曹時31巻6号134頁
　　（一審）名古屋地判昭和50（1975）・10・7判時808号90頁
　　（二審）名古屋高判昭和52（1977）・9・28判時870号76頁

■事実　1971年12月25日晩に，店舗兼共同住宅1室から出火し（第1次出火），名古屋市消防署職員が出動した。しかし，現場に到着した際には既に住民によって消火されていたために，同消防署職員は消火活動をせず，出火原因の調査，残り火の点検等を行って約1時間後に引きあげた。ところがその約8時間後，第1次出火と同じ場所から第2次出火が発生し，上記建物を全焼するに至った。そこで上記建物1階で喫茶店を経営するXが名古屋市Yに対して，同消防署職員が第1次出火の残り火の点検等を怠ったために建物が全焼して被害を被ったとして，国賠法1条1項による損害賠償を求めた。

　一審は失火責任を故意または重過失がある場合に限定する「失火ノ責任ニ関スル法律」（以下「失火責任法」という）の適用を肯定し，消防署職員に重過失はなかったとして，Xの請求を棄却した。Xが控訴した二審は失火責任法の適用を否定し，第1次出火の消火活動に出動した消防署職員に残り火の点検，再出火の危険回避を怠った過失がある以上，YはXに損害を賠償する義務があるとした。Yが上告。

■判旨　破棄差戻し。

「国又は公共団体の損害賠償の責任について，国家賠償法4条は，同法1条1項の規定が適用される場合においても，民法の規定が補充的に適用されることを明らかにしているところ，失火責任法は，失火者の責任条件について民法709条の特則を規定したものであるから，国家賠償法4条の「民法」に含まれると解するのが相当である。また，失火責任法の趣旨にかんがみても，公権力の行使にあたる公務員の失火による国又は公共団体の損害賠償責任についてのみ同法の適用を排除すべき合理的理由も存しない。したがって，公権力の行使にあたる公務員の失火による国又は公共団体の損害賠償責任については，国家賠償法4条により失火責任法が適用され，当該公務員に重大な過失のあることを必要とするものといわなければならない。」

（裁判長裁判官　栗本一夫，裁判官　大塚喜一郎，吉田豊，本林讓）

⇨179

▶*Reference*　1)　差戻後控訴審・名古屋高判昭和 55（1980）・7・17 判時 987 号 57 頁（確定）は，消防署職員に重過失があったとは認められないとして，X の控訴を棄却した。
　2)　本件と同様の事案において最三小判平成元（1989）・3・28 判時 1311 号 66 頁の多数意見は上記判断を維持した。ただし同判決の伊藤正己裁判官の意見は，消防の専門家である消防署職員が行った消火活動が不十分なために火災が発生した場合にまで失火責任法を適用する必要はないとする。
　3)　Ⅲ-1-2 も参照のこと。

Ⅲ-6　特別法による責任制限

179　郵便法の責任制限の違憲性

最大判平成 14（2002）・9・11［百選Ⅱ245］
　　民集 56 巻 7 号 1439 頁；判時 1801 号 28 頁
　　（評釈）宇賀克也・判評 537（判時 1831）号 8 頁，尾島明・曹時 57 巻 4 号 223 頁
　　（一審）神戸地尼崎支判平成 11（1999）・3・11 民集 56 巻 7 号 1472 頁〔参〕
　　（二審）大阪高判平成 11（1999）・9・3 民集 56 巻 7 号 1478 頁〔参〕

■**事実**　X 社は A に対する確定判決に基づく金銭債権のうち，7200 万円を請求債権として，神戸地裁尼崎支部に対して 1998 年 4 月 10 日に債権差押命令の申立てを行った。被差押債権は，B 銀行支店の A の預金債権，A の勤務先に対する給料債権，A の賃貸人に対する保証金返還請求権であった。同支部は同日，決定書により債権差押命令を発付することとし，その後同支部の裁判所書記官は書留郵便物の一種である特別送達郵便物

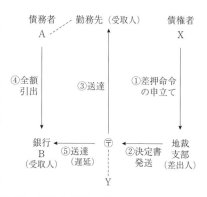

扱いで，決定書を発送した。同月 14 日正午頃に尼崎北郵便局職員が A の勤務先に債権差押命令を送達した。これにより X が自らに対する差押えをしようとしていることに気づいた A は同日，勤務先のすぐ近くにある B 銀行支店に赴き，自己の口座の残額（787 万 3533 円）を全て引き出した。他方で，B 銀行支店に債権差押命令を送達したのは翌 15 日の午前 11 時頃であり，既に A の口座に残額はなくなっていた。A の勤務先と B 銀行支店は近いにもかかわらず，B 銀行支店への送達が 1 日遅れるこ

⇨*179*

ととなった。この原因として，Xの主張によれば郵便局職員がB銀行支店宛の特別
送達郵便物を誤って同局内にある同支店の私書箱に投函したことであると主張した。
そのため，XはY（国）に対して，郵便局職員の重過失により，執行債権者であるX
が損害を被ったとして，国賠法1条1項に基づいて損害賠償請求をした。
　一審は郵便法68条・73条は国賠法5条に定める民法以外の他の法律の「別段の
定」に該当し，かついずれの規定も憲法17条に違反しないとした。そして国の責任
原因は郵便法68条1項各号のいずれにも該当せず，またXは同法73条が定める損
害賠償の請求権者のいずれにも該当しないから，そもそもXの請求原因は主張自体
失当であるとして，請求を棄却した。Xが控訴した二審も前記判断を支持したうえ
で，郵便法68条・73条は郵便局員に故意又は重過失がある場合であってもその適用
は除外されないとした。Xが上告。

■判旨　破棄差戻し。
　「［郵便］法68条は，……差し出された郵便物に関して，①　書留とした郵
便物の全部又は一部を亡失し，又はき損したとき，②　引換金を取り立てない
で代金引換とした郵便物を交付したとき，③　小包郵便物（書留としたもの及
び総務省令で定めるものを除く。）の全部又は一部を亡失し，又はき損したと
きに限って，一定の金額の範囲内で損害を賠償することとし，法73条は，損
害賠償の請求をすることができる者を当該郵便物の差出人又はその承諾を得た
受取人に限定している。」
　「法は，「郵便の役務をなるべく安い料金で，あまねく，公平に提供すること
によって，公共の福祉を増進すること」を目的として制定されたものであり
（法1条），法68条，73条が規定する免責又は責任制限もこの目的を達成する
ために設けられたものであると解される。」「上記目的の下に運営される郵便制
度が極めて重要な社会基盤の一つであることを考慮すると，法68条，73条が
郵便物に関する損害賠償の対象及び範囲に限定を加えた目的は，正当なもので
あるということができる。」
　「書留郵便物については，通常の職務規範に従って業務執行がされている限
り，書留郵便物の亡失，配達遅延等の事故発生の多くは，防止できるであろう。
しかし，書留郵便物も大量であり，限られた人員と費用の制約の中で処理され
なければならないものであるから，郵便業務従事者の軽過失による不法行為に
基づく損害の発生は避けることのできない事柄である。」したがって「郵便業
務従事者の軽過失による不法行為に基づき損害が生じたにとどまる場合には，
法68条，73条に基づき国の損害賠償責任を免除し，又は制限することは，や

III-6　特別法による責任制限　　425

⇨*179*

むを得ないものであり，憲法 17 条に違反するものではないということができる。」しかしながら，「郵便業務従事者の故意又は重大な過失による不法行為に基づき損害が生ずるようなことは，通常の職務規範に従って業務執行がされている限り，ごく例外的な場合にとどまるはずであ」る。「そうすると，このような例外的な場合にまで……免責又は責任制限を認める規定に合理性があるとは認め難い。」「以上によれば，法 68 条，73 条の規定のうち，書留郵便物について，郵便業務従事者の故意又は重大な過失によって損害が生じた場合に，不法行為に基づく国の損害賠償責任を免除し，又は制限している部分は，憲法 17 条が立法府に付与した裁量の範囲を逸脱したものであるといわざるを得ず，同条に違反し，無効であるというべきである。」

「特別送達は，……訴訟法上の送達の実施方法であり（民訴法 99 条），国民の権利を実現する手続の進行に不可欠なものであるから，特別送達郵便物については，適正な手順に従い確実に受送達者に送達されることが特に強く要請される。……また，裁判関係の書類についていえば，特別送達郵便物の差出人は送達事務取扱者である裁判所書記官であり（同法 98 条 2 項），その適正かつ確実な送達に直接の利害関係を有する訴訟当事者は自らかかわることのできる他の送付の手段を全く有していないという特殊性がある。」「これら特別送達郵便物の特殊性に照らすと，法 68 条，73 条に規定する免責又は責任制限を設けることの根拠である法 1 条に定める目的自体は前記のとおり正当であるが，特別送達郵便物については，郵便業務従事者の軽過失による不法行為から生じた損害の賠償責任を肯定したからといって，直ちに，その目的の達成が害されるということはできず，上記各条に規定する免責又は責任制限に合理性，必要性があるということは困難であり，そのような免責又は責任制限の規定を設けたことは，憲法 17 条が立法府に付与した裁量の範囲を逸脱したものであるといわなければならない。」そうすると，書留郵便に関して説示したところに加え，「法 68 条，73 条の規定のうち，特別送達郵便物について，郵便業務従事者の軽過失による不法行為に基づき損害が生じた場合に，国家賠償法に基づく国の損害賠償責任を免除し，又は制限している部分は，憲法 17 条に違反し，無効であるというべきである。」

　（裁判長裁判官　山口繁，裁判官　井嶋一友，福田博，藤井正雄，金谷利廣，北川弘治，亀山継夫，奥田昌道，梶谷玄，町田顯，深澤武久，濱田邦夫，横尾和子，上田豊三，滝井繁男）

⇨*180*

▶*Reference* 1)　本判決による違憲判断を受け，郵便法の当該規定は，平成 14 年法 121号により改正された（現郵便法 50 条 4 項参照）。

2)　地下通信ケーブル施設の火災により，電話利用者が損害を受けたとされる事案で，東京高判平成 2（1990）・7・12 判時 1355 号 3 頁［重判平 2 行 4］は，通話不能になった日数に応じて賠償責任を制限する旧公衆電気通信法 109 条の規定内容を合理的な措置と位置づけて憲法 17 条に違反しないと判示した（確定）。

Ⅲ-7　損 失 補 償

Ⅲ-7-1　損失補償の憲法上の基礎

180 憲法による直接請求の可否

最大判昭和 43（1968）・11・27［百選Ⅱ 252］
刑集 22 巻 12 号 1402 頁；判時 538 号 12 頁
（評釈）今村成和・判評 123（判時 547）号 23 頁，桑田連平・曹時 21 巻3 号 181 頁
（一審）仙台簡判昭和 37（1962）・8・31 刑集 22 巻 12 号 1411 頁〔参〕
（二審）仙台高判昭和 37（1962）・11・30 刑集 22 巻 12 号 1416 頁〔参〕

■**事実**　被告人（Y）は名取川の堤外民有地の所有者に対し賃借料を支払い，労務者を雇い入れ，同所の砂利を採取してきたが，昭和 34［1959］年 12 月 11 日宮城県告示により右地域が河川附近地に指定され，河川附近地制限令 4 条により知事の許可なく砂利を採取することができなくなった。河川附近地制限令は，旧河川法（昭和 39 年河川法により廃止）47 条に基づく委任命令で，河川の公利増進，公害除去等のために，河川区域外の一定範囲の地域において，知事が区域を定めることを前提に，土地の使用等につき制限や負担を課す目的で制定され，知事の許可を要する行為として，同令4 条 2 号は「河川附近ノ土地ノ掘鑿其ノ他土地ノ形状ノ変更」を規定していた。Y は許可を得ないで砂利採取を続けたため，同条違反について罰則を科す同令 10 条に基づいて起訴され，罰金刑を求刑された。Y は，同令 4 条が憲法 29 条 3 項違反である旨を主張した。

　一審は，同令 4 条による制限の内容は公益上必要な河川管理事業に支障を及ぼすべき行為の禁止または制限であり，公益上必要な事業に対し支障を及ぼす行為をしてはならないことはすべての権利に当然に存在する制約であるとして，同条は，憲法 29条 3 項違反ではないと判断し，Y を有罪とした。二審も，憲法 29 条 2 項所定の法律により財産権を一般的に制約した場合は，当然損失補償を伴うということはないから，一般的に河川附近の土地等について制限を行い，公益との調整を図った同令において，とくに 4 条の制限については，河川管理上支障のある事態の発生を事前に防止するた

⇨*180*

め，単に所定の行為をする場合は知事の許可を必要とするにとどまり，特定の人に対し，特別に財産上の犠牲を強いたものではないので，補償規定のないことは憲法29条3項違反でないとした。また，Yが従来とは異なり，知事の許可なくしては砂利を採取することができなくなったことについても，同令適用による当然の効果であって，Yに限ったものではなく，補償の必要はないとして，控訴を棄却した。Yにより上告。

■**判旨** 上告棄却。

「河川附近地制限令4条2号の定める制限は，河川管理上支障のある事態の発生を事前に防止するため，単に所定の行為をしようとする場合には知事の許可を受けることが必要である旨を定めているにすぎず，この種の制限は，公共の福祉のためにする一般的な制限であり，原則的には，何人もこれを受忍すべきものである。このように，同令4条2号の定め自体としては，特定の人に対し，特別に財産上の犠牲を強いるものとはいえないから，右の程度の制限を課するには損失補償を要件とするものではなく，したがって，補償に関する規定のない同令4条2号の規定が所論のように憲法29条3項に違反し無効であるとはいえない。」

「もっとも，……Yは，名取川の堤外民有地の各所有者に対し賃借料を支払い，労務者を雇い入れ，従来から同所の砂利を採取してきたところ，昭和34〔1959〕年12月11日宮城県告示第643号により，右地域が河川附近地に指定されたため，河川附近地制限令により，知事の許可を受けることなくしては砂利を採取することができなくなり，従来，賃借料を支払い，労務者を雇い入れ，相当の資本を投入して営んできた事業が営み得なくなるために相当の損失を被る筋合であるというのである。そうだとすれば，その財産上の犠牲は，公共のために必要な制限によるものとはいえ，単に一般的に当然に受忍すべきものとされる制限の範囲をこえ，特別の犠牲を課したものとみる余地が全くないわけではなく，憲法29条3項の趣旨に照らし，さらに河川附近地制限令1条ないし3条および5条による規制について同令7条の定めるところにより損失補償をすべきものとしていることとの均衡からいって，Yの被った現実の損失については，その補償を請求することができるものと解する余地がある。したがって，仮りにYに損失があったとしても補償することを要しないとした原判決の説示は妥当とはいえない。しかし，同令4条2号による制限について同条に損失補償に関する規定がないからといって，同条があらゆる場合について一

428　　Ⅲ　国家賠償と損失補償

切の損失補償を全く否定する趣旨とまでは解されず，Ｙも，その損失を具体的に主張立証して，別途，直接憲法 29 条 3 項を根拠にして，補償請求をする余地が全くないわけではないから，単に一般的な場合について，当然に受忍すべきものとされる制限を定めた同令 4 条 2 号およびこの制限違反について罰則を定めた同令 10 条の各規定を直ちに違憲無効の規定と解すべきではない。」

（裁判長裁判官　横田正俊，裁判官　入江俊郎，奥野健一，長部謹吾，城戸芳彦，石田和外，田中二郎，松田二郎，岩田誠，下村三郎，色川幸太郎，大隅健一郎）

▶*Reference*　1)　最三小判昭和 62（1987）・9・22 集民 151 号 685 頁は，自然公園内の建物建築について知事の不許可処分を受けた者が，自然公園法の定める手続を経ずに提起した損失補償請求訴訟について，以下のように説示している。「自然公園法 17 条［現 20 条］3 項の工作物建築等の許可を得ることができなかったことによる損失に対する補償については，同法 35 条，36 条［現 64 条，65 条］に，憲法 29 条 3 項の趣旨に基づく特別の規定が設けられている以上，その補償請求は，もっぱら右規定所定の手続によってすべきであって，それによらずに直接国に対し補償を求める訴えは不適法というべきである。」

　　2)　直接請求権と法律の規定の関係については，*185* の入江俊郎裁判官補足意見も参照。

181　緊急裁決制度の憲法 29 条 3 項適合性

最一小判平成 15（2003）・12・4［重判平 15 憲 9］
　判時 1848 号 66 頁
　（評釈）大浜啓吉・判評 556（判時 1888）号 2 頁
　（一審）東京地判昭和 59（1984）・7・6 行裁例集 35 巻 7 号 846 頁；判時 1125 号 25 頁
　（二審）東京高判平成 4（1992）・10・23 行裁例集 43 巻 10 号 1275 頁；判時 1440 号 46 頁

■**事実**　建設大臣（Ｙ）は，新東京国際空港公団の行う新東京国際空港建設事業について，同公団の申請により，1969 年 9 月に，土地収用法に基づく事業認定を行った。事業認定を受けて，同公団は，1970 年 3 月から 12 月にかけて，空港建設予定地所在の土地 398 筆について収用裁決の申請を行ったが，県収用委員会が同月 26 日までに権利取得裁決および明渡裁決をしたのは 6 筆にとどまった。同公団は，空港の第 1 期建設事業につき緊急に施行することを要するとして公共用地の取得に関する特別措置法（以下「特措法」という）に基づく特定公共事業認定の申請を行い，Ｙは認定を行った。起業地内の土地所有者や周辺住民ら（Ｘら）は，事業認定と特定公共事業認定の取消しを求めて出訴し，特定公共事業認定の違法事由の 1 つとして，憲法 29 条 3 項が補償前払いの原則を規定しており，仮補償金支払いの方法による収用裁決を許容する特措法の緊急裁決制度は同項に反すると主張した。

III-7　損　失　補　償　　429

⇨*181*

　一審はＸらの一部につき原告適格を否定したが，原告適格を認めた者については，本案において，同条は補償の支払時期については何ら規定をしておらず，いわゆる補償前払いの原則が憲法上常に保障されていると解することはできないとして，かつ緊急裁決制度については，下記の最判判旨指摘の特措法の条文を挙げ，さらに「被収用土地上の建物の居住者は仮住居による補償を求めることもできること（同法23条，29条），その他被収用者の保護のため現物給付（同法46条），生活再建等のための措置（同法47条）を求めることができることとされていること等を勘案すると，特措法に基づく緊急裁決の制度が憲法29条3項に違反するとはいえない」として請求を斥けた。二審もこの判断を維持した。

　Ｘらにより上告。上告審は，①一部の上告につき，上告理由記載書面の提出がないとして上告を却下し，②一部原告につき，その所有地について事業認定の効力が失われたとして訴えを却下したほか，原審の判断を維持した。

■**判旨**　一部破棄自判，一部上告棄却，一部上告却下。

「公共用地の取得に関する特別措置法（……以下「法」という。）7条の規定による特定公共事業の認定を受けた起業者は，収用委員会に対し，法20条1項の規定により緊急裁決を申し立てることができ，緊急裁決においては，損失の補償に関する事項でまだ審理を尽くしていないものがある場合においても，権利取得裁決又は明渡裁決がされ（同項），概算見積りによる仮補償金が定められるものとされている（法21条1項）。緊急裁決は，公共の利害に特に重大な関係があり，緊急に施行することを要する事業に必要な土地等を取得するため（法1条，7条），明渡裁決が遅延することによって事業の施行に支障を及ぼすおそれがある場合に特に認められるものであり（法20条1項），緊急裁決において定められた権利取得の時期又は明渡しの期限までに仮補償金の額の払渡し又は供託がなければ，緊急裁決は失効するとされている（法27条，土地収用法100条）。そして，収用委員会は，緊急裁決の後も引き続き審理して，遅滞なく補償裁決をし（法30条1項），補償裁決で定められた補償金額と緊急裁決で定められた仮補償金の額とに差額があるときは，年6分の利率により算定した利息を付して清算するものとされ（法33条1項，2項，34条1項），緊急裁決においては最終的な補償義務の履行を確保するために起業者に担保の提供を命ずることが（法26条1項），補償裁決においては起業者が裁決に基づく義務の履行を怠った場合に支払うべき過怠金を定めることが（法34条2項），それぞれできるとされ，法は，最終的に正当な補償がされるための措置を講じている。

430　　Ⅲ　国家賠償と損失補償

⇨*182*

　憲法 29 条 3 項は，補償の時期については何ら規定していないのであるから，補償が私人の財産の供与に先立ち又はこれと同時に履行されるべきことを保障するものではないと解すべきである（最高裁昭和……24［1949］年 7 月 13 日大法廷判決・刑集 3 巻 8 号 1286 頁）。そして，上記関係規定が定める補償に関する措置に不合理な点はないから，法が定める緊急裁決の制度が憲法 29 条 3 項に違反するとはいえない。」

（裁判長裁判官　横尾和子，裁判官　深澤武久，甲斐中辰夫，泉德治，島田仁郎）

▶*Reference*　*1*）　判旨が引用する最大判昭和 24（1949）・7・13 刑集 3 巻 8 号 1286 頁［百選 II 249］は，食糧管理法による米の供出にいったん応じず起訴された者が，供出と同時に買入代金が支払われなければ憲法 29 条に違反すると主張した事例であり，なお，以下のように説示している。「もっとも，補償が財産の供与より甚しく遅れた場合には，遅延による損害をも塡補する問題を生ずるであらうが，だからといって，憲法は補償の同時履行までをも保障したものと解することはできない。」

　　2）　最一小判平成 15（2003）・11・27 民集 57 巻 10 号 1665 頁［重判平 15 憲 8］は，日本国とアメリカ合衆国との間の相互協力及び安全保障条約第 6 条に基づく施設及び区域並びに日本国における合衆国軍隊の地位に関する協定の実施に伴う土地等の使用等に関する特別措置法（特措法）とその附則が規定する，従前の国の使用期間が満了したにもかかわらず，必要な権利を取得するための手続が完了していない土地の暫定使用制度について，前掲最大判昭和 24（1949）・7・13 を参照のうえ，「関係規定［国によるあらかじめの担保たる金銭の供託，土地所有者の請求がある場合の補償内払いとしての担保の取得などを規定する］が定める暫定使用及びこれに伴う損失の補償は，その補償の時期，内容等の面で何ら不合理な点はないから，憲法 29 条 3 項に違反しない」とした。

182　正当な補償とは何か

最三小判平成 14（2002）・6・11［重判平 14 憲 6］
　　民集 56 巻 5 号 958 頁；判時 1792 号 47 頁
　　（評釈）大隈義和・判評 531（判時 1812）号 2 頁，青野洋士・曹時 57 巻
　　　　　　1 号 177 頁
　　（一審）大阪地判昭和 62（1987）・4・30 民集 56 巻 5 号 970 頁〔参〕
　　（二審）大阪高判平成 10（1998）・2・20 民集 56 巻 5 号 1000 頁〔参〕

■**事実**　電力会社 Y（被告）は，A 県 B 地区に対する電力供給のため，X ら（原告）の所有する土地上に変電所の新設事業を計画し，1968 年 4 月 25 日，事業認定を受け，細目を公告した。X らと起業者である Y との間で，土地の損失補償についての協議が不調に帰したため，A 県収用委員会は，Y の申請により，1969 年 3 月 31 日，損失補償金を定め，権利を取得する時期および明渡しの期限を同年 4 月 11 日とする土地の収用裁決をなした。X らは Y に対し，土地収用法（以下「法」という）133 条に基づき，損失補償額の変更およびその支払いを求めて出訴した。

III-7　損失補償　431

⇨*182*

　一審はＸらの請求を棄却した。二審においてＸらは，法 71 条によれば，土地等の収用による損失補償金額は，事業認定の告示の時における「相当な価格」を基準に，権利取得裁決時までの物価の変動に応じた修正率を乗じて得た額とされているが，1968 年から 69 年にかけて土地価格は継続的に顕著な上昇傾向を示しているから，本件収用における土地の損失補償金額は収用裁決時を基準として算定すべきであり，事業認定時とするのは憲法 29 条 3 項に違反する旨主張したが，二審判決は，法 71 条所定の方法にも合理性があるとしてこれを斥けた。

　Ｘらは，同条が憲法 29 条 3 項に違反するとの法令違憲等を理由に上告した。上告審は，Ｘによる所有権移転登記手続を求める訴えの追加的併合につき訴えを却下するとともに，法令違憲の主張を斥けた。

■**判旨**　上告棄却，訴え却下。

「憲法 29 条 3 項にいう「正当な補償」とは，その当時の経済状態において成立すると考えられる価格に基づき合理的に算出された相当な額をいうのであって，必ずしも常に上記の価格と完全に一致することを要するものではないことは，当裁判所の判例（最高裁昭和……28 [1953] 年 12 月 23 日大法廷判決・民集 7 巻 13 号 1523 頁）とするところである。土地収用法 71 条の規定が憲法 29 条 3 項に違反するかどうかも，この判例の趣旨に従って判断すべきものである。」

「土地の収用に伴う補償は，収用によって土地所有者等が受ける損失に対してされるものである（土地収用法 68 条）ところ，収用されることが最終的に決定されるのは権利取得裁決によるのであり，その時に補償金の額が具体的に決定される（同法 48 条 1 項）のであるから，補償金の額は，同裁決の時を基準にして算定されるべきである。その具体的方法として，同法 71 条は，事業の認定の告示の時における相当な価格を近傍類地の取引価格等を考慮して算定した上で，権利取得裁決の時までの物価の変動に応ずる修正率を乗じて，権利取得裁決の時における補償金の額を決定することとしている。」

「事業認定の告示の時から権利取得裁決の時までには，近傍類地の取引価格に変動が生ずることがあり，その変動率は必ずしも上記の修正率と一致するとはいえない。しかしながら，上記の近傍類地の取引価格の変動は，一般的に当該事業による影響を受けたものであると考えられるところ，事業により近傍類地に付加されることとなった価値と同等の価値を収用地の所有者等が当然に享受し得る理由はないし，事業の影響により生ずる収用地そのものの価値の変動は，起業者に帰属し，又は起業者が負担すべきものである。また，土地が収用されることが最終的に決定されるのは権利取得裁決によるのであるが，事業認

⇨*182*

定が告示されることにより，当該土地については，任意買収に応じない限り，起業者の申立てにより権利取得裁決がされて収用されることが確定するのであり，その後は，これが一般の取引の対象となることはないから，その取引価格が一般の土地と同様に変動するものとはいえない。そして，任意買収においては，近傍類地の取引価格等を考慮して算定した事業認定の告示の時における相当な価格を基準として契約が締結されることが予定されている」。

「なお，土地収用法は，事業認定の告示があった後は，権利取得裁決がされる前であっても，土地所有者等が起業者に対し補償金の支払を請求することができ，請求を受けた起業者は原則として2月以内に補償金の見積額を支払わなければならないものとしている（同法46条の2，46条の4）から，この制度を利用することにより，所有者が近傍において被収用地と見合う代替地を取得することは可能である」。

「［以上により］法71条が補償金の額について前記のように規定したことには，十分な合理性があり，これにより，被収用者は，収用の前後を通じて被収用者の有する財産価値を等しくさせるような補償を受けられるものというべきである。」「土地収用法71条の規定は憲法29条3項に違反するものではない。そのように解すべきことは，前記大法廷判決の趣旨に徴して明らかである。」

（裁判長裁判官　濱田邦夫，裁判官　金谷利廣，奥田昌道，上田豊三）

▶*Reference 1*）　本件で判断の対象となったのは，昭和42［1967］年法改正による法71条であるが，改正前には同法は補償価格につき，「損失は，収用委員会の収用又は使用の裁決の時の価格によって算定して補償しなければならない」（旧71条），「収用する土地に対しては，近傍類地の取引価格等を考慮して，相当な価格をもって補償しなければならない」（旧72条）と定めていた。

2）　判旨が引用する最大判昭和28（1953）・12・23民集7巻13号1523頁［百選Ⅱ248］は，自作農創設特別措置法により自己の所有農地を買収された地主が，買収価格の増額を求めた事案であり，引用された説示の根拠として，以下を挙げている。「けだし財産権の内容は，公共の福祉に適合するように法律で定められるのを本質とするから（憲法29条2項），公共の福祉を増進し又は維持するため必要ある場合は，財産権の使用収益又は処分の権利にある制限を受けることがあり，また財産権の価格についても特定の制限を受けることがあって，その自由な取引による価格の成立を認められないこともあるからである。」

3）　土地収用法における損失補償は完全な補償であるとする最一小判昭和48（1973）・10・18民集27巻9号1210頁［百選Ⅱ250］と対比のこと。*Ⅲ-7-3-1*を参照。

⇨*183*

Ⅲ-7-2 損失補償の要否

Ⅲ-7-2-1 制限目的との関係

183 破壊消防による損失補償

最三小判昭和 47（1972）・5・30［百選Ⅱ 246］
民集 26 巻 4 号 851 頁；判時 678 号 33 頁
（評釈）小早川光郎・法協 92 巻 1 号 102 頁，輪湖公寛・曹時 25 巻 9 号
　　　　105 頁
（一審）岐阜地判昭和 40（1965）・4・12 民集 26 巻 4 号 868 頁〔参〕
（二審）名古屋高判昭和 44（1969）・3・25 下民集 20 巻 3＝4 号 129 頁

■**事実**　1958 年 1 月 17 日の早朝に，Y 村にある旅館 A から出火し，旅館の北側の建物（複数）に次第に延焼し，近隣において最も大きな建物 B にも火が移った。消火活動にあたっていた Y 村消防団の団長は，更なる延焼の防止のため，B の北側に連なる建物のうち，既に建物裏側に火が回っていた 1 軒 C をおいた 8 軒（D～K）の建物とその西にある建物 L・M をブルドーザーで破壊した。しかし，結果として延焼は，C と D・F にとどまった。D～K の建物所有者 X らが，Y に対して主位的に国賠法 1 条の損害賠償を，予備的に消防法 29 条 3 項・4 項による損失補償を請求する訴訟を提起した。

　一審は，各建物は延焼のおそれがあり，その破壊消防は消防法 29 条 2 項による適法なものであったとして請求を棄却した。建物 G・H・J の所有者が控訴。二審は，建物 G・H・J の破壊は，合理的に判断して延焼を防止するための不可避性に欠けたとして，消防法 29 条 2 項の「延焼防止のためやむを得ない」場合に該当しないが，同条 3 項によってなお適法な行為であると判断して，（損害賠償請求を斥けるとともに）控訴した X らの損害については，Y には消防法 29 条 3 項・4 項により X らに補償すべき義務があるとして，損失補償請求を一部認容した。Y が上告。

■**判旨**　上告棄却。

「消防法 29 条によれば，㈠火災が発生しようとし，または発生した消防対象物およびこれらのもののある土地について，消防吏員または消防団員が，消火もしくは延焼の防止または人命の救助のために必要があるときに，これを使用し，処分しまたはその使用を制限した場合（同条 1 項の場合）および㈡延焼のおそれがある消防対象物およびこれらのもののある土地について，消防長もしくは消防署長または消防本部を置かない市町村においては消防団の長が，火勢，気象の状況その他周囲の事情から合理的に判断して延焼防止のためやむを得ないと認められるときに，これを使用し，処分しまたはその使用を制限した場合

434　　Ⅲ　国家賠償と損失補償

（同条2項の場合）には，そのために損害を受けた者があっても，その損失を補償することを要しないが，(三)右(一)および(二)にかかげた消防対象物および土地以外の消防対象物および土地について，消防長もしくは消防署長または消防本部を置かない市町村においては消防団の長が，消火もしくは延焼の防止または人命の救助のために緊急の必要があるときに，これを使用し，処分しまたはその使用を制限した場合（同条3項の場合）には，そのために損害を受けた者からその損失の補償の要求があれば，その損失を補償しなければならないことが明らかである。すなわち，火災の際の消防活動により損害を受けた者がその損失の補償を請求しうるためには，当該処分等が，火災が発生しようとし，もしくは発生し，または延焼のおそれがある消防対象物およびこれらのもののある土地以外の消防対象物および土地に対しなされたものであり，かつ，右処分等が消火もしくは延焼の防止または人命の救助のために緊急の必要があるときになされたものであることを要する」。

　「原審が適法に確定した事実関係……等に徴すれば，本件破壊消防活動の行なわれた当時……G，H，Jの建物自体は必ずしも延焼のおそれがあったとはいえないが，B建物から北に連なる建物への延焼を防止するためにG，H，Jの建物を破壊する緊急の必要があったものであることは明らかである。……消防団長が右建物を破壊したことは消防法29条3項による適法な行為ではあるが，そのために損害を受けたXらは右法条によりその損失の補償を請求することができる」。

（裁判長裁判官　下村三郎，裁判官　田中二郎，関根小郷，天野武一，坂本吉勝）

184　消防法上の規制によるガソリンタンク移設と補償

最二小判昭和58（1983）・2・18　［百選Ⅱ247］
　　　民集37巻1号59頁；判時1136号56頁
　　　（評釈）村上敬一・曹時40巻6号81頁
　　　（一審）高松地判昭和54（1979）・2・27行裁例集30巻2号294頁
　　　（二審）高松高判昭和54（1979）・9・19行裁例集30巻9号1579頁

■**事実**　国道の交差点に面する土地でガソリンスタンドを経営していたY（被告）は，ガソリンタンク5基を自己所有地の地下に埋設し，消防法上の許可を受けて従来適法に使用していたところ，道路管理者としての国（X，原告）が，交差点に地下横断歩道を新設する道路工事を行うことになった。消防法10条・12条，および10条4項に基づく「危険物の規制に関する政令」13条1号イ（当時）によれば，本件地下横断

⇨*184*

歩道から水平距離 10 メートル以内の区域にはガソリンタンクは設置できないとされ
ており，そのため，Y はガソリンタンクの移設を余儀なくされ，移設工事を完了し
た。Y は X に対して，道路法（以下「法」という）70 条による補償を求めたが，協議
が調わず，県収用委員会に対して同条 4 項に基づいて裁決の申請をし，同委員会は
これを認めて X は Y に移設工事費用 907 万 5780 円を支払うべき旨の裁決をなした。X
は，同条は道路の新設・改築による物理的障害のみを対象としており，また同条の
「工作物」には，ガソリンタンクは含まれないと主張して，裁決の取消と損失補償
債務の不存在確認を求めて出訴した。

一審は，以下のように説示して，（移設の際に Y が新たに「油面計」を設置した費用
10 万 6000 円について，改良工事にあたるとして，損失補償の対象から除いたほかは）X
の請求を棄却した。「［法 70 条 1 項］は憲法 29 条 3 項の保障する損失補償制度の 1 つ
であり，公共事業としての道路の新設又は改築によって，当該道路に面した土地所有
者にみぞ，かき，さくの設置等土地使用上の損失を与えた場合，その損失が道路の新
設ないし改築と相当因果関係にあり，かつ，本人に損失を負担させることが社会通念
上，受忍の限度を超えていると認められるときは，道路管理者において損失の補償を
なすべきことを定めたものと解する……。そして，右法意に鑑みると，同条は，……
物理的障害に基づく損失を例示として挙げるが，単に物理的障害だけでなく，法規制
上の障害に基づく損失もまた，同条による補償の対象に含まれると解すべきである。
けだし，……公共事業による特別の犠牲が，物理的障害による場合と法規制上の障害
による場合とで，損失を受ける者にとってはなんら変わるところはな［い］」。「Y が
本件旧タンクの移設工事を余儀なくされたのは，自己の責任とか過失によるものでは
なく，一にかかって X の本件地下道の設置によるものであるから，移設工事に要す
る費用は受忍限度を超える損失として道路管理者たる X において負担すべきが相当
である。」「［本件ガソリン］タンクが消防法上，危険物として設置，管理上種々の法
的規制ないし制限を受けるものであることは明らかではあるが，いやしくも設置時に
おいて適法であり，かつ，将来の違法状態の到来を予測し難い場合であって自己の責
には属さない後発的事態の発生により移設を余儀なくされたとき，常に，危険物の所
有者の故をもって移設費用の自己負担を強いることは酷にすぎる」。

二審も，この判断を維持した。X より上告。

■**判旨** 破棄自判。

「道路法 70 条 1 項の規定は，道路の新設又は改築のための工事の施行によっ
て当該道路とその隣接地との間に高低差が生ずるなど土地の形状の変更が生じ
た結果として，隣接地の用益又は管理に障害を来し，従前の用法に従ってその
用益又は管理を維持，継続していくためには，用益上の利便又は境界の保全等
の管理の必要上当該道路の従前の形状に応じて設置されていた通路，みぞ，か

436　　Ⅲ　国家賠償と損失補償

き，さくその他これに類する工作物を増築，修繕若しくは移転し，これらの工作物を新たに設置し，又は切土若しくは盛土をするやむを得ない必要があると認められる場合において，道路管理者は，これに要する費用の全部又は一部を補償しなければならないものとしたものであって，その補償の対象は，道路工事の施行による土地の形状の変更を直接の原因として生じた隣接地の用益又は管理上の障害を除去するためにやむを得ない必要があってした前記工作物の新築，増築，修繕若しくは移転又は切土若しくは盛土の工事に起因する損失に限られると解するのが相当である。したがって，警察法規が一定の危険物の保管場所等につき保安物件との間に一定の離隔距離を保持すべきことなどを内容とする技術上の基準を定めている場合において，道路工事の施行の結果，警察違反の状態を生じ，危険物保有者が右技術上の基準に適合するように工作物の移転等を余儀なくされ，これによって損失を被ったとしても，それは道路工事の施行によって警察規制に基づく損失がたまたま現実化するに至ったものにすぎず，このような損失は，道路法 70 条 1 項の定める補償の対象には属しない」。

「Y は，……X を道路管理者とする道路工事の施行に伴い，[Y が埋設していた] 地下貯蔵タンクの設置状況が消防法 10 条，12 条，危険物の規制に関する政令 13 条，危険物の規制に関する規則 23 条の定める技術上の基準に適合しなくなって警察違反の状態を生じたため，右地下貯蔵タンクを別の場所に移設せざるを得なくなったというのであって，これによって Y が被った損失は，まさしく先にみた警察規制に基づく損失にほかならず，道路法 70 条 1 項の定める補償の対象には属しない」。

（裁判長裁判官　木下忠良，裁判官　鹽野宜慶，宮﨑梧一，大橋進，牧圭次）

▶*Reference* 1）　最二小判昭和 57（1982）・2・5 民集 36 巻 2 号 127 頁は，鉱業権者が，鉱区内に町が中学校を建設したことによって，鉱業法 64 条により中学校の周囲 50 メートルの範囲内では鉱石を掘採することができなくなったとして，町に対して損失補償等を求めた訴訟において，以下のように説示し，請求を棄却している。「鉱業法 64 条の定める制限は，鉄道，河川，公園，学校，病院，図書館等の公共施設及び建物の管理運営上支障ある事態の発生を未然に防止するため，これらの近傍において鉱物を掘採する場合には管理庁又は管理人の承諾を得ることが必要であることを定めたものにすぎず，この種の制限は，公共の福祉のためにする一般的な最小限度の制限であり，何人もこれをやむを得ないものとして当然受忍しなければならないものであって，特定の人に対し特別の財産上の犠牲を強いるものとはいえないから，同条の規定によって損失を被ったとしても，憲法 29 条 3 項を根拠にして補償請求をすることができないものと解するのが相当である（……[昭和] 43 年 11 月 27 日大法廷判決 [*180*] 参照）。」

⇨*185*

2）　厚生省が，合成甘味料チクロについて，食品添加物の指定を取消し，その使用禁止措置をとったことに対する損失補償等請求訴訟において，東京高判昭和53（1978）・11・27判タ380号94頁は，以下のように説示して，食品業者Xの請求を棄却している。「一旦は食品添加物の指定を受けながら，その後の自然科学の発達によってその安全性に疑問が抱かれて，指定の取消がなされることがあっても，それは，化学的合成品である食品添加物に本来内在する制約である……。従って，チクロの食品添加物指定を信頼して，チクロを使用して食品の製造，販売をなしていたというXが，右指定の取消によって，チクロ含有の商品の販売上損失を蒙ったとしても，特別の規定をまたずに，禁反言ないし信義誠実の原則によって当然に国がXの損失を補償すべきものである，とはいえない。」「また，なにびとも人の健康を害する虞れがないとは認められない食品添加物を使用した食品を販売する権利，自由を有するものではないから，……本件指定が取消されて，Xがチクロ含有の食品の販売制限を受けるに至っても，特別な規定をまたずに，公用収用に準ずるものとして，国にXの損失を補償させるべきである，とは解し得ない。以上のように解することが憲法29条3項の要請に反するものとはいえない。」

185 ため池保全条例による土地利用規制

最大判昭和 38（1963）・6・26［百選Ⅱ251］
刑集 17 巻 5 号 521 頁；判時 340 号 5 頁
（評釈）藤井一雄・曹時 15 巻 8 号 160 頁
（一審）葛城簡判昭和 35（1960）・10・4 刑集 17 巻 5 号 572 頁〔参〕
（二審）大阪高判昭和 36（1961）・7・13 判時 276 号 33 頁

■**事実**　奈良県には，昭和 20 年代に 1 万 3000 以上のかんがいの用に供する貯水池が存在し，県は，貯水池の破損，決かい等による災害が県下および他府県で発生していたことから，昭和 29（1954）年に条例 38 号「ため池の保全に関する条例」を制定，公布した。同条例は，ため池の破損決かい等に因る災害を未然に防止するために，その管理に関し必要な事項を定めることを目的とし（1条），2条で，かんがいの用に供する貯水池であって，えん堤の高さが 3 メートル以上のものまたは受益地の面積が 1 町歩以上のものをため池とし，4条で，ため池の堤とう（ため池のつつみ，土手の部分）に竹木もしくは農作物を植えまたは建物その他の工作物（ため池の保全上必要な工作物を除く）を設置する行為等を列記して禁止することを定め，違反した者を 3 万円以下の罰金に処する旨を規定した（9条）。奈良県内の「唐古池」は，従来，近隣の農民の総有ないし共有に属しており，Yらは私有地であるその堤とうで農作物を植栽していた。同条例の施行により，「唐古池」も同条例の適用を受けるため池となり，堤とうにおける農作物植栽が禁止されたが，Yらは植栽を継続したため，起訴された。
　一審はYらを有罪としたが，二審は，①条例 4 条は，堤とうが私有地である場合には，財産権の内容に制限を加えるものであるから，憲法 29 条 2 項により，法律に

438　　Ⅲ　国家賠償と損失補償

⇨*185*

基づくべきであり，②県がＹらの権利の行使を強制的に制限または停止するには，土地収用法または土地改良法の規定に従い，かつＹらの損失を補償することを要するが，それはなされた形跡がないとして，条例４条・９条の効力はＹらに及ばないとして，Ｙらを無罪とした。検察官により上告。

■**判旨**　破棄差戻し。

「ため池の堤とうを使用する財産上の権利を有する者は，本条例１条の示す目的のため，その財産権の行使を殆んど全面的に禁止されることになるが，それは災害を未然に防止するという社会生活上の已むを得ない必要から来ることであって，ため池の堤とうを使用する財産上の権利を有する者は何人も，公共の福祉のため，当然これを受忍しなければならない責務を負うというべきである。すなわち，ため池の破損，決かいの原因となるため池の堤とうの使用行為は，憲法でも，民法でも適法な財産権の行使として保障されていないものであって，憲法，民法の保障する財産権の行使の埒外にあるものというべく，従って，これらの行為を条例をもって禁止，処罰しても憲法および法律に牴触またはこれを逸脱するものとはいえない」。

「［原審②の説示に対し］本条例は，災害を防止し公共の福祉を保持するためのものであり，その４条２号は，ため池の堤とうを使用する財産上の権利の行使を著しく制限するものではあるが，結局それは，災害を防止し公共の福祉を保持する上に社会生活上已むを得ないものであり，そのような制約は，ため池の堤とうを使用し得る財産権を有する者が当然受忍しなければならない責務というべきものであって，憲法29条３項の損失補償はこれを必要としない」。

入江俊郎裁判官の**補足意見**　「右［憲法29条３項の］補償をする必要がないというのは，本条例の施行後の制限については妥当と思うが，本条例施行前から引きつづき，ため池の堤とうを耕作していた者が，施行の時以後耕作を禁止されたがため，従前の竹木……その他の農作物の除去，廃棄を余儀なくされた場合，または植栽しようとして苗木を現実に用意していたのに，これが廃棄を余儀なくされた場合等には，これによって生じた損失まで，全然補償しないでよいと解することについては疑問がある。……未だ何らこれ［堤とうの耕作等］を制限する規定の設けられていない間は，それらの行為は，一応は，自由に放任されていたものに外ならない。従って，わたくしは，本条例施行前からの従前の竹木，農作物の除去，廃棄を余儀なくされた者のあるときには，更に具体的にその事情を考えてみて，従前は法的に放任されていたそれらの行為が，条例

III-7　損失補償　439

の規定を待たず，明らかに反社会的であり，権利の濫用に当ると認められる充分の理由のある場合でない限りは，これによって生じた損失は，憲法29条3項によって正当な補償をしなければならないものではないかと思う」。

「補償をなすべき場合に補償することなく，財産権を制限する規定を設けた場合，その規定の内容の如何によっては，その規定自体を違憲，無効としなければならないこともあるであろうが，本条例についていえば，4条の規定自体は，その趣旨に徴し，適法に設けられたものであって，補償の規定を欠くからといって，これを違憲，無効というべきではないと考える。そして，わたくしは，この場合には，補償の必要を主張する当事者は，直接に憲法29条3項に基づいて，正当な補償を請求し得るものと解する。」

（裁判長裁判官　横田喜三郎，裁判官　河村又介，入江俊郎，池田克，垂水克己，河村大助，下飯坂潤夫，奥野健一，高木常七，石坂修一，山田作之助，五鬼上堅磐，横田正俊，斎藤朔郎）

▶*Reference*　入江補足意見の示した直接請求権の問題については，*180* を参照。

III-7-2-2　権利の内容と制限の態様

186　市営と畜場の廃止と利用業者の利益

最三小判平成22（2010）・2・23［重判平22憲9］
判時2076号40頁
（評釈）宮森征司・自治研究88巻8号143頁
（一審）熊本地判平成16（2004）・7・16判自279号103頁
（二審）福岡高判平成17（2005）・11・30判自279号88頁

■**事実**　A市の住民Xらは，市が，市営と畜場（以下「本件と畜場」という）を廃止するにあたり，その利用業者等に対して支払った支援金の支出が違法であるとして，市に代位して，当時の市長（Y）に対し損害賠償を求める住民訴訟を提起した。廃止の経緯は，大略以下のとおりである。1997（平成9）年のと畜場法施行令改正で，2000（平成12）年4月1日から一般と畜場の構造設備の基準が厳格化されることになり，市は，本件と畜場を改正内容等に適合させるためには施設の新築が必要であり，概算建築費として少なくとも8億3080万円を要することが見込まれたことから，2000年3月31日，本件と畜場を廃止した。あわせて，市は利用業者の本件と畜場の利用状況等を調査し，市内在住で所定の要件を満たす利用業者10社（B）に合計3億690万8000円，と殺業務従事者ら4名（C）に合計518万7000円を支出する支援措置方針案をまとめ，Yの決裁により，支援金に関する契約をBおよびCとの間で

⇨*186*

締結し，支援金を支払った。支援金の支出は市の補正予算案に計上され，市議会の議決を経ていたが，予算に関する説明書では「補償，補塡及び賠償金」の節に計上され，補助金の支出方法を定めた市費補助等取扱要綱所定の手続には従っていない。

一審は，BおよびCは，利用に関して何らかの権利を有していたということはできず，廃止によりいわば反射的な不利益を被るにすぎないとして，支援金の支出は，損失補償としての法的根拠がなく違法とした。また，支援金が補助金であるとしても，市民への食肉の安定供給という目的があったとは認めることができないので，「公益上の必要性」（地自法232条の2）という実体的要件を満たさず，また，予算上，補償金として議会の議決を得たものの，補助金としての議決ではないので手続的要件も満たさないとして違法とした。

それに対して，二審は，支援金の法的性格につき損失補償金か補助金か明示することなく，以下のように説示してXらの請求を棄却した。「市は，同和対策事業の一環として，……伝統産業であると殺業ないし食肉供給業の経営の合理化，近代化を図り，……産業の振興及び職業の安定を達成するため，同和対策事業特別措置法等に基づき，市の施策として施設の建設，整備による特別の施策が実施されてきたのであるから，……Bは，［本件と畜場］を継続して利用するべき地位にあると認められ，このような……利用継続につき，保護を受けるべき法的利益を有するに至っていた……。……Cも，Bと同様に，［本件と畜場］における請負業務の継続につき，保護を受けるべき法的利益を有するに至っていた」。「Bが，［本件と畜場］の業務休止後も営業を継続するためには，遠方に存する他地域のと畜場を利用せざるを得ないこととなり，そのために冷蔵車……等の施設整備が必要となるほか，……経費負担増が新たに必要になる……，これらは，［本件と畜場］の業務休止により，Bが営業を継続するために通常生ずべき経済的損失であると認められ，……Cも，［本件と畜場］の業務休止により失業を余儀なくされるため，転職先が見つかるまでの相当期間の得べかりし収入については，通常生ずべき経済的損失である」。「委員会及び市議会定例会における，本件予算案の審議，採決経緯においても，B及びCが［本件と畜場］を継続して利用するべき地位にあるとした上での質疑，応答がされていたのであり……市議会の議決を経て，Yがこれを支出したことが著しく不当であり，合理性を欠くと認めることはできない。」Xらが上告。

■**判旨**　破棄差戻し。
「国有財産法は，普通財産を貸し付け，その貸付期間中に契約を解除した場合の損失補償を規定し（同法24条2項），これを行政財産に準用しているところ（同法19条），同規定は地方公共団体の行政財産の使用許可の場合に類推適用されることがあるとしても（最高裁昭和……49［1974］年2月5日第三小法廷判決・民集28巻1号1頁参照），……行政財産である本件と畜場の利用資格

III-**7**　損失補償　**441**

⇨*186*

に制限はなく，B又はCと市との間に委託契約，雇用契約等の継続的契約関係はないというのであるから，単にB・Cが本件と畜場を事実上，独占的に使用する状況が継続していたという事情をもって，その使用関係を国有財産法19条，24条2項を類推適用すべき継続的な使用関係と同視することはできない。

また，財産上の犠牲が一般的に当然受忍すべきものとされる制限の範囲を超え，特別の犠牲を課したものである場合には，憲法29条3項を根拠にしてその補償請求をする余地がないではないが（最高裁昭和……43［1968］年11月27日大法廷判決・刑集22巻12号1402頁［*180*］参照），……B・Cは，市と継続的契約関係になく，本件と畜場を事実上独占的に使用していたにとどまるのであるから，B・Cがこれにより享受してきた利益は，基本的には本件と畜場が公共の用に供されたことの反射的利益にとどまる……。……本件と畜場は，と畜場法施行令の改正等に伴い必要となる施設の新築が実現困難であるためにやむなく廃止されたのであり，そのことによる不利益は住民が等しく受忍すべきものであるから，B・Cが本件と畜場を利用し得なくなったという不利益は，憲法29条3項による損失補償を要する特別の犠牲には当たらない……。／そうすると，本件支援金の支出は，国有財産法19条，24条2項の類推適用又は憲法29条3項に基づく損失補償金の支出としては，適法なものであるとはいえない。」

「本件支援金の支出が実質的には補助金の支出としてされたものであり，その支出に公益上の必要があることがうかがわれるとしても，それが補助金の支出として適法なものであるというためには，「補償，補塡及び賠償金」の節に計上されていた本件支援金を補助金と解することにより，実質的に議会による予算統制の潜脱となるような違法な予算執行を許容するに等しい結果をもたらさないか否か等について審理，判断する必要があり，本件支援金が他に流用されるおそれがないとする点も，本件支援金の支出方法が市費補助等取扱要綱の趣旨を損なうものではないかという点を含めて説示されるべきである。」

「支出に合理性及び公益上の必要があることなど原審摘示の諸事情のみを理由に，本件支援金の支出が違法であるとはいえないとした原審の判断には，審理不尽の結果法令の解釈適用を誤った違法がある。」

（裁判長裁判官　藤田宙靖，裁判官　堀籠幸男，那須弘平，田原睦夫，近藤崇晴）

▶*Reference 1*）判旨が参照する最三小判昭和49（1974）・2・5民集28巻1号1頁

⇨*187*

［百選 I 90］（I 巻 *162*〔*164*〕）は，東京都の中央卸売市場内の土地（都の行政財産）の使用許可の撤回にあたり，損失補償が必要となるのは「使用権者が使用許可を受けるに当たりその対価の支払いをしているが当該行政財産の使用収益により右対価を償却するに足りないと認められる期間内に当該行政財産に右の必要を生じたとか，使用許可に際し別段の定めがされている等により，行政財産についての右の必要にかかわらず使用権者がなお当該使用権を保有する実質的理由を有すると認めるに足りる特別の事情が存する場合に限られる」と説示している。

　2)　権利制限の一般性と補償の要否の関係については，東京高判昭和 59（1984）・10・1 行裁例集 35 巻 10 号 1595 頁（確定）が，船舶の所有者等の責任の制限に関する法律（昭和 57 年改正前）により，船主の賠償責任が軽減されていることによって，海難事故で低額の賠償しか受けられなかったことに対する損失補償請求訴訟において，以下のように説示している。

　「［憲法］第 29 条第 2 項は財産権の公共の福祉に基づく社会的制約性を規定しているのであるから，同項は，特定の財産権の内容に公共の福祉に適合するような一般的な制約を加えることを目的としている……。……その内容は，時々の社会的要請により異なり得るものであり，その時々の要請を満たすことが公共の福祉に適合するゆえんである。そして，法律でその内容が定められた当該財産権は，それを何人が取得しても，定められた内容の制約を伴うことは自明の理であって，そのような一般的な制約は，特定人の財産権を侵害し，ないしは特定人に特別の犠牲を課したことにはならず，これによって何らかの損失が生じたとしても，憲法上補償の必要性はない」。

　「［船舶責任制限法］第 2 章は，それが適用されることにより航海に関して生じた損害賠償債権が一般に制限されることを規定したものである。……広く損害賠償債権全般にわたってひとしく制限を加えるのでなければ一般的制約になり得ないという理由はなく，また，右規定による制限は何人が債権者になっても適用されるものであって，小型船の船主又は乗組員に対してのみ特別の犠牲を強いるものではないから，一般的制約であることに何らの妨げもない。／右の一般的な制約が公共の福祉にそうものであれば，それは憲法第 29 条第 2 項に適合するのであって，これによって生じた損失の補償を国に対して求め得るものではない。この理は，一般的な制約の中味が大きくても，同様である。けだし，その制約の大きさに合理性がなければ，それは憲法に適合しないものとして，裁判所によって当該法律の適用が排除される筋合のものだからである。」

---

187 長期にわたる都市計画制限

最三小判平成 17（2005）・11・1［百選 II 253］
判時 1928 号 25 頁
（一審）盛岡地判平成 13（2001）・9・28 裁判所 WEB
（二審）仙台高判平成 14（2002）・5・30 判例集未登載

■**事実**　A 市内に X らが共有持分権を有する宅地の一部（以下「本件土地」という）は，1938 年 3 月 5 日付けで旧都計法（昭和 43 年法 100 号による廃止前のもの）3 条に基づき内務大臣が決定した都市計画（以下「本件都市計画」という）に係る道路の区

III-7 損失補償　443

⇨*187*

域内に含まれており，長期にわたり建築制限が課せられてきた。1969（昭和44）年に現行都計法が施行されて以降は，本件都市計画は，都計法の規定による都市計画とみなされ，同法53条に基づく建築物の建築の制限を受けている。同条によれば，2階建て以下の木造建築物の改築・移転以外は，建築には知事の許可を要し，2階建て以下の容易に移転または除却のできる建物に許可の対象は限定される。

Xらは，60年以上にわたるこうした制限に対して，都市計画の取消請求，国家賠償請求とあわせ，憲法29条3項に基づき損失補償を請求した。一審は，取消請求について，都市施設としての道路に関する都市計画決定は，その後に続く道路計画事業の認可，施行に関する基本的指針を定めた一般的，抽象的な性質のものにすぎない等として訴えを却下し，国家賠償については，計画の進捗状況等を総合考慮すると，その状態は未だ裁量権の範囲内に止まっているとして，請求を棄却した。損失補償請求については，「都市計画法53条の建築制限は，都市内に位置する不動産の所有権を有する者が同然に負担すべき内在的制約の範疇に属するものと解すべきところ，Xらが［本件］土地を第三者へ処分することは，法的に何ら制限がない上，都市計画道路の区域に属している土地であっても，都市計画法54条に定める基準の範囲内で，都道府県知事の許可を得て，建築物を建築することは可能であることからすると，本件処分による権利制限の程度が収用等の場合と同視すべき程に強度なもの［ではない］」として，本件土地に対する建築制限は，「公共の福祉の実現のために社会生活上一般に受忍すべきものとされる限度を未だ超えるものではない」と判断して請求を棄却した。二審も一審の判断を維持した。Xらにより上告。

■判旨 上告棄却。

「原審の適法に確定した事実関係の下においては，Xらが受けた上記の損失は，一般的に当然に受忍すべきものとされる制限の範囲を超えて特別の犠牲を課せられたものということがいまだ困難であるから，Xらは，直接憲法29条3項を根拠として上記の損失につき補償請求をすることはできない」。

藤田宙靖裁判官の**補足意見**　「私人の土地に対する都市計画法（以下「法」という。）53条に基づく建築制限が，それのみで直ちに憲法29条3項にいう私有財産を「公のために用ひる」ことにはならず，当然に同項にいう「正当な補償」を必要とするものではないことは，原審のいうとおりである。しかし，公共の利益を理由としてそのような制限が損失補償を伴うことなく認められるのは，あくまでも，その制限が都市計画の実現を担保するために必要不可欠であり，かつ，権利者に無補償での制限を受忍させることに合理的な理由があることを前提とした上でのことというべきであるから，そのような前提を欠く事態となった場合には，都市計画制限であることを理由に補償を拒むことは許さ

444　Ⅲ　国家賠償と損失補償

⇨187

れない……。そして，当該制限に対するこの意味での受忍限度を考えるに当たっては，制限の内容と同時に，制限の及ぶ期間が問題とされなければならない……のであって，本件における建築制限のように，その内容が，その土地における建築一般を禁止するものではなく，木造2階建て以下等の容易に撤去できるものに限って建築を認める，という程度のものであるとしても，これが60年をも超える長きにわたって課せられている場合に，この期間をおよそ考慮することなく，単に建築制限の程度が上記のようなものであるということから損失補償の必要は無いとする考え方には，大いに疑問がある。その意味において，原審及び（その引用する）第一審判決は，一般的な法53条の建築制限について指摘するに止まり，本件決定から既に60年以上経過しているという本件に特有の事情についての判断が明示されていない，という限りでは，上告論旨には理由がある」。

　「しかし……本件土地の所在する地域は，都市計画により，第1種住居地域とされ，容積率10分の20，建ぺい率10分の6と定められていることがうかがわれ，高度な土地利用が従来行われていた地域ではなく，また，現にそれが予定されている地域でもない……。そして，本件土地の上に現に存在するXらの共有に係る建築物は，木造瓦葺平家建の居宅であって，これを改築するのには，法53条1項ただし書1号により，同項本文所定の許可を受けることを要しないこととなり，また，これと同程度の規模及び構造の建築物を再度建築するのについては法54条3号により許可がされるものと考えられる。」

　「このような本件土地に関する具体的事情に照らせば，本件土地に課せられた上記の建築制限が長期間にわたっていることを考慮に入れても，いまだ，Xらが制限を超える建築をして本件土地を使用することができなかったことによって受けた損失をもって特別の犠牲とまでいうことはできず，憲法29条3項を根拠とする補償を必要とするとはいえない」。

（裁判長裁判官　上田豊三，裁判官　濱田邦夫，藤田宙靖，堀籠幸男）

▶*Reference*　最大判昭和33（1958）・4・9民集12巻5号717頁は，東京都の都市計画により，駅前広場として指定された土地における建築許可にあたり，都知事が移転を命じた場合は3カ月以内にその物件を完全に広場境域外に撤去すること，撤去により生ずるすべての損失については都知事に対しその補償を一切要求しないこと等の附款を付したことについて，以下のように説示し適法であるとした。「都市計画とは……［旧都計法1条を引用］……，それが公共の福祉の為に必要なものであることはいうまでもな［く］，前記の建築物に関する制限が，他面において財産権に対する制限であっても，そ

III-7　損失補償　445

⇨*187*

れが都市計画上必要なものである限りは公共の福祉のための制限と解すべくこれを違憲といえないことは，憲法 29 条により明らかである。」「［事業］施行の際は，本件土地は都市計画法 16 条によって収用又は使用されうることが明かであり，かかる土地の上に新たに建築物を設置しても，右事業の実施に伴い除却を要するに至ることも明かであったばかりでなく，本件許可について……［申請者ら］は……事業施行の場合は，いかなる条件でも異議をいわず，建物を撤去すべき旨の書面を差し入れ……ていたのであって，……［建築］許可に際し，無償で撤去を命じうる等の所論条項をこれに附したことは，都市計画事業たる……［駅前広場］設定事業の実施上必要やむを得ない制限であったということができる。」

Ⅲ-7-3 損失補償の内容

Ⅲ-7-3-1 正当な補償

(1) 土地収用法 71 条は，事業の認定の告示の時における相当な価格を近傍類地の取引価格等を考慮して算定したうえで，権利取得裁決の時までの物価の変動に応ずる修正率を乗じて，権利取得裁決の時における補償金の額を決定することとしている。同規定の合憲性については，*182* 参照。

(2) 1967 年改正前の規定は，「損失は，収用委員会の収用又は使用の裁決の時の価格によって算定して補償しなければならない」（旧 71 条），「収用する土地に対しては，近傍類地の取引価格等を考慮して，相当な価格をもって補償しなければならない」（旧 72 条）と定めていた。旧規定の下での建築制限付土地の収用にかかる補償の内容について，最一小判昭和 48（1973）・10・18 民集 27 巻 9 号 1210 頁［百選 Ⅱ 250］は，「土地収用法における損失の補償は，……収用によって当該土地の所有者等が被る特別な犠牲の回復をはかることを目的とするものであるから，完全な補償，すなわち，収用の前後を通じて被収用者の財産価値を等しくならしめるような補償をなすべきであり，金銭をもって補償する場合には，被収用者が近傍において被収用地と同等の代替地等を取得することをうるに足りる金額の補償を要するものというべく，土地収用法 72 条（昭和 42 年法律第 74 号による改正前のもの。以下同じ。）は右のような趣旨を明らかにした規定と解すべきである。そして，右の理は，土地が都市計画事業のために収用される場合であっても，何ら，異なるものではなく，この場合，被収用地については，街路計画等施設の計画決定がなされたときには建築基準法 44 条 2 項［当時］に定める建築制限が，また，都市計画事業決定がなされたときには旧都市計画法 11 条，同法施行令 11 条，12 条等に定める建築制限が課せられているが，前記のような土地収用における損失補償の趣旨からすれば，被収用者に対し土地収用法 72 条によって補償すべき相当な価格とは，被収用地が，右のような建築制限を受けていないとすれば，裁決時において有するであろうと認められる価格をいうと解すべきである」と判示した。そのうえで，収用委員会に

よる裁決の損失補償額を相当であると判断した原判決を破棄し，上記解釈のもとに審理を尽くす必要があるとして原審に差し戻した。差戻後控訴審・広島高松江支判昭和 49 (1974)・7・31 行裁例集 25 巻 7 号 1039 頁（確定）は，最高裁の判示を踏まえて，正当な補償額との差額を支払うべきであるとした。

(3) 神戸地判平成 8 (1996)・8・7 判時 1596 号 55 頁（確定）では，市街地開発事業に関し，県収用委員会がした原告らの土地を収用し金銭による損失補償をするとの収用裁決につき，原告らが，土地収用法 133 条の定める損失補償に関する訴えにより，損失補償金に代えて替地による補償を求めることができるかどうかが争点となった。同判決は，替地補償要求が認められるための要件を充足している場合には収用委員会は替地による補償の裁決をしなければならないこと，同条が「補償金額」との文言に代え，「損失の補償」との文言を用いていること等を理由に同条にいう「損失の補償についての不服」とは，補償金額についての不服にとどまらず，広く，補償の方法についての不服も含み，起業者に対して損失補償金の給付に代えて替地の提供を求めることもできると解した。なお，同判決は，替地要求が認められるためには，替地要求が相当であり，替地の譲渡が起業者の事業または業務の執行に支障を及ぼさないことが必要であり，そして，替地の要求が相当であるとは，被収用者側に，金銭補償によったのでは代替地の取得が困難であり，かつ，代替地を現実に取得しなければ従前の生活，生計を保持しえないと客観的に認められる特段の事情の存する場合をいうとしたうえで，原告らにはそのような事情は認められないとして請求を棄却した。

III-7-3-2 　土地収用における補償の範囲

(1) 　土地収用法は，土地所有権の剥奪により生ずる権利本体に関する損失の補償（71 条）のほかにも，収用に付随して生ずる損失の補償についても規定を設けている。収用に付随して生じる損失の補償として，「残地補償」（74 条），「みぞかき補償」（75 条），「移転補償」（77 条）のほか，これらでカバーされない損失のうち「通常受ける損失」（88 条）については補償の対象となる。通常受ける損失として，例えば，離作料，営業上の損失，建物移転による賃貸料の損失などがある。文化財的な価値は通常受ける損失には当たらないとした最高裁判例として *188* 参照，道路法 70 条のみぞかき補償該当性が問題となった事案として *184* 参照。

(2) 　土地収用法 90 条では，「同一の土地所有者に属する一団の土地の一部を収用し，又は使用する場合において，当該土地を収用し，又は使用する事業の施行に因って残地の価格が増加し，その他残地に利益が生ずることがあっても，その利益を収用又は使用に因って生ずる損失と相殺してはならない」と定められているが，最二小判昭和 55 (1980)・4・18 判時 1012 号 60 頁は，「残地補償の額は，収用裁決の時における当該残地の価格によって算定すべきものであるところ，当該事業の施行が残地の価格に及ぼす

⇨*188*

影響のうち利益と損失とを明確に区別することができない場合に，それらを総合的に勘案することは，同法 90 条の相殺禁止規定に抵触するものではないと解するのを相当とする」とし，事業により残地の利用価値が高まったとして補償を認めなかった原審の判断を是認した。

(3) 土地収用法 133 条所定の損失補償に関する訴訟の性質と裁判所の審理判断のあり方につき，**96** 参照。

188 文化財的価値

最一小判昭和 63（1988）・1・21 ［重判昭 63 行 4］
訟月 34 巻 8 号 1683 頁
（一審）名古屋地判昭和 53（1978）・4・28 行裁例集 29 巻 4 号 889 頁
（二審）名古屋高判昭和 58（1983）・4・27 行裁例集 34 巻 4 号 660 頁

■**事実**　木曽川と長良川とに挟まれて存在するいわゆる福原輪中堤は，X らの祖先がこれを築造し，代々維持してきた。ところが，旧河川法（明治 29 年法 71 号）の施行に伴い，本件輪中堤および堤外の土地は，河川区域（堤防敷・河川敷）ないし河川付属物に認定されたため（大正 2 年および昭和 14 年の愛知県告示），私権の目的となることができなくなった。X らは，私権消滅した部分につき，旧河川法施行規程（明治 29 年勅令 236 号）により愛知県知事の占用許可を受け，現行河川法（昭和 39 年法 167 号）および同施行法（同年法 168 号）により本件輪中堤等の所有権が国に帰属した後も，その占用を継続していた。1965（昭和 40）年 5 月，Y（国）は，長良川改修工事のために河川法 75 条 2 項によって X の占用の許可を取り消した。そこで，X らは，損失補償裁決を申請して愛知県収用委員会の裁決を得たが，認定額が不当に低額であるとして，Y を相手に損失補償額の変更と損失補償金の支払いを求めて出訴した。

　一審は，河川法 76 条 1 項所定の「通常生ずべき損失」の補償は，土地収用法 88 条（昭和 42 年法 74 号による改正前のもの。以下同じ）所定の「通常受ける損失」の補償と同趣旨と解したうえで，本件輪中堤の文化的価値についての損失は通常受ける損失として補償の対象となりうるとしたものの，本件輪中堤の歴史的・人文地理学的価値は一般国民にとっての公共的価値であって，それを占用する個人に帰属する経済的利益ではなく，かかる文化的価値について経済的価値を算定することはできないとして，結局，補償を認めなかった。

　二審は，土地収用法 88 条は特殊な価値で元来経済的価値のないものでも広く客観性を有するものについてはこれを金銭に換算評価して補償する趣旨である，本件輪中堤の文化財的価値はきわめて高く，それは広く社会より承認された客観的価値にまで高まっており，X らはかかる価値の保有者であるとし，X らは本件処分により右価値の保有権ないし保有利益を失うから，その損失は土地収用法 88 条にいう「通常受ける損失」に該当し，文化財的価値の補償金額は，当該物件の客観価値を基とし，

448　　Ⅲ　国家賠償と損失補償

⇨*189*

これに社会通念により相当と認める一定割合を乗じた額（本件では輪中堤の価値の10
分の1）とするのが相当である，と判示した。X，Y双方が上告。

■**判旨** 破棄自判。

「土地収用法88条にいう「通常受ける損失」とは，客観的社会的にみて収用
に基づき被収用者が当然に受けるであろうと考えられる経済的・財産的な損失
をいうと解するのが相当であって，経済的価値でない特殊な価値についてまで
補償の対象とする趣旨ではないというべきである。もとより由緒ある書画，刀
剣，工芸品等のように，その美術性・歴史性などのいわゆる文化財的価値なる
ものが，当該物件の取引価格に反映し，その市場価格を形成する一要素となる
場合があることは否定できず，この場合には，かかる文化財的価値を反映した
市場価格がその物件の補償されるべき相当な価格となることはいうまでもない
が，これに対し，例えば，貝塚，古戦場，関跡などにみられるような，主とし
てそれによって国の歴史を理解し往時の生活・文化等を知り得るという意味で
の歴史的・学術的な価値は，特段の事情のない限り，当該土地の不動産として
の経済的・財産的価値を何ら高めるものではなく，その市場価格の形成に影響
を与えることはないというべきであって，このような意味での文化財的価値な
るものは，それ自体経済的評価になじまないものとして，右土地収用法上損失
補償の対象とはなり得ないと解するのが相当である。」

「本件輪中堤は江戸時代初期から水害より村落共同体を守ってきた輪中堤の
典型の一つとして歴史的，社会的，学術的価値を内包しているが，それ以上に
本件堤防の不動産としての市場価格を形成する要素となり得るような価値を有
するというわけでないことは明らかであるから，前示のとおり，かかる価値は
本件補償の対象となり得ないというべきである。」

（裁判長裁判官　大内恒夫，裁判官　角田禮次郎，髙島益郎，佐藤哲郎，四ッ谷巖）

▶*Reference*　本件に関連して，輪中堤の一部をなす所有権の収用についても，土地収用
　　法88条に基づく「通常受ける損失」の補償の増額の訴えが提起されているが，そこで
　　も同様に輪中堤の文化財的価値が補償の対象となるかが争点となり，X，Y双方からの
　　上告につき，同日に同趣旨の最高裁判決が下されている（最一小判昭和63（1988）・
　　1・21判時1270号67頁）。

189 生活再建措置

岐阜地判昭和55（1980）・2・25［重判昭55行6］
行裁例集31巻2号184頁；判時966号22頁

III-7 損失補償　449

⇒*189*

■**事実**　Y（水資源開発公団）は，岐阜県揖斐郡徳山・藤橋両村の村境である揖斐川本流に堤高 161 メートル，総貯水量 6.6 億立方メートルのロックフィル型式の多目的ダムである徳山ダムの建設を計画し，1976 年 9 月に訴外建設大臣より事業実施計画の認可を受けた。水没地区の住民 X ら 3 名は，いずれも徳山ダムの水没予定地に居住し，ダム建設後も徳山村内に残留することを希望する者であった。X らは，Y に対して水源地域対策特別措置法（以下「水特法」という）8 条の規定に基づく生活再建措置のあっせんを申し出たにもかかわらず，Y がこれを放置していることは，水特法違反のみならず，正当な補償を定めた憲法 29 条 3 項の規定にも違反している，徳山ダムの建設により環境権，人格権および財産権を侵害されると主張して，徳山ダムの建設差止めを求める無名抗告訴訟（いわゆる予防的不作為命令訴訟の類型に属する義務付け訴訟）を提起した。

■**判旨**　訴え却下（確定）。

「憲法 29 条 3 項にいう正当な補償とは，公共のために特定の私有財産を収用または使用されることによる損失補償であり，それはあらゆる意味で完全な補償を意味するものではなく，当該収用または使用を必要とする目的に照らし，社会的経済的見地から合理的と判断される程度の補償をいうと解すべきであり，本件において，ダム建設に伴い生活の基礎を失うことになる者についての補償も公共用地の取得に伴う一般の損失補償の場合と異ならず，あくまでも財産権の保障に由来する財産的損失に対する補償，すなわちその基本は金銭補償であり，本来これをもって右にいう合理的な補償というべきであり，かつ，これをもって足りるところ，これのみでは，財産権上の損失以外の社会的摩擦，生活上の不安も考えられるため，前記水特法の諸規定により，これらを緩和ないし軽減する配慮に出て，財産上の損失，補償とは別にとくに水特法 8 条において，生活再建措置のあっせん規定を定めたものであり，要するに右規定は関係住民の福祉のため，補償とは別個に，これを補完する意味において採られる行政措置であるにすぎないと解すべきである。すなわち，右生活再建措置のあっせんは，憲法 29 条 3 項にいう正当な補償には含まれず，したがって，これが懈怠による何らかの損害を観念し得るとしても，それをもって，憲法 29 条違反による損害といえず，無名抗告訴訟として本件ダム建設行為差止の根拠となし得ない。この理は，水特法 8 条所定の生活再建措置のあっせんは，ダム建設を前提としながらも，水特法が右あっせんにつき個人の具体的事情に応じて，場合により長期にわたりなされる生活再建措置のあっせん努力のいかんをもって，ダム建設自体を許さないとすることを予定しておらず，ダム建設の進捗自体と

⇨190

は別個の場面で考慮されると解されることに照らしても首肯することができる。以上の解釈は，また，同条にいう生活再建措置のあっせんの実践運用面を考慮しても是認し得るところである。すなわち，水特法8条が定める生活再建措置は，同条各号に列挙するところを見れば，土地の取得から職業訓練，さらには移住先の環境整備に至るまで広範囲かつ多岐にわたる内容を有するものであり……，同条で義務が課せられている行為の対象は，具体的な法律上の義務にはなじまない包括的なものといわざるを得ず，また，その内容が多岐であることは，「あっせん」という行為についても同様であって，何をもってあっせんというのか一義的に解することは困難であり，生活の基礎を失うこととなる者の申出に基づき行なう生活再建措置のあっせんといっても，申出があったからといって，直ちにこれをそのまま履践できるものばかりではないのであって，その申出の内容がそれ自体客観的に不可能である場合はもちろんのこと，たとえ申出のあった行為そのものが必ずしも不可能とはいえなくても，それによっては生活再建が困難と判断される場合にまでそのあっせんをすべきものとはいえないからである。……水特法8条の規定形式自体も「あっせんに努めるものとする。」と規定するに止まり，生活再建措置のあっせんが必ずしも申出のとおりには履践しがたいこと，あっせんという行為それ自体その成否の不確実性を内包するものであって，その義務の限界をあっせんの努力義務に止めているものと解せられ，つまるところ，同条は憲法29条にいう正当な補償を実現すべきための法律上の義務を規定したものではないといわざるを得ない。」

（裁判長裁判官　菅本宣太郎，裁判官　三宅俊一郎，水谷正俊）

III-7-3-3　自然公園法上の不許可補償

190　不許可補償の要否

東京地判平成2（1990）・9・18
行裁例集41巻9号1471頁；判時1372号75頁

■事実　株式会社Xは，静岡県加茂郡南伊豆町の山林，1万1246平方メートルの土地（以下「本件土地」という）を，1972年11月25日，前所有者から6000万円で買い受けた。本件土地は，1960年3月15日付けで旧国立公園法に基づき指定され，その後制定・施行された自然公園法（平成14年法14号による改正前のもの。以下「法」という）の附則により法に基づき指定されたものとみなされた富士箱根伊豆国立公園

III-7　損失補償　　451

⇨190

（以下「本公園」という）の特別地域内にある。Xの代表者Aは，本件土地上に建坪約38坪の2階建居宅を新築しようと1973年10月18日，静岡県知事に対し，法17条3項1号（現20条3項1号）により工作物の新築許可申請をしたが，同知事は1974年4月19日付けでこれを不許可とする処分（以下「本件不許可処分」という）をした。Xは，本件不許可処分につき審査請求を経て静岡地裁に同処分の取消訴訟を提起したが，請求棄却となり，さらに控訴審の東京高裁でも控訴棄却となり，確定した。

　そこでXは，1985年1月28日，環境庁長官に対し，法35条1項・2項に基づき本件不許可処分による損失補償を請求したが，同長官は1988年2月10日付けで補償すべき金額を0円とする決定をしたため，本件不許可処分による価額低下分の補償を求めて本件訴訟を提起した。

■**判旨**　請求棄却（確定）。

「本件土地の存する特別地域においては，工作物の新築，改築又は増築その他の行為をするについて，環境庁長官の許可を受けることを要し，許可が得られなければ，当該利用行為が制限されることとなる（同法17条3項）。そして，法35条1項は，要許可行為について許可を得ることができないために損失を受けた者に対して通常生ずべき損失を補償する旨を規定しているが，この規定は，右のような法に定める利用行為の制限が，その態様いかんによっては，財産権の内在的規制を超え，特定の者に対して特別な犠牲を強いることとなる場合があることから，憲法29条3項の趣旨に基づく損失補償を法律上具体化したものであると解すべきである。

　したがって，Xは，本件不許可決定により受けた本件土地の利用行為の制限（本件建物の建築の制限）が財産権の内在的制約の範囲を超えて特別の犠牲に当たる場合でなければ，損失の補償を求めることができないというべきところ，本件不許可処分による制限が特別の犠牲に当たるか否かは，本件土地を含む周辺一帯の地域の風致・景観がどの程度保護すべきものであるか，また，本件建物が建築された場合に風致・景観にどのような影響を与えるか，さらに，本件不許可処分により本件土地を従前の用途に従って利用し，あるいは従前の状況から客観的に予想され得る用途に従って利用することが不可能ないし著しく困難となるか否か等の事情を総合勘案して判断すべきである。」

　「……本件不許可処分による本件建物の建築の制限は，国立公園内におけるすぐれた風致・景観を保護するために必要かつ合理的な範囲内の制限として，社会生活上一般に受忍すべき財産権の内在的制約の範囲内にあり，これによっ

⇨*190*

て生ずる損失は，これを補償することを要しないものといわなければならない。」

（裁判長裁判官　鈴木康之，裁判官　石原直樹，深山卓也）

▶*Reference　1*）　補償請求否定の法理として本判決は財産権の内在的制約論を採用したが，申請権濫用論を採用するものもある。例えば，瀬戸内海国立公園内での土石採取の不許可について，東京地判昭和 57（1982）・3・31 行裁例集 33 巻 5 号 1138 頁（確定）は，申請に係る行為が社会通念上地域・地区の指定の趣旨に著しく反するような場合，当該申請は，本来公園法の趣旨を没却するものであって申請権の濫用ともいうべきであるから，申請が不許可になったからといって損失補償をすることは許されないと判示した。

　　2）　内在的制約論を採用した他の判例として，室生赤目青山国定公園内での土石採取の不許可にかかる東京地判昭和 61（1986）・3・17 行裁例集 37 巻 3 号 294 頁およびその控訴審・東京高判昭和 63（1988）・4・20 行裁例集 39 巻 3 = 4 号 281 頁［重判昭 63 行 5］（確定）がある。

III-7-4　補償の算定・支払時期・補償手続

III-7-4-1　算　　定

182 では地価の上昇率と物価変動率との間に差異があることから，物価変動率をもとにした修正率を採用する土地収用法 71 条に基づく算定は，憲法 29 条 3 項に違反するという上告人（原告＝控訴人）の主張が争点となった。しかし判決は，事業の影響による近傍類地の価格上昇と同等の価値を収用地の所有者等が当然に享受しうる理由はないこと，事業認定の告示後は収用地の取引価格が一般の土地と同様に変動するものとはいえないことなどを理由として，上告人の主張を斥けた。

　他方で，最一小判昭和 48（1973）・10・18 民集 27 巻 9 号 1210 頁［百選 II 250］（*III-7-3-1(2)*）は，都市計画の街路用地に決定され，建基法による建築制限を受ける土地が収用される場合，被収用者に対して補償すべき相当な価格とは，被収用地がそのような建築制限を受けていないとすれば裁決時において有するであろうと認められる価格であるとした。

III-7-4-2　支払時期

　補償の時期については，食糧管理法（当時）による供出米にかかわる事案であるが，財産の供与と交換的に，すなわち同時に行われることまでは憲法が保障していないとする判断を最大判昭和 24（1949）・7・13 刑集 3 巻 8 号 1286 頁［百選 II 249］（*181 R1*））

⇨191

が示した（ただし同判決は，補償が財産の供与より甚だしく遅れた場合には遅延による損害を塡補する問題が生じることを指摘する）。そして憲法29条3項が補償の時期を何ら規定していないことを前提として，*181*は「公共用地の取得に関する特別措置法」に基づく緊急裁決の制度を合憲であるとする。

Ⅲ-7-4-3　手　　続

土地の収用に際して，補償金の額に不服がある場合には，土地収用法133条2項・3項による起業者を被告とした形式的当事者訴訟で争われる。この訴訟の性質について，給付・確認訴訟説と形成訴訟説の対立がある。最高裁がいずれの立場をとるか明言したことはないが，*96*では裁決時点における正当な補償額は客観的に決まるという前提に立っていることから，給付・確認訴訟説の立場をとっていると解しうる。

Ⅲ-8　国家賠償と損失補償の谷間

国家賠償と損失補償は，本来その趣旨目的，根拠法が異なることから，別個の制度とも把握しうるが，実際には両者の請求が重なる場合も考えられる。また*102*では訴訟手続上，相手方の同意があれば損害賠償請求に損失補償請求を追加することができるとした。

Ⅲ-8-1　予防接種禍

*Ⅲ-1-3*を参照のこと。

Ⅲ-8-2　戦　争　被　害

191　連合国との平和条約と損失補償

最大判昭和43（1968）・11・27［百選Ⅱ254］
民集22巻12号2808頁；判時538号6頁
（評釈）芦部信喜・法協87巻2号278頁，森綱郎・曹時21巻5号73頁
（一審）東京地判昭和38（1963）・2・25判時329号7頁
（二審）東京高判昭和40（1965）・1・30高民集18巻1号56頁；判時398号10頁

454　　Ⅲ　国家賠償と損失補償

⇒*191*

■**事実**　夫婦であるＸらは，カナダ国バンクーバー市の日本共立語学校で教師とし
て勤務するために1928年から同国に入国居住し，その後1943年11月に日本へ帰国
した。Ｘらは帰国当時，カナダ国に資産を有していたが，第二次世界大戦勃発とと
もにカナダ政府に接収された。その後，日本国との平和条約14条(a)項2(1)により，
連合国は日本国民の在外資産を処分する権利を得た。これに伴いＸらはカナダ国に
保有する財産の返還を請求することができなくなった。この点につきＸらは日本国
Ｙが連合国に対する損害賠償義務履行のために国民の私有財産を充当したものと考
え，それは公用収用と性質を同じくするとしてＹに対して憲法29条3項に基づき損
失補償を求める訴えを提起した。

　一審はＸらの財産喪失は連合国の財産処分行為に基因するものであるから，（当然
に日本国における）国その他の公権力の行使に基づくことを前提とする憲法29条3項
の公用収用に該当しないなどとして請求を棄却した。二審はこれが公用収用に該当す
るとしてＹの（抽象的な）補償義務を否定しなかったものの，憲法29条3項を直接
の根拠として具体的な補償請求はなしえないとして，結論において控訴を棄却した。
Ｘらが上告。

■**判旨**　上告棄却。

前記平和条約は「当時未だ連合軍総司令部の完全な支配下にあって，わが国
の主権が回復されるかどうかが正に同条約の成否にかかっていたという特殊異
例の状態のもとに締結されたものであり，同条約の内容についても，Ｙは，
連合国政府と実質的に対等の立場において自由に折衝し，連合国政府の要求を
むげに拒否することができるような立場にはなかったのみならず，右のような
敗戦国の立場上，平和条約の締結にあたって，やむを得ない場合には憲法の枠
外で問題の解決を図ることも避けがたいところであったのである。」よって平
和条約14条(a)項の趣旨からは，「国〔Ｙ〕の補償義務の生ずる余地はないとい
わなければならない。」「このような戦争損害は，他の種々の戦争損害と同様，
多かれ少なかれ，国民のひとしく堪え忍ばなければならないやむを得ない犠牲
なのであって，その補償のごときは，……憲法29条3項の全く予想しないと
ころで，同条項の適用の余地のない問題といわなければならない。」

（裁判長裁判官　横田正俊，裁判官　入江俊郎，奥野健一，草鹿浅之介，長部謹吾，
城戸芳彦，石田和外，田中二郎，松田二郎，岩田誠，下村三郎，色川幸太郎，大隅健一
郎）

▶*Reference*　*1*）　財産権に関する被害とは異なる事案にかかわるものとして，第二次世
　　　界大戦後シベリアの収容所において抑留され，強制労働を課されて1947年ないし1956
　　　年に復員した元軍人・軍属である62名が提起した訴訟がある。その内容は長期にわた

Ⅲ*-8*　国家賠償と損失補償の谷間　　455

⇨*192*

る抑留と強制労働により受けた損害につき，ソヴィエト社会主義共和国連邦との共同宣言（日ソ共同宣言）6項後段に定める請求権放棄により損害賠償請求が事実上不可能となったことにつき，日本国Yに対して憲法29条3項に基づく補償請求などを行ったものであるが，最一小判平成9（1997）・3・13民集51巻3号1233頁［重判平9憲5］は，表題判決を引用して，請求を棄却した。

2）東京高判平成24（2012）・4・25判時2156号54頁は，1945年の東京大空襲の被害者に対して，戦後の立法により各種の援護措置を受けている軍人軍属およびその遺族とは異なり，国が救済や援護（補償）をしないことについて，国賠責任は認められないとした。その後，最一小決平成25（2013）・5・8により上告不受理。

192 外国人による損失補償請求

最一小判平成13（2001）・11・22［重判平13憲9②］
判時1771号83頁
（一審）東京地判平成11（1999）・3・24訟月45巻10号1842頁
（二審）東京高判平成12（2000）・5・25訟月49巻8号2183頁

■**事実**　Xらは朝鮮半島の出身者であるが，1942年頃に日本軍の軍属として採用され，第二次世界大戦中に東アジア各地の俘虜収容所等にて監視業務などにあたっていた。そのため終戦後は連合国によりBC級戦犯として処罰（死刑を含む）などをされた。そこで韓国に在住する元軍属またはその遺族であるXらは，自らの損害は日本国Yのための特別の犠牲であるなどとして，Yに対して憲法29条3項などに基づく損失補償や（Xらのうち1名は）軍属としての未払給与等の支払いなどを求めて出訴した。一審・二審はXらの請求を棄却。Xらが上告。

■**判旨**　上告棄却。

Xらが被った損害については，「第二次世界大戦及びその敗戦によって生じた戦争犠牲ないし戦争損害に属するものであって，このような犠牲ないし損害に対する補償は，憲法［13条・14条・25条・29条3項］の前記各条項の予想しないところというべきであり，その補償の要否及びその在り方については，国家財政，社会経済，損害の内容，程度等に関する資料を基礎とする立法府の裁量的判断にゆだねられたものと解するのが相当である。」このことは*191*の趣旨に徴して明らかである。「Xら6名の者が被った犠牲ないし損害が深刻かつ甚大なものであったことを考慮しても，他の戦争損害と区別して，所論主張の憲法の各条項等に基づき，その補償を認めることはできないものといわざるを得ない。」

Xらのうち1名の未払給与については，「財産及び請求権に関する問題の解

456　　Ⅲ　国家賠償と損失補償

⇨*193*

決並びに経済協力に関する日本国と大韓民国との間の協定第2条の実施に伴う大韓民国等の財産権に対する措置に関する法律」(以下「措置法」という)の適用により1965年6月22日をもって消滅した。「このような敗戦に伴う国家間の財産処理といった事項は,本来憲法の予定していないところであり,そのための処理に関して損害が生じたとしても,戦争損害と同様に,その損害に対する補償は憲法[14条・29条3項・98条]の前記各条項の予想しないものといわざるを得ない。したがって,措置法が憲法の上記各条項に違反するということはできない。以上のこともまた,前記大法廷判決[*191*]の趣旨に徴して明らかである。」

(裁判長裁判官　藤井正雄,裁判官　井嶋一友,町田顯,深澤武久)

▶*Reference*　同様に第二次世界大戦中に日本軍の軍人,軍属,軍隊慰安婦であった韓国在住の者またはその遺族が日本国に損失補償などを求めて提起した事案として,最二小判平成16 (2004)・11・29判時1879号58頁[重判平16憲2]がある。ここでも*191*を引用して,戦争犠牲ないし戦争損害に対する補償は憲法の全く予想しないところであるとして請求を棄却し,前記の措置法が憲法違反となることはないと判示している。

Ⅲ-8-3　社会保障との関係

193　原爆医療法の国家補償的性格

最一小判昭和53 (1978)・3・30[百選Ⅱ255]
民集32巻2号435頁;判時886号3頁
(評釈)内野正幸・法協98巻1号117頁,吉岡幹夫・判評238(判時903)号9頁,佐藤繁・曹時33巻6号123頁
(一審)福岡地判昭和49 (1974)・3・30行裁例集25巻3号209頁;判時736号29頁
(二審)福岡高判昭和50 (1975)・7・17行裁例集26巻7=8号879頁;判時789号11頁

■**事実**　Xは1943年頃から1945年9月頃まで広島市南観音寺町に両親および妹と居住し,その間原子爆弾により被爆したとされる者である。被爆当時は日本国籍を有していたが,戦後平和条約の発効により日本国籍を喪失し,韓国籍となっている。Xは1970年12月3日に佐賀県東松浦郡鎮西町の港より不法入国した直後出入国管理令違反の現行犯で逮捕され,身柄拘束のまま有罪の実刑判決を受けて服役し,その間に退去強制令書も発付された。Xが1971年10月5日に福岡県知事Yに対して原子爆弾被爆者の医療等に関する法律(以下「原爆医療法」という)3条(現在は原子爆弾被爆者に対する援護に関する法律2条が定める)に基づき被爆者健康手帳の交付を申請し

Ⅲ-8　国家賠償と損失補償の谷間　457

⇨193

たところ，国内に正式の居住関係を有しないとの理由で却下された。そこでXはY
に対して却下処分の取消しを求めた。一審・二審はともにXの請求を認容したため，
Yが上告。

■**判旨**　上告棄却。

「原爆医療法は，被爆者の健康面に着目して公費により必要な医療の給付を
することを中心とするものであって，その点からみると，いわゆる社会保障法
としての他の公的医療給付立法と同様の性格をもつものであるということがで
きる。しかしながら，被爆者のみを対象として特に右立法がされた所以を理解
するについては，原子爆弾の被爆による健康上の障害がかつて例をみない特異
かつ深刻なものであることと並んで，かかる障害が遡れば戦争という国の行為
によってもたらされたものであり，しかも，被爆者の多くが今なお生活上一般
の戦争被害者よりも不安定な状態に置かれているという事実を見逃すことはで
きない。原爆医療法は，このような特殊の戦争被害について戦争遂行主体であ
った国が自らの責任によりその救済をはかるという一面をも有するものであり，
その点では実質的に国家補償的配慮が制度の根底にあることは，これを否定す
ることができないのである。」

戦争被害に関する他の補償立法が日本国籍を要件としているのに対して，
「原爆医療法があえてこの種の規定を設けず，外国人に対しても同法を適用す
ることとしているのは，被爆による健康上の障害の特異性と重大性のゆえに，
その救済について内外人を区別すべきではないとしたものにほかならず，同法
が国家補償の趣旨を併せもつものと解することと矛盾するものではない。」

不法入国した被爆者も救済を必要とする観点からは，「他の一般被爆者と変
わるところがないのであって，不法入国者であるがゆえにこれをかえりみない
ことは，原爆医療法の人道的目的を没却するものといわなければならない。」

もっとも，「不法入国した被爆者に同法の適用を認めた場合でも，その者に
対し入国管理法令に基づく退去強制手続をとることはなんら妨げられるもので
はないから」不法入国を助長するなどのことはない。さらに「不法入国した外
国人が国民の税負担に依存する国の給付を権利として請求しうるとすることは，
極めて異例である」が，「厳正な入国管理のもとでは少数である不法入国者を
対象者に含ませたからといって，そのことによる国の財政上の負担はやむをえ
ないとしなければならない。」

（裁判長裁判官　岸盛一，裁判官　岸上康夫，団藤重光，本山亨）

458　Ⅲ　国家賠償と損失補償

⇨*194*

▶*Reference 147* では，国外に居住地を移した被爆者について，原爆特別措置法による
受給権が失権の取扱いとなる旨を定めた 1974 年の通達が，原爆二法（原爆医療法と原
爆特別措置法）の解釈を誤ったものとして，違法とされている。

III-8-4 刑 事 補 償

194 刑事補償の対象

最三小決平成 3（1991）・3・29［重判平 3 刑訴 7］
　刑集 45 巻 3 号 158 頁；判時 1382 号 12 頁
　（評釈）臼井滋夫・判評 395（判時 1400）号 67 頁，吉本徹也・曹時 45 巻
　　　　　9 号 272 頁
　（一審）京都家決平成元（1989）・6・30 刑集 45 巻 3 号 164 頁〔参〕
　（二審）大阪高決平成元（1989）・9・22 刑集 45 巻 3 号 166 頁〔参〕

■**事実**　X は業務上過失傷害，道路交通法違反の被疑事実で 1989 年 2 月 15 日に緊
急逮捕された。同月 21 日に京都家庭裁判所に送致されて第 1 回審判が開かれた結果，
即日観護措置が取消されて少年鑑別所から釈放された。その後，同年 3 月 28 日に同
家庭裁判所は X に非行事実が認められないことを理由に不処分決定をした。この間
X は逮捕から少年鑑別所釈放まで 7 日間身柄を拘束されたため，刑事補償法 1 条 1
項に基づく刑事補償の請求等をした。一審・二審は，不処分決定は非行事実がないこ
とを理由とするものであっても，刑事補償法 1 条 1 項の「無罪の裁判」にあたらない
として，決定により請求を認容しなかった。X が特別抗告。

■**決定要旨**　抗告棄却。
「刑事補償法 1 条 1 項にいう「無罪の裁判」とは，同項及び関係の諸規定か
ら明らかなとおり，刑訴法上の手続における無罪の確定裁判をいうところ，不
処分決定は，刑訴法上の手続とは性質を異にする少年審判の手続における決定
である上，右決定を経た事件について，刑事訴追をし，又は家庭裁判所の審判
に付することを妨げる効力を有しないから，非行事実が認められないことを理
由とするものであっても，刑事補償法 1 条 1 項にいう「無罪の裁判」には当た
らないと解すべきであり，このように解しても憲法 40 条及び 14 条に違反しな
い」。
　坂上壽夫裁判官の**補足意見**　非行事実が認められないことを理由とする不処
分決定の場合には，刑事裁判であれば無罪となる事案も含まれる。「立法論と
しては，このような事案の場合であって，不処分決定の前に身体の拘束を受け

III-8　国家賠償と損失補償の谷間　459

⇨*194*

た者に対しては，刑事補償に準じた扱いをすることが，憲法40条の精神に通ずるものではないかと考える」。

園部逸夫裁判官の**意見**　「本件のような非行事実が認められないことを理由とする少年法上の不処分決定について国による補償の制度を設けることはもとより可能であり，また望ましいことであると考える。」

（裁判長裁判官　可部恒雄，裁判官　坂上壽夫，貞家克己，園部逸夫，佐藤庄市郎）

▶*Reference*　本件決定の上記補足意見・意見を受けて1992年に「少年の保護事件に係る補償に関する法律」が制定され，本件のような非行事実が認められないことを理由とする不処分決定や審判不開始決定等を受けた者が，逮捕・勾留や少年鑑別所送致などによる身体の自由の拘束等を受けていた場合に，刑事補償と同様の補償を行う制度が創設された。ただし本件決定の多数意見が述べる，不処分決定が刑訴法上の手続と性質を異にするとの考えや，審判不開始決定に一事不再理の効力が認められないとの考え（最大判昭和40（1965）・4・28刑集19巻3号240頁）は現在も実務上維持されている。

判 例 索 引

以下では，判例番号および見出しをつけて収録している表題判例，*Reference* で言及した関連判例のほか，表題判例の事実中で相当程度参照している下級審判決も挙げた。なお，〈 〉内の数字は判例番号を，行末の数字は掲載頁を示す（太字は，表題判例の掲載頁）。

〈大審院〉

大判大正 5（1916）・6・1 民録 22 輯 1088 頁……………………………………308, 310

〈最高裁判所〉

最大判昭和 24（1949）・7・13 刑集 3 巻 8 号 1286 頁［百選 II 249］…………………431, 453

最三小判昭和 25（1950）・4・11 集民 3 号 225 頁………………………………………310

最二小判昭和 27（1952）・1・25 民集 6 巻 1 号 22 頁［百選 II 193］……………………215

最一小判昭和 27（1952）・11・20 民集 6 巻 10 号 1038 頁〈*49*〉……………………**142**

最一小判昭和 28（1953）・5・28 民集 7 巻 5 号 601 頁〈*113*〉………………………**276**

最二小判昭和 28（1953）・6・12 民集 7 巻 6 号 663 頁［百選 II 211］…………………276

最三小判昭和 28（1953）・12・15 民集 7 巻 12 号 1437 頁 ……………………………215

最大判昭和 28（1953）・12・23 民集 7 巻 13 号 1523 頁［百選 II 248］………………433

最三小判昭和 29（1954）・6・22 民集 8 巻 6 号 1162 頁［百選 II 200］………………263

最一小判昭和 29（1954）・10・14 民集 8 巻 10 号 1858 頁［百選 II 135］〈*118*〉………**290**

最三小判昭和 30（1955）・4・19 民集 9 巻 5 号 534 頁［百選 II 234］〈*166*〉………396, **401**, 404

最三小判昭和 31（1956）・6・5 民集 10 巻 6 号 656 頁…………………………………254

最三小判昭和 31（1956）・10・23 民集 10 巻 10 号 1312 頁……………………………277

最二小判昭和 31（1956）・11・30 民集 10 巻 11 号 1502 頁［百選 II 229］……………340

最三小判昭和 32（1957）・3・19 民集 11 巻 3 号 527 頁………………………………274

最三小判昭和 32（1957）・12・24 民集 11 巻 14 号 2336 頁……………………………192

最大判昭和 33（1958）・4・9 民集 12 巻 5 号 717 頁……………………………………445

最一小判昭和 34（1959）・1・29 民集 13 巻 1 号 32 頁［百選 I 20］…………………102

最二小判昭和 35（1960）・6・17 民集 14 巻 8 号 1420 頁………………………………280

最三小判昭和 35（1960）・7・12 民集 14 巻 9 号 1744 頁［百選 II 146］………………54

最三小判昭和 36（1961）・3・7 民集 15 巻 3 号 381 頁…………………………………219

最大判昭和 36（1961）・3・15 民集 15 巻 3 号 467 頁［百選 II 158］…………………62

最二小判昭和 36（1961）・4・21 民集 15 巻 4 号 850 頁………………………………392

最二小判昭和 36（1961）・7・14 民集 15 巻 7 号 1814 頁［百選 I 85］………………220

最二小判昭和 36（1961）・7・21 民集 15 巻 7 号 1966 頁［百選 II 184］〈*61*〉………**169**

最二小判昭和 37（1962）・1・19 民集 16 巻 1 号 57 頁［百選 II 170］…………………141

最一小判昭和 37（1962）・2・22 民集 16 巻 2 号 375 頁………………………………254

最一小判昭和 37（1962）・4・12 民集 16 巻 4 号 781 頁［百選 II 195］〈*89*〉………**225**

461

最二小判昭和 37（1962）・12・26 民集 16 巻 12 号 2557 頁 ［百選 II 139］〈*126*〉 ‥‥‥‥**303**

最二小判昭和 38（1963）・5・31 民集 17 巻 4 号 617 頁 ［百選 I 119］ ‥‥‥‥208, 220

最大判昭和 38（1963）・6・26 刑集 17 巻 5 号 521 頁 ［百選 II 251］〈*185*〉 ‥‥‥429, **438**

最一小判昭和 39（1964）・10・29 民集 18 巻 8 号 1809 頁 ［百選 II 148］〈*19*〉 ‥‥‥24, **49**

最大判昭和 40（1965）・4・28 民集 19 巻 3 号 721 頁 ‥‥‥‥‥‥‥‥‥‥‥‥‥160

最大判昭和 40（1965）・4・28 刑集 19 巻 3 号 240 頁 ‥‥‥‥‥‥‥‥‥‥‥‥‥460

最大判昭和 40（1965）・7・14 民集 19 巻 5 号 1198 頁 ‥‥‥‥‥‥‥‥‥‥‥‥4, 163

最二小判昭和 40（1965）・11・19 判時 430 号 24 頁 ‥‥‥‥‥‥‥‥‥‥‥‥‥‥270

最大判昭和 41（1966）・2・23 民集 20 巻 2 号 271 頁 ［重判昭 41 行 3］ ‥‥‥‥2, 97, 148

最大判昭和 41（1966）・7・20 民集 20 巻 6 号 1217 頁 ‥‥‥‥‥‥‥‥‥‥‥‥‥243

最三小判昭和 42（1967）・3・14 民集 21 巻 2 号 312 頁 ［百選 II 205］ ‥‥‥‥‥231

最二小判昭和 42（1967）・4・7 民集 21 巻 3 号 572 頁 ［百選 II 197］〈*88*〉 ‥‥‥**224**

最二小判昭和 42（1967）・4・21 集民 87 号 237 頁 〈*77*〉 ‥‥‥‥‥‥‥‥‥‥**201**

最二小判昭和 42（1967）・5・24 民集 21 巻 5 号 1043 頁 ［百選 I 16］ ‥‥‥‥‥‥147

最一小判昭和 42（1967）・5・25 民集 21 巻 4 号 951 頁 ‥‥‥‥‥‥‥‥‥‥‥‥‥61

最三小判昭和 42（1967）・5・30 民集 21 巻 4 号 1030 頁 ［重判昭 42 行 4］ ‥‥‥‥276

最三小判昭和 42（1967）・9・19 民集 21 巻 7 号 1828 頁 ［百選 II 172］〈*54*〉 ‥‥‥**153**

最大判昭和 43（1968）・11・27 民集 22 巻 12 号 2808 頁 ［百選 II 254］〈*191*〉 ‥‥**454**, 457

最大判昭和 43（1968）・11・27 刑集 22 巻 12 号 1402 頁 ［百選 II 252］〈*180*〉 ‥‥**427**, 440

最三小判昭和 43（1968）・12・24 民集 22 巻 13 号 3147 頁 ［百選 I 55］〈*35*〉 ‥‥**102**, 243

最三小判昭和 43（1968）・12・24 民集 22 巻 13 号 3254 頁 ［百選 II 173］〈*53*〉

‥‥‥‥‥‥‥‥‥‥‥‥‥‥‥‥‥‥‥‥‥‥‥‥141, **152**, 213, 238

最大判昭和 45（1970）・7・15 民集 24 巻 7 号 771 頁 ［百選 II 147］〈*20*〉 ‥‥‥‥**51**

最一小判昭和 45（1970）・8・20 民集 24 巻 9 号 1268 頁 ［百選 II 235］〈*169*〉 ‥‥‥**406**

最一小判昭和 45（1970）・12・24 民集 24 巻 13 号 2243 頁 ［百選 I 61］ ‥‥‥‥‥74

最大判昭和 46（1971）・1・20 民集 25 巻 1 号 1 頁 ［百選 I 47］ ‥‥‥‥‥‥‥‥54

最二小判昭和 46（1971）・1・22 民集 25 巻 1 号 45 頁 ［百選 I 113］ ‥‥‥‥‥‥220

最一小判昭和 46（1971）・6・24 民集 25 巻 4 号 574 頁 ‥‥‥‥‥‥‥‥‥‥‥‥389

最一小判昭和 47（1972）・4・20 民集 26 巻 3 号 507 頁 ‥‥‥‥‥‥‥‥‥‥‥‥56

最三小判昭和 47（1972）・5・30 民集 26 巻 4 号 851 頁 ［百選 II 246］〈*183*〉 ‥‥‥**434**

最三小判昭和 47（1972）・7・25 民集 26 巻 6 号 1236 頁 〈*84*〉 ‥‥‥‥‥‥‥‥**217**

最一小判昭和 47（1972）・11・16 民集 26 巻 9 号 1573 頁 ［百選 I 122］ ‥‥‥‥‥179

最一小判昭和 47（1972）・11・30 民集 26 巻 9 号 1746 頁 ［重判昭 48 行 1］ ‥‥‥‥166, 167

最一小判昭和 47（1972）・12・5 民集 26 巻 10 号 1795 頁 ［百選 I 86］〈*85*〉 ‥‥‥**219**

最三小判昭和 48（1973）・3・27 集民 108 号 529 頁 ‥‥‥‥‥‥‥‥‥‥‥‥‥396

最一小判昭和 48（1973）・4・26 民集 27 巻 3 号 629 頁 ［百選 I 83］ ‥‥‥‥‥‥219

最一小判昭和 48（1973）・10・18 民集 27 巻 9 号 1210 頁 ［百選 II 250］ ‥‥‥433, 446, 453

最三小判昭和 49（1974）・2・5 民集 28 巻 1 号 1 頁 ［百選 I 90］ ‥‥‥‥‥‥‥442

最二小判昭和 49（1974）・3・8 民集 28 巻 2 号 186 頁 ［百選 I 33］ ‥‥‥‥‥‥217

最一小判昭和 49（1974）・5・30 民集 28 巻 4 号 594 頁 ［百選 I 1］ ‥‥‥‥‥‥277

最一小判昭和 49（1974）・7・11 訟月 20 巻 11 号 180 頁 ‥‥‥‥‥‥‥‥‥‥‥171

最三小判昭和 49（1974）・12・10 民集 28 巻 10 号 1868 頁［百選 I 115］ ·····················160

最一小判昭和 49（1974）・12・12 民集 28 巻 10 号 2028 頁·····················389

最三小判昭和 50（1975）・2・25 民集 29 巻 2 号 143 頁［百選 I 26］ ·····················317

最一小判昭和 50（1975）・6・26 民集 29 巻 6 号 851 頁 ·····················409

最三小判昭和 50（1975）・7・25 民集 29 巻 6 号 1136 頁［百選 II 236］〈*170*〉·····················**408**

最三小判昭和 50（1975）・11・28 民集 29 巻 10 号 1754 頁［百選 II 242］·····················422

最大判昭和 51（1976）・3・10 民集 30 巻 2 号 79 頁［百選 II 191］〈*81*〉·····················**209**

最三小判昭和 51（1976）・3・10 判時 806 号 13 頁②·····················212

最大判昭和 51（1976）・4・14 民集 30 巻 3 号 223 頁［百選 II 212］〈*111*〉·····················239, **270**

最三小判昭和 51（1976）・4・27 民集 30 巻 3 号 384 頁〈*65*〉·····················**175**

最一小判昭和 51（1976）・5・6 民集 30 巻 4 号 541 頁·····················143

最一小判昭和 51（1976）・7・8 民集 30 巻 7 号 689 頁［重判昭 51 民 9］·····················401

最一小判昭和 51（1976）・9・30 民集 30 巻 8 号 816 頁［重判昭 51 民 8］·····················319

最大判昭和 52（1977）・7・13 民集 31 巻 4 号 533 頁［重判昭 52 憲 3］·····················16

最三小判昭和 53（1978）・3・14 民集 32 巻 2 号 211 頁［百選 II 132］〈*37*〉·····················**109**, 287

最一小判昭和 53（1978）・3・30 民集 32 巻 2 号 435 頁［百選 II 255］〈*193*〉·····················356, **457**

最一小判昭和 53（1978）・3・30 民集 32 巻 2 号 485 頁［百選 II 214］〈*112*〉·····················245, **274**, 397

最三小判昭和 53（1978）・7・4 民集 32 巻 5 号 809 頁·····················419

最二小判昭和 53（1978）・7・17 民集 32 巻 5 号 1000 頁［百選 II 244］〈*178*〉·····················**423**

最三小判昭和 53（1978）・9・19 判時 911 号 99 頁 ·····················204

最大判昭和 53（1978）・10・4 民集 32 巻 7 号 1223 頁［百選 I 76］·····················190

最二小判昭和 53（1978）・10・20 民集 32 巻 7 号 1367 頁［百選 II 228］〈*159*〉·····················**384**

最二小判昭和 53（1978）・12・8 民集 32 巻 9 号 1617 頁［百選 I 2］·····················102, 277

最三小判昭和 54（1979）・7・10 民集 33 巻 5 号 481 頁［百選 II 231］·····················332, 335

最三小判昭和 54（1979）・12・25 民集 33 巻 7 号 753 頁［重判昭 54 行 6］〈*25*〉·····················**66**

最二小判昭和 55（1980）・4・18 判時 1012 号 60 頁·····················447

最一小判昭和 55（1980）・11・20 判時 1001 号 31 頁 ·····················155

最三小判昭和 55（1980）・11・25 民集 34 巻 6 号 781 頁［百選 II 176］〈*57*〉·····················**160**

最三小判昭和 56（1981）・1・27 民集 35 巻 1 号 35 頁［百選 I 25］·····················349

最二小判昭和 56（1981）・4・24 民集 35 巻 3 号 672 頁［重判昭 56 行 7］·····················155

最一小判昭和 56（1981）・5・14 民集 35 巻 4 号 717 頁［百選 II 134］〈*116*〉·····················**285**

最三小判昭和 56（1981）・7・14 民集 35 巻 5 号 901 頁［百選 II 188］〈*80*〉·····················207, 305

最大判昭和 56（1981）・12・16 民集 35 巻 10 号 1369 頁［百選 II 149］［百選 II 241］

　　〈*8*〉〈*173*〉 ·····················**21**, 51, **414**

最二小判昭和 57（1982）・2・5 民集 36 巻 2 号 127 頁·····················437

最三小判昭和 57（1982）・2・23 民集 36 巻 2 号 154 頁〈*163*〉·····················**392**

最三小判昭和 57（1982）・2・23 民集 36 巻 2 号 215 頁〈*83*〉·····················**216**

最二小判昭和 57（1982）・3・12 民集 36 巻 3 号 329 頁［百選 II 227］〈*155*〉·····················**377**

最一小判昭和 57（1982）・4・1 民集 36 巻 4 号 519 頁［百選 II 230］〈*140*〉·····················**337**

最一小判昭和 57（1982）・4・8 民集 36 巻 4 号 594 頁［重判昭 57 憲 6］〈*52*〉·····················149

最一小判昭和 57（1982）・4・22 民集 36 巻 4 号 705 頁［百選 II 153］〈*32*〉·····················**91**

判例索引　463

最一小判昭和 57（1982）・5・27 民集 36 巻 5 号 777 頁 ［重判昭 57 行 5］ ················62

最一小判昭和 57（1982）・7・15 民集 36 巻 6 号 1169 頁 ［百選 II 151］〈*21*〉 ··········**54**

最一小判昭和 57（1982）・9・9 民集 36 巻 9 号 1679 頁 ［百選 II 177］〈*50*〉 ·········**144**

最三小判昭和 57（1982）・12・21 民集 36 巻 12 号 2409 頁 ································172

最二小判昭和 58（1983）・2・18 民集 37 巻 1 号 59 頁 ［百選 II 247］〈*184*〉 ········**435,** 447

最二小判昭和 58（1983）・2・18 民集 37 巻 1 号 101 頁 ［重判昭 58 行 7］ ············315

最三小判昭和 58（1983）・4・5 判時 1077 号 50 頁 ······································259

最二小判昭和 58（1983）・7・8 判時 1089 号 44 頁 〈*141*〉 ·························**339**

最二小判昭和 58（1983）・7・15 民集 37 巻 6 号 869 頁 ································254

最一小判昭和 58（1983）・9・8 判時 1096 号 62 頁 ·····································254

最一小判昭和 59（1984）・1・26 民集 38 巻 2 号 53 頁 ［百選 II 237］〈*171*〉 ·······**409,** 414

最一小判昭和 59（1984）・6・28 民集 38 巻 8 号 1029 頁〈*62*〉 ·····················**171**

最二小判昭和 59（1984）・10・26 民集 38 巻 10 号 1169 頁 ［百選 II 174］〈*55*〉 ········**156**

最大判昭和 59（1984）・12・12 民集 38 巻 12 号 1308 頁 ［百選 II 159］ ················69

最大判昭和 59（1984）・12・12 集民 143 号 305 頁 ······································69

最三小判昭和 59（1984）・12・18 労働判例 443 号 16 頁 ·······························202

最一小判昭和 60（1985）・3・28 民集 39 巻 2 号 333 頁 ［重判昭 60 行 7］ ···········411

最三小判昭和 60（1985）・4・23 民集 39 巻 3 号 850 頁 ································208

最三小判昭和 60（1985）・7・16 民集 39 巻 5 号 989 頁 ［百選 I 124］ ·················34

最一小判昭和 60（1985）・11・21 民集 39 巻 7 号 1512 頁 ［重判昭 60 憲 4］ ·········376

最三小判昭和 60（1985）・12・17 民集 39 巻 8 号 1821 頁〈*33*〉 ·················**93,** 97

最三小判昭和 60（1985）・12・17 判時 1179 号 56 頁 ［重判昭 60 行 1］〈*39*〉 ········**115**

最一小判昭和 61（1986）・2・13 民集 40 巻 1 号 1 頁 ·····························96, 97, 148

最二小判昭和 61（1986）・2・24 民集 40 巻 1 号 69 頁 ［百選 II 183］〈*103*〉 ·······155, **251**

最一小判昭和 61（1986）・2・27 民集 40 巻 1 号 124 頁 ［百選 II 216］〈*129*〉·······**311**

最三小判昭和 61（1986）・3・25 民集 40 巻 2 号 472 頁 ［百選 II 239］ ···············419

最一小判昭和 61（1986）・6・19 判時 1206 号 21 頁 ［百選 II 140］〈*120*〉 ·······285, **294**

最三小判昭和 61（1986）・12・16 民集 40 巻 7 号 1236 頁 ［重判昭 61 民 4］ ··········61

最二小判昭和 62（1987）・2・6 判時 1232 号 100 頁 ［百選 II 215］ ··················331

最一小判昭和 62（1987）・2・26 判時 1242 号 122 頁 ［重判昭 62 労 6］ ·············395

最二小判昭和 62（1987）・4・17 民集 41 巻 3 号 286 頁 ［百選 II 180］〈*66*〉 ·······**176,** 238

最三小判昭和 62（1987）・4・21 民集 41 巻 3 号 309 頁 ［百選 II 138］〈*63*〉〈*125*〉 ·····173, **301**

最三小判昭和 62（1987）・9・22 集民 151 号 685 頁·····································429

最一小判昭和 63（1988）・1・21 判時 1270 号 67 頁·····································449

最一小判昭和 63（1988）・1・21 訟月 34 巻 8 号 1683 頁 ［重判昭 63 行 4］〈*188*〉 ·····447, **448**

最二小判平成元（1989）・2・17 民集 43 巻 2 号 56 頁 ［百選 II 192］〈*40*〉 ·········24, **118,** 197

最大判平成元（1989）・3・8 民集 43 巻 2 号 89 頁 ［重判元憲 9］ ···················379

最三小判平成元（1989）・3・28 判時 1311 号 66 頁 ·····································424

最一小判平成元（1989）・4・13 判時 1313 号 121 頁 ［百選 II 168］〈*46*〉 ·········**135,** 239

最三小判平成元（1989）・6・20 判時 1334 号 201 頁 ［百選 II 169］〈*47*〉 ··········**136**

最三小判平成元（1989）・7・4 判時 1336 号 86 頁 ［重判平元行 4］ ·················167

最一小判平成元（1989）・10・26民集43巻9号999頁 ································422
最二小判平成元（1989）・11・24民集43巻10号1169頁［百選Ⅱ222］〈*148*〉 ··········**357**
最一小判平成2（1990）・1・18民集44巻1号253頁［百選Ⅱ136］〈*119*〉 ···**291**, 297, 298
最三小判平成2（1990）・2・20判時1380号94頁 ·····························373, 374
最三小判平成2（1990）・6・5民集44巻4号719頁［重判平2行6］ ···············171
最二小判平成2（1990）・7・20民集44巻5号938頁［重判平2刑訴5］〈*156*〉 ···**379**, 385
最二小判平成2（1990）・9・28労働判例572号24頁 ·······················396
最一小判平成2（1990）・12・13民集44巻9号1186頁［百選Ⅱ238］〈*172*〉 ··········**412**
最三小判平成3（1991）・3・19判時1401号40頁 ·····························180
最三小決平成3（1991）・3・29刑集45巻3号158頁［重判平3刑訴7］〈*194*〉 ···········**459**
最二小判平成3（1991）・4・19民集45巻4号367頁［百選Ⅱ217］〈*132*〉 ········317, **318**
最三小判平成3（1991）・4・23民集45巻4号538頁［重判平3無体3］ ···············212
最二小判平成3（1991）・4・26民集45巻4号653頁［百選Ⅱ218］〈*12*〉

···**30**, 232, 356, 369, 372
最三小判平成3（1991）・7・9民集45巻6号1049頁［百選Ⅰ48］〈*143*〉 ··········**343**
最二小判平成4（1992）・1・24民集46巻1号54頁［百選Ⅱ178］〈*51*〉 ············**148**
最三小判平成4（1992）・2・18民集46巻2号77頁［重判平4行10］ ············74, 208
最三小判平成4（1992）・2・18判自103号29頁 ·····························294
最三小判平成4（1992）・4・28民集46巻4号245頁［重判平4無体1］ ···············235
最三小判平成4（1992）・9・22民集46巻6号571頁［百選Ⅱ162］〈*13*〉 ········34, 123
最三小判平成4（1992）・9・22民集46巻6号1090頁［百選Ⅱ181］〈*67*〉 ··········**177**
最一小判平成4（1992）・10・29民集46巻7号1174頁［百選Ⅰ77］〈*18*〉 ·······**47**, 215, 225
最三小判平成4（1992）・11・26民集46巻8号2658頁［重判平4行1］〈*31*〉 ·········**89**, 97
最三小判平成4（1992）・12・15民集46巻9号2753頁 ·······················201
最二小判平成5（1993）・1・25民集47巻1号310頁［重判平5刑訴2］〈*160*〉 ··········**385**
最三小判平成5（1993）・2・16民集47巻2号473頁［百選Ⅱ190］〈*78*〉 ············**203**
最三小判平成5（1993）・2・16民集47巻3号1687頁［重判平5憲9］ ···············16
最一小判平成5（1993）・2・18民集47巻2号574頁［百選Ⅰ98］ ···············334
最一小判平成5（1993）・2・25民集47巻2号643頁［重判平5行6］ ···············26
最一小判平成5（1993）・3・11民集47巻4号2863頁［百選Ⅱ219］〈*146*〉 ·······**350**, 392
最三小判平成5（1993）・3・30民集47巻4号3226頁［百選Ⅱ240］〈*175*〉 ··········**417**
最三小判平成5（1993）・7・20民集47巻7号4627頁［百選Ⅱ210］〈*102*〉···**249**, 320, 396, 454
最三小判平成5（1993）・9・7民集47巻7号4755頁［重判平5行9］ ···············192
最二小判平成5（1993）・9・10民集47巻7号4955頁［重判平5行8］ ···············157
最三小判平成5（1993）・12・17民集47巻10号5530頁［重判平5行7］〈*93*〉 ·······**235**, 238
最三小判平成6（1994）・2・8民集48巻2号123頁 ·······················277
最二小判平成6（1994）・4・22判時1499号63頁［重判平6行3］ ···············93
最三小判平成6（1994）・9・27判時1518号10頁 ·····························130
最一小判平成6（1994）・10・27判時1514号28頁 ·····························414
最一小判平成6（1994）・12・8税務訴訟資料206号659頁 ··················222
最一小判平成7（1995）・3・23民集49巻3号1006頁［百選Ⅱ156］〈*34*〉 ············**98**

判例索引　465

最二小判平成 7（1995）・6・23 民集 49 巻 6 号 1600 頁［百選Ⅱ 223］ ································· 365
最二小判平成 7（1995）・7・7 民集 49 巻 7 号 1870 頁［重判平 7 行 7］〈*174*〉 ················· **416**
最一小判平成 7（1995）・11・9 判時 1551 号 64 頁 ··· 157
最二小決平成 8（1996）・2・26 民集 50 巻 2 号 274 頁［重判平 8 行 3］ ································· 280
最二小判平成 8（1996）・3・8 民集 50 巻 3 号 408 頁［重判平 8 行 7］ ··································· 385
最二小判平成 8（1996）・7・12 民集 50 巻 7 号 1477 頁［重判平 8 行 8］ ····························· 414
最大判平成 8（1996）・8・28 民集 50 巻 7 号 1952 頁［地方自治百選 122］〈*114*〉 ··········· **277**
最三小判平成 9（1997）・1・28 民集 51 巻 1 号 147 頁［百選Ⅱ 209］〈*96*〉 ·········· **239**, 448, 454
最三小判平成 9（1997）・1・28 民集 51 巻 1 号 250 頁［重判平 9 行 2］ ································· 147
最三小判平成 9（1997）・3・11 判時 1599 号 48 頁〈*23*〉 ··· **59**
最一小判平成 9（1997）・3・13 民集 51 巻 3 号 1233 頁［重判平 9 憲 5］ ····························· 456
最大判平成 9（1997）・4・2 民集 51 巻 4 号 1673 頁［重判平 9 憲 3］ ····································· 16
最三小判平成 9（1997）・7・15 民集 51 巻 6 号 2645 頁［重判平 9 民訴 5］〈*157*〉 ········· **380**, 394
最三小判平成 9（1997）・9・4 民集 51 巻 8 号 3718 頁 ··· 389
最三小判平成 9（1997）・9・9 民集 51 巻 8 号 3850 頁［重判平 9 憲 9］ ································· 402
最二小判平成 10（1998）・4・10 民集 52 巻 3 号 677 頁［百選Ⅱ 179］〈*58*〉 ····················· **161**
最二小判平成 10（1998）・6・12 民集 52 巻 4 号 1087 頁［重判平 10 民 11］ ························· 322
最一小判平成 10（1998）・10・8 判自 203 号 79 頁〈*145*〉 ··· **348**
最一小判平成 10（1998）・12・17 民集 52 巻 9 号 1821 頁［百選Ⅱ 166］〈*44*〉 ················· **128**
最一小決平成 11（1999）・1・11 判時 1675 号 61 頁〈*107*〉 ······································ 236, **262**
最一小判平成 11（1999）・1・21 判時 1675 号 48 頁［重判平 11 行 5］ ···························· 62, 356
最二小判平成 11（1999）・1・22 判自 203 号 77 頁 ··· 241
最三小判平成 11（1999）・3・9 民集 53 巻 3 号 303 頁［重判平 11 知財 1］ ························· 155
最三小判平成 11（1999）・10・26 判時 1695 号 63 頁 ··· 157
最二小判平成 11（1999）・11・19 民集 53 巻 8 号 1862 頁［百選Ⅱ 189］〈*79*〉 ··········· **204**, 305
最一小判平成 11（1999）・11・25 判時 1698 号 66 頁［百選Ⅰ 56］〈*82*〉 ············ 112, 115, **213**
最一小判平成 12（2000）・3・17 判時 1708 号 62 頁［重判平 12 行 2］ ································· 130
最三小判平成 12（2000）・7・18 判時 1724 号 29 頁［重判平 12 行 3］〈*87*〉 ············· **222**, 325
最二小決平成 12（2000）・10・13 判時 1731 号 3 頁［百選Ⅱ 213］〈*98*〉 ················ **243**, 276
最三小決平成 13（2001）・2・27 民集 55 巻 1 号 149 頁［重判平 13 行 1］ ··························· 185
最三小判平成 13（2001）・3・13 民集 55 巻 2 号 283 頁［百選Ⅱ 163］〈*42*〉 ············ **124**, 245
最二小判平成 13（2001）・7・13 判自 223 号 22 頁［百選Ⅱ 142］ ·································· 6, 277
最一小判平成 13（2001）・11・22 判時 1771 号 83 頁［重判平 13 憲 9②］〈*192*〉 ············· **456**
最一小判平成 14（2002）・1・17 民集 56 巻 1 号 1 頁［百選Ⅱ 154］ ································· 83
最一小判平成 14（2002）・1・22 民集 56 巻 1 号 46 頁［百選Ⅱ 164］〈*43*〉 ····················· **126**
最一小判平成 14（2002）・2・28 民集 56 巻 2 号 467 頁［重判平 14 行 4］ ··························· 147
最一小判平成 14（2002）・3・28 民集 56 巻 3 号 613 頁［重判平 14 行 2］ ··························· 128
最一小判平成 14（2002）・4・25 判自 229 号 52 頁 ··· 89
最三小判平成 14（2002）・6・11 民集 56 巻 5 号 958 頁［重判平 14 憲 6］〈*182*〉 ···**431**, 446, 453
最三小判平成 14（2002）・7・9 民集 56 巻 6 号 1134 頁［百選Ⅰ 109］〈*2*〉 ······················· **5**
最三小判平成 14（2002）・7・9 判自 234 号 22 頁 ································· 294, 297

最大判平成 14（2002）・9・11 民集 56 巻 7 号 1439 頁［百選 II 245］〈*179*〉‥‥‥‥‥311, **424**

最一小決平成 14（2002）・9・26 判時 1807 号 152 頁〈*99*〉‥‥‥‥‥‥‥‥‥‥‥‥**245**

最一小判平成 14（2002）・10・24 民集 56 巻 8 号 1903 頁［百選 II 131］〈*115*〉‥‥‥**284**

最二小判平成 15（2003）・1・17 民集 57 巻 1 号 1 頁［重判平 15 行 1］‥‥‥‥‥‥‥‥201

最三小決平成 15（2003）・1・24 集民 209 号 59 頁［百選 II 187］〈*100*〉‥‥‥‥‥**246**

最二小判平成 15（2003）・2・17 判例集未登載‥‥‥‥‥‥‥‥‥‥‥‥‥‥‥‥‥‥402

最三小決平成 15（2003）・3・11 判時 1822 号 55 頁‥‥‥‥‥‥‥‥‥‥‥‥‥‥‥‥259

最二小決平成 15（2003）・3・14 判時 1821 号 16 頁‥‥‥‥‥‥‥‥‥‥‥‥‥‥‥‥186

最一小判平成 15（2003）・6・26 金融法務事情 1685 号 53 頁‥‥‥‥‥‥‥‥‥‥‥‥352

最一小判平成 15（2003）・9・4 判時 1841 号 89 頁［百選 II 157］〈*22*〉‥‥‥‥‥‥**56**

最一小判平成 15（2003）・11・27 民集 57 巻 10 号 1665 頁［重判平 15 憲 8］‥‥‥‥‥431

最一小判平成 15（2003）・12・4 判時 1848 号 66 頁［重判平 15 憲 9］〈*181*〉‥‥‥**429**, 454

最一小判平成 15（2003）・12・22 労働判例 864 号 5 頁‥‥‥‥‥‥‥‥‥‥‥‥‥‥‥246

最一小判平成 16（2004）・1・15 民集 58 巻 1 号 226 頁［重判平 16 行 2］〈*144*〉‥‥**345**, 390

最一小判平成 16（2004）・4・26 民集 58 巻 4 号 989 頁［重判平 16 行 4］〈*24*〉‥‥‥**63**

最三小判平成 16（2004）・4・27 民集 58 巻 4 号 1032 頁［重判平 16 行 5］‥‥‥‥‥30, 365

最一小決平成 16（2004）・5・31 判時 1868 号 24 頁‥‥‥‥‥‥‥‥‥‥‥‥‥‥‥‥257

最二小判平成 16（2004）・10・15 民集 58 巻 7 号 1802 頁［百選 II 225］〈*150*〉‥‥30, **362**

最二小判平成 16（2004）・11・29 判時 1879 号 58 頁［重判平 16 憲 2］‥‥‥‥‥‥‥457

最二小判平成 16（2004）・12・17 判時 1892 号 14 頁‥‥‥‥‥‥‥‥‥‥‥‥‥‥‥392

最三小決平成 17（2005）・3・29 民集 59 巻 2 号 477 頁［百選 II 186］〈*101*〉‥‥95, **247**, 276

最一小判平成 17（2005）・4・14 民集 59 巻 3 号 491 頁［百選 II 161］〈*26*〉‥‥‥‥**70**

最一小判平成 17（2005）・4・21 判時 1898 号 57 頁〈*153*〉‥‥‥‥‥‥‥‥‥‥‥372, 374

最一小判平成 17（2005）・5・30 民集 59 巻 4 号 671 頁［重判平 17 行 3］‥‥‥‥‥‥38

最二小決平成 17（2005）・6・24 判時 1904 号 69 頁［百選 I 7］‥‥‥‥‥‥‥‥‥‥328

最二小判平成 17（2005）・7・11 民集 59 巻 6 号 1197 頁［百選 II 203］‥‥‥‥‥‥‥237

最一小判平成 17（2005）・7・14 民集 59 巻 6 号 1569 頁［重判平 17 憲 6］〈*152*〉‥‥‥**370**

最二小判平成 17（2005）・7・15 民集 59 巻 6 号 1661 頁［百選 II 160］〈*27*〉‥‥‥**75**, 102

最一小判平成 17（2005）・9・8 判時 1920 号 29 頁‥‥‥‥‥‥‥‥‥‥‥‥‥‥‥‥77

最大判平成 17（2005）・9・14 民集 59 巻 7 号 2087 頁［百選 II 208］〈*4*〉‥‥‥**9**, 243, 274, 376

最三小判平成 17（2005）・10・25 判時 1920 号 32 頁［重判平 17 行 6 ②］‥‥‥‥‥‥77, 200

最三小判平成 17（2005）・11・1 判時 1928 号 25 頁［百選 II 253］〈*187*〉‥‥‥‥‥**443**

最大判平成 17（2005）・12・7 民集 59 巻 10 号 2645 頁［百選 II 165］〈*38*〉‥‥‥‥**111**, 191, 215

最一小判平成 17（2005）・12・8 判時 1923 号 26 頁〈*131*〉‥‥‥‥‥‥‥‥‥‥‥**315**

最一小判平成 18（2006）・1・19 民集 60 巻 1 号 65 頁［百選 II 133］〈*117*〉‥‥‥‥**288**

最一小判平成 18（2006）・4・20 集民 220 号 165 頁‥‥‥‥‥‥‥‥‥‥‥‥‥‥‥‥323

最二小判平成 18（2006）・6・16 民集 60 巻 5 号 1997 頁［重判平 18 民 11］〈*134*〉‥‥317, **323**

最一小判平成 18（2006）・7・13 判時 1946 号 41 頁［重判平 18 憲 2］‥‥‥‥‥‥‥376

最二小判平成 18（2006）・7・14 民集 60 巻 6 号 2369 頁［百選 II 155］〈*29*〉‥‥‥‥**84**

最二小判平成 18（2006）・9・4 判時 1948 号 26 頁［重判平 18 行 7］〈*17*〉‥‥‥‥‥**44**

最一小判平成 18（2006）・10・5 判時 1952 号 69 頁［重判平 18 行 8］‥‥‥‥‥‥‥301

判例索引　467

最一小判平成 18（2006）・11・2 民集 60 巻 9 号 3249 頁［百選 I 75］ ·····················115, 191
最一小判平成 19（2007）・1・25 民集 61 巻 1 号 1 頁［百選 II 232］〈*135*〉·········**325**, 337, 402
最二小判平成 19（2007）・10・19 判時 1993 号 3 頁［重判平 19 行 7］ ·····························135
最一小判平成 19（2007）・11・1 民集 61 巻 8 号 2733 頁［百選 II 220］〈*147*〉·········**353**, 459
最三小決平成 19（2007）・12・18 判時 1994 号 21 頁［百選 II 199］〈*105*〉·················161, **257**
最三小判平成 20（2008）・2・19 民集 62 巻 2 号 445 頁［重判平 20 憲 6］ ······················348
最二小決平成 20（2008）・3・3 刑集 62 巻 4 号 567 頁［重判平 20 刑 1］ ······················397
最三小判平成 20（2008）・4・15 民集 62 巻 5 号 1005 頁［重判平 20 行 11］ ···················388
最二小判平成 20（2008）・4・18 判時 2006 号 74 頁〈*130*〉····························**313**, 332
最大判平成 20（2008）・6・4 民集 62 巻 6 号 1367 頁［重判平 20 行 7］〈*3*〉·············**6**, 243
最大判平成 20（2008）・9・10 民集 62 巻 8 号 2029 頁［百選 II 152］〈*1*〉
···**2**, 96, 97, 102, 200, 230
最二小判平成 21（2009）・2・27 民集 63 巻 2 号 299 頁［重判平 21 行 8］〈*41*〉·········**122**, 161
最二小判平成 21（2009）・4・17 民集 63 巻 4 号 638 頁［百選 I 62］〈*68*〉·········62, **178**, 190
最三小判平成 21（2009）・4・28 民集 63 巻 4 号 904 頁［重判平 21 行 12］ ···················315
最一小判平成 21（2009）・10・15 民集 63 巻 8 号 1711 頁［百選 II 167］〈*45*〉·············**131**
最二小判平成 21（2009）・10・23 民集 63 巻 8 号 1849 頁［百選 II 243］〈*177*〉·············**420**
最一小判平成 21（2009）・11・26 民集 63 巻 9 号 2124 頁［百選 II 204］〈*30*〉·········**87**, 231
最一小判平成 21（2009）・12・17 民集 63 巻 10 号 2631 頁［百選 I 84］〈*76*〉·············**198**
最大判平成 22（2010）・1・20 民集 64 巻 1 号 1 頁［重判平 22 行 11 ①・憲 4 ①］〈*5*〉·····**13**
最大判平成 22（2010）・1・20 民集 64 巻 1 号 128 頁［重判平 22 行 11 ②］·················16
最三小判平成 22（2010）・2・23 判時 2076 号 40 頁［重判平 22 憲 9］〈*186*〉··············**440**
最三小判平成 22（2010）・3・2 判時 2076 号 44 頁〈*176*〉··························**419**
最三小判平成 22（2010）・4・20 集民 234 号 63 頁 ··································335
最一小判平成 22（2010）・6・3 民集 64 巻 4 号 1010 頁［百選 II 233］〈*162*〉··············**390**
最二小判平成 22（2010）・10・15 民集 64 巻 7 号 1764 頁 ·····························231
最一小決平成 22（2010）・11・25 民集 64 巻 8 号 1951 頁［重判平 23 行 5］ ···················56
最三小判平成 23（2011）・6・14 集民 237 号 21 頁［重判平 23 行 6］ ························54, 62
最三小判平成 23（2011）・10・25 民集 65 巻 7 号 2923 頁［重判平 23 行 2］ ·············13, 243
最一小判平成 24（2012）・1・16 判時 2147 号 139 頁 ·······························164
最二小判平成 24（2012）・2・3 民集 66 巻 2 号 148 頁 ································56
最一小判平成 24（2012）・2・9 民集 66 巻 2 号 183 頁［百選 II 207］〈*59*〉··········**163**, 243
最一小判平成 24（2012）・2・16 判時 2146 号 49 頁 ································16
最三小判平成 24（2012）・3・6 判時 2152 号 41 頁［重判平 24 行 5］ ·······················59
最二小判平成 24（2012）・4・20 民集 66 巻 6 号 2583 頁［重判平 24 行 10 ①］〈*6*〉···········**16**
最二小判平成 24（2012）・4・23 民集 66 巻 6 号 2789 頁［重判平 24 行 10 ②］〈*6*〉
···**16**, 276, 397, 400
最一小判平成 24（2012）・4・27 民集 66 巻 6 号 3000 頁［重判平 24 行 6］ ···················149
最三小判平成 24（2012）・11・20 民集 66 巻 11 号 3521 頁［百選 II 182］ ···················144
最一小決平成 24（2012）・11・30 判時 2176 号 27 頁［重判平 25 行 6］ ·····················274
最二小判平成 25（2013）・1・11 民集 67 巻 1 号 1 頁［百選 I 50］ ···················13, 84, 243

最三小判平成 25（2013）・3・26 集民 243 号 101 頁［百選Ⅱ 221］〈*151*〉 ················ **365**
最三小判平成 25（2013）・4・16 民集 67 巻 4 号 1115 頁［百選Ⅰ 78］················· 183
最二小判平成 25（2013）・7・12 判時 2203 号 22 頁［重判平 25 行 3］················· 289
最二小判平成 25（2013）・10・25 判時 2208 号 3 頁 ································· 241
最三小判平成 25（2013）・12・10 民集 67 巻 9 号 1761 頁［重判平 26 行 8・刑訴 8］〈*161*〉
　 ·· **386**
最三小判平成 26（2014）・1・28 民集 68 巻 1 号 49 頁［百選Ⅱ 171］〈*48*〉············ **138**, 369
最二小決平成 26（2014）・7・9 判時 2241 号 20 頁［重判平 26 憲 2］················ 274
最二小判平成 26（2014）・7・14 判時 2242 号 51 頁［百選Ⅱ 196］················· 221
最一小決平成 26（2014）・7・22 刑集 68 巻 6 号 775 頁［重判平 26 刑 2］············· 397
最三小判平成 26（2014）・7・29 民集 68 巻 6 号 620 頁［重判平 26 行 3］············· 141
最一小決平成 26（2014）・9・25 民集 68 巻 7 号 781 頁［重判平 26 行 5］〈*71*〉········ **184**
最一小判平成 26（2014）・10・9 民集 68 巻 8 号 799 頁［百選Ⅱ 224］〈*11*〉········· **28**, 365
最一小判平成 26（2014）・10・23 判時 2245 号 10 頁［重判平 26 行 1］············· 335
最三小判平成 27（2015）・3・3 民集 69 巻 2 号 143 頁［百選Ⅱ 175］··············· 160
最一小判平成 27（2015）・3・5 判時 2264 号 33 頁［重判平 27 行 3・民訴 9］〈*158*〉 ·········· **382**
最一小判平成 27（2015）・12・14 民集 69 巻 8 号 2404 頁［重判平 28 行 3］·········· 157
最大判平成 27（2015）・12・16 民集 69 巻 8 号 2427 頁［重判平 28 憲 6・民 10］〈*154*〉···· **374**
最一小判平成 28（2016）・3・10 判時 2306 号 44 頁［重判平 28 行 4］············· 144
最一小判平成 28（2016）・4・21 民集 70 巻 4 号 1029 頁［重判平 28 行 7］·········· 317
最一小判平成 28（2016）・12・8 民集 70 巻 8 号 1833 頁［百選Ⅱ 150］〈*9*〉········· **24**, 163
最一小判平成 28（2016）・12・8 判時 2325 号 37 頁［重判平 29 民訴 1］············ 331
最一小判平成 28（2016）・12・15 判時 2328 号 24 頁······························· 13
最二小判平成 28（2016）・12・20 民集 70 巻 9 号 2281 頁［重判平 29 行 9］〈*7*〉········· **19**, 276
最二小判平成 29（2017）・4・6 民集 71 巻 4 号 637 頁［重判平 29 行 4］〈*56*〉········· **158**
最二小判平成 29（2017）・9・8 民集 71 巻 7 号 1021 頁［重判平 29 行 10］·········· 34, 364
最二小判平成 29（2017）・9・15 判時 2366 号 3 頁［重判平 29 行 7］〈*165*〉········· **397**, 400
最一小判平成 29（2017）・12・18 民集 71 巻 10 号 2364 頁···························· 147

〈高等裁判所〉

東京高判昭和 34（1959）・6・13 行裁例集 10 巻 12 号 2366 頁 ····················· 170
東京高判昭和 36（1961）・12・14 行裁例集 12 巻 12 号 2579 頁 ···················· 49
東京高判昭和 39（1964）・7・9 行裁例集 15 巻 7 号 1442 頁 ······················ 270
東京高決昭和 40（1965）・5・31 行裁例集 16 巻 6 号 1099 頁······················ 230
東京高判昭和 41（1966）・12・13 行裁例集 17 巻 12 号 1341 頁 ···················· 209
東京高判昭和 48（1973）・7・13 行裁例集 24 巻 6 = 7 号 533 頁［重判昭 48 行 6］〈*16*〉···· **41**
広島高松江支判昭和 49（1974）・7・31 行裁例集 25 巻 7 号 1039 頁················· 447
福岡高判昭和 50（1975）・7・17 民集 30 巻 3 号 393 頁 ························· 175
東京高判昭和 50（1975）・12・20 行裁例集 26 巻 12 号 1446 頁［重判昭 50 憲 4］······· 149
東京高判昭和 51（1976）・7・19 行裁例集 27 巻 7 号 1053 頁······················ 216

判例索引　469

札幌高判昭和 51（1976）・8・5 行裁例集 27 巻 8 号 1175 頁 ……………………144

大阪高判昭和 52（1977）・1・27 行裁例集 28 巻 1 = 2 号 22 頁 ………………………207

東京高判昭和 53（1978）・10・17 判時 916 号 35 頁……………………………………352

東京高判昭和 53（1978）・11・27 判タ 380 号 94 頁………………………………………438

東京高判昭和 54（1979）・12・24 判時 955 号 73 頁 ………………………………………34

名古屋高判昭和 55（1980）・3・21 行裁例集 31 巻 3 号 530 頁 …………………………306

名古屋高判昭和 55（1980）・7・17 判時 987 号 57 頁 ……………………………………424

名古屋高金沢支判昭和 56（1981）・2・4 行裁例集 32 巻 2 号 179 頁……………………301

東京高判昭和 56（1981）・12・21 行裁例集 32 巻 12 号 2229 頁…………………………118

東京高判昭和 56（1981）・12・24 行裁例集 32 巻 12 号 2315 頁［重判昭 56 憲 6］…‥69

東京高判昭和 57（1982）・3・24 行裁例集 33 巻 3 号 548 頁 ……………………………176

大阪高判昭和 57（1982）・6・9 行裁例集 33 巻 6 号 1238 頁………………………………93

札幌高判昭和 57（1982）・6・22 行裁例集 33 巻 6 号 1320 頁 …………………………116

東京高判昭和 57（1982）・8・10 労民集 33 巻 4 号 737 頁 ………………………………395

東京高判昭和 58（1983）・4・20 民集 38 巻 8 号 1040 頁…………………………………171

東京高判昭和 59（1984）・10・1 行裁例集 35 巻 10 号 1595 頁 …………………………443

大阪高判昭和 59（1984）・10・30 行裁例集 35 巻 10 号 1772 頁………………‥135, 239

広島高岡山支判昭和 59（1984）・10・30 訟月 31 巻 7 号 1506 頁………………………338

大阪高判昭和 62（1987）・4・10 判時 1229 号 27 頁………………………………………411

東京高判昭和 62（1987）・8・31 訟月 34 巻 4 号 656 頁〈*164*〉……………………**394**

大阪高判昭和 62（1987）・11・27 判時 1275 号 62 頁 ……………………………………406

東京高判昭和 62（1987）・12・24 行裁例集 38 巻 12 号 1807 頁〈*28*〉 ……………**79**

東京高判昭和 63（1988）・4・20 行裁例集 39 巻 3 = 4 号 281 頁［重判昭 63 行 5］…………453

福岡高判昭和 63（1988）・5・26 民集 47 巻 7 号 4646 頁…………………………………249

東京高判平成元（1989）・6・27 行裁例集 40 巻 6 号 661 頁 ……………………………151

東京高判平成 2（1990）・7・12 判時 1355 号 3 頁［重判平 2 行 4］……………………427

大阪高判平成 3（1991）・2・22 判自 103 号 32 頁…………………………………………294

大阪高判平成 4（1992）・11・18 行裁例集 43 巻 11 = 12 号 1399 頁……………………‥92

東京高判平成 4（1992）・12・17 判時 1453 号 35 頁 ［重判平 4 行 8］…………………414

東京高判平成 4（1992）・12・18 高民集 45 巻 3 号 212 頁［重判平 4 行 7］〈*133*〉…………**320**

東京高判平成 5（1993）・2・24 判時 1454 号 97 頁 ………………………………………406

仙台高判平成 5（1993）・9・13 行裁例集 44 巻 8 = 9 号 771 頁…………………………‥98

東京高判平成 6（1994）・3・30 行裁例集 45 巻 3 号 857 頁〈*86*〉……………………**221**

福岡高判平成 6（1994）・5・13 行裁例集 45 巻 5 = 6 号 1202 頁［重判平 6 行 1］ …………161

東京高判平成 6（1994）・6・29 訟月 44 巻 10 号 1794 頁 ………………………………‥59

大阪高判平成 6（1994）・11・29 行裁例集 45 巻 10 = 11 号 1900 頁 …………………241

札幌高判平成 6（1994）・12・6 判時 1526 号 61 頁 ………………………………………320

東京高判平成 7（1995）・9・28 行裁例集 46 巻 8 = 9 号 790 頁 ………………………213

福岡高那覇支判平成 8（1996）・3・25 行裁例集 47 巻 3 号 192 頁……………………‥277

東京高判平成 8（1996）・7・17 民集 53 巻 8 号 1894 頁 …………………………………204

福岡高判平成 8（1996）・9・27 判時 1586 号 32 頁…………………………………………33

東京高判平成 9（1997）・6・26 判時 1617 号 35 頁 ……………………404
仙台高判平成 9（1997）・10・29 判時 1656 号 62 頁〈*122*〉……………**297**
福岡高判平成 9（1997）・11・7 判タ 984 号 103 頁 ………………………222
東京高判平成 10（1998）・6・22 判時 1701 号 75 頁…………………………382
大阪高判平成 10（1998）・6・30 判時 1672 号 51 頁〈*92②*〉………………**232**
東京高判平成 10（1998）・9・30 判時 1667 号 20 頁〈*121*〉……………**296**
高松高決平成 10（1998）・10・28 判タ 1015 号 117 頁 ……………………262
東京高判平成 10（1998）・11・25 判時 1665 号 34 頁 ……………………227
東京高判平成 12（2000）・7・13 判例集未登載…………………………………206
大阪高判平成 12（2000）・10・24 判タ 1068 号 171 頁 ……………………70
大阪高判平成 12（2000）・12・20 裁判所 WEB ………………………………234
東京高判平成 13（2001）・7・4 判時 1754 号 35 頁 …………………156, 196
東京高判平成 14（2002）・3・27 民集 59 巻 6 号 1309 頁……………………237
東京高判平成 14（2002）・6・7 判時 1815 号 75 頁 ……………………………28
東京高判平成 14（2002）・10・22 判時 1806 号 3 頁 ……………………………84
名古屋高金沢支判平成 15（2003）・1・27 判時 1818 号 3 頁［重判平 15 行 2］……………………38
東京高判平成 15（2003）・1・30 判時 1814 号 44 頁［重判平 15 憲 11］……………………167
東京高判平成 15（2003）・5・21 判時 1835 号 77 頁［重判平 15 行 3］……………………335
東京高判平成 15（2003）・9・11 判時 1845 号 54 頁 ……………………………44
東京高判平成 15（2003）・12・18 訟月 50 巻 8 号 2332 頁 ……………………111
福岡高判平成 16（2004）・5・24 判時 1875 号 62 頁 ……………………………310
東京高判平成 17（2005）・6・23 判時 1904 号 83 頁［重判平 18 国際 2］〈*128*〉……………**308**, 331
東京高判平成 17（2005）・11・22 訟月 52 巻 6 号 1581 頁〈*75*〉……………38, **193**
東京高判平成 17（2005）・11・24 判時 1915 号 29 頁 ……………………………371
東京高判平成 18（2006）・6・28 民集 63 巻 2 号 351 頁 ……………………………122
東京高判平成 19（2007）・1・17 判タ 1246 号 122 頁〈*168*〉………………**404**
大阪高決平成 19（2007）・3・1 賃金と社会保障 1448 号 58 頁〈*109*〉……………**266**
大阪高決平成 19（2007）・3・27 裁判所 WEB ………………………………269
大阪高判平成 19（2007）・5・22 判時 1985 号 68 頁 ……………………………409
札幌高判平成 19（2007）・6・26 民集 64 巻 1 号 119 頁………………………13
東京高判平成 19（2007）・7・18 判例集未登載 …………………………………66
東京高決平成 19（2007）・7・19 判時 1994 号 25 頁……………………………257
東京高判平成 19（2007）・11・5 判タ 1277 号 67 頁 ……………………………62
東京高判平成 19（2007）・12・5 裁判所 WEB ………………………………175
大阪高判平成 20（2008）・3・6 判時 2019 号 17 頁 ……………………………131
名古屋高金沢支判平成 20（2008）・7・23 判タ 1281 号 181 頁 ……………………77
大阪高判平成 20（2008）・9・26 判タ 1312 号 81 頁〈*149*〉………………**359**
東京高判平成 21（2009）・1・14 民集 63 巻 10 号 2724 頁……………………198
東京高判平成 21（2009）・3・5 裁判所 WEB ………………………………189
大阪高判平成 21（2009）・9・17 判時 2068 号 65 頁 ……………………………372
東京高判平成 21（2009）・9・29 判タ 1310 号 66 頁…………………………243

判例索引　　471

福岡高那覇支決平成 22（2010）・3・19 判タ 1324 号 84 頁··········265

大阪高判平成 22（2010）・7・30 判例集未登載··········365

大阪高判平成 22（2010）・9・9 判時 2108 号 21 頁［重判平 23 行 7］··········183

東京高判平成 22（2010）・10・7 判タ 1332 号 64 頁··········378

東京高判平成 22（2010）・11・2 訟月 57 巻 7 号 2011 頁··········374

東京高判平成 23（2011）・1・28 判時 2113 号 30 頁··········163

福岡高判平成 23（2011）・2・7 判時 2122 号 45 頁［重判平 23 行 8］··········181

大阪高判平成 23（2011）・8・25 判時 2135 号 60 頁··········30

大阪高決平成 23（2011）・11・21 裁判所 WEB··········265

福岡高判平成 24（2012）・2・16 判例集未登載··········400

広島高判平成 24（2012）・2・20 判タ 1385 号 141 頁··········378

東京高判平成 24（2012）・4・25 判時 2156 号 54 頁··········456

東京高決平成 24（2012）・7・12 判時 2155 号 112 頁··········260

東京高決平成 24（2012）・7・25 判時 2182 号 49 頁··········270

高松高判平成 25（2013）・4・18 判自 396 号 57 頁··········382

東京高判平成 25（2013）・5・30 裁判所 WEB··········19

高松高判平成 25（2013）・5・30 判自 384 号 64 頁··········102

東京高判平成 25（2013）・11・27 判時 2219 号 46 頁··········335

大阪高判平成 25（2013）・12・25 訟月 61 巻 6 号 1128 頁··········30

東京高判平成 26（2014）・2・19 訟月 60 巻 6 号 1367 頁··········136

大阪高判平成 26（2014）・3・6 判時 2257 号 31 頁··········30

名古屋高判平成 26（2014）・5・30 判時 2241 号 24 頁··········167

大阪高決平成 27（2015）・1・7 判時 2264 号 36 頁［重判平 27 憲 8］··········269

仙台高判平成 27（2015）・3・20 判時 2256 号 30 頁〈*14*〉··········**38**

東京高判平成 27（2015）・7・30 判時 2277 号 13 頁··········24

東京高判平成 27（2015）・7・30 判時 2277 号 84 頁··········331

福岡高判平成 27（2015）・10・22 判自 429 号 53 頁··········397

東京高判平成 27（2015）・12・22 判自 405 号 18 頁··········400

大阪高判平成 28（2016）・2・29 判時 2303 号 44 頁··········333

大阪高判平成 28（2016）・6・30 判時 2309 号 58 頁··········167

大阪高判平成 28（2016）・8・26 訟月 63 巻 3 号 1009 頁··········378

東京高判平成 28（2016）・11・30 判時 2325 号 21 頁··········219

仙台高判平成 29（2017）・4・27 判自 431 号 43 頁··········40

福岡高判平成 29（2017）・10・2 判自 434 号 60 頁··········401

東京高判平成 29（2017）・10・27 判タ 1444 号 137 頁··········30

東京高判平成 30（2018）・3・14 判例集未登載··········30

仙台高判平成 30（2018）・4・26 裁判所 WEB··········40

〈地方裁判所〉

福島地判昭和 26（1951）・2・5 行裁例集 2 巻 2 号 171 頁··········142

東京地判昭和 33（1958）・4・10 行裁例集 9 巻 4 号 621 頁··········170

東京地判昭和 36（1961）・2・23 行裁例集 12 巻 2 号 305 頁················49
盛岡地判昭和 37（1962）・7・17 民集 21 巻 3 号 575 頁 ···············224
甲府地判昭和 38（1963）・11・28 行裁例集 14 巻 11 号 2077 頁〈*110*〉··········**269**
東京地決昭和 40（1965）・4・22 行裁例集 16 巻 4 号 708 頁〈*90*〉·········82, **228**
宇都宮地判昭和 44（1969）・4・9 行裁例集 20 巻 5 号 373 頁··········41
大阪地判昭和 44（1969）・6・26 行裁例集 20 巻 5＝6 号 769 頁〈*123*〉············**299**
東京地判昭和 45（1970）・2・24 行裁例集 21 巻 2 号 362 頁〈*124*〉············**300**
東京地判昭和 45（1970）・7・17 行裁例集 21 巻 7 号別冊 1 頁［重判昭 45 憲 4］···········149
大阪地判昭和 45（1970）・9・22 行裁例集 21 巻 9 号 1148 頁···········300
東京地決昭和 45（1970）・10・14 行裁例集 21 巻 10 号 1187 頁［重判昭 45 憲 5］··········51
東京地判昭和 46（1971）・3・29 行裁例集 22 巻 3 号 315 頁 ·············173
東京地判昭和 46（1971）・5・19 判時 646 号 36 頁〈*74*〉···········**192**
大阪地判昭和 46（1971）・5・24 行裁例集 22 巻 8＝9 号 1217 頁 ··········300
東京地判昭和 46（1971）・11・8 行裁例集 22 巻 11＝12 号 1785 頁［重判昭 47 行 2］〈*36*〉
　　·················**105**, 243
横浜地判昭和 47（1972）・10・23 行裁例集 23 巻 10＝11 号 764 頁··············66
札幌地判昭和 48（1973）・9・7 判時 712 号 24 頁［重判昭 48 憲 1］···········144
京都地判昭和 49（1974）・3・15 行裁例集 25 巻 3 号 142 頁·············207
東京地判昭和 50（1975）・5・6 行裁例集 26 巻 5 号 683 頁············216
札幌地判昭和 51（1976）・7・29 行裁例集 27 巻 7 号 1096 頁·············115
熊本地判昭和 51（1976）・12・15 判時 835 号 3 頁················30
大阪地判昭和 54（1979）・2・21 行裁例集 30 巻 2 号 255 頁············93
東京地判昭和 54（1979）・8・30 労民集 30 巻 4 号 852 頁··············395
大阪地判昭和 54（1979）・9・26 判時 949 号 53 頁···············54
岐阜地判昭和 54（1979）・12・19 行裁例集 30 巻 12 号 2040 頁············306
岐阜地判昭和 55（1980）・2・25 行裁例集 31 巻 2 号 184 頁［重判昭 55 行 6］〈*189*〉·········**449**
東京地判昭和 56（1981）・2・5 訟月 27 巻 5 号 951 頁··············231
新潟地判昭和 56（1981）・8・10 行裁例集 32 巻 8 号 1435 頁··············118
大阪地判昭和 57（1982）・2・19 行裁例集 33 巻 1＝2 号 118 頁〈*95*〉··········135, 230, **238**
東京地判昭和 57（1982）・5・31 行裁例集 33 巻 5 号 1138 頁·············453
静岡地判昭和 58（1983）・2・4 判時 1079 号 80 頁〈*138*〉··········**333**
熊本地判昭和 58（1983）・7・20 判時 1086 号 33 頁················388
神戸地判昭和 58（1983）・8・29 行裁例集 34 巻 8 号 1465 頁··········148
横浜地判昭和 58（1983）・10・17 判時 1109 号 121 頁〈*91*〉··········**231**
鳥取地判昭和 59（1984）・3・26 労民集 35 巻 2 号 123 頁 ··········302
水戸地判昭和 60（1985）・6・25 行裁例集 36 巻 6 号 844 頁·············37
東京地判昭和 61（1986）・3・17 行裁例集 37 巻 3 号 294 頁··········453
和歌山地判昭和 61（1986）・5・14 判時 1212 号 104 頁［重判昭 61 労 4］·········203
千葉地判昭和 63（1988）・3・23 判時 1290 号 115 頁 ··········396
東京地判平成元（1989）・3・29 判時 1315 号 42 頁··············352
福岡地判平成元（1989）・9・29 行裁例集 40 巻 9 号 1300 頁··········161

判例索引　　473

大阪地判平成元（1989）・11・24 民集 47 巻 10 号 5538 頁 ……………………235

神戸地判平成 2（1990）・2・21 民集 46 巻 1 号 63 頁 ………………………………148

東京地判平成 2（1990）・3・7 行裁例集 41 巻 3 号 379 頁 ……………………241

東京地判平成 2（1990）・9・18 行裁例集 41 巻 9 号 1471 頁〈190〉………………**451**

盛岡地判平成 3（1991）・10・28 行裁例集 42 巻 10 号 1686 頁 ………………………98

大阪地判平成 4（1992）・6・26 行裁例集 43 巻 6 = 7 号 847 頁 ……………………241

東京地判平成 5（1993）・1・18 訟月 44 巻 10 号 1785 頁 …………………………59

新潟地判平成 6（1994）・3・24 行裁例集 45 巻 3 号 304 頁 …………………38, 193

広島地判平成 6（1994）・3・29 行裁例集 47 巻 7 = 8 号 715 頁 ……………………239

東京地判平成 6（1994）・4・14 行裁例集 45 巻 4 号 977 頁………………………213

横浜地判平成 6（1994）・8・8 判自 138 号 23 頁 …………………………………204

東京地判平成 6（1994）・9・6 判時 1504 号 40 頁〈167〉………………396, **402**

浦和地判平成 8（1996）・2・21 判時 1590 号 114 頁………………………………328

大津地判平成 8（1996）・5・13 判タ 923 号 107 頁………………………………232

神戸地判平成 8（1996）・8・7 判時 1596 号 55 頁………………………………447

札幌地判平成 9（1997）・3・27 判時 1598 号 33 頁［重判平 9 行 8］………200, 239

大津地判平成 9（1997）・6・2 判自 173 号 27 頁〈92 ①〉…………………………**232**

長野地判平成 9（1997）・6・27 判時 1621 号 3 頁………………………………406

東京地判平成 9（1997）・12・9 判時 1701 号 79 頁………………………382, 394

東京地判平成 10（1998）・3・4 判時 1649 号 166 頁………………………………56

横浜地判平成 11（1999）・6・23 判自 201 号 54 頁 ………………………………328

福井地判平成 12（2000）・3・22 判時 1727 号 33 頁［重判平 12 行 5］………37, 38

福井地判平成 12（2000）・3・22 判時 1727 号 77 頁 ………………………………38

神戸地判平成 12（2000）・3・28 訟月 48 巻 6 号 1519 頁 …………………………70

大津地判平成 12（2000）・4・10 判自 205 号 9 頁………………………………234

和歌山地判平成 12（2000）・4・14 判時 1752 号 123 頁 …………………………350

東京地判平成 12（2000）・12・21 訟月 49 巻 4 号 1250 頁 ………………………66

静岡地判平成 12（2000）・12・22 訟月 48 巻 9 号 2167 頁 ………………………193

熊本地判平成 13（2001）・5・11 判時 1748 号 30 頁［重判平 13 憲 10］…………376

東京地判平成 13（2001）・6・26 判タ 1124 号 167 頁 ……………………………331

東京地判平成 13（2001）・9・25 民集 59 巻 6 号 1207 頁〈94〉…………………**236**

東京地判平成 13（2001）・10・3 判時 1764 号 3 頁 ………………………111, 214, 239

甲府地判平成 13（2001）・11・27 判時 1768 号 38 頁………………………………84

東京地判平成 13（2001）・12・4 判時 1791 号 3 頁〈10〉………………………**26**, 400

東京地判平成 14（2002）・2・14 労働判例 824 号 25 頁………………………………59

東京地判平成 14（2002）・3・26 判時 1787 号 42 頁………………………………167

東京地判平成 14（2002）・6・28 判時 1809 号 46 頁〈136〉…………311, **328**, 396

東京地判平成 14（2002）・8・27 判時 1835 号 52 頁………………………44, 214

東京地判平成 14（2002）・10・29 判時 1885 号 23 頁………………………………417

神戸地尼崎支判平成 15（2003）・1・28 判タ 1140 号 110 頁………………………41

横浜地判平成 15（2003）・9・12 判時 1851 号 133 頁 …………………………406

東京地判平成 16（2004）・4・22 判時 1856 号 32 頁 ……………………………44
福島地郡山支判平成 16（2004）・7・6 判例集未登載 …………………………421
静岡地判平成 17（2005）・4・14 民集 62 巻 8 号 2061 頁…………………………2
大阪地判平成 17（2005）・6・24 判タ 1222 号 163 頁………………………235
大阪地決平成 17（2005）・7・25 判タ 1221 号 260 頁………………………268
横浜地判平成 17（2005）・11・30 判自 277 号 31 頁………………………328
横浜地判平成 17（2005）・12・21 民集 63 巻 2 号 326 頁………………122
大阪地決平成 18（2006）・1・13 判タ 1221 号 256 頁………………………169
東京地決平成 18（2006）・1・25 判時 1931 号 10 頁………………………265
札幌地判平成 18（2006）・3・3 民集 64 巻 1 号 89 頁………………………13
千葉地判平成 18（2006）・3・17 判例集未登載 …………………………66
東京地判平成 18（2006）・3・24 判時 1938 号 37 頁………………………277
大阪地決平成 18（2006）・5・22 判タ 1216 号 115 頁………………………169
横浜地判平成 18（2006）・5・22 判タ 1262 号 137 頁………………………87
名古屋地判平成 18（2006）・8・10 判タ 1240 号 203 頁………………169
東京地判平成 18（2006）・8・30 判タ 1305 号 106 頁………………………173
大阪地決平成 18（2006）・12・12 判タ 1236 号 140 頁………………………268
東京地決平成 19（2007）・2・13 裁判所 WEB ……………………………266, 268
神戸地決平成 19（2007）・2・27 賃金と社会保障 1442 号 57 頁………………268
大阪地判平成 19（2007）・3・14 判タ 1252 号 189 頁〈70①〉………………**181**
大阪地判平成 19（2007）・3・14 判タ 1257 号 79 頁………………………131
大阪地決平成 19（2007）・3・30 判タ 1256 号 58 頁〈*104*〉 …………………**254**, 268
東京地判平成 19（2007）・5・25 訟月 53 巻 8 号 2424 頁〈*64*〉………………**173**
東京地判平成 19（2007）・5・25 裁判所 WEB …………………………190
東京地判平成 19（2007）・5・31 判時 1981 号 9 頁〈*69*〉……………62, **180**, 190
佐賀地判平成 19（2007）・6・22 判時 1978 号 53 頁………………………362
富山地判平成 19（2007）・8・29 判タ 1279 号 146 頁………………………77
岡山地決平成 19（2007）・10・15 判時 1994 号 26 頁［重判平 20 行 6］〈*108*〉……………**264**
東京地判平成 19（2007）・11・7 判時 1996 号 3 頁［重判平 20 行 8］〈*97*〉……………**241**
東京地判平成 20（2008）・1・29 判時 2000 号 27 頁〈*73*〉………………**190**
大阪地判平成 20（2008）・1・31 判タ 1268 号 152 頁 …………………169
東京地判平成 20（2008）・2・29 判時 2013 号 61 頁［重判平 20 行 5］〈*72*〉……………**186**
広島地決平成 20（2008）・2・29 判時 2045 号 98 頁………………168, 268
名古屋地判平成 20（2008）・3・14 判時 2024 号 58 頁………………414
京都地判平成 20（2008）・3・25 判時 2011 号 134 頁 …………………342
東京地判平成 20（2008）・4・18 民集 63 巻 10 号 2657 頁 …………………198
長崎地判平成 20（2008）・11・10 判時 2058 号 42 頁………………………183
札幌地中間判平成 21（2009）・1・16 判時 2095 号 100 頁………………331
東京地判平成 21（2009）・3・24 判時 2041 号 64 頁〈*139*〉 …………………**336**
東京地判平成 21（2009）・9・10 判タ 1371 号 141 頁………………………331
大阪地判平成 21（2009）・9・25 判時 2071 号 20 頁〈70②〉……………**181**, 190

広島地判平成 21（2009）・10・1 判時 2060 号 3 頁［重判平 22 行 10］〈*60*〉 ···················**167**

京都地判平成 21（2009）・10・30 判時 2080 号 54 頁 ···365

奈良地決平成 21（2009）・11・26 判タ 1325 号 91 頁〈*106*〉·····························**260**

東京地判平成 21（2009）・12・21 判タ 1328 号 85 頁［重判平 22 刑訴 1］ ·················374

那覇地決平成 21（2009）・12・22 判タ 1324 号 87 頁 ··265

東京地判平成 22（2010）・4・16 判時 2079 号 25 頁··131

名古屋地判平成 22（2010）・5・25 判時 2098 号 82 頁·······································400

佐賀地判平成 22（2010）・7・16 判時 2097 号 114 頁 ····························362, 400, 401

名古屋地決平成 22（2010）・11・8 判タ 1358 号 94 頁··265

東京地判平成 22（2010）・12・22 判時 2104 号 19 頁 ···400

静岡地判平成 23（2011）・2・25 判自 348 号 73 頁 ··4

広島地判平成 23（2011）・3・23 判時 2117 号 45 頁··386

和歌山地決平成 23（2011）・9・26 判タ 1372 号 92 頁···265

熊本地判平成 23（2011）・12・14 判時 2155 号 43 頁［重判平 24 行 7］ ·····················142

横浜地判平成 24（2012）・1・31 判時 2146 号 91 頁··328

和歌山地判平成 24（2012）・4・25 判時 2171 号 28 頁···183

大阪地判平成 24（2012）・6・14 判時 2158 号 84 頁··374

鳥取地判平成 24（2012）・7・17 判タ 1390 号 195 頁〈*142*〉·····························**341**

東京地決平成 24（2012）・10・23 判時 2184 号 23 頁··265

東京地判平成 25（2013）・2・26 判タ 1414 号 313 頁 ···183

東京地判平成 25（2013）・3・26 判時 2209 号 79 頁［重判平 25 行 4］ ·····················136

名古屋地判平成 25（2013）・5・31 判時 2241 号 31 頁···167

大阪地判平成 25（2013）・7・29 労働判例 1082 号 36 頁·······································369

松江地判平成 26（2014）・3・10 判時 2228 号 95 頁··412

東京地判平成 26（2014）・3・11 判タ 1412 号 182 頁 ···378

仙台地判平成 26（2014）・3・24 判時 2223 号 60 頁··38

東京地判平成 26（2014）・3・28 判時 2248 号 10 頁··167

横浜地判平成 26（2014）・5・21 判時 2277 号 38 頁··24

横浜地判平成 26（2014）・5・21 判時 2277 号 123 頁 ···331

大阪地決平成 26（2014）・5・23 裁判所 WEB ··269

福島地郡山支判平成 26（2014）・6・20 判時 2233 号 131 頁〈*15*〉·······················**40**

東京地判平成 26（2014）・9・25 判自 399 号 19 頁 ··400

大阪地判平成 26（2014）・10・9 判時 2303 号 55 頁〈*137*〉·····························**332**

東京地決平成 27（2015）・4・20 判タ 1424 号 205 頁 ···260

東京地判平成 27（2015）・5・13 判自 413 号 93 頁···89

東京地判平成 27（2015）・5・25 判時 2279 号 39 頁··332

東京地判平成 27（2015）・6・15 判タ 1422 号 183 頁 ···406

大阪地判平成 27（2015）・11・20 判時 2308 号 53 頁··167

東京地判平成 27（2015）・12・4 判時 2308 号 109 頁··369

東京地判平成 27（2015）・12・21 判時 2308 号 97 頁 ···369

東京地判平成 28（2016）・2・16 判時 2313 号 18 頁［重判平 29 行 1］ ·····················220

東京地判平成 28（2016）・6・17 判時 2325 号 30 頁……………………………………219
東京地判平成 28（2016）・11・29 判タ 1445 号 189 頁［重判平 29 行 2］〈*127*〉……………**305**
大分地判平成 28（2016）・12・22 判自 434 号 66 頁……………………………………400

行政法判例集Ⅱ　救済法　[第2版]

2012年10月25日　初　版第1刷発行
2018年10月30日　第2版第1刷発行
2022年 5 月25日　第2版第2刷発行

編　者　　大　橋　洋　一
　　　　　斎　藤　　　誠
　　　　　山　本　隆　司

発 行 者　　江　草　貞　治

発 行 所　　株式会社 有 斐 閣
　　　　　郵便番号 101-0051
　　　　　東京都千代田区神田神保町 2-17
　　　　　http://www.yuhikaku.co.jp/

印刷・株式会社理想社／製本・大口製本印刷株式会社
©2018, Y. Ohashi, M. Saito, R. Yamamoto. Printed in Japan
落丁・乱丁本はお取替えいたします。
★定価はカバーに表示してあります。

ISBN 978-4-641-22758-3

JCOPY　本書の無断複写（コピー）は、著作権法上での例外を除き、禁じられています。複写される場合は、そのつど事前に（一社）出版者著作権管理機構（電話03-5244-5088, FAX03-5244-5089, e-mail：info@jcopy.or.jp）の許諾を得てください。

本書のコピー，スキャン，デジタル化等の無断複製は著作権法上での例外を
除き禁じられています。本書を代行業者等の第三者に依頼してスキャンや
デジタル化することは，たとえ個人や家庭内での利用でも著作権法違反です。